Word 2019
Grundlagen für Einsteiger

Inge Baumeister

Verlag:
BILDNER Verlag GmbH
Bahnhofstraße 8
94032 Passau

http://www.bildner-verlag.de
info@bildner-verlag.de

Tel.: +49 851-6700
Fax: +49 851-6624

ISBN: 978-3-8328-0340-7

Bestellnummer: RP-362

Covergestaltung:
Christian Dadlhuber

Autorin:
Inge Baumeister

Bildquelle Cover: © Ana Blazic Pavlovic - Fotolia.com
Kapitelbild: © Gina Sanders - Fotolia.com
Kap. 8: Espresso mit Amaretto © Bruno Baumeister

Druck: CPI Clausen & Bosse GmbH, Birkstr. 10, 25917 Leck

Herausgeber:
Christian Bildner

Auf einen Blick

Vorwort

Microsoft Word ist fast überall anzutreffen, wo es um das Schreiben und Gestalten von Text geht, sei es im Beruf, Studium, in der Schule oder auch nur im privaten Alltag. Die Werkzeuge, die Word dazu mitbringt, werden mit jeder neuen Version immer komfortabler und benutzerfreundlicher, so auch in Word 2019.

Daneben kann Word aber bei einfachen Aufgaben auch ganz schön nerven und Zeit kosten. Beispielsweise wenn nach dem Eintippen plötzlich ein ganz anderes Wort im Text steht, die Zeilen eines Briefs weit auseinanderklaffen oder in letzter Minute noch schnell ein Inhaltsverzeichnis benötigt wird.

Dem soll dieses Buch abhelfen. Es führt Einsteiger Schritt für Schritt anhand von leicht nachvollziehbaren Beispielen und mit zahlreichen Bildern in den Umgang mit Word ein. Anwendern mit Vorkenntnissen und Gelegenheitsnutzern dient es als Nachschlagewerk bei großen und kleinen Problemen. Besonderes Augenmerk wurde auf praxistaugliche und zeitsparende Arbeitsweisen für den Alltag gelegt, dies beinhaltet auch zahlreiche Tipps und Tricks sowie Hinweise auf mögliche Fehlerquellen.

Jedes Kapitel beginnt mit einer Übersicht der behandelten Inhalte und Sie sehen auf einen Blick, welche Kenntnisse vorausgesetzt werden. Zur Vertiefung finden Sie am Ende jedes Kapitels kleine Übungsaufgaben, die erforderlichen Daten können Sie einschließlich der Lösungen kostenlos von unserer Homepage herunterladen.

Da sich einige Fachbegriffe trotz aller Bemühungen nicht ganz vermeiden lassen, finden Sie im Anhang ein Glossar, in dem Sie unbekannte Begriffe nachschlagen können. Ebenfalls im Anhang findet sich eine Zusammenstellung wichtiger und nützlicher Tastenkombinationen.

Schreibweise: Befehle, Bezeichnungen von Schaltflächen und Beschriftungen von Dialogfenstern sind zur besseren Unterscheidung farbig und kursiv hervorgehoben, zum Beispiel Register *Start*, Schaltfläche *Kopieren*.

Die Übungsdateien und die dazugehörigen Lösungen können Sie hier kostenlos herunterladen.

www.bildner-verlag.de/00362

Viel Spaß und Erfolg mit dem Buch wünschen Ihnen
BILDNER Verlag und die Autorin Inge Baumeister

Inhalt

1 Erste Schritte mit Word

In diesem Kapitel lernen Sie...

- Einen schnellen Brief mit einer Vorlage erstellen, drucken und speichern
- Die Arbeitsoberfläche von Word
- Die Möglichkeiten der Befehlseingabe
- Wichtige Einstellungen zur Bildschirmanzeige

Das sollten Sie bereits wissen

- Umgang mit Maus, Touchpad und Tastatur
- Apps starten und beenden

1.1 Word starten

Zum Starten von Word gibt es verschiedene Möglichkeiten:

- Falls sich die Kachel Word im Startmenü von Windows befindet, so klicken oder tippen Sie auf diese. Manchmal findet sich Word auch auf dem Desktop, dann starten Sie Word mit einem Doppelklick auf das Symbol.
- Oder klicken Sie im Index des Startmenüs auf einen beliebigen Buchstaben, dann auf den Buchstaben W und anschließend auf *Word*.
- Am einfachsten tippen Sie den Suchbegriff „word" in das Suchfeld der Taskleiste ein und klicken in der Liste der Suchergebnisse auf *Word*. Wenn die Sprachassistentin Cortana aktiviert ist, können Sie Word auch per Sprachbefehl starten, z. B. mit „Öffne Word".

Die Startseite von Word

Unmittelbar nach dem Start erscheint die Startseite von Word und Sie können wählen, was Sie tun möchten.

- Um mit einem völlig leeren Dokument zu beginnen, klicken Sie auf *Leeres Dokument* ❶.
- Eine schnelle Einführung erhalten Sie in der Tour ❷.
- Möchten Sie dagegen schnell und ohne tiefergehende Kenntnisse von Word zum Beispiel einen optisch ansprechenden Brief verfassen, dann benutzen Sie dazu eine Vorlage ❸.

Bild 1.1 Die Startseite

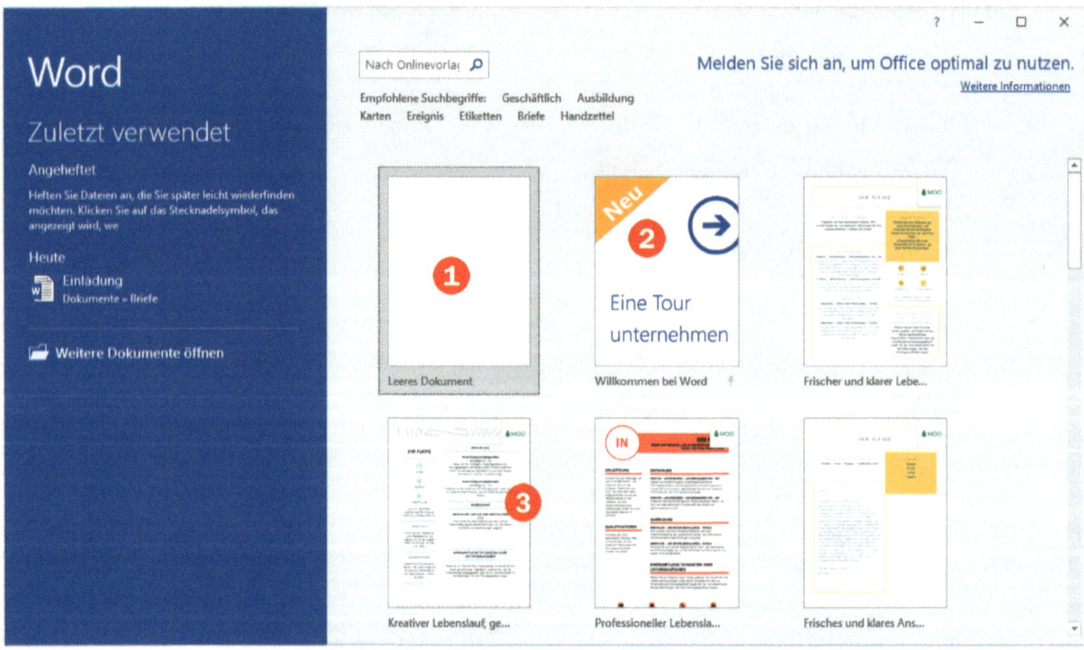

1.2 Beispiel: Einen schnellen Brief anhand einer Vorlage erstellen

Vorlagen sind fertig gestaltete Dokumente, die ähnlich wie Vordrucke verwendet werden. Sie enthalten bereits ein fertiges Drucklayout mit Text und Formatierungen und häufig auch noch andere Elemente wie Grafiken und Tabellen. Sie brauchen nur noch die gewünschten Inhalte einfügen und das Dokument drucken und speichern. Bei Bedarf können auch die vorgegebenen Inhalte geändert werden, die Vorlagen selbst werden dadurch nicht verändert.

Wählen Sie eine Vorlage aus

Auf der Startseite von Word haben Sie die Qual der Wahl; einen ersten Überblick erhalten Sie, wenn Sie mit Bildlaufleiste oder Mausrädchen nach unten scrollen.

- Klicken Sie auf eine Vorlage, um eine vergrößerte Vorschau zusammen mit einer Beschreibung zu erhalten ❶.
- Entspricht die Vorlage nicht Ihren Vorstellungen, so können Sie die kleinen Pfeile nach rechts und links ❷ benutzen, um die nächste bzw. vorherige Vorlage in der Vergrößerung anzuzeigen. Oder klicken Sie auf das Schließen-Symbol in der rechten oberen Ecke, um die Vorschau zu beenden ❸.
- Wenn Sie dagegen die ausgewählte Vorlage verwenden möchten, dann klicken Sie auf *Erstellen* ❹, im Bild unten die Vorlage *Geschäftsbrief*.

Bild 1.2 Vorlage auswählen

Falls die Startseite nicht angezeigt werden sollte, so klicken Sie auf *Datei* ❶ und anschließend auf *Neu* ❷ (Bild 1.3). Hier sind alle Vorlagen ebenfalls verfügbar.

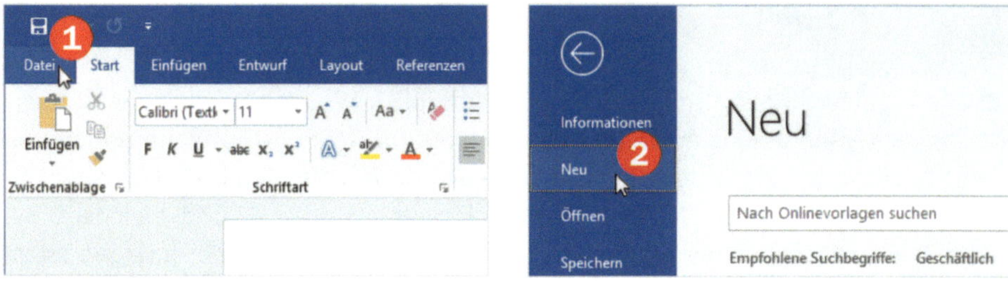

Bild 1.3 Klicken Sie auf Datei und auf Neu

Weitere Vorlagen online suchen

Sollte sich auf der Startseite bzw. unter *Neu* keine geeignete Vorlage finden, so finden Sie online weitere. Klicken Sie in das Feld *Nach Onlinevorlagen suchen*, geben Sie Ihren Suchbegriff ein, z. B. Brief und starten Sie die Suche mit einem Klick rechts auf die Lupe. Alternativ können Sie unterhalb auf einen der empfohlenen Suchbegriffe klicken.

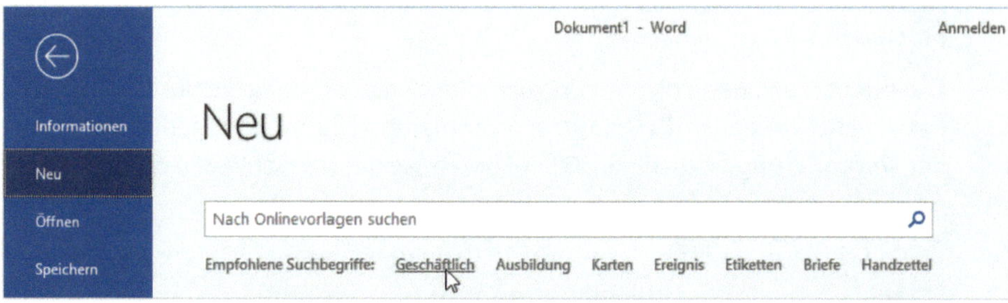

Bild 1.4 Onlinevorlagen suchen

Je nach Suchbegriff kann es etwas dauern, bis Ergebnisse erscheinen. Wenn Sie die Anzeige weiter eingrenzen möchten, dann klicken Sie rechts auf eine Kategorie, dabei lassen sich auch mehrere Kategorien kombinieren, wie im Bild unten. Ausgewählte Kategorien sind hervorgehoben, mit Klick auf das x-Symbol entfernen Sie eine Kategorie wieder.

Bild 1.5 Nach Kategorie filtern

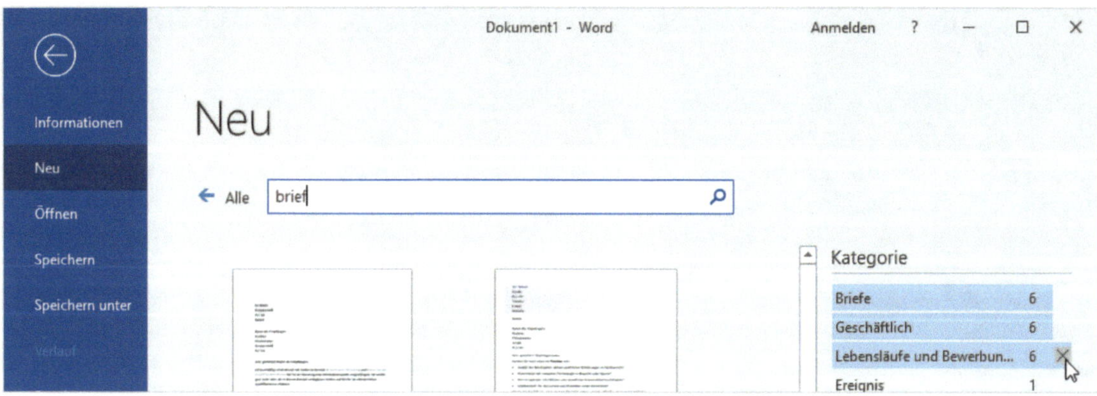

Hinweis: Die meisten Vorlagen sind zunächst nur online verfügbar, es kann also einige Sekunden dauern bis eine Vorlage heruntergeladen und geöffnet wird, nachdem Sie auf *Erstellen* geklickt haben.

So verwenden Sie eine Vorlage

Nachdem Sie eine Vorlage ausgewählt und auf *Erstellen* geklickt haben, erscheint diese zusammen mit der eigentlichen Arbeitsoberfläche von Word. Im nachfolgenden Beispiel wurde die Vorlage *Geschäftsbrief* gewählt. Die Vorlage enthält Hinweise als Platzhalter für alle Elemente, die von Ihnen eingegeben bzw. ersetzt werden müssen.

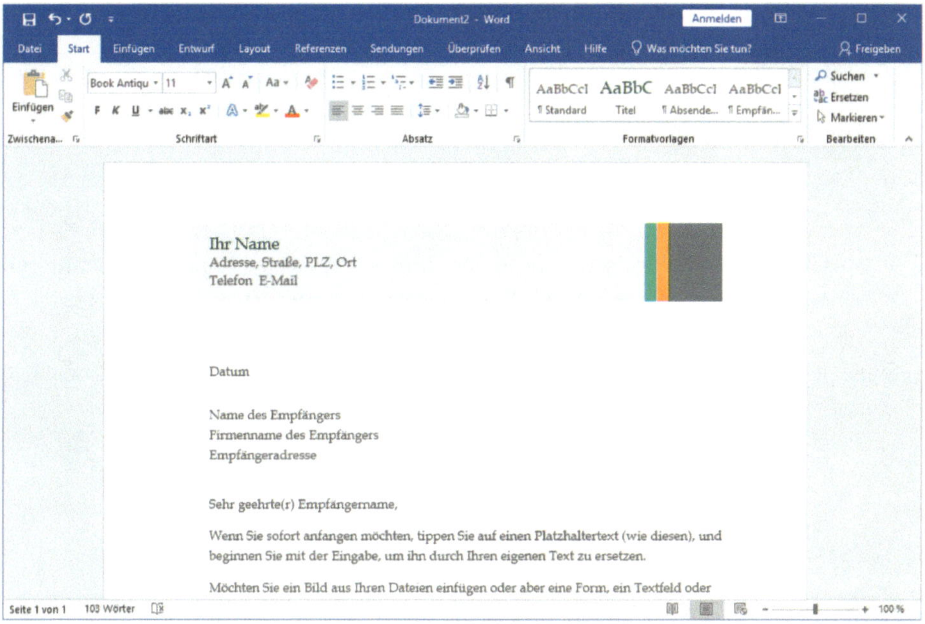

Bild 1.6 Brief mit einer Vorlage schreiben

1 Klicken Sie im Briefkopf auf den ersten Platzhalter, im Bild *Ihr Name*, um Ihren Namen als Absender einzugeben. Der Platzhalter wird grau hinterlegt, er ist markiert. Tippen Sie nun Ihren Namen ein, der vorhandene Text braucht nicht gelöscht werden, er wird automatisch überschrieben.

2 Genauso verfahren Sie mit der Absenderadresse. Klicken Sie auf *Adresse, Straße, PLZ, Ort*, geben Sie die Straße ein und betätigen Sie die Eingabetaste, um in der nächsten Zeile Postleitzahl und Ort einzugeben.

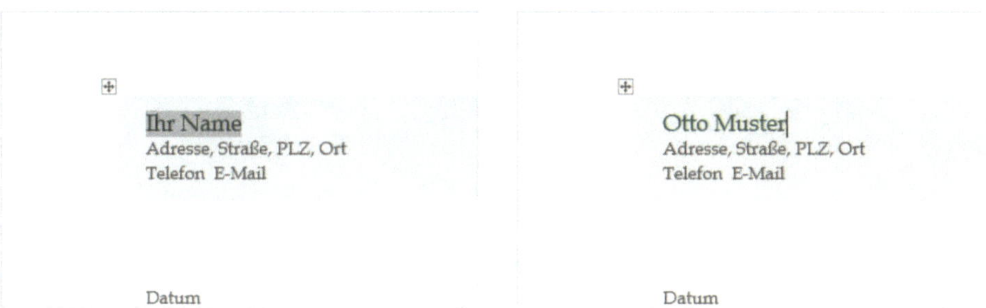

Bild 1.7 Platzhaltertext anklicken und überschreiben

3 Wenn Sie als Datum das aktuelle Datum eingeben möchten, dann erscheint nach Eingabe der ersten Zeichen ein kurzer Infotext und Sie brauchen nur die Eingabetaste drücken, um das vollständige Datum zu übernehmen.

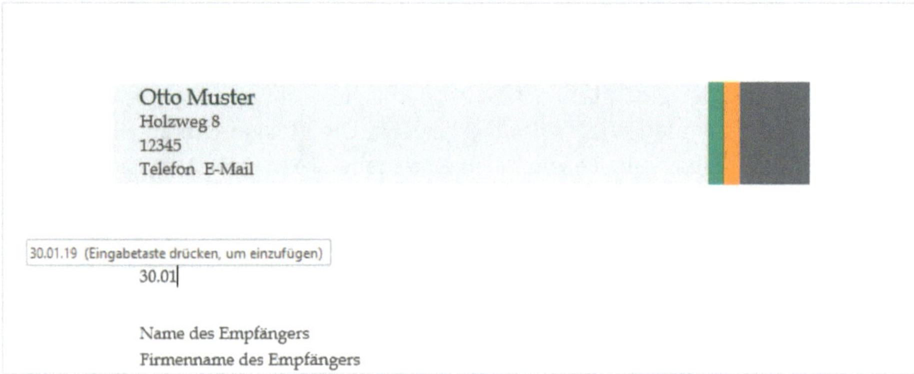

Bild 1.8 Das aktuelle Datum kann übernommen werden

4 Klicken Sie nacheinander auf die restlichen Platzhalter und geben Sie Name und Anschrift des Empfängers, Anrede und Brieftext ein. Auch der Brieftext kann mit einem einzigen Klick ausgewählt und anschließend überschrieben werden.

Sobald Sie Ihren Namen als Absender eingetragen haben, wird dieser automatisch in die Briefunterschrift übernommen.

Schnelle Hilfe zu verschiedenen Aufgaben

Sie möchten den fertigen Brief drucken und speichern? Kein Problem, Word unterstützt Sie bei den verschiedenen Aufgaben und der Suche nach Befehlen. Hierzu finden Sie im oberen Bereich des Word-Fensters ein Eingabe- bzw. Suchfeld mit einem Glühbirnen-Symbol und der Aufforderung *Was möchten Sie tun?*.

- Ein Klick in das Eingabefeld öffnet eine kleine Liste verschiedener Aufgaben. Ignorieren Sie diese vorerst und geben Sie ein Stichwort, z. B. Drucken, über die Tastatur in das Feld ein ❶. Bereits während der Eingabe erscheinen passende Befehle, zum Ausführen brauchen Sie nur auf den gewünschten ❷ klicken.

  Tipp: Falls Sie an dieser Stelle bereits Befehle aufgerufen haben, erscheinen diese sofort nach dem Klicken unter der Überschrift *Zuletzt verwendet*.

Bild 1.9 Hilfe erhalten

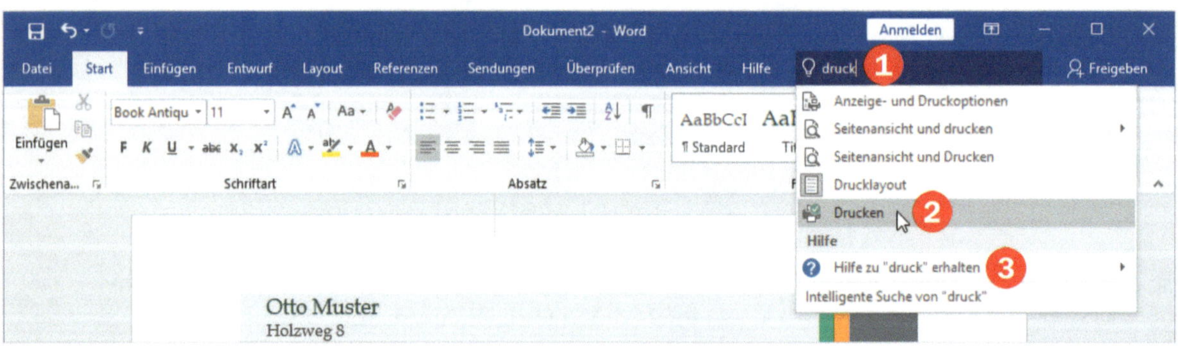

- Falls Sie nähere Informationen zu einer Aufgabe benötigen, dann geben Sie ebenfalls zuerst einen Suchbegriff ein und zeigen mit der Maus in der Liste der Vorschläge auf *Hilfe zu .... erhalten* ❸. Rechts oder links daneben erscheinen verschiedene Vorschläge und mit einem Klick, z. B. auf *Drucken eines Dokuments in Word* öffnet sich am rechten Rand des Word-Fensters ❹ die Hilfe mit einer kurzen Anleitung.
- Um die Hilfe wieder zu schließen, klicken Sie rechts auf das x-Symbol ❺.

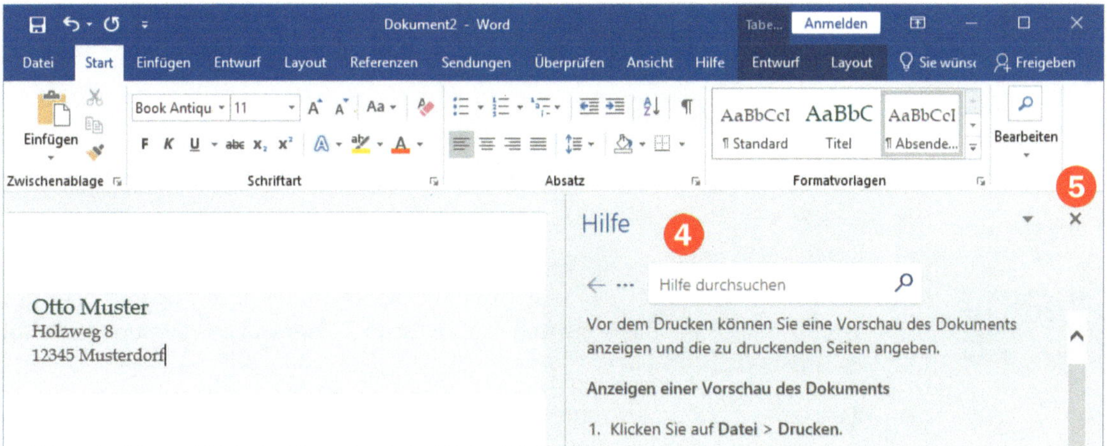

Bild 1.10 Die Word-Hilfe

Den fertigen Brief ausdrucken

Um beim Drucken unliebsame Überraschungen und unnötigen Papierverbrauch zu vermeiden, sollten Sie vor dem Drucken das Aussehen in der Druckvorschau kontrollieren. Diese Möglichkeit wird beim Stichwort „Drucken" unter *Seitenansicht und Drucken* ebenfalls angeboten, siehe Bild 1.9 auf Seite 22.

1 Nachdem Sie auf *Seitenansicht und Drucken* geklickt haben, erscheint der Brief verkleinert in einer Vorschau ❶.

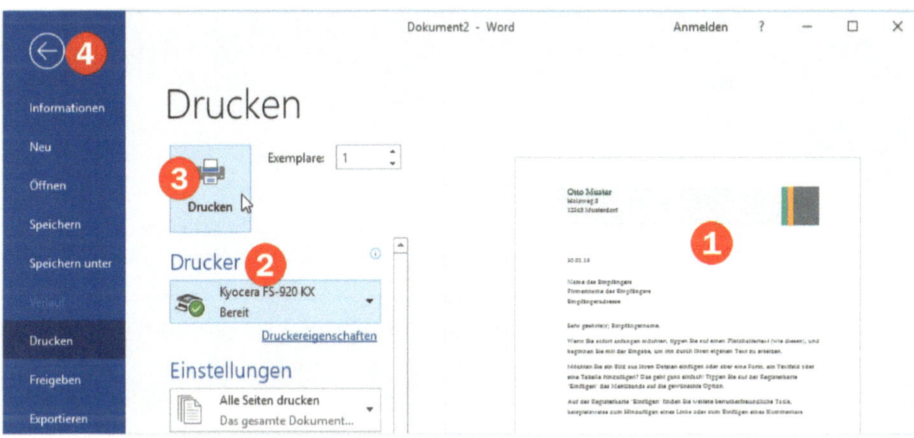

Bild 1.11 Seitenansicht und drucken

2 Kontrollieren Sie, ob der richtige Drucker ausgewählt ist ❷. Falls nicht, können Sie nach einem Klick auf den kleinen, nach unten weisenden, Pfeil einen Drucker auswählen.

3 Klicken Sie auf die Schaltfläche *Drucken* ❸, um den Druckvorgang zu starten. Damit kehrt Word automatisch wieder zum Dokument zurück.

4 Wenn Sie zur Dokumentbearbeitung ohne Drucken zurückkehren möchten, dann klicken Sie entweder in der linken oberen Ecke auf den Pfeil ❹ oder betätigen auf der Tastatur die Esc-Taste.

Das Dokument speichern

Im letzten Schritt muss eigentlich nur noch der fertige Brief gespeichert werden. Dazu gehen Sie wie beim Drucken vor:

1 Klicken Sie auf *Was möchten Sie tun?* und tippen Sie „Speichern" in das Feld ein. Klicken Sie dann auf *Speichern*. Oder klicken Sie in der linken oberen Ecke des Word-Fensters auf das Diskettensymbol (beim Zeigen auf das Symbol erscheint der Infotext *Speichern*).

2 Es erscheint die unten abgebildete Seite *Speichern unter* mit den Speicherorten *OneDrive* und *Dieser PC*. Wenn der Brief auf der Festplatte Ihres Geräts im Ordner gespeichert werden soll, dann klicken Sie auf *Dieser PC* ❶.

3 Rechts werden unterhalb der zuletzt verwendeten Ordner auch *Desktop* und der Ordner *Dokumente* angeboten. Klicken Sie auf *Dokumente* ❷. Sollte dies nicht der Fall sein, oder benötigen Sie einen anderen Ordner, dann klicken Sie auf *Durchsuchen* ❸.

Bild 1.12 Brief speichern

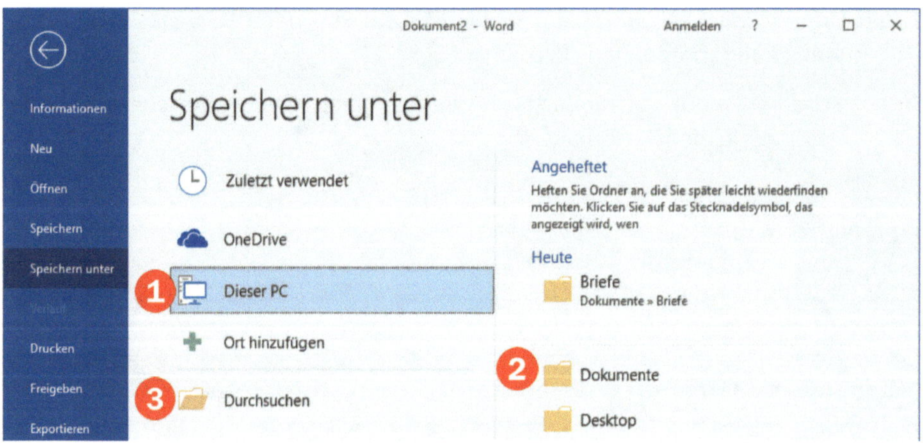

4 Das Fenster *Speichern unter* öffnet sich: Kontrollieren Sie den vorgeschlagenen Speicherort bzw. öffnen Sie den gewünschten Ordner und geben Sie im Feld *Dateiname* einen aussagefähigen Dateinamen ein. Klicken Sie zuletzt auf die Schaltfläche *Speichern*.

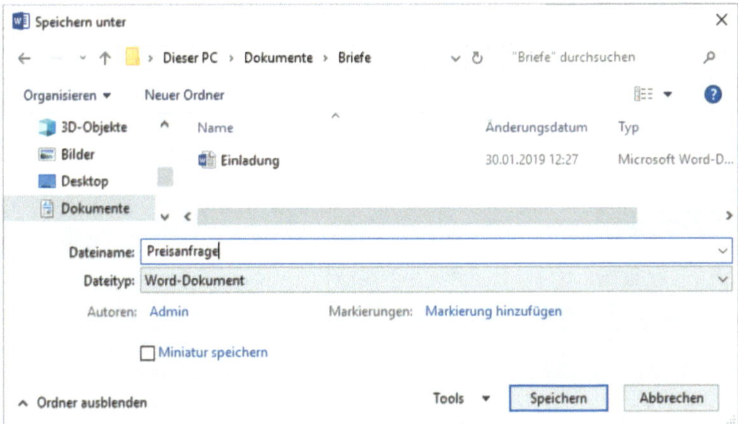

Bild 1.13 Geben Sie einen Dateinamen ein und klicken Sie auf Speichern

Word beenden

Um Word zu beenden, benutzen Sie eine der folgenden Methoden:

- Klicken Sie in der rechten oberen Ecke des Word-Fensters auf das Symbol *Schließen*.
- Oder klicken Sie auf *Datei* und dann in der linken Spalte auf *Schließen*.
- Oder klicken Sie mit der rechten Maustaste auf das Word-Symbol in der Taskleiste und dann auf *Schließen*.

Wenn Sie am aktuellen Dokument Änderungen vorgenommen haben und diese noch nicht gespeichert wurden, dann erscheint vor dem Beenden eine Rückfrage, ob Sie die Änderungen speichern möchten.

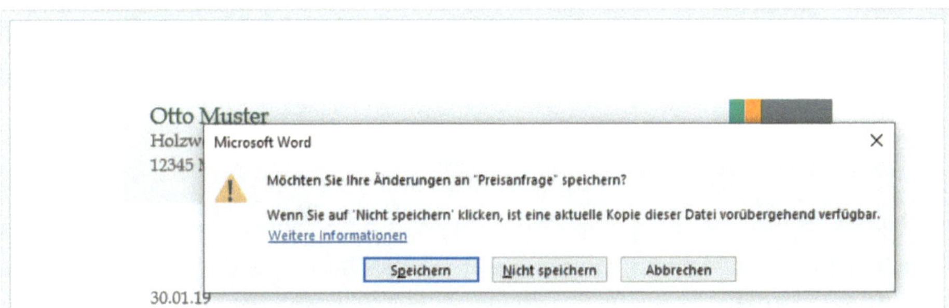

Bild 1.14 Änderungen beim Beenden speichern

- Klicken Sie auf *Speichern*, wenn Sie Ihre letzten Änderungen speichern und Word beenden möchten.
- *Nicht speichern* bedeutet, Änderungen werden nicht gespeichert, Word wird aber trotzdem beendet.
- Klicken Sie dagegen auf *Abbrechen*, so passiert überhaupt nichts; Änderungen werden nicht gespeichert und Word wird nicht beendet.

1.3 Die Elemente des Word-Fensters auf einen Blick

Word wird wie alle Anwendungen und Apps in einem Fenster auf dem Desktop geöffnet. Über die typischen Fensterelemente ändern Sie die Fenstergröße und beenden Word wieder. Hier die wichtigsten Elemente am Beispiel eines leeren Dokuments.

Bild 1.15 Fensterelemente

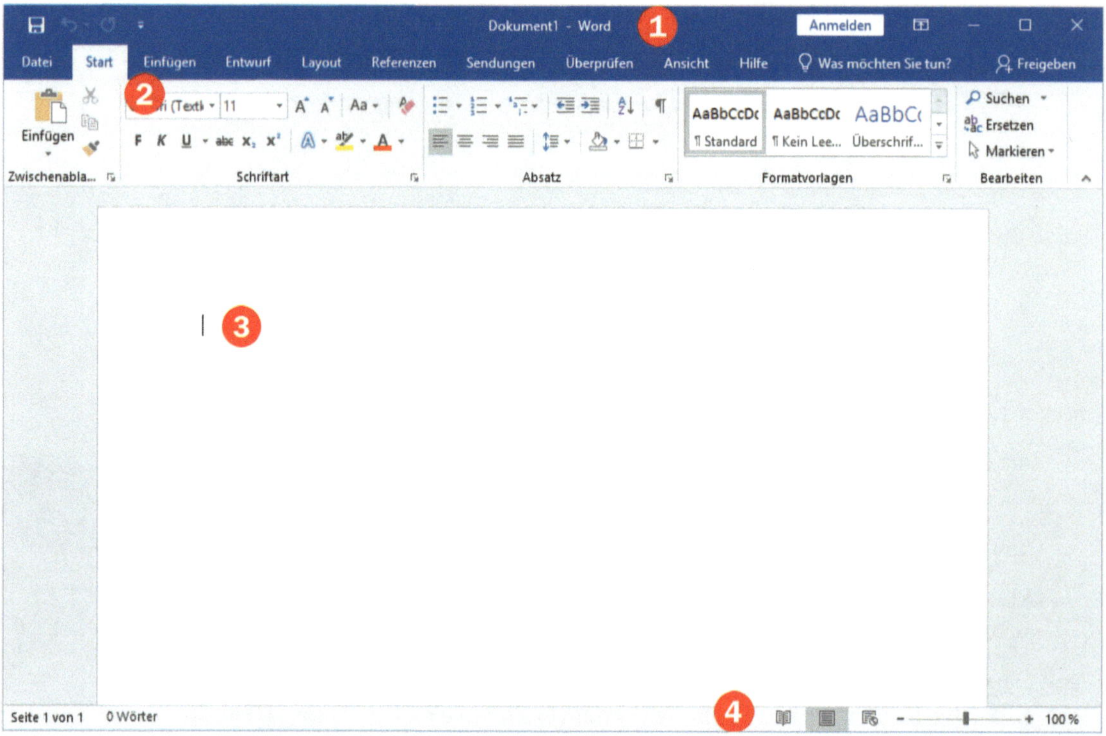

1. Titelleiste mit dem Dateinamen und Schaltflächen zur Steuerung der Fenstergröße
2. Menüband
3. das leere Dokument mit dem Cursor am Dokumentanfang
4. die Statusleiste

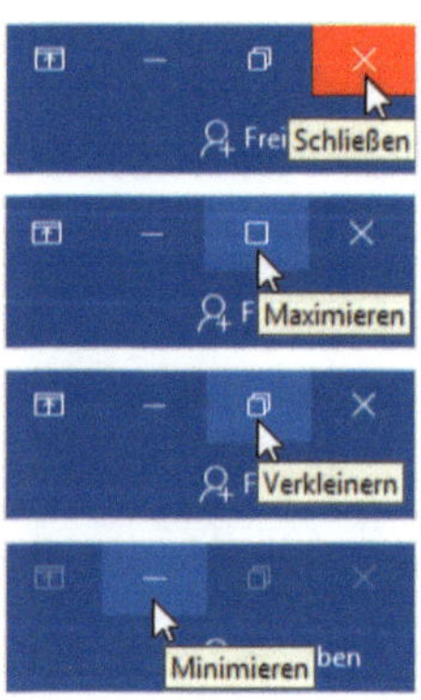

Fenstergröße steuern

Die Titelleiste des Anwendungsfensters enthält den Namen des Programms zusammen mit dem Namen des geöffneten Dokuments sowie ganz rechts drei Schaltflächen zum Steuern der Fenstergröße und zum Schließen des Fensters.

- Mit einem Mausklick auf das Symbol *Schließen* beenden Sie Word, siehe oben.
- Mit einem Mausklick auf das mittlere der Symbole wechselt das gesamte Fenster zwischen beliebiger Fenstergröße (*Verkleinern*) und Vollbildmodus (*Maximieren*).
- Mit dem Symbol *Minimieren* reduzieren Sie das geöffnete Fenster auf die Größe einer Schaltfläche in der Taskleiste. Mit einem Mausklick auf diese Schaltfläche

stellen Sie das ursprüngliche Fenster wieder her, die Anwendung wird nicht geschlossen.

Mauszeiger und Cursor

Den größten Teil des Fensters nimmt das geöffnete Dokument ein. Die Einfügemarke bzw. der Cursor in Form eines blinkenden, senkrechten Strichs | kennzeichnet die aktuelle Eingabeposition im Dokument und befindet sich in einem neuen Dokument in der linken oberen Ecke. Sollte der Cursor im Dokument nicht sichtbar sein, so ist das Word-Fenster nicht das aktive Fenster. Klicken Sie in diesem Fall an eine beliebige Stelle des Fensters.

> **Achtung**: Eine ähnliche Form besitzt auch der Mauszeiger I, wenn er sich innerhalb des Dokuments befindet. Verwechseln Sie also den Mauszeiger nicht mit dem Cursor.

Bildlaufleisten/Scrollen

Sobald der Text eines längeren Dokuments nicht mehr vollständig in das Fenster passt, erscheint am rechten Rand des Fensters eine vertikale Bildlaufleiste. Diese benutzen Sie zum Verschieben des sichtbaren Textbereichs; ziehen Sie dazu mit gedrückter Maustaste den Balken der Leiste nach oben oder unten. Alternativ können Sie auch das Rad der Maus drehen (Scrollen) oder bei Fingerbedienung nach oben oder unten über den Bildschirm streifen.

Dasselbe gilt, wenn die Breite eines Fensters nicht zur Anzeige ausreicht; dann erscheint am unteren Rand eine horizontale Bildlaufleiste, die Sie mit gedrückter Maustaste verschieben. Scrollen mit dem Mausrad funktioniert hier leider nicht.

Bild 1.16 Bildlaufleiste

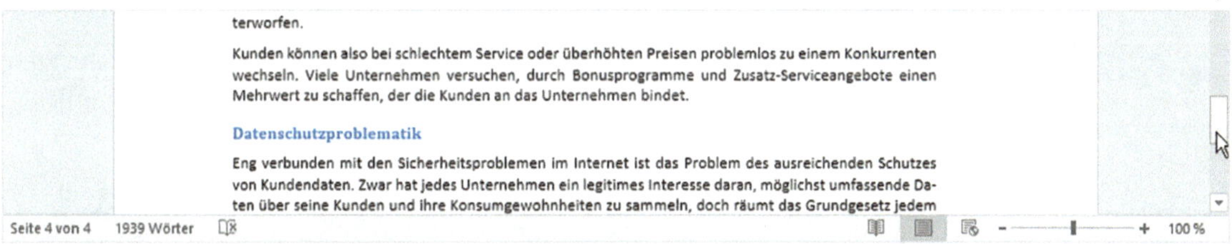

Statusleiste

Am unteren Rand des Word-Fensters befindet sich die Statusleiste. Sie zeigt standardmäßig auf der linken Seite die Anzahl der Seiten und Wörter sowie eine Kontrolle der Rechtschreibung an. Im rechten Bereich finden Sie Symbole zum schnellen Wechseln zwischen verschiedenen Ansichten und zum Zoomen der Bildschirmansicht.

Einen Überblick über weitere Informationen der Statusleiste erhalten Sie weiter unten.

Bild 1.17 Statusleiste

1.4 Die Möglichkeiten der Befehlseingabe

Word unterstützt, wie auch die übrigen Microsoft-Office-Anwendungen, verschiedene Möglichkeiten der Befehlseingabe.

Schaltflächen im Menüband

Seit der Version 2007 unterscheidet Word nicht mehr zwischen Menüzeile und Symbolleisten. Die Befehlseingabe erfolgt über ein Menüband (engl. ribbon) im oberen Bereich des Anwendungsfensters.

Bild 1.18 Das Menüband

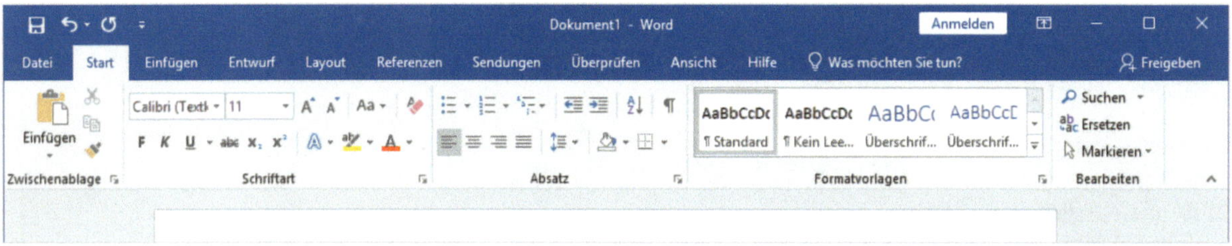

Das Menüband fasst die Symbole bzw. Schaltflächen zur Befehlseingabe aufgabenbezogen in verschiedenen Registerkarten zusammen. So enthält etwa das Register *Start* grundlegende allgemeine Schaltflächen, beispielsweise zum Formatieren von Text. Zum Wechseln zwischen den Registern klicken Sie auf den Reiter mit dem Namen eines Registers, der Reiter des aktuellen Registers ist hell hervorgehoben. **Tipp**: Sobald sich der Mauszeiger im Menüband befindet, wechseln Sie auch mit Drehen des Mausrädchens zwischen den Registerkarten.

Menüband minimieren/anzeigen

Das Menüband kann verkleinert oder ganz ausgeblendet werden, um mehr Platz für den eigentlichen Arbeitsbereich zu schaffen. Dazu benutzen Sie die Schaltfläche *Menüband-Anzeigeoptionen* in der oberen rechten Ecke des Fensters.

- In der Standardeinstellung *Registerkarten und Befehle anzeigen* ist das Menüband vollständig sichtbar und sieht aus wie in Bild 1.18 oben.
- Mit der Option *Registerkarten anzeigen* sind vom Menüband nur die Reiter mit den Namen sichtbar, die Befehle erscheinen erst, wenn Sie auf einen Reiter klicken und verschwinden wieder, nachdem Sie auf ein Symbol geklickt haben.

Bild 1.19 Registerkarten anzeigen

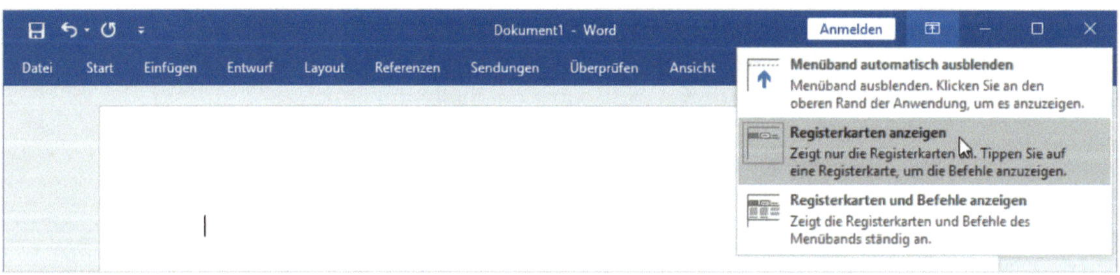

- *Menüband automatisch ausblenden* blendet das Menüband und alle anderen Bedienelemente der Anwendung vollständig aus (entspricht etwa der Anzeige *Ganzer Bildschirm*), gleichzeitig wird das Word-Fenster im Vollbildmodus dargestellt (Maximiert). Um das Menüband einzublenden, klicken Sie in der rechten oberen Ecke des Fensters auf das Symbol mit den drei Punkten.

Bild 1.20 Menüband automatisch ausblenden

Es gibt noch weitere, schnelle Möglichkeiten, das Menüband bis auf die Namen der Register zu verkleinern:

- Klicken Sie mit der rechten Maustaste an eine beliebige Stelle des Menübands und klicken Sie auf *Menüband reduzieren* (Häkchen). Ein weiterer Klick auf *Menüband reduzieren* entfernt das Häkchen wieder.
- Am rechten Rand des Menübands befindet sich ein kleiner, nach oben weisender Pfeil, ein Klick darauf reduziert das Menüband ebenfalls. Um es wieder dauerhaft vollständig anzuzeigen, benutzen Sie das Pin-Symbol an derselben Stelle.

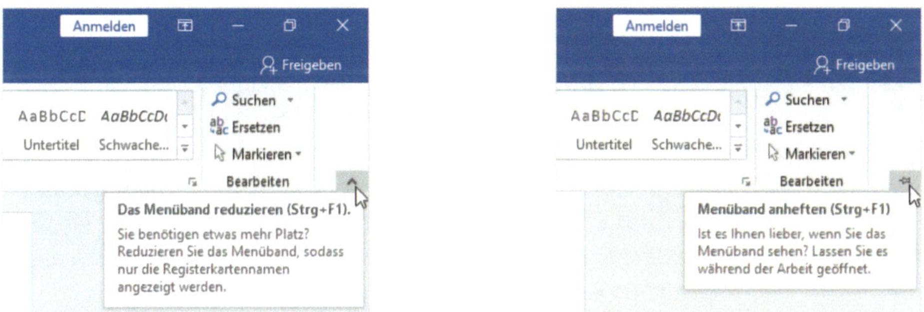

Bild 1.21 Menüband reduzieren und anheften

Tipp: Die schnellste Methode, das Menüband zu reduzieren ist ein Doppelklick auf das aktuelle Register. Ein weiterer Doppelklick auf ein beliebiges Register zeigt das Menüband wieder dauerhaft mit allen Befehlen an. Allerdings wird in der Praxis manchmal das Menüband versehentlich reduziert, dann benutzen Sie eine der hier genannten Methoden, wenn Sie die Reduzierung wieder aufheben möchten.

So finden Sie sich im Menüband zurecht

Innerhalb der Register sind die Befehle bzw. Symbole in Gruppen angeordnet, so finden Sie beispielsweise im Register *Start* die Gruppen *Schriftart* mit Symbolen zur Schriftgestaltung und *Absatz* zur Absatzausrichtung. Kurzinformationen zu einem Symbol bzw. der Schaltfläche erhalten Sie, wenn Sie mit der Maus darauf zeigen.

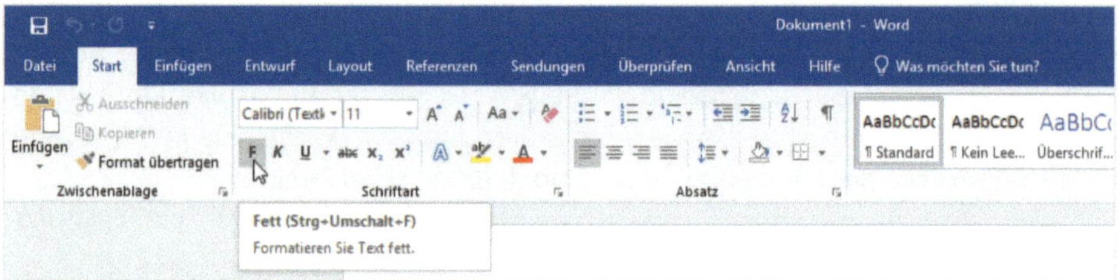

Bild 1.22 Infotext beim Zeigen

Innerhalb der Gruppen passen sich Größe und Beschriftung der Symbole automatisch an die Größe des Word-Fensters an und ändern damit ihr Aussehen. In einem stark verkleinerten Fenster sehen Sie möglicherweise nur den Namen einer Gruppe, die Befehle erscheinen erst, wenn Sie auf den kleinen, nach unten weisenden Pfeil (Dropdown-Pfeil) der Gruppe klicken. Als Beispiel im Bild unten die unterschiedliche Darstellung der Schaltflächen in der Gruppe *Bearbeiten*, Register *Start*.

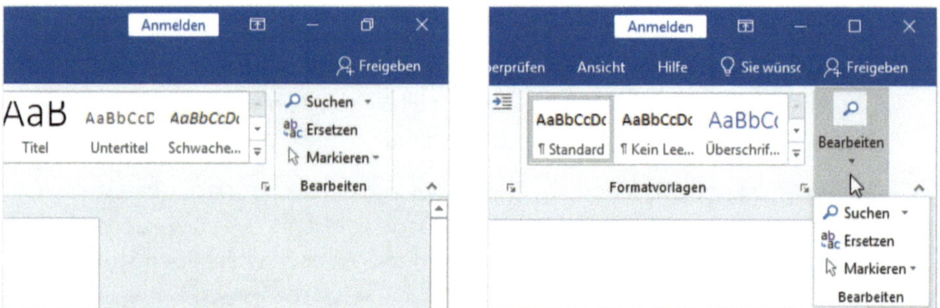

Bild 1.23 Beispiel Gruppe Bearbeiten

Beachten Sie auch, dass manche Symbol-Schaltflächen zweigeteilt sind. Ein Klick direkt auf das Symbol liefert die Standardeinstellung. Klicken Sie dagegen auf das kleine nach unten weisende Dreieck (Dropdown-Pfeil) der Schaltfläche, so öffnet sich eine Liste mit mehreren Möglichkeiten. Das Bild unten zeigt als Beispiel die Schaltfläche *Schriftfarbe*. Ein Klick auf das Symbol liefert die angezeigte Farbe, im Bild rot, ein Klick auf den Dropdown-Pfeil dagegen öffnet eine Palette verschiedener Farben und bietet die Möglichkeit, auch andere Farben auszuwählen.

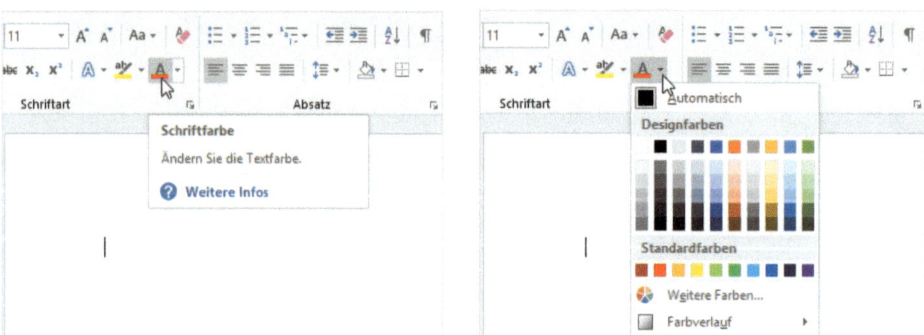

Bild 1.24 Beispiel Dropdown-Pfeil

Mehrere Aktionen gleichzeitig in einem Dialogfenster ausführen

Manche Gruppen, zum Beispiel *Schriftart* und *Absatz* im Register *Start*, weisen in ihrer rechten unteren Ecke dieses kleine Symbol auf. Ein Klick auf dieses Gruppensymbol öffnet ein Dialogfenster, das alle Befehle der Gruppe zusammenfasst. Praktisch, wenn Sie aus einer Gruppe nacheinander gleich mehrere Befehle benötigen, zudem finden Sie hier mitunter auch Befehle, die das Menüband nicht anbietet. Auch in Dialogfenstern finden Sie Register vor, wie das Beispiel *Schriftart* im Bild unten zeigt.

Bild 1.25 Das Dialogfenster Schriftart

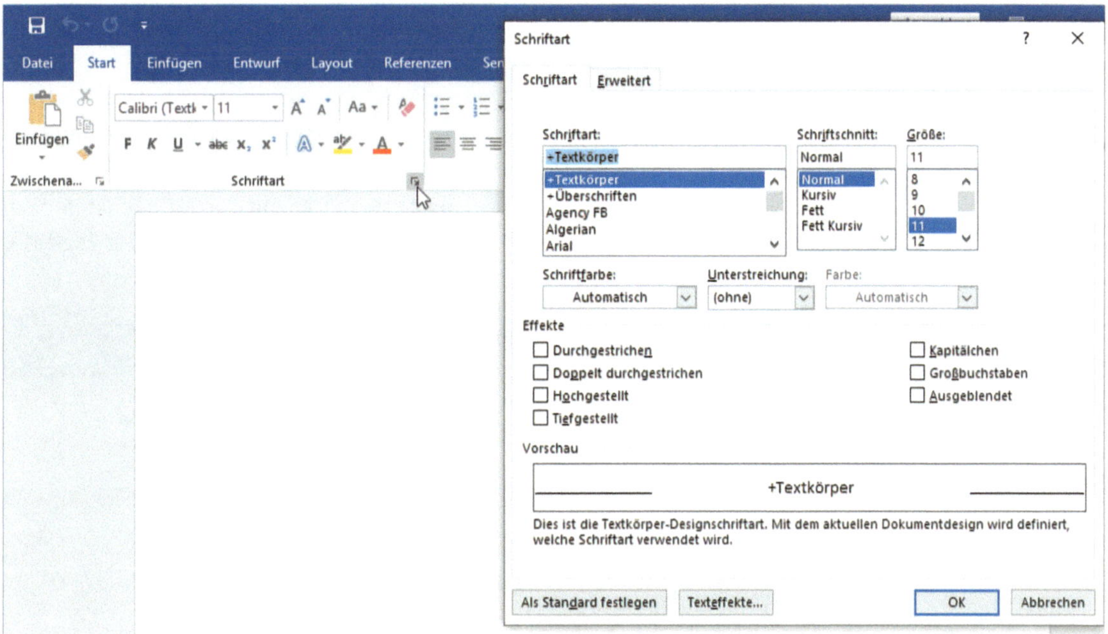

Kontextbezogene Register

Neben den Standardregistern enthält das Menüband noch weitere, allerdings kontextbezogene, Register. Diese sind nur sichtbar, wenn Sie ein entsprechendes Element, beispielsweise eine Grafik oder Tabelle, markiert haben und enthalten Schaltflächen, speziell zur Bearbeitung des markierten Elements. Kontextbezogene Register erscheinen immer rechts vom letzten Standardregister und verschwinden automatisch, wenn das Element nicht mehr markiert ist.

Bild 1.26 Die Tabellentools-Register Entwurf und Layout

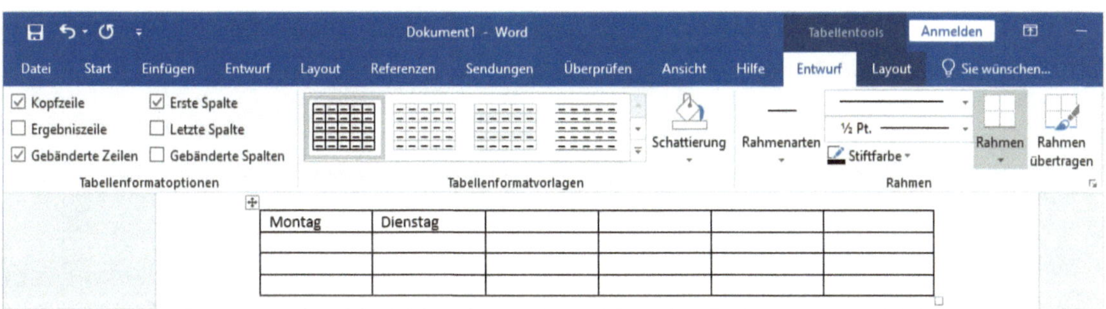

Tasten statt Schaltflächen verwenden

Als Alternative zur Maus können die Register und Befehlsschaltflächen des Menübands auch über die Tastatur aufgerufen werden. Nach dem Drücken der Alt-Taste zeigt das Menüband zunächst die Tasten an, mit denen Sie die Register aufrufen.

Bild 1.27 Registerkarten mit Tasten aufrufen

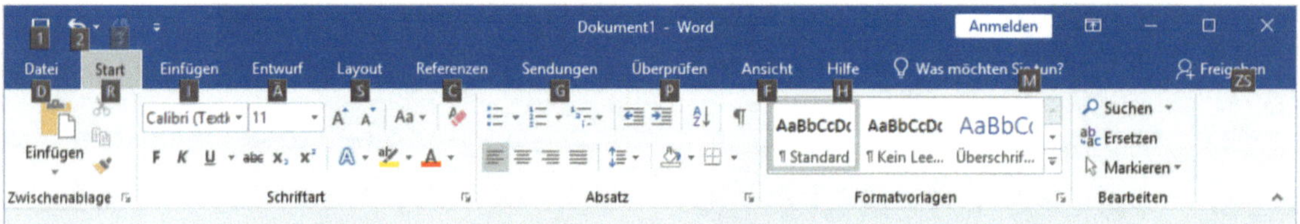

Nach dem Drücken einer Taste, beispielsweise „R" für das Register *Start*, erscheinen die Tasten zu den Schaltflächen der Registerkarte. Drücken Sie beispielsweise die „3", um markierten Text zu unterstreichen bzw. um ein Auswahlfeld mit den Möglichkeiten zur Unterstreichung zu öffnen. Mit dem Aufruf eines Befehls oder Drücken der Esc-Taste verschwindet die Tastenanzeige wieder.

Bild 1.28 Weitere Tasten anzeigen

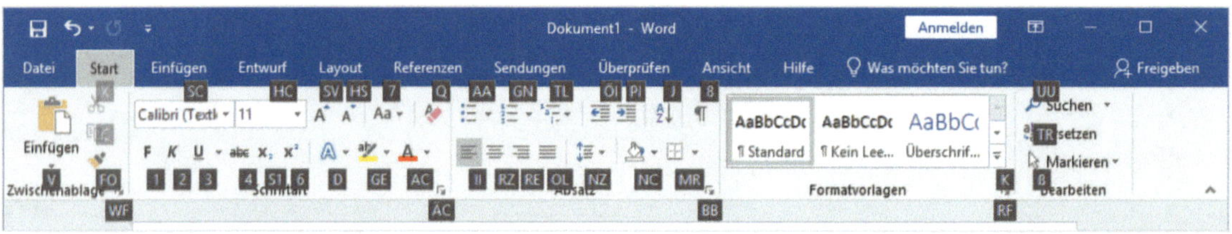

Kontextmenü und Minisymbolleiste

Als schnelle Alternative zum Menüband bietet sich das Kontextmenü an. Es wird geöffnet, wenn Sie ein Element mit der rechten Maustaste anklicken und alle Befehle beziehen sich ausschließlich auf das angeklickte Element. Zusammen mit dem Kontextmenü erscheint zusätzlich eine Minisymbolleiste mit den wichtigsten Symbolen zur Textformatierung.

Bild 1.29 Kontextmenü und Minisymbolleiste

Die Minisymbolleiste erscheint auch, nachdem Sie eine Textstelle markiert haben.

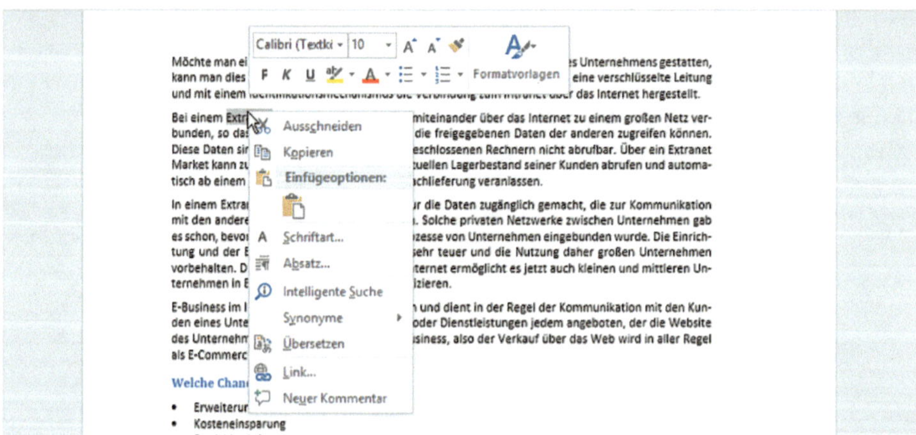

Schaltflächen im Dokument

Unmittelbar nach bestimmten Aktionen, beispielsweise dem Einfügen von Text aus der Zwischenablage, erscheinen an dieser Stelle im Dokument Schaltflächen mit verschiedenen Optionen. Aussehen und Optionen sind abhängig von der jeweiligen Aktion, Näheres dazu in den jeweiligen Lektionen.

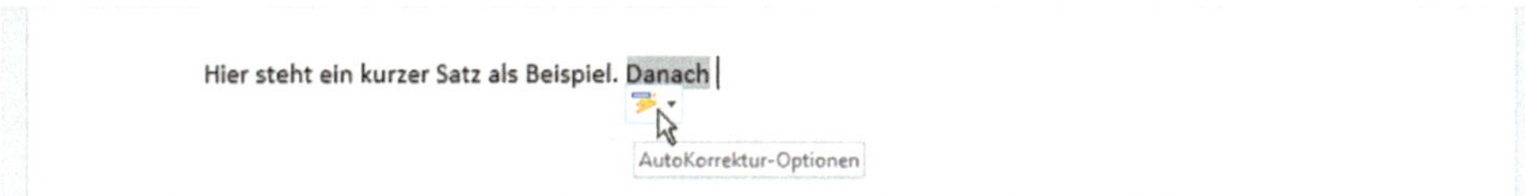

Bild 1.30 Beispiel Schaltfläche im Dokument

Tastenkombinationen als schnelle Alternative

Neben der bereits erwähnten Möglichkeit, Befehle des Menübandes mit Tasten aufzurufen, gibt es auch noch Tastenkombinationen, die das Menüband nicht benutzen, sondern sofort einen Befehl ausführen. Diese sind vor allem für fortgeschrittene Benutzer eine Möglichkeit, um häufig verwendete Befehle schnell aufzurufen. Meist wird dazu die Strg-Taste in Verbindung mit Buchstaben verwendet. Eine Zusammenstellung der wichtigsten Tastenkombinationen finden Sie im Anhang dieses Buches.

Tastenkombinationen werden auch als Short-Cuts bezeichnet.

Tipp: Die Tastenkombination zu einem Befehl erscheint zusammen mit einer Kurzinfo, wenn Sie auf die Schaltfläche zeigen.

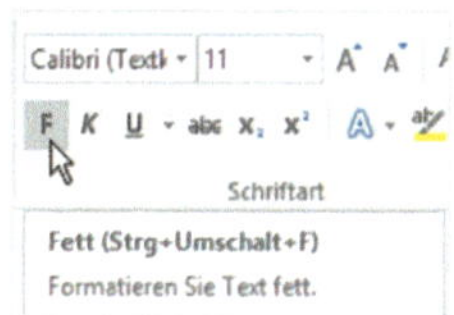

Die Symbolleiste für den Schnellzugriff

Zum schnellen Aufruf häufig benötigter Befehle steht in der linken oberen Ecke des Word-Fensters die *Symbolleiste für den Schnellzugriff* (kurz Schnellzugriffsleiste) zur Verfügung. Sie enthält standardmäßig die Symbole *Speichern*, *Rückgängig* und *Wiederholen* und kann jederzeit um weitere Symbole ergänzt werden. Dazu klicken Sie am rechten Ende der Leiste auf den Pfeil *Symbolleiste für den Schnellzugriff anpassen* und dann auf den gewünschten Befehl, z. B. *Neu* (Neues leeres Dokument).

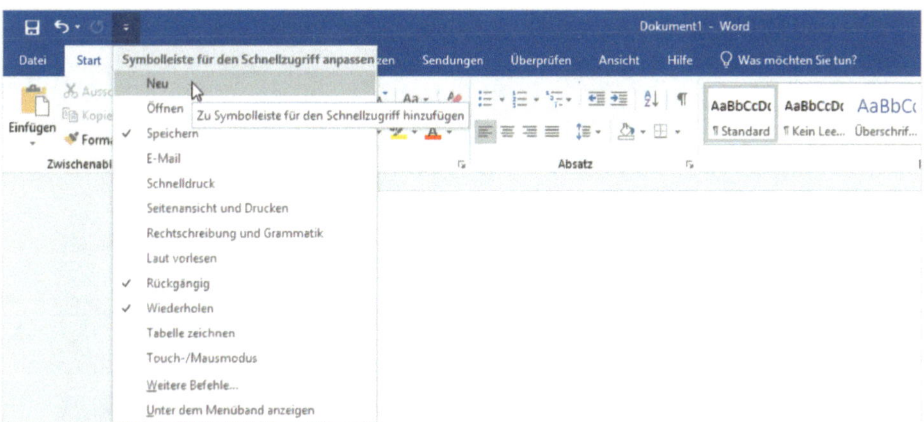

Bild 1.31 Symbolleiste für den Schnellzugriff anpassen

Bereits enthaltene Befehle sind mit einem Häkchen versehen. Um ein Symbol aus der Schnellzugriffsleiste zu entfernen, genügt ein weiterer Mausklick auf diesen Befehl.

Tipp: Ein Mausklick auf den Eintrag *Weitere Befehle…* öffnet ein Dialogfeld mit sämtlichen, in Word verfügbaren, Befehlen.

Bei Bedarf kann die Leiste auch unterhalb des Menübandes platziert werden, klicken Sie dazu auf *Symbolleiste für den Schnellzugriff anpassen* und am Ende der Liste auf *Unter dem Menüband anzeigen*.

Word per Toucheingabe bedienen

Seit der Version 2013 unterstützt Word die Bedienung mit Fingergesten oder Stift, falls Ihr Gerät über einen Touchscreen verfügt. Die wichtigsten Gesten:

- Anstelle des Mausklicks tippen Sie zur Befehlseingabe mit dem Finger.
- Das Kontextmenü (rechte Maustaste) rufen Sie auf, indem Sie nicht nur kurz tippen, sondern mit dem Finger auf dieser Stelle kurz verweilen.
- Zum Verschieben des Bildschirmausschnitts (Scrollen) wischen Sie von Bildschirmmitte aus in die gewünschte Richtung.
- Zum Zoomen der Anzeige berühren Sie den Bildschirm mit zwei Fingern und spreizen die Finger zum Vergrößern bzw. führen zum Verkleinern Ihre Finger zusammen.

Menüband an die Toucheingabe anpassen

Zur einfacheren Eingabe per Touchscreen können im Menüband die Abstände zwischen den Symbolen vergrößert werden. Der Wechsel zwischen Maus- und Fingereingabe erfolgt über ein Symbol in der *Symbolleiste für den Schnellzugriff*. Da dieses Symbol hier nicht standardmäßig enthalten ist, müssen Sie es zunächst einmal hinzufügen:

Tippen Sie am rechten Ende der Leiste auf *Symbolleiste für den Schnellzugriff anpassen* und aktivieren Sie das Symbol *Touch-/Mausmodus*.

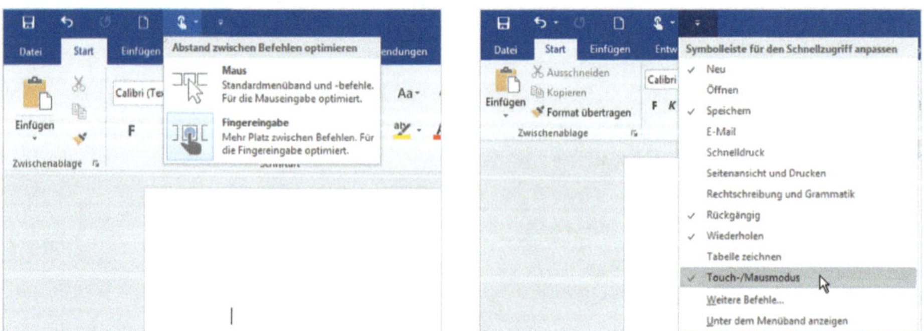

Bild 1.32 Wechsel zwischen Maus- und Toucheingabe

Bildschirmtastatur

Beim Arbeiten mit einem Touchscreen können Sie, sofern keine externe Tastatur angeschlossen ist, zum Schreiben die Bildschirmtastatur benutzen, die durch Antippen des Symbols im Infobereich der Taskleiste am unteren Rand des Desktops eingeblendet wird. Für die Eingabe von Zahlen und Sonderzeichen müssen Sie mit der Taste *&123* das Tastaturlayout ändern bzw. wieder zurück zur Texteingabe wechseln. Zum Ausblenden der Bildschirmtastatur tippen Sie auf das *Schließen*-Symbol in der rechten oberen Ecke oder tippen erneut auf das Tastatursymbol in der Taskleiste.

Bild 1.33 Bildschirmtastatur mit Zahlen und Sonderzeichen

Die Word-Hilfe

Schnelle aufgabenbezogene Hilfe

Suchen Sie einfach nur einen Befehl oder eine bestimmte Aufgabe, z. B. Drucken oder Einfügen einer Tabelle, dann benutzen Sie am einfachsten das Feld *Was möchten Sie tun?* und geben hier ein Stichwort bzw. einen Suchbegriff ein. Diese Möglichkeit haben Sie in diesem Kapitel bereits kennengelernt.

Sie finden das Feld rechts neben den Registern des Menübands; klicken Sie hier und tippen Sie einen Suchbegriff ein. Bereits während der Eingabe werden passende Befehle aufgelistet, die Sie an dieser Stelle auch gleich per Mausklick ausführen können.

Bild 1.34 Befehle suchen, Beispiel Tabelle einfügen

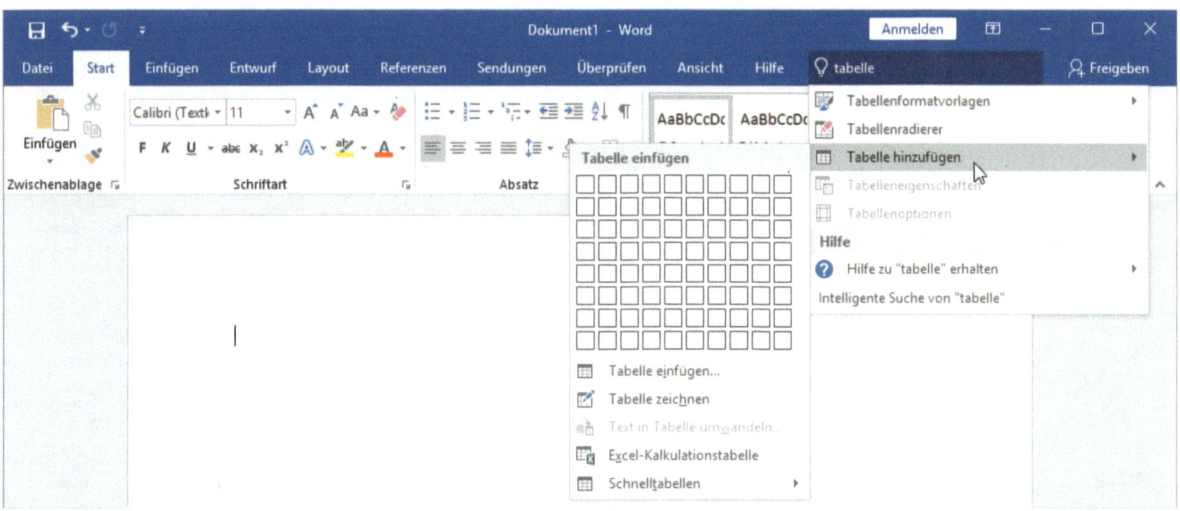

Das Register Hilfe

Benötigen Sie dagegen allgemeine Informationen zu einem Thema, dann klicken Sie auf das Register *Hilfe* ❶ und hier auf das Symbol *Hilfe* ❷. Der Bereich *Hilfe* öffnet sich am rechten Rand des Word-Bildschirms. Klicken Sie entweder auf ein Hilfethema ❸, z. B. *Text einfügen* oder geben Sie einen Suchbegriff ❹ ein und klicken auf eines der vorgeschlagenen Themen oder auf das Symbol Lupe.

Bild 1.35 Register und Aufgabenbereich Hilfe

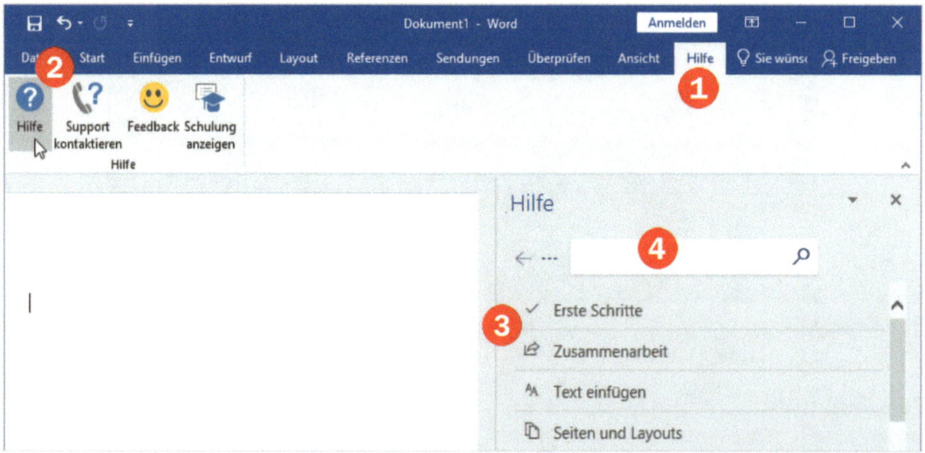

Als Beispiel im Bild unten das Thema Tabelle. Klicken Sie auf einen der weiterführenden Links ❺, zu den meisten sind auch Lernvideos verfügbar. Ein Klick auf den Pfeil ❻ bringt Sie zurück zur vorherigen Anzeige, zum Schließen des Hilfe-Bereichs klicken Sie auf das Symbol x ❼.

Bild 1.36 Klicken Sie auf ein Hilfethema

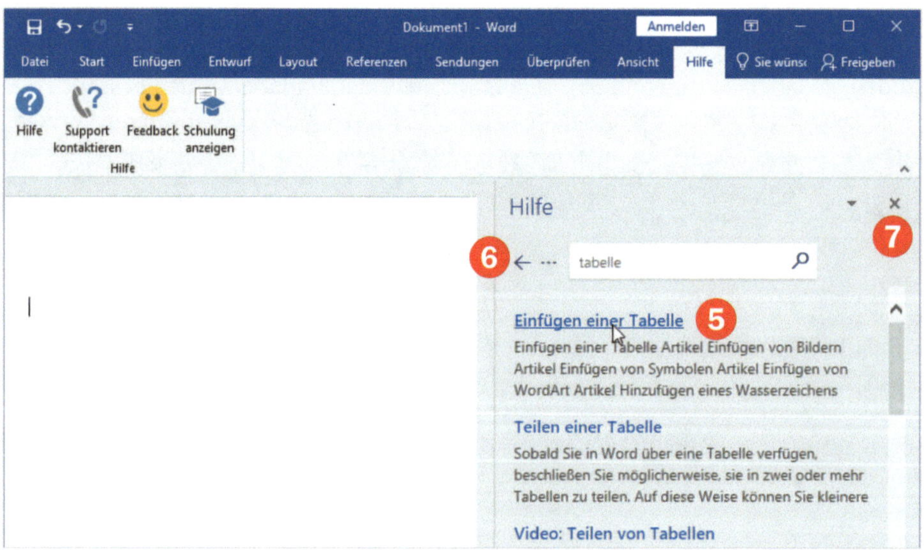

Hinweis: Der Aufgabenbereich *Hilfe* öffnet sich auch, wenn Sie nach Eingabe eines Stichworts im Suchfeld des Menübands auf *Hilfe zu ... erhalten* klicken.

Hilfe zu Schaltflächen und Symbolen

Benötigen Sie nähere Informationen zu einer Schaltfläche im Menüband, dann zeigen Sie einfach zunächst auf die betreffende Schaltfläche. Sie erhalten eine kurze Beschreibung, für detailliertere Informationen klicken Sie hier auf *Weitere Infos*.

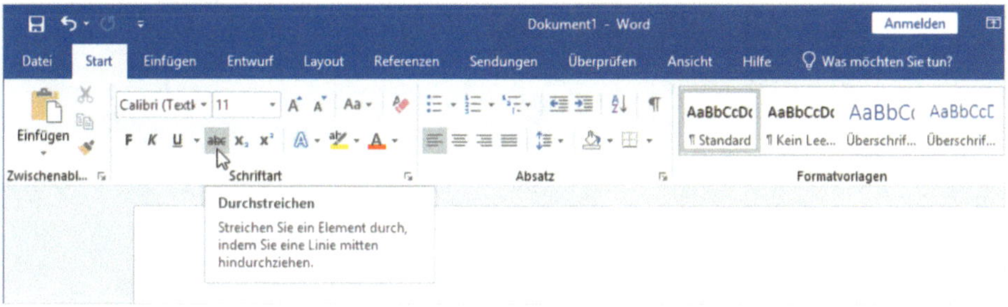

Bild 1.37 Hilfe zu Schaltflächen

Hilfe in Dialogfenstern

Wie bereits erwähnt, lassen sich für manche Gruppen des Menübands alle Befehle auch in einem Dialogfenster zusammengefasst anzeigen. Hier können Sie die dazugehörige Word-Hilfe mit einem Klick auf das Fragezeichen in der rechten oberen Ecke des Fensters aufrufen.

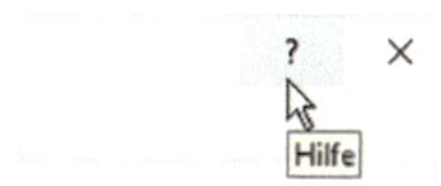

1.5 Wichtige Anzeigeeinstellungen

Zwischen den Ansichten wechseln

Zur Bearbeitung und Kontrolle von Dokumenten verfügt Word über mehrere Ansichten. Die Symbole der drei Ansichten, *Lesemodus*, *Drucklayout* und *Weblayout* finden Sie im rechten Bereich der Statusleiste am unteren Bildschirmrand. Mit Klick auf eines der Symbole wird das Dokument in der jeweiligen Ansicht angezeigt.

Bild 1.38 Ansichten in der Statusleiste

Als Alternative klicken Sie im Menüband auf das Register *Ansicht*. Hier finden Sie in der Gruppe *Ansichten* zusätzlich noch die Ansichten *Gliederung* und *Entwurf*.

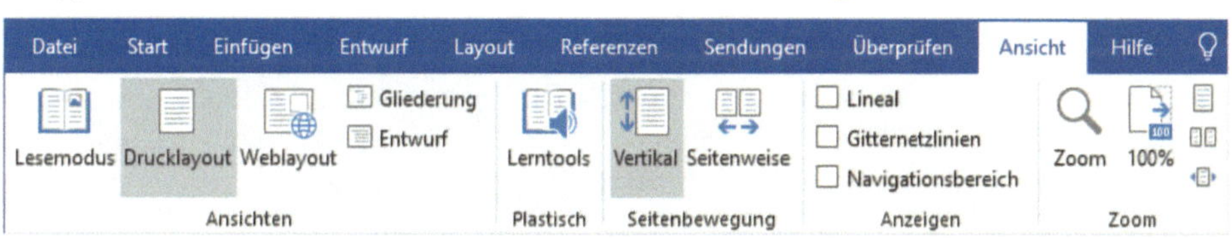

Bild 1.39 Ansichten im Register Ansicht

Die Standardansicht Drucklayout

Die Ansicht *Drucklayout* ist die Standardansicht von Word. In dieser Ansicht geben Sie Text ein und nehmen alle Bearbeitungen vor. Dabei wird das Dokument einschließlich der Seitenränder am Bildschirm so dargestellt, wie es später gedruckt wird. Dies gilt auch für Kopf- und Fußzeilen, mehrspaltigen Text und Grafiken.

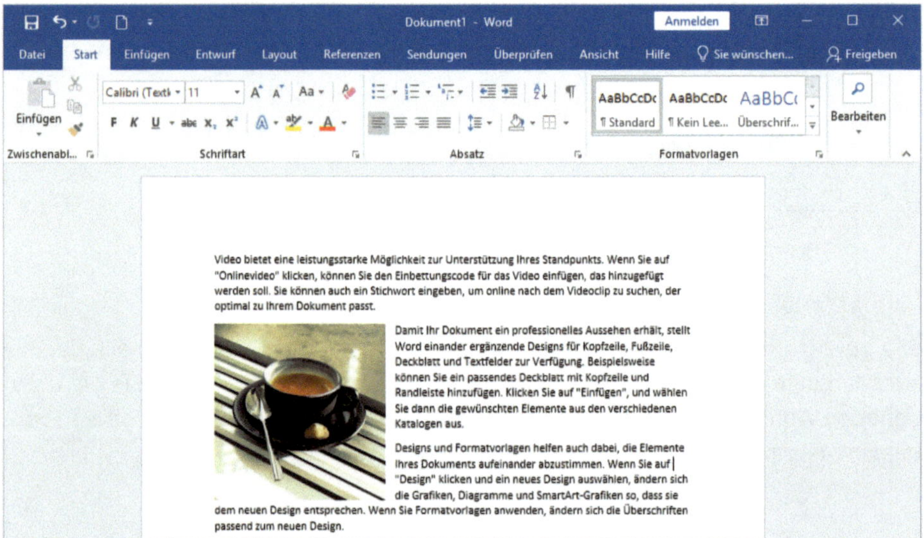

Bild 1.40 Ansicht Drucklayout

Anzeige zoomen

Eine Änderung des Zooms hat keinerlei Auswirken auf die Größe des Ausdrucks!

Um das Dokument während der Eingabe oder Bearbeitung auf dem Bildschirm vergrößert bzw. verkleinert darzustellen (zoomen), finden Sie in der unteren rechten Ecke des Anwendungsfensters in der Statusleiste einen kleinen Schieberegler zusammen mit dem aktuellen Zoomfaktor. 100% entspricht der Größe des gedruckten Ergebnisses. Zum Vergrößern oder Verkleinern ziehen Sie den Regler mit gedrückter linker Maustaste in die gewünschte Richtung oder klicken mehrmals auf das Plus- bzw. Minuszeichen.

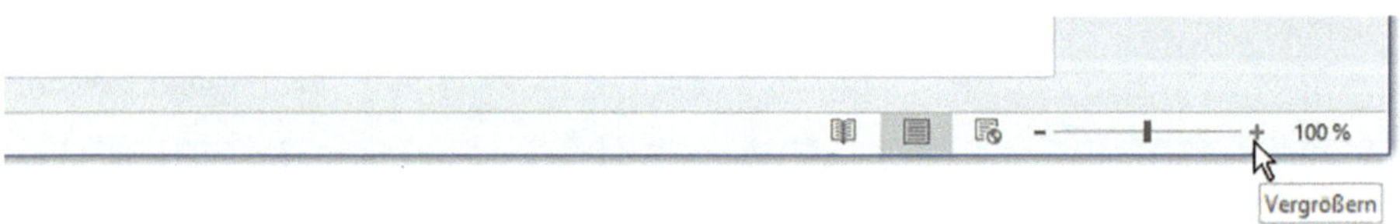

Bild 1.41 Zoom in der Statusleister

Weitere Zoomeinstellungen finden Sie in der Gruppe *Zoom* des Registers *Ansicht*.

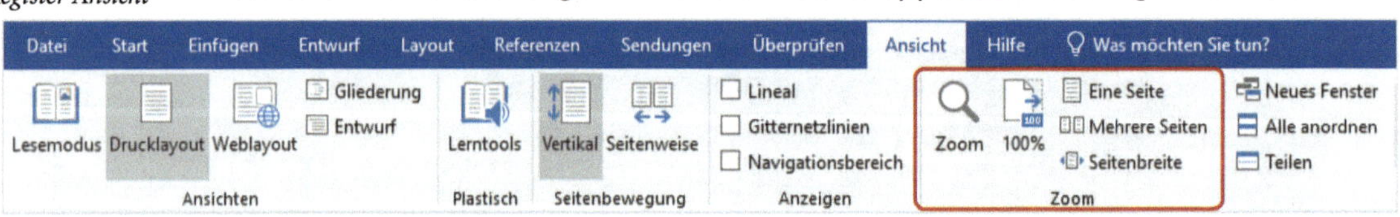

Bild 1.42 Zoomeinstellungen im Register Ansicht

Mit der Einstellung *Seitenbreite* wird der Zoomfaktor automatisch so gewählt, dass das Dokument die gesamte Breite des Word-Fensters ausfüllt. Die Option *Eine Seite* verkleinert dagegen die Anzeige so, dass die vollständige Druckseite auf den Bildschirm passt. Mit der Auswahl *Mehrere Seiten* werden gleich mehrere Seiten nebeneinander angeordnet. Ein Klick auf das Symbol *100%* stellt schnell die gebräuchlichste Anzeige wieder her. Mit Klick auf das Symbol *Zoom* öffnet sich das gleichnamige Dialogfenster, in dem Sie die genannten Einstellungen ebenfalls vornehmen können. Im Bild unten wurde als Beispiel als Zoom *Mehrere Seiten* gewählt.

Bild 1.43 Zoomeinstellung Mehrere Seiten

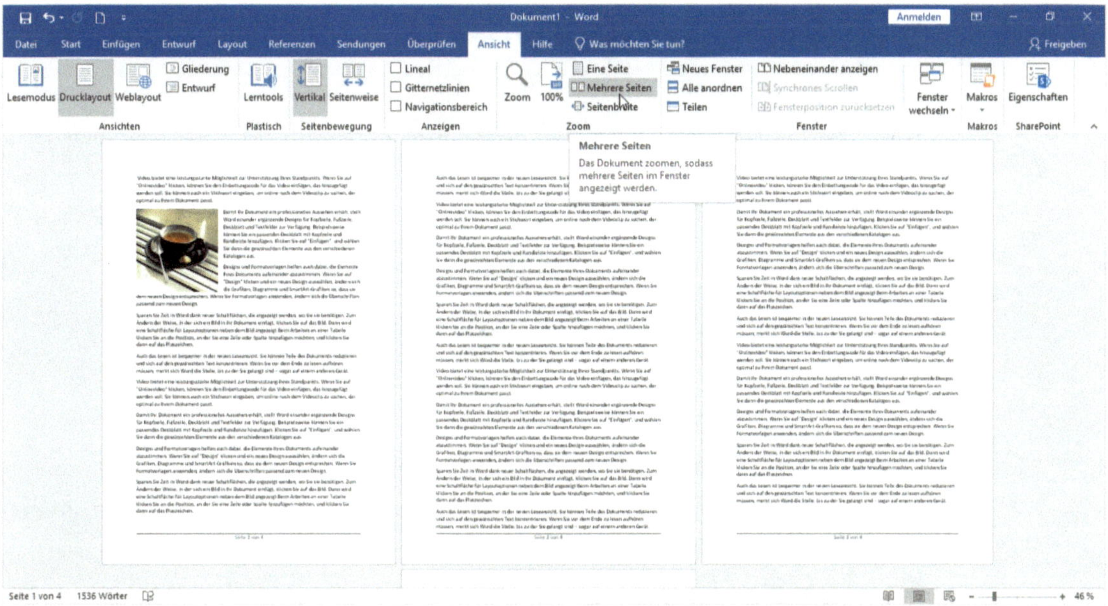

Tipp: Schneller können Sie mit Maus oder Finger zoomen. Bei der Maus drücken Sie dazu die Strg-Taste und halten die Taste gedrückt, während Sie das Mausrad drehen. Auf einem Touchscreen berühren Sie den Bildschirm mit mindestens zwei Fingern und spreizen diese bzw. führen sie zusammen.

Lineal anzeigen

Ein Lineal am linken und oberen Rand des Dokuments unterstützt Sie beim Ausrichten im Dokument und zeigt die Seitenränder an. Auch beim schnellen Ändern von Einzügen und Tabstopps (siehe Kapitel 7) leistet das Lineal gute Dienste. Zum Einblenden aktivieren Sie im Register *Ansicht*, Gruppe *Anzeigen* das Kontrollkästchen *Lineal*.

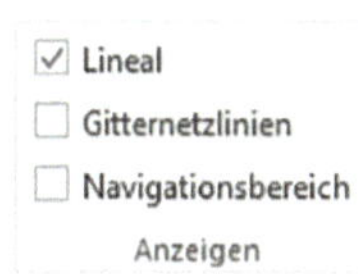

Bild 1.44 Lineal

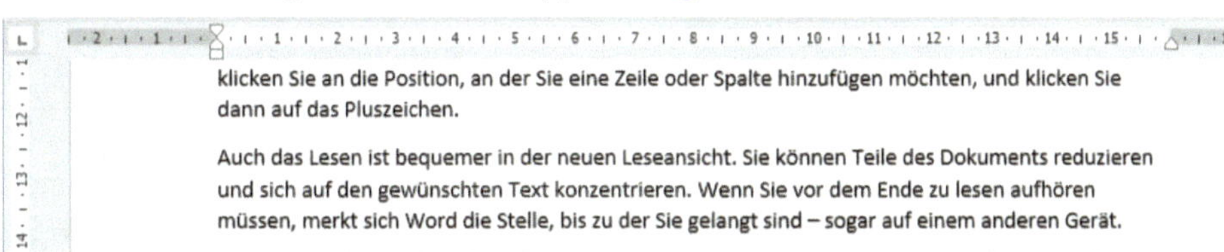

Weitere Möglichkeiten der Ansicht Drucklayout

Gitternetzlinien

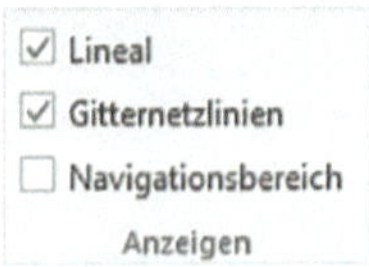

In der Gruppe *Anzeigen* (Register *Ansicht*) finden Sie in unterhalb des Lineals das Kontrollkästchen *Gitternetzlinien*. Darunter ist ein Raster oder Gitternetz zu verstehen, an dem sich Objekte, z. B. Grafiken, ausrichten lassen (siehe Kapitel 8). Bei der normalen Texteingabe und -bearbeitung stören die Linien dagegen nur und sollten daher ausgeblendet bleiben.

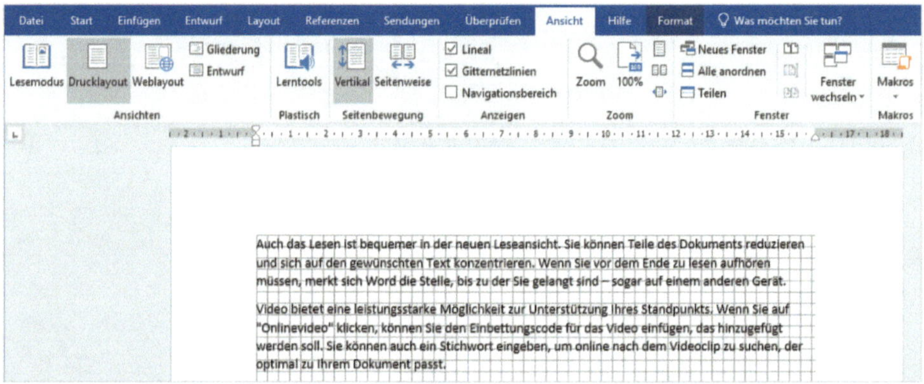

Bild 1.45 Gitternetzlinien

Oberen und unteren Seitenrand aus- und einblenden

In der Ansicht *Drucklayout* können Sie Platz sparen, indem Sie die oberen und unteren Seitenränder ausblenden:

1. Zeigen Sie mit der Maus in den Bereich oberhalb des Dokuments oder in den Zwischenraum zwischen zwei Seiten. Es erscheint ein kleines Symbol mit einem entsprechenden Hinweistext, leider nicht ganz eindeutig.
2. Ein Doppelklick an dieser Stelle blendet die Ränder aus und der Seitenumbruch ist nur an einer grauen Linie erkennbar. Ein weiterer Doppelklick auf die Linie blendet die Ränder wieder ein.

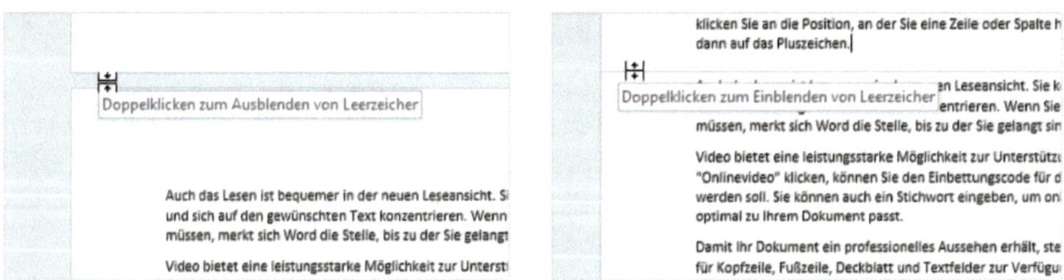

Bild 1.46 Seitenrand aus- und einblenden

Durch mehrere Seiten blättern

Standardmäßig ist in der Ansicht Drucklayout im Register *Ansicht* unter *Seitenbewegung Vertikal* eingestellt. Das bedeutet, in umfangreicheren Dokumenten blättern Sie durch Zeigen in das Dokument und Drehen des Mausrads nach unten oder oben durch das Dokument (Scrollen) bzw. verschieben den sichtbaren Bildschirmausschnitt. Die Bildlaufleiste befindet sich in dieser Einstellung am rechten Rand des Word-Fensters.

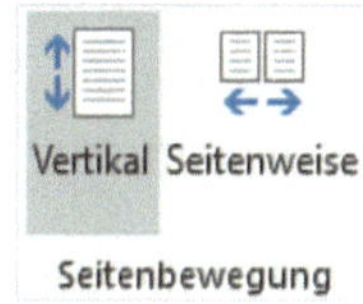

Bild 1.47 Seitenweise blättern

Wenn Sie dagegen *Seitenweise* gewählt haben, können Sie mit dem Mausrad wie in einem Buch von links nach rechts bzw. von rechts nach links blättern und die Bildlaufleiste befindet sich um unteren Rand des Word-Fensters. Die Seiten sind vollständig auf dem Bildschirm sichtbar und ein Vergrößern ist nicht möglich. Zur normalen Anzeige kehren Sie mit Klick auf *Vertikal* zurück.

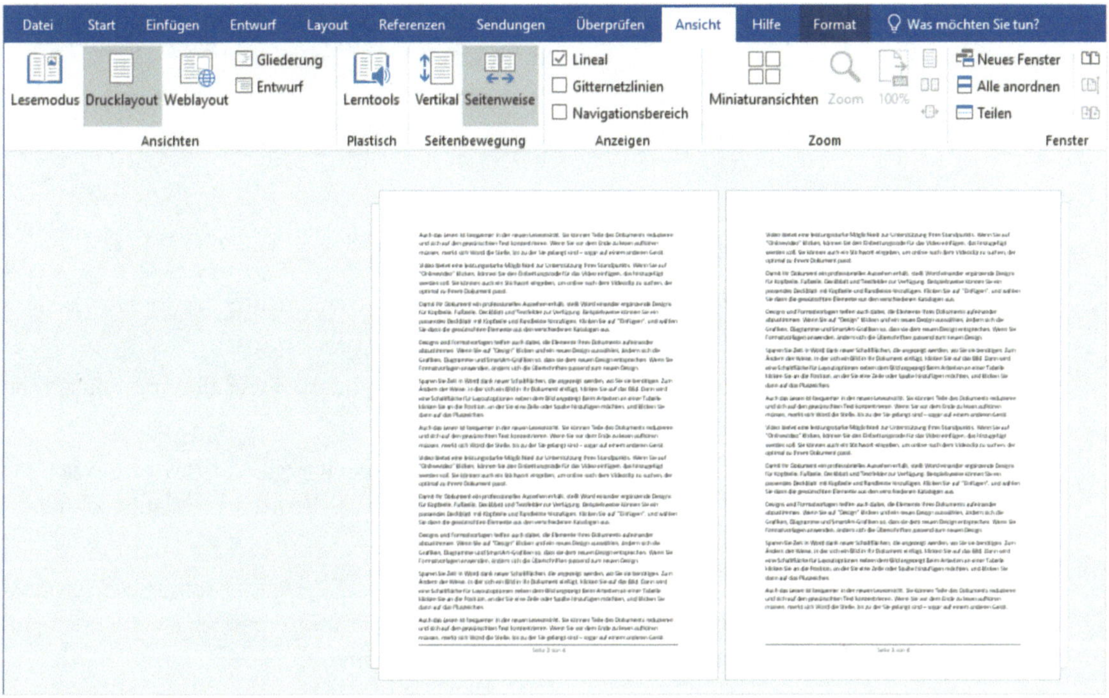

Weitere Ansichten

Die Ansicht *Lesemodus* zielt auf die Optimierung der Lesbarkeit auf dem Bildschirm, das Layout auf dem Bildschirm ist daher nicht identisch mit dem Druckergebnis. Details zur Leseansicht erfahren Sie weiter hinten im Buch in Kapitel 9.5. Die übrigen Ansichten werden nur in besonderen Fällen benötigt und sind für die normale Texteingabe und -gestaltung nicht weiter von Bedeutung. Hier eine kurze Übersicht.

Ansicht	Zweck
Weblayout	Die Ansicht Weblayout sollten Sie ausschließlich zur Erstellung von Webseiten verwenden. In dieser Ansicht wird das Dokument ohne Seitenumbruch wie in einem Webbrowser dargestellt, der Zeilenumbruch orientiert sich an der Fensterbreite. Ein späterer Ausdruck stimmt nicht mit der Bildschirmanzeige überein!

Ansicht	Zweck
Gliederung	Die Ansicht Gliederung dient zur Kontrolle und Überarbeitung der Struktur umfangreicher Dokumente. In dieser Ansicht lassen sich verschiedene Gliederungsebenen ein- und ausblenden und somit gezielt bearbeiten.
Entwurf	Anstelle der Ansicht Drucklayout kann auch die Ansicht Entwurf zur Texteingabe verwendet werden. Diese Ansicht benutzt ein vereinfachtes Layout. Seitenränder, der Inhalt von Kopf- und Fußzeilen sowie eingefügte Bilder werden nicht angezeigt. Diese Ansicht sollte daher ausschließlich für die schnelle Eingabe umfangreicher Texte verwendet werden, nicht aber zur Textgestaltung!

1.6 Übung

Starten Sie Word mit einem neuen leeren Dokument und richten Sie Ihre Arbeitsumgebung ein:

- Sollte das Word-Fenster zu klein sein, so vergrößern Sie es über den gesamten Bildschirm.
- Klicken Sie der Reihe nach auf die verschiedenen Register und lassen Sie sich die Schaltflächen anzeigen. Zuletzt sollte wieder das Register *Start* angezeigt werden.
- Kontrollieren Sie die *Symbolleiste für den Schnellzugriff*: Hier sollten die Symbole *Speichern*, *Rückgängig* und *Wiederholen* sichtbar sein. Ergänzen Sie die Leiste um das Symbol *Neu* (Ein neues leeres Dokument öffnen).
- Testen Sie den Zoom: Vergrößern oder verkleinern Sie die Bildschirmanzeige auf einen für Sie angenehmen Faktor. Je nach Bildschirmgröße dürften dies etwa 120% bis 150% sein.
- Blenden Sie das Lineal ein und wieder aus. Die Gitternetzlinien sollten dagegen nicht sichtbar sein.
- Beenden Sie Word. Eine eventuelle Rückfrage, ob Änderungen am Dokument gespeichert werden sollen, können Sie mit Nein beantworten.

Hinweis: Einstellungen wie sichtbares Lineal und Symbole in der Schnellzugriffsleiste werden mit Word gespeichert somit automatisch für weitere Dokumente beibehalten. Sie müssen also nicht jedes Mal erneut geändert werden.

2 Eingabe-, Bearbeitungs- und Korrekturtechniken

In diesem Kapitel lernen Sie...

- Text eingeben und korrigieren
- Sonderzeichen bei der Eingabe
- Markierungstechniken
- Rechtschreibung und Grammatik, Sprache festlegen
- Zeilen- und Seitenumbrüche
- Silbentrennung
- Automatische Korrekturen während der Eingabe
- Die Zwischenablage einsetzen
- Zeichenfolgen suchen und ersetzen

Das sollten Sie bereits wissen

- Befehlseingabe
- Arbeitsoberfläche

2.1 Mit einem neuen leeren Dokument beginnen

In diesem Kapitel befassen wir uns mit den Techniken der Texteingabe in Word. Dazu beginnen Sie am besten mit einem neuen leeren Dokument.

- Starten Sie also Word und klicken Sie auf der Startseite von Word auf *Leeres Dokument*. Falls Sie Word bereits mit einem anderen Dokument geöffnet haben, erhalten Sie dieselbe Möglichkeit, wenn Sie auf das Register *Datei* und hier auf *Neu* klicken.

Bild 2.1 Mit einem neuen leeren Dokument beginnen

Anzeigeeinstellungen

Im nächsten Schritt kontrollieren Sie die Anzeige im Register *Ansicht*.

- Zur Texteingabe sollte unbedingt die Ansicht *Drucklayout* ❶ ausgewählt sein.
- Außerdem muss die *Seitenbewegung Vertikal* ❷ eingestellt sein.
- Den Zoom sollten Sie so wählen, dass das Dokument in seiner gesamten Breite auf den Bildschirm passt.

Bild 2.2 Die Ansicht Drucklayout muss aktiviert sein

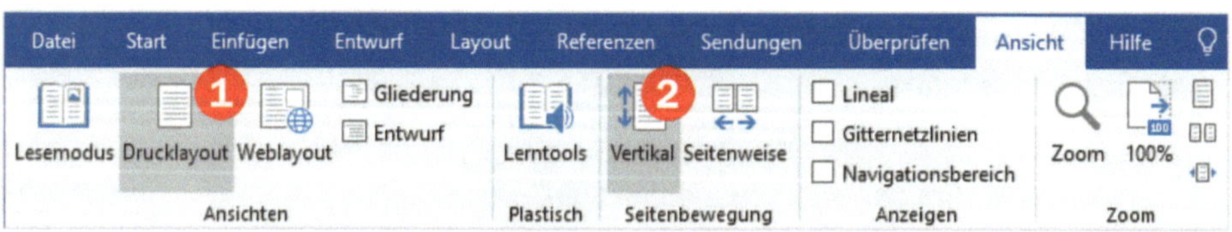

Das leere Dokument sollte etwa aussehen, wie im Bild unten.

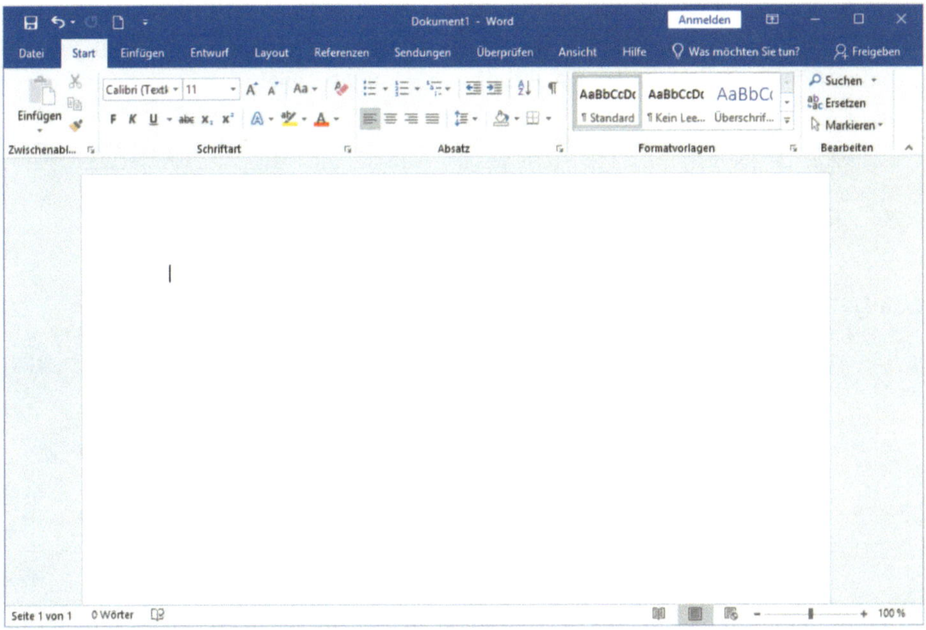

Bild 2.3 Das leere Dokument in der Ansicht Drucklayout

2.2 Text eingeben

Grundlegende Techniken

Befassen wir uns zunächst mit den grundlegenden Techniken der Texteingabe und -korrektur, gleichzeitig lernen Sie wichtige Tasten kennen. Falls Sie damit bereits vertraut sind, z. B. aus früheren Word-Versionen, können Sie diesen Punkt übergehen.

In der linken oberen Ecke des leeren Dokuments, am Textanfang, ist ein blinkender, senkrechter Strich sichtbar, die Einfügemarke oder der Cursor (1). Jedes Zeichen, das Sie über die Tastatur eintippen, erscheint auf dem Bildschirm an der Cursorposition, gleichzeitig wird der Cursor und damit das Textende nach rechts bzw. nach unten verschoben. Dass sich der Cursor nicht unmittelbar am Rand befindet, liegt daran, dass jedes leere Dokument bereits über voreingestellte Seitenränder verfügt.

Wie Sie die Seitenränder ändern, erfahren Sie in Kapitel 5

Bild 2.4 Cursor und Mauszeiger im leeren Dokument

Verwechseln Sie den Cursor nicht mit dem Mauszeiger! Dieser hat eine ähnliche Form, sobald er sich im Text befindet (2).

Sollte der Cursor nicht sichtbar sein, so ist das Word-Fenster nicht das aktive Fenster. Klicken oder tippen Sie mit dem Finger in das Fenster und der Cursor erscheint wieder. Beginnen Sie also mit der Eingabe und tippen Sie einen beliebigen kurzen Satz.

> Während der Eingabe ist die Position des Mauszeigers nicht von Bedeutung. Positionieren Sie daher vorerst die Maus am besten so, dass sich der Zeiger am Rand oder außerhalb des Dokuments befindet.

Wichtige Tasten bei der Eingabe

Taste	Bedeutung
[⇧]	Zur Eingabe von Großbuchstaben halten Sie gleichzeitig die Umschalt-Taste gedrückt. Diese Taste wird auch als Shift-Taste bezeichnet.
[⇩]	Durch einmaliges Betätigen der Feststelltaste schalten Sie um auf dauerhafte Großschreibung. Drücken Sie nochmals die Feststelltaste, um diesen Modus wieder zu beenden. Auf den meisten Tastaturen erkennen Sie den eingeschalteten Modus auch an einer Kontrollleuchte.
[⇆]	Zum Überbrücken größerer Zwischenräume innerhalb einer Zeile verwenden Sie anstelle der Leertaste besser die Tabulator-Taste, kurz als Tab-Taste bezeichnet. Mit jedem Drücken dieser Taste bewegen Sie in der Standardeinstellung den Cursor um jeweils 1,25 cm weiter.
[⇦]	Diese Taste befindet sich auf der Tastatur oberhalb der Eingabetaste und wird als Korrektur-, Rückschritt oder Backspace-Taste bezeichnet. Sie löscht ein oder mehrere Zeichen links vom Cursor und wird benutzt, um fehlerhafte Eingaben sofort zu löschen.
[↵]	Zum Beenden eines Absatzes drücken Sie die Eingabetaste, gleichzeitig beginnen Sie damit auch eine neue Zeile. Diese bezeichnet man auch als Enter- oder Returntaste.

Absätze und automatischer Zeilenumbruch

Passt während der Eingabe ein Wort nicht mehr in eine Zeile, so erfolgt ein automatischer Zeilenumbruch, das bedeutet, das Wort wandert an den Beginn der nächsten Zeile. Wenn Sie nachträgliche Änderungen am Text vornehmen, also Text einfügen, löschen oder eine größere bzw. kleinere Schrift wählen, dann passt sich der Zeilenumbruch jedes Mal automatisch neu an. Die Eingabe- oder Entertaste benötigen Sie daher nur, um einen Absatz zu beenden oder wenn Sie Leerzeilen bzw. leere Absätze einfügen möchten.

> Unter einem Absatz versteht man in der Textverarbeitung zusammenhängenden Text, auch über mehrere Zeilen, der durch Drücken der Eingabetaste beendet wird. Verwenden Sie daher grundsätzlich die Eingabetaste nur, um einen Absatz zu beenden, nicht aber innerhalb eines zusammenhängenden Textes am Ende jeder Zeile!

Einen manuellen Zeilenumbruch einfügen

Benötigen Sie trotzdem in Ausnahmefällen einmal eine neue Zeile, ohne den Absatz zu beenden, dann verwenden Sie dazu die Tastenkombination Umschalt+Eingabe, manchmal auch als „weiche Zeilenschaltung" bezeichnet.

Nicht druckbare Zeichen

Jede Taste der Tastatur, also auch die Leertaste oder Eingabetaste, erzeugt bei der Eingabe ein Zeichen, aber nicht alle Zeichen sind später auf dem Ausdruck sichtbar und erscheinen in der Standardeinstellung auch nicht auf dem Bildschirm wie im Bild.

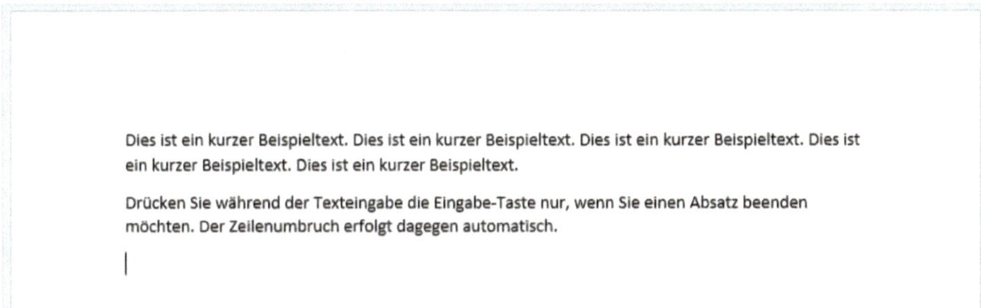

Bild 2.5 Die nicht druckbaren Zeichen sind ausgeblendet

Zum Anzeigen der nicht druckbaren Zeichen klicken Sie im Register *Start*, Gruppe *Absatz* auf das Symbol *Alle anzeigen* ¶ ❶, ein weiterer Klick auf dieses Symbol blendet die Zeichen wieder aus. Ein Absatzende erkennen Sie im Text an diesem Zeichen ¶ ❷.

Bild 2.6 Nicht druckbare Zeichen

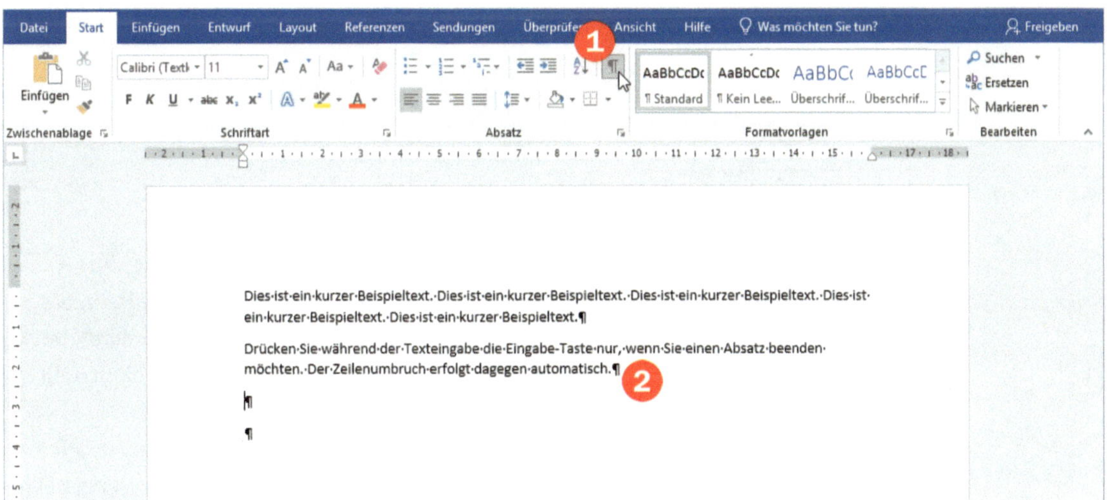

Tipp: Die Anzeige der nicht druckbaren Zeichen (Steuerzeichen) wirkt zwar störend im Schriftbild, liefert aber nützliche Informationen. Beispielsweise, wenn es darum geht, schnell die Anzahl leerer Zeilen im Text oder überflüssige Leerzeichen zwischen zwei Wörtern zu ermitteln oder um herauszufinden, weshalb Word plötzlich eine neue Zeile beginnt.

Natürlich lassen sich diese Zeichen nicht nur über die Tastatur eingeben, sondern wie alle übrigen Zeichen auch wieder löschen. Auch dazu ist es nützlich, aber nicht zwingend erforderlich, wenn diese sichtbar sind.

2.3 So bewegen Sie sich im Text

Cursortechniken

Bei nachträglichen Korrekturen im Text ist es erforderlich, dass sich der Cursor an der betreffenden Stelle befindet. Sie können den Cursor mit der Maus bzw. dem Finger oder mit den Cursor-Tasten der Tastatur im Text platzieren. **Achtung**: der Cursor kann nur innerhalb von Text versetzt werden, wobei das Ende des letzten Absatzes gleichzeitig das Textende darstellt. Allerdings können Absätze auch leer sein, also Leerzeilen bilden und außer dem Absatzende keine weiteren Zeichen enthalten.

Cursor mit der Maus versetzen

Die einfachste Möglichkeit zum Versetzen des Cursors ist die Verwendung der Maus: Zeigen Sie an die betreffende Stelle und drücken Sie anschließend die linke Maustaste (Klicken). Verwechseln Sie den Cursor nicht mit dem Mauszeiger! Die Position des Cursors ist unabhängig von der Position des Mauszeigers. Im Bild unten befindet sich der Cursor unmittelbar rechts vom Wort „Cursor", während der Mauszeiger unterhalb und rechts vom Absatz platziert ist.

Bild 2.7 Cursor/Mauszeiger

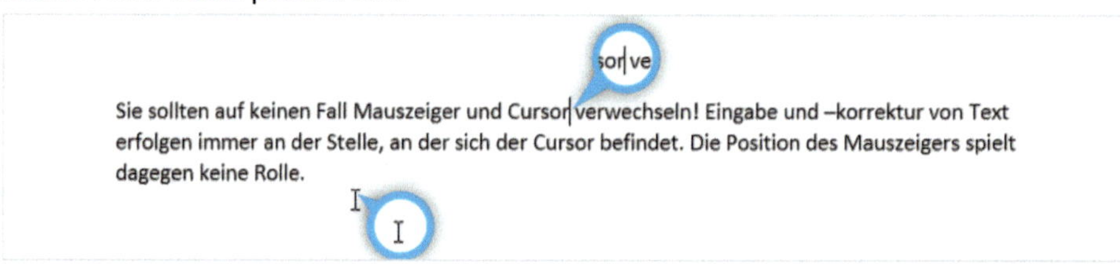

Wenn Sie z. B. am Textende weiteren Text hinzufügen möchten, dann müssen Sie zuerst mit einem Mausklick den Cursor hier platzieren und eventuell mit der Eingabetaste einen neuen Absatz anfügen, erst dann können Sie mit der Texteingabe fortfahren.

Die Cursor-Tasten der Tastatur verwenden

Wenn Sie den Cursor mithilfe der Tastatur, beispielsweise während der Eingabe, bewegen möchten, dann können Sie dazu die folgenden Tasten bzw. Tastenkombinationen verwenden:

Taste	Bedeutung
← →	Bewegt den Cursor um ein Zeichen nach links oder rechts
Strg + ←	Setzt den Cursor an den Beginn des vorherigen Wortes
Strg + →	Setzt den Cursor an den Beginn des nächsten Wortes
↑ ↓	Bewegt den Cursor um eine Zeile nach oben oder unten
Pos 1	An den Anfang der aktuellen Zeile
Ende	An das Ende der aktuellen Zeile
Strg + ↑	Zum Absatzanfang
Strg + ↓	Zum Anfang des nächsten Absatzes
Strg + Pos 1	Zum Dokumentanfang
Strg + Ende	Zum Dokumentende
Bild ↑ Bild ↓	Eine Bildschirmseite nach oben / unten

In längeren Dokumenten bewegen

Von längeren Dokumenten ist am Bildschirm nur ein Ausschnitt sichtbar. Verwenden Sie dann die Bildlaufleiste am rechtem Bildschirmrand, das Rad der Maus, oder die Tasten Bild auf/ ab, um durch den Text zu blättern (Scrollen).

Tipp: Mit Klick auf die Pfeile am oberen und unteren Ende der Bildlaufleiste können Sie sie zeilenweise verschieben.

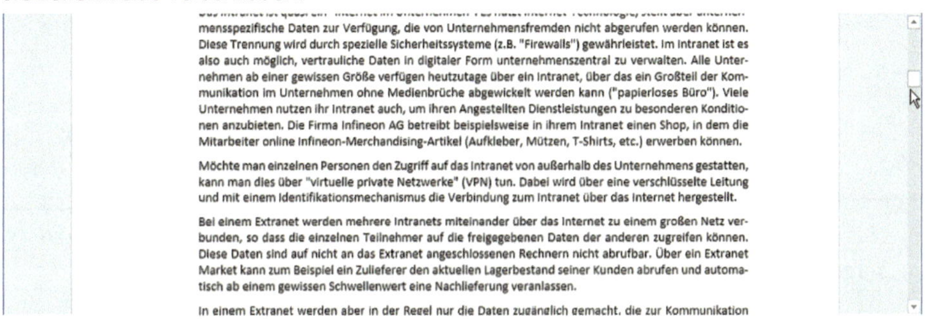

mensspezifische Daten zur Verfügung, die von Unternehmensfremden nicht abgerufen werden können. Diese Trennung wird durch spezielle Sicherheitssysteme (z.B. "Firewalls") gewährleistet. Im Intranet ist es also auch möglich, vertrauliche Daten in digitaler Form unternehmenszentral zu verwalten. Alle Unternehmen ab einer gewissen Größe verfügen heutzutage über ein Intranet, über das ein Großteil der Kommunikation im Unternehmen ohne Medienbrüche abgewickelt werden kann ("papierloses Büro"). Viele Unternehmen nutzen ihr Intranet auch, um ihren Angestellten Dienstleistungen zu besonderen Konditionen anzubieten. Die Firma Infineon AG betreibt beispielsweise in ihrem Intranet einen Shop, in dem die Mitarbeiter online Infineon-Merchandising-Artikel (Aufkleber, Mützen, T-Shirts, etc.) erwerben können.

Möchte man einzelnen Personen den Zugriff auf das Intranet von außerhalb des Unternehmens gestatten, kann man dies über "virtuelle private Netzwerke" (VPN) tun. Dabei wird über eine verschlüsselte Leitung und mit einem Identifikationsmechanismus die Verbindung zum Intranet über das Internet hergestellt.

Bei einem Extranet werden mehrere Intranets miteinander über das Internet zu einem großen Netz verbunden, so dass die einzelnen Teilnehmer auf die freigegebenen Daten der anderen zugreifen können. Diese Daten sind auf nicht an das Extranet angeschlossenen Rechnern nicht abrufbar. Über ein Extranet Market kann zum Beispiel ein Zulieferer den aktuellen Lagerbestand seiner Kunden abrufen und automatisch ab einem gewissen Schwellenwert eine Nachlieferung veranlassen.

In einem Extranet werden aber in der Regel nur die Daten zugänglich gemacht, die zur Kommunikation

Bild 2.8 Bildlaufleiste verwenden

2.4 Text nachträglich ändern

Text löschen

Einzelne Zeichen löschen Sie mit der Taste Entf (Entfernen, engl. Del, delete) oder mit der Korrekturtaste, diese befindet sich auf der Tastatur oberhalb der Eingabetaste. Welche der beiden Tasten Sie benutzen, hängt ab von der Position des Cursors und davon, wo sich die zu löschenden Zeichen befinden. Beide Tasten löschen nicht nur ein Zeichen, sondern nacheinander beliebig viele Zeichen, der übrige Text rückt automatisch wieder nach links.

Taste	Bedeutung
⇦	Löscht das Zeichen links vom Cursor, daher auch als Rückschritttaste (engl. Backspace) bezeichnet
Entf	Löscht das Zeichen rechts vom Cursor

Das Löschen längerer Texte geht dagegen schneller, wenn Sie den Text zuvor markieren und dann mit einem einzigen Tastendruck auf die Korrektur- oder Entf-Taste löschen. Wie Sie Text markieren, erfahren Sie im nächsten Punkt dieses Kapitels.

Auch nicht druckbare Zeichen wie Absatzende, Tabulator oder Leerzeichen können gelöscht werden. Beginnt beispielsweise innerhalb eines Wortes plötzlich eine neue Zeile, dann haben Sie vermutlich die Eingabetaste gedrückt, während sich der Cursor im Wort befand und dadurch an dieser Stelle ein Absatzende eingefügt. Als Abhilfe sorgen Sie dafür, dass die Absatzendemarke sichtbar ist. Nun können Sie dieses Zeichen löschen und die restliche Zeile wandert wieder nach oben.

Bild 2.9 Unbeabsichtigtes Absatzende im Wort

Wenn·plötzlich·mitten·im·Wo¶

rt·eine·neue·Zeile·beginnt,·dann·haben·Sie·die·Eingabe-Taste·gedrückt,·während·sich·der·Cursor·an·dieser·Stelle·befand·und·dadurch·ein·Absatzende·eingefügt.¶

¶

Zeichen nachträglich einfügen

In der Standardeinstellung befindet sich Word im so genannten Einügemodus. Das bedeutet, zum nachträglichen Einfügen weiterer Zeichen im vorhandenen Text setzen Sie den Cursor an die gewünschte Stelle und geben die Zeichen über die Tastatur ein. Bereits bestehender Text rechts vom Cursor bleibt erhalten und wird automatisch nach rechts bzw. in die nächste Zeile verschoben.

Zur Korrektur falscher Buchstaben brauchen Sie also nur den Cursor an der betreffenden Stelle positionieren, das fehlerhafte Zeichen löschen und anschließend das korrekte Zeichen über die Tastatur eingeben.

Die andere Möglichkeit, bei der vorhandener Text durch die nachträgliche Eingabe von Zeichen überschrieben wird, ist der Überschreibmodus. Da allerdings der Überschreibmodus normalerweise nicht benötigt wird und häufig während der Eingabe versehentlich aktiviert wird, ist er in Word standardmäßig ausgeschaltet, d. h. die Taste Einfg (Einfügen, engl. Ins, insert) mit der normalerweise zwischen Überschreib- und Einfügemodus gewechselt wird, besitzt keinerlei Wirkung.

Achtung: Dies gilt nur für die Texteingabe mit Word, nicht aber für Texteingaben mit anderen Programmen/Apps.

Falls Sie den Überschreib-Modus trotzdem benötigen, müssen Sie die Einfg-Taste erst in den Word-Optionen aktivieren. Wie Sie dabei vorgehen, erfahren Sie am Ende dieses Kapitels.

Rückgängig, Wiederherstellen und Wiederholen

Die meisten Bearbeitungsschritte, wie versehentliches Löschen oder Überschreiben, können in Word wieder rückgängig gemacht werden. Klicken Sie dazu in der Symbolleiste für den Schnellzugriff auf das Symbol *Rückgängig*. Mehrere Schritte können Sie durch wiederholtes Klicken auf die Schaltfläche rückgängig machen.

Nicht rückgängig gemacht werden können Befehle wie *Speichern* und *Drucken*.

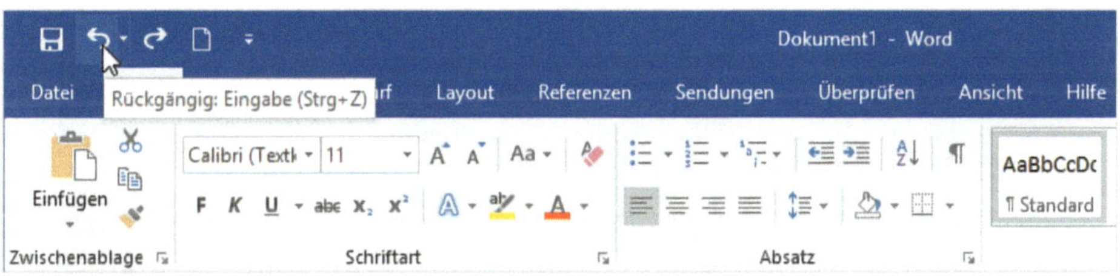

Bild 2.10 Rückgängig

Haben Sie zu viele Schritte rückgängig gemacht, bzw. wollen Sie die zuvor rückgängig gemachten Aktionen wiederherstellen, dann klicken Sie auf die Schaltfläche *Wiederherstellen*.

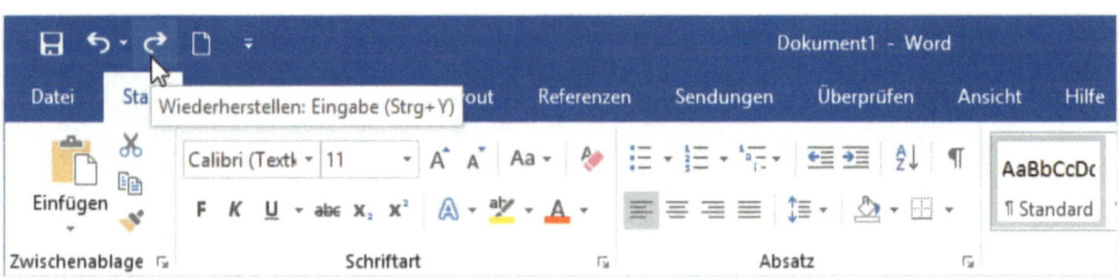

Bild 2.11 Wiederherstellen

Den letzten Befehl wiederholen

Beachten Sie: Das Symbol *Wiederherstellen* ist nur verfügbar, wenn zuvor ein Arbeitsschritt rückgängig gemacht wurde. Ansonsten finden Sie an dieser Stelle das Symbol

Wiederholen . Dieses Symbol erlaubt es, schnell den letzten Arbeitsschritt, z. B. Löschen oder eine Formatierung anwenden, an anderer Stelle zu wiederholen.

Tipp: Auch mit der Funktionstaste F4 lässt sich der letzte Arbeitsschritt schnell wiederholen.

Sollten die Symbole *Rückgängig* und *Wiederholen* nicht in der Symbolleiste für den Schnellzugriff enthalten sein, so klicken Sie auf den Pfeil am Ende dieser Leiste und aktivieren die Anzeige (siehe Kapitel 1).

2.5 Markierungstechniken

Die Markierungsfarbe ist abhängig von verschiedenen Einstellungen und kann daher auch etwas anders aussehen.

Das Markieren von Text gehört zu den wichtigsten Arbeitstechniken der Textverarbeitung. Nicht nur bei der Korrektur längerer Textstellen, sondern auch beim späteren Formatieren ist vorheriges Markieren erforderlich. Markieren bedeutet also einfach, eine Textstelle für weitere Schritte hervorheben. Markierter Text wird meist grau hinterlegt und ist daher leicht zu erkennen. Eine Markierung ist nicht von Dauer, sondern wird wieder aufgehoben, wenn Sie an eine beliebige Stelle im Dokument klicken oder tippen oder eine andere Stelle markieren.

Bild 2.12 Markierter Text

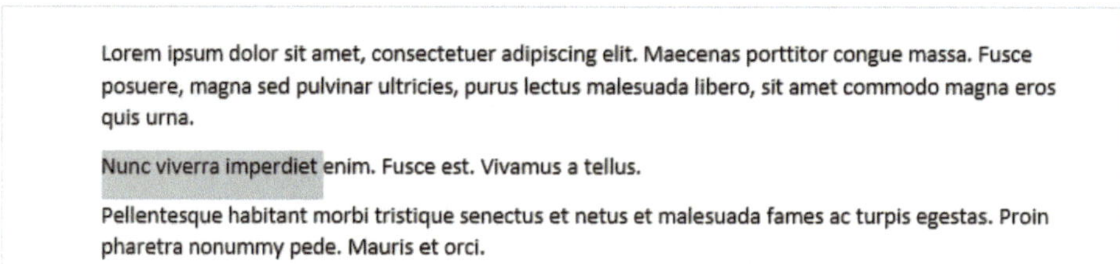

Lorem ipsum dolor sit amet, consectetuer adipiscing elit. Maecenas porttitor congue massa. Fusce posuere, magna sed pulvinar ultricies, purus lectus malesuada libero, sit amet commodo magna eros quis urna.

Nunc viverra imperdiet enim. Fusce est. Vivamus a tellus.

Pellentesque habitant morbi tristique senectus et netus et malesuada fames ac turpis egestas. Proin pharetra nonummy pede. Mauris et orci.

Grundsätzlich gilt in Word

Markierter Text wird durch Tastatureingabe überschrieben. Wenn Sie also eine Textstelle durch anderen Text ersetzen möchten, dann genügt es, wenn Sie die Textstelle markieren und ohne vorheriges Löschen durch Tastatureingabe einfach überschreiben. Die Anzahl der Zeichen bzw. die Länge des Textes spielen dabei keine Rolle.

Dieses Prinzip gilt für alle Tasten, Vorsicht also, wenn Sie Text markiert haben und die Eingabetaste drücken. Auch diese Taste überschreibt markierten Text.

Mit der Maus markieren

Am einfachsten markieren Sie mit der Maus: Bewegen Sie den Mauszeiger an den Anfang der Textstelle, die Sie markieren möchten, drücken Sie die linke Maustaste und halten Sie die Taste gedrückt, während Sie gleichzeitig den Mauszeiger über den Text bewegen, vergleichbar einem Textmarker. Lassen Sie erst los, wenn die gewünschte Textstelle markiert ist. In der Standardeinstellung markiert Word automatisch ganze Wörter, ein Wort wird also auch schon markiert, wenn Sie in der Mitte des Wortes mit dem Markieren beginnen.

Die Richtung ist beim Markieren egal, Sie können also sowohl von links nach rechts als auch von rechts nach links markieren. Wenn Sie die Maus nach oben oder unten bewegen, dann wird Text in Schreibrichtung auch über mehrere Zeilen markiert.

Neben der oben beschrieben Möglichkeit können Sie noch folgende Methoden zum schnellen Markieren mit der Maus nutzen:

Sie möchten markieren...	So gehen Sie vor
Ein einzelnes Wort	Machen Sie einen Doppelklick in das Wort.
Ein Satz	Klicken Sie bei gleichzeitig gedrückter Strg-Taste in den Satz (dazu darf keine andere Textstelle markiert sein).
Eine Zeile	Klicken Sie am linken Rand mit etwas Abstand neben der Zeile. Dieser Bereich ist die so genannte Markierungsspalte, der Mauszeiger wird als gespiegelter Pfeil dargestellt. Ein Beispiel sehen Sie im Bild unten.
Mehrere zusammenhängende Zeilen	Bewegen Sie die Maus mit gedrückter linker Maustaste in der Markierungsspalte nach oben oder unten.
Einen Absatz	Klicken Sie in der Markierungsspalte neben dem Absatz doppelt oder klicken Sie dreimal innerhalb des Absatzes an eine beliebige Stelle.

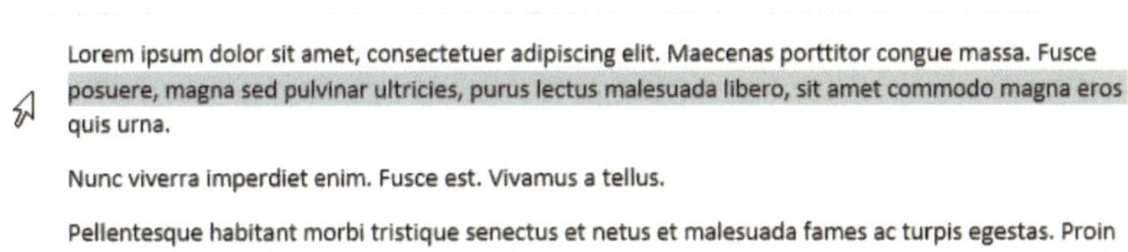

Bild 2.13 Markierung in der Markierungsspalte

Nicht zusammenhängende Textstellen markieren

Mehrere nicht zusammenhängende Textstellen markieren Sie mit gleichzeitig gedrückter Strg-Taste. So gehen Sie dabei vor:

1. Markieren Sie die erste Textstelle, wie oben beschrieben.
2. Drücken Sie auf der Tastatur die Strg-Taste und halten Sie sie gedrückt, während Sie nacheinander weitere Textstellen mit der Maus markieren. Dazu können Sie alle oben beschriebenen Techniken verwenden, ausgenommen die Verwendung der Strg-Taste.

3 Zuletzt lassen Sie die Strg-Taste los. Alle Textstellen bleiben solange markiert, bis Sie mit der Maus an eine andere Stelle klicken.

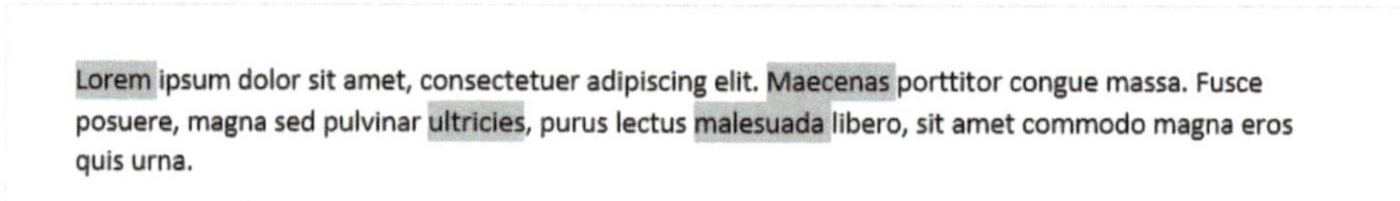
Lorem ipsum dolor sit amet, consectetuer adipiscing elit. Maecenas porttitor congue massa. Fusce posuere, magna sed pulvinar ultricies, purus lectus malesuada libero, sit amet commodo magna eros quis urna.

Bild 2.14 Nicht zusammenhängende markierte Textstellen (hier: Wörter)

Mit der Tastatur markieren

Da Word bei Verwendung der Maus ganze Wörter markiert, ist es nicht immer ganz einfach, nur einzelne Zeichen innerhalb eines Wortes zu markieren. Dann verwenden Sie zum Markieren besser die Tastatur. Die Tastatur bietet darüber hinaus noch weitere nützliche Markierungsmöglichkeiten, Sie verwenden dazu die Umschalt-Taste in Verbindung mit den Cursor-Tasten.

Sie möchten markieren...	Tasten
Zeichenweise nach rechts	⇧ + →
Zeichenweise nach links	⇧ + ←
Wortweise nach rechts	Strg + ⇧ + →
Wortweise nach links	Strg + ⇧ + ←
Ab Cursor bis zum Absatzanfang	Strg + ⇧ + ↑
Ab Cursor bis zum Absatzende	Strg + ⇧ + ↓
Ab Cursor bis zum Dokumentanfang	Strg + ⇧ + Pos 1
Ab Cursor bis zum Dokumentende	Strg + ⇧ + Ende
Das gesamte Dokument	Strg + A

Im Auswahlmodus markieren

Eine andere Möglichkeit ist der Auswahl- oder Erweiterungsmodus, den Sie mit der Funktionstaste F8 aktivieren. So geht's:

1 Klicken Sie im Text an die Stelle, an der die Markierung beginnen soll.
2 Schalten Sie mit F8 den Auswahlmodus ein.
3 Klicken Sie an die Stelle, bis zu der Sie markieren möchten.

Mit der nachfolgenden Aktion, z. B. Löschen oder Formatieren wird der Auswahlmodus automatisch wieder ausgeschaltet. Andernfalls beenden Sie den Auswahlmodus mit der Esc-Taste. Weitere Möglichkeiten zum Markieren im Auswahlmodus finden Sie in der Tabelle.

Sie möchten markieren...	Drücken Sie...
Das aktuelle Wort	zweimal F8
Den aktuellen Satz	dreimal F8
Den aktuellen Absatz	viermal F8
Das gesamte Dokument	fünfmal F8

Tipp: Wenn Sie möchten, können Sie den aktivierten Auswahlmodus in der Statusleiste anzeigen lassen. Dazu klicken Sie mit der rechten Maustaste an eine freie Stelle der Statusleiste und klicken auf Auswahlmodus (Häkchen). Dann erscheint hier bei eingeschaltetem Auswahlmodus der Hinweistext *Auswahl erweitern*.

Bild 2.15 Eingeschalteten Auswahlmodus in der Statusleiste anzeigen

2.6 Rechtschreibung und Grammatik, Sprache

Korrekturmöglichkeiten der Rechtschreib- und Grammatikprüfung

Mit Word können Sie Ihren Text auf Rechtschreibung und Grammatik prüfen lassen. Sie sollten allerdings wissen, dass nicht alle Rechtschreib- und Grammatikfehler von Word gefunden werden und umgekehrt auch korrekt geschriebene Wörter, beispielsweise Fachbegriffe als Fehler gekennzeichnet werden können!

Die Rechtschreibprüfung und die Grammatikprüfung sind standardmäßig während der Eingabe aktiv. Vielleicht haben Sie bereits bemerkt, dass unmittelbar nach der Eingabe einzelne Wörter mit einer roten Wellenlinie unterstrichen erscheinen, diese Wörter wurden von der automatischen Rechtschreibprüfung als Fehler gekennzeichnet. Grammatikfehler werden doppelt blau unterstrichen. Beide Kennzeichnungen sind nur auf dem Bildschirm sichtbar und erscheinen nicht auf dem Ausdruck.

Die Überprüfung erfolgt anhand eines Standardwörterbuches und integrierter Regeln für Rechtschreibung und Grammatik. Ist ein Wort nicht im Wörterbuch enthalten, wird es als Rechtschreibfehler gekennzeichnet. Normalerweise verwendet Word ein deutsches Wörterbuch, sodass beispielsweise englische Ausdrücke trotz korrekter Schreibweise ebenfalls als Fehler hervorgehoben werden. Auch Adressangaben und Namen von Personen oder Firmen werden häufig als Fehler gekennzeichnet. Ob die Rechtschreib- und Grammatikprüfung aktiv ist und ob Fehler gefunden wurden, erkennen Sie an einem Symbol in der Statusleiste.

Bild 2.16 Beispiel: Rechtschreib- und Grammatikkennzeichnung

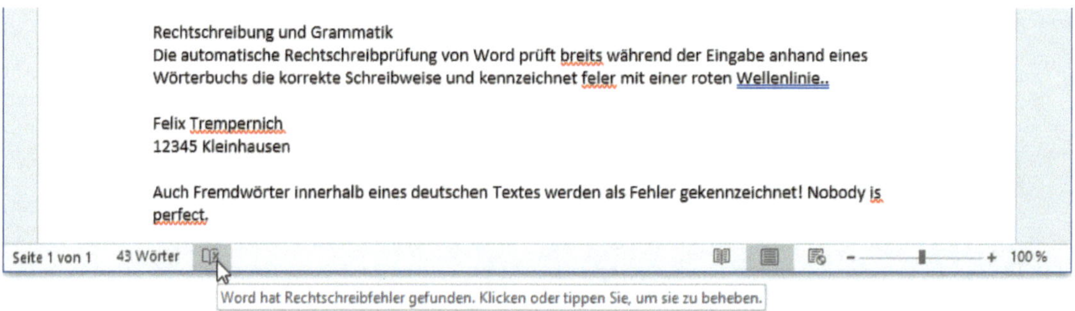

Zur nachträglichen Korrektur von Rechtschreib- und Grammatikfehlern benutzen Sie eine der folgenden Möglichkeiten:

Möglichkeit 1: Aufgabenbereich Rechtschreibung

Wechseln Sie in das Register *Überprüfen* und klicken hier auf *Rechtschreibung und Grammatik* ❶. Oder klicken Sie in der Statusleiste am unteren Bildschirmrand auf das Symbol *Rechtschreibung*.

Word beginnt mit der Suche ab der Cursorposition und markiert den ersten Fehler. Gleichzeitig öffnet sich am rechten Rand der Aufgabenbereich *Dokumentprüfung* bzw. *Rechtschreibung* ❷ mit Korrekturvorschlägen. Um den Fehler zu korrigieren bzw. durch die richtige Schreibweise zu ersetzen, genügt ein Klick auf den entsprechenden Änderungsvorschlag. Anschließend wird sofort der nächste Fehler im Dokument markiert und im Aufgabenbereich angezeigt.

Falls ein „vermeintlicher" Fehler nicht korrigiert werden soll, können Sie mit Klick auf *Einmal ignorieren* ❸ die rote Wellenlinie an dieser Stelle ausblenden oder mit *Alle ignorieren* im gesamten Dokument.

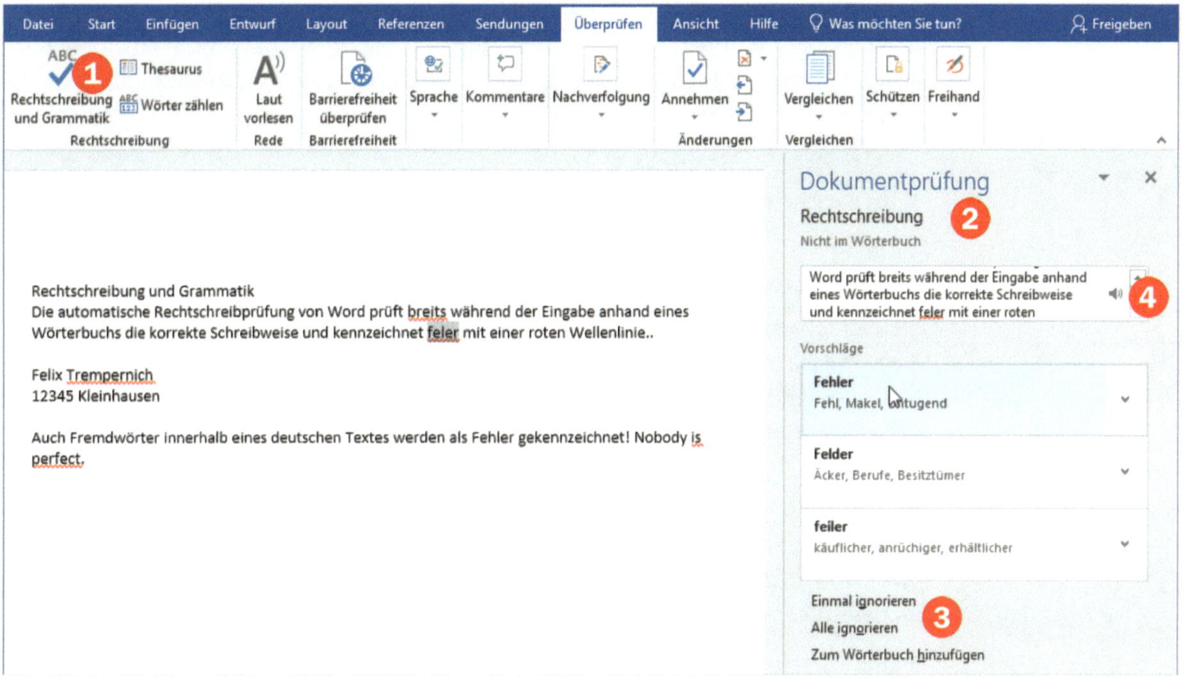

Bild 2.17 Der Aufgabenbereich Rechtschreibung

Tipp: Wenn Sie bei einem Änderungsvorschlag auf den nach unten weisenden Pfeil klicken, erhalten Sie die Möglichkeit, diesen laut vorlesen oder buchstabieren zu lassen. Sie können auch mit Klick auf das Lautsprechersymbol ❹ den gesamten Kontext laut vorlesen lassen. Zudem können Sie hier mit *Alle ändern* auch gleich eine mehrmals im Text vorkommende falsche Schreibweise ersetzen lassen.

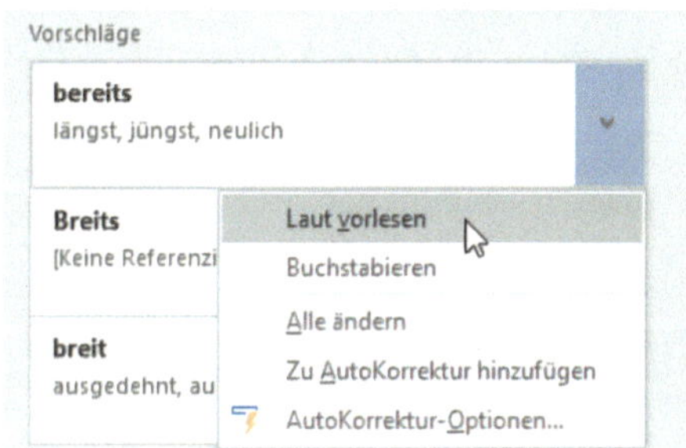

Bild 2.18 Rechtschreibkorrektur mit der rechten Maustaste

Möglichkeit 2: Rechte Maustaste

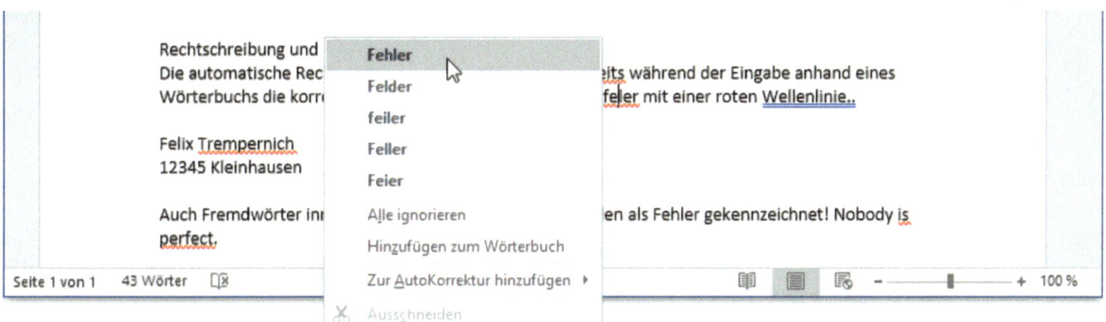

Klicken Sie im Dokument mit der rechten Maustaste auf ein als Fehler gekennzeichnetes Wort. Ein Kontextmenü mit Korrekturvorschlägen erscheint und mit einem Klick auf die richtige Schreibweise wird das Wort im Text ersetzt. Dasselbe gilt auch für Grammatikfehler.

Tipps zur Korrektur

Die richtige Schreibweise ist nicht in den Korrekturvorschlägen enthalten

Manchmal wird ein Fehler zwar erkannt, Word zeigt aber keine oder nicht die richtigen Korrekturvorschläge an. Dann müssen Sie selbst die nötigen Änderungen im Dokument vornehmen. Das fehlerhafte Wort ist bereits markiert und leicht zu finden, klicken Sie anschließend auf *Fortsetzen*.

Ein Wort wurde richtig eingegeben, aber als Fehler markiert

Namen von Personen und Adressenangaben sind nicht immer im Wörterbuch von Word enthalten. In diesem Fall klicken Sie auf *Alle ignorieren*, damit wird dieses Wort im gesamten aktuellen Dokument nicht mehr als Fehler gekennzeichnet.

Fremdwörter und Fachbegriffe sind ebenfalls nicht im deutschen Wörterbuch enthalten. Sie können aber häufig verwendete Begriffe mit der Schaltfläche *Hinzufügen zum Wörterbuch* in Ihr Wörterbuch mit aufnehmen.

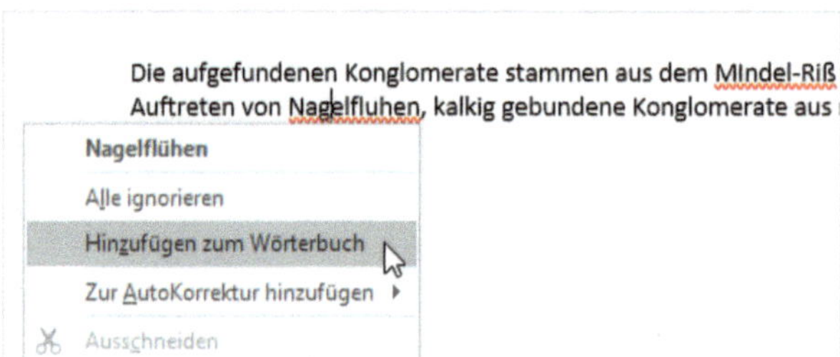

Bild 2.19 Fachbegriffe zum Wörterbuch hinzufügen

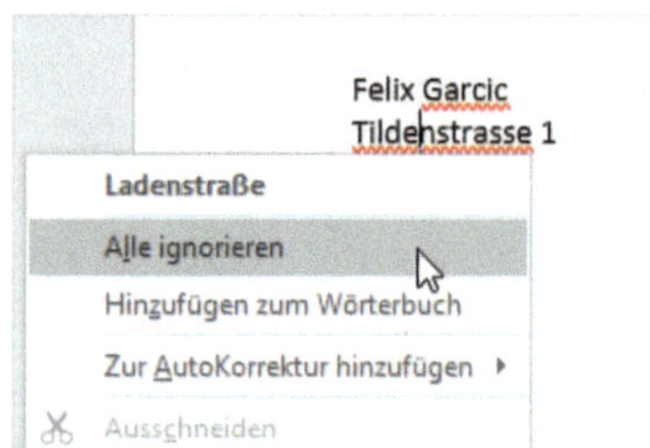

Bild 2.20 Namen und Adressangaben ignorieren

Spracheinstellungen

Standardmäßig basiert die Rechtschreib- und Grammatikprüfung auf dem deutschen Wörterbuch. Wird das gesamte Dokument in einer anderen Sprache verfasst oder enthält es längere fremdsprachliche Abschnitte, beispielsweise englische Sätze, dann können Sie die zur Korrektur verwendete Sprache ändern.

1 Markieren Sie die betreffende Textstelle und klicken Sie im Register *Überprüfen* auf die Schaltfläche *Sprache*. Wählen Sie *Sprache für Korrekturhilfen festlegen...*. Falls die verwendete Sprache in der Statusleiste angezeigt wird, so können Sie auch hier auf die Sprache klicken.

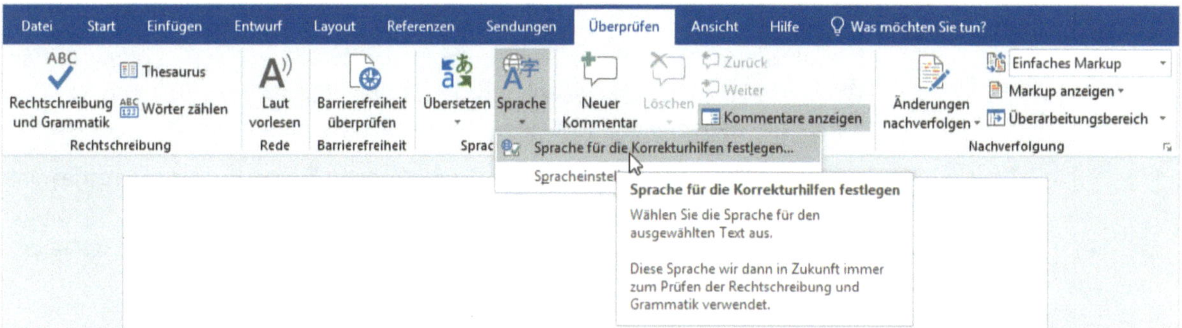

Bild 2.21 Sprache

2 Klicken Sie anschließend im Dialogfenster *Sprache* auf die gewünschte Sprache und klicken Sie auf *OK*.

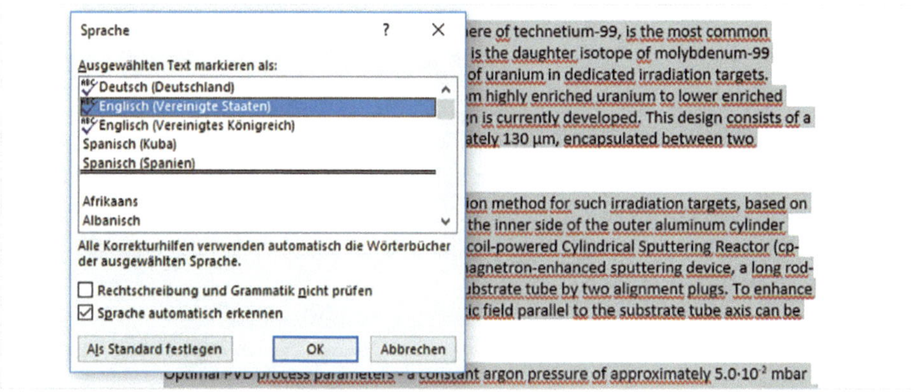

Bild 2.22 Sprache zur Korrektur auswählen

3 Die geänderte Spracheinstellung gilt nur für den markierten Text. Werden hier Rechtschreibfehler gefunden, so erhalten Sie jetzt im Aufgabenbereich *Rechtschreibung* Korrekturvorschläge in der zuvor festgelegten Sprache (Bild 2.23).

Welche Sprache Word für die aktuellen Korrekturvorschläge verwendet, sehen Sie im unteren Teil des Aufgabenbereichs *Rechtschreibung*.

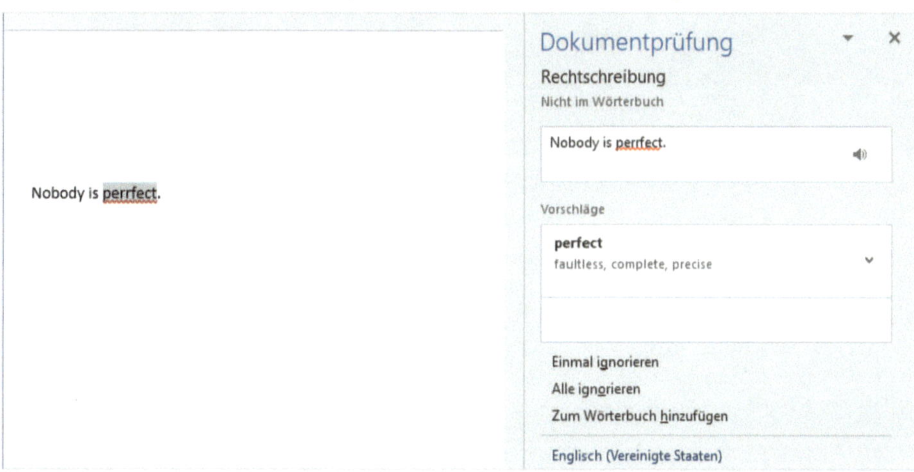

Bild 2.23 Korrekturvorschläge in der ausgewählten Sprache

Im Fenster *Sprache* finden Sie außerdem folgende Möglichkeiten (Bild 2.22):

- Das aktivierte Kontrollkästchen *Sprache automatisch erkennen* bedeutet, dass Word versucht, die Sprache anhand der verwendeten Wörter zu erkennen. Dies funktioniert aber nicht immer und führt manchmal zu seltsamen Ergebnissen.
- Mit der Schaltfläche *Als Standard festlegen* können Sie bei Bedarf die ausgewählte Sprache als Standardsprache festlegen. Dies gilt nicht nur für das gesamte aktuelle Dokument, sondern auch für alle neuen Dokumente, die auf derselben Vorlage (z. B. Leeres Dokument) basieren.

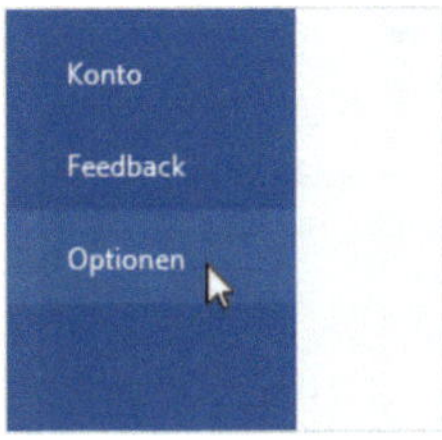

Optionen zur Rechtschreib- und Grammatikprüfung

Zusätzliche Einstellungen zur Rechtschreib- und Grammatikprüfung legen Sie in den Word-Optionen fest. Klicken Sie dazu auf das Register *Datei* und hier auf *Optionen*, worauf das Dialogfenster *Word-Optionen* geöffnet wird. Klicken Sie links auf *Dokumentprüfung*. Hier finden Sie folgende drei Bereiche:

- Änderungen, die Sie im Bereich *Bei der Rechtschreibkorrektur in Microsoft-Office-Programmen* vornehmen, gelten auch für alle übrigen Office-Anwendungen, also beispielsweise PowerPoint und Excel. Wörter in Großbuchstaben, Internetadressen und Wörter mit Zahlen ignorieren bedeutet, hier erfolgt keine Überprüfung der Rechtschreibung.

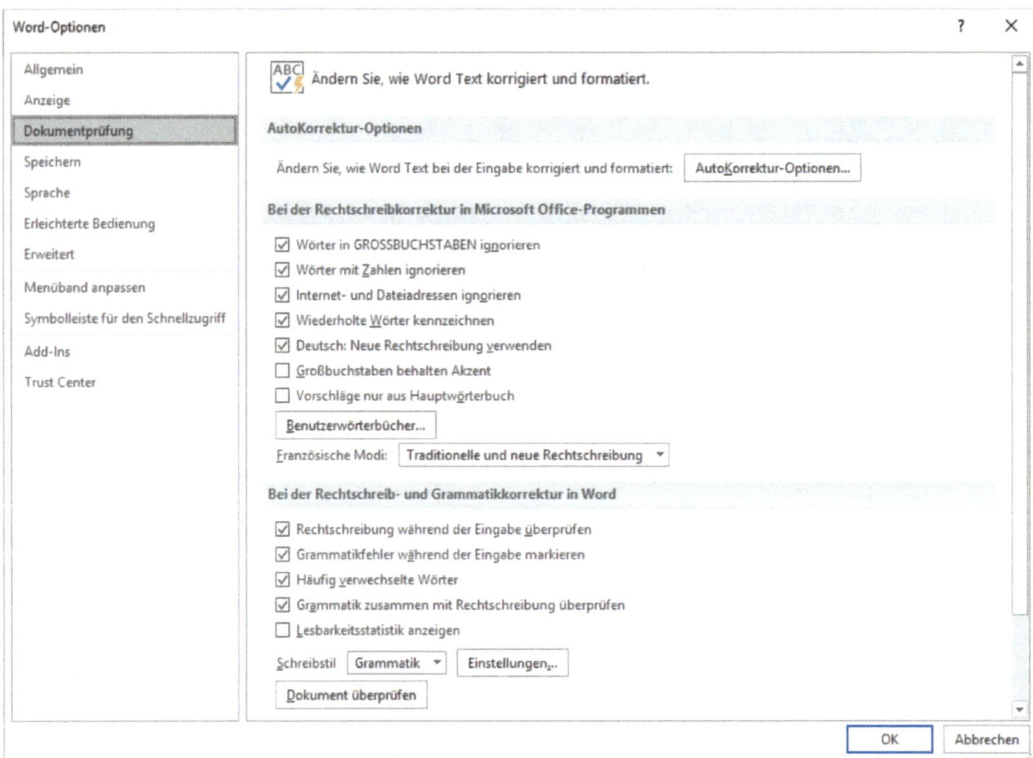

Bild 2.24 Word-Optionen: Optionen zu Rechtschreibung und Grammatik

- Im zweiten Bereich legen Sie Einstellungen fest, die ausschließlich in Word verwendet werden. Hier können Sie auch bei Bedarf die Rechtschreib- und Grammatikprüfung während der Eingabe deaktivieren.
- Im dritten Bereich legen Sie Ausnahmen für das aktuelle Dokument fest.
- Der Bereich *AutoKorrektur-Optionen* und die gleichnamige Schaltfläche beziehen sich auf automatische Korrekturen während der Eingabe, näheres hierzu im nächsten Punkt.

2.7 Automatische Korrekturen während der Eingabe

So funktioniert die AutoKorrektur

Wenn während der Eingabe am Anfang eines neuen Satzes oder eines neuen Absatzes der erste Buchstabe eines versehentlich oder absichtlich klein geschriebenen Wortes automatisch in einen Großbuchstaben umgewandelt wird, dann liegt dies an der AutoKorrektur von Word. Im Gegensatz zur Rechtschreibprüfung, die Fehler nur kennzeichnet, erfolgt durch die AutoKorrektur bereits während der Eingabe eine Korrektur häufiger Rechtschreibfehler oder Buchstabendreher. So wandelt die AutoKorrektur beispielsweise die Zeichenfolge„udn" in das Wort„und" um und nach der Eingabe von (c) erscheint das Copyright-Zeichen ©, usw..

Eine AutoKorrektur rückgängig machen

Allerdings ist eine automatische Korrektur nicht immer erwünscht, z. B. bei Namen wie im Bild unten. Entweder machen Sie in solchen Fällen anschließend die AutoKorrektur wieder rückgängig, indem Sie in der Symbolleiste für den Schnellzugriff auf *Rückgängig* klicken oder nutzen Sie die AutoKorrektur-Optionen. Dazu gehen Sie so vor:

1 Zeigen Sie mit der Maus auf das automatisch korrigierte Wort.

2 Unterhalb des Wortes wird eine blaue Markierung sichtbar und sobald Sie auf diese Markierung zeigen, erscheint die Schaltfläche *AutoKorrektur-Optionen*.

3 Klicken Sie auf die Schaltfläche. Nun können Sie wählen, ob Sie nur die Änderung zurücknehmen oder die automatische Korrektur dieser Zeichenfolge ab sofort deaktivieren möchten.

Bild 2.25 AutoKorrektur-Optionen im Text

AutoKorrektur-Optionen

Der Befehl *AutoKorrektur-Optionen steuern…* öffnet ein Dialogfenster mit weiteren Möglichkeiten. Über Kontrollkästchen steuern Sie das Verhalten der AutoKorrektur, beispielsweise am Satzanfang ❶ oder bei unbeabsichtigtem Betätigen der Feststelltaste ❷.

Bild 2.26 Einstellungen in den AutoKorrektur-Optionen

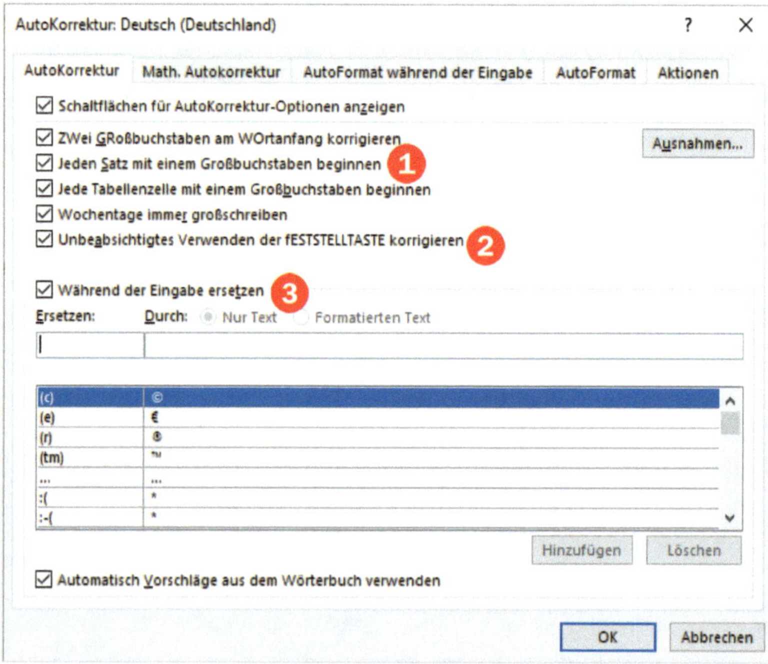

Bild 2.27 Ausnahmen für Großbuchstaben am Wortanfang

Haben Sie die Option *Satz mit einem Großbuchstaben beginnen* aktiviert, dann können Sie über die Schaltfläche *Ausnahmen* im Register *Erster Buchstabe* die Liste der Abkürzungen kontrollieren bzw. ergänzen, nach denen keine automatische Umwandlung in einen Großbuchstaben erfolgen soll.

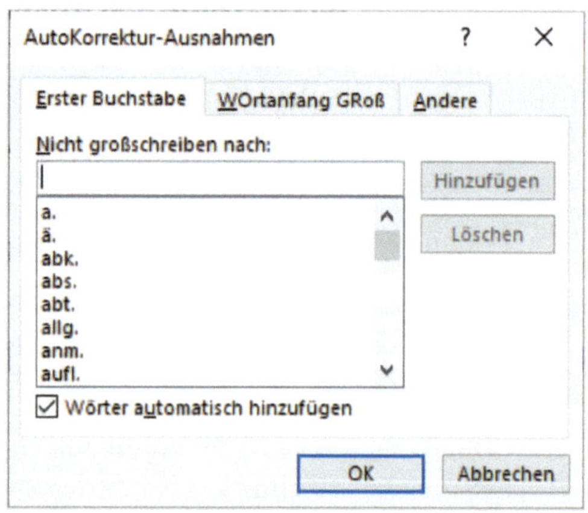

Für Ausnahmen bei der Korrektur zweier Großbuchstaben am Wortanfang klicken Sie im Fenster *Ausnahmen* auf das Register *WOrtanfang GRoß*.

AutoKorrektur-Optionen in den Word-Optionen anzeigen

Alternativ öffnen Sie die AutoKorrektur-Optionen im Register *Datei*. Klicken Sie hier auf *Optionen*, wählen Sie *Dokumentprüfung* und klicken Sie dann auf die Schaltfläche *AutoKorrektur-Optionen*.

Bild 2.28 Die AutoKorrektur-Optionen in den Word-Optionen öffnen

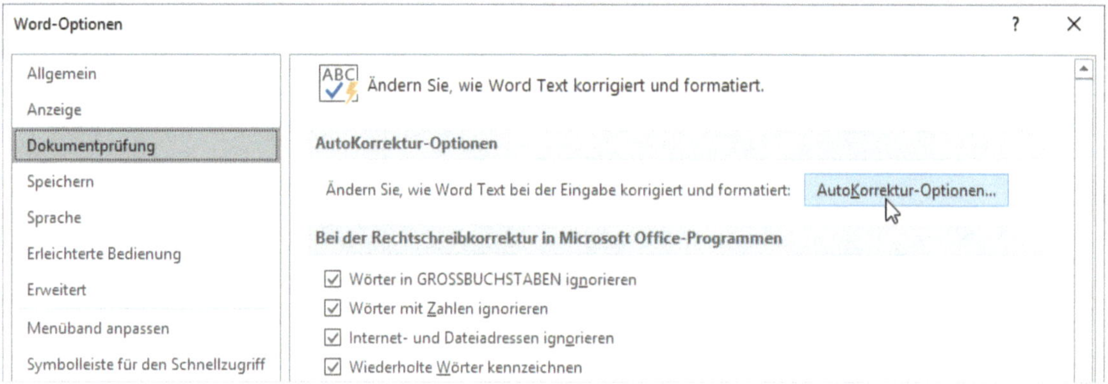

Die AutoKorrektur ergänzen

Im Fenster *AutoKorrektur-Optionen* finden Sie eine Liste von Zeichenfolgen, die sofort nach der Eingabe automatisch korrigiert werden. Diese Liste können Sie um eigene Ersetzungen ergänzen.

Dies können Wörter sein, bei denen Sie sich häufig vertippen, Sie können aber auch während der Eingabe bestimmte Kürzel durch häufig benötigte Textfloskeln ersetzen zu lassen. Etwa Ihre Initialen durch Ihren vollständigen Namen oder den Namen der Firma oder das Kürzel mfg durch die Grußformel „Mit freundlichen Grüßen".

1 Tragen Sie im Feld *Ersetzen* die zu ersetzende Zeichenfolge, z. B. ein Wort mit vertauschten Buchstaben oder das oben erwähnte Kürzel der Grußformel, ein und daneben im Feld *Durch* geben Sie das Wort in der richtigen Schreibweise ein.

2 Dann klicken Sie auf *Hinzufügen*.

Bild 2.29 Eigene Ersetzungen hinzufügen

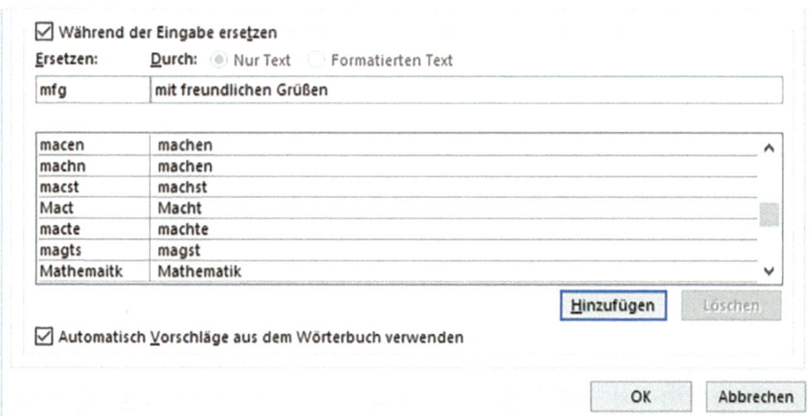

Damit die angegebenen Zeichenfolgen automatisch ersetzt werden, muss das Kontrollkästchen *Während der Eingabe automatisch ersetzen* aktiviert sein!

Nicht benötigte oder lästige Einträge entfernen Sie, indem Sie diesen in der Liste markieren und auf die Schaltfläche *Löschen* klicken.

AutoFormat während der Eingabe

Nicht nur die oben genannte AutoKorrektur ist während der Eingabe aktiv, auch andere Zeichen werden während der Eingabe automatisch ersetzt, dazu zählen beispielsweise die Anführungszeichen. Da eine Tastatur nur gerade Anführungszeichen " " aufweist, ersetzt Word in der Standardeinstellung solche Anführungszeichen sofort nach der Eingabe durch „typografische" Anführungszeichen. Eine weitere, allerdings nicht immer erwünschte, automatische Korrektur ist das Ersetzen eines normalen Bindestrichs - durch den längeren Geviertstrich —.

Beide Einstellungen finden Sie ebenfalls im Dialogfenster *AutoKorrektur*. Öffnen Sie das Dialogfenster wie oben beschrieben oder im Register *Datei* ▶ *Optionen* ▶ *Dokumentprüfung* und klicken Sie auf das Register *AutoFormat während der Eingabe*.

Bild 2.30 Anführungszeichen während der Eingabe ersetzen

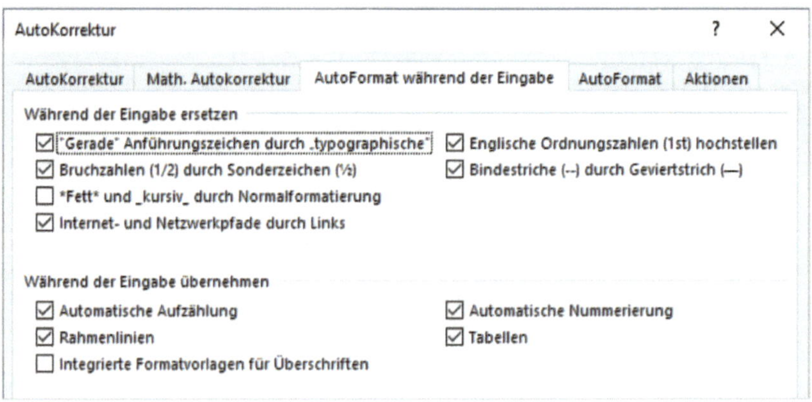

Hyperlinks

E-Mail-Adressen und Adressen im Internet, die mit www beginnen (Webadressen) werden unmittelbar nach der Eingabe automatisch in sogenannte Hyperlinks umgewandelt. Hyperlinks, kurz als Links bezeichnet, sind Verknüpfungen zu Webseiten oder anderen Dokumenten und werden von Word standardmäßig mit blauer Schriftfarbe und unterstrichen dargestellt. Wenn Sie mit der Maus auf einen Link zeigen, wird der Mauszeiger als Hand dargestellt und es erscheint ein kurzer Hinweistext. Klicken Sie bei gedrückter Strg-Taste auf den Link, so wird Ihr Standardbrowser geöffnet und die entsprechende Seite angezeigt. Bei E-Mail-Adressen wird automatisch ihr E-Mail-Programm geöffnet und eine neue Nachricht an die angegebene Adresse erstellt.

Bild 2.31 Beispiel: Link im Text

Hyperlinks werden allerdings nicht immer benötigt und wirken in gedruckten Dokumenten, z. B. in Briefen eher störend. Um zu vermeiden, dass eine Adresse als Hyperlink angezeigt und später auch mit dieser Formatierung gedruckt wird, benutzen Sie eine der folgenden Möglichkeiten:

- Machen Sie unmittelbar danach einfach die automatische Umwandlung rückgängig . Oder verfahren Sie wie bei der AutoKorrektur (siehe Seite 61).
- Alternativ klicken Sie mit der rechten Maustaste auf den Hyperlink und auf *Link entfernen*. Dies funktioniert auch noch später, wenn ein Rückgängigmachen nicht mehr möglich ist.

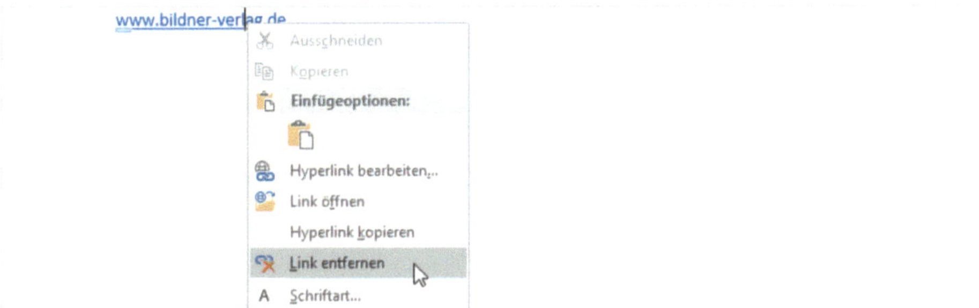

Bild 2.32 Link entfernen

Tipp: Wenn Sie keine Links benötigen und die automatische Umwandlung dauerhaft ausschalten möchten, dann öffnen Sie die *AutoKorrektur-Optionen* (siehe Seite 62), klicken hier auf das Register *AutoFormat während der Eingabe* und deaktivieren das Kontrollkästchen *Internet- und Netzwerkpfade durch Links*.

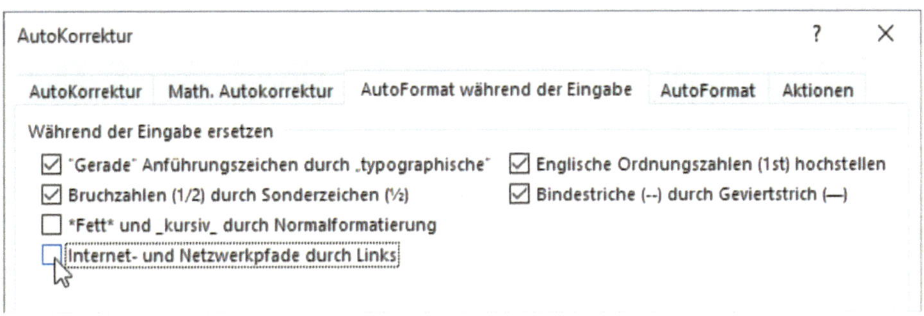

Bild 2.33 Automatisches Ersetzen durch Links deaktivieren

2.8 Besonderheiten während der Eingabe

Leerzeilen am Textende überbrücken

Unterhalb vom Textende, also nach dem letzten Absatzende, erscheinen unabhängig vom Cursor am Mauszeiger je nach Position Symbole verschiedener Absatzausrichtungen (siehe Kapitel 4.4). Dies signalisiert, dass an dieser Stelle nach einem Doppelklick der Cursor erscheint und Sie sofort Text eingeben können. Der Absatz erhält die angezeigte Ausrichtung und der Abstand zur Cursorposition wird automatisch mit Leerzeilen aufgefüllt.

Möchten Sie beispielsweise, wie im Bild unten, in der Mitte eines leeren Dokuments und nach einigen Leerzeilen mit der Texteingabe beginnen, dann zeigen Sie an die betreffende Stelle und achten dabei auf den Mauszeiger ❶. Nach einem Doppelklick erscheint hier der Cursor und Sie können Text eingeben ❷, der Abstand bis zu dieser Stelle wurde automatisch mit Leerzeilen aufgefüllt.

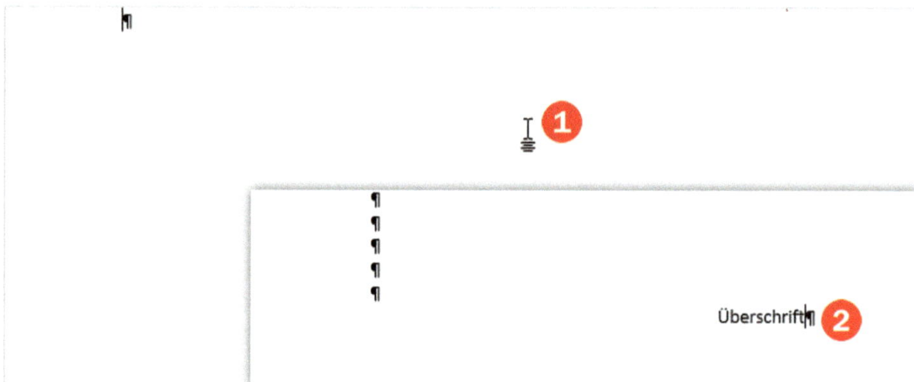

Bild 2.34 Leerzeilen überbrücken

Die Bedeutung der Symbole

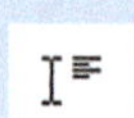	Der Text wird am linken Seitenrand ausgerichtet
	Der Text wird zwischen dem linken und rechten Seitenrand zentriert
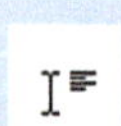	Der Text wird am rechten Seitenrand ausgerichtet (rechtsbündig)

Manuelle und automatische Zeilenumbrüche

Manuellen Zeilenumbruch einfügen

Wie Sie in diesem Kapitel bereits gesehen haben, erzeugen Sie durch Drücken der Eingabetaste ein Absatzende und beginnen eine neue Zeile. In manchen Fällen kann es aber sinnvoll sein, eine neue Zeile zu beginnen, ohne den Absatz zu beenden. Dies bezeichnet man in Word auch als manuellen Zeilenumbruch oder „weiche" Zeilenschaltung. Einen manuellen Zeilenumbruch fügen Sie mit den Tasten Umschalt+Eingabetaste ein. Im Gegensatz zum Absatzende zeigt Word in diesem Fall das nicht druckbare Zeichen ↵ an.

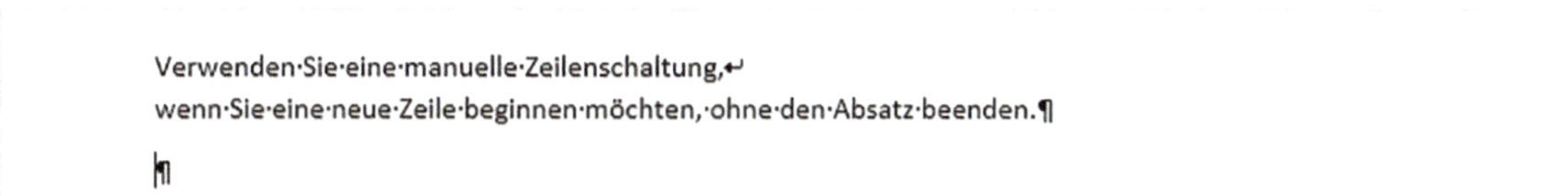

Bild 2.35 Weiche Zeilenschaltung

Automatischen Zeilenumbruch verhindern

Standardmäßig erfolgt ein automatischer Zeilenumbruch zwischen zwei Wörtern, also bei einem Leerzeichen oder nach einem Bindestrich. Nicht immer ist dies aber auch erwünscht. So werden etwa zur besseren Lesbarkeit große Zahlen meist mit einem Leerzeichen als Tausendertrennzeichen eingegeben, z. B. 1 000 000 €. Um zu verhindern, dass solche Zahlen durch einen Zeilenumbruch getrennt werden, verwenden Sie bei der Eingabe statt einfacher Leerzeichen so genannte „geschützte Leerzeichen". Diese geben Sie mit der folgenden Tastenkombination ein:

Strg+Umschalt+Leertaste.

Bei eingeblendeten nicht druckbaren Zeichen erscheint an dieser Stelle statt eines normalen Leerzeichens das Gradzeichen °.

Wenn Sie bei einem Bindestrich den automatischen Zeilenumbruch verhindern möchten, dann geben Sie anstelle des normalen Bindestrichs mit der Tastenkombination Strg+Umschalt+Bindestrich einen geschützten Bindestrich ein.

Seitenumbruch einfügen

Word erkennt automatisch das Ende einer Druckseite. Es erfolgt ein automatischer Seitenumbruch und eine neue Seite wird an das Dokument angefügt. Benötigen Sie dagegen einen Seitenumbruch an einer bestimmten Stelle, so fügen Sie im Dokument einen manuellen Seitenwechsel oder Seitenumbruch ein.

1 Platzieren Sie den Cursor an der Stelle des Dokuments, ab der Sie eine neue Seite beginnen möchten, am besten zu Beginn des Absatzes, mit dem die neue Seite beginnen soll.

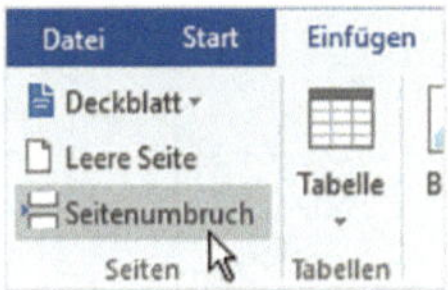

2 Klicken Sie im Register *Einfügen*, Gruppe *Seiten*, auf die Schaltfläche *Seitenumbruch* oder drücken Sie die Tastenkombination Strg+Eingabetaste. Der Seitenumbruch wird links bzw. oberhalb vom Cursor eingefügt und bei eingeblendeten, nicht druckbaren Zeichen als gepunktete Linie dargestellt.

Alternativ können auch im Register *Layout* ▶ *Seite einrichten* auf die Schaltfläche *Umbrüche* klicken und hier *Seite* auswählen.

Bild 2.36 Manueller Seitenumbruch im Text

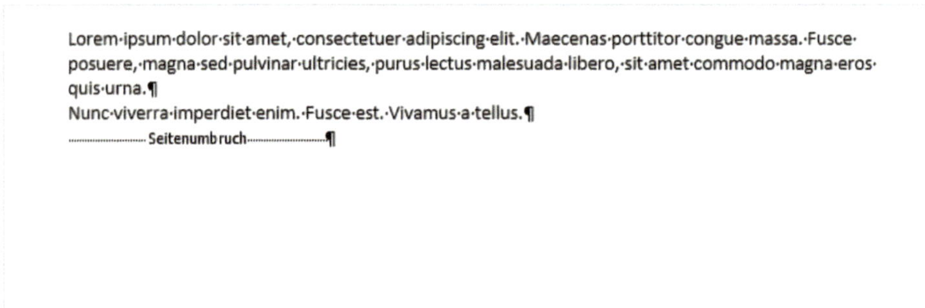

Im Gegensatz zum automatischen Seitenumbruch können Sie einen manuellen Seitenumbruch jederzeit wieder löschen: Blenden Sie die nicht druckbaren Zeichen ein, klicken Sie auf den Seitenumbruch und drücken Sie die Entf-Taste.

Silbentrennung

Eine automatische Trennung von Wörtern passiert nur, wenn Sie die automatische Silbentrennung aktiviert haben. Dies ist jederzeit und auch nachträglich möglich. Klicken Sie dazu im Register *Layout*, Gruppe *Seite einrichten*, auf die Schaltfläche *Silbentrennung* und auf *Automatisch*. Ist die automatische Silbentrennung bereits aktiviert, so erkennen Sie dies am Häkchen.

- Die automatische Silbentrennung erfolgt im gesamten Text und bereits während der Eingabe. Bei nachträglichen Änderungen im Text und damit am Zeilenumbruch passt sich die Trennung automatisch an.
- Über *Silbentrennungsoptionen...* können Sie bei der automatischen Silbentrennung außerdem die maximale Zahl der aufeinanderfolgenden Trennstriche festlegen und angeben, ob auch Wörter in Großbuchstaben, z. B. Firmennamen, getrennt werden dürfen.
- Falls Sie die automatische Silbentrennung wieder deaktivieren möchten, so klicken Sie auf *Silbentrennung* und wählen *Keine*.
- Wählen Sie dagegen *Manuell*, so müssen Sie anschließend jeden einzelnen Trennvorschlag bestätigen oder ändern.

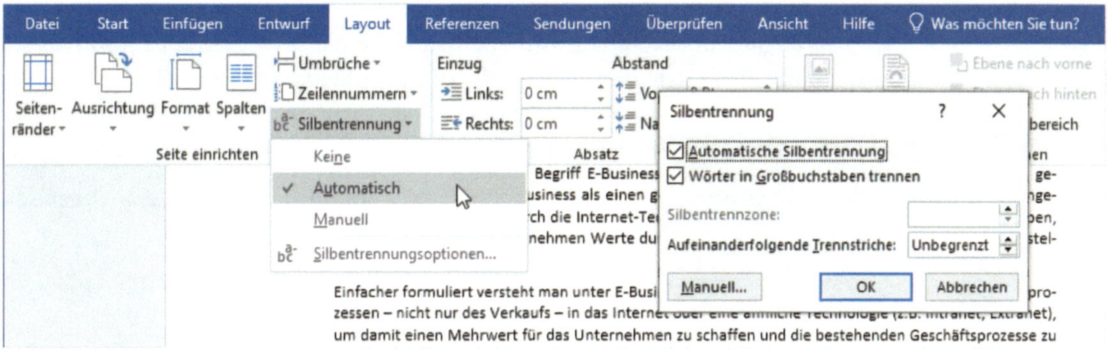

Bild 2.37 Silbentrennung und Silbentrennungsoptionen

Bedingte Trennstriche

Egal, ob automatische oder manuelle Silbentrennung, Word verwendet in beiden Fällen sogenannte bedingte Trennstriche. Das bedeutet, die Trennstriche werden nur dann gedruckt, wenn sie auch tatsächlich benötigt werden, also am Zeilenende.

Achtung: Wenn Sie während der Texteingabe oder auch nachträglich selbst Trennstriche einfügen möchten, dann sollten Sie dazu keinesfalls den normalen Bindestrich verwenden. Bei späteren Änderungen am Textinhalt und damit verbundenen Änderungen des Zeilenumbruchs befinden sich sonst unter Um-ständen die Trennstriche mitten im Text, wie hier. Fügen Sie stattdessen einen bedingten Trennstrich mit der Tastenkombination Strg+Bindestrich ein. Falls Sie die nicht druckbaren Zeichen eingeblendet haben, so werden auch bedingte Trennstriche angezeigt, erkennbar am ¬.

2.9 Text verschieben oder kopieren

Eine gängige und wichtige Technik bei der Korrektur und Bearbeitung von Dokumenten ist das Kopieren oder Verschieben ausgewählter Textstellen an eine andere Position. Dazu können Sie entweder die Maus verwenden, dies wird auch als Drag & Drop bezeichnet, oder die Zwischenablage verwenden. In jedem Fall müssen Sie den betreffenden Text zuvor markieren.

Verwenden der Maus

Am schnellsten geht es, wenn Sie Text mit der Maus verschieben. Allerdings ist dies nur innerhalb eines Dokuments möglich und auch hier nur für kurze Entfernungen geeignet. So gehen Sie vor:

1 Markieren Sie zuerst die Textstelle, die Sie verschieben möchten und lassen Sie danach die Maustaste wieder los.

2 Zeigen Sie mit der Maus auf die Markierung (der Mauszeiger erscheint als Pfeil), drücken Sie die linke Maustaste und halten Sie die Taste gedrückt, während Sie die Maus über den Text bewegen. Am Mauszeiger wird ein kleines Kästchen sichtbar und im Text wandert der Cursor mit. Der markierte Text selbst bleibt vorerst an seiner ursprünglichen Stelle.

3 Sorgen Sie nun dafür, dass sich der Cursor am gewünschten Zielort befindet, dann können Sie die Maustaste wieder loslassen.

4 Erst jetzt wird der markierte Text an dieser Stelle eingefügt. Meist erfolgt mit dem Einfügen auch ein automatischer Ausgleich der Leerzeichen.

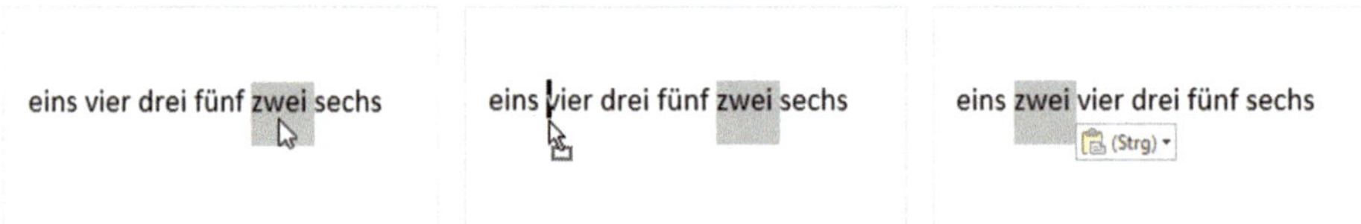

Bild 2.38 Markiertes Wort mit der Maus verschieben

5 An der Einfügestelle erscheint eine kleine Schaltfläche, mit der Sie die Übernahme von Formaten steuern können. Innerhalb eines Absatzes ist dies aber meist nicht von Bedeutung.

Tipp: Falls dies nicht auf Anhieb klappt und Sie den Text versehentlich an die falsche Stelle verschoben haben, dann machen Sie diese Aktion einfach anschließend wieder rückgängig und versuchen es erneut.

Text mit der Maus kopieren

Kopieren bedeutet, der markierte Text bleibt an der ursprünglichen Stelle erhalten. Auch dazu können Sie die Maus verwenden. Dabei gehen Sie wie beim Verschieben vor, müssen aber während des Ziehens gleichzeitig die Strg-Taste gedrückt halten. Am Mauszeiger erscheint dann ein kleines Pluszeichen.

Bild 2.39 Text kopieren

Die Zwischenablage verwenden

Das Drag & Drop Verfahren mit der Maus eignet sich nicht für längere Textstellen oder wenn Sie in umfangreichen Dokumenten über mehrere Seiten hinweg verschieben oder kopieren wollen. Dann benutzen Sie besser die Zwischenablage. Ein weiterer Vorteil der Zwischenablage: Ausgeschnittener oder kopierter Text verbleibt solange in der Zwischenablage, bis Sie den nächsten Text ausschneiden oder kopieren und kann daher auch mehrmals eingefügt werden.

Die Schaltflächen zur Verwendung der Zwischenablage finden Sie im Menüband im Register *Start*, Gruppe *Zwischenablage* ❶ sowie im Kontextmenü, wenn Sie mit der rechten Maustaste auf markierten Text klicken ❷. Alternativ können Sie auch Tastenkombinationen verwenden.

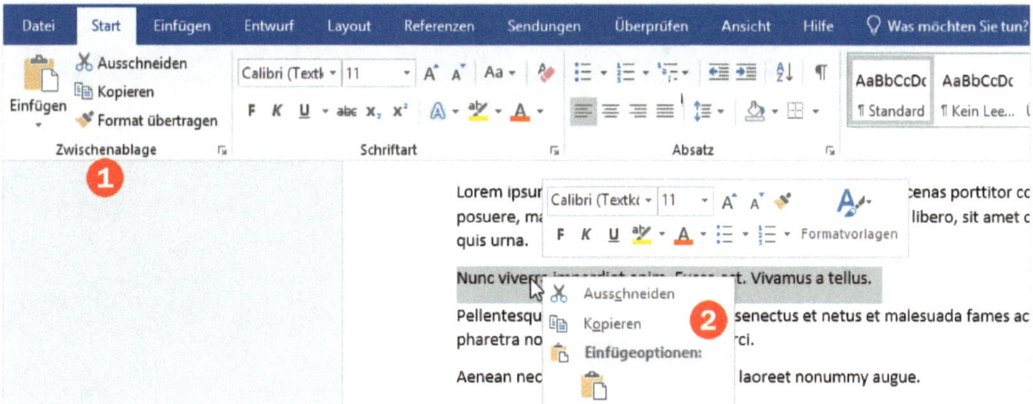

Bild 2.40 Zwischenablage verwenden

Übersicht Schaltflächen und Tastenkombinationen

Sie möchten...	Symbol	Tastenkombination
Markierten Text in die Zwischenablage ausschneiden (Schere)	Ausschneiden	Strg + X
Markierten Text in die Zwischenablage kopieren	Kopieren	Strg + C
Text aus der Zwischenablage an der Cursorposition einfügen	Einfügen	Strg + V

Die Vorgehensweise bei Verwendung der Zwischenablage ist immer gleich und möglicherweise bereits von Windows bekannt.

1 Markieren Sie den Text, den Sie kopieren oder ausschneiden möchten.

2 Zum Ausschneiden drücken Sie entweder die Tasten Strg+X oder klicken auf das Symbol *Schere*. Zum Kopieren verwenden Sie die Tasten Strg+C oder klicken auf das Symbol *Kopieren*.

3 Positionieren Sie im Text den Cursor an der Stelle, an der Sie den Text aus der Zwischenablage einfügen möchten. Drücken Sie dann entweder die Tastenkombination Strg+V oder klicken Sie in der Gruppe *Zwischenablage* auf die Schaltfläche *Einfügen*.

Erweiterte Einfügeoptionen

Sie können beim Einfügen steuern, ob auch Formatierungen wie Schriftgröße und -art aus der Quelle beibehalten werden sollen. Hierzu verwenden Sie entweder die

Schaltfläche *Einfügeoptionen*, die nach dem Einfügen im Dokument erscheint oder Sie klicken auf den Dropdown-Pfeil der Schaltfläche *Einfügen* (Gruppe *Zwischenablage*).

Bild 2.41 Einfügeoptionen

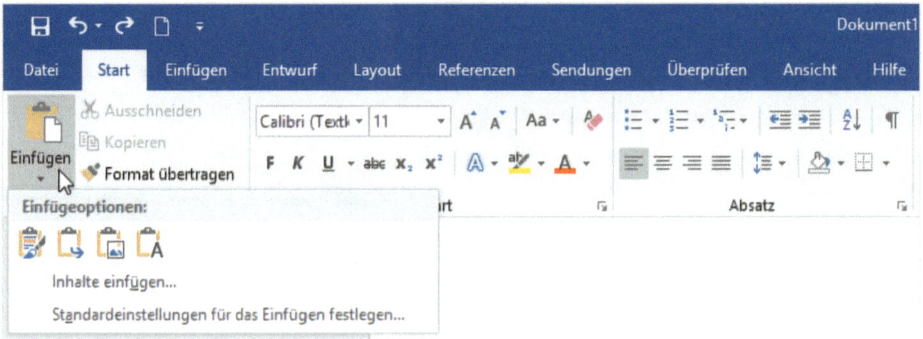

Folgende Möglichkeiten stehen zur Auswahl, ein entsprechender Hinweistext erscheint, wenn Sie auf ein Symbol zeigen:

- *Ursprüngliche Formatierung beibehalten*: Das gesamte Aussehen (Formatierung) des eingefügten Textes wird aus der Quelle übernommen.

- *Formatierung zusammenführen*: Merkmale wie Fett, Kursiv und Unterstrichen werden aus der Quelle übernommen, nicht jedoch Schriftart und -größe.

- *Grafik*: Der Text wird als Bild/Grafik eingefügt. Er kann anschließend wie eine Grafik platziert und formatiert werden, ein Ändern des Inhalts ist dagegen nicht mehr möglich.

- *Nur den Text übernehmen*: Es werden keine Formatierungsmerkmale übernommen, der Text erhält das Aussehen des Zielortes.

Daten zwischen Dokumenten austauschen

Die Zwischenablage kann auch verwendet werden, um Text und andere Elemente zwischen verschiedenen Dokumenten auszutauschen. Dies können nicht nur Texte aus Word-Dokumenten, sondern auch beliebige andere Elemente, beispielsweise Bilder, aus anderen Anwendungen sein. Voraussetzung: Beide Dokumente müssen geöffnet sein.

Näheres zum Einfügen und Positionieren von Bildern erfahren Sie in Kapitel 7.

Da nahezu alle Anwendungen von der Windows-Zwischenablage unterstützt werden, können Sie z. B. in der Foto-App von Windows ein Bild auswählen, kopieren und in das aktuelle Word-Dokument einfügen. Auch im Browser können Sie Elemente markieren, kopieren und im Word-Dokument wieder einfügen. Die Vorgehensweise unterscheidet sich nur wenig:

1 Markieren Sie das betreffende Element und kopieren Sie es mit einer der oben beschriebenen Methoden in die Zwischenablage.

2 Wechseln Sie über die Taskleiste in das Zieldokument.

3 Positionieren Sie den Cursor an der gewünschten Stelle und fügen Sie den Inhalt der Zwischenablage ein.

Die Office-Zwischenablage

Mit der oben beschriebenen Methode fügen Sie immer nur das zuletzt ausgeschnittene oder kopierte Textelement wieder ein. Dagegen speichert die Office-Zwischenablage bis zu 24 Elemente. Allerdings unterstützt die Office-Zwischenablage ausschließlich den Datenaustausch zwischen Microsoft Office-Anwendungen, beispielsweise Excel-Arbeitsmappen und PowerPoint-Präsentationen. Zur Verwendung der Office-Zwischenablage klicken Sie auf das Pfeilsymbol der Gruppe *Zwischenablage* im Register *Start*. Der Bereich *Zwischenablage* öffnet sich am linken Rand des Word-Fensters.

Bild 2.42 Die Office-Zwischenablage

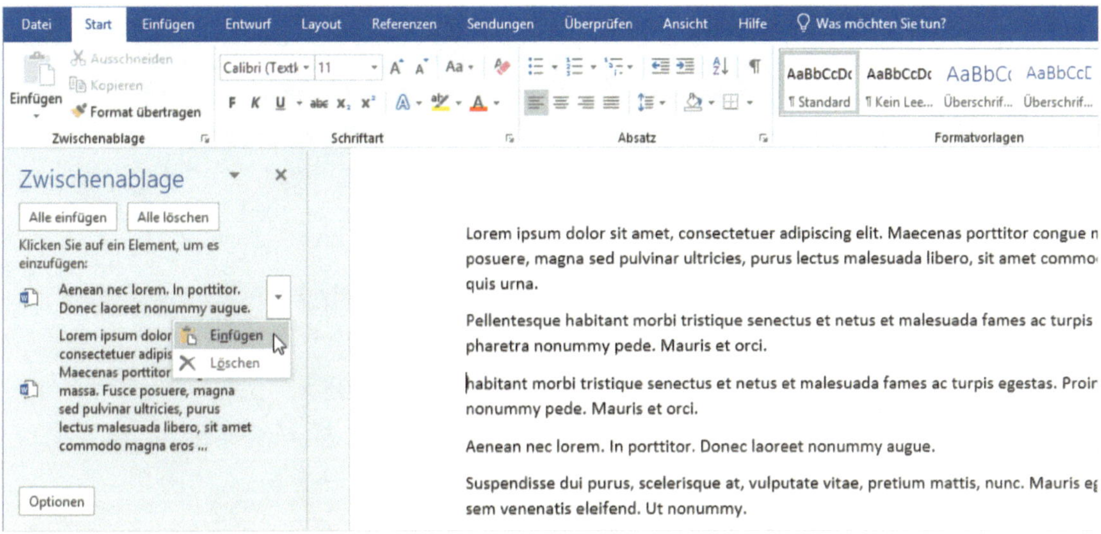

> Die Office-Zwischenablage kann in der Standardeinstellung nur verwendet werden, wenn sie geöffnet, d.h. der Bereich *Zwischenablage* sichtbar ist. Allerdings können Sie dies über die Optionen der Office-Zwischenablage ändern.

Wenn Sie bei geöffneter Office-Zwischenablage Text kopieren oder ausschneiden, so wird dieser der Liste der vorhandenen Einträge hinzugefügt, wie im Bild oben. Diese können anschließend auch mehrfach und in beliebiger Reihenfolge eingefügt werden.

- **Element in Dokument einfügen**
  Zum Einfügen an der Cursorposition klicken Sie einfach auf das gewünschte Element. Oder klicken Sie auf den Dropdown-Pfeil, der rechts vom Eintrag erscheint, wenn Sie mit der Maus darauf zeigen und anschließend auf *Einfügen*. Mit der Schaltfläche *Alle einfügen* lassen sich bei Bedarf alle Elemente in der angezeigten Reihenfolge im Dokument einfügen.

- **Eintrag löschen**
  Die Schaltfläche *Alle löschen* entfernt alle Einträge aus der Office-Zwischenablage. Um nur ein einzelnes Element zu löschen, zeigen Sie mit der Maus darauf, klicken auf den Dropdown-Pfeil und anschließend auf *Löschen*.

Anzeige der Office-Zwischenablage steuern

Falls Sie die Office-Zwischenablage dauerhaft nutzen möchten, klicken Sie unten im Bereich *Zwischenablage* auf die Schaltfläche *Optionen*.

- *Office-Zwischenablage automatisch anzeigen* bedeutet, die Zwischenablage öffnet sich automatisch, sobald Sie ein Element ausschneiden oder kopieren.
- Mit *Sammeln ohne Anzeige der Office-Zwischenablage* können Sie diese auch nutzen, wenn sie nicht geöffnet ist.
- Mit der Standardeinstellung *Office-Zwischenablagesymbol auf Taskleiste anzeigen* erscheint ein Symbol im Infobereich der Taskleiste, zudem erhalten Sie hier eine Kurzinfo, sobald ein weiteres Element der Zwischenablage hinzugefügt wurde.

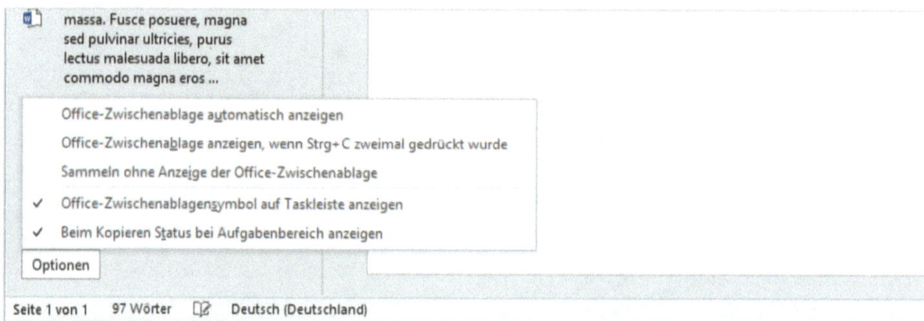

Bild 2.43 Optionen zur Zwischenablage

2.10 Zeichenfolgen suchen und ersetzen

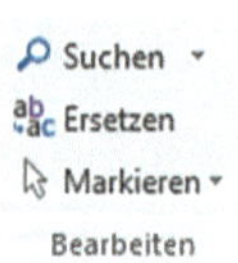

Mit den Befehlen *Suchen* und *Ersetzen* suchen Sie im Dokument gezielt nach Begriffen oder ersetzen gleich eine Zeichenfolge durch eine andere. Die Schaltflächen bzw. Befehle dazu finden Sie im Register *Start*, Gruppe *Bearbeiten*.

Eine Zeichenfolge suchen

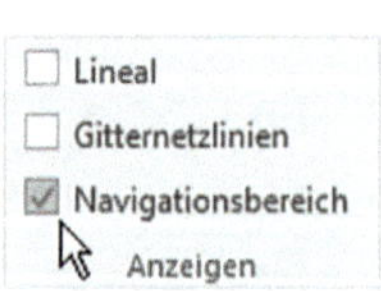

1 Klicken Sie im Register *Start*, Gruppe *Bearbeiten*, auf die Schaltfläche *Suchen* ❶. Am linken Rand wird der Bereich *Navigation* ❷ eingeblendet. Alternativ können Sie diesen Bereich auch öffnen, wenn Sie auf das Register *Ansicht* klicken und hier in der Gruppe *Anzeigen* das Kontrollkästchen *Navigationsbereich* aktivieren.

2 Sie können das Dokument nach Überschriften, Seiten und Ergebnissen durchsuchen, für die Suche nach einer bestimmten Zeichenfolge müssen Sie auf *Ergebnisse* ❸ klicken.

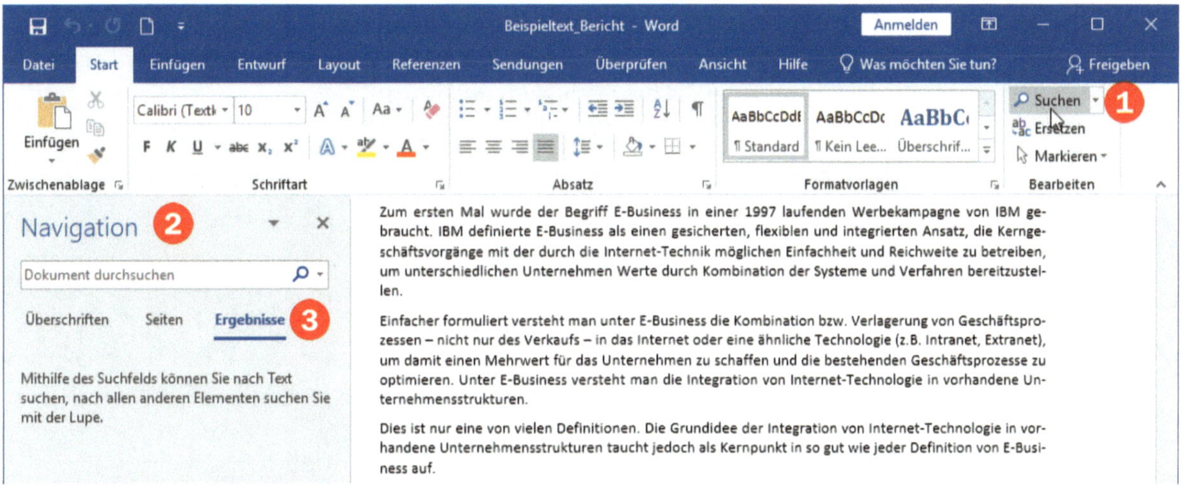

Bild 2.44 Suche im Navigationsbereich

3 Geben Sie im Feld *Dokument durchsuchen* die gesuchte Zeichenfolge ein. Bereits während der Eingabe listet Word im Bereich darunter alle Textstellen mit der gesuchten Zeichenfolge auf ❶ (Bild 2.45). Zusätzlich werden die Treffer im Dokument farblich hervorgehoben.

4 Mit den kleinen Pfeilen unterhalb des Suchbegriffs ❷ gelangen Sie im Dokument zur jeweils nächsten bzw. vorherigen Fundstelle. Sie können aber auch im Navigationsbereich mit der Maus auf einen Treffer klicken, um im Dokument zu dieser Stelle zu gelangen.

5 Ein Klick auf das Symbol x im Suchfeld ❸ löscht den Suchbegriff und entfernt alle Hervorhebungen aus dem Dokument.

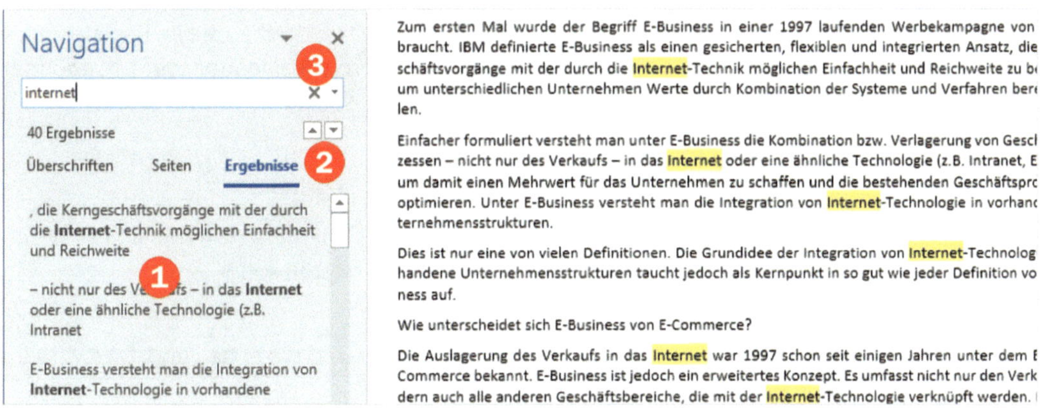

Bild 2.45 Die Fundstellen sind im Text hervorgehoben

Zusätzliche Suchoptionen verwenden

Normalerweise unterscheidet Word bei der Suche nicht nach Groß- und Kleinschreibung und berücksichtigt auch Wörter, in denen die gesuchte Zeichenfolge enthalten ist. Haben Sie beispielsweise nach „Eiche" gesucht, so werden auch Wörter wie „erreichen", „Teiche" oder „Weichenstellung" gefunden. Um dies auszuschließen, klicken Sie auf den Dropdown-Pfeil des Suchfeldes und hier auf *Optionen....*

Aktivieren Sie dann je nach Bedarf die Kontrollkästchen *Groß-/Kleinschreibung beachten* und/oder *Nur ganzes Wort suchen*. Klicken Sie auf *OK* und geben Sie dann Ihren Suchbegriff erneut ein.

Bild 2.46 Suchoptionen verwenden

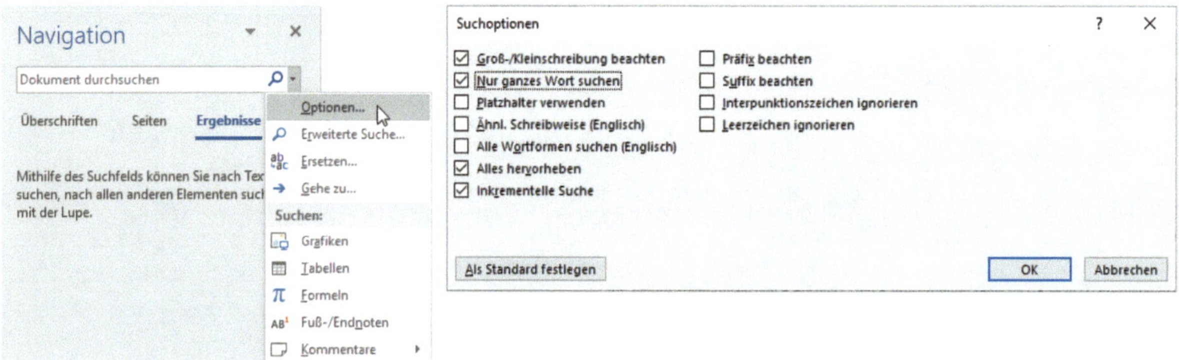

Hinweis: Dieselben Suchoptionen erhalten Sie auch, wenn Sie statt auf *Optionen...* auf *Erweiterte Suche...* und anschließend im Fenster *Suchen und Ersetzen* auf *Erweitern>>* klicken (siehe Ersetzen).

Zeichenfolge ersetzen

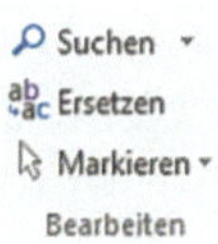

Sie können gefundenen Text nicht nur markieren, sondern auch gleichzeitig ersetzen lassen. Da die Suche ab der Cursorposition beginnt, sollten Sie zunächst dafür sorgen, dass sich der Cursor am Dokumentanfang befindet. Dann klicken Sie im Register *Start*, Gruppe *Bearbeiten*, auf die Schaltfläche *Ersetzen*. Falls der Navigationsbereich geöffnet ist, können Sie auch hier auf den Dropdown-Pfeil des Suchfeldes und anschließend auf *Ersetzen...* klicken.

Das Fenster *Suchen und Ersetzen* öffnet sich mit dem Register *Ersetzen*.

1. Geben Sie im Feld *Suchen nach* die gesuchte Zeichenfolge ein und im Feld *Ersetzen durch* den Begriff, der diese Zeichenfolge ersetzen soll.
2. Klicken Sie nun auf die Schaltfläche *Weitersuchen*, um die Suche zu starten. Die Suche beginnt ab der aktuellen Cursorposition und die erste Fundstelle wird im Dokument markiert.
3. Klicken Sie auf die Schaltfläche *Ersetzen*, um den Begriff zu ersetzen und anschließend zum nächsten Fundort zu gelangen. Mit der Schaltfläche *Weitersuchen* set-

zen Sie dagegen die Suche fort, ohne den markierten Begriff zu ersetzen. Wenn Sie alle übereinstimmenden Zeichenfolgen automatisch und ohne Rückfrage ersetzen lassen möchten, dann klicken Sie auf *Alle ersetzen*.

Bild 2.47 Suchen und ersetzen

Word beginnt mit der Suche zunächst an der aktuellen Cursorposition und durchsucht das Dokument bis zum Ende, anschließend wird die Suche am Dokumentanfang fortgesetzt. Sie erhalten eine Meldung, wenn keine entsprechende Zeichenfolge mehr gefunden wurde.

Tipp: Sie können das Fenster *Suchen und Ersetzen* auch nur zur Suche benutzen, wenn Sie auf das Register *Suchen* klicken. Die nachfolgend beschriebenen Suchoptionen und die Suche nach Formaten bzw. Sonderformaten bleiben gleich.

Suchoptionen und Suchrichtung

Auch beim Ersetzen lassen sich die Ergebnisse auf ganze Wörter oder Groß- und Kleinschreibung eingrenzen. Klicken Sie dazu im Fenster *Suchen und Ersetzen* auf *Erweitern>>*, um die zuvor beschriebenen Suchoptionen einzublenden.

In den Suchoptionen erhalten Sie über das Feld *Suchen* außerdem die Möglichkeit, die Suchrichtung zu ändern, siehe Bild 2.48.

Bild 2.48 Suchoptionen

Sonderzeichen und Formate suchen

Nicht druckbare Zeichen suchen bzw. ersetzen

Sie können im Fenster *Suchen und Ersetzen* auch nach nicht druckbaren Zeichen, z. B. Absatzende, manueller Zeilenumbruch usw. suchen und diese ersetzen lassen. Beispiel: Sie möchten im gesamten Dokument einen manuellen Zeilenumbruch durch eine Absatzmarke ersetzen.

1 Klicken Sie im Fenster *Suchen und Ersetzen* zuerst in das Feld *Suchen nach*, hier geben Sie aber keine Zeichenfolge ein, sondern klicken auf *Erweitern>>* und anschließend auf *Sonderformat*. Wählen Sie dann *Manueller Zeilenumbruch*.

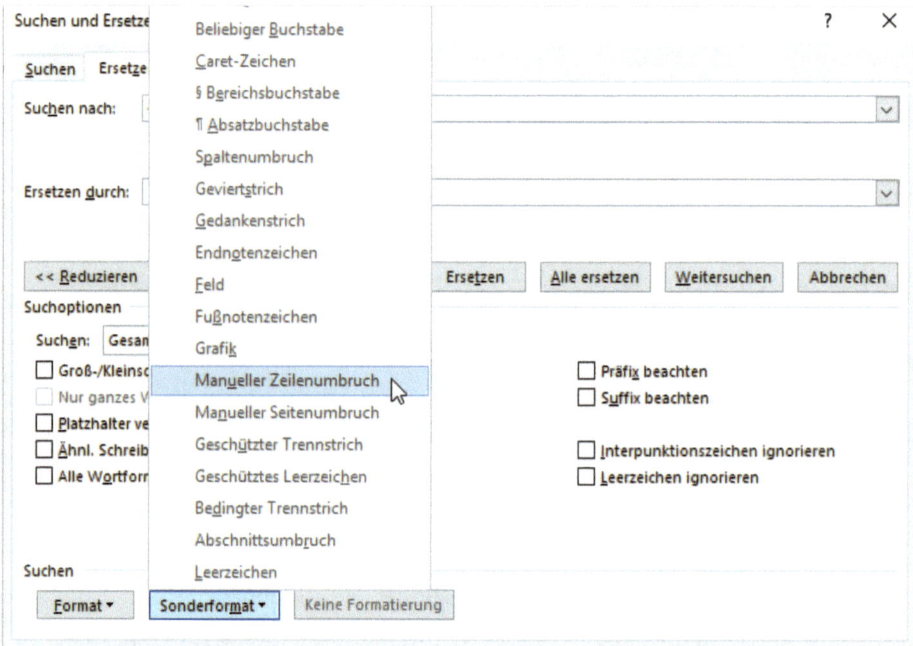

Bild 2.49 Nicht druckbare Zeichen suchen und ersetzen

2 Klicken Sie dann in das Feld *Ersetzen durch*, klicken wieder auf *Sonderformat* und hier auf *Absatzmarke*.

Nach Formaten suchen

Mit der Schaltfläche *Format* erhalten Sie die Möglichkeit, nach einem bestimmten Format, z. B. Fett zu suchen und dieses ggf. durch ein anderes Format zu ersetzen. Dies kann in Verbindung mit einem Suchbegriff erfolgen; Sie können aber auch ausschließlich nach einem Format suchen, dann lassen Sie das Feld *Suchen nach* einfach leer. Dasselbe gilt auch für das Feld *Ersetzen durch*.

1 Klicken Sie in das Feld *Suchen nach* und anschließend auf *Format*. Neben *Zeichenformat...* und *Absatzformat...* finden Sie hier noch weitere Möglichkeiten, wie z. B. Sprache und Tabstopps.

2 Klicken Sie auf *Zeichen...* oder *Absatz...*, um das entsprechende Fenster *Zeichen* bzw. *Absatz suchen* zu öffnen.

3 Hier können Sie nun die gesuchte Formatierung festlegen, auch eine Kombination mehrerer Formate ist möglich.

4 Genauso verfahren Sie mit dem Feld *Ersetzen durch* und starten anschließend, wie oben beschrieben, die Suche.

Die Formatierung erscheint im Fenster *Suchen und Ersetzen* unterhalb des jeweiligen Suchbegriffs. Um eine Formatierung wieder zu entfernen, benutzen Sie die Schaltfläche *Keine Formatierung*.

Bild 2.50 Nach Formaten suchen

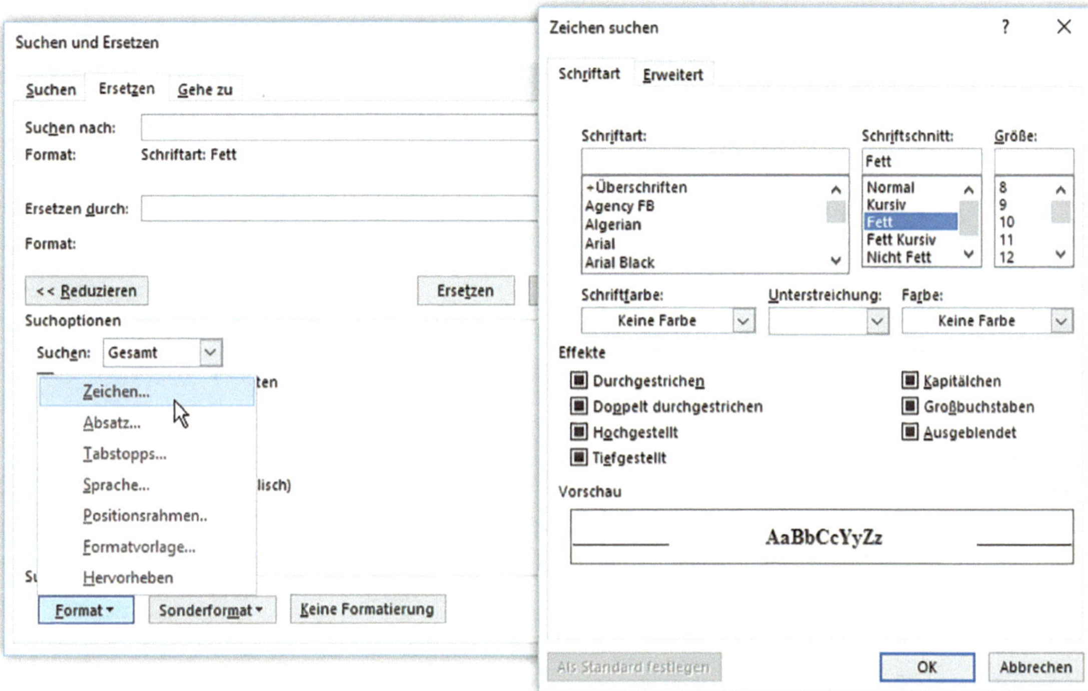

> Der zuletzt verwendete Suchbegriff bzw. die Formatierung bleiben solange erhalten, bis Sie das Dokument schließen bzw. Word beenden. Wenn Sie also die Suche später nochmals mit einer anderen Zeichenfolge oder Formatierung benötigen, dann sollten Sie kontrollieren, ob nicht noch etwa eine Formatierung festgelegt ist und diese zuvor löschen.

2.11 Optionen zur Texteingabe und -bearbeitung

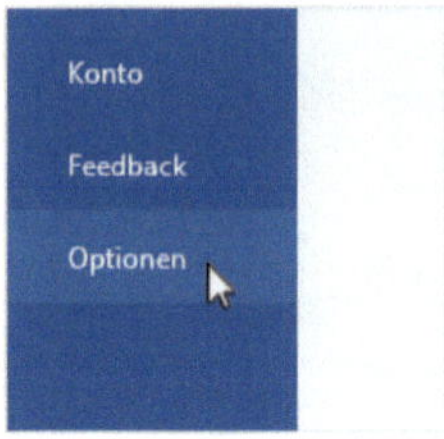

Wichtige Einstellungen in den Word-Optionen

Sollte sich Word bei der Texteingabe und -bearbeitung nicht ganz so verhalten, wie in diesem Kapitel beschrieben, dann finden Sie die Einstellungen dazu in den Word-Optionen. Klicken Sie dazu auf das Register *Datei* und hier auf *Optionen*.

Die Einstellungen zur Rechtsschreib- und Grammatikprüfung wurden bereits auf Seite 60 beschrieben. Für weitere Optionen klicken Sie links auf *Erweitert*. Hier finden Sie unter anderen folgende wichtige Kontrollkästchen:

Bild 2.51 Erweiterte Word-Optionen

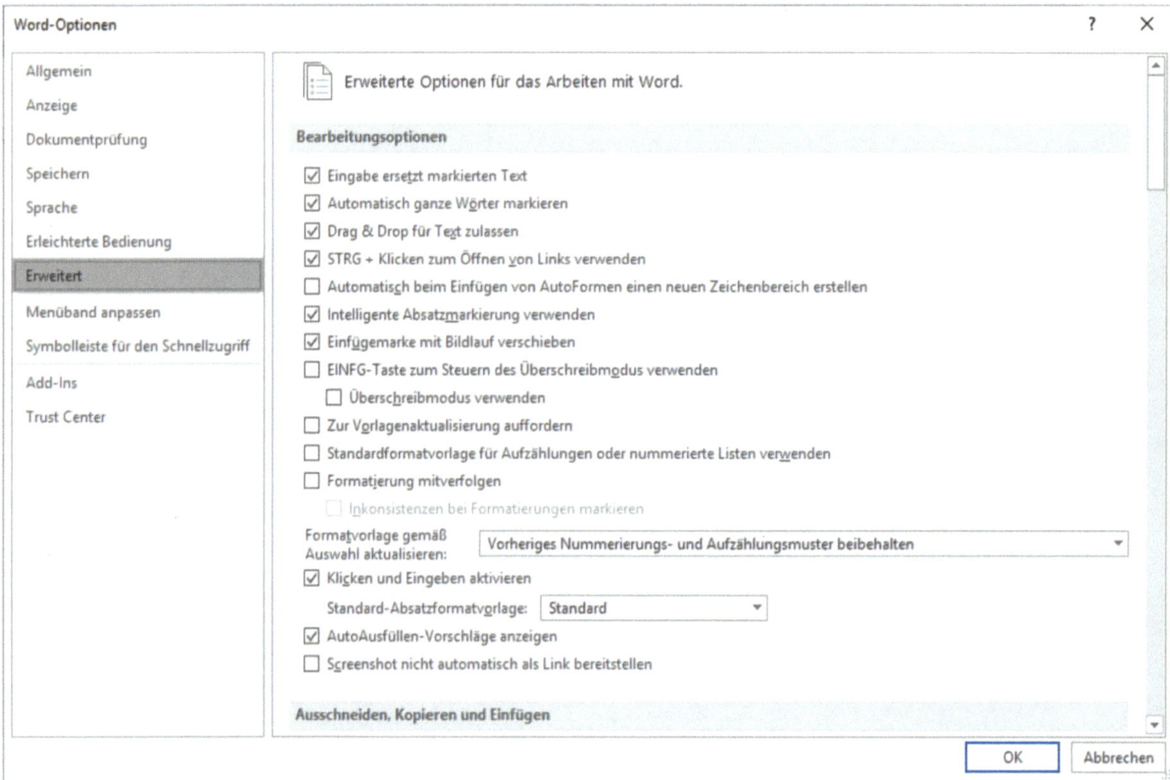

- *Eingabe ersetzt markierten Text* bedeutet, Sie können markierten Text einfach ohne vorheriges Löschen überschreiben.
- Die Einstellung *Automatisch ganze Wörter markieren* sorgt dafür, dass Sie beim Markieren die Maus nicht exakt an den Wortanfang oder das Wortende bewegen müssen, um das Wort zu markieren.
- Das Kontrollkästchen *Drap & Drop für Text zulassen* muss aktiviert sein, damit Sie markierten Text mit der Maus verschieben können.

- Damit der Überschreibmodus nicht durch versehentliches Betätigen der Einfügen-Taste aktiviert wird, ist *EINFG-Taste zum Steuern des Überschreibmodus verwenden* ausgeschaltet, kann aber bei Bedarf aktiviert werden.
- *Klicken und Eingeben aktivieren* fügt mit einem Doppelklick nach dem Textende Leerzeilen ein und setzt den Cursor an diese Stelle.

Optionen zum Ausschneiden, Kopieren und Einfügen

Im Abschnitt *Ausschneiden, Kopieren und Einfügen* steuern Sie das Verhalten beim Einfügen aus der Zwischenablage, dies betrifft insbesondere die Frage, was mit vorhandenen Formatierungen passieren soll. Damit die Einfügeoptionen im Dokument erscheinen, muss das Kontrollkästchen *Schaltfläche für Einfügeoptionen anzeigen* aktiviert sein. Ebenfalls aktiviert sein sollte *Intelligentes Ausschneiden und Einfügen*, dies sorgt beispielsweise für den automatischen Leerzeichenausgleich beim Einfügen, die einzelnen Optionen hierzu können Sie über die *Schaltfläche Einstellungen...* einsehen.

Bild 2.52 Optionen zum Kopieren, Ausschneiden und Einfügen

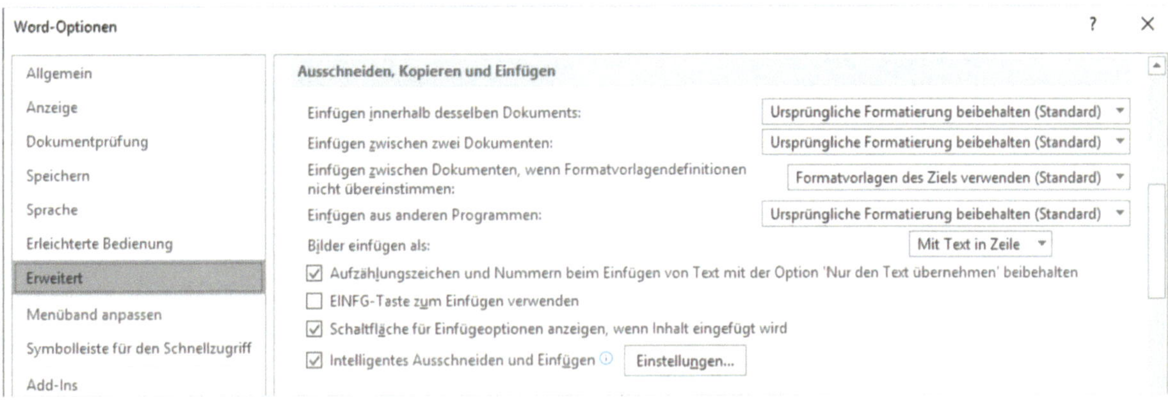

Beachten Sie, dass Sie nach etwaigen Änderungen in den Word-Optionen das Fenster mit der Schaltfläche *OK* schließen müssen, damit die geänderten Einstellungen wirksam werden.

Dokumentinformationen

Wichtige Informationen zum Dokument, z. B. die Anzahl der Seiten und Wörter, welche Sprache die Rechtschreibprüfung verwendet und vieles mehr erhalten Sie auf einen Blick in der Statusleiste.

Anzahl der Seiten

Die Symbole zum Wechseln zwischen den Ansichten und den Zoomregler haben Sie bereits in Kapitel 1 kennen gelernt. Der linke Bereich der Statusleiste enthält weitere Informationen, z. B. die aktuelle Seite zusammen mit der Anzahl aller Seiten des Dokuments an. So bedeutet beispielsweise „Seite 1 von 4", der Cursor befindet sich auf Seite 1 eines Dokuments mit insgesamt 4 Seiten.

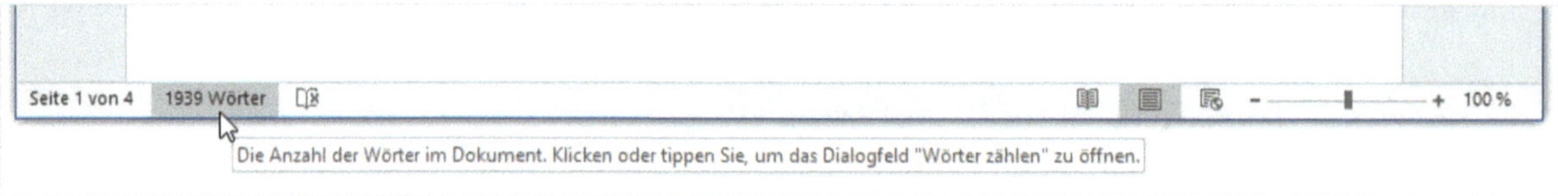

Bild 2.53 Statusleiste mit Rechtschreibprüfung

Wörter zählen

Die Anzahl der Wörter wird meist ebenfalls in der Statusleiste angezeigt, siehe Bild oben. Weitere statistische Zahlen, z. B. die Anzahl der Zeilen, Absätze oder Zeichen erhalten Sie im Fenster *Wörter zählen*, das Sie in der Statusleiste mit einem Klick auf die Anzahl der Wörter öffnen. Oder klicken Sie auf das Register *Überprüfen* ▶ *Rechtschreibung* und hier auf *Wörter zählen*.

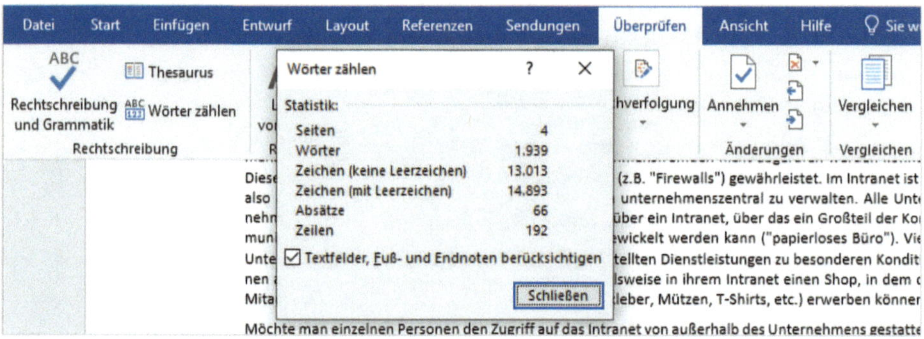

Weitere Informationen in der Statusleiste anzeigen

Um weitere Dokumentinformationen in der Statusleiste dauerhaft anzuzeigen, klicken Sie mit der rechten Maustaste an eine beliebige Stelle der Statusleiste. Es öffnet sich eine umfangreiche Liste, bereits enthaltene Informationen sind mit einem Häkchen versehen. Neben den Standardeinstellungen können vor allem die Sprache und die vertikale Seitenposition nützlich sein. Letztere zeigt die Cursorposition in cm gemessen vom oberen Papierrand an und erleichtert z. B. in Briefen das exakte Positionieren von Briefelementen.

Eine kleine Übersicht über nützliche Anzeigeeinstellungen

Anzeige	bezieht sich auf...
Vertikale Seitenposition	Die vertikale Seitenposition gibt in Zentimetern an, an welcher Stelle sich der Cursor unterhalb der oberen Papierkante befindet. Dies erleichtert in vielen Fällen eine genaue Positionierung, beispielsweise der Anschrift in Briefen nach DIN.
Zeilennummer	Zeigt an, in welcher Zeile sich der Cursor gerade befindet

Anzeige	bezieht sich auf...
Feststelltaste	Es erscheint ein entsprechender Hinweis, wenn Sie (versehentlich) mit der Feststelltaste auf dauerhafte Großschreibung umgeschaltet haben.
Überschreiben	Der aktuelle Modus (standardmäßig Einfügen) wird angezeigt, mit einem Mausklick wechseln Sie zwischen Einfügen und Überschreiben.
Sprache	Für die Rechtschreibung verwendete Sprache anzeigen
Wortanzahl	Zeigt die Anzahl der Wörter an

Bild 2.54 Statusleiste anpassen

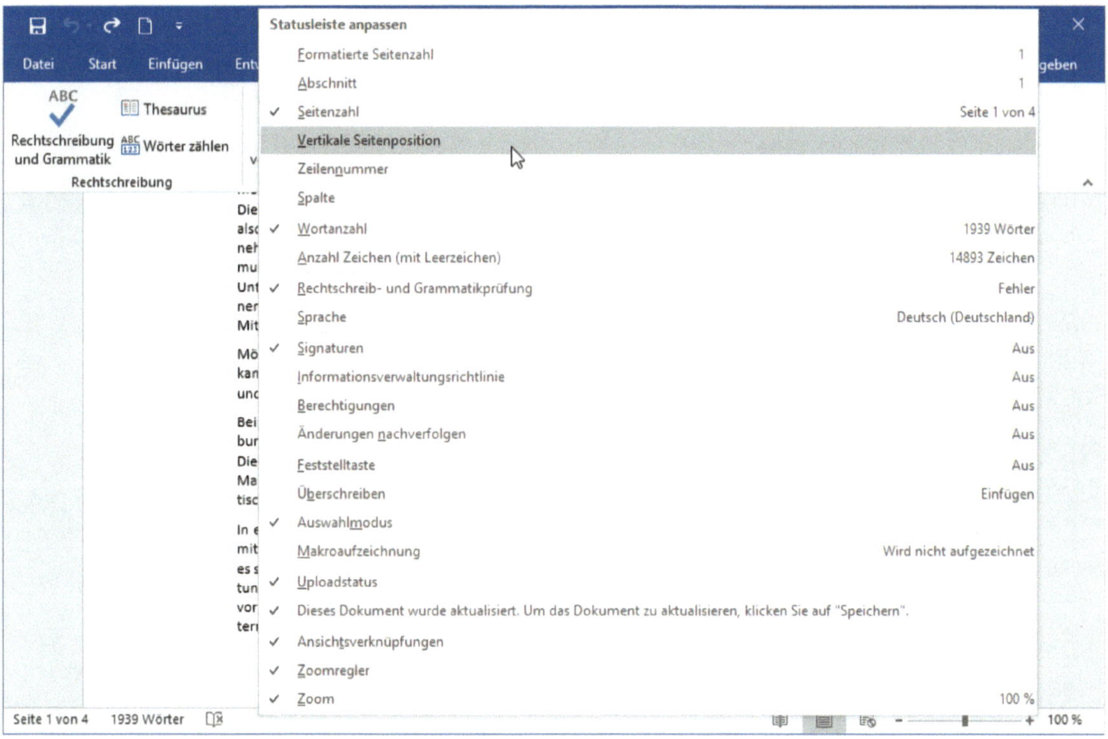

2.12 Übung

Beginnen Sie mit einem leeren Dokument und geben Sie ab der ersten Zeile den unten abgebildeten Text ein. Da Sie vermutlich eine andere Schriftart oder Schriftgröße und andere Seitenränder verwenden, kann auf Ihrem Computer der automatische Zeilenumbruch an anderer Stelle erfolgen, dies spielt bei dieser Übung keine Rolle.

ENTWURF REISEANGEBOT

Sehr geehrte(r) Kunde/in,

wir möchten Ihnen heute ein ganz besonderes, einmaliges Angebot unterbreiten!

Eine Reise nach Florida, 7 Tage mit Besuch des Walt Disney World Resort ® in der Nähe von Orlando. Weitere Highlights der Reise sind der Besuch des Everglades-Nationalparks und des Biscayne-Nationalparks. Preis inkl. aller Transfers, Übernachtung mit Frühstück und HP im ****-Hotel, sowie Flug ab Berlin, Düsseldorf oder Frankfurt ab 566 € (Zuschlag für Übernachtung im Einzelzimmer 52,90 €).
Frühbucher erhalten einen Rabatt von 20%.

Nähere Informationen erhalten Sie auch auf unserer Webseite unter der Adresse http://www.ueberraschungsreisen.sonst. Telefonisch steht Ihnen Herr Udo Wildunger unter der Tel.-Nr. 019-77 88 19 oder per E-Mail unter der Adresse udo.wildunger@ueberraschungsreisen.sonst jederzeit zur Verfügung.

- Speichern Sie das Dokument unter dem Namen Reiseangebot im Ordner Dokumente oder einem beliebigen anderen Ordner auf Ihrer Festplatte.
- Korrigieren Sie mit Hilfe der Rechtschreib- und Grammatikprüfung von Word eventuelle Fehler.
- Fügen Sie nach dem Text „Frühbucher erhalten.... 20% Rabatt" in Klammern den Zusatz (gilt nur für Buchungen bis 31.01.) ein.
- Korrigieren Sie den Preis der: Statt 566 € beträgt der Preis 598 €.
- Korrigieren Sie die Flughäfen:
  Der Text soll nun lauten: „... Flug ab Düsseldorf, Berlin oder München."
- Verschieben Sie den Absatz „Frühbucher..." an das Ende des Textes mit einer Zeile Abstand zum vorhergehenden Absatz.
- Etwaige Hyperlinks im Text sollen wie der übrige Text aussehen (statt blau und unterstrichen).
- Lassen Sie im gesamten Brief das Eurozeichen € durch EUR ersetzen.

3 Word-Dokumente verwalten

In diesem Kapitel lernen Sie...

- Ein neues Dokument erstellen
- Dokument speichern und öffnen
- Nicht gespeicherte Dokumente wiederherstellen
- Kompatibilitätsmodus und schreibgeschützt öffnen
- Kontoeinstellungen und OneDrive als Speicherort
- Dokumente im Browser öffnen
- Ein PDF-Dokument erstellen
- Sicherheitseinstellungen und Dokument mit Kennwort schützen

Das sollten Sie bereits wissen

- Die Arbeitsoberfläche von Word
- Grundlagen der Dateiverwaltung von Windows
- Umgang mit Ordnern und Laufwerken

3.1 Das Register Datei im Überblick

Ganz links im Menüband finden Sie das Register *Datei*. Es enthält alle Befehle zum Speichern, Öffnen und Drucken und zur allgemeinen Verwaltung von Word-Dokumenten. Auch die Programmeinstellungen werden hier über die *Optionen* festgelegt.

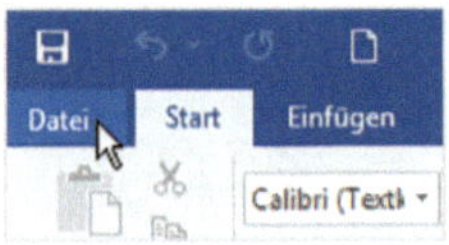

Zum Anzeigen klicken Sie im Menüband auf *Datei*. Mit einem Klick auf den Pfeil ❶ in der linken oberen Ecke des Registers oder Drücken der Esc-Taste kehren Sie zum Dokument zurück.

> Im Gegensatz zu den übrigen Registern füllt das Register *Datei* das gesamte Word-Fenster aus und anstelle des Dokuments erscheinen Eigenschaften und Informationen zum Dokument. Daher wird dieses Register auch Backstage-Ansicht eines Dokuments genannt.

Bild 3.1 Das Register Datei

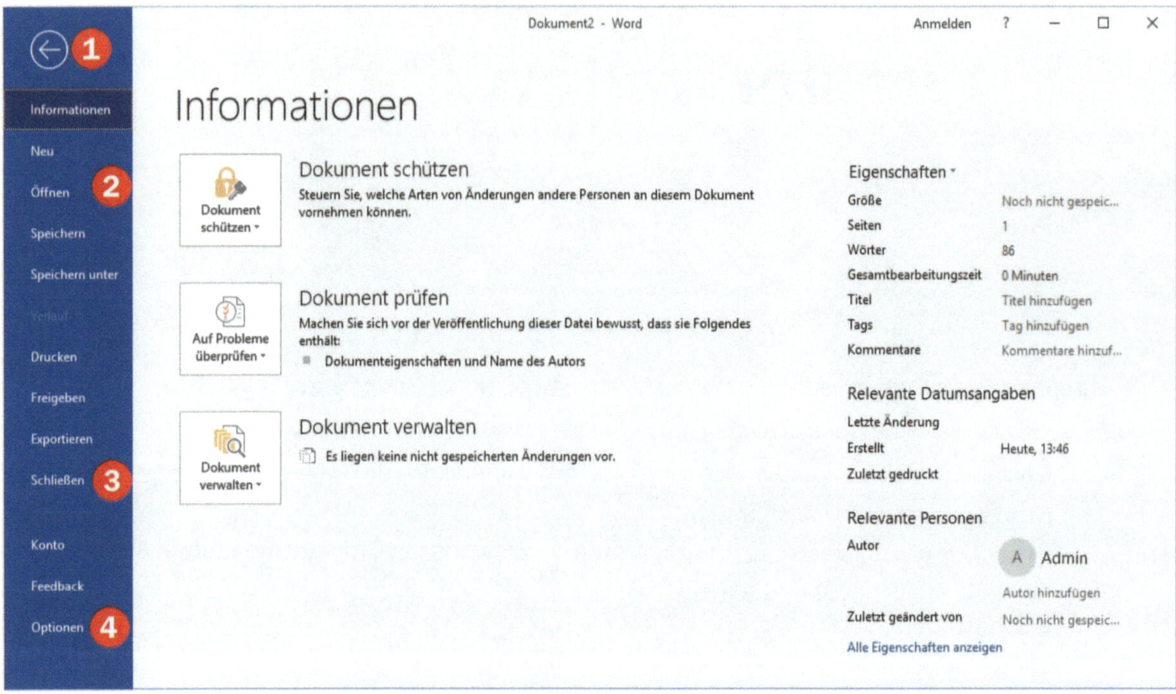

- In der linken Spalte finden Sie die einzelnen Aufgaben des Registers *Datei* ❷. Klicken Sie auf eine Aufgabe, z. B. *Speichern* oder *Drucken*, so erscheinen rechts die dazugehörigen Befehle und Schaltflächen.
- Mit dem Befehl *Schließen* ❸ steht im Register *Datei* eine Alternative zum Schließen des aktuellen Fensters bzw. Dokuments und damit zum Beenden von Word zur Verfügung.
- Am Ende der Aufgaben finden Sie die *Optionen* ❹. Ein Klick darauf öffnet das gleichnamige Dialogfenster, in dem Sie allgemeine Einstellungen zu Word vor-

nehmen. Eine Zusammenstellung wichtiger und nützlicher Einstellungen finden Sie am Ende dieser Lektion.

Hinweis: Ist ein Dokument geöffnet, so werden beim Aufrufen des Registers, wie im Bild oben, standardmäßig zunächst allgemeine Informationen zum Dokument angezeigt. Haben Sie dagegen zuvor Word mit einem neuen leeren Dokument gestartet, so wird nach dem Klick auf *Datei* das Öffnen eines Dokuments angeboten.

3.2 Ein neues Dokument erstellen

Wie Sie schnell ein neues Dokument, z. B. einen Brief, aus einer Vorlage erstellen, haben Sie in Kapitel 1 erfahren. Nicht immer ist jedoch eine passende Vorlage vorhanden; wenn Sie die Textgestaltung selbst in die Hand nehmen möchten, dann beginnen Sie besser mit einem leeren Dokument. Dazu haben Sie in Word 2016 zwei Möglichkeiten:

Die Anzeige der Startseite wird über die Word-Optionen gesteuert, Näheres hierzu am Ende dieses Kapitels.

- **Über die Startseite**
  Wenn Sie Word neu gestartet haben, dann erscheint nach dem Öffnen die Word-Startseite und erlaubt die Wahl zwischen einem leeren Dokument und einem Dokument auf der Basis einer Vorlage. Klicken Sie auf *Leeres Dokument*.

Bild 3.2 Die Word-Startseite

- **Register Datei**
  Ist Word dagegen bereits mit einem Dokument geöffnet, so klicken Sie im Menüband auf *Datei* und links auf die Aufgabe *Neu*. Klicken Sie dann ebenfalls auf *Leeres Dokument*.

Der Unterschied: Die Startseite zeigt links zusätzlich zuletzt verwendete Dokumente an, während im Register *Datei* ▶ *Neu* an dieser Stelle die Dateiaufgaben sichtbar sind. Die Anzeige im rechten Bereich ist dagegen gleich.

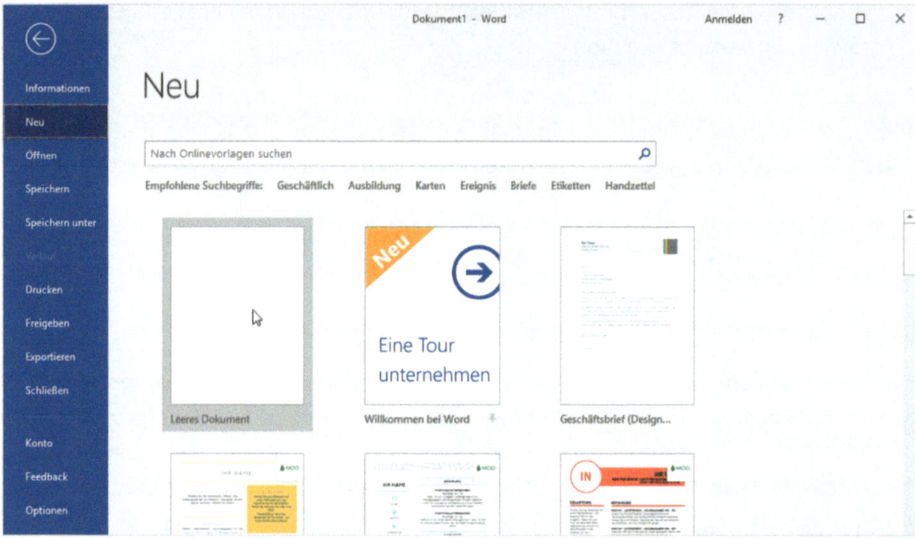

Bild 3.3 Datei - Neu

Ein Dokument unter dem vorläufigen Namen *Dokument1* wird geöffnet und Sie können mit der Eingabe beginnen. Wenn Sie nacheinander mehrere neue Dokument erstellen, so erhalten diese der Reihe nach die Namen *Dokument1*, *Dokument2*, usw..

Im Grunde spielt es keine Rolle, welche Nummer das neue Dokument erhält, da dies nicht der endgültige Name ist. Beim Speichern sollten Sie dagegen auf einen aussagekräftigen Dateinamen achten.

Tipp: Neues Dokument über die Symbolleiste für den Schnellzugriff erstellen

Ein Symbol in der Symbolleiste für den Schnellzugriff stellt eine weitere schnelle Möglichkeit dar, ein neues leeres Dokument zu erstellen. Sollte das Symbol *Neues leeres Dokument* hier nicht angezeigt werden, so klicken Sie am Ende der Leiste auf den Pfeil *Symbolleiste für den Schnellzugriff anpassen* und klicken in der Liste verfügbarer Befehle auf *Neu* (Häkchen).

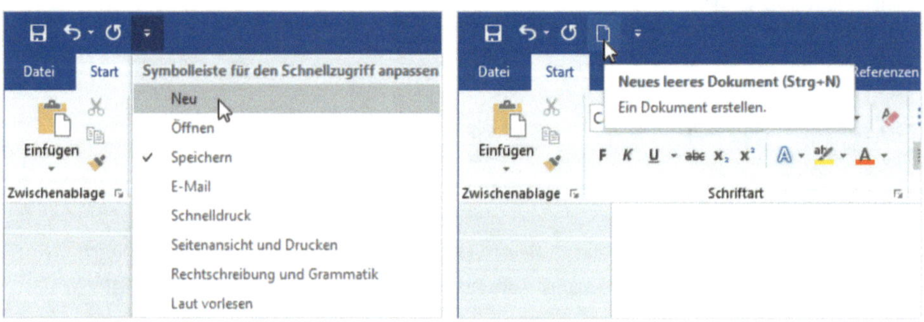

Bild 3.4 Symbol Neues leeres Dokument der Schnellzugriffsleiste hinzufügen

3.3 Dokumente speichern

Bevor Sie Word beenden, sollten Sie nicht vergessen, Ihre Daten zu speichern. Klicken Sie dazu entweder links oben in der Symbolleiste für den Schnellzugriff auf das Symbol *Speichern* oder auf das Register *Datei* und hier auf *Speichern*.

Die Speicherorte im Überblick

Je nach Office-Version steht Ihnen neben den üblichen lokalen Laufwerken wie Festplatte und USB-Speicherstift unter der Bezeichnung *OneDrive* oder *Office 365 SharePoint* zusätzlicher Speicherplatz in der Cloud, genauer gesagt, auf einem Microsoft-Server zur Verfügung. Diesen Speicher können Sie wie eine Festplatte nutzen und hier z. B. Ordner anlegen, Dateien speichern oder löschen.

Der Vorteil: Da die Daten unabhängig vom Gerät gespeichert sind, haben Sie von jedem PC aus Zugriff auf Ihre Daten und können diese auch anderen Personen zugänglich machen, um beispielsweise Dokumente gemeinsam zu bearbeiten. Der Nachteil des Speicherns in der Cloud liegt darin, dass die Daten außerhalb Ihres direkten Einflussbereichs auf einem Web-Server gespeichert sind.

Wie Sie *OneDrive* nutzen, erfahren Sie in diesem Kapitel weiter unten, zunächst befassen wir uns mit dem Speichern in einem Ordner auf der Festplatte Ihres Geräts.

Ein Dokument zum ersten Mal speichern

Wenn ein Dokument zum ersten Mal gespeichert wird, dann sind ein Dateiname und die Wahl eines Speicherorts erforderlich. Aus diesem Grund zeigt das Register *Datei* in diesem Fall anschließend die Seite *Speichern unter* zur Auswahl des Speicherortes an.

Bild 3.5 Datei - Speichern unter

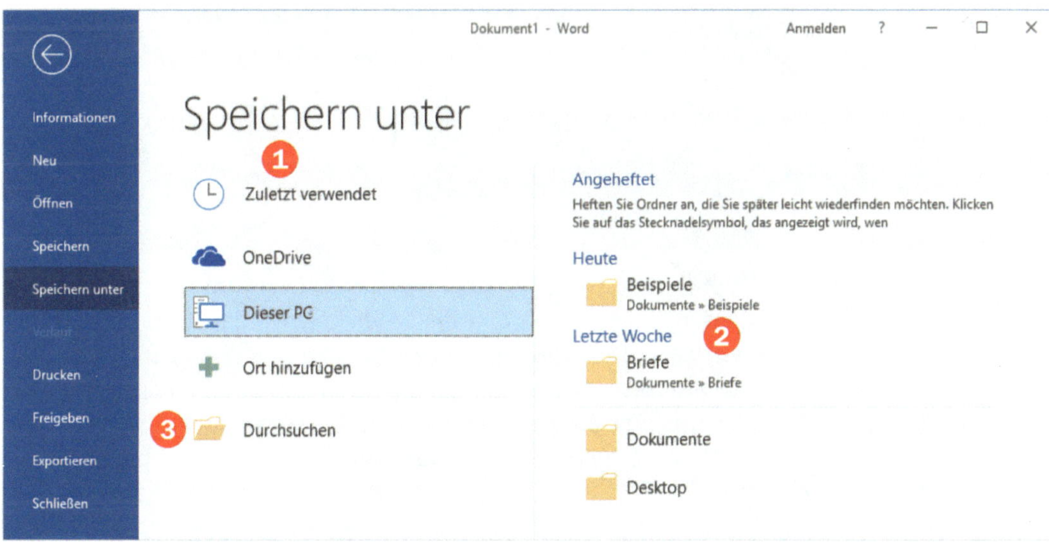

1 Als Speicherort ❶ haben Sie zunächst die Wahl zwischen *OneDrive* und *Dieser PC*, damit ist die Festplatte Ihres PCs einschließlich aller angeschlossenen lokalen Datenträger gemeint. Mit *Zuletzt verwendet* erhalten Sie schnell Zugriff auf Ordner, in denen Sie zuletzt gespeichert haben.

- Um die Datei in einem Ordner auf der lokalen Festplatte Ihres PC zu speichern, klicken Sie auf *Dieser PC*. Rechts erscheinen die hier zuletzt verwendeten Ordner ❷ und etwas unterhalb als häufig benötigte Speicherorte der Ordner *Dokumente* und der *Desktop*.
- Wird der gewünschte Ordner unter *Zuletzt verwendet* oder *Dieser PC* aufgeführt, so klicken Sie diesen einfach an.
- Ist der gewünschte Ordner nicht in der Liste enthalten, so klicken Sie auf *Durchsuchen* ❸.

2 Das Fenster *Speichern unter* wird mit dem angegebenen Ordner ❶, im Bild unten *Dokumente* ▶ *Beispiele*, geöffnet. Wenn Sie dagegen auf *Durchsuchen* geklickt haben, dann wird zunächst *Dieser PC* angezeigt und Sie können den gewünschten Speicherort auswählen.

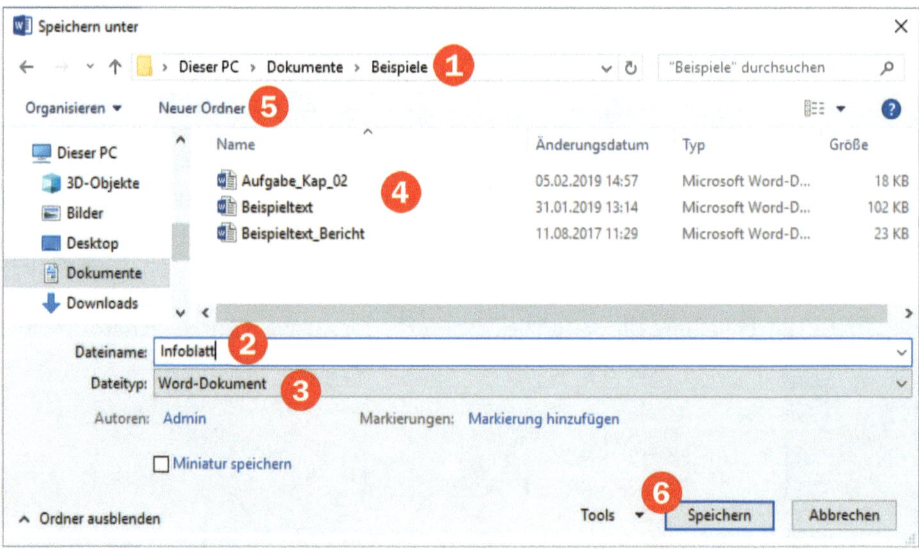

Bild 3.6 Das Fenster Speichern unter

Dateiname und Dateityp

Als Dateiname werden im Feld *Dateiname* die ersten Zeichen des Dokuments vorgeschlagen, bei einem leeren Dokument ist dies die Nummer des Dokuments, z. B. *Dok2*. Klicken Sie hier, so wird dieser Name markiert und kann anschließend durch Tastatureingabe mit einem aussagekräftigen Namen überschrieben werden ❷. Als Dateityp wird im Feld *Dateityp* unterhalb ❸ in der Standardeinstellung der Typ *Word-Dokument* verwendet.

Ordner auswählen

Kontrollieren Sie oben im Dialogfenster die Adresszeile ❶ (Bild 3.6). Diese zeigt den aktuell ausgewählten Ordner zusammen mit dem kompletten Suchpfad einschließlich des Laufwerks an, im Bild oben ist dies der Ordner *Beispiele*, dieser befindet sich im Ordner *Dokumente* auf der lokalen Festplatte. Zur Auswahl eines anderen Ordners benutzen Sie eine der folgenden Möglichkeiten:

- Sollte der gesuchte Ordner rechts im Inhaltsbereich ❹ angezeigt werden, so öffnen Sie diesen hier mit einem Doppelklick auf das Ordnersymbol.
- Oder benutzen Sie die linke Spalte, den Navigationsbereich. Klicken Sie hier auf den gewünschten Ordner, zum Einblenden von Unterordnern verwenden Sie die kleinen Dreiecke links vom Ordnersymbol. Hier haben Sie unter *Netzwerk* auch Zugriff auf die Netzwerkumgebung.

Achtung: Die Dreiecke sind nur sichtbar, wenn sich der Mauszeiger im Navigationsbereich befindet!

- In einen übergeordneten Ordner gelangen Sie am schnellsten, indem Sie in der Adresszeile auf den Namen des Ordners klicken.
- Falls Sie zum Speichern einen neuen Ordner benötigen, so klicken Sie im Fenster *Speichern unter* auf die Schaltfläche *Neuer Ordner* ❺.

Zuletzt klicken Sie auf die Schaltfläche *Speichern* ❻. Erst jetzt wird das Dokument gespeichert und gleichzeitig das Dialogfenster automatisch geschlossen.

Tipps und Hinweise zum Speichern

- Sollten Navigationsleiste und Inhaltsbereich nicht sichtbar sein wie im Bild unten, so müssen Sie auf den Befehl *Ordner durchsuchen* klicken, wenn Sie einen anderen Ordner auswählen möchten.

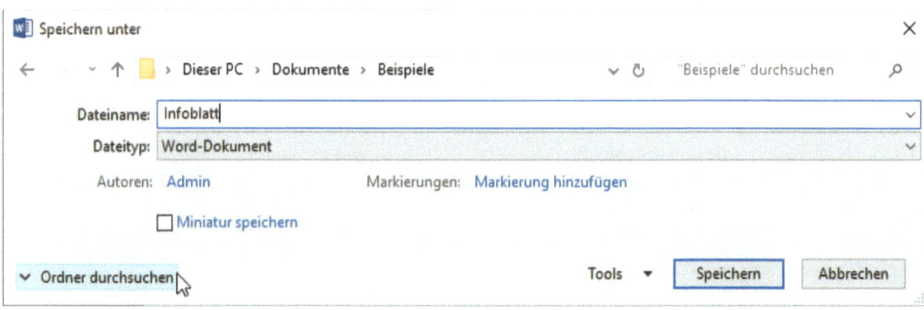

Bild 3.7 Ordner durchsuchen

- Der Cloudspeicher *OneDrive* ist in die Dateiverwaltung integriert, daher finden Sie auch *OneDrive* mit allen Ordnern im Navigationsbereich und können hier ebenfalls Ordner auswählen bzw. neu anlegen.
- Der Speichervorgang in der Cloud kann bei umfangreichen Dokumenten etwas länger dauern, da eigentlich ein Upload erfolgt. Der Fortschritt wird in der Statusleiste angezeigt. Umfangreiche Dokumente sollten daher zunächst auf der Festplatte gespeichert und erst nach Fertigstellung in einen *OneDrive*-Ordner verschoben werden.

Speichern oder Speichern unter?

Im Register *Datei* finden Sie zwei Befehle zum Speichern: *Speichern* und *Speichern unter*. Was ist der Unterschied zwischen diesen beiden Befehlen?

- Wenn Sie ein neues Dokument das erste Mal speichern, dann müssen Sie Dateiname und Speicherort festlegen, dazu wird das Dialogfenster *Speichern unter* automatisch geöffnet. Es spielt keine Rolle, ob Sie auf *Speichern* oder *Speichern unter* klicken.
- Ein bereits gespeichertes Dokument verfügt dagegen bereits über einen Dateinamen. Dann wird im Hintergrund gespeichert, wenn Sie während der Arbeit auf das Symbol in der Schnellzugriffsleiste oder den Befehl *Speichern* klicken.
- Möchten Sie ein geöffnetes und bereits gespeichertes Dokument unter einem anderen Dateinamen und/oder an einem anderen Speicherort ein weiteres Mal speichern, dann benötigen Sie den Befehl *Speichern unter*. Dieser öffnet in jedem Fall das Dialogfenster *Speichern unter* und Sie können einen anderen Dateinamen angeben und/oder einen anderen Speicherort wählen.

Dateitypen

Standardmäßig wird ein Word-Dokument im XML-basierten Office-Dateiformat mit der Dateinamenerweiterung .docx gespeichert. Der Dateityp kann im Feld *Dateityp* im Dialogfenster *Speichern unter* unterhalb des Dateinamens kontrolliert und ggf. geändert werden. Ein Klick auf den Dropdown-Pfeil öffnet eine Liste der verfügbaren Dateitypen. Hier finden Sie beispielsweise auch den Dateityp *PDF*.

Bild 3.8 Dateityp wählen

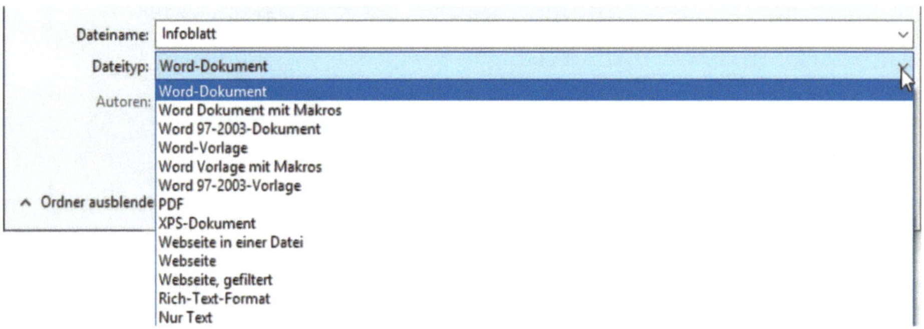

Ob die Dateinamenerweiterung beim Speichern mit angezeigt wird, ist abhängig davon, ob Sie im Datei-Explorer von Windows die Anzeige der Dateinamenerweiterungen aktiviert haben.

Kompatibilität mit früheren Versionen

Der Standard-Dateityp von Word, Word-Dokument (.docx) kann problemlos mit Word ab Version 2007 geöffnet und bearbeitet werden, nicht aber mit älteren Versionen, beispielsweise Word 2003. Falls das Dokument auch mit Word 2003 oder älter geöffnet werden soll, müssen Sie beim Speichern den Dateityp Word 97-2003-Dokument (.doc) auswählen. Beachten Sie aber, dass Word 2003 nicht alle Funktionen und Formate unterstützt, so dass beim Speichern Informationen verlorengehen können.

3.4 Dokumente öffnen

Ein Dokument öffnen

1 Das Öffnen von Dokumenten läuft ähnlich ab wie das Speichern. Ist Word bereits geöffnet, so klicken Sie auf das Register *Datei* und auf *Öffnen* ❶.

2 Hier ist standardmäßig zunächst *Zuletzt verwendet* ausgewählt und rechts sehen Sie die entsprechende Liste von Dokumenten. Zum Öffnen genügt ein Klick auf das Symbol oder den Dateinamen.

- Befindet sich die gesuchte Datei nicht darunter, so wählen Sie wie beim Speichern zunächst einen Speicherort (*OneDrive* oder *Dieser PC*) und rechts erscheinen die dazugehörigen Ordner.
- Wenn Sie *Dieser PC* ❷ ausgewählt haben, dann erhalten Sie hier den Inhalt des Ordners *Dokumente* ❸. Im Gegensatz zum Speichern werden beim Öffnen sowohl Ordner als auch Dokumente angezeigt, um den Inhalt eines Ordners anzuzeigen, genügt ein einfacher Mausklick.
- Wurde versehentlich der falsche Ordner ausgewählt, so gelangen Sie mit Klick auf den, nach oben weisenden, Pfeil ❹ zur nächsthöheren Ordnerebene, Sie können dazu aber auch einfach auf einen der übergeordneten Ordner klicken.
- Auch die Startseite, die nach dem Starten von Word erscheint, listet zuletzt verwendete Dokumente auf, die mit einem Klick geöffnet werden können. Befindet sich die gesuchte Datei nicht darunter, so klicken Sie auf *Weitere Dokumente öffnen*, um zur unten abgebildeten Seite *Öffnen* zu gelangen.

Achtung: Wurde ein Dokument in der Zwischenzeit gelöscht, verschoben oder umbenannt, so erhalten Sie beim Öffnen eine Fehlermeldung.

Bild 3.9 Datei öffnen

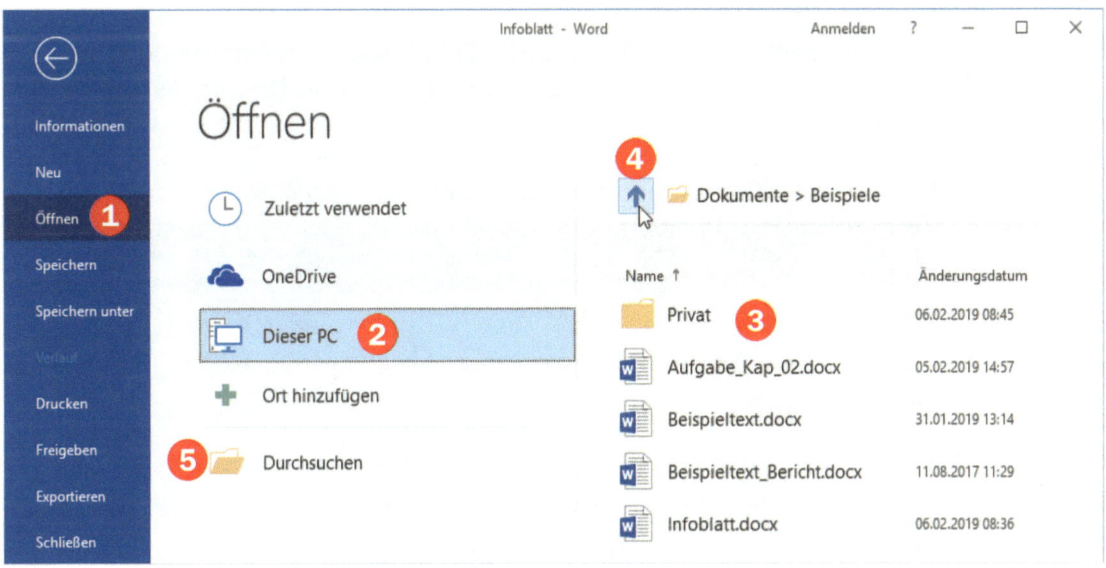

Dokument suchen

Befindet sich das gesuchte Dokument an einem anderen Ort, dann klicken Sie auf *Durchsuchen* ❺ (Bild 3.9). Das Fenster *Öffnen* erscheint, es unterscheidet sich nur geringfügig vom *Speichern unter*-Fenster. Wie beim Speichern haben Sie in der linken Spalte, der Navigationsleiste Zugriff auf alle verfügbaren Speicherorte, auch auf Ihre *OneDrive*-Ordner. Zum Öffnen klicken oder tippen Sie rechts im Inhaltsbereich auf das Symbol des gesuchten Dokuments, dieses erscheint farbig hervorgehoben bzw. markiert und der Name wird im Feld *Dateiname* angezeigt. Klicken Sie dann auf die Schaltfläche *Öffnen*. **Tipp**: Mit Doppelklick auf das Dateisymbol wird das Dokument sofort geöffnet.

Bild 3.10 Datei auswählen und öffnen

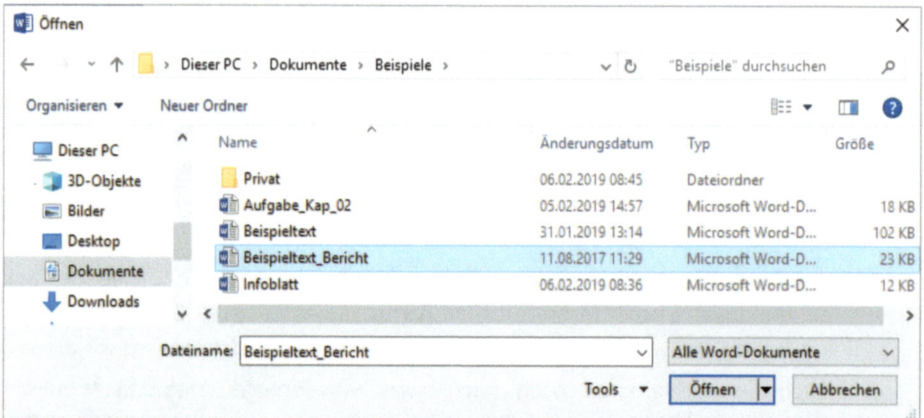

Nach dem Öffnen an der letzten Position fortfahren

Standardmäßig befindet sich nach dem Öffnen eines gespeicherten Dokuments der Cursor am Textanfang. Häufig möchten Sie aber anschließend an derjenigen Stelle fortfahren, die Sie zuletzt bearbeitet haben. Dann klicken Sie einfach auf den Infotext bzw. das Symbol, das nach dem Öffnen am rechten Fensterrand erscheint. Leider verschwindet das Symbol nach dem ersten Bearbeitungsschritt wieder.

Bild 3.11 An der letzten Position fortfahren

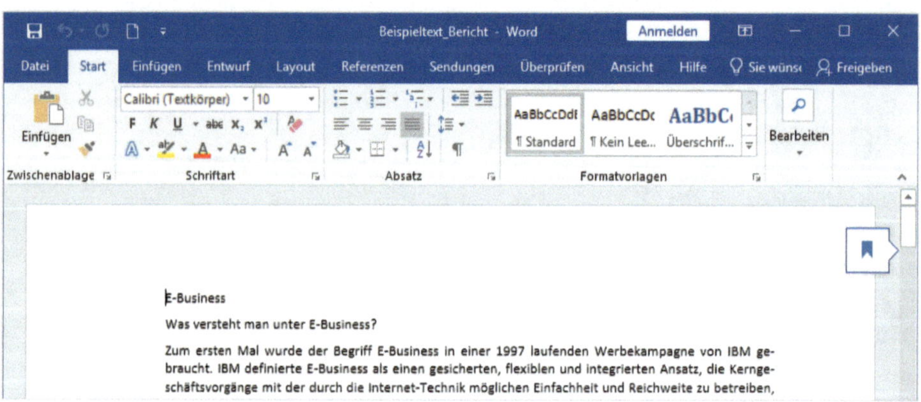

Sicherheitseinstellungen beim Öffnen

Dokumente in der geschützten Ansicht öffnen

Word-Dokumente können auch Schadsoftware enthalten, die z. B. wichtige Daten auf Ihrer Festplatte verschlüsselt. Aus diesem Grund werden Dokumente, die Sie aus dem Internet heruntergeladen oder per E-Mail als Anhang erhalten haben, zunächst in der geschützten Ansicht geöffnet. Diese Ansicht verhindert, dass eventuelle Schadsoftware aktiv wird und Sie können das Dokument lesen, nicht aber bearbeiten.

Klicken Sie daher nur auf die Schaltfläche *Bearbeitung aktivieren*, wenn dies unbedingt erforderlich ist und Sie der Datenquelle vertrauen.

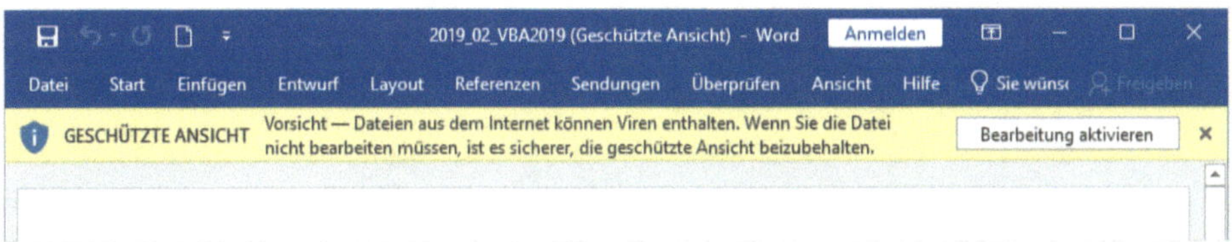

Bild 3.12 In der geschützten Ansicht muss eine eventuelle Bearbeitung erst aktiviert werden.

Dokumente mit Makros öffnen

In seltenen Fällen können Word-Dokumente auch Makros enthalten. Makros sind kleine Computerprogramme, mit deren Hilfe wiederkehrende Routineaufgaben automatisiert werden. In diesem Buch wird allerdings nicht näher auf diese Möglichkeit eingegangen. Da Makros manchmal auch in böswilliger Absicht verbreitet werden und Schaden auf Computern anrichten, verwendet Word einen gesonderten Dateityp für Word-Dokumente mit Makros mit der Dateinamenerweiterung .docm.

Beim Öffnen dieses Dateityps erscheint die unten abgebildete Sicherheitswarnung. Wie bei der geschützten Ansicht gilt: klicken Sie nur auf *Inhalt aktivieren*, wenn Sie dem Dokument und dem Urheber vertrauen. Sie können das Dokument lesen, drucken und bearbeiten, auch **ohne** die Inhalte und damit die Makros zu aktivieren.

Bild 3.13 Dokument mit Makros öffnen

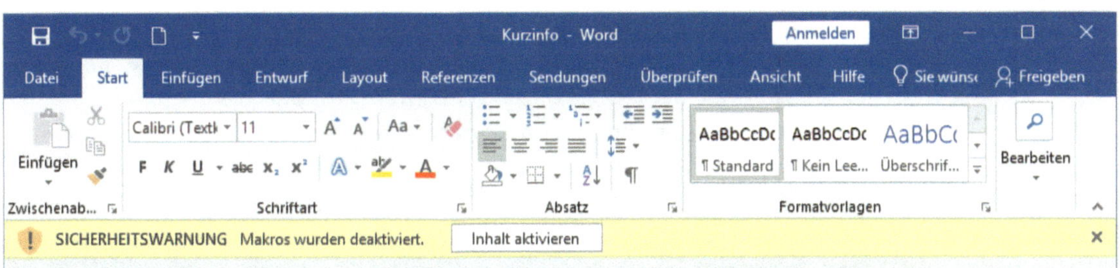

Ältere Dokumente im Kompatibilitätsmodus öffnen

Dokumente mit der Dateinamenserweiterung .doc, die mit älteren Word-Versionen erstellt und gespeichert wurden, werden mit Word 2019 im so genannten Kompatibilitätsmodus geöffnet. Dasselbe gilt auch für Dokumente, die im Rich Text Format (.rtf) beispielsweise mit WordPad gespeichert wurden. Ein entsprechender Hinweis erscheint zusammen mit dem Dateinamen in der Titelleiste des Word-Fensters.

Bild 3.14 Kompatibilitätsmodus

Im Kompatibilitätsmodus stehen einige Funktionen von Word, beispielsweise besondere Texteffekte, nicht zur Verfügung. Um diese zu nutzen, müssen Sie das Dokument im Dateiformat Word-Dokument (.docx) speichern. Dazu haben Sie folgende Möglichkeiten:

- **Dateityp umwandeln**
  Klicken Sie auf das Register *Datei*. Hier finden Sie unter *Informationen* die Schaltfläche *Konvertieren* und ein Klick darauf wandelt das Dokument nach einer Rückfrage entsprechend um. **Achtung**: Das ursprüngliche Dokument wird überschrieben, kann also mit älteren Word-Versionen nicht mehr geöffnet werden.

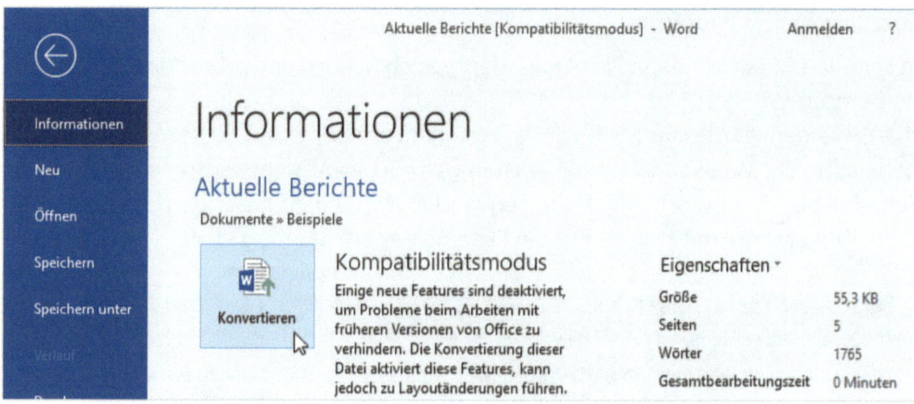

Bild 3.15 Dokument konvertieren

- **Dokument erneut speichern**
  Als zweite Möglichkeit speichern Sie das Dokument erneut und zwar im aktuellen Dateiformat. Klicken Sie dazu im Register *Datei* auf *Speichern unter*, wählen Sie einen Speicherort und als Dateityp *Word-Dokument*. In diesem Fall bleibt das ursprüngliche Dokument erhalten.

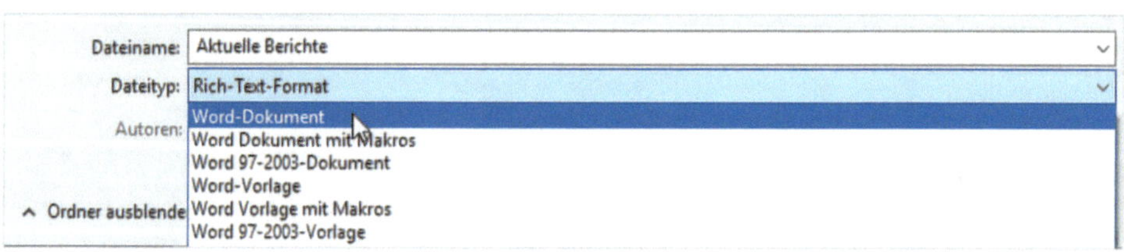

Bild 3.16 Speichern unter und Dateityp ändern

Dokumente schreibgeschützt öffnen

Zum Schutz vor unbeabsichtigten Änderungen können Dokumente auch schreibgeschützt oder als Kopie geöffnet werden, allerdings muss dazu zunächst Word gestartet werden.

1 Klicken Sie im Register *Datei* auf *Öffnen* und anschließend auf *Durchsuchen*, um das Fenster *Öffnen* anzuzeigen.

2 Wählen Sie den Speicherort aus und markieren Sie mit einem Klick das zu öffnende Dokument.

3 Klicken Sie dann auf den Dropdown-Pfeil der Schaltfläche *Öffnen* und entweder auf *Schreibgeschützt öffnen* oder auf *Als Kopie öffnen*.

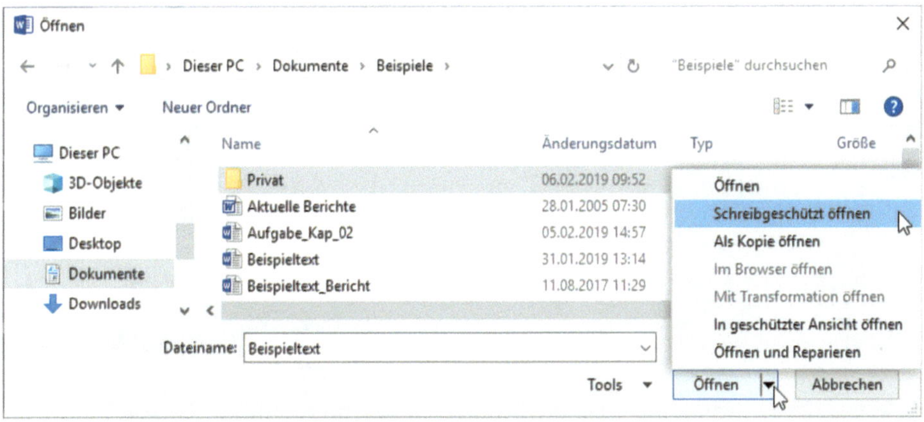

Bild 3.17 Schreibgeschützt öffnen

Schneller Zugriff auf häufig benötigte Dokumente

Die Übersicht *Zuletzt verwendete Dokumente* listet automatisch zuletzt und häufig geöffnete Dokumente auf und erscheint im Register *Datei*, wenn Sie auf *Öffnen* klicken sowie auf der Startseite von Word. Wurde ein Dokument längere Zeit nicht geöffnet, so verschwindet es daraus wieder. Um dies zu verhindern, können Sie wichtige und häufig benötigte Dokumente dauerhaft anheften.

1 Zum Anheften zeigen Sie in der Liste *Zuletzt verwendete Dokumente* auf das betreffende Dokument. Rechts wird ein Pin-Symbol sichtbar, auf das Sie zum Anheften nur klicken brauchen.

Bild 3.18 Dokument mit dem Pin-Symbol fest anheften

2 Das Dokument erscheint nun oberhalb im Bereich *Angeheftet* und ist außerdem am geänderten Pin-Symbol zu erkennen. Ein weiterer Klick auf das Symbol löst das Dokument bei Bedarf wieder.

Als Alternative klicken Sie mit der rechten Maustaste auf ein Dokument. Im Kontextmenü erhalten Sie zusätzlich zum Befehl *An Liste anheften* bzw. *Aus Liste lösen* mit *Aus Liste entfernen* die Möglichkeit, die Anzeige des Dokuments aus der Liste *Zuletzt verwendete Dokumente* zu entfernen. Mit dem Befehl *Gelöste Dokumente entfernen* wird die Liste *Zuletzt verwendete Dokumente* gelöscht, ausgenommen fest angeheftete Dokumente.

Bild 3.19 Dokument anheften

Angeheftete Dokumente sind sowohl auf der Startseite von Word als auch unter *Öffnen* ▶ *Zuletzt verwendet* verfügbar.

3.5 Nicht gespeicherte Dokumente wiederherstellen

Automatisches Speichern

Word 2019 verfügt, wie auch seine Vorgänger, über eine Funktion, die während der Arbeit das Dokument im Hintergrund in bestimmten Intervallen automatisch speichert. Im Fall eines Programmabsturzes oder wenn Sie versehentlich das Dokument geschlossen bzw. Word beendet haben, ohne zuvor zu speichern, dann können Sie beim nächsten Öffnen auf die automatisch gespeicherte Version zugreifen. Voraussetzung dazu ist die AutoWiederherstellen-Funktion. Diese dürfte zwar standardmäßig bereits aktiviert sein, sicherheitshalber sollten Sie dies jedoch überprüfen.

AutoWiederherstellen finden Sie im Register *Datei* unter *Optionen*. Klicken Sie im linken Bereich auf *Speichern* und achten Sie darauf, dass hier das Kontrollkästchen *Auto-*

Wiederherstellen-Informationen speichern aktiviert ist. Im Feld daneben legen Sie das Speicherintervall in Minuten fest.

Die automatische Speicherung erfolgt in eine temporäre Datei, die beim Beenden von Word gelöscht wird und nur im Fall eines Programmabsturzes erhalten bleibt. Damit Sie auf diese Datei auch zugreifen können, wenn Sie ein Dokument versehentlich ohne vorheriges Speichern schließen, muss außerdem das Kontrollkästchen *Beim Schließen ohne Speichern die letzte automatisch gespeicherte Version beibehalten* aktiviert sein.

Den Speicherort für automatisch gespeicherte Versionen finden Sie im Feld unterhalb, bei Bedarf können Sie über die Schaltfläche *Durchsuchen* auch einen anderen Ort auswählen.

Bild 3.20 Automatisches Speichern muss aktiviert sein

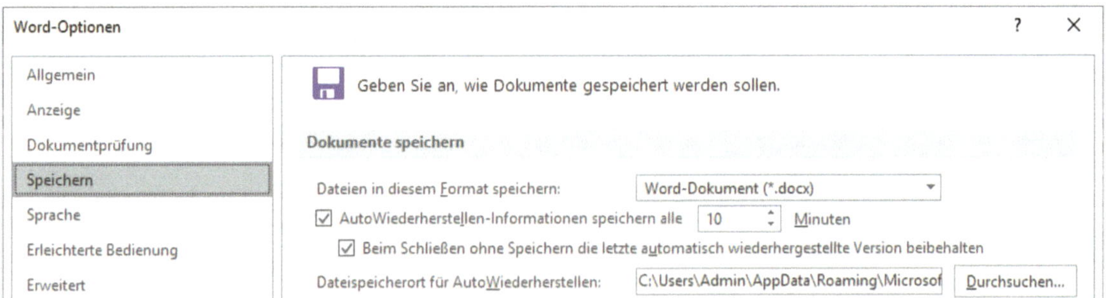

Wie Sie ein Dokument wiederherstellen können, wenn Sie versehentlich Word beendet haben, ohne Änderungen zu speichern oder bei nach einem Absturz ein Dokument nicht gespeichert werden konnte, lesen Sie im nachfolgenden Punkt.

Dokumente wiederherstellen

Die Vorgehensweise beim Wiederherstellen von Dokumenten unterscheidet sich, je nachdem ob es sich um bereits gespeicherte Dokumente handelt, also ein Dateiname vorhanden ist, oder ob ein Dokument noch nie gespeichert wurde.

Nicht gespeicherte Änderungen an einem Dokument wiederherstellen

Wenn das Dokument bereits unter einem Dateinamen gespeichert wurde und Sie vergessen haben, Ihre letzten Änderungen zu speichern, dann gehen Sie so vor:

1. Öffnen Sie das Dokument, dessen nicht gespeicherte Änderungen Sie wiederherstellen möchten. Entweder über die Startseite von Word oder indem Sie auf das Register *Datei* und auf *Öffnen* klicken.
2. Klicken Sie erneut auf das Register *Datei*, standardmäßig zeigt Word jetzt die Informationen zum Dokument an. Falls nicht, so klicken Sie auf *Informationen* ❶ (Bild 3.21).

3 Unter *Dokument verwalten* ❷ finden Sie die letzte nicht gespeicherte Version mit dem Zusatz *(bei Schließen ohne Speichern)*. Klicken Sie darauf, um diese zu öffnen.

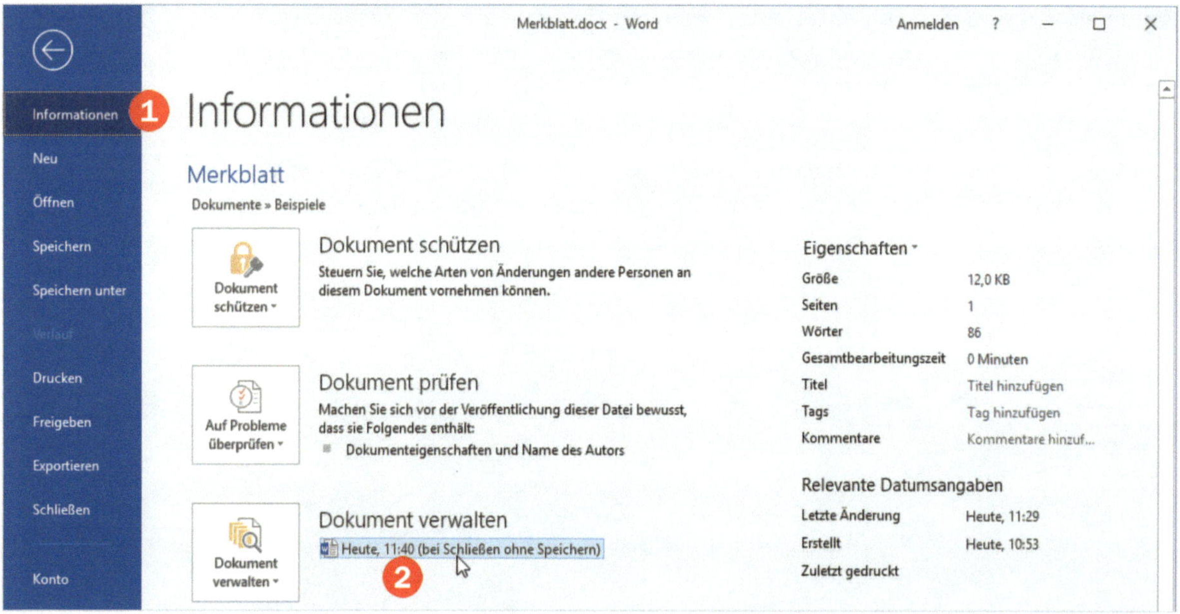

Bild 3.21 Nicht gespeicherte Änderungen wiederherstellen

Das Dokument wird schreibgeschützt geöffnet und unterhalb des Menübands macht Sie eine Infozeile darauf aufmerksam, dass die wiederhergestellte Datei nur temporär gespeichert wurde (Bild 3.22 unten). Sie haben nun folgende Möglichkeiten:

- Mit Klick auf *Vergleichen* wird das gespeicherte Original zusammen mit der wiederhergestellten Version in einem zusätzlichen Word-Fenster geöffnet und Sie können beide Versionen vergleichen. Wird der Vergleich nicht mehr benötigt, können Sie das zusätzliche Word-Fenster (*Vergleichsergebnis*) einfach wieder schließen.
- Wenn Sie künftig die wiederhergestellte Version verwenden möchten, dann klicken Sie auf *Wiederherstellen*. Damit wird nach einer Rückfrage die letzte gespeicherte Version durch die wiederhergestellten Version ersetzt und das Dokument ist nicht mehr schreibgeschützt.

Bild 3.22 Wiederhergestellte Datei vergleichen oder wiederherstellen?

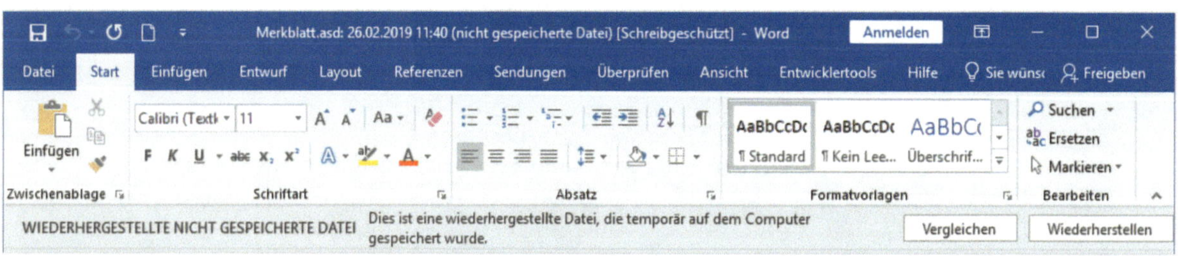

Nicht gespeicherte Dokumente wiederherstellen

Etwas anders gehen Sie vor, wenn ein zuvor nicht gespeichertes Dokument wiederhergestellt werden soll.

1 Klicken Sie im Register *Datei* auf *Öffnen* und *Zuletzt verwendet* ❶.

2 Klicken Sie dann im unteren Bereich auf die Schaltfläche *Nicht gespeicherte Dokumente wiederherstellen* ❷. Alternativ finden Sie diese Möglichkeit auch im Register *Datei* ▶ *Informationen* und Klick auf die Schaltfläche *Dokument verwalten*.

Im Dialogfenster *Öffnen* erscheinen alle Inhalte des Ordners *UnsavedFiles*. Markieren Sie mit einem Klick das Dokument, das Sie wiederherstellen möchten ❸ und klicken Sie auf *Öffnen* ❹.

Bild 3.23 Nicht gespeichertes Dokument wiederherstellen

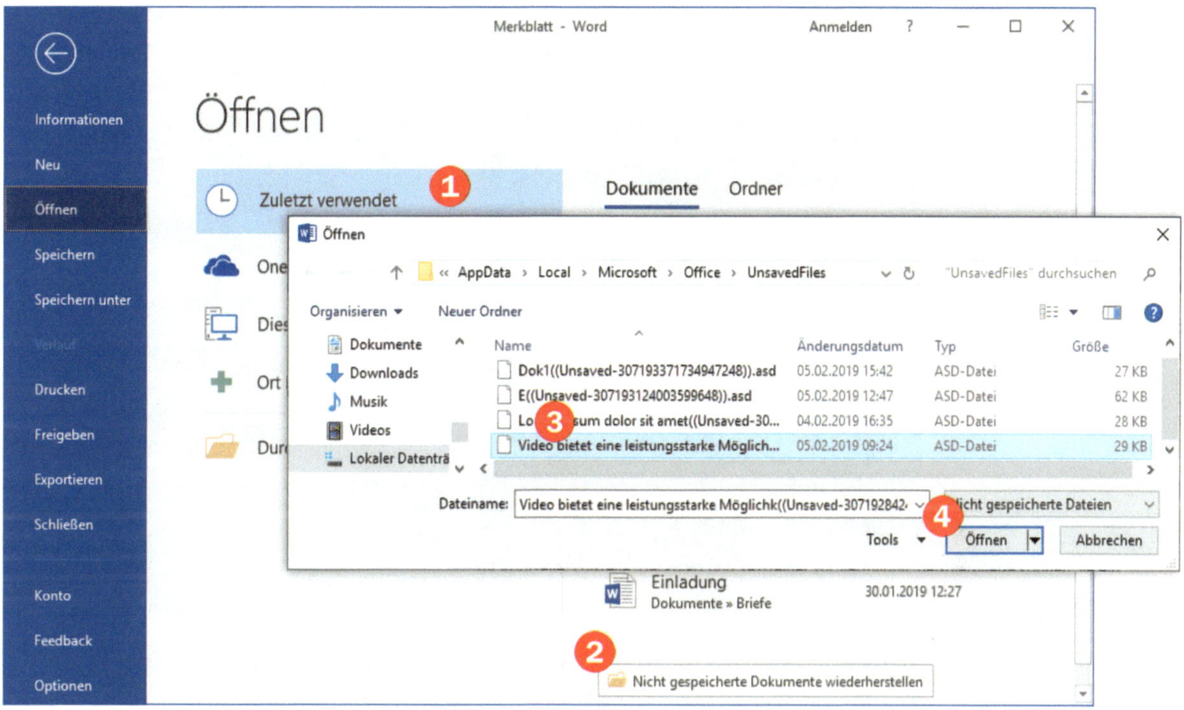

Das Dokument wird schreibgeschützt geöffnet und unterhalb des Titels erscheint die Information, dass es sich um ein wiederhergestelltes, nur temporär gespeichertes Dokument handelt. Zum Speichern klicken Sie auf die Schaltfläche *Speichern unter*.

Bild 3.24 Wiederhergestelltes Dokument

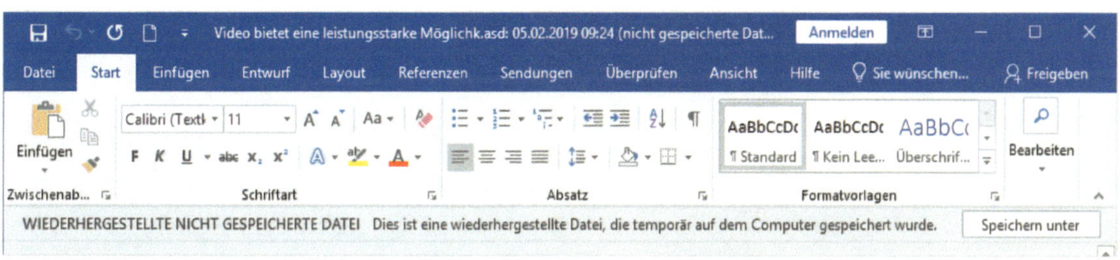

Ein Dokument nach einem Programmabsturz wiederherstellen

Wenn Sie nach einem Programmabsturz Word erneut gestartet haben, so erscheint auf der Startseite der Abschnitt *Wiederhergestellt*, klicken Sie auf *Wiederhergestellte Dateien anzeigen* ❶. Damit öffnet sich am linken Rand des Word-Fensters der Aufgabenbereich *Dokumentwiederherstellung*.

Klicken Sie hier auf das Dokument, das Sie wiederherstellen möchten ❷, so erscheint dessen Inhalt rechts im Word-Fenster. Vergessen Sie anschließend nicht, das Dokument ordnungsgemäß zu speichern! Entweder per Rechtsklick auf das Dokument im Bereich *Dokumentwiederherstellung* oder über das Register *Datei* ▶ *Speichern*. Manchmal sind auch gleich mehrere Versionen eines Dokuments verfügbar. Wenn anschließend die *Dokumentwiederherstellung* nicht mehr benötigt wird, dann klicken Sie auf die Schaltfläche *Schließen* ❸.

Bild 3.25 Startseite - Wiederhergestellte Dateien

Bild 3.26 Der Bereich Dokumentwiederherstellung

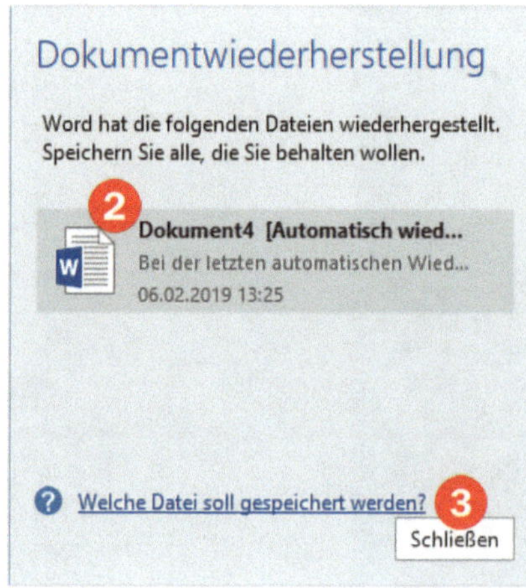

3.6 Konto und Kontoeinstellungen verwalten

Wie bereits erwähnt, steht Ihnen je nach Office-Version unter der Bezeichnung *OneDrive* oder *Office 365 SharePoint* zusätzlicher Speicherplatz in der Cloud, genauer gesagt auf einem Microsoft-Server, zur Verfügung. Diesen Speicher können Sie wie eine zusätzliche Festplatte nutzen, in der kostenlosen Standardversion sind dies 5 GB Speicherplatz.

> Zur Nutzung von *OneDrive* benötigen Sie ein Microsoft-Konto, für *Office 365 SharePoint* im Unternehmen ein so genanntes Organisationskonto und müssen mit diesem Konto angemeldet sein.

Ob und unter welchem Namen Sie angemeldet sind, sehen Sie mit einem Blick in die rechte obere Ecke des Word-Fensters. In den meisten Fällen melden Sie sich am PC mit einem Microsoft-Konto an, dann sind Sie damit automatisch auch bei allen Office-Anwendungen angemeldet. Wenn Sie dagegen zur Anmeldung am Gerät ein lokales Konto benutzen, dann erfolgt keine automatische Anmeldung.

Bild 3.27 Ihr Name erscheint rechts oben

Mit einem Microsoft-Konto anmelden

Sie können sich auch unabhängig von der Windows-Anmeldung nur für die Office-Anwendungen mit einem Microsoft-Konto anmelden. Dazu klicken Sie entweder im rechten Bereich der Titelleiste des Word-Fensters auf *Anmelden*.

Bild 3.28 Oder klicken Sie auf Anmelden

Oder im klicken Sie im Register *Datei* auf *Konto* ❶ und dann auf die Schaltfläche *Anmelden* ❷. In beiden Fällen öffnet sich anschließend ein Fenster zur Anmeldung: Geben Sie Ihre E-Mail Adresse bzw. die E-Mail Adresse Ihres Microsoft-Kontos ein ❸ und klicken Sie auf *Weiter* ❹, im nächsten Schritt geben Sie das, zu Ihrem Microsoft-Konto gehörende Kennwort ein und klicken auf *Anmelden*.

Bild 3.29 Die Anmeldung im Register Datei

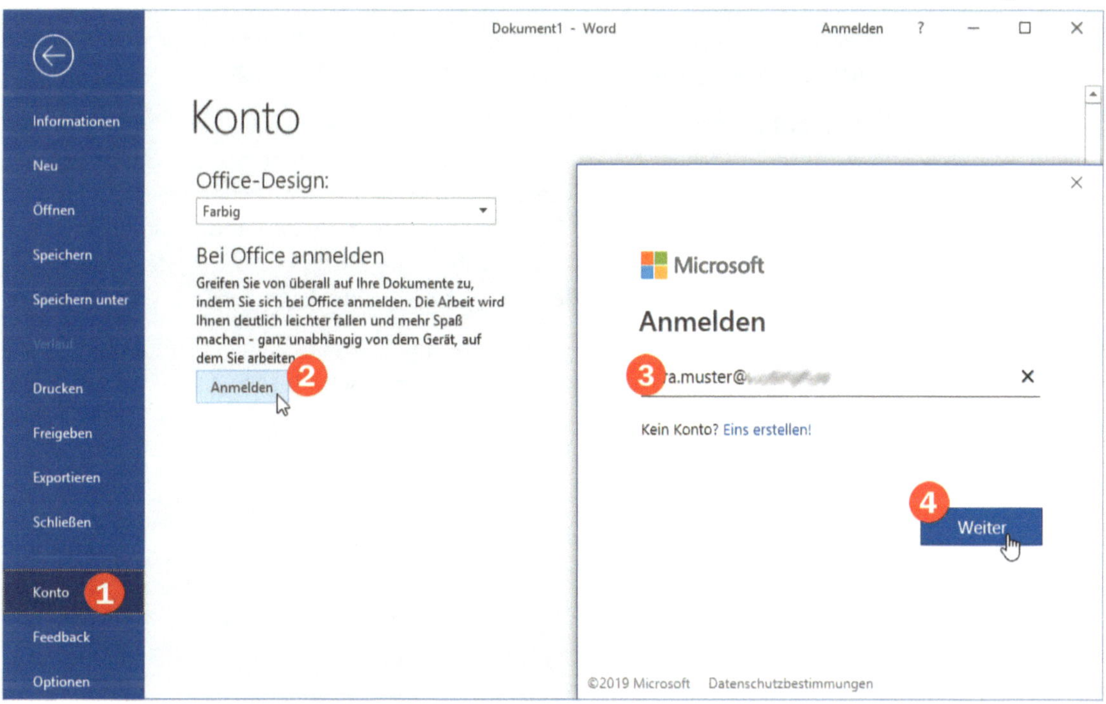

Nach erfolgreicher Anmeldung erscheint Ihr Name rechts oben im Word-Fenster und im Register *Datei* ist beim Speichern und Öffnen der Speicherort *OneDrive* mit dem Zusatz *Persönlich* versehen, Ihre E-Mail Adresse ist unterhalb sichtbar.

Sobald Sie hier auf *OneDrive* geklickt haben, erscheinen rechts daneben alle hier befindlichen Ordner und Dokumente und können, wie in Punkt 3.3 und Punkt 3.4 beschrieben, zum Speichern ausgewählt oder geöffnet werden.

Bild 3.30 OneDrive als Speicherort verwenden

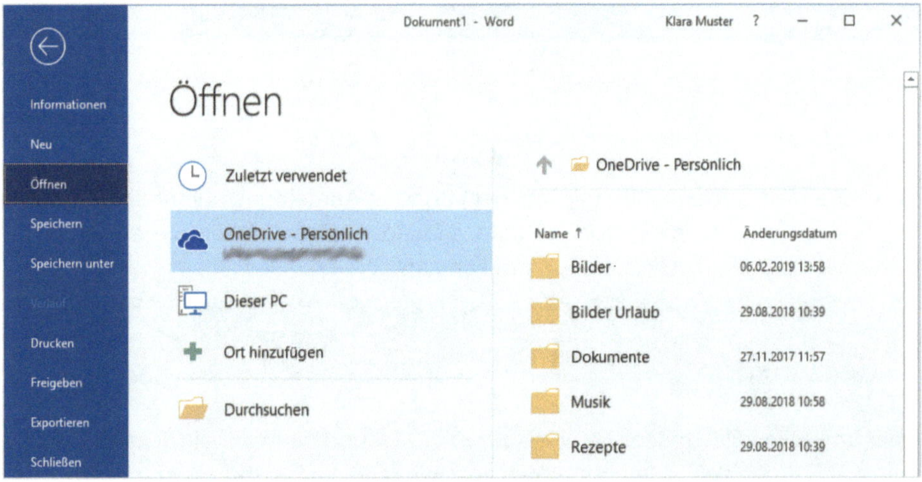

Hintergrundfarbe und Design für Office ändern

Im Register *Datei* können Sie unter *Konto* jederzeit Ihre Benutzerinformationen und die verbundenen Dienste einsehen und bei Bedarf das Design ändern.

- **Dunkles Design verwenden**
  Manche Nutzer empfinden eine dunkle Arbeitsumgebung als angenehmer. Wenn Sie die Farbe von Hintergrund, Menüleiste und im Register *Datei* ändern möchten, dann klicken Sie im Register *Datei* ▶ *Konto* auf den Dropdown-Pfeil des Feldes *Office-Design* ❶ und wählen Sie zwischen *Farbig* (Standardeinstellung), *Dunkelgrau* (wie in Bild 3.31), *Schwarz* und *Weiß*.

  Achtung: Diese Einstellung ist auch verfügbar, wenn Sie nicht mit einem Microsoft-Konto angemeldet sind und gilt automatisch für alle Office-Anwendungen auf dem Gerät, also z. B. auch für Excel oder PowerPoint.

- **Muster**
  Über das Feld *Office-Hintergrund* ❷ können Sie, falls gewünscht, die Titelleiste des Word-Fensters ❷ mit einem Muster verzieren.

- **Abmelden**
  Falls Sie sich mit Ihrem Konto wieder abmelden möchten, so klicken Sie hier auf *Abmelden* ❸.

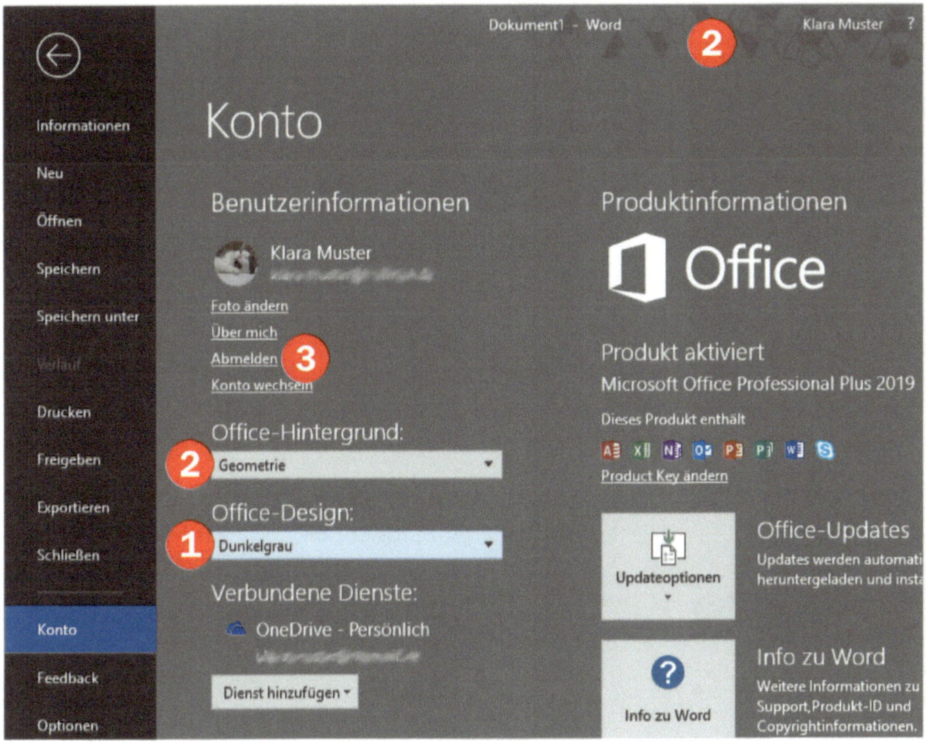

Bild 3.31 Beispiel Office-Design Dunkelgrau

OneDrive-Dokumente im Browser öffnen

Wenn Sie mit einem Microsoft-Konto angemeldet sind, dann ist der Cloudspeicher *OneDrive* in die Dateiverwaltung integriert und Sie haben im *Öffnen*-Dialogfenster über den Navigationsbereich Zugriff auf Ihre *OneDrive*-Ordner. Da Windows 10 standardmäßig *OneDrive* mit der lokalen Festplatte synchronisiert, haben Sie auch dann Zugriff auf Ihre in der Cloud gespeicherten Dokumente, wenn einmal keine Internetverbindung bestehen sollte.

Auf einem fremden PC, bzw. einem PC, an dem Sie nicht mit Ihrem Microsoft-Konto angemeldet sind, erhalten Sie im Browser, z. B. Microsoft Edge, Zugriff auf Ihre Dokumente. Rufen Sie die Seite www.onedrive.live.com auf und melden Sie sich hier mit Ihrem Microsoft-Konto an. Anschließend werden Ihre Ordner im Browser angezeigt und durch einfaches Anklicken geöffnet.

Auch Dokumente können Sie im Browser öffnen, diese werden in einem gesonderten Tab ❶ (Bild 3.32) mit *Word Online* geöffnet. Drucken und eine Bearbeitung sind damit auch möglich, wenn Word auf dem betreffenden PC nicht installiert ist. Allerdings werden nicht alle Funktionen unterstützt.

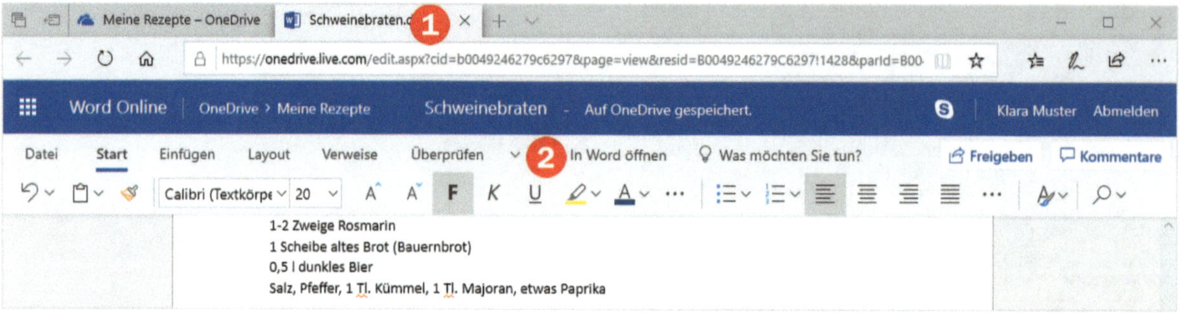

Bild 3.32 Word-Dokument im Browser öffnen

Das Öffnen und Anzeigen von Word-Dokumenten funktioniert problemlos mit Microsoft Edge, Firefox, Chrome und Safari, aber nicht mit allen Browsern!

Wenn Sie alle Bearbeitungsfunktionen benötigen und Word auf dem Gerät installiert ist, dann können Sie das Dokument aus dem Browser heraus auch mit Word öffnen. Klicken Sie dazu auf *In Word öffnen* ❷. Word wird mit dem Dokument gestartet, dies kann einige Sekunden dauern, bevor allerdings das Dokument geöffnet wird, müssen Sie sich mit Ihrem Microsoft-Konto anmelden.

3.7 Mit mehreren Word-Dokumenten arbeiten

Zwischen geöffneten Fenstern wechseln

Word öffnet jedes Dokument in einem eigenen Fenster. Sind mehrere Word-Dokumente gleichzeitig geöffnet, so werden diese in der Taskleiste standardmäßig als gestapeltes Symbol angezeigt und beim Zeigen auf das Word-Symbol der Taskleiste erhalten Sie eine Miniaturvorschau aller Fenster. Mit einem Klick in die Vorschau aktivieren Sie das Fenster bzw. holen es in der Vordergrund.

Bild 3.33 Miniaturansicht geöffneter Word-Fenster

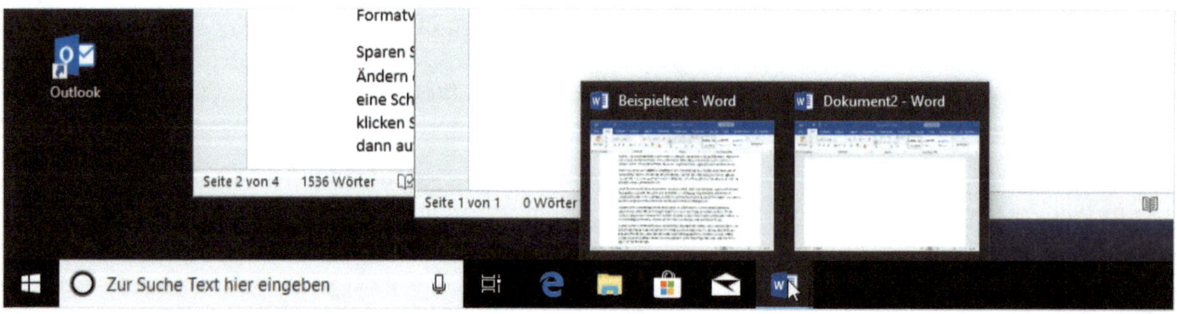

Eine weitere Möglichkeit erhalten Sie im Register *Ansicht*, Gruppe *Fenster*. Mit Klick auf die Schaltfläche *Fenster wechseln* erhalten Sie eine Liste der geöffneten Fenster und brauchen nur auf das gewünschte Dokument klicken, das aktuelle Dokument ist mit einem Häkchen versehen.

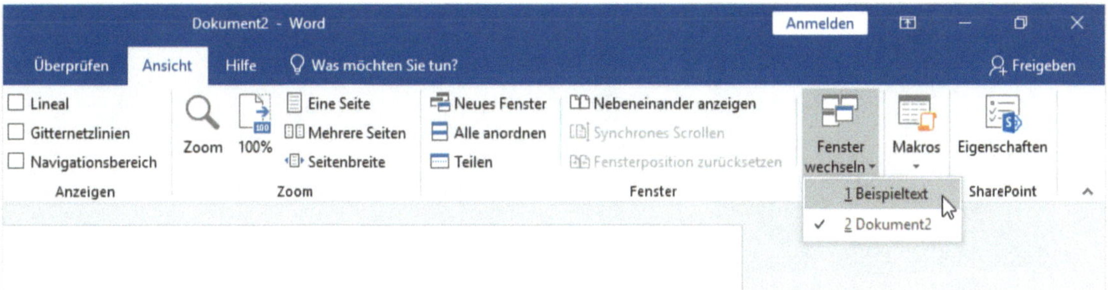

Bild 3.34 Fenster wechseln

Fenster anordnen

Das Register *Ansicht* enthält in der Gruppe *Fenster* mehrere Schaltflächen, über die Sie die Anordnung der Fenster steuern.

- Mit Klick auf die Schaltfläche *Alle Anordnen* ordnen Sie alle geöffneten Fenster untereinander auf dem Bildschirm an. **Achtung**: je nach Anzahl der Dokumente und Größe des Bildschirms ist unter Umständen das Menüband ausgeblendet.
- Die Schaltfläche *Nebeneinander anzeigen* ordnet dagegen die geöffneten Fenster nebeneinander auf dem Bildschirm an. Da diese Ansicht häufig dazu benutzt wird, zwei Dokumente miteinander zu vergleichen, ist gleichzeitig *Synchrones Scrollen* aktiviert. Das bedeutet, wenn Sie in eines der Dokumente zeigen und das Mausrad drehen, wird gleichzeitig auch der Bildschirmausschnitt des zweiten Fensters verschoben. Falls Sie dies nicht wünschen, so deaktivieren Sie dies im Register *Ansicht*, Gruppe *Fenster* mit Klick auf *Synchrones Scrollen* wieder.

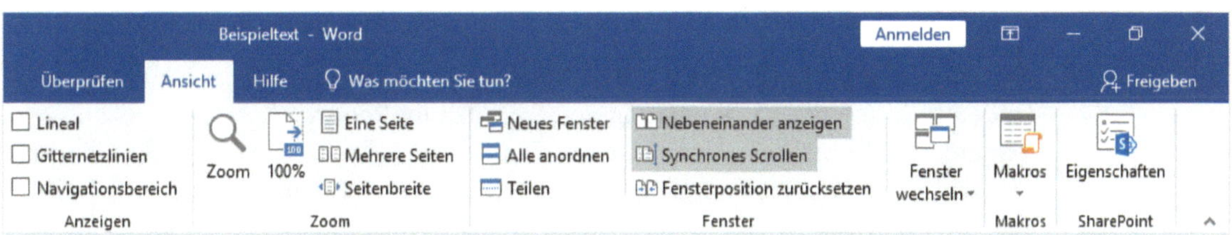

Bild 3.35 Die Schaltflächen der Gruppe Fenster

Fenster teilen

Die Schaltfläche *Fenster teilen* teilt das Fenster des aktuellen Dokuments in zwei Bereiche, in denen Sie unabhängig voneinander den Bildschirmausschnitt verschieben können. Damit erhalten Sie die Möglichkeit, beispielsweise Anfang und Ende eines umfangreichen Dokuments gleichzeitig am Bildschirm darzustellen und zu bearbeiten. Die Trennlinie selbst lässt sich mit gedrückter Maustaste verschieben und wenn

Sie die Teilung wieder aufheben möchten, dann verschieben Sie diese Linie bis ganz an den unteren oder oberen Rand des Dokuments oder klicken im Register *Ansicht* ▶ *Fenster* auf *Teilung aufheben*.

Bild 3.36 Geteiltes Fenster

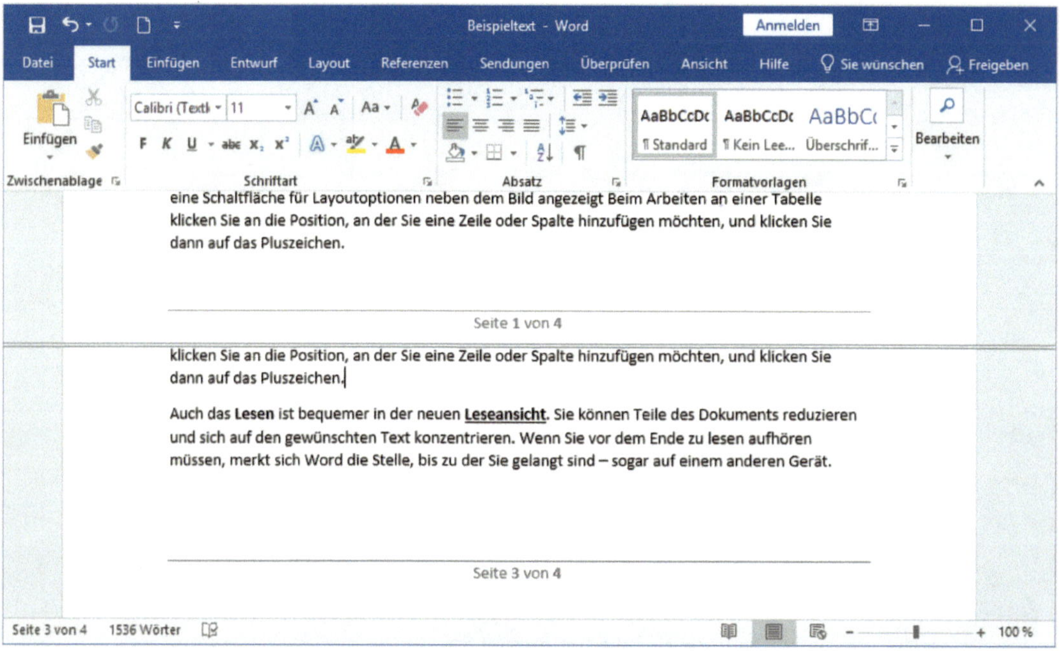

3.8 Word-Dokumente in ein anderes Dateiformat exportieren

Textformate

Neben der Möglichkeit, im Dialogfenster *Speichern unter* statt Word-Dokument einen anderen Dateityp auszuwählen, finden Sie auch im Register *Datei* unter *Exportieren* gängige Textformate. Darunter befindet sich z. B. *OpenDocument Text* (.odt), das von der kostenlos erhältlichen Open Source Software LibreOffice unterstützt wird und sich somit für den Datenaustausch mit dieser Anwendung anbietet.

Soll dagegen reiner Text ohne Formate und grafische Elemente exportiert werden, dann kann beim Speichern der Dateityp *Nur Text* mit der Dateinamenerweiterung .txt gewählt werden.

1. Klicken Sie in diesen Fällen auf das Register *Datei* ▶ *Exportieren* und dann auf die Schaltfläche *Dateityp ändern*.
2. Klicken Sie auf den gewünschten Dateityp, in Bild 3.37 *OpenDocument Text* und dann auf die Schaltfläche *Speichern unter*.

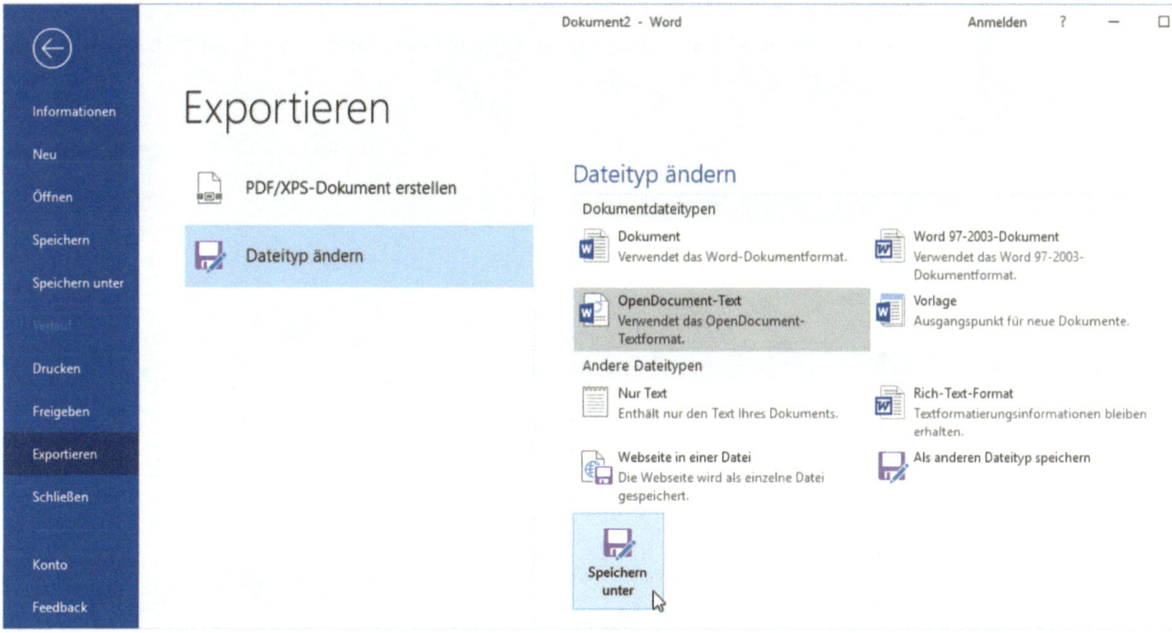

Bild 3.37 Export in OpenDocument Text

Das bekannte Dialogfenster *Speichern unter* (siehe Seite 90) wird geöffnet und der Dateityp ist bereits voreingestellt. Geben Sie Name und Speicherort der Datei an und klicken Sie auf *Speichern*.

PDF-Datei erstellen

Word bietet standardmäßig auch das Speichern im PDF-Dateiformat an. Layout, Formatierungen, Bilder und Schriftarten werden beibehalten und das Dokument kann, unabhängig vom Betriebssystem, auf allen Computern geöffnet und gelesen werden. Als einzige Voraussetzung muss ein entsprechendes Leseprogramm, beispielsweise der kostenlose Adobe Reader, installiert sein.

Natürlich können Sie stattdessen auch auf *Speichern unter* klicken und vor dem Speichern den Dateityp *PDF* auswählen.

Zum Speichern des aktuellen Dokuments als PDF-Datei klicken Sie im Register *Datei* auf *Exportieren* und wählen *PDF/XPS-Dokument erstellen*. Klicken Sie dann rechts auf die Schaltfläche *PDF/XPS-Dokument erstellen*.

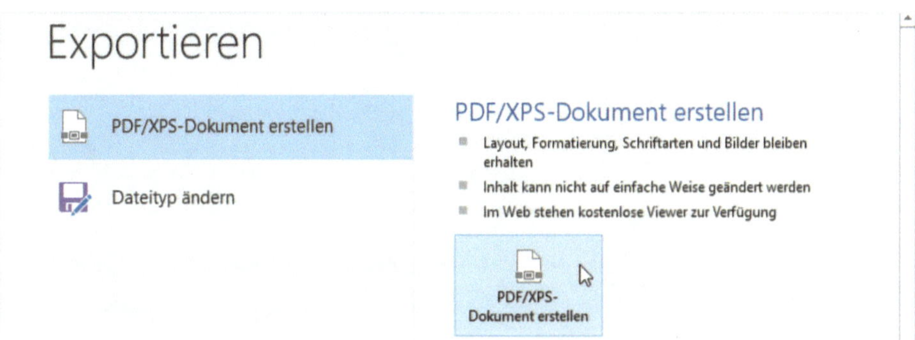

Bild 3.38 PDF-Datei aus Dokument erstellen

Das Dialogfenster *Als PDF oder XPS veröffentlichen* wird geöffnet. Geben Sie im Feld *Dateiname* einen Namen ein, wählen Sie den Speicherort und klicken Sie abschließend auf *Veröffentlichen*.

Bild 3.39 Als PDF speichern

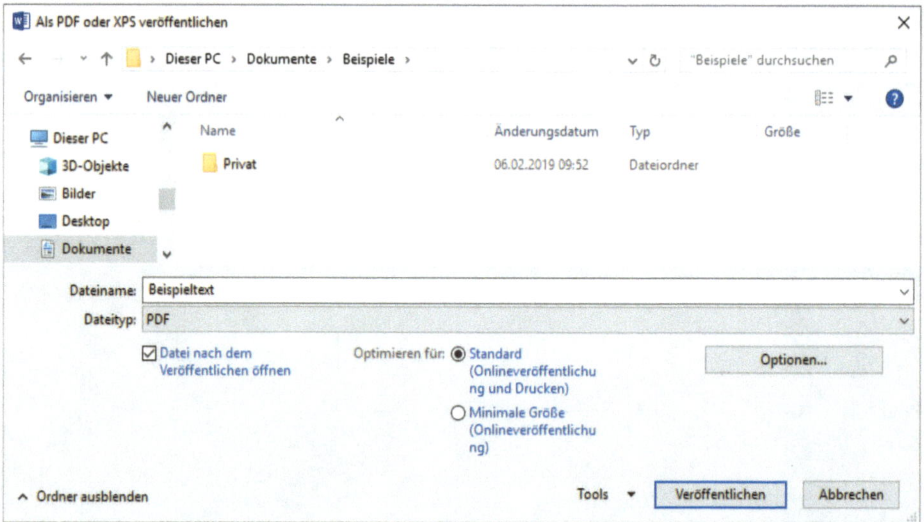

Tipps für das Erstellen von PDF-Dokumenten

- Wenn Sie zuvor das Kontrollkästchen *Datei nach dem Veröffentlichen öffnen* aktiviert haben, dann wird das Ergebnis anschließend mit Ihrem PDF-Leseprogramm, z. B. Adobe Reader, geöffnet.
- Möchten Sie für ein längeres Dokument Lesezeichen zur Navigation hinzufügen, nur bestimmte Seiten exportieren oder das Dokument mit einem Kennwort sichern, dann klicken Sie vor dem Speichern auf die Schaltfläche *Optionen*.

Bild 3.40 PDF-Optionen

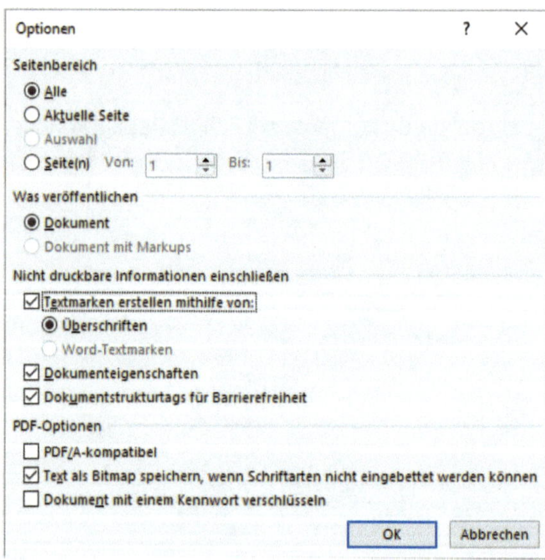

Achtung: zur Erstellung von Lesezeichen anhand der Überschriften müssen diese mit einer entsprechenden Formatvorlage formatiert sein!

- Legen Sie unter *Seitenbereich* die zu exportierenden Seiten fest.
- Für Lesezeichen aktivieren Sie das Kontrollkästchen *Textmarken erstellen mithilfe von* und wählen zwischen *Überschriften* und *Word-Textmarken*.
- Um ein Kennwort zu erstellen, verwenden Sie das Kontrollkästchen *Dokument mit einem Kennwort verschlüsseln*.

PDF-Datei öffnen und bearbeiten

Mit Word 2019 können PDF-Dateien auch konvertiert und mit Word geöffnet werden, sodass eine Bearbeitung des Textes möglich ist. Allerdings entspricht das Aussehen des umgewandelten Dokuments nicht immer genau dem PDF-Dokument, insbesondere wenn dieses viele Grafiken und Tabellen enthält.

Klicken Sie dazu im Register *Datei* auf *Öffnen* und auf die Schaltfläche *Durchsuchen* (siehe Dokumente öffnen). Standardmäßig zeigt das Dialogfenster *Öffnen* auch PDF-Dateien an, sollte dies nicht der Fall sein, so klicken Sie im Dialogfenster auf die Schaltfläche rechts vom Dateinamen und wählen hier entweder *Alle Word-Dokumente* oder *PDF-Dateien* aus. Markieren Sie dann mit einem Mausklick die PDF-Datei und klicken Sie auf *Öffnen*. Bestätigen Sie den nachfolgenden Hinweis auf das Aussehen der konvertierten Datei mit *OK*.

3.9 Allgemeine Word-Einstellungen

Benutzeroberfläche

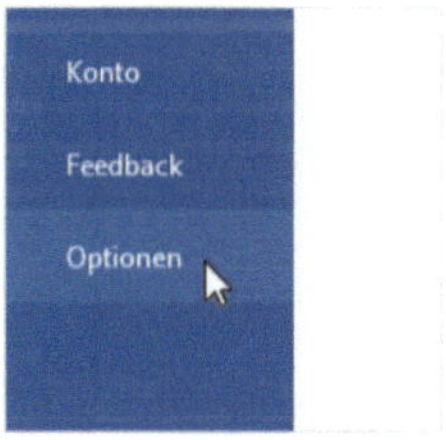

Wichtige Word-Optionen in Bezug auf Eingabe und Korrektur von Text, z. B. Rechtschreibung und Grammatik oder die AutoKorrektur haben Sie bereits in Kapitel 2 kennen gelernt. Die Optionen enthalten auch einige allgemeine Einstellungen, die Sie einsehen und ändern können. Zum Öffnen der Word-Optionen klicken Sie auf das Register *Datei* und hier auf *Optionen*. Wählen Sie im Dialogfenster *Word-Optionen* zunächst die Kategorie *Allgemein*.

Benutzeroberfläche

Unter *Benutzeroberflächenoptionen* sollten die Kontrollkästchen *Minisymbolleiste*, *Livevorschau* und *Dokumentinhalte beim Ziehen aktualisieren* aktiviert sein (Bild 3.41).

Benutzername, Initialen und Design

Ihr Benutzername wird automatisch von der Windows-Anmeldung übernommen und erscheint an verschiedenen Stellen, z. B. als Autor in den Dokumenteigenschaften, wenn Sie im Register *Datei* auf *Informationen* klicken. Den Benutzernamen können Sie mit den Initialen jederzeit ändern. Das Office-Design, z. B. dunkler Hintergrund kann hier ebenfalls festgelegt werden (siehe Seite 104).

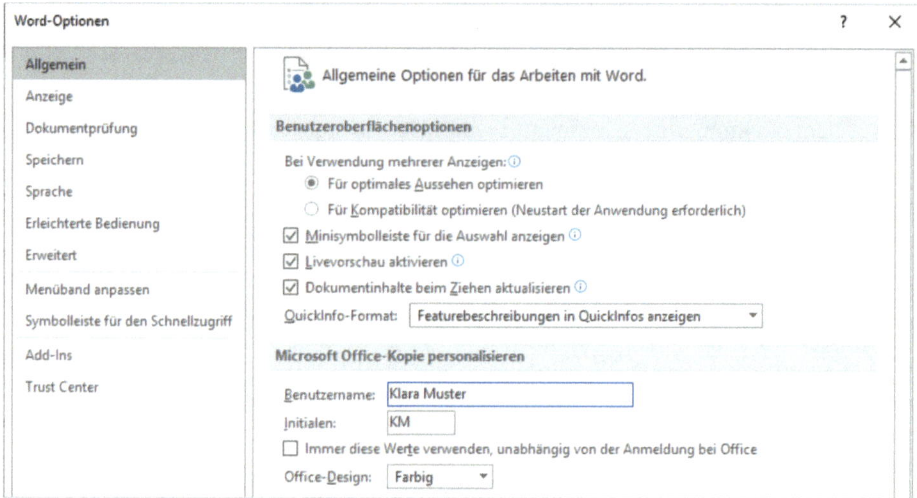

Bild 3.41 Word-Optionen zur Benutzeroberfläche

Startseite nicht anzeigen
Falls Sie beim Start von Word ohne Anzeige der Startseite sofort mit einem leeren Dokument beginnen möchten, dann scrollen Sie unter *Allgemein* weiter nach unten und entfernen unter *Startoptionen* das Häkchen vor *Startbildschirm beim Start dieser Anwendung anzeigen*.

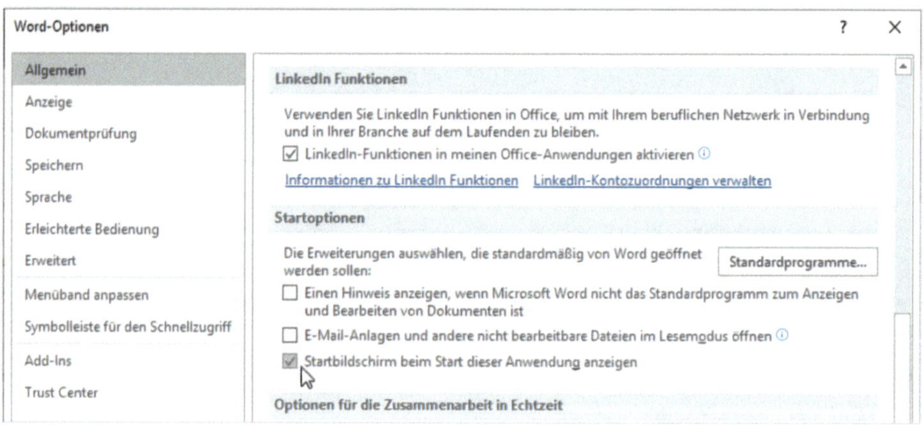

Bild 3.42 Word automatisch mit einem neuen leeren Dokument starten

Speichern

In den Word-Optionen finden Sie auch einige nützliche Einstellungen zum Speichern von Dokumenten. Wählen Sie dazu links die Kategorie *Speichern*.

Speichern-Dialogfenster sofort öffnen
Wenn beim Speichern unter Verwendung der Tastenkombination Strg+S oder beim Klick auf das Speichern-Symbol der Schnellzugriffsleiste sofort das Dialogfenster *Spei-*

chern unter geöffnet werden soll, dann aktivieren Sie das Kontrollkästchen *Backstage beim Öffnen oder Speichern von Dateien mithilfe von Tastenkürzeln nicht anzeigen*.

Standardspeicherort festlegen/ändern

Mit dem Kontrollkästchen *Standardmäßig auf Computer speichern* legen Sie Ihren PC als Standardauswahl beim Speichern und Öffnen fest. Das Feld *Lokaler Speicherort für Datei* zeigt den Standardordner für Word-Dokumente an. In der Regel ist dies der Ordner Dokumente, d. h. das Dialogfenster *Speichern unter* wird mit diesem Ordner geöffnet, bei Bedarf können Sie mit Klick auf die Schaltfläche *Durchsuchen...* einen anderen Ordner auswählen.

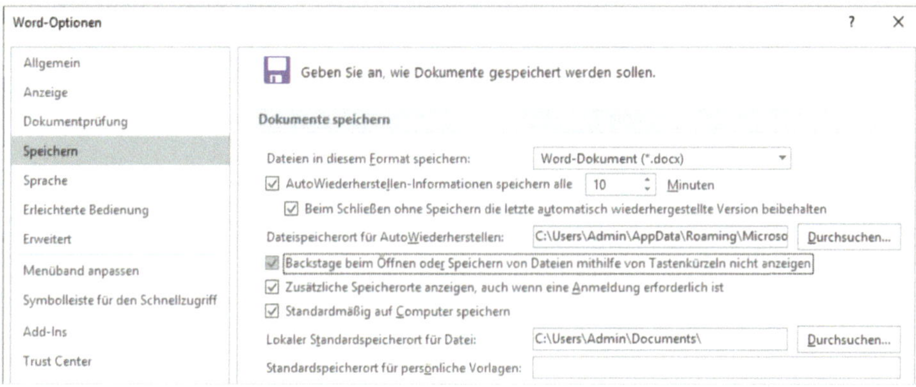

Bild 3.43 Word-Optionen: Speichern

Sicherheitseinstellungen

Einige Einstellungen in den Word-Optionen betreffen auch die Sicherheit Ihres Geräts. Mit den Standardeinstellungen sind Sie in der Regel ausreichend geschützt, diese sollten daher nur in begründeten Ausnahmefällen geändert werden. Die Sicherheitseinstellungen kontrollieren und ändern Sie im Trust Center. Wählen Sie links die Kategorie *Trust Center* und klicken Sie dann rechts auf die Schaltfläche *Einstellungen für das Trust Center....*

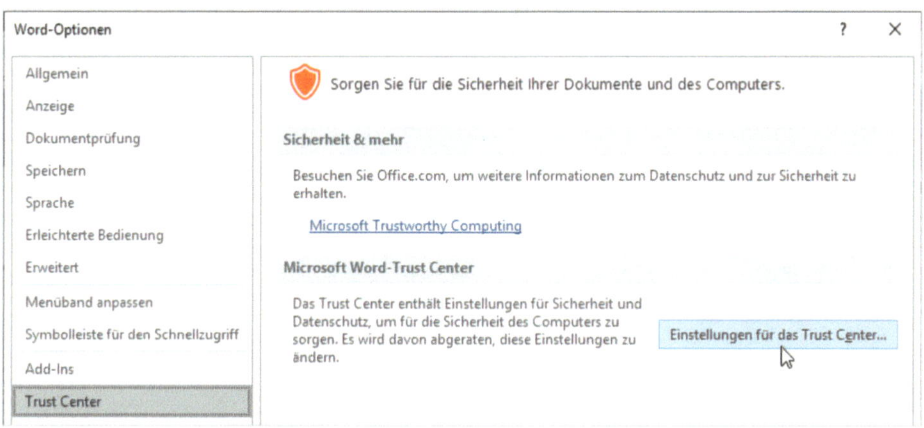

Bild 3.44 Einstellungen für das Trust Center öffnen

Makroeinstellungen beim Öffnen von Dokumenten kontrollieren

Zunächst werden die Makroeinstellungen angezeigt. Makros sind kleine Computerprogramme, die zusammen mit einem Word-Dokument gespeichert werden und mit deren Hilfe Routineaufgaben automatisiert werden können. Da auch Schadsoftware in Form von Makros auf Ihren PC gelangen kann, sollte die Einstellung *Alle Makros mit Benachrichtigung deaktivieren* gewählt sein. Damit erhalten Sie beim Öffnen eines Dokuments mit Makros eine entsprechende Meldung und können entscheiden, ob Sie die Makros aktivieren möchten (siehe Seite 95).

Bild 3.45 Sicherheitseinstellungen

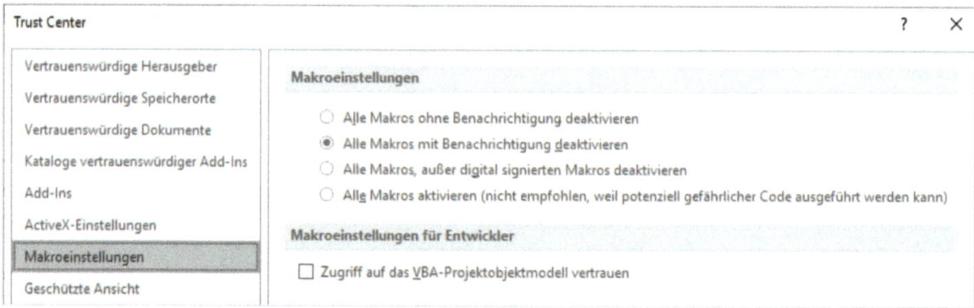

Unsichere Dokumente in der geschützten Ansicht öffnen

Dokumente aus dem Internet oder aus E-Mail-Anlagen werden standardmäßig in der geschützten Ansicht geöffnet. Auch diese Einstellungen können Sie im Trust Center kontrollieren, wenn Sie links auf *Geschützte Ansicht* klicken. Aus Sicherheitsgründen sollten alle drei Kontrollkästchen aktiviert sein.

Bild 3.46 Geschützte Ansicht

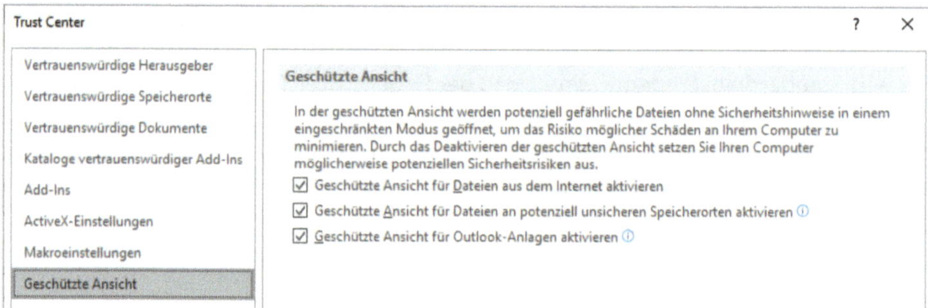

3.10 Dokument mit Kennwort verschlüsseln

Wenn das aktuelle Word-Dokument nicht von Unbefugten geöffnet werden soll, dann verschlüsseln Sie es mit einem Kennwort. Klicken Sie dazu auf das Register *Datei* und unter *Informationen* ❶ auf *Dokument schützen* ❷ und dann auf *Mit Kennwort verschlüsseln* ❸.

Mit Kennwort verschlüsseln bedeutet, das Dokument kann nur nach Eingabe des Kennworts geöffnet werden. Wenn Sie auf diese Option klicken, werden Sie aufgefordert, ein Kennwort festzulegen ❹ und um auszuschließen, dass Sie sich vertippt haben, müssen Sie das Kennwort ein zweites Mal eintippen nach dem Sie auf *OK* geklickt haben. Dann müssen Sie das Dokument speichern und schließen.

Achten Sie sowohl beim Festlegen des Kennworts, als auch bei der späteren Eingabe auf Groß- und Kleinschreibung!

Dieses Kennwort muss nun bei jedem Öffnen des Dokuments eingegeben werden. Falls Sie das Kennwort wieder entfernen möchten, so klicken Sie im Register *Datei*, *Informationen*, erneut auf *Dokument schützen*, wählen *Mit Kennwort verschlüsseln* und löschen das Kennwort aus dem Feld bzw. lassen das Feld leer.

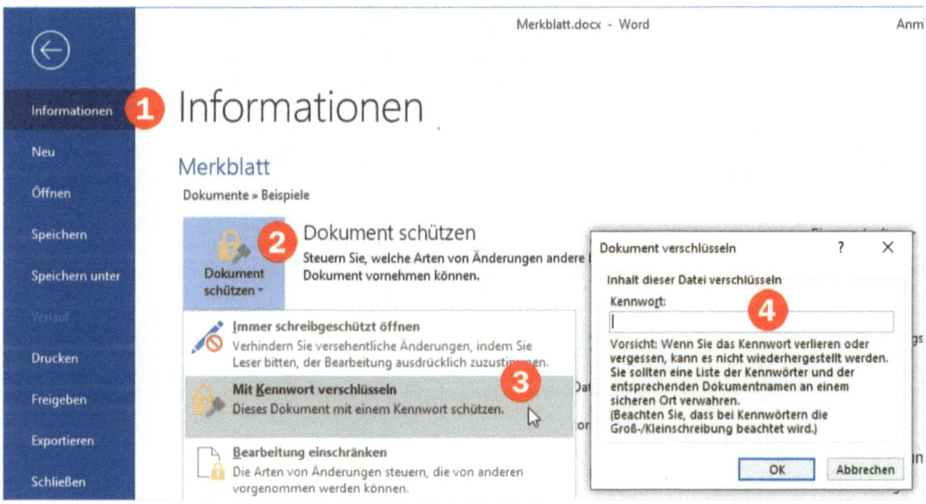

Bild 3.47 Mit Kennwort schützen

3.11 Übung

- Starten Sie Word mit einem neuen leeren Dokument bzw. öffnen Sie ein neues leeres Dokument.
- Geben Sie in diesem Dokument einen beliebigen Satz ein.
- Speichern Sie das Dokument unter dem Namen **Übung1** im Ordner *Dokumente*.
- Speichern Sie das Dokument erneut unter dem Namen **Übung2** im selben Ordner.
- Beenden Sie Word.

- Starten Sie Word erneut und öffnen Sie über die Startseite oder im Register *Datei* nacheinander die beiden zuvor erstellten Dokumente.
- Wechseln Sie zwischen den beiden Dokumenten und fügen Sie am Ende des Dokuments **Übung2** mit einer Leerzeile Abstand Ihren Namen hinzu.
- Erstellen Sie aus dem Dokument **Übung1** eine PDF-Datei, die Sie im selben Ordner speichern.
- Beenden Sie Word und sorgen Sie dafür, dass alle zwischenzeitlich erfolgten Änderungen gespeichert werden.

4 Textgestaltung

In diesem Kapitel lernen Sie...

- Schriftgestaltung
- Schrifteffekte einsetzen
- Absätze ausrichten
- Automatische Aufzählungen und Nummerierungen
- Text mit Rahmen und Hintergrundfarbe versehen
- Techniken zum schnellen Formatieren

Das sollten Sie bereits wissen

- Befehlseingabe
- Arbeitsoberfläche anpassen
- Dokumente speichern und öffnen
- Text eingeben und korrigieren
- Einstellungen zur Rechtschreibung und Grammatik

4.1 Grundlegende Techniken

Zeichen- oder Absatz?

Die vielfältigen optischen Gestaltungsmöglichkeiten von Text bezeichnet man als Formatierung. Word unterscheidet zwischen den folgenden grundlegenden Typen der Formatierung:

- **Zeichenformate**
  Zeichenformate legen die Darstellung einzelner Zeichen oder Zeichenfolgen fest. Dazu gehören beispielsweise Schriftart und -farbe. Für alle Zeichenformate gilt: Sie müssen den gesamten, zu formatierenden Textbereich markieren. Ausnahme: Zur Formatierung eines einzelnen Wortes genügt es, wenn sich der Cursor im Wort befindet.
- **Absatzformate**
  Absatzformate beziehen sich immer auf den gesamten Absatz, dieser kann mehrere Zeilen umfassen. Zu den Absatzformaten zählen beispielsweise die Abstände zwischen den Zeilen oder die Ausrichtung. Zur Formatierung eines einzelnen Absatzes reicht es, wenn sich der Cursor im Absatz befindet. Wenn mehrere Absätze das gleiche Format erhalten sollen, dann formatieren Sie entweder die Absätze einzeln nacheinander oder markieren zusammenhängende Absätze.
- **Seitenlayout**
  Andere Einstellungen beziehen sich auf das gesamte Dokument oder einen Dokumentabschnitt, dazu zählen die Seitenränder oder das Papierformat. Näheres dazu lesen Sie im nächsten Kapitel 5.

Tipps zur Vorgehensweise

Vor und während der Eingabe

Legen Sie insbesondere bei längeren Dokumenten am besten gleich zu Beginn das allgemeine Aussehen des Textes fest, z. B. Schriftart oder Farben, siehe Punkt 4.2. Einzelne abweichende Formatierungen, wie Wörter fett hervorheben, unterstreichen oder Absätze einrücken, können dagegen auch später oder zum Schluss vorgenommen werden.

- Beachten Sie bei Formatierungen während der Eingabe, dass ein Absatzformat durch Betätigen der Eingabetaste auch in den nachfolgenden Absatz übernommen wird. Haben Sie beispielsweise eine Überschrift zentriert, dann wird nach dem Drücken der Eingabetaste automatisch auch der nächste Absatz zentriert.
- Auch vorhandene Zeichenformate werden bei der Eingabe übernommen. Formatieren Sie beispielsweise ein Wort unmittelbar nach dem Eingeben unterstrichen, dann werden auch die nachfolgenden Wörter automatisch unterstrichen

und Sie müssen von diesen die Unterstreichung unter Umständen wieder entfernen.

Um unnötige Arbeitsschritte zu vermeiden, sollten Sie daher keine Formatierungen während oder unmittelbar nach der Eingabe vornehmen.

Formatvorlagen

Für umfangreichere Dokumente und systematisches Arbeiten empfiehlt sich die Verwendung von Formatvorlagen. Diese kombinieren meist gleich mehrere Formate, lassen sich mit einem Mausklick zuweisen und gewährleisten ein einheitliches Aussehen von Textelementen, z. B. Überschriften. Ein weiterer Vorteil: Bei nachträglichen Änderungen der Formatvorlage ändert sich automatisch auch das Aussehen aller Textstellen, die mit dieser Formatvorlage formatiert wurden. Kapitel 6 befasst sich eingehend mit diesem Thema.

Kapitel 6 befasst sich eingehend mit diesem Thema.

4.2 Farben und Schriftart des Dokuments festlegen

Am Beginn jeder Textgestaltung, besonders von längeren Dokumenten, sollte die Frage nach einer einheitlichen Schriftart stehen und welche Farben Sie im Dokument verwenden möchten. Zu diesem Zweck stellt Word die so genannten Designs zur Verfügung. Designs sind verschiedene Zusammenstellungen von Schriftarten, Farben, Abständen und grafischen Effekten. In der Standardeinstellung verwendet Word das Design *Office* mit der Schriftart *Calibri*.

Für Designs gilt

- Auswahl und Zusammenstellung eines Designs erfolgen im Register *Entwurf*.
- Sie können entweder ein vorgegebenes Design auswählen oder Ihr eigenes Design aus Farben und Schriftarten zusammenstellen.
- Es spielt keine Rolle, ob das Dokument noch leer ist oder Sie bereits Text eingegeben haben, Designänderungen wirken sich stets auf das gesamte Dokument aus. Beachten Sie aber, dass nachträgliche Änderungen, z. B. der Schriftart, sich auch auf den Zeilenumbruch auswirken können und somit in umfangreichen Dokumenten das Gesamtlayout verändern können.

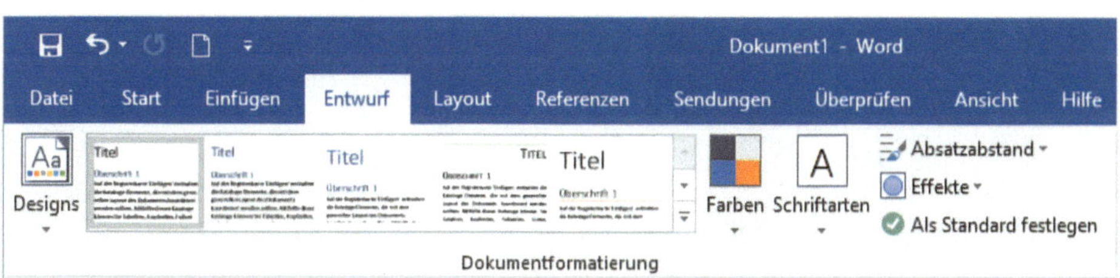

Bild 4.1 Einstellungen zur Formatierung des gesamten Dokuments nehmen Sie im Register Entwurf vor

Dokumentschriftart festlegen

Die Schrift für das gesamte Dokument legen Sie fest, indem Sie im Register *Entwurf* auf *Schriftarten* klicken. Wenn Sie bereits Text eingegeben haben, erhalten Sie beim Zeigen auf eine Schriftart im Dokument eine Vorschau, erst mit einem Klick wird die Auswahl übernommen.

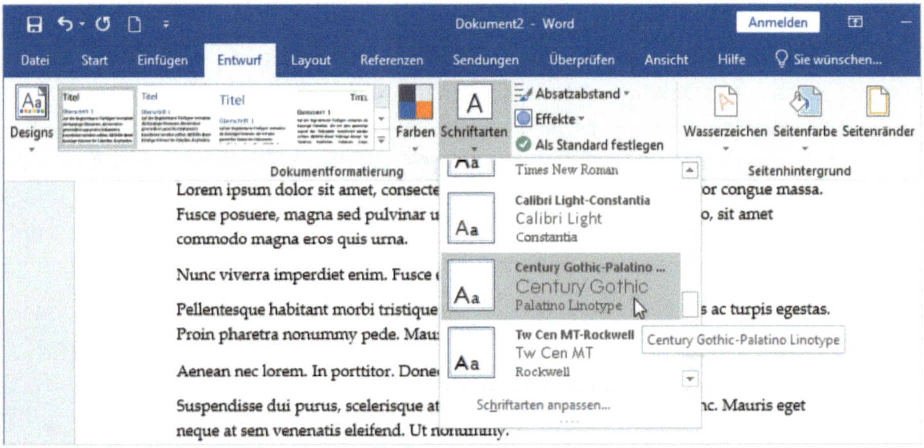

Bild 4.2 Schriftart auswählen

Sie können jederzeit im Dokument zusätzlich auch noch andere Schriftarten verwenden. Die ausgewählten Schriftarten befinden sich jedoch immer an erster Stelle bei der Auswahl einer Schrift.

Eigene Schriften verwenden

Falls sich keine passende Schriftart in der Liste findet, so klicken Sie am Ende der Liste auf *Schriftarten anpassen...* und wählen die gewünschten Schriften aus. Sie können insgesamt zwei, auch unterschiedliche, Schriftarten wählen, eine für die Überschriften und eine für den restlichen Text.

Falls Sie diese Schriften auch in anderen Dokumenten verwenden möchten, sollten Sie im Feld *Name* statt *Benutzerdefiniert 1* einen aussagekräftigen Namen eingeben. Mit Klick auf die Schaltfläche *Speichern* werden die ausgewählten Schriftarten in das Dokument übernommen und stehen künftig ebenfalls über die Schaltfläche *Schriftart* auch in anderen Dokumenten zur Verfügung.

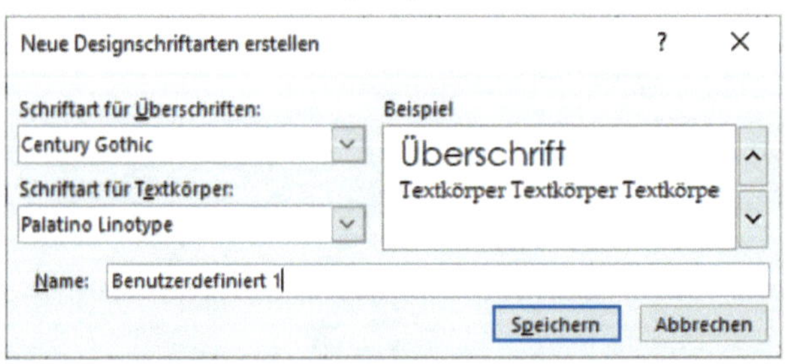

Bild 4.3 Eigene Schriftarten zusammenstellen

Dokumentfarben wählen

Genau wie die Schriftart, werden auch die Designfarben an erster Stelle vorgeschlagen, wenn Sie z. B. eine andere Schriftfarbe benötigen. Daher sollten Sie an dieser Stelle auch gleich die gewünschten Farben wählen. Klicken Sie dazu im Register *Entwurf* auf *Farben*. Genau wie bei der Schriftart, erhalten Sie auch hier beim Zeigen eine Vorschau im Dokument, vorausgesetzt Sie haben hier bereits Farben verwendet.

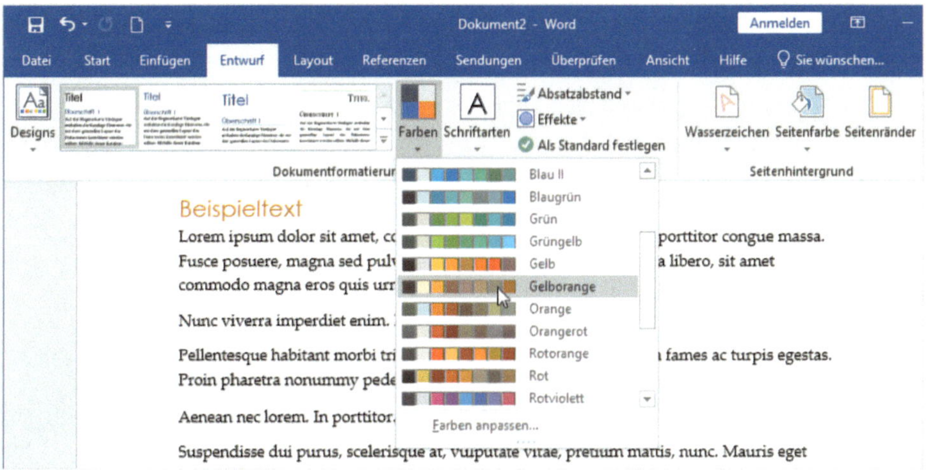

Bild 4.4 Farben auswählen

Eigene Farben zusammenstellen

Oftmals werden Farben des firmenspezifischen Corporate Designs benötigt. In diesem Fall wählen Sie zunächst Farben, die den Vorgaben am nächsten kommen und klicken dann am Ende der Liste auf *Farben anpassen...*.

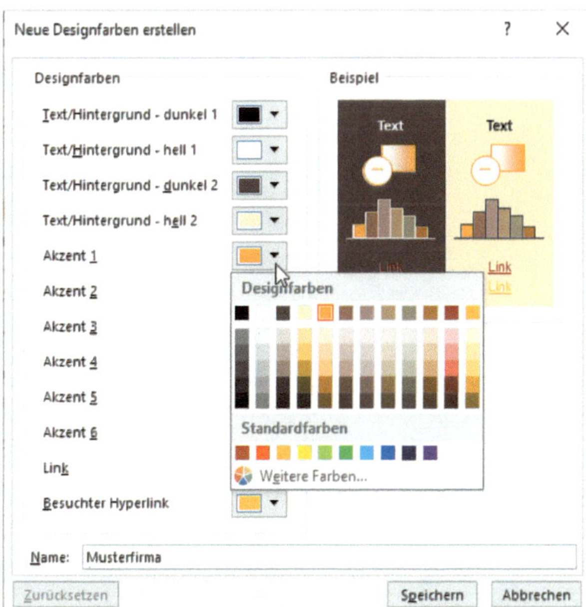

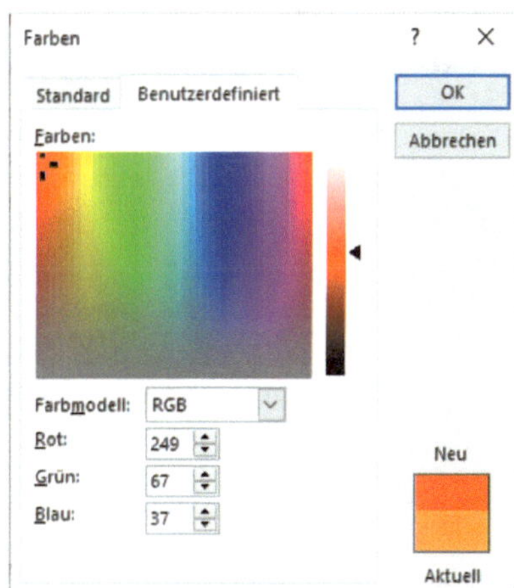

Bild 4.5 Eigene Designfarben zusammenstellen

Bild 4.6 Farbauswahl

1. Im Fenster *Neue Designfarben erstellen* (Bild oben) können Sie per Mausklick auf den jeweiligen Pfeil die Farbe jedes Elements, z. B. Hintergrund oder Hervorhebung (Akzent), ändern.

Word unterstützt leider ausschließlich das RGB-Farbmodell. Das ebenso gebräuchliche CMYK-Farbmodell ist daher hier nicht verfügbar.

2. Ein Klick auf *Weitere Farben...* öffnet ein zweites Fenster, in dem Sie im Register *Benutzerdefiniert* eine Farbe anhand ihres RGB-Farbwerts festlegen können. Alternativ können Sie im Register *Standard* eine der Standardfarben wählen.
3. Klicken Sie zum Übernehmen auf *OK* und wiederholen Sie diesen Schritt für alle zu ändernden Farben.
4. Im Fenster *Neue Designfarben erstellen* können Sie anschließend die Wirkung der geänderten Farben anhand einer Vorschau beurteilen. Geben Sie zuletzt noch im Feld *Name* an, unter welchem Namen Ihre Designfarben gespeichert werden sollen und klicken Sie auf *Speichern*.

Tipp: Ein Klick auf die Schaltfläche *Zurücksetzen* stellt die ursprüngliche Farbzusammenstellung wieder her.

Diese Farben sind unter der Kategorie *Benutzerdefiniert* ab sofort in allen Dokumenten und anderen Office-Anwendungen, z.B. Excel, verfügbar.

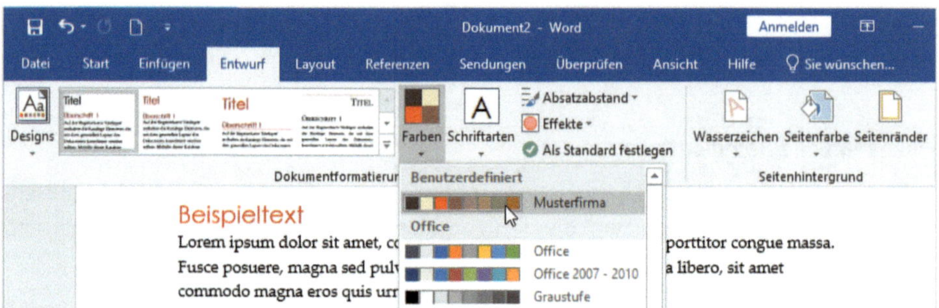

Bild 4.7 Die gespeicherten benutzerdefinierten Farben

Farben nachträglich bearbeiten/löschen

Falls Sie Ihre benutzerdefinierten Farben nachträglich ändern oder löschen möchten, klicken Sie auf *Farben* und mit der rechten Maustaste unter *Benutzerdefiniert* auf Ihre Farben und auf *Bearbeiten...* oder *Löschen...*.

Zeilen- und Absatzabstände

Ein häufiges Problem sind die Zeilenabstände und Abstände zwischen den Absätzen. Word verwendet in der Standardeinstellung vergrößerte Zeilen- (1,08) und Absatzabstände (8 Pt.) , was sich zwar optisch positiv in längeren Texten auswirkt, aber in einfachen alltäglichen Dokumenten nicht immer gewünscht ist. So haben diese Abstände schon manche Briefschreiber verzweifeln lassen, da die DIN 5008 in Geschäftsbriefen einfache Zeilenabstände und jeweils eine Leerzeile zwischen Absätzen vorschreibt.

Wenn Sie also einen Brief schreiben möchten oder aus anderen Gründen einfache Abstände benötigen, dann klicken Sie im Register *Entwurf* auf *Absatzabstand* und hier auf

Kein Absatzabstand. Die beiden nachfolgenden Abbildungen zeigen den Unterschied zwischen den Standardabständen und einfachen Zeilen und keinen Absatzabständen deutlich.

Sie finden unter Absatzabstand auch noch andere Varianten, die beiden oben genannten dürften jedoch am häufigsten verwendet werden.

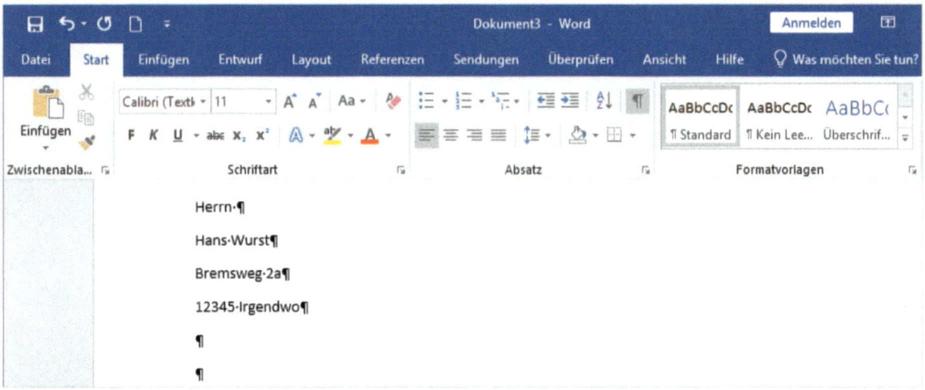

Bild 4.8 Text mit den Standardabständen

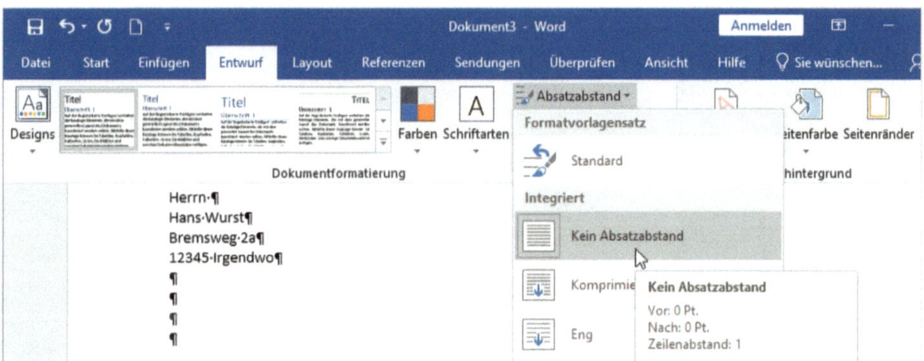

Bild 4.9 Text ohne Abstände (gemäß DIN)

Weitere Möglichkeiten

Grafische Effekte

Im Register *Entwurf* finden Sie auch noch die Schaltfläche *Effekte*. Dahinter verbirgt sich eine Sammlung verschiedener Schatten- und 3D-Effekte, die sich allerdings nur auf grafische Elemente, z. B. Rahmen oder Formen auswirken. Diese werden wir in Kapitel 8 näher betrachten.

Vorgegebenes Design verwenden

Mit der Schaltfläche *Designs* stehen Ihnen verschiedene vorgefertigte Designs, bestehend aus Farben, Schriftarten und Effekten zur Verfügung. Auch hier erhalten Sie beim Zeigen im Dokument eine Vorschau und können so die Wirkung besser beurteilen. **Nachteil gegenüber der oben beschriebenen Vorgehensweise:** Diese Methode ist wenig flexibel.

Bild 4.10 Design auswählen

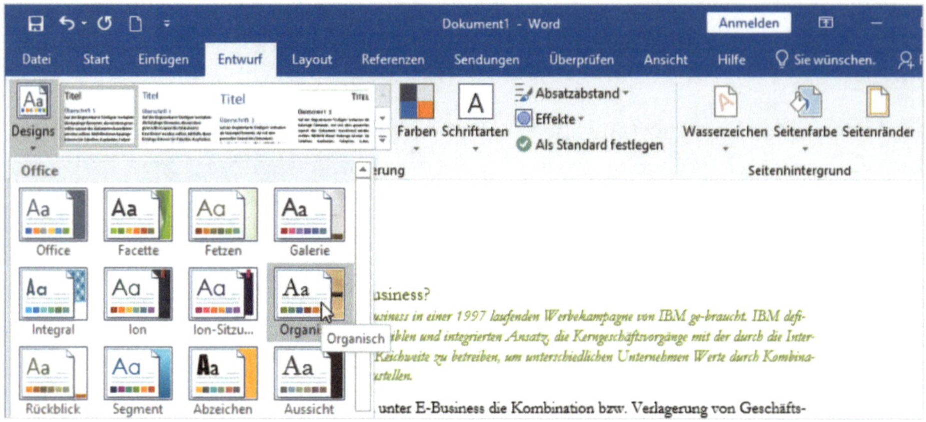

Tipp: Dokument zurücksetzen

Falls Sie nach verschiedenen Experimenten mit Farben und Schriften wieder den ursprünglichen Zustand bzw. das Standard Aussehen des Dokuments wiederherstellen möchten, brauchen Sie nur auf die Schaltfläche *Designs* klicken und hier das Design *Office* auswählen.

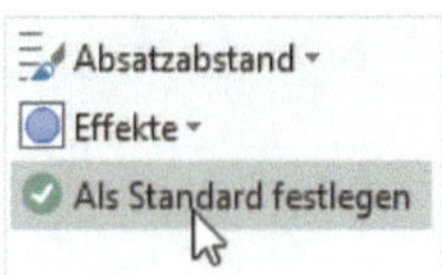

Einstellungen als Standard für alle künftigen Dokumente verwenden

Wenn Sie die hier getroffenen Einstellungen als Standard auch für alle künftigen Dokumente festlegen möchten, so klicken Sie auf *Als Standard festlegen*.

4.3 Zeichenformate

Nach den grundlegenden Voreinstellungen betrachten wir nun die einzelnen Formate und Formatierungsmöglichkeiten genauer.

Die Zeichenformate finden Sie im Register *Start* in der Gruppe *Schriftart*. Einige der wichtigsten sind auch in der Minisymbolleiste enthalten, die im Dokument unmittelbar nach dem Markieren von Text erscheint.

Bild 4.11 Zeichenformate

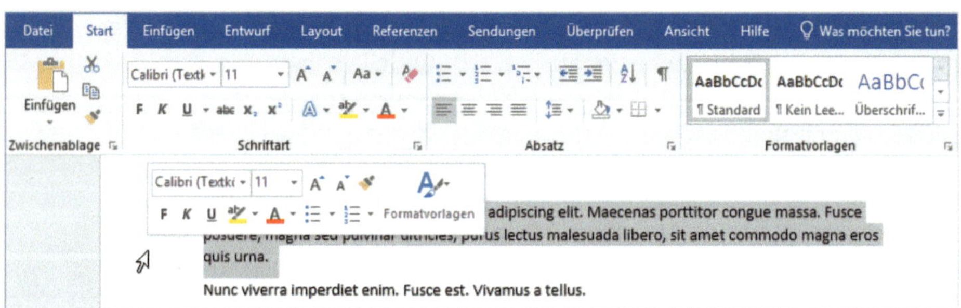

Schriftart, Schriftgröße und Schriftschnitt

Schriftart und Schriftgröße (Schriftgrad) gehören zu den wichtigsten Zeichenformaten. Das Betriebssystem Windows bringt einen umfangreichen Katalog von Schriftarten mit, die von Microsoft-Office, also auch Word, und allen anderen Anwendungen verwendet werden. Die meisten Schriftarten sind so genannte Proportionalschriften mit Zeichen unterschiedlicher Breite, der Buchstabe m benötigt beispielsweise mehr Platz als ein i. Nur bei wenigen Schriftarten, wie z. B. Courier, haben alle Zeichen die gleiche Breite. Daher ändert sich bei Änderung der Schriftart meist auch der Zeilenumbruch.

Außerdem unterscheidet man auch noch zwischen Serifenschriften und serifenlosen Schriften. Serifen sind die geschwungenen Enden der Zeichen. Eine typische Serifenschriftart ist zum Beispiel Times New Roman, als serifenlose Schriftart kommen häufig Arial oder Calibri zum Einsatz.

Zusätzlich sind auch noch mehrere Symbolschriften verfügbar, diese enthalten grafische Zeichen anstelle von Buchstaben, ein Beispiel ist die Schriftart Wingdings.

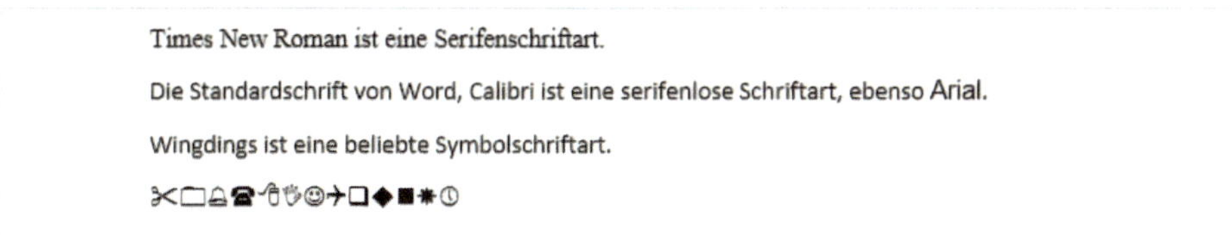

Bild 4.12 Beispiele für Schriftarten

Schriftart ändern

1 Markieren Sie den betreffenden Text ❶.

2 Klicken Sie entweder im Register *Start*, Gruppe *Schriftart* oder in der Minisymbolleiste auf den Dropdown-Pfeil des Listenfeldes *Schriftart* ❷ und wählen Sie die gewünschte Schrift aus ❸.

Bild 4.13 Klicken Sie auf den Dropdown-Pfeil Schriftart

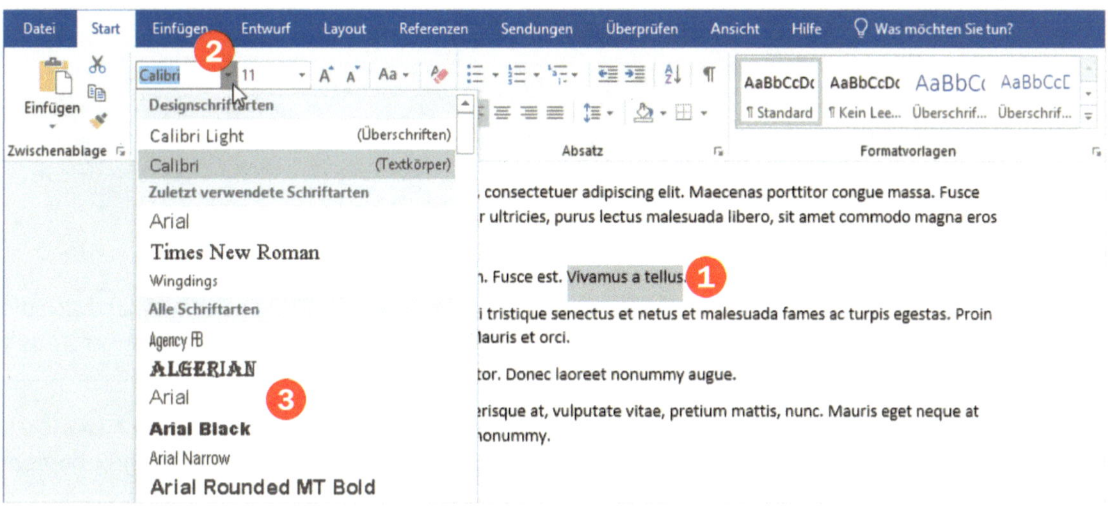

Tipps

- Beim Zeigen auf eine Schriftart sehen Sie am markierten Text eine Vorschau und können die Wirkung beurteilen, erst mit einem Klick wird diese übernommen.
- Die Liste der Schriftarten ist sehr umfangreich. Um Ihnen die Suche zu erleichtern, befinden sich ganz oben in der Liste die verwendeten Designschriftarten und darunter die *Zuletzt verwendeten*.
- Um schnell eine bestimmte Schriftart, beispielsweise Times New Roman, zu finden, klicken Sie direkt in das Feld und tippen die ersten Buchstaben der Schriftart über die Tastatur ein. Der Name der Schriftart wird automatisch ergänzt, zum Übernehmen drücken Sie die Eingabetaste. Sollte die gewünschte Schriftart nicht erscheinen, so klicken Sie nach Eingabe des ersten Buchstabens auf den Dropdown-Pfeil, die alphabetisch geordnete Liste wird mit dem angegebenen Buchstaben geöffnet und Sie können ab dieser Stelle weitersuchen.

Bild 4.14 Geben Sie die ersten Buchstaben der gewünschten Schriftart ein

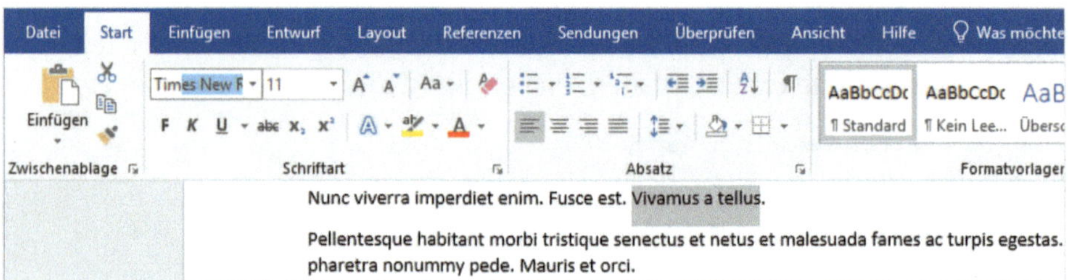

Schriftgröße (Schriftgrad) ändern

Wie beim Ändern der Schriftart markieren Sie zuerst die betreffende Textstelle. Klicken Sie dann auf den Dropdown-Pfeil des Listenfeldes *Schriftgrad* ❶ rechts von der Schriftart und wählen Sie eine Schriftgröße. Auch für die Schriftgröße erhalten Sie im Dokument eine Vorschau ❷.

Bild 4.15 Schriftgröße

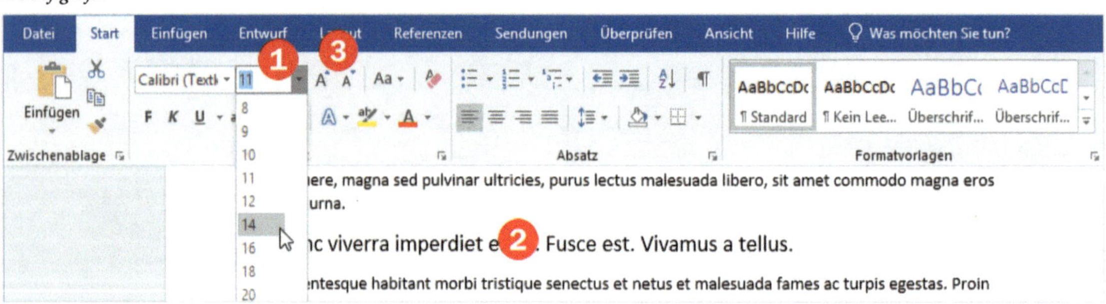

Auch mit den beiden Schaltflächen *Schriftgrad vergrößern*/ *verkleinern* ❸ lässt sich die Schriftgröße schnell ändern: Jeder Mausklick auf eine der Schaltflächen vergrößert bzw. verkleinert die Schrift um jeweils 1 Stufe.

Ist die gewünschte Größe, beispielsweise13 Pt, nicht in der Liste verfügbar, so klicken Sie direkt in das Feld, geben Sie die Schriftgröße über die Tastatur ein und übernehmen Sie diese mit Drücken der Eingabetaste.

Die Schriftgröße wird in Word in dem typografischen Maß Punkt (pt) angegeben, ein Punkt entspricht etwa 0,35 mm. Die normale Schriftgröße, etwa für Briefe, liegt, abhängig von der jeweiligen Schriftart, meist zwischen 8 und 11 Punkt.

Schriftschnitt

Als Schriftschnitt bezeichnet man Attribute wie Fett (**F**), Kursiv (*K*) und Unterstrichen (U). Die Symbole dazu finden Sie in der Gruppe *Schriftart* und in der Minisymbolleiste. Natürlich müssen Sie in beiden Fällen zuvor den betreffenden Text markieren. Die verschiedenen Attribute lassen sich auch kombinieren.

Beachten Sie: Diese Symbole bzw. Schaltflächen besitzen Umschaltfunktion, d. h. mit einem Mausklick auf ein Symbol wird Text z. B. unterstrichen, ein weiterer Mausklick auf dasselbe Symbol entfernt die Unterstreichung wieder.

Unterstreichungsoptionen

Weitere Varianten der Unterstreichung erhalten Sie, wenn Sie auf den Dropdown-Pfeil der Schaltfläche *Unterstrichen* ❶ klicken. Hier stehen nicht nur mehrere Linienarten zur Auswahl, bei Bedarf können Sie auch die Unterstreichungsfarbe wählen. Falls Sie noch weitere Unterstreichungsarten benötigen, z. B. *Nur Wörter*, so klicken Sie auf den Dropdown-Pfeil der Schaltfläche und auf *Weitere Unterstreichungen...* ❷. Das Dialogfenster *Schriftart* wird geöffnet, klicken Sie hier auf den Dropdown-Pfeil *Unterstreichung* und auf *Nur Wörter* ❸. Falls gewünscht, können Sie hier auch eine, von der Schriftfarbe abweichende, Unterstreichungsfarbe wählen ❹. Das Dialogfenster *Schriftart* öffnen Sie übrigens auch, wenn Sie im Register *Start* auf den kleinen Pfeil in der rechten unteren Ecke der Gruppe *Schriftart* klicken.

Bild 4.16 Unterstreichungen

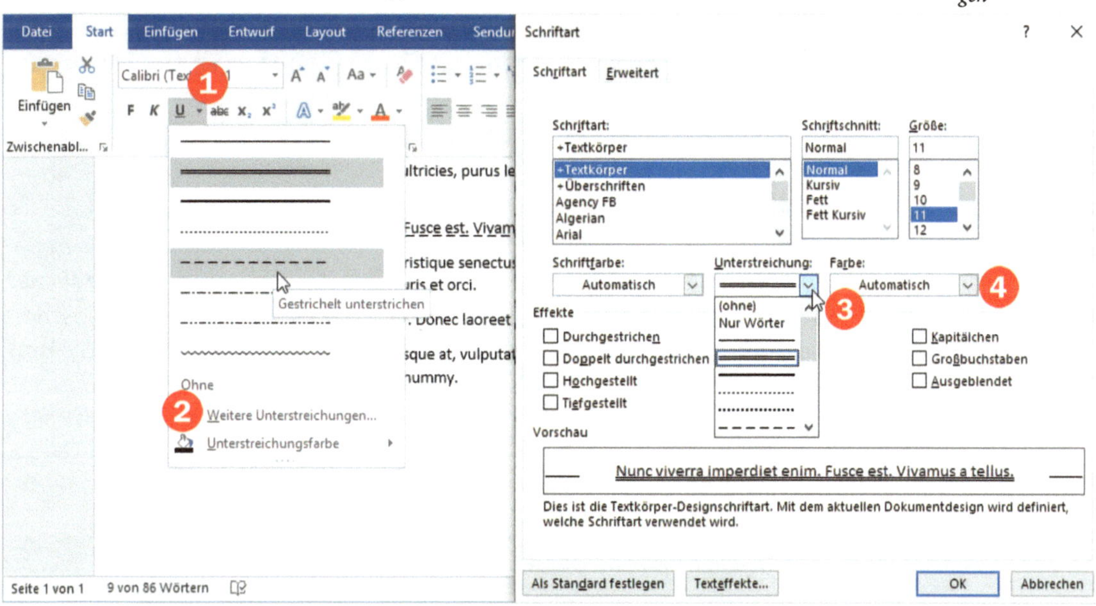

Farben verwenden

Schriftfarbe ändern

Markieren Sie die Textstelle und verwenden Sie zum Ändern der Text- oder Schriftfarbe die Schaltfläche *Schriftfarbe* (Register *Start*, Gruppe *Schriftart*). Beachten Sie dabei: Ein Mausklick direkt auf das Symbol weist dem Text die angezeigte Farbe der Schaltfläche, standardmäßig rot, zu. Ein Klick auf den Dropdown-Pfeil öffnet dagegen ein Feld zur Farbauswahl. Hier erscheinen zunächst die verwendeten *Designfarben* (siehe Seite 121) zusammen mit einigen Standardfarben.

Standardmäßig gilt für normalen Text die Einstellung *Automatisch*, dies bedeutet, die Standardtextfarbe von Windows (meistens schwarz) wird verwendet.

Bild 4.17 Farben auswählen

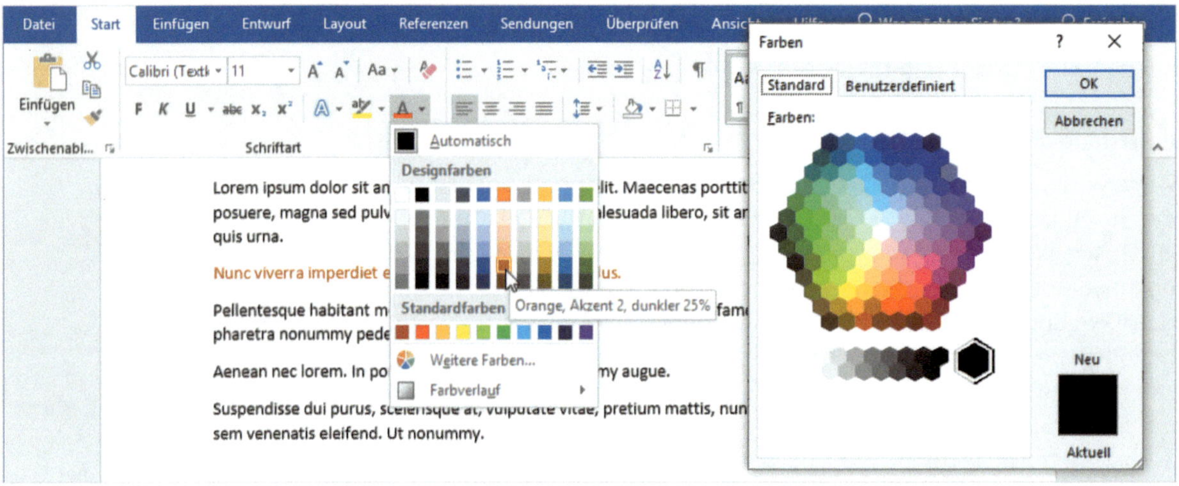

Wenn Sie eine andere Farbe verwenden möchten, dann öffnen Sie mit Klick auf *Weitere Farben...* das Fenster *Farben*. Hier können Sie im Register *Standard* weitere Standardfarben auswählen, für exakte Farbangaben klicken Sie auf das Register *Benutzerdefiniert* und geben die Farbwerte nach dem RGB-Farbmodell ein.

Texthervorhebungsfarbe

Im Gegensatz zur Textfarbe benutzen Sie die Schaltfläche *Texthervorhebungsfarbe* um, vergleichbar einem Textmarker bestimmte Textteile farbig zu hinterlegen. Die Textfarbe selbst wird nicht geändert. Dies dient in erster Linie dazu, Text auf dem Bildschirm hervorzuheben, ist aber auf dem Ausdruck optisch wenig ansprechend. Auch die Farbauswahl ist nur begrenzt.

> Verwechseln Sie die Texthervorhebungsfarbe nicht mit Schattierungen bzw. Hintergrundfarben! Für ansprechende Texthintergründe verwenden Sie besser die Schaltfläche *Schattierung*, Näheres hierzu unter Punkt 4.6, Text mit Rahmen und Hintergrundfarbe versehen.

Die Vorgehensweise unterscheidet sich etwas von der übrigen Zeichenformatierung:

- Markieren Sie eine Textstelle, klicken Sie im Register *Start*, Gruppe *Schriftart*, auf den Dropdown-Pfeil *Texthervorhebungsfarbe* und wählen Sie eine Farbe. Der markierte Text wird nun mit dieser Farbe hinterlegt.
- Wenn Sie den Hervorhebungs-Modus dauerhaft aktivieren möchten, dann wählen Sie zunächst eine Hervorhebungsfarbe ohne vorheriges Markieren von Text. Am Mauszeiger erscheint ein Stift und Sie können nun nacheinander mehrere Textstellen hervorheben, indem Sie diese einfach markieren. Zum Beenden des Hervorheben-Modus klicken Sie erneut auf dieselbe Schaltfläche oder betätigen die Esc-Taste.

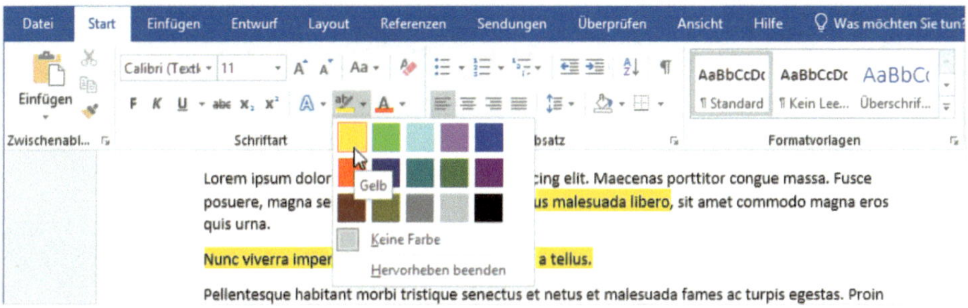

Bild 4.18 Hervorhebungsfarben

Zum Entfernen der Hervorhebung markieren Sie die betreffende Textstelle und wählen *Keine Farbe*. Um alle Hervorhebungen zu entfernen, markieren Sie am einfachsten das gesamte Dokument (z. B. mit Strg+A), es macht nichts, wenn auch nicht hervorgehobener Text markiert ist.

Texteffekte einsetzen

Die Schaltfläche *Texteffekte* unterstützt vielfältige Möglichkeiten, markierten Text mit Effekten zu versehen.

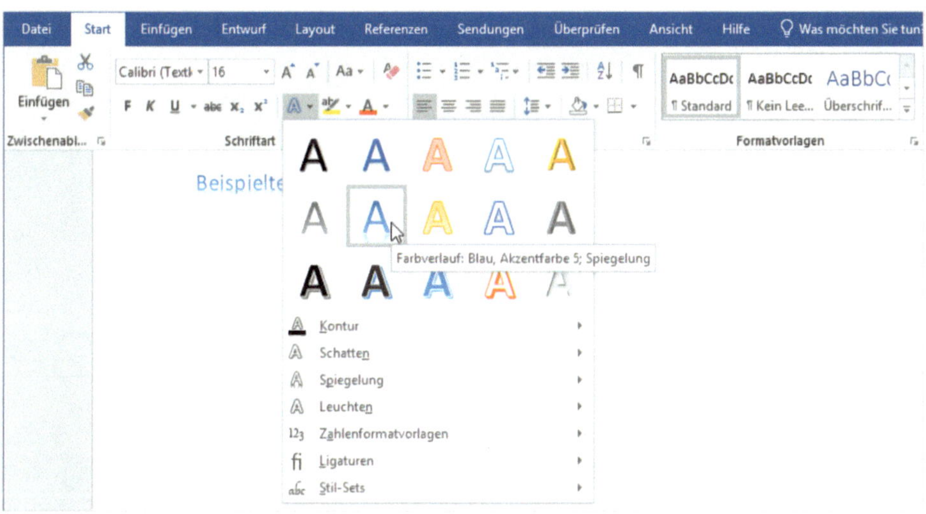

Bild 4.19 Texteffekte

Sie können, wie im Bild oben, aus einem Katalog vorgefertigter Effekte wählen oder über die Menüpunkte *Kontur*, *Schatten*, *Spiegelung* und *Leuchten* Farben und individuelle Effekte zusammenstellen. Beachten Sie aber, dass die meisten dieser Effekte erst ab einer bestimmten Schriftgröße wirken.

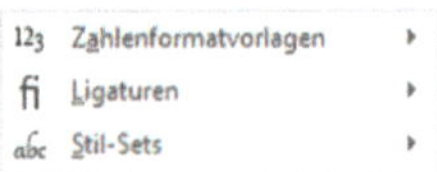

Zusätzliche Open-Type Features zum Anpassen des Schriftbildes weisen Sie ebenfalls über die Schaltfläche *Effekte* zu. Auch diese gelten jeweils für den markierten Text.

- Über *Zahlenformatvorlagen* regeln Sie Größe, Position und Abstände von Zahlen im Text.
- Als *Ligaturen* bezeichnet man Verbindungen von mindestens zwei Buchstaben zu einer Einheit.
- *Stil-Sets* sind von der Schriftart vorgegebene Variationen.

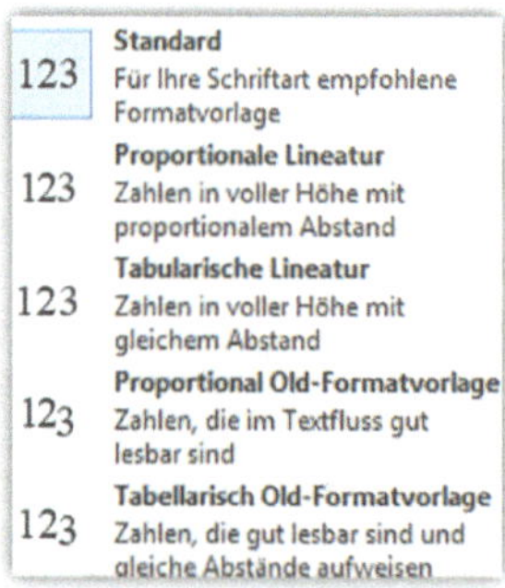

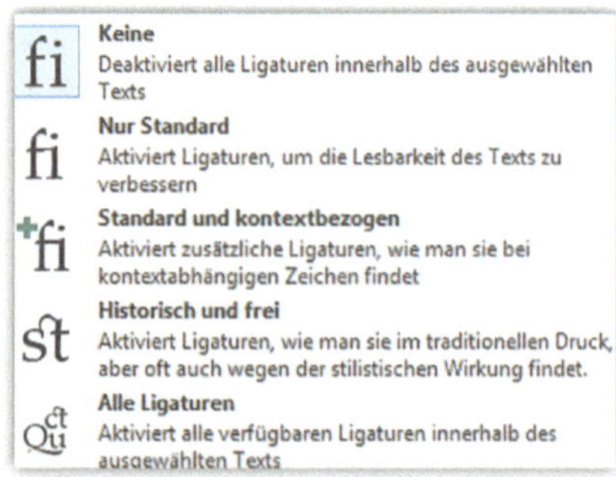

Bild 4.20 Zahlenformatvorlagen und Ligaturen

Weitere Zeichenformate

In der Gruppe *Schriftart* finden Sie noch die folgenden selbsterklärenden Symbole zur Zeichenformatierung.

Symbol	Bedeutung
abc	Markierten Text durchstreichen
x_2 x^2	Markierten Text hochstellen, bzw. tiefstellen
Aa ▾	Wählen Sie zwischen verschiedenen Formen der Groß- und Kleinschreibung, z. B. markierten Text in GROSSBUCHSTABEN oder kleinbuchstaben umwandeln
(Radiergummi-Symbol)	Alle Formatierungen löschen, der markierte Text erhält wieder das Standard Aussehen.

Das Dialogfenster Schriftart

Weitere Möglichkeiten bietet das Dialogfenster *Schriftart*. Zum Öffnen klicken Sie im Register *Start* auf das Pfeilsymbol der Gruppe *Schriftart*.

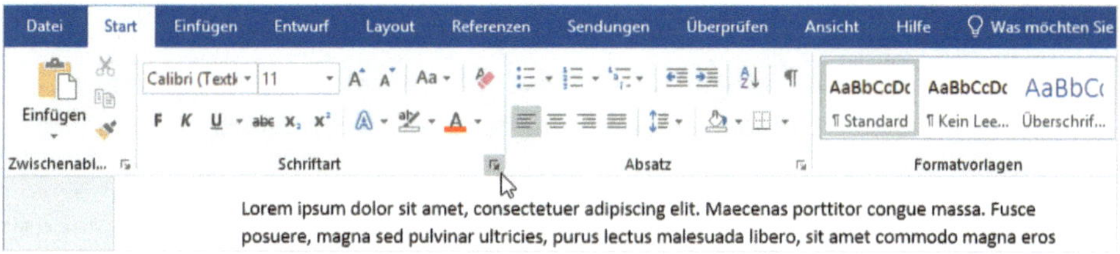

Bild 4.21 Dialogfenster Schriftart öffnen

Kapitälchen

Im Register *Schriftart* des Dialogfensters finden Sie nicht nur eine Zusammenfassung aller bereits beschriebenen Zeichenformate, zusätzlich haben Sie noch die Möglichkeit, Text *Doppelt durchgestrichen* oder in *Kapitälchen*, d.h. mit großen und kleinen Großbuchstaben, darzustellen. Als *Ausgeblendet* formatierter Text erscheint nicht auf dem Ausdruck und ist auch auf dem Bildschirm nur zusammen mit den eingeblendeten, nicht druckbaren Steuerzeichen sichtbar.

Zeichenabstand

Im Register *Erweitert* des Dialogfensters *Schriftart* können Sie im Feld *Abstand* den Abstand zwischen den Zeichen steuern, wählen Sie hier zwischen *Breit* und *Schmal* und geben Sie rechts daneben im Feld *Von* den Abstand in Punkt an. Eine weitere Option stellt die Skalierung dar: Damit können Sie die Zeichen horizontal um einen bestimmten Prozentsatz strecken oder komprimieren. Mit *Position* lassen sich Zeichen um ein bestimmtes Maß gegenüber der Grundlinie höher- oder tieferstellen.

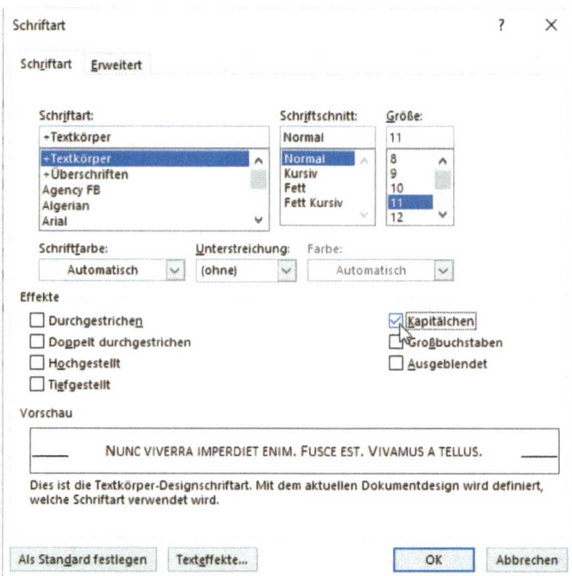

Bild 4.22 Kapitälchen

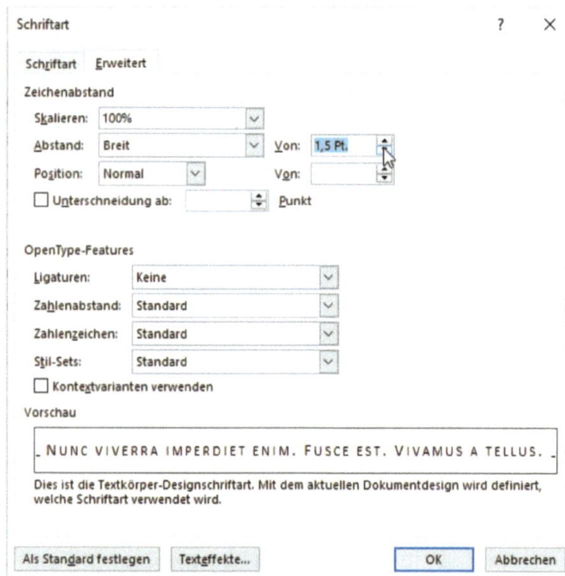

Bild 4.23 Zeichenabstand ändern

Symbol aus einer Symbolschriftart einfügen

Sicher haben Sie bereits bemerkt, dass im Feld *Schriftart* auch Symbolschriftarten angeboten werden. Zum Einfügen eines bestimmten Symbols eignet sich diese Methode allerdings nicht.

1 Um ein Symbol einzufügen, positionieren Sie den Cursor an der entsprechenden Stelle.

2 Klicken Sie auf das Register *Einfügen* und hier in der Gruppe *Symbole* auf die Schaltfläche *Symbol* ❶. Es erscheint ein Katalog mit zuletzt verwendeten Symbolen, klicken Sie entweder auf das gewünschte Symbol oder auf *Weitere Symbole...* ❷, um das Dialogfenster *Symbol* zur weiteren Auswahl zu öffnen.

3 Wählen Sie hier im Listenfeld zunächst die gewünschte Schriftart ❸, beispielsweise Wingdings.

4 Markieren Sie das gewünschte Symbol und klicken Sie auf die Schaltfläche *Einfügen* ❹, ein Doppelklick auf ein Symbol fügt dieses ebenfalls an der Cursorposition im Text ein.

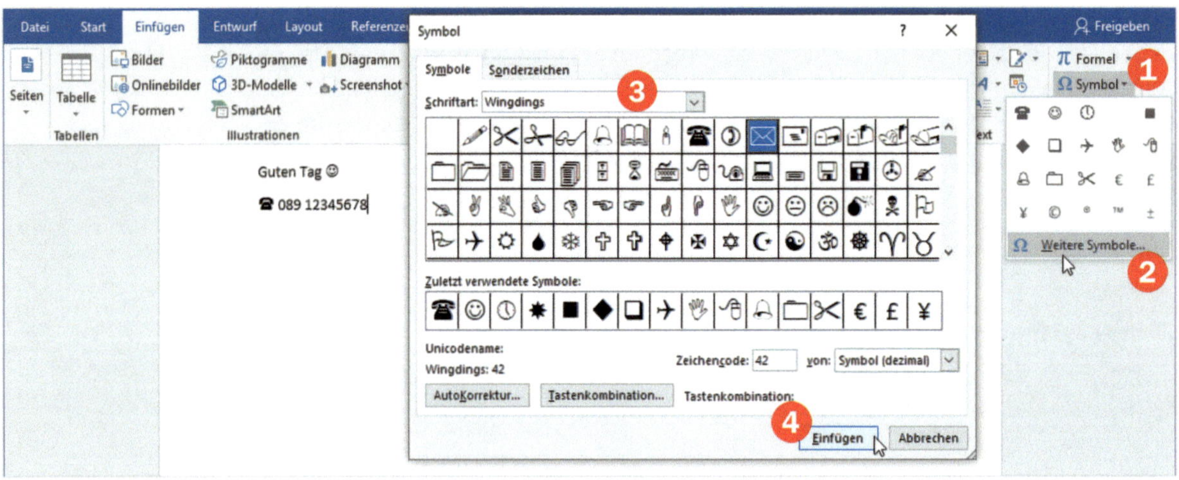

Bild 4.24 Dialogfenster Symbol

Tastenkombination zuweisen

Häufig benötigten Symbolen können Sie eine Tastenkombination zuweisen und diese so schneller im Text einfügen. Öffnen Sie dazu das Dialogfenster *Symbol* (siehe oben), markieren Sie das gewünschte Symbol und klicken Sie dann auf die Schaltfläche *Tastenkombinationen....* Klicken Sie dann in die Zeile *Neue Tastenkombination* und drücken Sie die gewünschten Tasten. Dabei sollten Sie unbedingt darauf achten, keine der wichtigen und häufig genutzten Tasten, z. B. Strg + X (Ausschneiden in die Zwischenablage) zu verwenden, da sonst die ursprüngliche Bedeutung überschrieben wird. Am einfachsten verwenden Sie die Tasten Strg + Alt in Verbindung mit einem Sonderzeichen, Umlaut oder einer Zahl.

Symbol der AutoKorrektur hinzufügen

Wenn Sie ein häufig verwendetes Symbol lieber über die AutoKorrektur (siehe Kapitel 2.7) einfügen möchten, dann markieren Sie das Symbol und klicken auf die Schaltfläche *AutoKorrektur…*. Anschließend brauchen Sie im Feld *Ersetzen* nur noch angeben, welche Zeichenfolge Sie durch das Symbol ersetzen möchten und auf *Hinzufügen* klicken.

Bild 4.25 Tastenkombination zuweisen

Bild 4.26 AutoKorrektur ergänzen

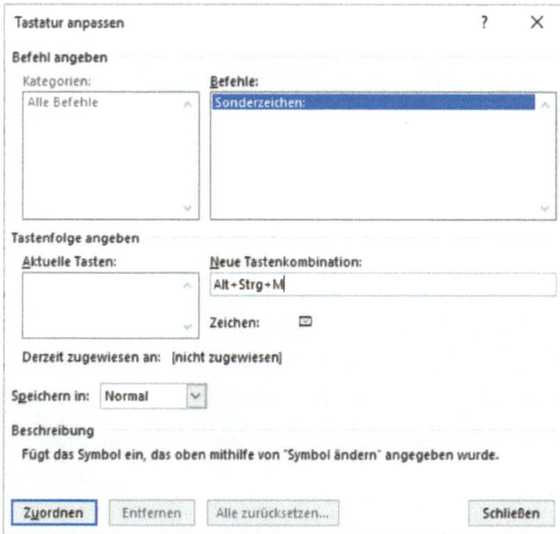

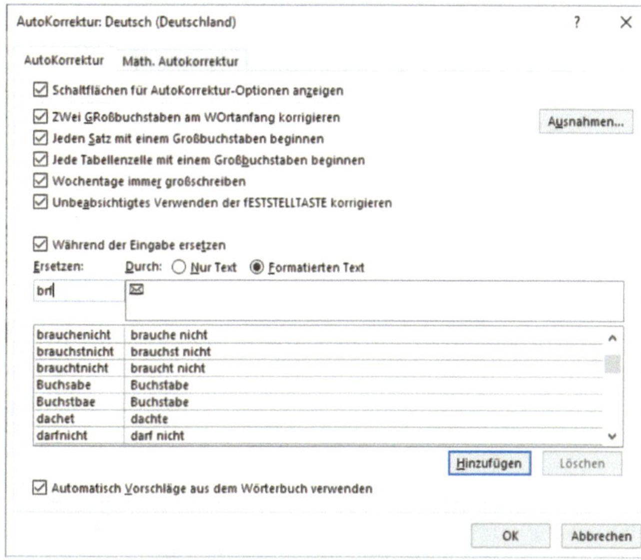

4.4 Einfache Absatzformate

Ein Absatz kann aus einer oder mehreren Zeilen bestehen und wird während der Eingabe durch Drücken der Eingabe- bzw. Enter-Taste beendet. Da sich Absatzformate immer auf den gesamten Absatz beziehen, ist vorheriges Markieren nicht zwingend erforderlich; es genügt, wenn sich der Cursor an beliebiger Stelle im Absatz befindet.

> **Achtung**: Beim Löschen der Absatzendemarke ¶ wird ein Absatz mit dem nachfolgenden verbunden und dessen Absatzformate gehen verloren!

Ausrichtung

Standardmäßig werden alle Absätze während der Eingabe linksbündig ausgerichtet, das bedeutet, die Zeilen eines Absatzes schließen bündig mit dem linken Seitenrand ab. Im Register *Start*, Gruppe *Absatz*, finden Sie Schaltflächen für die folgenden Möglichkeiten der Absatzausrichtung:

Ausrichtung	Symbol	Beschreibung
Linksbündig		Die Zeilen sind bündig am linken Seitenrand ausgerichtet.
Zentriert		Alle Zeilen eines Absatzes werden zwischen dem linken und rechten Seitenrand zentriert ausgerichtet.
Rechtsbündig		Die Zeilen sind bündig am rechten Seitenrand ausgerichtet.
Blocksatz		Text im Blocksatz schließt sowohl am linken, als auch am rechten Seitenrand bündig ab. Der Ausgleich erfolgt über die Wortzwischenräume.

Bild 4.27 Beispiele Absatzausrichtung

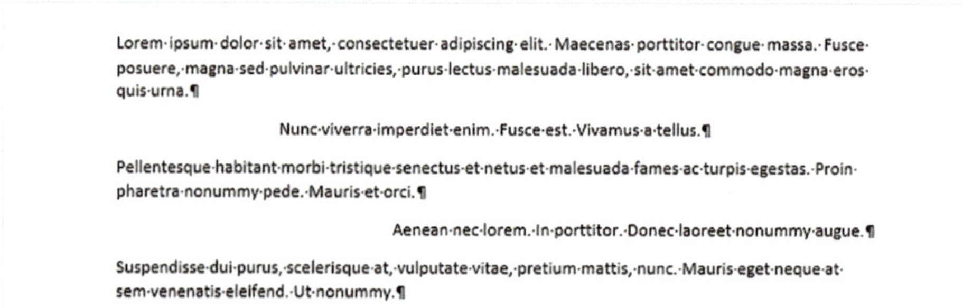
Lorem·ipsum·dolor·sit·amet,·consectetuer·adipiscing·elit.·Maecenas·porttitor·congue·massa.·Fusce·posuere,·magna·sed·pulvinar·ultricies,·purus·lectus·malesuada·libero,·sit·amet·commodo·magna·eros·quis·urna.¶

Nunc·viverra·imperdiet·enim.·Fusce·est.·Vivamus·a·tellus.¶

Pellentesque·habitant·morbi·tristique·senectus·et·netus·et·malesuada·fames·ac·turpis·egestas.·Proin·pharetra·nonummy·pede.·Mauris·et·orci.¶

Aenean·nec·lorem.·In·porttitor.·Donec·laoreet·nonummy·augue.¶

Suspendisse·dui·purus,·scelerisque·at,·vulputate·vitae,·pretium·mattis,·nunc.·Mauris·eget·neque·at·sem·venenatis·eleifend.·Ut·nonummy.¶

Einrückungen/Einzüge

Unter einem Einzug versteht man den Abstand eines Absatzes zum linken oder rechten Seitenrand, häufig auch als Einrückung bezeichnet.

- Den linken Einzug ändern Sie am schnellsten mit den beiden Schaltflächen im Register *Start*, Gruppe *Absatz*. Mit jedem Klick auf die Schaltfläche *Einzug vergrößern* wird der aktuelle Absatz um ein festes Maß, nämlich 1,25 cm, eingerückt. Um zum Beispiel den aktuellen Absatz um 2,5 cm einzurücken, klicken Sie zweimal auf die Schaltfläche *Einzug vergrößern*.
- Umgekehrt verkleinert jeder Mausklick auf die Schaltfläche *Einzug verkleinern* den Abstand zum Seitenrand um 1,25 cm.

Bild 4.28 Einzüge

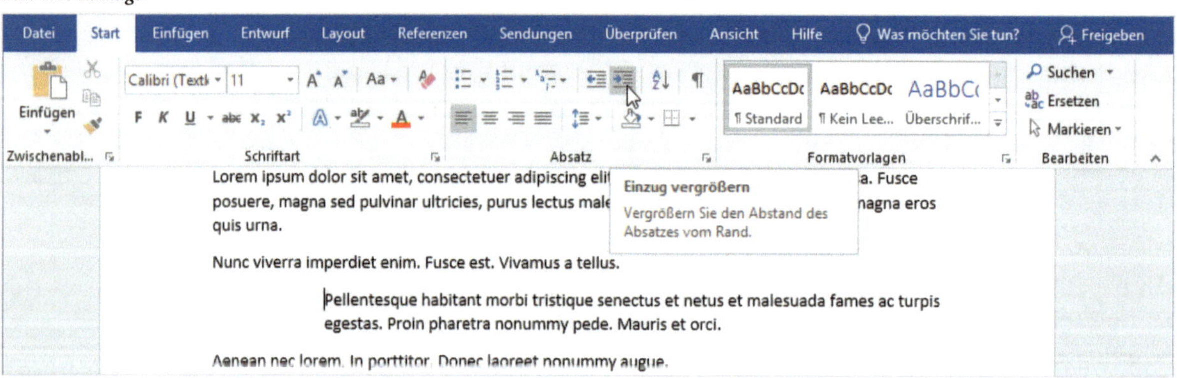

Rechter Einzug

Ein beliebiges Maß als Einzug können Sie dagegen im Register *Layout*, Gruppe *Absatz* angeben, außerdem ist hier auch ein rechter Einzug möglich. Benutzen Sie zur Eingabe die kleinen Dreiecke nach oben bzw. unten oder klicken Sie direkt in das Feld und geben das gewünschte Maß ein. Auch die Angabe eines negativen Einzugs, z. B. -1, ist möglich, dann ragt der Absatz um 1 cm in den Seitenrand hinein.

Bild 4.29 Einzüge im Register Layout

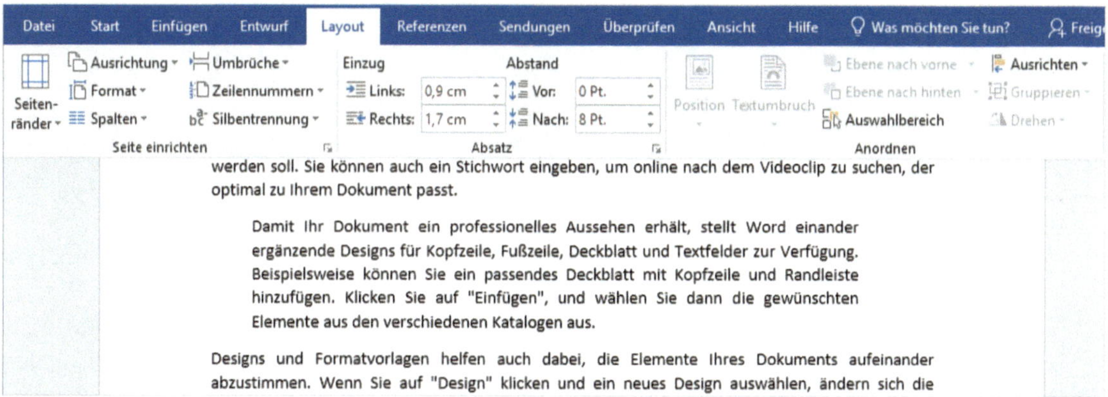

Sondereinzüge

Sondereinzüge steuern den Einzug der ersten Zeile gegenüber den restlichen Zeilen des Absatzes. Word unterscheidet zwischen *Erste Zeile* ❶ und *Hängend* ❷, beide finden Sie im Dialogfenster *Absatz*.

Bild 4.30 Sondereinzüge im Fenster Absatz

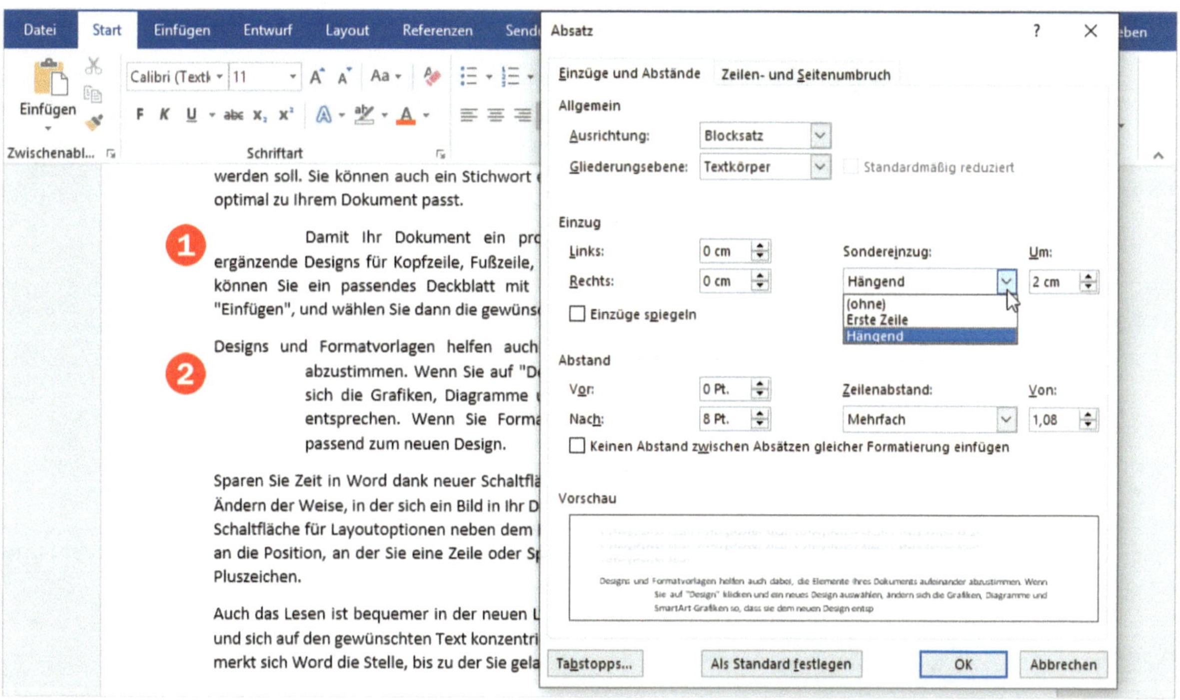

- **Erste Zeile**
  Erstzeileneinzug bedeutet, nur die erste Zeile des Absatzes wird gegenüber den übrigen Zeilen eines Absatzes eingerückt.
- **Hängend**
  Bei einem hängenden Einzug beginnt die erste Zeile des Absatzes am Seitenrand und die übrigen Zeilen sind eingerückt.

Das Dialogfenster *Absatz* (Bild 4.30) öffnen Sie mit einem Klick auf das Pfeilsymbol der Gruppe *Absatz* (Register *Start*). Klicken Sie im Register *Einzüge und Abstände* auf den Dropdown-Pfeil *Sondereinzug*, wählen Sie zwischen *Erste Zeile* und *Hängend* und geben Sie im Feld dahinter das Maß in cm ein.

Einzüge im Lineal ändern

Mit etwas Übung können Sie Einzüge auch im Lineal kontrollieren und ändern. Hier befinden sich am linken Seitenrand die drei Einzugsmarken *Erstzeileneinzug*, *Hängender Einzug* und *Linker Einzug*. Verschieben Sie einfach mit gedrückter Maustaste die einzelnen Marken und beachten Sie, dass sich die Änderungen ausschließlich auf den aktuellen bzw. markierten Absatz beziehen. Eine Marke zum Ändern des rechten Einzugs finden Sie am rechten Seitenrand im Lineal.

Bild 4.31 Einzüge im Lineal

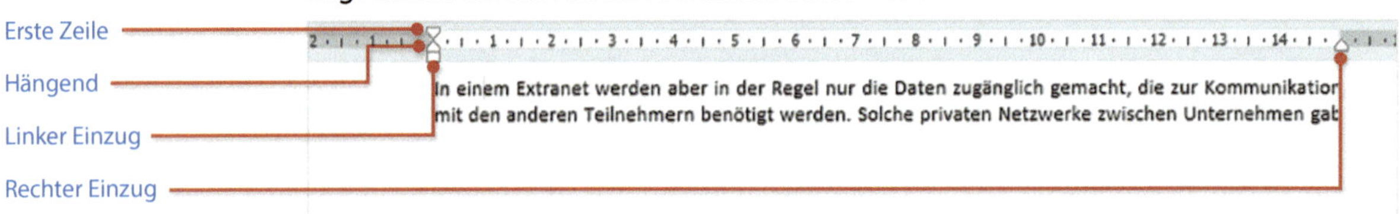

Im Bild unten als Beispiel ein hängender Einzug. Beim Verschieben der Einzugsmarke wandert im Dokument eine Hilfslinie mit.

Bild 4.32 Hängender Einzug

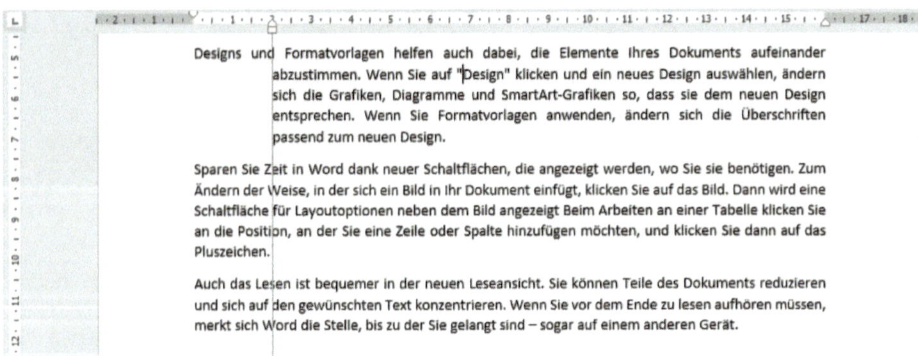

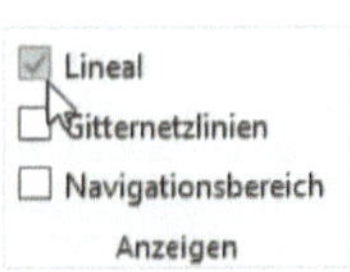

Hinweis: Sollte das Lineal nicht sichtbar sein, so klicken Sie auf das Register *Ansicht* und aktivieren das Kontrollkästchen in der Gruppe *Anzeigen*.

Abstände

> **Word unterscheidet zwischen Zeilen- und Absatzabständen. Der Zeilenabstand regelt den Abstand der Zeilen innerhalb eines Absatzes, während Absatzabstände einen Abstand zur letzten Zeile des vorhergehenden bzw. zur ersten Zeile des nachfolgenden Absatzes erzeugen.**

Wie Sie in diesem Kapitel auf Seite 122 bereits gesehen haben, können Sie im Register Entwurf Zeilen- und Absatzabstände für das gesamte Dokument festlegen. Falls Sie für einzelne Absätze abweichende feste Abstände benötigen, beispielsweise für Überschriften, betrachten wir diese hier näher. In diesem Fall gilt: Die geänderten Abstände gelten ausschließlich für den aktuellen Ansatz oder die markierten Absätze.

Zeilenabstand

Standardmäßig richtet sich der Zeilenabstand nach der Schriftgröße. Im einfachsten Fall geben Sie den Zeilenabstand als Mehrfaches der normalen Zeilenhöhe (1,0) an. Klicken Sie im Register *Start*, Gruppe *Absatz*, auf das Symbol *Zeilen- und Absatzabstand* und wählen Sie das gewünschte Maß, z. B. 1,5. Beim Zeigen erhalten Sie wieder im aktuellen Absatz eine Vorschau, erst mit Anklicken wird der Zeilenabstand übernommen.

Bild 4.33 Zeilenabstände

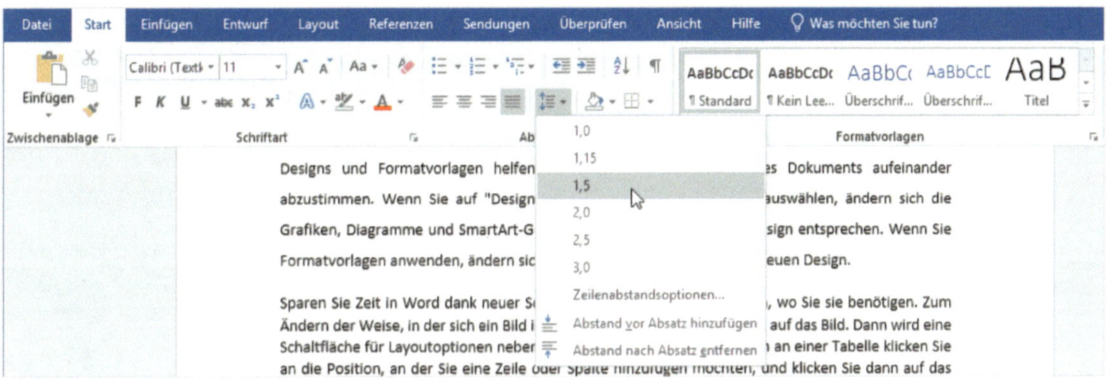

Weitere Möglichkeiten erhalten Sie, wenn Sie auf *Zeilenabstandsoptionen...* klicken. Es öffnet sich das Fenster *Absatz* und im Feld *Zeilenabstand* können Sie noch weitere Einstellungen vornehmen.

Bild 4.34 Zeilenabstand im Dialogfenster Absatz

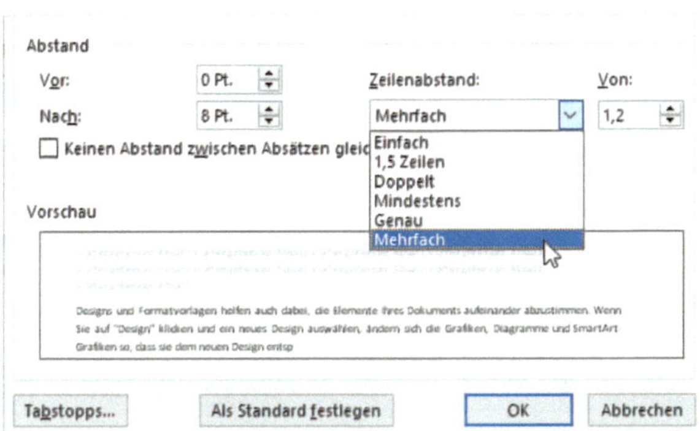

Die Angaben *Einfach*, *Doppelt*, *1,5* und *Mehrfach* beziehen sich wieder auf Zeilen, wobei mit der Auswahl *Mehrfach* im Feld *Von* eine Zahl angeben werden muss. *Mindestens* berücksichtigt ein Mindestmaß, das nicht unterschritten werden darf, mit *Genau* können Sie einen exakten Wert vorgeben, auch wenn sich dadurch eventuell Zeilen überschneiden. Beide Werte geben Sie im Feld *Von* ein.

Absatzabstände

Mit Absatzabständen können Sie in umfangreicheren Dokumenten feste Abstände zwischen Absätzen oder zwischen Überschriften und dem restlichen Text herstellen. Die Absatzabstände legen Sie am einfachsten im Register *Layout*, Gruppe *Absatz* über die Felder *Vor* und *Nach* fest.

Wenn Sie die kleinen Pfeile benutzen, dann erhalten Sie standardmäßig Abstände in 6er-Schritten, dies entspricht bei einer Schriftgröße von 10 Pt. und einem Zeilenabstand von 12 Pt. einer halben Zeile. Andere Maßeinheiten geben Sie einfach in das Feld zusammen mit der Zahl ein, z. B. 0,5 cm oder 20 mm. Word rechnet dann automatisch in Punkt um. Punkt (Pt.) ist dagegen die Standardmaßeinheit und braucht nicht extra angegeben werden.

Auch im Dialogfenster *Absatz* lassen sich die Abstände vor und nach einem Absatz festlegen, siehe Bild 4.37.

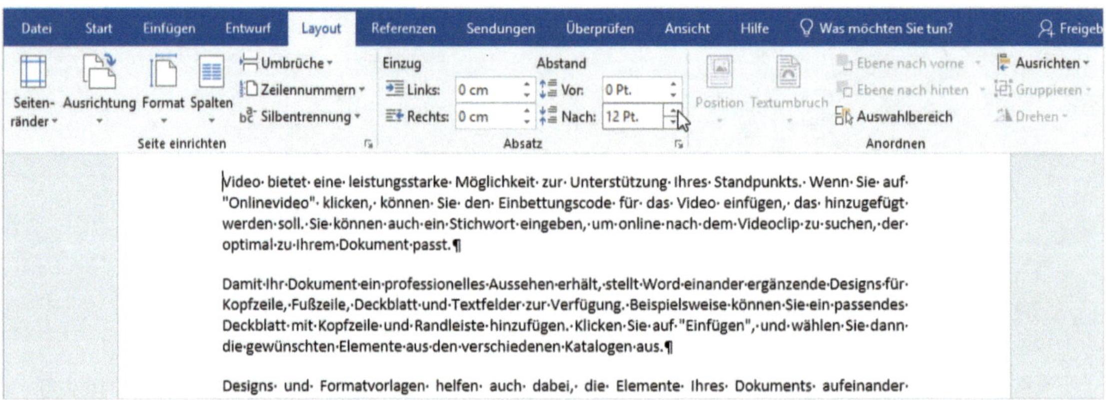

Bild 4.35 Absatzabstand nach

Absatzabstand entfernen

Zum Entfernen eines Absatzabstands gibt es verschiedene Möglichkeiten:

- Am einfachsten klicken Sie im Register *Start*, Gruppe *Absatz*, auf die Schaltfläche *Zeilen- und Absatzabstand* und wählen, je nach Ausgangslage zwischen *Abstand nach Absatz entfernen* und *Abstand vor Absatz entfernen*.
- Oder tragen Sie im Register *Layout* in die Felder *Abstand Vor* und *Nach* jeweils 0 ein.
- Oder öffnen Sie mit Klick auf das Pfeilsymbol ↘ der Gruppe *Absatz* (Register *Start*) das Dialogfenster *Absatz* und ändern hier die Abstände vor und nach auf 0.

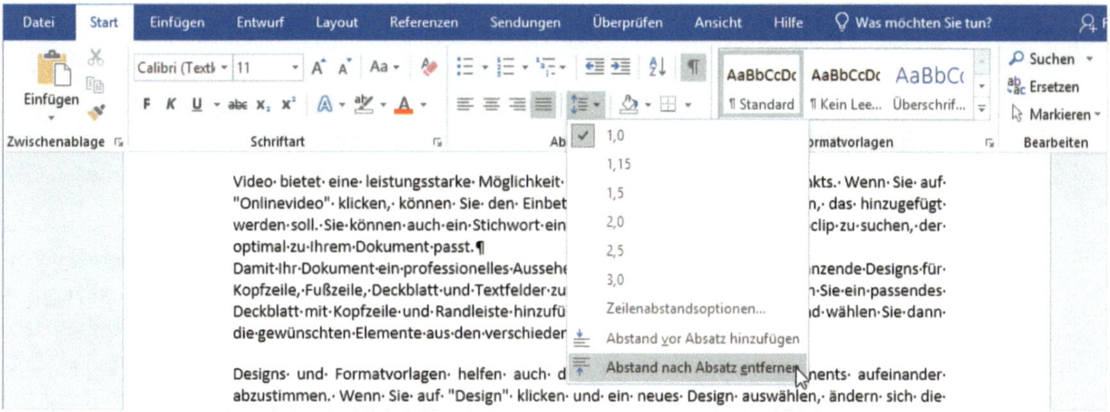

Bild 4.36 Abstand nach Absatz entfernen

Kein Abstand zwischen Absätzen gleicher Formatierung

Es kann vorkommen, dass im Dokument zwischen zwei Absätzen keine Abstände berücksichtigt werden, obwohl diese angegeben wurden. In diesem Fall öffnen Sie mit Klick auf das Pfeilsymbol der Gruppe *Absatz* (Register *Start*) das Dialogfenster *Absatz* und deaktivieren das Kontrollkästchen *Keinen Abstand zwischen Absätzen gleicher Formatierung einfügen*.

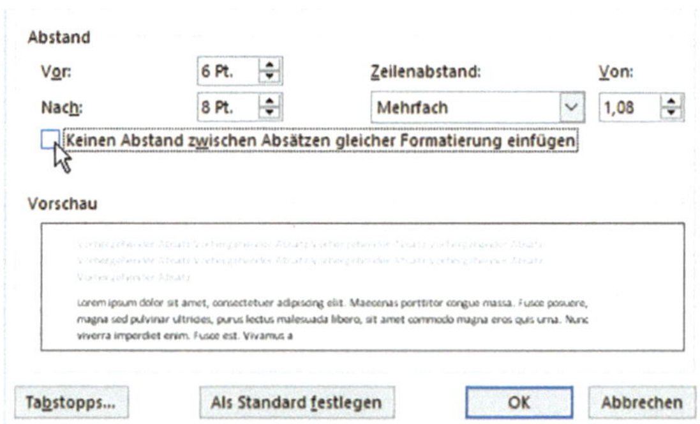

Bild 4.37 Abstand zwischen Absätzen gleicher Formatierung

4.5 Nummerierung und Aufzählungen

Wenn Sie Absätze mit einer fortlaufenden automatischen Nummerierung oder mit Aufzählungszeichen versehen möchten, dann geschieht dies mit Hilfe von Formatierungen. Word bezeichnet diese als Listen. Der Vorteil: Beim nachträglichen Löschen oder Verschieben von nummerierten Absätzen wird die fortlaufende Nummerierung automatisch angepasst, außerdem lassen sich auf diese Weise erzeugte Nummerierungen und Aufzählungen schnell wieder entfernen.

Absätze mit Aufzählungen versehen

Mit einem Mausklick auf das Symbol *Aufzählungszeichen* (Register *Start*, Gruppe *Absatz*) versehen Sie den aktuellen Absatz bzw. die markierten Absätze mit einem Aufzählungszeichen, standardmäßig ist dies ein Punkt. Ein Klick auf den Dropdown-Pfeil der Schaltfläche öffnet dagegen die Aufzählungszeichenbibliothek mit weiteren Zeichen zur Auswahl.

Zusammen mit Aufzählungszeichen werden die Absätze mit einem hängenden Einzug versehen, die Folgezeilen werden automatisch exakt unterhalb des Textbeginns ausgerichtet. Außerdem wurden auch die Aufzählungszeichen selbst gegenüber dem linken Seitenrand etwas eingerückt (Linker Einzug), wie das Bild unten zeigt. Zum Entfernen der Aufzählungszeichen markieren Sie die Absätze und klicken erneut auf die Schaltfläche *Aufzählungszeichen*. Diese erhalten das ursprüngliche Aussehen zurück, auch der linke Einzug wird entfernt.

Bild 4.38 Aufzählungszeichenbibliothek

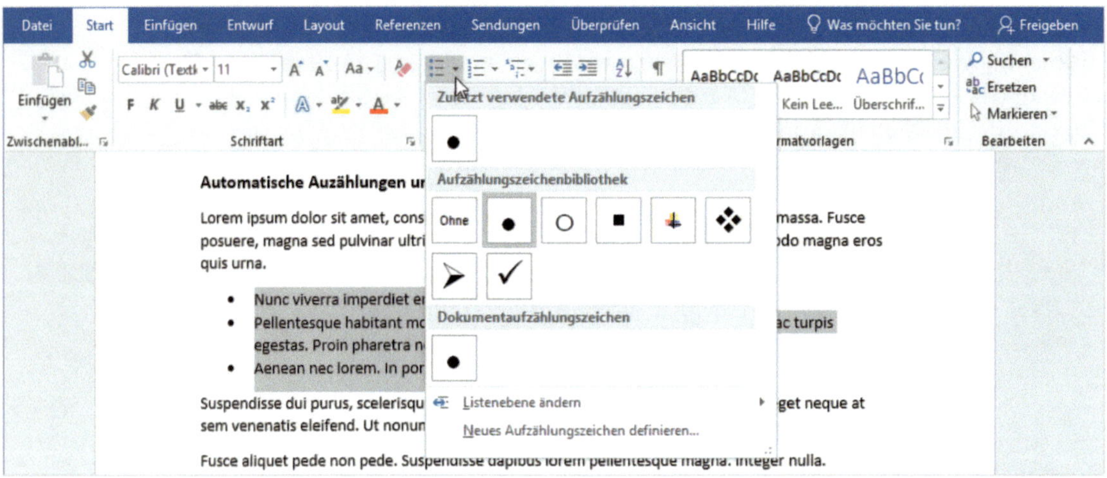

Einzug ändern

Wenn die Absätze zwar ein Aufzählungszeichen, aber keinen Einzug erhalten sollen, dann benutzen Sie anschließend die Schaltfläche *Einzug verkleinern*, die Aufzählungszeichen bleiben erhalten. Genauso können Sie den linken Einzug natürlich auch vergrößern, siehe Seite 134.

Bild 4.39 Einzug verkleinern

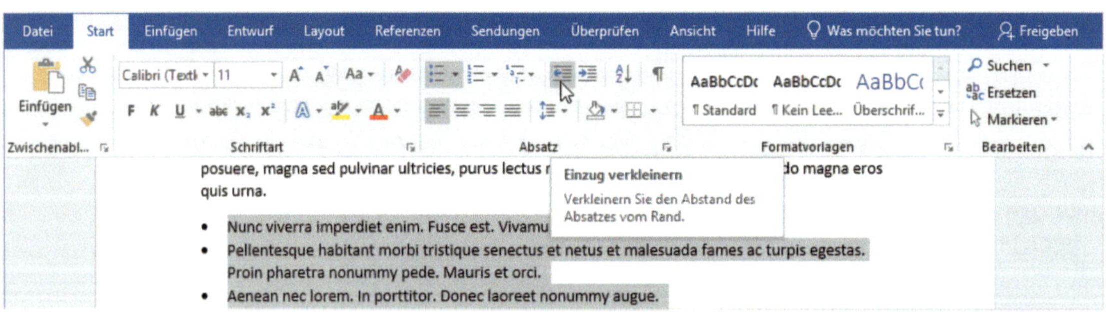

Anderes Symbol wählen

Wenn Ihnen keines der Zeichen zusagt, dann klicken Sie unterhalb der Aufzählungszeichenbibliothek auf *Neues Aufzählungszeichen definieren...* und öffnen damit das gleichnamige Fenster.

- Die Schaltfläche *Symbol...* öffnet das Dialogfenster *Symbol* und Sie können ein Zeichen aus einer der Symbolschriftarten von Windows auswählen, im Bild unten Wingdings 3. Standrdmäßig erhält das Symbol Größe und Farbe des übrigen Absatztextes. Soll das Symbol eine abweichende Größe und/oder Farbe erhalten, so legen Sie dies über die Schaltfläche *Schriftart...* fest.

Die Vorgehensweise ist dieselbe wie beim Einfügen von Symbolen, siehe Seite 132.

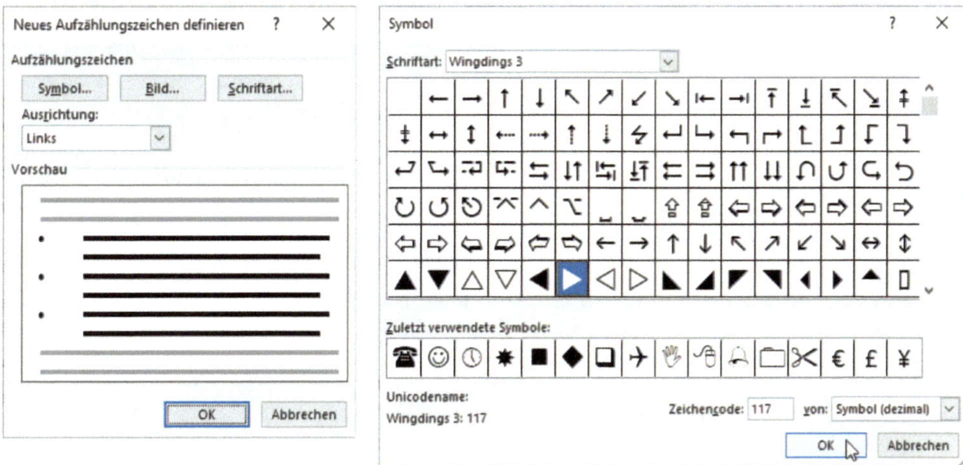

Bild 4.40 Aufzählungszeichen definieren

- Die Schaltfläche *Bild...* erlaubt die Verwendung von Bildern oder Grafiken, allerdings eignet sich nicht jedes Bild als Aufzählungszeichen. Sie öffnet das Fenster *Bilder einfügen*, hier wählen Sie zunächst, aus welcher Quelle Sie das Bild beziehen möchten. Mit der Auswahl *Aus einer Datei* und *Durchsuchen* können Sie eine gespeicherte Grafikdatei auswählen. Falls Sie im Internet suchen möchten, so geben Sie im dazugehörigen Feld einen Suchbegriff ein.

Automatische Aufzählungen während der Eingabe

Wenn Sie bereits während der Eingabe einen Absatz mit einem Aufzählungszeichen versehen, dann erhält nach Beenden dieses Absatzes bzw. Drücken der Eingabetaste auch der nächste Absatz automatisch dasselbe Aufzählungszeichen. Sie können also die Aufzählung beliebig lange fortsetzen.

> Zum Beenden der Aufzählung drücken Sie einfach zweimal die Eingabetaste und der nächste Absatz erhält wieder normales Aussehen.

Auch wenn Sie einen Absatz mit einem Bindestrich oder Stern (*) gefolgt von einem Leerzeichen beginnen, interpretiert Word dieses Zeichen automatisch als Aufzählungszeichen und der Absatz erhält einen Einzug. Gleichzeitig erscheint im Text eine kleine Schaltfläche. Falls Sie keine Aufzählung erstellen möchten, klicken Sie auf diese Schaltfläche und machen die automatische Aufzählung rückgängig. Als weitere Option können Sie hier das automatische Erstellen von Aufzählungen deaktivieren.

Bild 4.41 Automatisches Erstellen von Aufzählungen

Oder klicken Sie im Register *Datei* auf *Optionen - Dokumentprüfung* und hier auf *AutoKorrektur-Optionen*

Die Ursache: Hier tritt die Funktion *AutoFormat während der Eingabe* in Aktion, die Sie bereits in Kapitel 3 in kennengelernt haben. Wenn Sie die AutoFormat-Einstellungen zu Listen anzeigen und bearbeiten möchten, dann klicken Sie auf *AutoFormat-Optionen steuern...*. Das Fenster *AutoKorrektur* öffnet sich mit dem Register *AutoFormat während der Eingabe*. Wenn Sie die automatischen Aufzählungen deaktivieren möchten, dann entfernen Sie unter *Während der Eingabe übernehmen* das Häkchen vom Kontrollkästchen *Automatische Aufzählung*.

Tipp: Eine automatische Aufzählung erhalten Sie auch, wenn Sie einen Absatz mit einem Symbol aus einer der Symbolschriftarten beginnen. Den Abstand zum Text danach müssen Sie allerdings mit der Tabulator-Taste erzeugen.

Absätze automatisch nummerieren

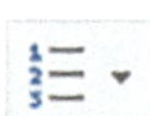

Auf die gleiche Weise versehen Sie auch Absätze nachträglich mit einer fortlaufenden Nummerierung: Markieren Sie die Absätze und klicken Sie auf die Schaltfläche *Nummerierung* (Register *Start*, Gruppe *Absatz*). Der Dropdown-Pfeil der Schaltfläche *Nummerierung* öffnet eine Bibliothek verschiedener Varianten.

Bild 4.42 Absätze nummerieren

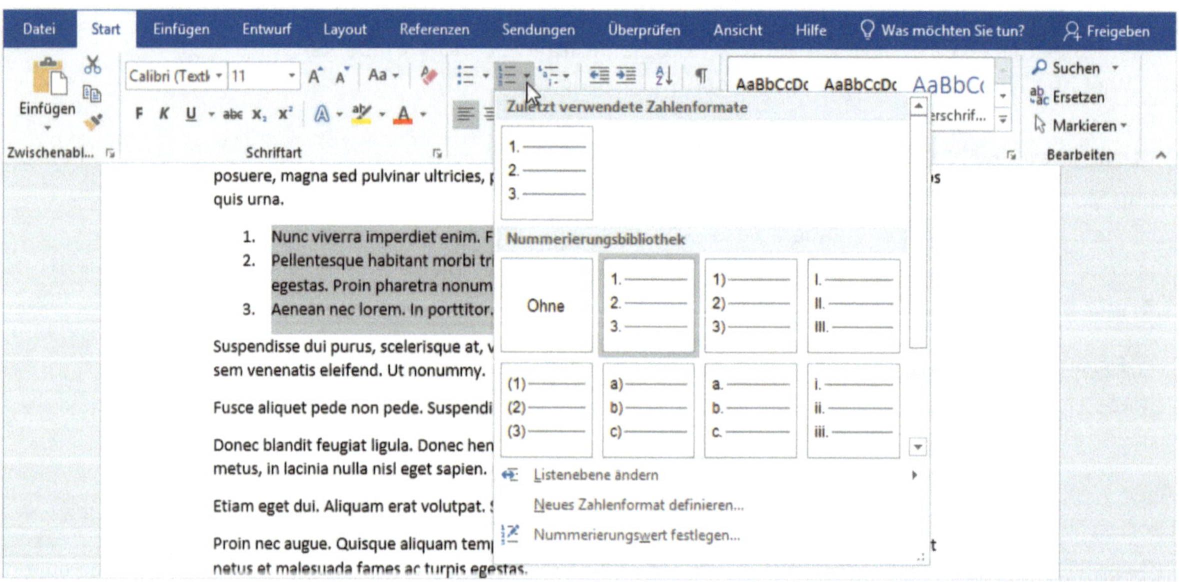

Beachten Sie bei der Nummerierung

- Ein Klick direkt auf das Symbol weist den Absätzen die zuletzt verwendete Nummerierung zu.
- Auch nummerierte Absätze erhalten standardmäßig einen linken Einzug. Verwenden Sie die Schaltflächen *Einzug vergrößern* bzw. *Einzug verkleinern*, wenn Sie die nummerierten Absätze an den linken Seitenrand ausrücken oder noch weiter einrücken möchten.

Zahlenformat anpassen

Statt der Punkte oder Klammern kann eine Nummerierung auch mit beliebigen anderen Zeichen, z. B. Paragraf-Zeichen versehen werden.

1. Dazu klicken Sie auf den Dropdown-Pfeil der Schaltfläche *Nummerierung* und hier auf *Neues Zahlenformat definieren....*
2. Wählen Sie im Listenfeld *Zahlenformatvorlage* ❶ eine Vorlage für die Zahlendarstellung.
3. Im Feld *Zahlenformat* ❷ erscheint das gewählte Zahlenformat und Sie können weitere Zeichen, z. B. Punkt, Klammern oder Pluszeichen, links oder rechts von der Zahl per Tastatureingabe hinzufügen.
4. Im Feld *Ausrichtung* können Sie, falls nötig, angeben, wie die Zahlen untereinander ausgerichtet werden. Standardmäßig ist hier *Links* ausgewählt.

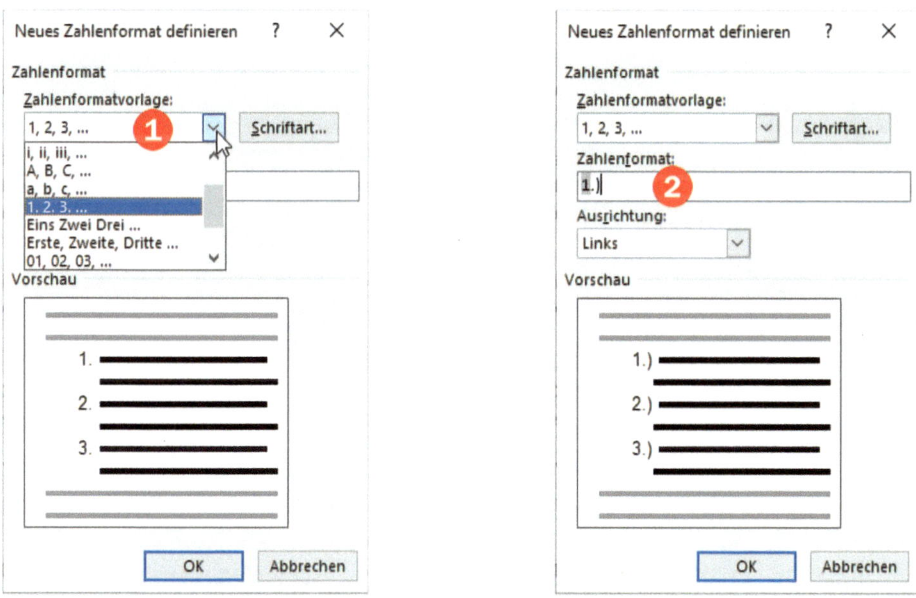

Bild 4.43 Neues Zahlenformat definieren

Nummerierung entfernen

Zum Entfernen der Nummerierung markieren Sie die betreffenden Absätze und klicken erneut auf die Schaltfläche *Nummerierung* oder wählen über den Dropdown-Pfeil

Ohne aus. Sie können damit auch innerhalb einer fortlaufend nummerierten Liste einzelne Absätze aus der Nummerierung herausnehmen. Um für nicht nummerierte Absätze den Einzug anzupassen, verwenden Sie ebenfalls die Schaltflächen *Einzug verkleinern/ vergrößern*.

Bild 4.44 Einzug anpassen

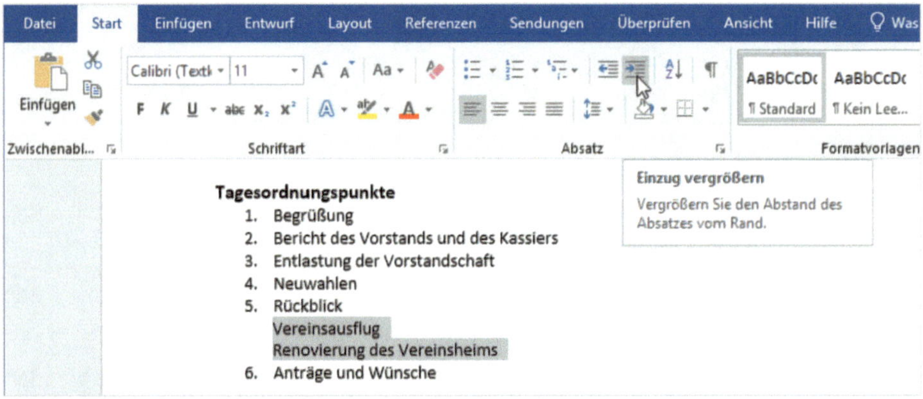

Neu nummerieren oder mit der Nummerierung fortfahren?

Ob nach Unterbrechungen die Nummerierung fortgeführt oder neu begonnen werden soll, das legen Sie am einfachsten über das Kontextmenü der rechten Maustaste fest. Klicken Sie mit der rechten Maustaste in den ersten Absatz, ab dem die Nummerierung geändert werden soll und wählen Sie aus dem Kontextmenü den Eintrag *Neu beginnen mit 1* bzw. *Nummerierung fortsetzen*.

Bild 4.45 Nummerierung neu beginnen

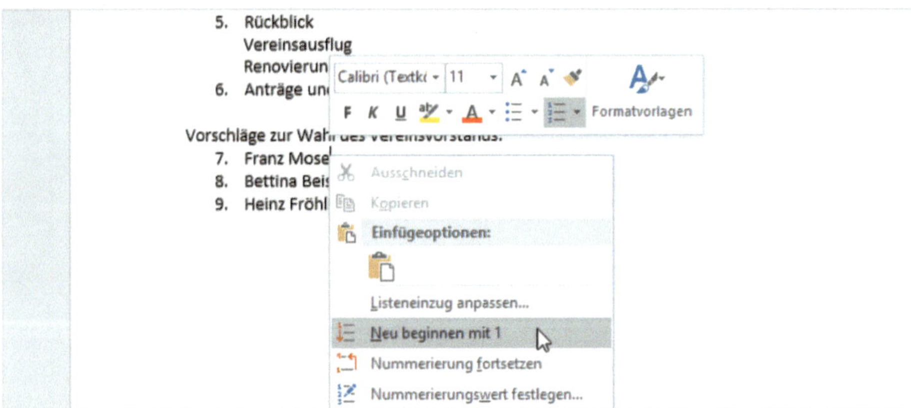

Sie können auch genau festlegen, mit welcher Zahl die Liste beginnen soll. Dazu klicken Sie im Kontextmenü der rechten Maustaste auf *Nummerierungswert festlegen…* und geben im sich öffnenden Dialogfenster den gewünschten Wert an.

Eine weitere Möglichkeit erhalten Sie über die Schaltfläche *AutoKorrektur* im Dokument: Diese erscheint unmittelbar, nachdem Sie eine Nummerierung zugewiesen haben. Mit einem Klick auf die Schaltfläche erhalten Sie die Option *Nummerierung neu beginnen* bzw. *Nummerierung fortsetzen*.

Automatische Nummerierung während der Eingabe

Wenn Sie während der Eingabe einen Absatz mit 1, gefolgt von einem Punkt und einem Leerzeichen oder Tabulatorzeichen beginnen, dann erhält dieser Absatz nach Eingabe des Leerzeichens automatisch eine Nummerierung und einen linken Einzug. Möchten Sie die Nummerierung beibehalten, so fahren Sie mit der Eingabe fort und übernehmen mit Drücken der Eingabetaste die Nummerierung für die nachfolgenden Absätze. Beenden Sie die nummerierte Liste mit zweimaligem Drücken der Eingabetaste oder schalten Sie mit Klick auf die Schaltfläche die Nummerierung wieder aus.

Bei automatisch erfolgter Nummerierung erscheint im Text an dieser Stelle eine Schaltfläche mit AutoFormat-Optionen. Wenn Sie keine automatische Nummerierung wünschen, dann machen Sie entweder die Nummerierung rückgängig oder deaktivieren diese Funktion auch für künftige Eingaben, siehe Aufzählungen. Der Befehl *AutoFormat-Optionen steuern...* öffnet die AutoKorrektur mit dem Register *AutoFormat während der Eingabe*, wo Sie die automatische Nummerierung deaktivieren können.

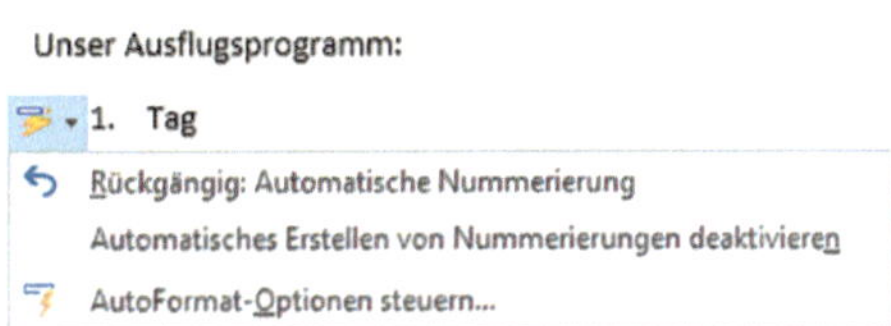

Bild 4.46 Rückgängig: Automatische Nummerierung

Gegliederte Listen

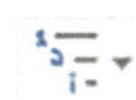

Mit der Schaltfläche *Liste mit mehreren Ebenen* im Register *Start*, Gruppe *Absatz*, erstellen Sie gegliederte Listen mit hierarchischen Ebenen. Die Gliederungsebenen orientieren sich dabei am Einzug, Word unterstützt dabei maximal 9 Gliederungsebenen. So gehen Sie vor, wenn Sie bereits bestehenden Absätzen nachträglich eine Gliederung zuweisen möchten:

1 Markieren Sie alle betreffenden Absätze.

2 Klicken Sie im Register *Start* auf die Schaltfläche *Liste mit mehreren Ebenen* und wählen Sie in der Listenbibliothek die gewünschte Variante.

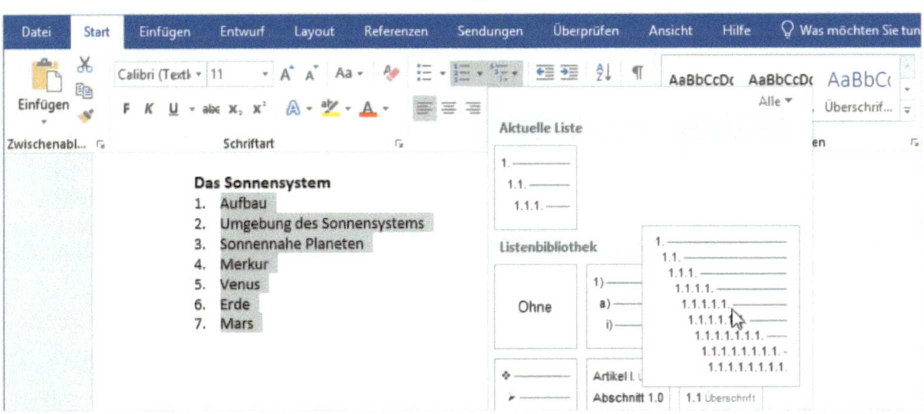

Bild 4.47 Alle Absätze erhalten zunächst die Nummerierung der Ebene 1

3 Alle Absätze erhalten zunächst Gliederungsebene 1. Positionieren Sie nun den Cursor im ersten Absatz, den Sie tiefer stufen möchten und klicken Sie auf die Schaltfläche *Einzug vergrößern*. Genauso verfahren Sie mit den übrigen Absätzen.

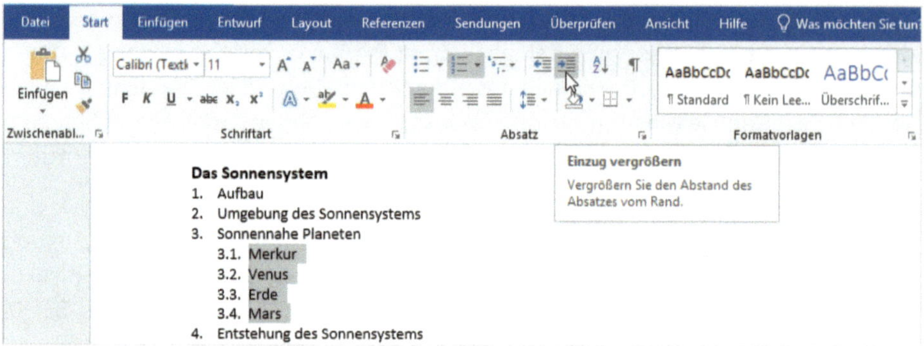

Bild 4.48 Absätze tieferstufen

Jeder Klick auf die Schaltflächen *Einzug verkleinern* bzw. *Einzug vergrößern* stuft den jeweiligen Absatz eine Ebene tiefer bzw. höher. Wurden einzelne Absätze bereits vor der Nummerierung mit einem Einzug versehen, so wird die Nummerierung entsprechend erstellt..

Listen gleichzeitig mit der Eingabe erstellen

Tabulator-Taste: Absatz tiefer stufen.

Umschalt + Tab: Absatz höher stufen

Um bereits während der Eingabe eine gegliederte Liste zu erstellen, genügt es, wenn Sie dem ersten Absatz eine Nummerierung oder ein Aufzählungszeichen oder eine Listenformatvorlage zuweisen. Dieser erhält Gliederungsebene 1 und mit Drücken der Eingabetaste erhält der nächste Absatz dieselbe Ebene. Soll der nachfolgende Absatz eine Ebene tiefer gestuft werden, so betätigen Sie am Anfang der Zeile die Tab-Taste der Tastatur, bevor Sie mit der Texteingabe beginnen.

Drücken Sie dagegen die Eingabetaste ein zweites Mal, siehe Nummerierung beenden, so wird dieser Absatz automatisch um 1 Ebene höher gestuft, alternativ benutzen Sie zum Höherstufen die Tasten Umschalt+Tab.

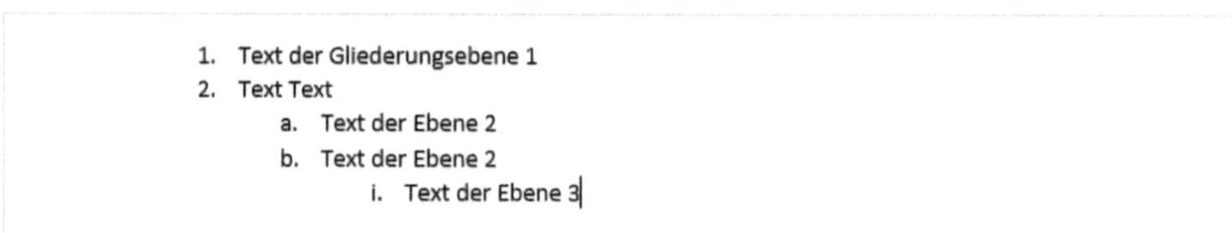

Bild 4.49 Gliederung während der Eingabe erstellen

Beispiel Liste mit Aufzählungszeichen

Die Listenbibliothek umfasst neben Nummerierungen auch Aufzählungszeichen. Die Vorgehensweise bleibt gleich:

Markieren Sie die betreffenden Absätze, klicken Sie auf den Dropdown-Pfeil Der Schaltfläche Liste mit mehreren Ebenen und dann auf die gewünschte Vorlage.

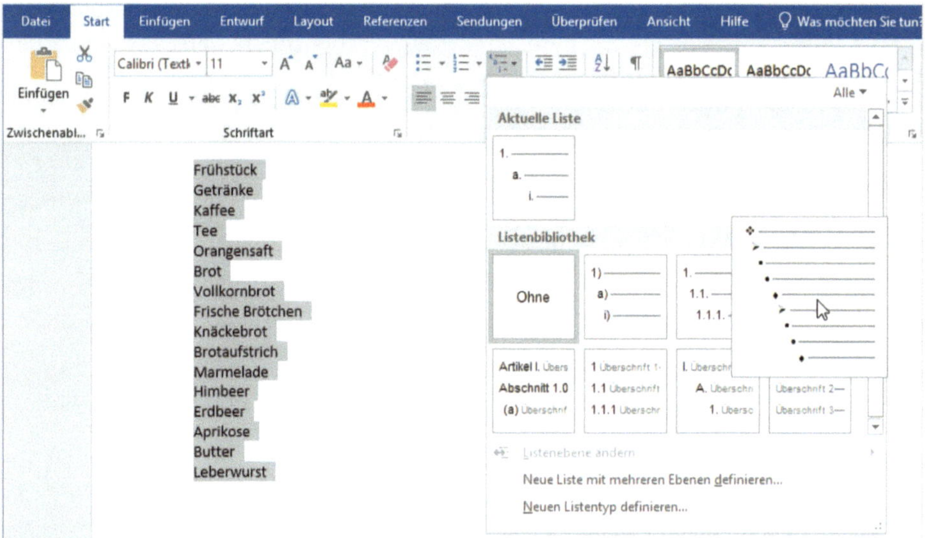

Bild 4.50 Liste mit Aufzählungszeichen

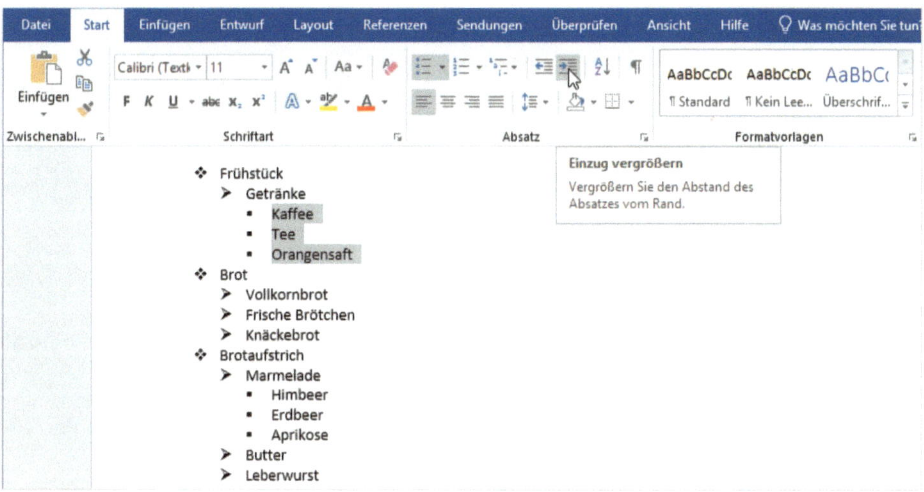

Bild 4.51 Durch Einzug vergrößern oder verkleinern erhalten die Ebenen die dazugehörigen Aufzählungszeichen

Achtung: Die Listenbibliothek umfasst auch Vorlagen mit dem Zusatz Überschrift 1, Überschrift 2, usw.. Diese sind reserviert für die Nummerierung von Überschriften und dürfen auf keinen Fall für normale Absätze verwendet werden. Näheres hierzu in Kapitel 6.5.

Eigene Listenformate definieren

Natürlich können Sie auch eigene Listen bzw. mehrere Ebenen mit individuellen Nummerierungen erstellen, am besten bewährt hat sich folgende Vorgehensweise.

Markieren Sie alle Absätze, die dieses Listenformat erhalten sollen oder positionieren Sie den Cursor im ersten der Absätze. Klicken Sie dann auf *Liste mit mehreren Ebenen* und wählen Sie in der Listenbibliothek zunächst ein Format, das Ihren Vorstellungen am nächsten kommt. Klicken Sie dann erneut auf *Liste mit mehreren Ebenen* und wählen Sie *Neue Liste mit mehreren Ebenen definieren....* Im gleichnamigen Fenster bearbeiten Sie anschließend die einzelnen Gliederungsebenen:

Bild 4.52 Ebenen bearbeiten

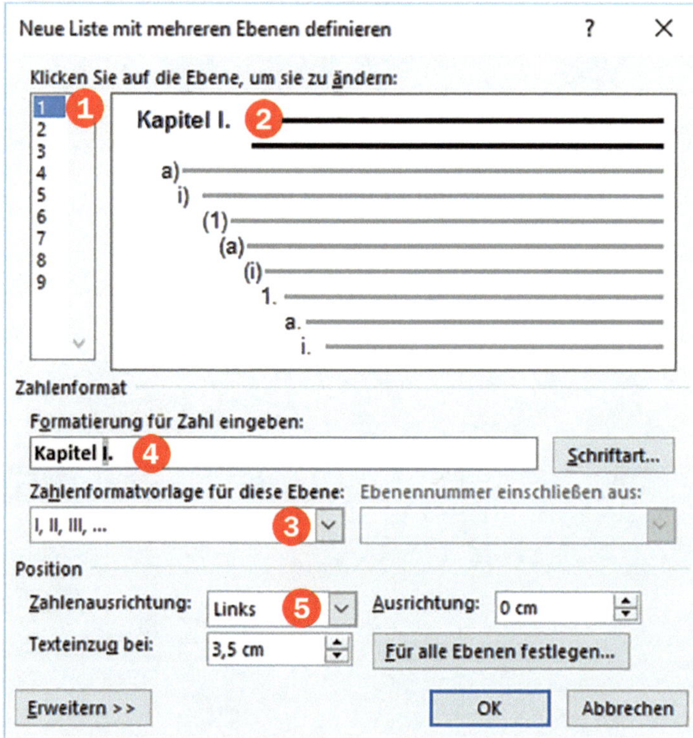

1 Klicken Sie links auf die erste Ebene, die Sie bearbeiten möchten, z. B. Ebene 1 ❶; diese wird rechts in der Vorschau ❷ fett hervorgehoben.

2 Wählen Sie dann im Feld *Zahlenformatvorlage für diese Ebene* ❸ ein Zahlenformat aus, z. B. römische Ziffern.

3 Die Zahl erscheint im Feld *Formatierung für Zahl eingeben* ❹ und Sie können nun weitere Zeichen wie Punkte, Klammern usw. oder Text hinzufügen oder löschen. Falls Sie es wünschen, können Sie über die Schaltfläche *Schriftart...* die Nummerierung beispielsweise fett oder in einer anderen Farbe formatieren.

4 Im Abschnitt *Position* wählen Sie unter *Zahlenausrichtung* ❺ die Ausrichtung zweistelliger Zahlen, standardmäßig links.

- Das Feld *Ausrichtung* daneben gibt an, um wie viele cm die Zahl vom linken Seitenrand *eingerückt* werden soll. Das Beispiel im Bild bezieht sich auf Ebene 1, diese soll am linken Seitenrand beginnen, daher Ausrichtung 0.
- Im Feld *Texteinzug* legen Sie dagegen fest, wo der eigentliche Text beginnen soll, alle Folgezeilen des Absatzes werden automatisch um dasselbe Maß ein-

gerückt (hängender Einzug). Da in unserem Beispiel der Zahl der Text „Kapitel" vorangestellt wird, benötigen wir einen etwas größeren Abstand.

Genauso verfahren Sie mit den weiteren Ebenen: Markieren Sie die nächste Ebene, beispielsweise Ebene 2, wählen Sie ein Zahlenformat und legen Sie die Position von Zahl und Text fest.

Tipp: Soll eine Ebene exakt unterhalb des Textes der übergeordneten Ebene beginnen, so geben Sie im Feld *Ausrichtung* den Wert des Texteinzugs dieser Ebene an.

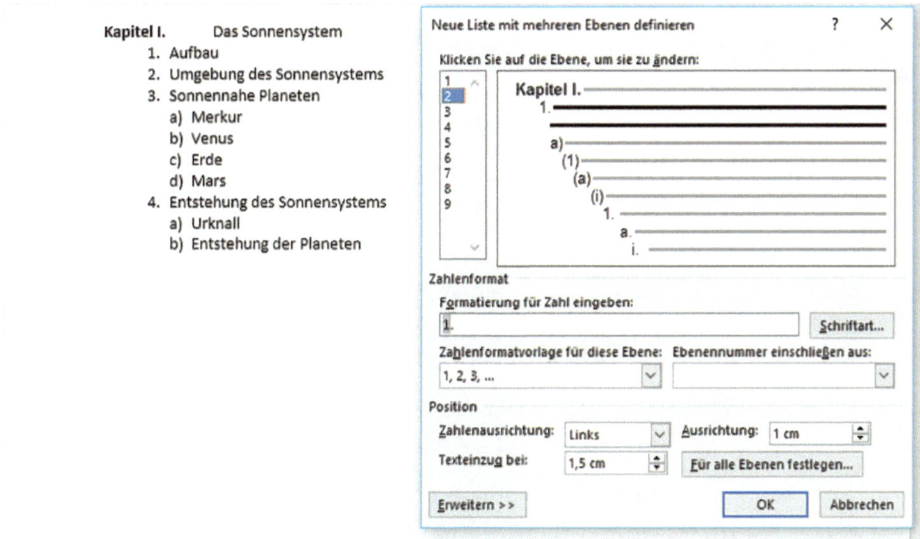

Bild 4.53 Zweite Ebene

Falls Sie mit dem Ergebnis noch nicht zufrieden sind, lässt sich die Liste jederzeit ändern. Dazu muss nicht mehr die gesamte Liste im Dokument markiert werden, es genügt, wenn sich der Cursor im ersten Absatz der Liste befindet. Klicken Sie dann wieder auf *Neue Liste mit mehreren Ebenen definieren...*, markieren Sie die zu bearbeitende Ebene und nehmen Sie Ihre Änderungen wie oben beschrieben vor.

4.6 Text mit Rahmen und Hintergrundfarbe versehen

Rahmenlinien

Als dritte Option können noch Druckseiten mit Rahmen versehen werden. Näheres hierzu in Kap. 5.6.

Rahmenlinien können sowohl einzelne Zeichen als auch Absätze einschließen. In beiden Fällen benutzen Sie dazu im Register *Start*, Gruppe *Absatz*, die Schaltfläche *Rahmen* ❶. In Word bedeutet Rahmen nicht automatisch Rahmenlinien an allen vier Seiten; ein Klick direkt auf die Schaltfläche liefert die angezeigte Einstellung, meist eine einzelne Rahmenlinie unten ❷, während ein Klick auf den Dropdown-Pfeil der Schaltfläche eine Liste häufig verwendeter Varianten öffnet.

Ob einzelne Zeichen bzw. Wörter oder ganze Absätze mit einem Rahmen versehen werden, richtet sich nach der Markierung.

- Soll ein Absatz einen Rahmen erhalten, so genügt es, wenn sich der Cursor im Absatz befindet.
- Wenn gleich mehrere Absätze in einem Rahmen zusammengefasst werden sollen ❸, so müssen alle Absätze markiert werden. **Achtung**: alle Absätze müssen in diesem Fall denselben Einzug haben. Klicken Sie dann auf *Rahmenlinien außen.*
- Wenn bei mehreren markierten Absätzen jeder Absatz einen eigenen Rahmen erhalten soll, dann müssen Sie *Alle Rahmenlinien* wählen.
- Um ein oder mehrere Wörter innerhalb eines Absatzes mit einem Rahmen zu versehen, müssen Sie diese zuvor markieren ❹ (Zeichenformatierung).

Bild 4.54 Rahmenlinien

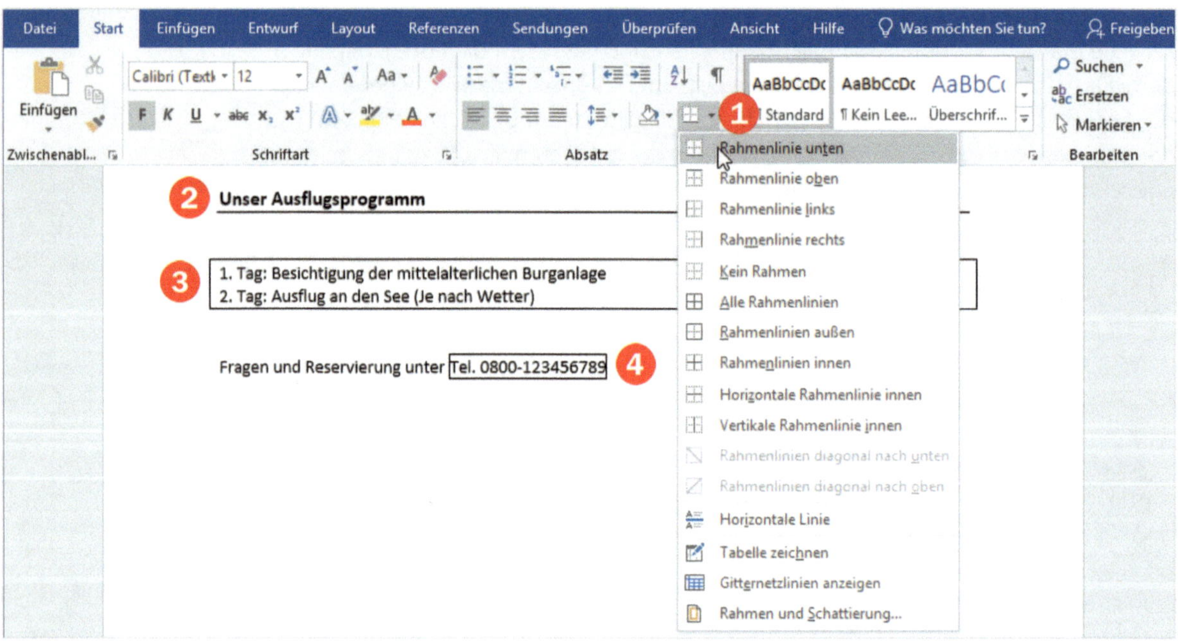

Rahmen entfernen

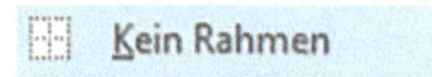

Zum Entfernen eines Rahmens markieren Sie die betreffende Textstelle, klicken auf den Dropdown-Pfeil der Schaltfläche *Rahmenlinien* und wählen *Kein Rahmen*.

Linienart und -farbe wählen

Linienarten und -farben legen Sie im Fenster *Rahmen und Schattierung* fest, das Sie mit Klick auf den Dropdown-Pfeil der Schaltfläche *Rahmen* und den Befehl *Rahmen und Schattierung...* öffnen. Klicken Sie, falls es nicht ohnehin bereits angezeigt wird, auf das Register *Rahmen*. Hier finden Sie folgende Möglichkeiten:

1. Unter *Einstellung* wählen Sie unter den Vorgaben *Ohne*, *Kontur*, *Schatten* und *3D*. Soll beispielsweise der gesamte Absatz auf allen 4 Seiten eingerahmt werden, dann klicken Sie auf *Kontur* ❶. *Schatten* oder *3D* liefern entsprechende Rahmeneffekte.
2. Klicken Sie dann im Listenfeld *Formatvorlage* ❷ auf die gewünschte Linienart, unterhalb wählen Sie Farbe und Linienbreite ❸ aus.
3. Kontrollieren Sie rechts die Vorschau: Mit der Einstellung *Kontur* bzw. *Schatten* befinden sich die ausgewählten Linien nun an allen vier Seiten.
4. Im Feld *Übernehmen für* ❹ sollten Sie noch kontrollieren, ob Sie gerade Text (=Zeichenformatierung) oder einen Absatz mit Rahmen versehen. Haben Sie versehentlich Text markiert, so lässt sich dies hier auf *Absatz* ändern. Mit der Schaltfläche *OK* übernehmen Sie die Rahmenlinien.

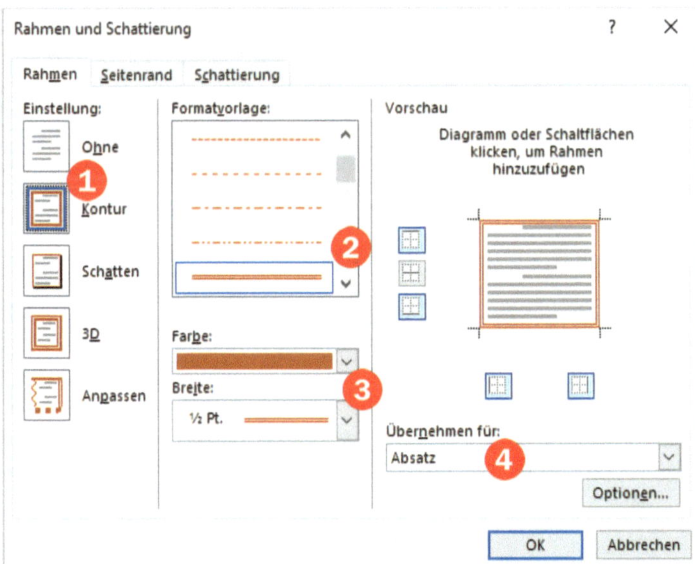

Bild 4.55 Das Fenster Rahmen und Schattierung

Achtung: Die geänderte Linienart wird beibehalten. Das bedeutet, beim nächsten Klick auf die Schaltfläche *Rahmen* und/oder Auswahl einer der Standardlinien erhalten Sie automatisch die zuletzt verwendete Linienart. Um wieder eine einfache schwarze Linie zu erhalten, müssen Sie daher erneut das Dialogfenster *Rahmen und Schattierung* öffnen und die Linienart wieder ändern.

Einzelne Rahmenlinien zuweisen, z. B. unten

Möchten Sie dagegen einen Absatz mit einer einzelnen Rahmenlinie an einer bestimmten Position, z. B. unterhalb, versehen, so klicken Sie im Fenster *Rahmen und Schattierung* links auf die Einstellung *Anpassen* ❶. Wählen Sie dann wieder Linienart, -farbe und -breite aus. Anschließend müssen Sie die Linienposition angeben. Dazu benutzen Sie im Bereich *Vorschau* entweder die Schaltflächen ❷ oder klicken direkt in der Vorschau an die entsprechende Stelle, z. B. unterhalb ❸. Ein weiterer Klick auf eine Linie entfernt diese ggf. wieder.

Achtung: Auch wenn Sie Farbe oder Art einer Linie nachträglich geändert haben, müssen Sie in der Vorschau zum Übernehmen der Änderung erneut auf die Linie oder die dazugehörige Schaltfläche klicken.

Bild 4.56 Einzelne Rahmenlinien

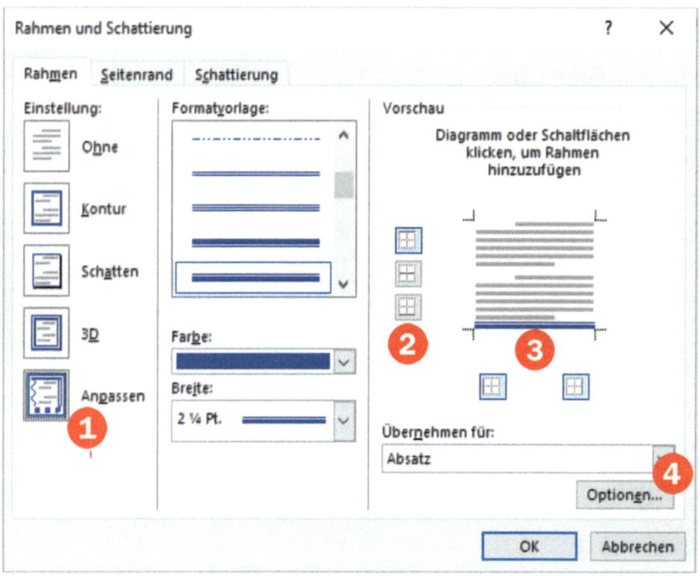

Bild 4.57 Abstand zum Text

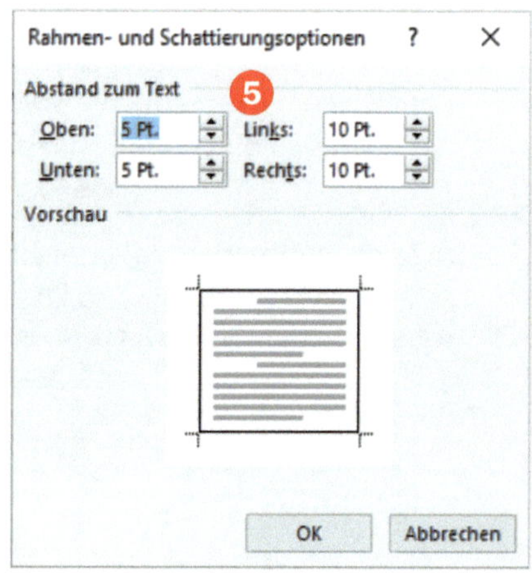

Abstand zum Text

Wenn Sie den Abstand der Rahmenlinien zum Text vergrößern möchten, dann öffnen Sie das Fenster *Rahmen und Schattierung* und klicken unten rechts auf die Schaltfläche *Optionen* ❹. Geben Sie im Fenster *Rahmen- und Schattierungsoptionen* den Abstand oben, unten, rechts und links in Punkt (Pt.) ein ❺ (Bild 4.57).

Länge der Absatzlinien / Abstand zum Seitenrand

Der Abstand eines Rahmens zum linken und rechten Seitenrand bzw. die Länge waagrechter Absatzlinien wird durch die Einzüge des Absatzes festgelegt. Damit also beispielsweise der Rahmen um eine zentrierte Überschrift nicht bis zum linken und rechten Seitenrand reicht, müssen Sie die Überschrift mit einem passenden linken und rechten Einzug versehen. Dies passiert am einfachsten entweder über das Lineal oder die Felder *Einzug Links* bzw. *Rechts* im Register *Layout*.

Auch wenn, wie im Bild unten, mehrere Absätze einen linken Einzug erhalten haben und linksbündig ausgerichtet sind, richtet sich der Rahmen nach dem Einzug. Hier wurde nur noch zusätzlich der rechte Einzug vergrößert.

Bild 4.58 Abstände und Einzüge

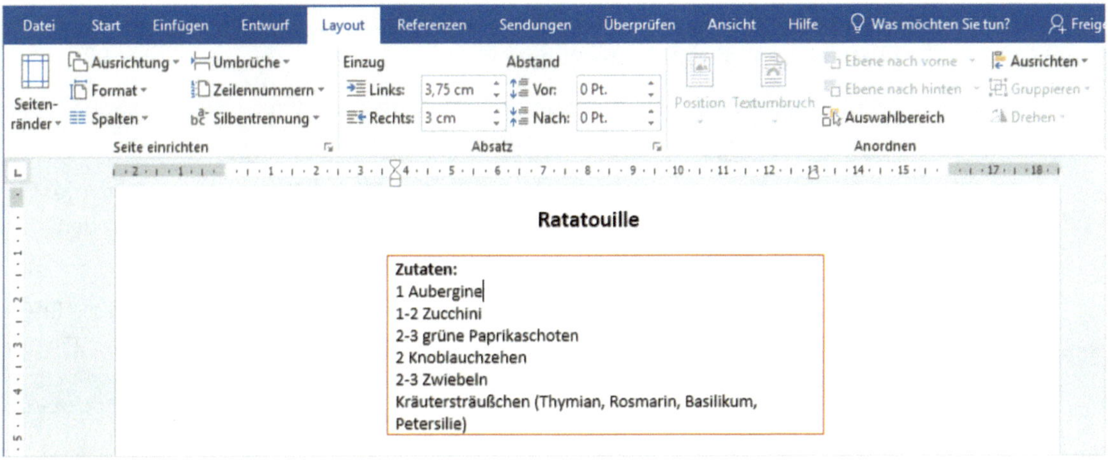

Achtung: Wenn Sie mehrere Absätze in einem einzigen Rahmen zusammengefasst haben, dann müssen alle Absätze denselben Einzug erhalten, sonst erhalten Sie ein Ergebnis wie im Bild unten!

Bild 4.59 Absatz mit abweichendem linken Einzug

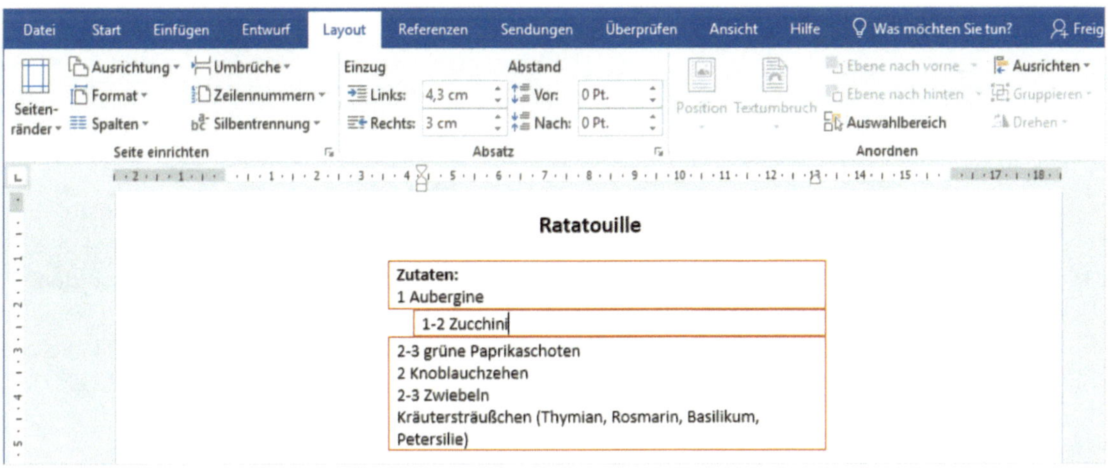

Hintergrundfarbe, Schattierung

Auch die Hintergrundfarbe, in Word als Schattierung bezeichnet, kann sich, abhängig von der Markierung sowohl auf ganze Absätze als auch auf einzelne Zeichen bzw. Wörter beziehen. Das Symbol *Schattierung* finden Sie gleich neben dem Symbol *Rahmen* im Register *Start*, Gruppe *Absatz*. Wie beim Symbol *Rahmen* liefert ein Klick direkt auf das Symbol die angezeigte Farbe, meist *Keine Farbe*, ein Klick auf den Dropdown-Pfeil dagegen öffnet die Farbauswahl mit den Designfarben. Die übrige Verwendung unterscheidet sich kaum von den Rahmenlinien.

- Um ein oder mehrere Wörter mit einer Schattierung zu versehen, müssen Sie diese zuvor markieren (Zeichenformatierung).
- Soll ein Absatz eine Hintergrundfarbe bzw. Schattierung erhalten, so genügt es, wenn sich der Cursor im Absatz befindet. Mehrere Absätze müssen dagegen markiert werden.
- Wie beim Rahmen richtet sich auch bei der Schattierung von Absätzen die Breite nicht nach der Anzahl der Zeichen, sondern nach dem linken und rechten Einzug.

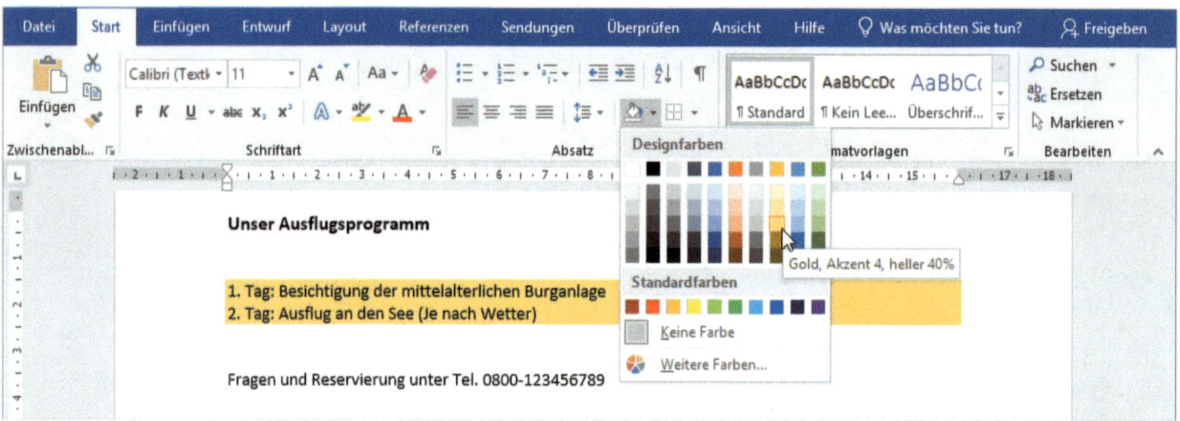

Bild 4.60 Hintergrundfarbe/Schattierung

Tipp: Die Möglichkeit einer Schattierung erhalten Sie auch, wenn Sie im Fenster *Rahmen und Schattierung* auf das Register *Schattierung* klicken, siehe Rahmen. Sie können dadurch in einem einzigen Arbeitsschritt z. B. einen Absatz mit Rahmen und einer Schattierung versehen. Zusätzlich besteht hier unter *Muster* bzw. im Feld *Linienart* (Bild 4.62) die Möglichkeit, den Hintergrund als Raster oder mit diagonalen Linien zu gestalten. Beides trägt allerdings nicht gerade zur Lesbarkeit des Textes bei.

Seite einrahmen

Das Dialogfenster *Rahmen und Schattierung* enthält ein weiteres Register *Seitenrand*. Im Gegensatz zum oben beschriebenen Register *Rahmen* erhalten Sie hier die Möglichkeit, eine oder mehrere Druckseiten mit Rahmen zu versehen. **Achtung**: Die Möglichkeiten sind dieselben wie zuvor unter Rahmen beschrieben, verwechseln Sie also die beiden Register nicht!

Eigentlich gehört diese Möglichkeit zum Layout des Dokuments. Daher können Sie hier auch angeben, für welchen Bereich des Dokuments die Rahmenlinien Gültigkeit besitzen. Dieses Thema wird in Kapitel 5.6. genauer behandelt. Dasselbe Dialogfenster öffnen Sie auch mit der Schaltfläche *Seitenränder* im Register *Entwurf*, Gruppe *Seitenhintergrund*.

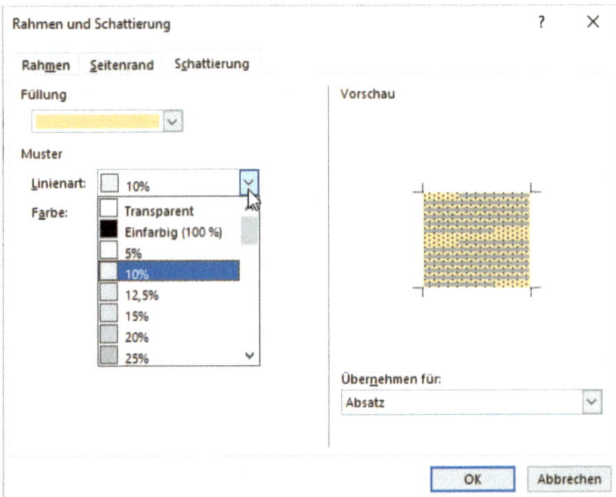

Bild 4.62 Schattierung

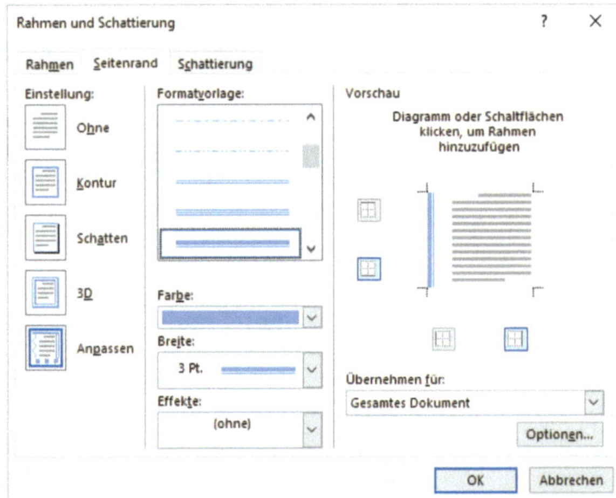

Bild 4.63 Seitenrand

4.7 Techniken zur schnellen Formatierung

Häufig wird an mehreren Textstellen dieselbe Formatierung benötigt. Im einfachsten Fall markieren Sie vor der Formatierung alle entsprechenden Stellen mit gedrückter Strg-Taste (siehe Kapitel 3, Markierungstechniken).

Letzten Arbeitsschritt wiederholen

Letzten Befehl wiederholen: Taste F4

Eine andere Möglichkeit besteht darin, den letzten Arbeitsschritt, z. B. Unterstreichen oder Formatierung mit einer bestimmten Farbe, zu wiederholen. Dazu markieren Sie die nächste Textstelle und klicken in der Symbolleiste für den Schnellzugriff auf das Symbol *Wiederholen* oder betätigen die Taste F4. Dies kann mehrmals wiederholt werden, bis alle gewünschten Stellen diese Formatierung erhalten haben.

Tipp: Normalerweise wird damit eine einzige Aktion wiederholt, wenn Sie aber mehrere Formatierungen gleichzeitig in einem Dialogfenster, z. B. *Schriftart*, ausgewählt haben, dann weisen Sie mit F4 der nächsten markierten Textstelle alle zuvor festgelegten Formatierungen zu.

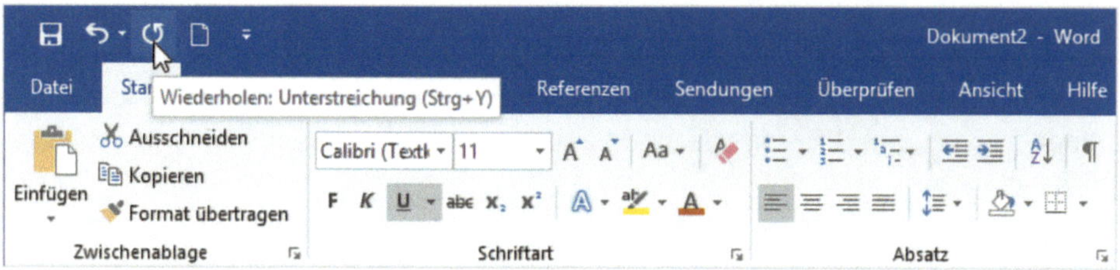

Bild 4.64 Formatierung wiederholen

Format übertragen (kopieren)

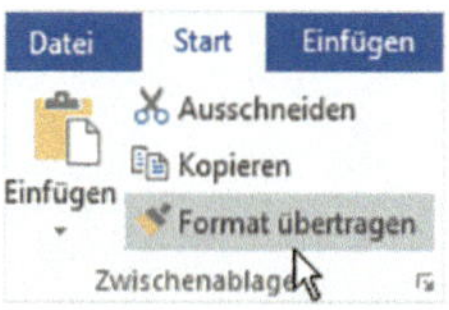

Noch einfacher ist es, wenn Sie die Formatierung einer Textstelle einfach kopieren und anschließend auf eine andere Stelle anwenden. Das Symbol dazu, *Format übertragen*, finden Sie im Register *Start*, Gruppe *Zwischenablage*. Es schließt sowohl Zeichen- als auch Absatzformate ein. So gehen Sie dabei vor:

1 Markieren Sie die Textstelle, deren Format Sie kopieren möchten (Vorlage).

2 Klicken Sie im Register *Start*, Gruppe *Zwischenablage* oder in der Minisymbolleiste auf die Schaltfläche *Format übertragen* ❶.

3 Am Mauszeiger sehen Sie nun ein Pinselsymbol ❷. Markieren Sie jetzt mit der Maus die Textstelle, der Sie die Formatierung zuweisen möchten (Ziel).

Bild 4.65 Format übertragen

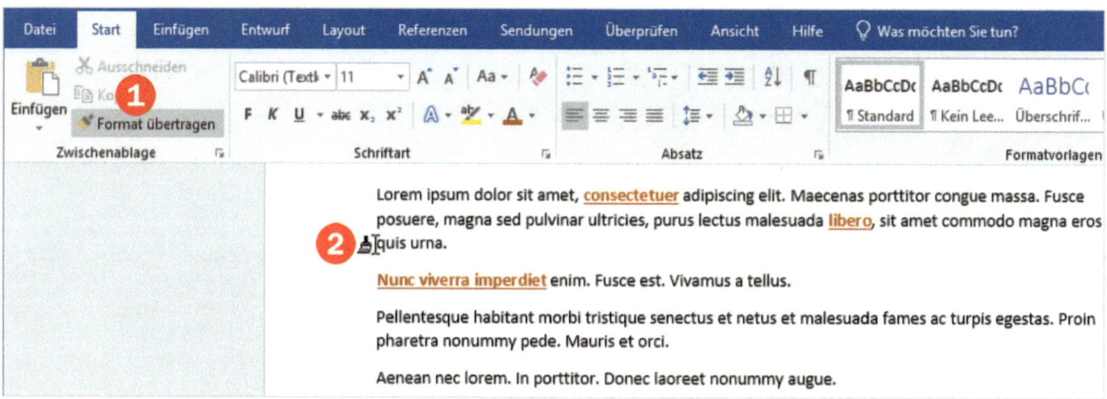

Tipp: Als Alternative verwenden Sie die Tastenkombinationen Strg-Umschalt+C (Format kopieren) und Strg+Umschalt+V (Format einfügen bzw. anwenden).

Tipp: Falls Sie die Formatierung gleich auf mehrere Textstellen nacheinander übertragen möchten, so doppelklicken Sie auf das Symbol. Damit bleibt die Funktion dauerhaft solange aktiviert, bis erneut auf das Symbol klicken oder die Esc-Taste betätigen. Ob *Format übertragen* aktiv ist, ist am hervorgehobenen Symbol und am Pinsel am Mauszeiger zu erkennen.

Format übertragen schließt nicht nur Zeichen- und Absatzformate ein, sondern kann auch wahlweise auf einzelne Zeichen oder ganze Absätze angewendet werden. Dies hängt von der Markierung ab.

- **Zeichenformate übertragen**
  Markieren Sie eine Textstelle, deren Formatierung kopiert werden soll und klicken Sie auf *Format übertragen*. Anschließend markieren Sie diejenigen Zeichen, die das Format erhalten sollen.
- **Auf gesamten Absatz übertragen**
  Zum Übertragen des gesamten Absatzformats genügt es, wenn sich der Cursor in dem Absatz befindet, der als Vorlage dient. Oder markieren Sie den gesamten Absatz einschließlich der (nicht sichtbaren) Absatzendemarke. Klicken Sie auf *Format übertragen* und klicken Sie dann entweder nur in den Zielabsatz oder markieren Sie wieder den gesamten Absatz.

Formatierungen löschen und das ursprüngliche Aussehen wiederherstellen

Nicht immer erhalten Sie beim Formatieren das gewünschte Ergebnis. Dann kann es nützlich sein, wenn Sie vor einem erneuten Versuch alle Formatierungen entfernen und das ursprüngliche Aussehen wiederherstellen. Dazu verwenden Sie das Symbol *Alle Formatierungen löschen*, Gruppe *Schriftart*, Register *Start*. Ob damit die Formatierung einzelner Zeichen oder des gesamten Absatzes entfernt wird, hängt wieder von der Markierung ab.

Anstelle des Symbols können Sie auch die Tastenkombination Strg+Umschalt+N verwenden.

- Haben Sie eine Textstelle, z. B. ein Wort oder einen Absatz, markiert, so wird dessen gesamte Formatierung entfernt.
- Wurde dagegen nichts markiert und befindet sich der Cursor nur innerhalb eines Absatzes, so werden die Formatierungen des gesamten Absatzes gelöscht. **Ausnahme**: Abweichende Formatierungen einzelner Stellen im Absatz, z. B. unterstrichene Wörter, bleiben erhalten.

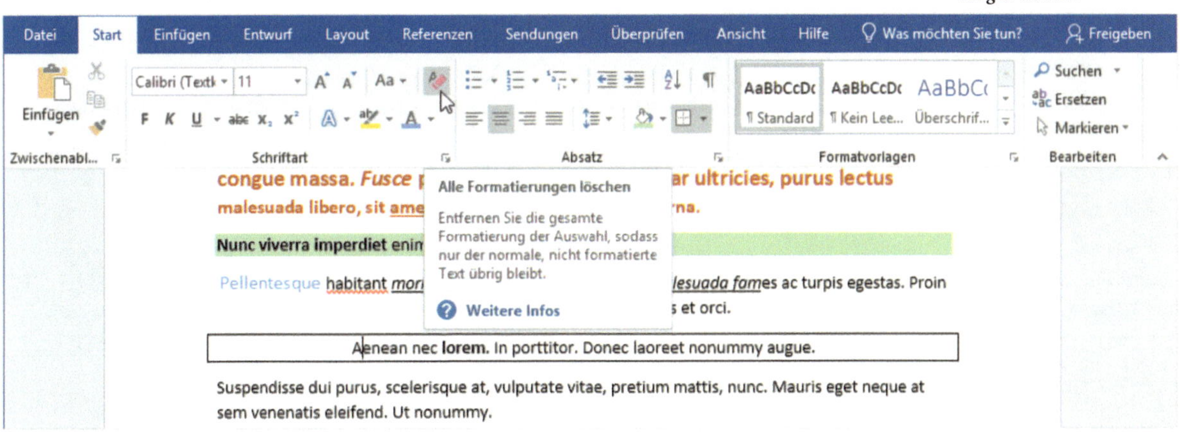

Bild 4.66 Alle Formatierungen löschen

4.8 Übungen

Übung 1

1 Beginnen Sie mit einem neuen leeren Dokument.

2 Die folgenden Einstellungen sollen für das gesamte Dokument gelten:

- Designfarben *Grüngelb* (oder eine andere Farbzusammenstellung, die Ihnen zusagt).
- Schriftart *Georgia*,
- Absatzabstand *Standard*.

3 Geben Sie den unten abgebildeten Text ein.

Zeichenformate in Word

Zu den einfachen Zeichenformaten gehören fett, kursiv und unterstrichen. Unterstreichungen sind auch mit doppelten oder gepunkteten Linien und in abweichender Farbe möglich.

Sie können die Schrift beliebig vergrößern oder verkleinern, beispielsweise 8 Punkt oder 24 Punkt.

Abweichende Schriftarten wählen Sie im Feld Schriftart aus, man unterscheidet zwischen Serifen- und serifenlosen Schriften, wie z. B. Arial.

Wenn Sie Text hoch- oder tiefgestellt formatieren, ändert sich dadurch der Zeilenabstand nicht, sondern der hoch- oder tiefgestellte Text wird verkleinert.

Kapitälchen sind große und kleine Großbuchstaben. Diese finden Sie im Dialogfenster Schriftart. Hier können Sie im Register Erweitert auch die Abstände zwischen den Zeichen ändern.

4 Testen Sie nacheinander verschiedene Zeichenformate, der Text könnte anschließend ähnlich aussehen wie unten abgebildet.

Zeichenformate in Word

Zu den einfachen Zeichenformaten gehören **fett**, *kursiv* und unterstrichen. Unterstreichungen sind auch mit doppelten oder gepunkteten Linien und in abweichender Farbe möglich.

Sie können die Schrift beliebig vergrößern oder verkleinern, beispielsweise 8 Punkt oder 24 Punkt.

Abweichende Schriftarten wählen Sie im Feld Schriftart aus, man unterscheidet zwischen Serifen- und serifenlosen Schriften, wie z. B. Arial.

Wenn Sie Text hoch- oder tiefgestellt formatieren, ändert sich dadurch der Zeilenabstand nicht, sondern der hoch- oder tiefgestellte Text wird verkleinert.

KAPITÄLCHEN sind große und kleine Großbuchstaben. Diese finden Sie im Dialogfenster Schriftart. Hier können Sie im Register Erweitert auch die Abstände zwischen den Zeichen ändern.

5 Formatieren Sie anschließend die Überschrift in der Schriftart Arial Black und mit 16 Punkt Schriftgröße und versehen Sie die Überschrift mit einem beliebigen Texteffekt, z.B. Schatten oder Farbverlauf.

Zeichenformate in Word

Zu den einfachen Zeichenformaten gehören **fett**, *kursiv* und unterstrichen.
Unterstreichungen sind auch mit doppelten oder gepunkteten Linien und in abweichender Farbe möglich.

6 Formatieren Sie das Wort „Schrift" im gesamten Text in roter Schriftfarbe, unterstrichen und in Schriftgröße 13.

Zeichenformate in Word

Zu den einfachen Zeichenformaten gehören **fett**, *kursiv* und unterstrichen.
Unterstreichungen sind auch mit doppelten oder gepunkteten Linien und in abweichender Farbe möglich.

Sie können die Schrift beliebig vergrößern oder verkleinern, beispielsweise 8 Punkt oder 24 Punkt.

Abweichende Schrift**arten** wählen Sie im Feld Schriftart aus, man unterscheidet zwischen Serifen- und serifenlosen Schriften, wie z. B. Arial.

Wenn Sie Text hoch- oder tiefgestellt formatieren, ändert sich dadurch der Zeilenabstand nicht, sondern der hoch- oder tiefgestellte Text wird verkleinert.

KAPITÄLCHEN sind große und kleine Großbuchstaben. Diese finden Sie im Dialogfenster Schriftart. Hier können Sie im Register Erweitert auch die Abstände zwischen den Zeichen ändern.

7 Speichern Sie das Dokument unter dem Namen Kap_04_01_Ergebnis.docx in einem beliebigen Ordner Ihres PCs und schließen Sie das Dokument.

Übung 2

Beginnen Sie mit einem neuen leeren Dokument, das Sie unter dem Namen Kap_04_Uebung2.docx speichern. Tippen Sie den nachfolgenden Text ab und formatieren Sie diesen möglichst ähnlich der Vorlage. Der gesamte Text erhält die Schriftart Times New Roman, 11 Pt.. Die Farben wählen Sie dagegen nach Ihren Vorstellungen.

HEIDEMARIE-MÜLLER-STIFTUNG
Am Gartenweg 1
12345 Musterstadt

Seminar: Strategische und praktische Verkaufsplanung

Termin:	28. April
Ort:	Hotel zur Post
	Tagungsraum 2, 3. Stock
Beginn:	9:00 Uhr
Referent:	Herr André Wolf

Seminarinhalte

(1) Begrüßung

(2) Begriffsdefinition Marketingstrategie

(3) Strategieplanung von der Idee zum Verkaufserfolg

Pause ca. 10:30 Uhr

(4) Gruppenarbeit: Entwurf einer Strategie

Mittagspause von 12:30 bis 13:30 Uhr

(5) Cashcows und Poor Dogs

(6) Warum kauft der Kunde?

Kaffeepause ca. 15:30 Uhr

(7) Gruppenarbeit: Entwurf einer fiktiven Werbekampagne

(8) Resümee

Ende ca. 17:00 Ihr

✂---
Bitte hier abtrennen

Bitte senden Sie uns folgende Informationen zu:

Name / Vorname: ....

Straße / Ort: ....

Mittagessen (bitte ankreuzen):

- ❑ Fleisch
- ❑ Fisch
- ❑ Vegetarisch

5 Seitenlayout einrichten und Dokument drucken

In diesem Kapitel lernen Sie...

- Seitenränder, Papierformat und -ausrichtung
- Kontrolle in der Druckvorschau
- Druckeinstellungen
- Text in Spalten anordnen
- Seitenzahlen einfügen
- Kopf- und Fußzeilen gestalten
- Wasserzeichen einfügen
- Umschläge und Etiketten drucken

Das sollten Sie bereits wissen

- Text eingeben und korrigieren
- Dokumente speichern und öffnen
- Zeichen und Absätze formatieren

5.1 Seitenlayout bearbeiten

Blindtext zum Test des Layouts erzeugen

Blindtext lässt sich auch gut zum Testen verschiedener Formatierungen oder Formatvorlagen einsetzen, siehe Kapitel 4.

Da die Wirkung des Seitenlayouts in einem leeren Dokument nur schwer zu beurteilen ist, gibt es Word eine Möglichkeit, ohne mühsames Eintippen schnell längeren Blindtext, d. h. beliebigen Text ohne Zusammenhang zu erzeugen. Dieser wird später einfach wieder gelöscht.

- Dazu setzen Sie den Cursor an den Beginn eines Absatzes und tippen ein: =Rand(10) und betätigen unmittelbar danach die Eingabetaste.
- Falls Sie statt Text aus der Word-Hilfe lieber lateinischen Text möchten, kein Problem, dann geben Sie ein: =Lorem(10).
- Die Zahl in Klammern legt die Anzahl der Absätze fest, Sie können also auch längeren oder kürzeren Blindtext erzeugen.

Bild 5.1 Blindtext

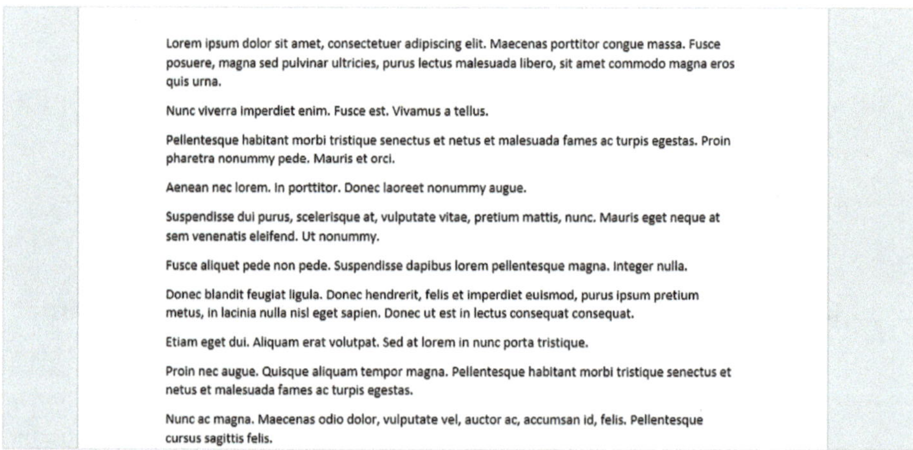

Lorem ipsum dolor sit amet, consectetuer adipiscing elit. Maecenas porttitor congue massa. Fusce posuere, magna sed pulvinar ultricies, purus lectus malesuada libero, sit amet commodo magna eros quis urna.

Nunc viverra imperdiet enim. Fusce est. Vivamus a tellus.

Pellentesque habitant morbi tristique senectus et netus et malesuada fames ac turpis egestas. Proin pharetra nonummy pede. Mauris et orci.

Aenean nec lorem. In porttitor. Donec laoreet nonummy augue.

Suspendisse dui purus, scelerisque at, vulputate vitae, pretium mattis, nunc. Mauris eget neque at sem venenatis eleifend. Ut nonummy.

Fusce aliquet pede non pede. Suspendisse dapibus lorem pellentesque magna. Integer nulla.

Donec blandit feugiat ligula. Donec hendrerit, felis et imperdiet euismod, purus ipsum pretium metus, in lacinia nulla nisl eget sapien. Donec ut est in lectus consequat consequat.

Etiam eget dui. Aliquam erat volutpat. Sed at lorem in nunc porta tristique.

Proin nec augue. Quisque aliquam tempor magna. Pellentesque habitant morbi tristique senectus et netus et malesuada fames ac turpis egestas.

Nunc ac magna. Maecenas odio dolor, vulputate vel, auctor ac, accumsan id, felis. Pellentesque cursus sagittis felis.

Papierformat, Ausrichtung und Seitenränder

Genau wie bei der Formatierung verwendet Word auch für das Seitenlayout, also beispielsweise Papierformat und Seitenränder, vorgegebene Standardeinstellungen. Eine Änderung ist jederzeit möglich, sollte aber am besten bereits zu Beginn der Eingabe, vorgenommen werden. Die wichtigsten Einstellungen zum Seitenlayout finden Sie im Menüband im Register *Layout*, Gruppe *Seite einrichten*.

Bild 5.2 Register Layout

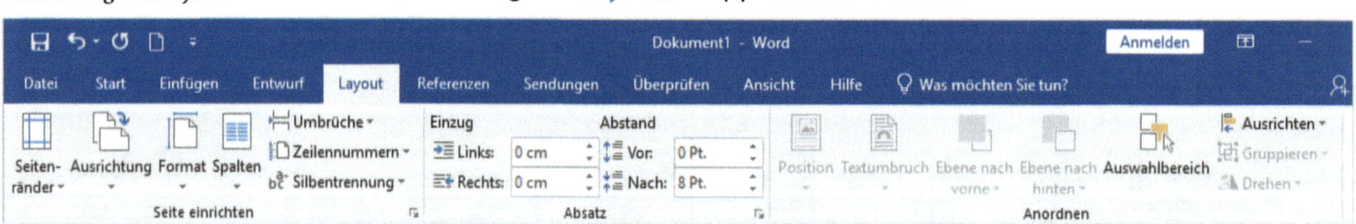

Papierformat und Ausrichtung

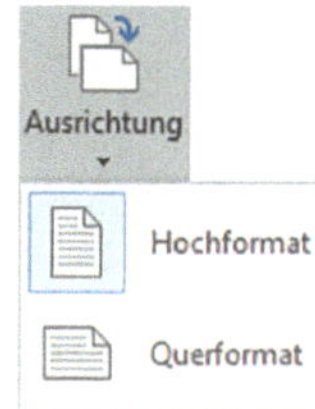

Das Papierformat A4 ist in der Regel bereits eingestellt und braucht daher nur in Ausnahmefällen geändert werden. Dazu klicken Sie in der Gruppe *Seite einrichten* auf die Schaltfläche *Format* und wählen eines der Formate aus der Liste. Sollte die gewünschte Größe nicht in der Liste enthalten sein, so klicken Sie auf *Weitere Papierformate…*, um anschließend ein eigenes Papierformat zu definieren. Ob Hoch- oder Querformat, steuern Sie über die Schaltfläche *Ausrichtung*.

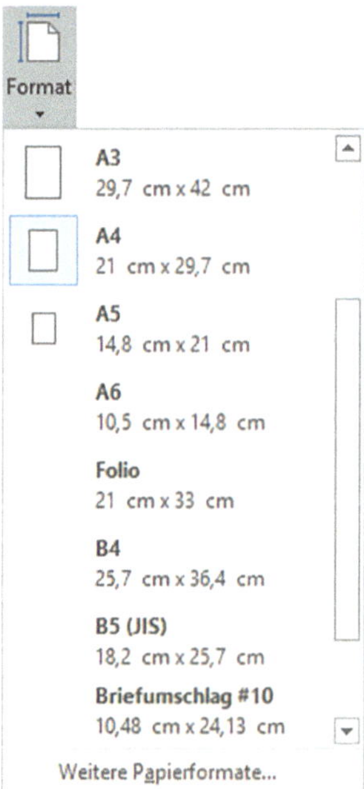

Bild 5.3 Papierformat

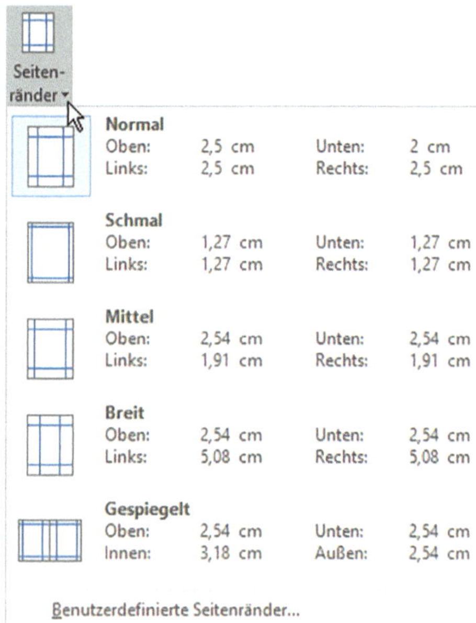

Bild 5.4 Seitenränder

> Unter *Format* sind auch die gängigen Formate für Briefumschläge aufgeführt. Allerdings sollten Sie zum Bedrucken von Umschlägen und Etiketten eine andere Vorgehensweise wählen, Näheres hierzu am Ende dieses Kapitels ab Seite 190.

Seitenränder

Mit einem Klick auf die Schaltfläche *Seitenränder* erhalten Sie verschiedene Vorschläge (Bild 5.4). Leider enthält diese Liste nur selten die benötigen Einstellungen, insbesondere DIN gerechte Ränder für Briefe fehlen. Am besten halten Sie sich daher nicht lange mit den vordefinierten Rändern auf, sondern klicken gleich am Ende der Liste auf *Benutzerdefinierte Seitenränder…*, um das Dialogfenster *Seite einrichten* zu öffnen. Noch schneller geht's, wenn Sie zum Ändern der Seitenränder auf den kleinen Pfeil ⊡ der Gruppe *Seite einrichten* klicken und so gleich das Dialogfenster *Seite einrichten* öffnen.

Hier geben Sie im Register *Seitenränder* die gewünschten Ränder in cm entweder direkt in die Felder ❶ ein oder benutzen die kleinen Pfeile nach oben/unten. Die Einheit cm ist die Standardmaßeinheit und braucht nicht explizit mit eingegeben werden.

Die Ausrichtung kann hier ebenfalls festgelegt werden ❷. Falls Sie einen zusätzlichen Bereich zum Binden oder Heften berücksichtigen möchten, so geben Sie diesen unter *Bundsteg* ❸ und *Bundstegposition* an.

Bild 5.5 Das Fenster Seite einrichten

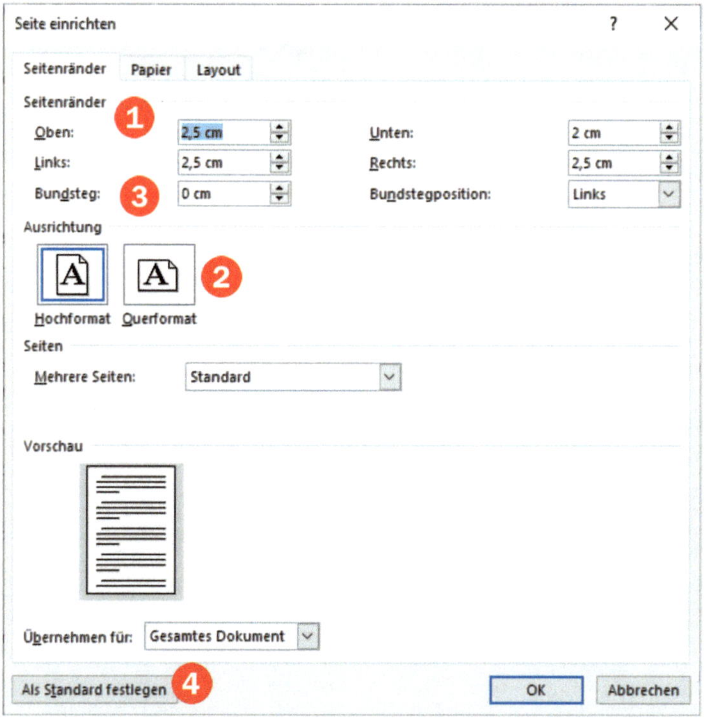

Seitenränder als Standardeinstellung speichern

Benötigen Sie häufig dieselben Seitenränder? Dann speichern Sie diese als Standardeinstellung für alle künftigen neuen leeren Dokumente. Dazu legen Sie erst einmal alle gewünschten Seitenränder fest und klicken dann auf die Schaltfläche *Als Standard festlegen* ❹. Bestätigen Sie die nachfolgende Meldung mit *Ja*. Als Ausrichtung sollte in diesem Fall Hochformat und unter *Mehrere Seiten* die Einstellung *Standard* gewählt werden.

Mehrere Seiten drucken, beidseitiger Druck

Umfasst Ihr Dokument mehrere Seiten, dann können Sie im Feld *Mehrere Seiten* auswählen, wie diese angeordnet werden. Soll das Dokument beidseitig (Vorder- und Rückseite) mit gespiegelten Seitenrändern gedruckt werden, so wählen Sie *Gegenüberliegende Seiten* statt der Einstellung *Standard*. In diesem Fall geben Sie als Seitenränder anstelle von Rechts und Links die Maße für Innen und Außen an. Mit der

Auswahl *2 Seiten pro Blatt* und der Ausrichtung Querformat erhalten Sie ebenfalls gespiegelte Seitenränder, außerdem wird die Seitengröße automatisch so angepasst, dass pro A4-Seite je 2 Seiten des Dokuments gedruckt werden.

Ein ähnliches Ergebnis erhalten Sie auch mit der Auswahl *Buch*. In diesem Fall geben Sie zusätzlich die Anzahl der Seiten pro Broschüre an. Sie erhalten damit automatisch die Ausrichtung quer und die Breite der einzelnen Seiten wird so angepasst, dass die angegebene Anzahl Seiten auf eine Druckseite im ausgewählten Papierformat (z. B. A4) passt.

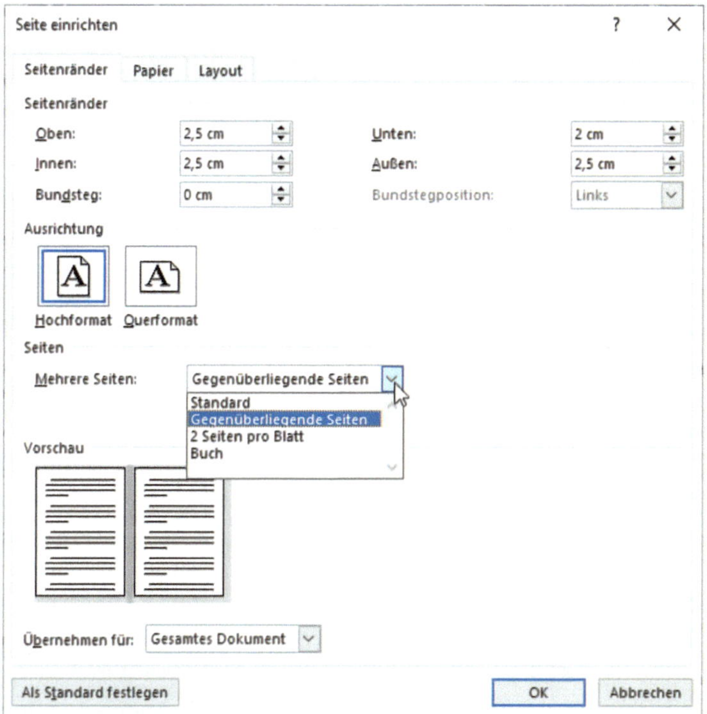

Bild 5.6 Gegenüberliegende Seiten drucken

Papierformat und -zufuhr

Netzwerkdrucker verfügen häufig über mehrere Papierschächte und erlauben beim Druck die Auswahl eines bestimmten Papiers, z. B. Briefpapier mit vorgedrucktem Briefkopf oder leeres Papier. Falls das aktuelle Dokument mit einem solchen Drucker und auf bestimmtes Papier gedruckt werden soll, so klicken Sie im Dialogfenster *Seite einrichten* auf das Register *Papier*.

Beachten Sie, dass die Möglichkeiten der Papierzufuhr abhängig sind vom installierten Drucker bzw. Druckertreiber und daher auf Ihrem PC von der Abbildung (Bild 5.7) abweichen. Normalerweise verwendet Word den Standardschacht. Bei mehrseitigen Dokumenten wird die Papierzufuhr für die erste Seite und die restlichen Seiten getrennt festgelegt. Die Einstellungen werden zusammen mit dem Dokument gespeichert und gelten nur für dieses.

Auch das Papierformat kann hier ausgewählt werden. Sollte das verwendete Papierformat nicht in der Liste aufgeführt sein, so wählen Sie *Benutzerdefiniert* und geben in die Felder *Breite* und *Höhe* die exakten Maße ein.

Bild 5.7 Papierformat und -zufuhr

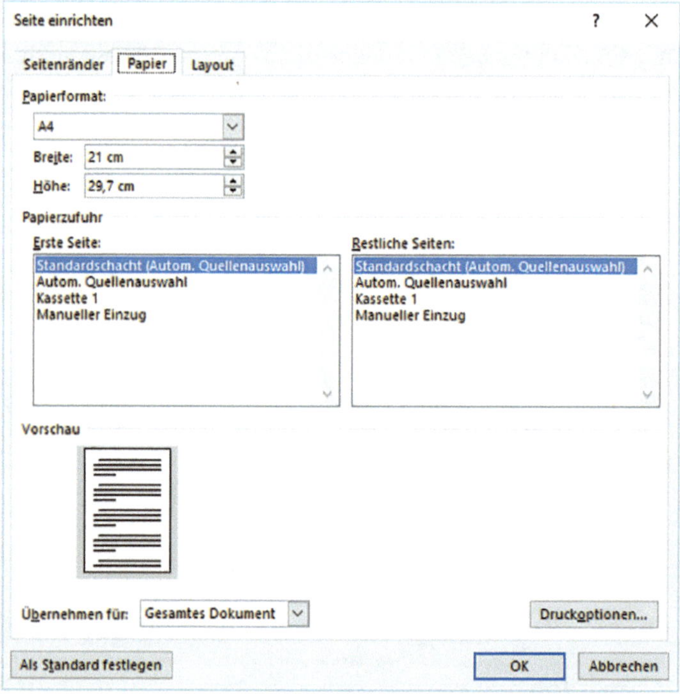

5.2 Unterschiedliche Layouteinstellungen innerhalb eines Dokuments

Abwechselnd Hoch- und Querformat einrichten

Ausrichtung und Seitenränder beziehen sich, wenn nichts anderes festgelegt wurde, immer auf das gesamte Dokument. Allerdings können Sie auch einzelne Seiten abweichend im Querformat ausrichten oder unterschiedliche Seitenränder angeben. Diese Einstellung nehmen Sie ebenfalls im Fenster *Seite einrichten* vor.

Als Beispiel wollen wir innerhalb eines Dokuments mit 4 Seiten die Seite 2 im Querformat einrichten.

1. Zunächst achten Sie darauf, dass sich der Cursor im Dokument an der Stelle befindet, **ab** der die abweichende Einstellung beginnen soll.
2. Öffnen Sie dann das Fenster *Seite einrichten*, klicken Sie auf das Register *Seitenränder* und ändern Sie hier die Ausrichtung auf *Querformat*.

3 Klicken Sie in das Feld *Übernehmen für* und wählen Sie *Dokument ab hier*. Bestätigen Sie dann mit *OK*.

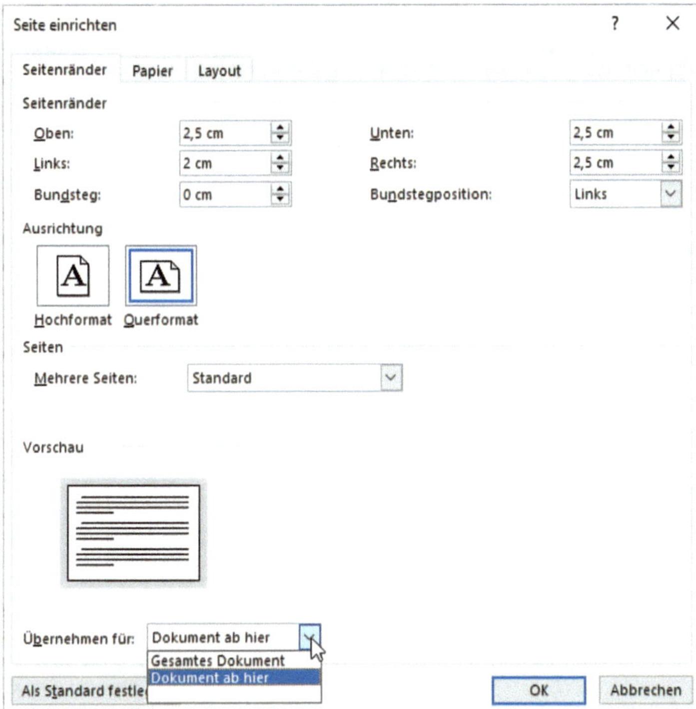

Bild 5.8 Querformat ab Cursorposition

Dieselbe Methode verwenden Sie auch, um unterschiedliche Seitenränder festzulegen.

4 Word beginnt eine neue Seite und ab hier werden alle restlichen Seiten im Querformat angezeigt. Wir möchten aber ab der dritten Seite wieder Hochformat. Positionieren Sie daher den Cursor an der Stelle, ab der Hochformat beginnen soll und öffnen Sie erneut das Fenster *Seite einrichten*.

5 Ändern Sie die Ausrichtung wieder auf *Hochformat*, klicken Sie auf *Übernehmen für* und wählen Sie wieder *Dokument ab hier*.

Bild 5.9 Hochformat ab Cursorposition

Im Feld *Übernehmen für* ist eine dritte Option hinzugekommen, nämlich *Aktueller Abschnitt*. Was dies bedeutet und wie Sie ein Dokument selbst in Abschnitte aufteilen, erfahren Sie weiter unten im nächsten Punkt.

Im Dokument seitenweise blättern

Das Ergebnis unterschiedlicher Layouts können Sie am besten kontrollieren, wenn Sie im Dokument ausnahmsweise seitenweise horizontal statt vertikal blättern wie im Bild unten. Dazu klicken Sie im Menüband auf das Register *Ansicht* und aktivieren hier in der Gruppe *Seitenbewegung Seitenweise* statt *Vertikal*. Das Dokument wird automatisch so verkleinert, dass eine Druckseite vollständig auf den Bildschirm passt und wie in einem Buch blättern Sie mit Drehen des Mausrads oder den Tasten Bild auf / Bild ab seitenweise durch das Dokument.

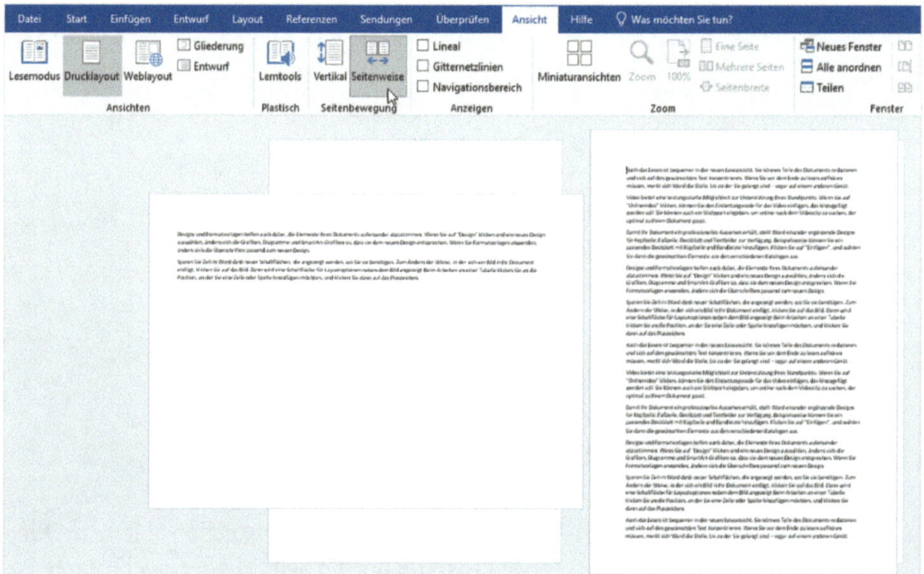

Bild 5.10 Im Dokument seitenweise blättern

Falls Sie die Seiten nebeneinander darstellen möchten, so klicken Sie in der Gruppe *Zoom* auf *Miniaturansichten*. Diese Ansicht dient eigentlich zur schnellen Auswahl und Anzeige einer bestimmten Seite durch Anklicken, eignet sich aber auch gut für eine schnelle Kontrolle das Layouts.

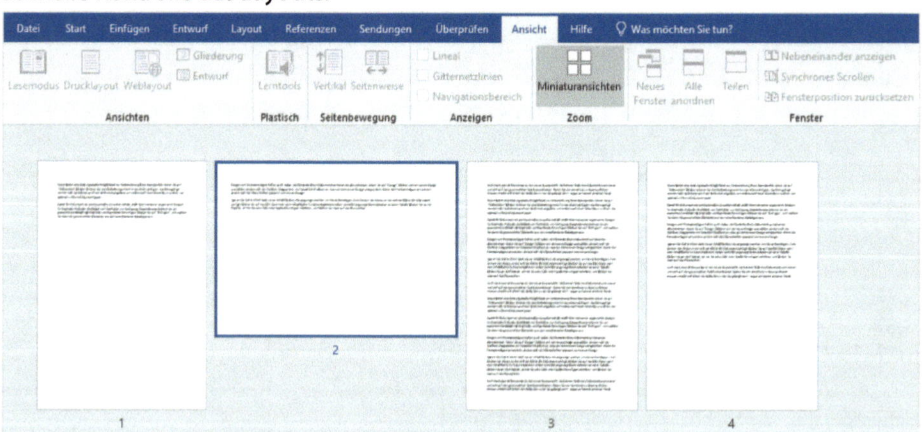

Bild 5.11 Seiten mit Miniaturansichten nebeneinander darstellen

Sobald Sie eine Seite durch Anklicken ausgewählt haben, wechselt Word wieder zur Ansicht im Bild oben. Falls Sie ohne Auswahl einer Seite zur vorherigen Anzeige zurückkehren möchten, klicken Sie nochmals auf *Miniaturansichten*.

Achtung: Wenn *Seitenweise* als Seitenbewegung aktiviert ist, lässt sich der Zoom nicht ändern. Sie müssen also wieder auf *Vertikal* klicken, wenn Sie zur weiteren Bearbeitung das Dokument wieder mit der normalen Anzeige anzeigen möchten.

Dokument in Abschnitte aufteilen

Um innerhalb eines Dokuments unterschiedliche Layouteinstellungen zu verwenden, müssen Sie es in Abschnitte aufteilen. Beim Beispiel oben wurde von Word an der Cursorposition automatisch ein Abschnittsumbruch eingefügt. Anschließend können Sie für jeden Abschnitt das Layout gesondert bearbeiten.

Abschnittsumbruch einfügen

Wenn Sie einen Abschnittsumbruch manuell einfügen möchten, dann gehen Sie wie folgt vor:

1. Positionieren Sie im Dokument den Cursor an der Stelle, **ab** der ein neuer Abschnitt beginnen soll, entweder zu Beginn eines Absatzes oder in einer Leerzeile.
2. Klicken Sie im Menüband auf das Register *Layout* und in der Gruppe *Seite einrichten* auf die Schaltfläche *Umbrüche*.
3. Wählen Sie, ob der neue Abschnitt mit einer neuen Seite (*Nächste Seite*) oder ab der Cursorposition auf derselben Seite beginnen soll (*Fortlaufend*). Weitere Möglichkeiten sind, einen neuen Abschnitt automatisch mit einer geraden oder ungeraden Seite zu beginnen.

   Auf diesem Weg kann mit *Seite* auch ein manueller Seitenumbruch eingefügt werden, siehe Kapitel 2.

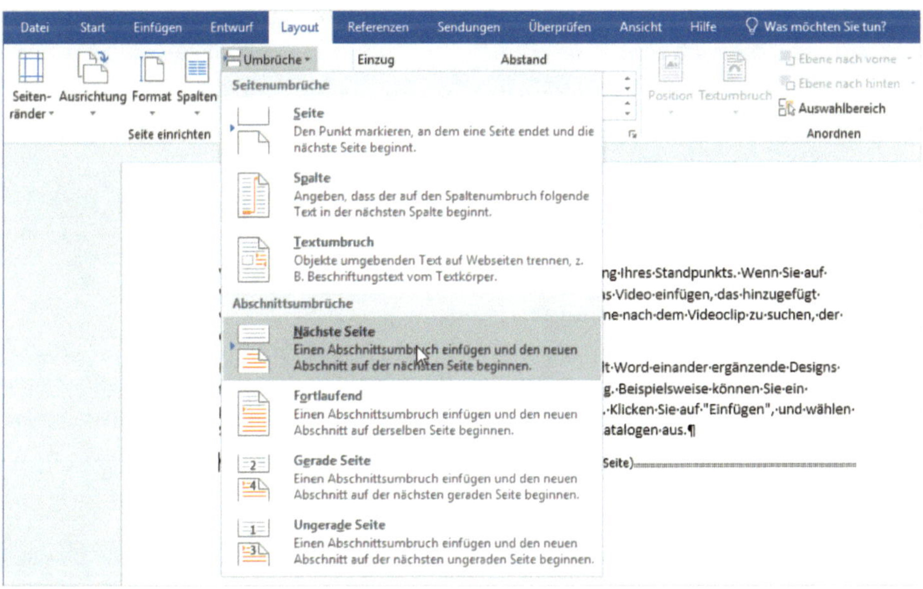

Bild 5.12 Abschnittsumbrüche einfügen

Abschnittswechsel anzeigen/löschen

Abschnittswechsel können zusammen mit den übrigen nicht druckbaren Zeichen von Word ein- und ausgeblendet werden und erscheinen als doppelt gepunktete Linie wie im Bild unten. Zum Ein- und Ausblenden dieser Zeichen benutzen Sie im Register *Start*, Gruppe *Absatz*, das Symbol *Alle anzeigen* ¶.

Bild 5.13 Ein Abschnittswechsel wird als gepunktete Linie dargestellt

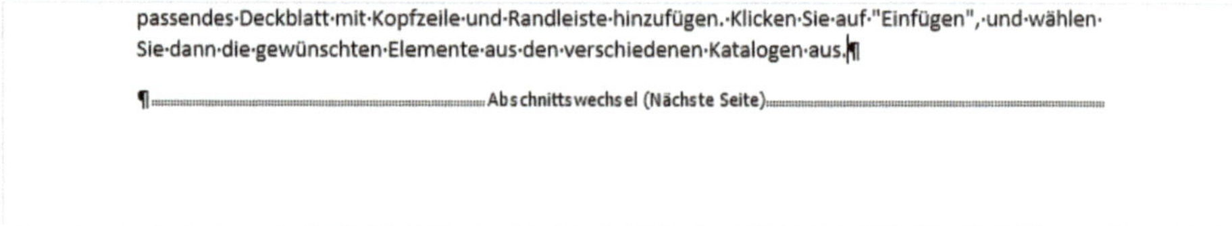

Genau wie ein manueller Seitenumbruch kann auch ein Abschnittsumbruch wieder gelöscht werden. Dazu klicken Sie mit der Maus in die Doppellinie und betätigen Sie die Entf-Taste.

> **Beachten Sie beim Löschen eines Abschnittswechsels**
> Ein Abschnittsumbruch bzw. die doppelt gepunktete Linie speichert alle Layouteinstellungen des vorhergehenden Absatzes. Löschen Sie einen Abschnittswechsel, so wird der vorhergehende Abschnitt mit dem nächsten zusammengeführt und erhält dessen Layout.

Layout eines Abschnitts bearbeiten

Wenn Sie anschließend das Layout eines Abschnitts bearbeiten möchten, dann müssen Sie dafür zuerst sorgen, dass sich der Cursor innerhalb dieses Abschnitts befindet. Standardmäßig beziehen sich dann alle Änderungen, die Sie über die Schaltflächen des Registers *Layout* vornehmen, auf den aktuellen Abschnitt. Wenn Sie nicht sicher sind oder eine Einstellung sich trotz mehrerer Abschnitte auf das gesamte Dokument beziehen soll, dann öffnen Sie das Fenster *Seite einrichten* und wählen im Feld *Übernehmen für* die gewünschte Option.

Bild 5.14 Übernehmen für

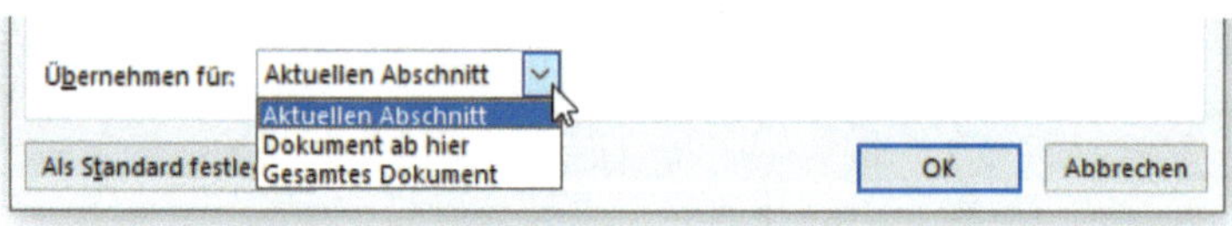

Tipp: Abschnitt in der Statusleiste anzeigen

Wenn Sie in umfangreichen Dokumenten mit mehreren Abschnitten den Überblick behalten möchten, dann blenden Sie den aktuellen Abschnitt in der Statusleiste am unteren Rand des Word-Fensters ein. Klicken Sie dazu mit der rechten Maustaste auf einen freien Bereich der Statusleiste und aktivieren Sie die Anzeige *Abschnitt*.

Bild 5.15 Abschnittsanzeige in der Statusleiste

5.3 Leere Seite / Deckblatt hinzufügen

Häufig wird für ein Dokument noch nachträglich ein Deckblatt benötigt oder Sie möchten innerhalb eines Dokuments an einer bestimmten Stelle eine leere Seite einfügen. Beides lässt sich mit Seiten- und/oder Abschnittsumbrüchen bewerkstelligen, schneller geht es jedoch mit den kleinen Hilfen von Word.

Leere Seite im Dokument einfügen

Positionieren Sie den Cursor im Dokument an der Stelle, **vor** der die leere Seite eingefügt werden soll ❶ und klicken Sie im Register *Einfügen* ▶ *Seiten* auf *Leere Seite* ❷.

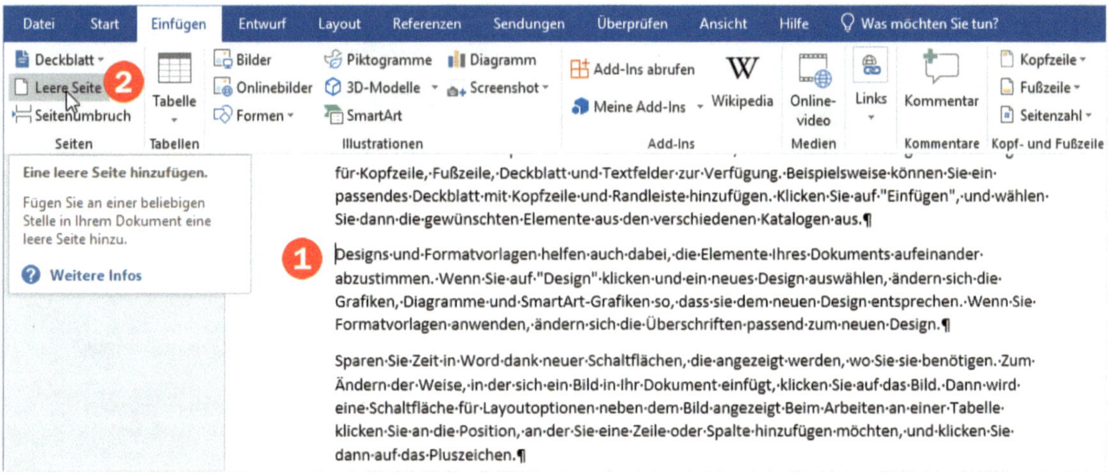

Bild 5.16 Leere Seite im Dokument einfügen

Word fügt zwei Seitenumbrüche ein: Einen nach dem vorhergehenden Absatz und einen zweiten auf der nächsten leeren Seite nach einer Leerzeile.

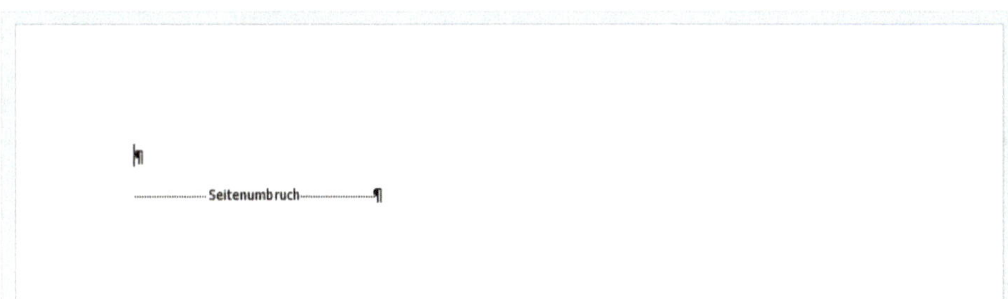

Bild 5.17 Der zweite Seitenumbruch befindet sich auf der neu eingefügten leeren Seite

Mit derselben Methode können Sie auch am Dokumentanfang eine leere Seite einfügen. In diesem Fall platzieren Sie den Cursor am Beginn des ersten Absatzes.

Deckblatt verwenden

Im Register *Einfügen* ▶ *Seiten* lässt sich statt einer leeren Seite auch schnell ein fertig gestaltetes Deckblatt einfügen. Die Deckblätter verfügen über Platzhalter in die Sie nur noch die gewünschten Inhalte eingeben brauchen.

Beim Einfügen eines Deckblatts spielt die Cursorposition keine Rolle, Deckblätter werden automatisch am Beginn des Dokuments eingefügt.

Klicken Sie im Register *Einfügen* ▶ *Seiten* auf *Deckblatt* ❶ und wählen Sie eine Vorlage. Beachten Sie, dass Farben und Schriften der angebotenen Vorlagen abhängig sind von den Designfarben und -schriften und daher auf Ihrem PC von der Abbildung unten abweichen können.

Bild 5.18 Fertig gestaltetes Deckblatt einfügen

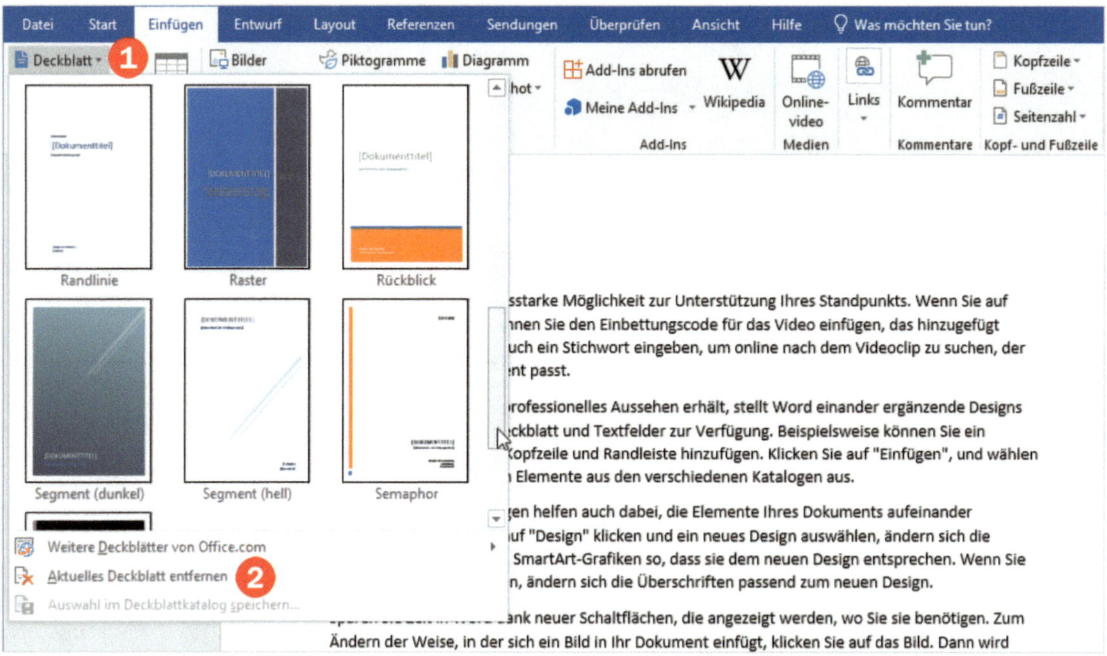

Anschließend klicken Sie nacheinander auf die Platzhalter und geben hier Ihren Text ein, nicht benötigte Platzhalter können Sie nach dem Anklicken bzw. Markieren einfach löschen.

Falls Ihnen das gewählte Deckblatt nicht zusagt, können Sie problemlos ein anderes auswählen, allerdings gehen dadurch bereits eingetippte Inhalte verloren. Weitere Deckblätter sind auch online auf Office.com verfügbar.

Deckblatt entfernen

Um ein Deckblatt schnell wieder zu entfernen, klicken Sie einfach nochmals auf *Deckblatt* und dann auf *Aktuelles Deckblatt entfernen* ❷.

5.4 Text in Spalten anordnen

Word kann Text in zwei oder mehr Spalten anordnen. Auch die Aufteilung in Spalten bezieht sich auf Abschnitte. Soll also nur ein bestimmter Teil des Dokuments zweispaltig sein, so müssen Sie im ersten Schritt das Dokument wieder in Abschnitte aufteilen. **Beispiel**: Die Überschrift und der erste Absatz sollen die gesamte Breite einnehmen, der restliche Text soll zweispaltig angeordnet werden.

1. Schritt: Fortlaufenden Abschnittswechsel einfügen

Positionieren Sie den Cursor am Beginn des Absatzes, ab dem der zweispaltige Text beginnen soll ❶. Klicken Sie im Register *Layout* auf *Umbrüche* und unter *Abschnittsumbrüche* auf *Fortlaufend* ❷.

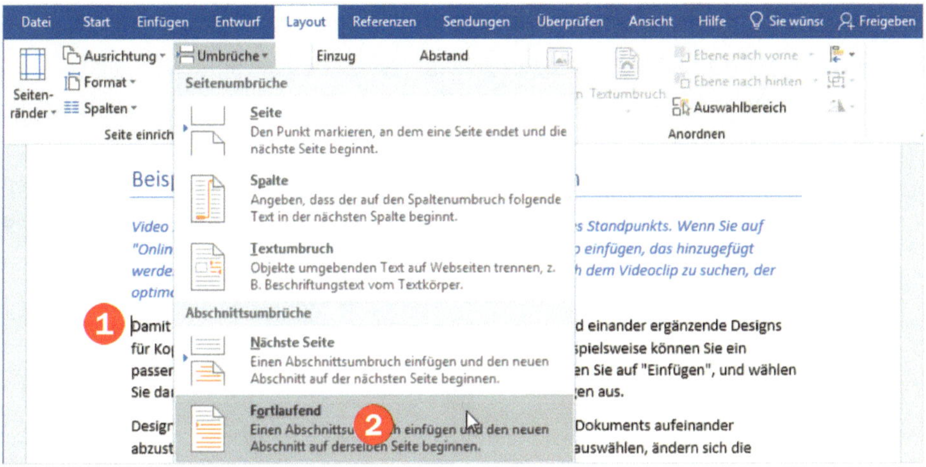

Bild 5.19 Fortlaufenden Abschnittswechsel einfügen

2. Schritt: Aufteilung in Spalten

Achten Sie darauf, dass sich der Cursor im zweiten Abschnitt befindet ❸ und klicken Sie im Register *Layout*, Gruppe *Seite einrichten*, auf die Schaltfläche *Spalten* ❹ und auf die gewünschte Anzahl *Zwei*.

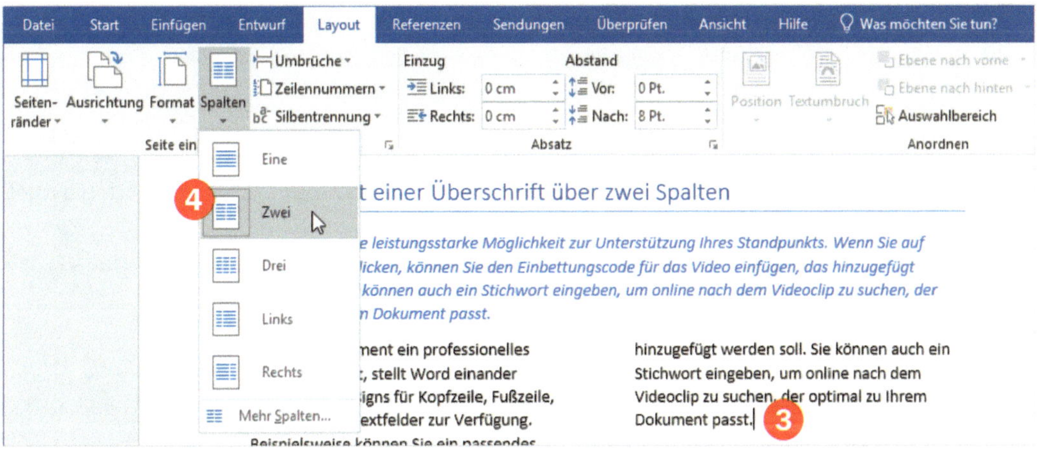

Bild 5.20 Text in zwei Spalten

Weitere Einstellungen für Spalten

Mit der Auswahl *Zwei* oder *Drei* erhalten alle Spalten die gleiche Breite und einen Standardabstand zwischen den Spalten. Für detailliertere Einstellungen öffnen Sie mit dem Befehl *Mehr Spalten...* das Dialogfenster *Spalten*. Hier sind Sie folgende zusätzliche Optionen möglich:

- **Spaltenanzahl**
  Die Anzahl der benötigten Spalten geben Sie im Feld *Spaltenanzahl* ❶ ein.
- **Linie zwischen den Spalten**
  Aktivieren Sie das Kontrollkästchen *Zwischenlinie* ❷.
- **Abstand zwischen den Spalten**
  Den Abstand zwischen den Spalten ändern Sie über das Feld *Abstand* ❸. Ist das Kontrollkästchen *Gleiche Spaltenbreite* ❹ aktiviert, so erfolgt eine automatische Angleichung der Spaltenbreiten entsprechend der gewählten Spaltenanzahl und der Seitenbreite.
- **Spaltenbreite**
  Möchten Sie unterschiedliche Spaltenbreiten, dann muss das Kontrollkästchen *Gleiche Spaltenbreite* deaktiviert sein. Dann können Sie für jede Spalte im Feld *Breite* die gewünschte Breite eingeben.

Bild 5.21 Spaltenoptionen

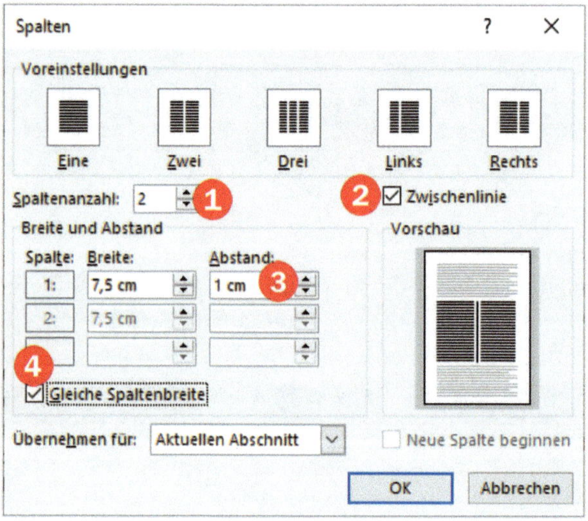

Mit dem Feld *Übernehmen für* legen Sie wieder fest, ob die Einstellung auf den aktuellen Abschnitt oder das gesamte Dokument übernommen werden soll. Mit *Dokument ab* wird an der Cursorposition ein fortlaufender Abschnittwechsel eingefügt.

Spaltenwechsel einfügen

Der Umbruch zwischen den Spalten erfolgt ebenfalls automatisch. Wenn Sie an der Cursorposition einen manuellen Spaltenwechsel einfügen möchten, dann klicken Sie im Register *Layout* auf *Umbrüche* und wählen *Spalte*.

Tipp: Text in Spalten am Dokumentende gleichmäßig aufteilen

Der automatische Spaltenumbruch verhält sich wie der automatische Seitenumbruch, und erfolgt entweder am Ende der Seite, wie im Bild unten links oder beim nächsten Abschnittswechsel. Wenn Sie den Text am Ende des Dokuments aus optischen Gründen gleichmäßig auf zwei Spalten verteilen möchten, dann fügen einfach am Dokumentende noch einen fortlaufenden Abschnittsumbruch ein. Das Ergebnis sehen Sie im Bild rechts.

Bild 5.22 Spalten am Dokumentende gleichmäßig aufteilen

5.5 Kopf- und Fußzeilen, Seitenzahlen

Gleichbleibende Inhalte, die auf jeder Seite gedruckt werden sollen, z. B. Seitenzahlen, werden in den Bereich ober- und unterhalb der Seitenränder eingefügt, also zwischen Seitenrand und Papierrand und damit außerhalb des Satzspiegels. Je nach Position wird dieser Bereich als Kopfzeile oder Fußzeile bezeichnet, die Bearbeitung unterscheidet sich dagegen nicht.

Kopf- und Fußzeile öffnen

Um den Bereich Kopf- oder Fußzeile zu bearbeiten, müssen Sie diesen erst öffnen. Am einfachsten geschieht dies durch einen Doppelklick in den Bereich ❶, im Bild unten als Beispiel die Kopfzeile.

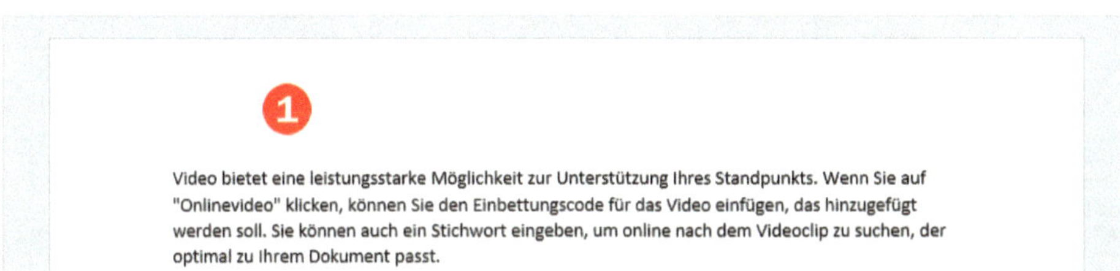

Bild 5.23 Doppelklicken Sie in den Bereich Kopfzeile

Der Bereich, im Bild unten *Kopfzeile*, öffnet sich und der Cursor erscheint hier ❷. Gleichzeitig ist im Menüband das Register *Kopf- und Fußzeilentools - Entwurf* verfügbar.

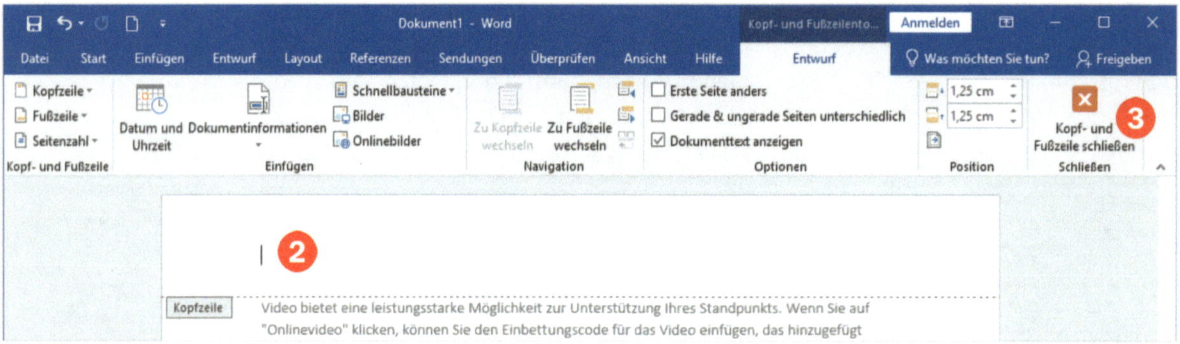

Bild 5.24 Der Bereich Kopfzeile mit dem Register Entwurf

Kopf- und Fußzeile schließen

Wenn Sie wieder mit der Bearbeitung im Dokument fortfahren möchten, klicken Sie im Register *Entwurf* auf *Kopf- und Fußzeile schließen* ❸. Schneller geht's mit einem Doppelklick in den Bereich des übrigen Dokuments.

Vorlagen für Kopf- und Fußzeilen verwenden

Word verfügt über eine Reihe von Vorlagen für Kopf- und Fußzeilen, in die Sie nur noch die gewünschten Inhalte eingeben brauchen. Dazu klicken Sie entweder im Register *Einfügen* ▶ *Kopf- und Fußzeile* auf die Schaltfläche *Kopfzeile* oder *Fußzeile* (Bild 5.25); wenn Sie sich bereits in der Kopf- oder Fußzeile befinden, finden Sie dieselben Schaltflächen auch im Register *Kopf- und Fußzeilentools - Entwurf*. Die Vorlagen für Kopf- und Fußzeilen sind in beiden Fällen identisch.

Bild 5.25 Vorlage für Kopfzeile einfügen

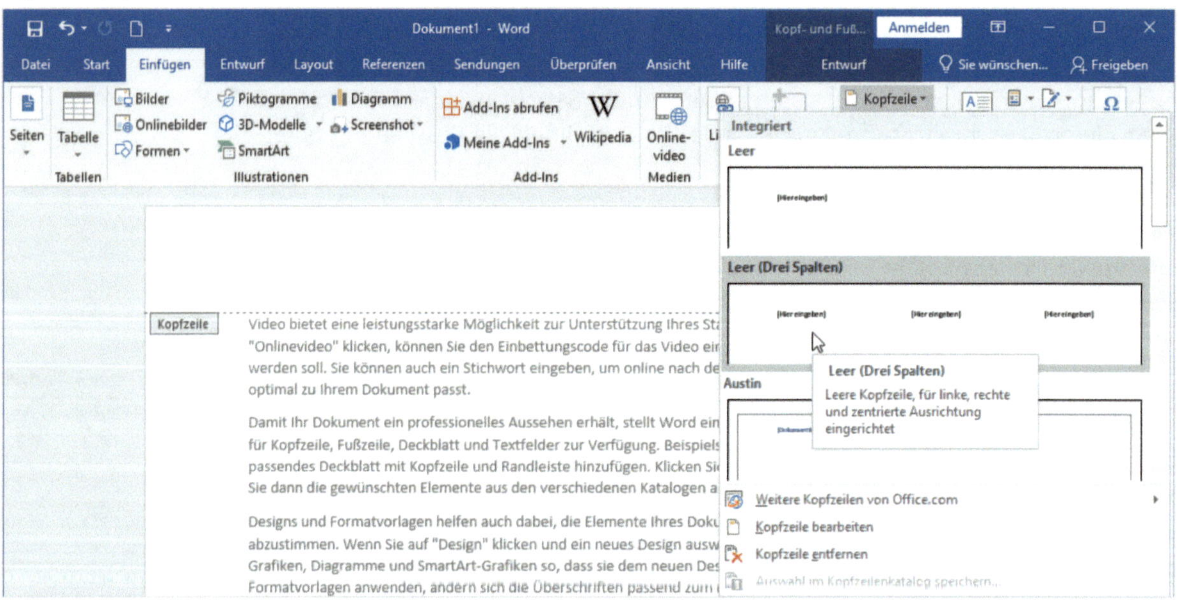

Die meisten Vorlagen verfügen über Platzhalter für beliebige Inhalte. Klicken Sie auf den Platzhalter und geben Sie, wie im Bild unten, Text ein. Nicht benötigte Platzhalter lassen sich durch Anklicken und anschließendes Betätigen der Entf- oder die Korrektur Taste jederzeit löschen.

Bild 5.26 Geben Sie Text in die Platzhalter ein

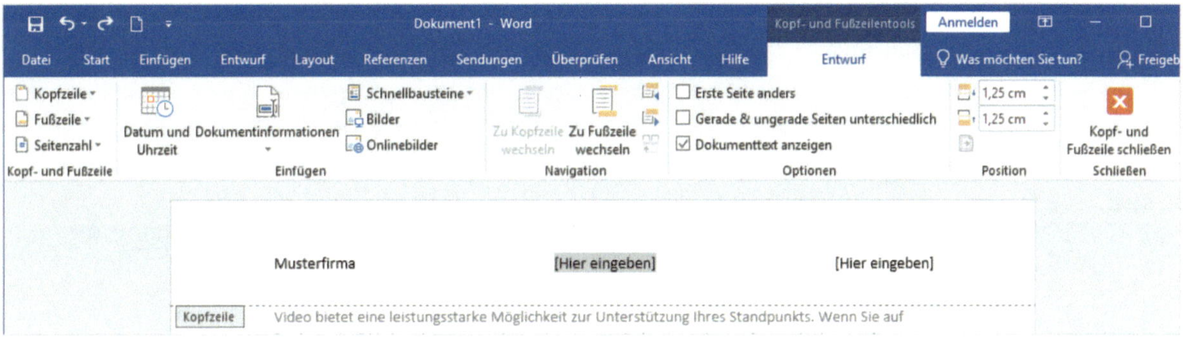

Wenn Ihnen die gewählte Kopf- oder Fußzeilenvorlage nicht gefällt, dann wählen Sie einfach nachträglich eine andere. Bereits vorhandener Text geht allerdings verloren.

Seitenzahlen

Einfache Seitenzahlen einfügen

Werden ausschließlich die Seitenzahlen benötigt, dann klicken Sie am einfachsten im Register *Einfügen* ▶ *Kopf- und Fußzeile* oder im Register *Kopf- und Fußzeilentools - Entwurf* auf *Seitenzahl*, zeigen je nach gewünschter Position auf *Seitenanfang* oder *Seitenende* und wählen eine Vorlage wie im Bild unten.

Bild 5.27 Einfache Seitenzahlen einfügen

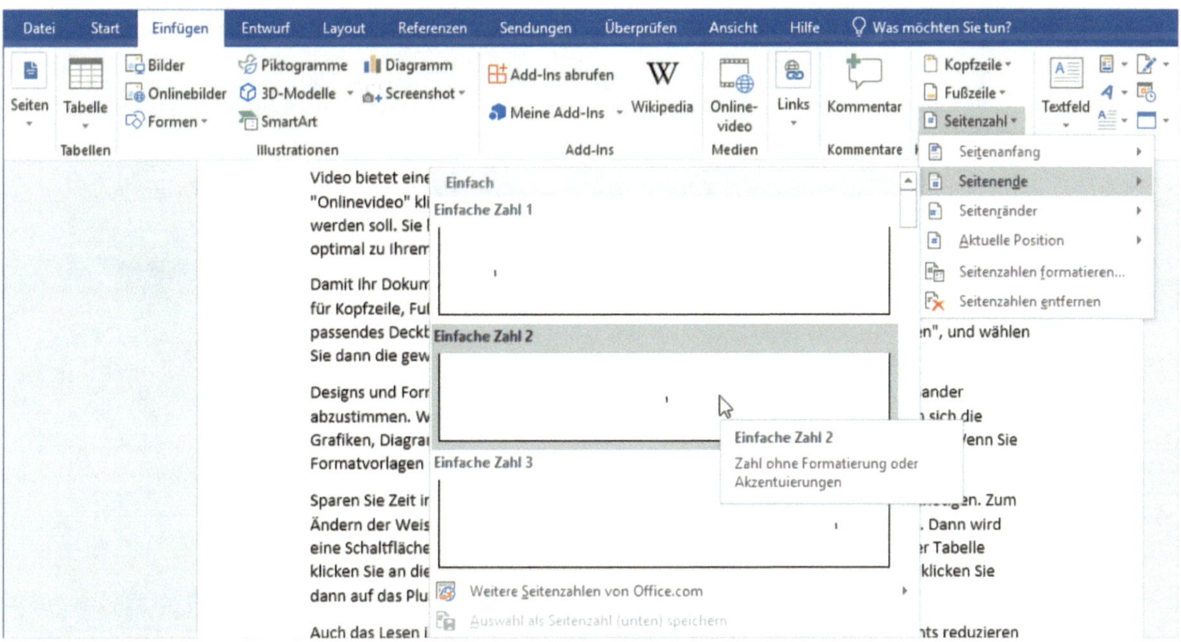

Tipp: Die häufig benötigte Schreibweise „Seite X von Y" befindet sich ganz am Ende der Liste. Mit *Seitenzahl* und der Auswahl *Seitenränder* können Seitenzahlen auch im linken oder rechten Seitenrand eingefügt werden. Dass hier die Seitenzahlen fett formatiert sind, macht nichts, sie können jederzeit anders formatiert werden.

Seitenzahlen in Platzhalter oder an aktueller Position einfügen

Wenn Sie für die Kopf- oder Fußzeile eine Vorlage verwenden und die Seitenzahl in einen der Platzhalter einfügen möchten, dann markieren Sie diesen und klicken im Register *Kopf- und Fußzeilentools* - *Entwurf* auf *Seitenzahl*. Wählen Sie in diesem Fall *Aktuelle Position* und klicken Sie dann auf die gewünschte Schreibweise.

Bild 5.28 Seitenzahl einfügen

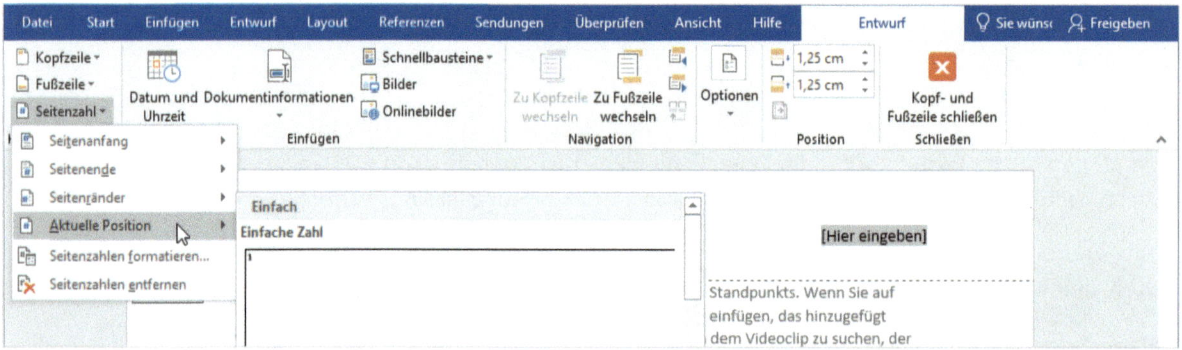

Zahlenformat ändern

Wenn Sie eine andere Zahlenschreibweise für die Seitenzahlen benötigen, beispielsweise römische Zahlen, dann gehen Sie so vor:

1. Öffnen Sie mit Doppelklick den Bereich Kopf- bzw. Fußzeile ❶ und klicken Sie im Register *Kopf- und Fußzeilentools* - *Entwurf*, Gruppe *Kopf- und Fußzeile*, auf *Seitenzahl* und auf *Seitenzahl formatieren...* ❷. Das Dialogfenster *Seitenzahlenformat* wird geöffnet und Sie können das Aussehen der Seitenzahl weiter bearbeiten.
2. Klicken Sie auf den Dropdown-Pfeil des Feldes *Zahlenformat* ❸ und wählen Sie das gewünschte Zahlenformat.

Bild 5.29 Zahlenformat bearbeiten

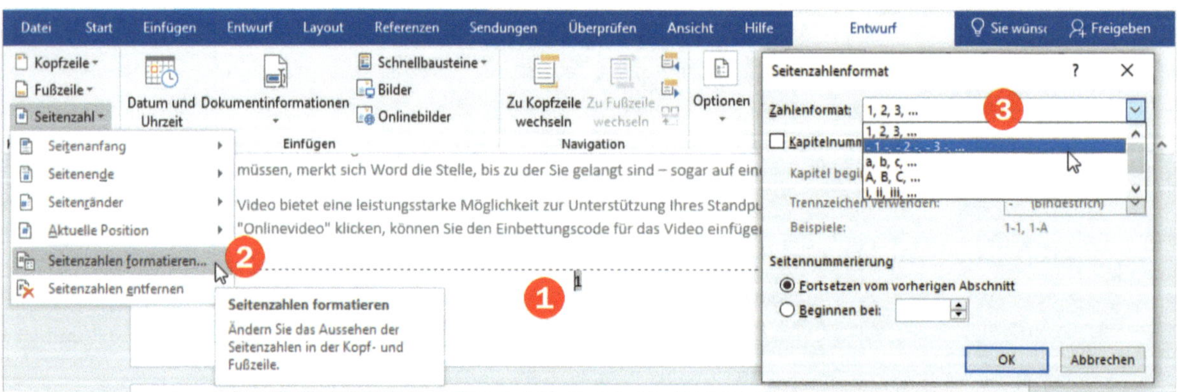

Mit einer bestimmten Seitenzahl beginnen

Normalerweise beginnt Word die Seitennummerierung mit 1 und setzt diese auch über mehrere Abschnitte hinweg fort. Wenn Sie ab einer bestimmten Seite eine neue Nummerierung beginnen möchten, dann müssen Sie zuerst an dieser Stelle wieder einen Abschnittsumbruch einfügen. Öffnen Sie dann über *Seitenzahlen formatieren...* das Fenster *Seitenzahlenformat* (siehe oben) und wählen Sie unter *Seitennummerierung* statt *Fortsetzen vom vorherigen Abschnitt* die Option *Beginnen bei*. Die entsprechende Seitenzahl geben Sie im Feld daneben ein.

Tipp: Falls nur die erste Seite bei der Nummerierung nicht berücksichtigt werden soll, weil beispielsweise ein Deckblatt oder Titelblatt verwendet wird, so ist dazu nicht unbedingt ein Abschnittsumbruch erforderlich. Geben Sie stattdessen im Feld *Beginnen bei* einfach die Zahl 0 ein.

Häufig benötigte Inhalte einfügen

Im Register *Kopf- und Fußzeilentools* - *Entwurf* haben Sie über Schaltflächen der Gruppe *Einfügen* die Möglichkeit, häufig benötigte Elemente einzufügen. Dazu gehören Datum und Uhrzeit, Bilder und Grafiken und Schnellbausteine, auch bekannt unter der Bezeichnung Textbausteine. Über die Schaltfläche *Dokumentinformationen* können Sie bei Bedarf den Dateinamen oder diesen zusammen mit dem Speicherort (Dateipfad) einfügen; nützlich bei firmeninternen Dokumenten, die häufig und von mehreren Personen geöffnet und gedruckt werden müssen.

Detailierte Informationen zu diesen Elementen lesen Sie in den Kapiteln 7 und 8.

Bild 5.30 Beispiel Dateiname einfügen

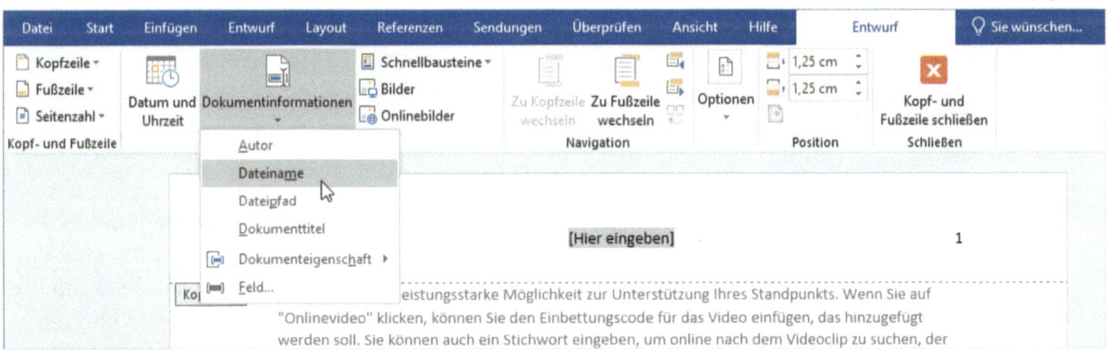

Kopf- und Fußzeilen ohne Vorlage erstellen

Wenn Sie eine Kopf- oder Fußzeile ohne Vorlage erstellen möchten, dann öffnen Sie einfach den Bereich der Kopf- oder Fußzeile. Oder klicken Sie auf *Einfügen* ▶ *Kopfzeile* bzw. *Fußzeile* und am Ende der Liste auf *Kopfzeile bearbeiten*.

Die oben beschriebenen Inhalte, z. B. Seitenzahlen, Datum und Uhrzeit oder Dateiname können auch ohne Platzhalter an beliebiger Stelle eingefügt werden. Beachten Sie, dass Sie beim Einfügen der Seitenzahlen *Aktuelle Position* wählen müssen, damit die Seitenzahl an der Cursorposition eingefügt wird. Interessanter ist aber die Frage, wie Sie diese Inhalte ausrichten können.

Inhalte ausrichten

Häufig sollen in der Kopf- oder Fußzeile mehrere Inhalte in einer einzigen Zeile nebeneinander ausgerichtet werden, z. B. links Ihr Name, in der Mitte die Seitenzahl und am rechten Seitenrand rechtsbündig das Datum.

Word bringt zu diesem Zweck in der Kopf- und Fußzeile zwei Tabstopps mit: Einer in der Mitte der Seite (zentriert) und einer am rechten Seitenrand (rechtsbündig).

Sie brauchen also für dieses Beispiel nur links Ihren Namen eingeben, dann die Tab-Taste betätigen und in der Mitte die Seitenzahl einfügen. Betätigen Sie ein weiteres Mal die Tab-Taste, so springt der Cursor an den rechten Rand und Sie können hier das Datum einfügen. Dieses wird automatisch rechtsbündig ausgerichtet. Anhand des Lineals sind die Tabstopps leicht zu überprüfen, wie im Bild unten.

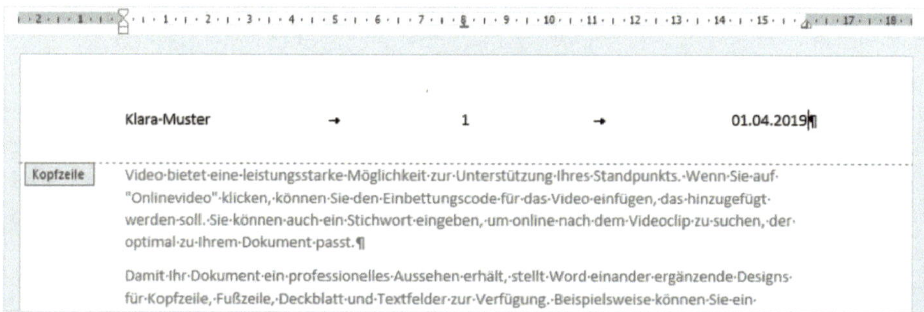

Bild 5.31 Tabstopps verwenden

Näheres zu Tabstopps und Tabellen lesen in Kapitel 7

Noch komfortabler lassen sich umfangreichere Inhalte in Kopf- oder Fußzeilen mit Hilfe von Tabellen ausrichten. Wie Sie Tabellen einfügen und formatieren, lesen Sie in Kapitel 7.

Hinweis: Im Register *Kopf- und Fußzeilentools* - *Entwurf* finden Sie in der Gruppe *Position* das Symbol *Ausrichtungstabstpp einfügen*. Dieses bewirkt eigentlich nur, was Sie mit der Tab-Taste schneller erledigen, nämlich den Cursor in die Mitte der Seite oder an den rechten Seitenrand setzen, damit Sie hier anschließend Text eingeben können.

Kopf- und Fußzeilen formatieren

Auf Kopf- und Fußzeilen können Sie alle bekannten Formatierungen anwenden. Besonders beliebt ist die optische Abgrenzung mit einzelnen Rahmenlinien, z. B. in der Fußzeile eine Rahmenlinie oben.

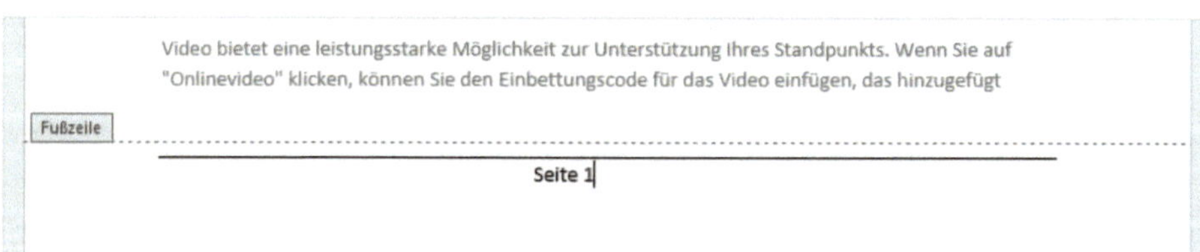

Bild 5.32 Beispiel: Fußzeile mit Rahmen oben

Zwischen Kopf- und Fußzeile wechseln

Im Register *Kopf- und Fußzeilentools* - *Entwurf* finden Sie in der Gruppe *Navigation* die beiden Schaltflächen *Zu Kopfzeile wechseln* und *Zu Fußzeile wechseln*. Diese können Sie benutzen, um schnell zwischen diesen Bereichen zu wechseln. Scrollen mit dem Mausrad funktioniert natürlich ebenfalls.

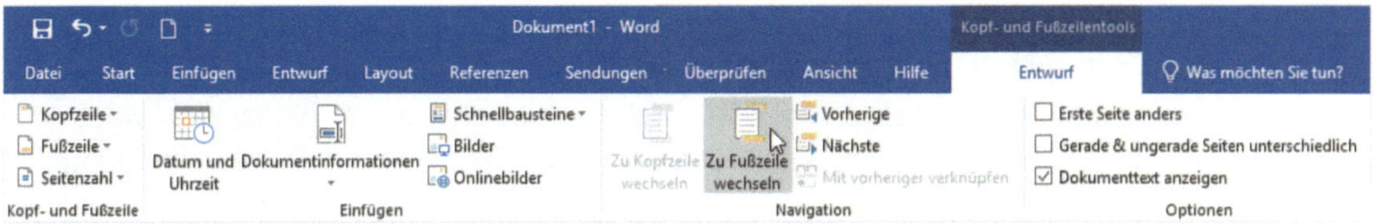

Bild 5.33 Navigation zwischen Kopf- und Fußzeile

Kopf- und Fußzeilenoptionen

Das Register *Kopf- und Fußzeilentools* - *Entwurf* erlaubt außerdem folgende Einstellungen für Kopf- und Fußzeilen.

Vertikaler Abstand zum Blattrand

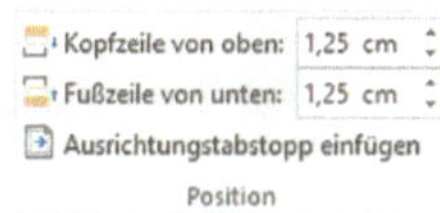

Kopf- und Fußzeile befinden sich im Bereich zwischen Blattrand und Seitenrand und zwar standardmäßig mit einem Abstand von je 1,25 cm zum oberen und unteren Papierrand. Zum Ändern benutzen Sie im Menüband, Register *Kopf- und Fußzeilentools* - *Entwurf* die Felder *Kopfzeile von oben* und *Fußzeile von unten* in der Gruppe *Position*. Wenn Sie diesen Abstand verringern möchten, dann sollten Sie berücksichtigen, dass manche Drucker einen Mindestabstand zum Papierrand benötigen, Kopf- und Fußzeilen werden bei einem zu geringen Abstand abgeschnitten oder überhaupt nicht gedruckt.

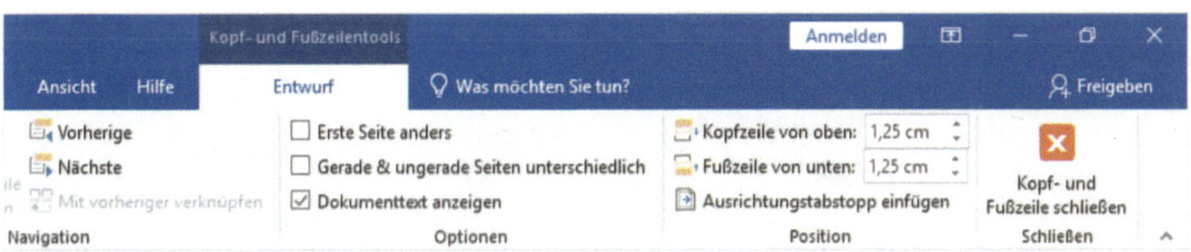

Bild 5.34 Abstand ändern

Größenänderung

Der verfügbare Bereich für Kopf- und Fußzeile richtet sich nach den Seitenrändern (*Layout* ▶ *Seite einrichten*) abzüglich des vertikalen Abstands nach oben bzw. unten und kann daher auch mehrere Zeilen umfassen. Überschreitet der Inhalt diesen Bereich, dann wird der Kopf- und Fußzeilenbereich automatisch vergrößert, so dass sich Dokumenttext und Kopf- und Fußzeile nicht überlappen. Der Seitenrand selbst wird dadurch nicht geändert!

Tipp: Soll der Inhalt der Kopfzeile hinter dem Dokumenttext erscheinen, dann geben Sie als oberen Seitenrand einen negativen Wert, z. B. -2,5 cm, ein. Dies bewirkt einen festen Seitenrand von 2,5 cm, dieser wird auch eingehalten, wenn die Kopfzeile wesentlich Raum einnimmt und die Inhalte werde übereinander gedruckt. Dasselbe gilt natürlich auch für die Fußzeile.

Mehrere Kopf- und Fußzeilen

Keine Kopf- oder Fußzeile auf der ersten Seite

Allerdings erhält auch in solchen Fällen die erste Seite die Seitenzahl 1! Falls nötig, können Sie dies über *Seitenzahlen formatieren* ändern.

In manchen Fällen benötigen Sie auf der ersten Seite, dem Titelblatt, keine Kopf- oder Fußzeile bzw. keine Seitenzahl. Dann aktivieren Sie im Register *Entwurf* in der Gruppe *Optionen* das Kontrollkästchen *Erste Seite anders* ❶ und lassen die erste Kopfzeile/Fußzeile leer.

Achtung: In diesem Fall müssen Sie zwei unterschiedliche Kopf- und Fußzeilen bearbeiten! Welche Sie gerade vor sich haben, erkennen Sie an der Beschriftung *Erste Kopfzeile* ❷ oder *Kopfzeile*. Zum Wechseln zwischen den beiden Kopf- oder Fußzeilen scrollen Sie entweder im Dokument zur nächsten Seite oder benutzen im Register *Entwurf* die beiden Schaltfläche *Vorherige* und *Nächste* ❸.

Bild 5.35 Erste Seite anders

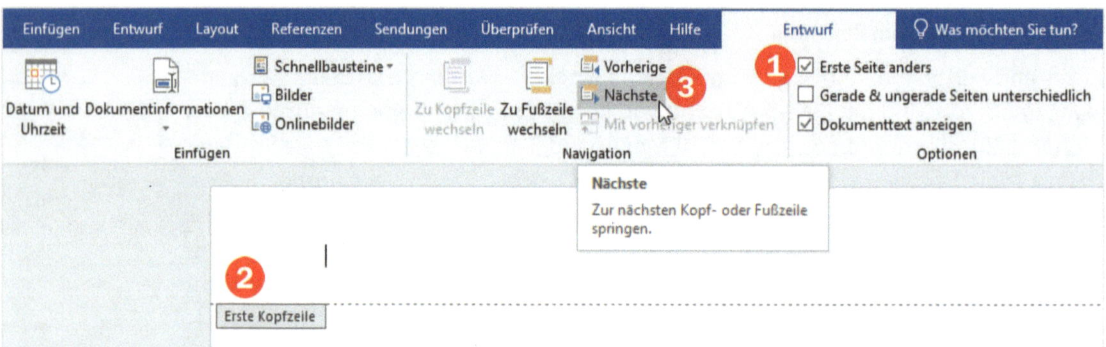

Unterschiedliche gerade und ungerade Seiten

Die beiden Optionen *Erste Seite anders* und *Gerade & ungerade Seiten untersch.* finden Sie auch im Register *Layout* des Fensters *Seite einrichten.*

Soll ein Dokument beidseitig gedruckt werden, dann benötigen Sie meist auch spiegelverkehrte Kopf- und Fußzeilen, z. B. die Seitenzahlen immer außen. Zu diesem Zweck finden Sie unter den Vorlagen für Kopf- und Fußzeilen auch einige, die sowohl für gerade als auch für ungerade Seiten verfügbar sind, erkennbar am Zusatz *Gerade* bzw. *Ungerade Seite*.

Wenn Sie Kopf- und Fußzeilen ohne Vorlage erstellen und gestalten, dann müssen Sie im ersten Schritt im Register *Entwurf*, Gruppe *Optionen*, das Kontrollkästchen *Gerade & ungerade Seiten unterschiedlich* aktivieren. Am besten geschieht dies vor einer Eingabe in die Kopf- oder Fußzeile.

Anschließend bearbeiten Sie wieder nacheinander die Kopf- und Fußzeile für die geraden und die ungeraden Seiten. Haben Sie zusätzlich die Option *Erste Seite anders* aktiviert, dann sind sogar drei unterschiedliche Kopf- und Fußzeilen zu bearbeiten! Auch hier erkennen Sie schnell an der Beschriftung, welche Sie gerade vor sich haben.

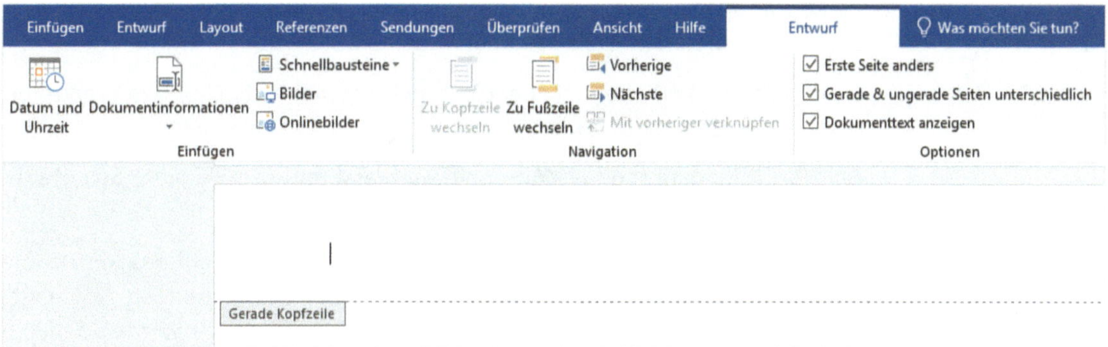

Bild 5.36 Gerade Kopfzeile bearbeiten

Unterschiedliche Kopf- und Fußzeilen für Dokumentabschnitte

Als dritte Möglichkeit können Sie ein Dokument in mehrere Abschnitte aufteilen und jedem Abschnitt eine gesonderte Kopf- und Fußzeile zuweisen. In diesem Fall sollten Sie allerdings beachten, dass Word standardmäßig die Kopf- und Fußzeilen jeweils mit dem vorherigen Abschnitt verknüpft, um so einheitliche Kopf- und Fußzeilen im gesamten Dokument zu gewährleisten. Auch nachträgliche Änderungen einzelner Kopf- oder Fußzeilen wirken sich im gesamten Dokument aus. Verknüpfte Kopf- und Fußzeilen sind am rechten Rand mit dem Hinweis *Wie vorherige* versehen und die Schaltfläche *Mit vorheriger verknüpfen* ist hervorgehoben.

Bevor Sie unterschiedliche Kopf- und Fußzeilen bearbeiten können, müssen Sie zunächst die Verknüpfung aufheben. Auch dies geschieht am besten vor der Eingabe in diesem Bereich, da dadurch Inhalte gelöscht werden können. Wenn in Kopf- oder Fußzeile bereits Inhalte vorhanden sind, sollten Sie am Dokumentende beginnen.

1. Öffnen Sie die Kopf- oder Fußzeile des ersten Abschnitts und geben Sie hier Ihre Inhalte ein.
2. Mit Klick auf die Schaltfläche *Nächste* gelangen Sie zur Kopf- oder Fußzeile des nächsten Abschnitts ❶. Da beide verknüpft sind ❷, wird der Inhalt automatisch übernommen.

Bild 5.37 Die Kopfzeilen der Abschnitte 1 und 2 sind verknüpft

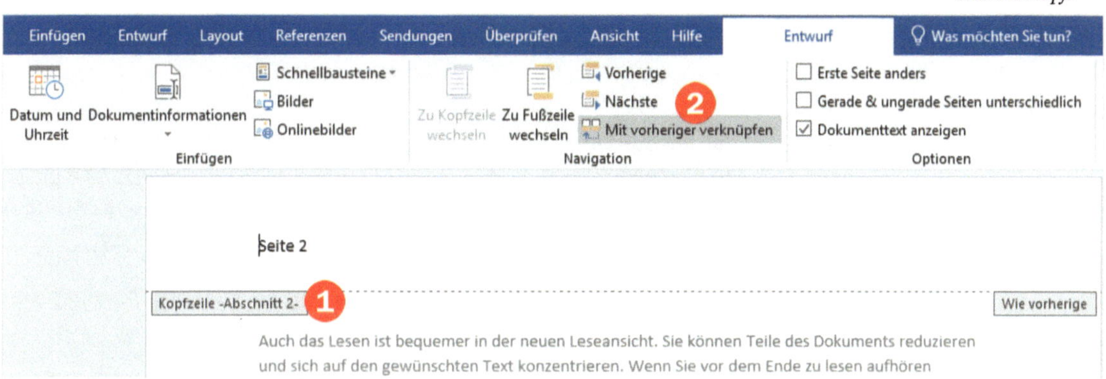

3 Klicken Sie im Register *Entwurf*, Gruppe *Navigation*, auf *Mit vorheriger verknüpfen*, dieses Symbol ist nun nicht mehr hervorgehoben.

4 Der Inhalt bleibt erhalten, ist aber nicht mehr mit der ersten Kopfzeile verknüpft und Sie können die Kopfzeile unabhängig von der ersten ändern.

5 Falls Ihr Dokument mehrere Abschnitte umfasst, müssen Sie diese Schritte für jeden Abschnitt wiederholen.

Umgekehrt können Sie natürlich auch mit einem erneuten Klick auf das Symbol die Verknüpfung wiederherstellen und Kopf- und Fußzeile des vorherigen Abschnitts übernehmen. **Achtung**: Kopf- und Fußzeile des aktuellen Abschnitts werden dadurch gelöscht.

Hinweis: Die beiden Optionen *Erste Seiten anders* und *Gerade & ungerade Seiten unterschiedlich* beziehen sich auf Abschnitte, sodass Sie unter Umständen nun für jeden Abschnitt gerade und ungerade Kopf- und Fußzeilen bearbeiten müssen.

5.6 Seite einrahmen und Seitenhintergrund

Rahmenlinien

Wie Sie Absätze mit Rahmenlinien versehen, haben Sie bereits in Kapitel 4 kennengelernt. Auch ganze Seiten können mit Rahmenlinien versehen werden, die Schaltfläche bzw. das Symbol dazu finden Sie im Register *Entwurf* in der Gruppe *Seitenhintergrund*. Ein Klick auf *Seitenränder* öffnet das, aus Kapitel 4 bereits bekannte, Fenster *Rahmen und Schattierung* mit dem Register *Seitenränder*. Die Vorgehensweise unterscheidet sich, bis auf zwei Ausnahmen, nicht von Absatzrahmen.

Bild 5.38 Register Entwurf Seitenränder

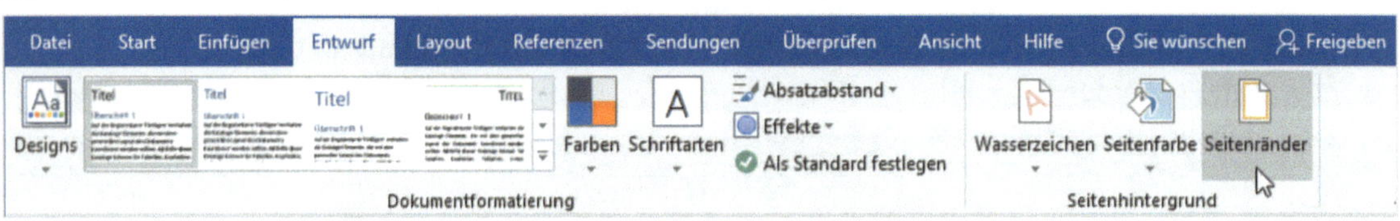

- In der Standardeinstellung gelten auch Seitenrahmen für das gesamte Dokument. Falls Sie dies nicht wünschen, wählen Sie im Feld *Übernehmen für* ❶ einen Bereich aus. Hier können Sie nicht nur Abschnitte, sondern außerdem *Nur erste Seite* oder *Alle außer 1. Seite* wählen.
- Über das Feld *Effekte* ❷ können Sie grafische Rahmen wählen, die allerdings wenig professionell wirken und sich eher für private Zwecke eignen.
- Den Abstand zum Text bzw. zum Papierrand legen Sie über die Schaltfläche *Optionen* fest. Standardmäßig bezieht sich dieser Abstand auf den Papierrand (*Sei-*

tenrand), Sie können jedoch hier im Feld *Gemessen von* auch *Text* auswählen und in die Felder die gewünschten Abstände eintragen.

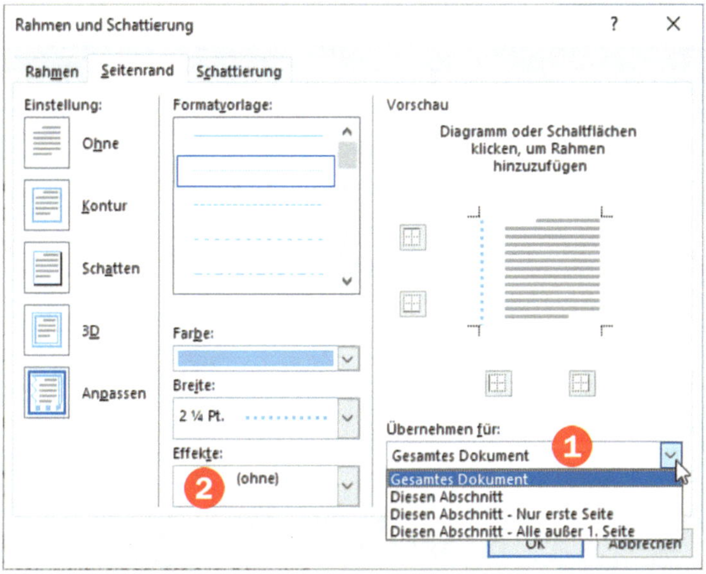

Bild 5.39 Rahmen und Schattierung, Register Seitenrand

Wasserzeichen im Hintergrund

Als Wasserzeichen bezeichnet Word einen Schriftzug oder eine Grafik als Texthintergrund. Im Gegensatz zu einer Grafik, die Sie beispielsweise ebenfalls hinter dem Text einfügen können, wird ein Wasserzeichen automatisch auf der Seite horizontal und vertikal zentriert und kann nicht verschoben werden. Erstreckt sich ein Dokument über mehrere Seiten, so erhält jede Seite das Wasserzeichen, Einschränkungen wie beim Seitenrahmen sind hier nicht möglich.

1. Zum Einfügen von *Wasserzeichen* klicken Sie im Register *Entwurf*, Gruppe *Seitenhintergrund*, auf die Schaltfläche *Wasserzeichen*. Die Cursorposition spielt beim Einfügen keine Rolle.
2. Klicken Sie auf die gewünschte Vorlage, weitere sind online auf Office.com verfügbar. Wenn Sie Ihr eigenes Wasserzeichen definieren möchten, dann klicken Sie auf *Benutzerdefiniertes Wasserzeichen....*
3. Im Fenster *Gedrucktes Wasserzeichen* haben Sie nun folgende Möglichkeiten:
   - Wenn Sie eine Grafik, z. B. ein Firmenlogo, verwenden möchten, so wählen Sie die Option *Bildwasserzeichen* und klicken auf *Bild auswählen*. Im Feld *Skalieren* können Sie bei Bedarf die Grafik vergrößern oder verkleinern und über das Kontrollkästchen *Auswaschen* verringern Sie nochmals die Farbintensität.
   - Mit Auswahl der Option *Textwasserzeichen* können Sie im Feld *Text* beliebigen Text eingeben sowie Schriftart, -größe und -farbe festlegen und zwischen den

Ausrichtungen *Diagonal* und *Horizontal* wählen. Das Kontrollkästchen *Halbtransparent* sorgt dafür, dass die Lesbarkeit des eigentlichen Dokuments möglichst wenig beeinträchtigt wird.

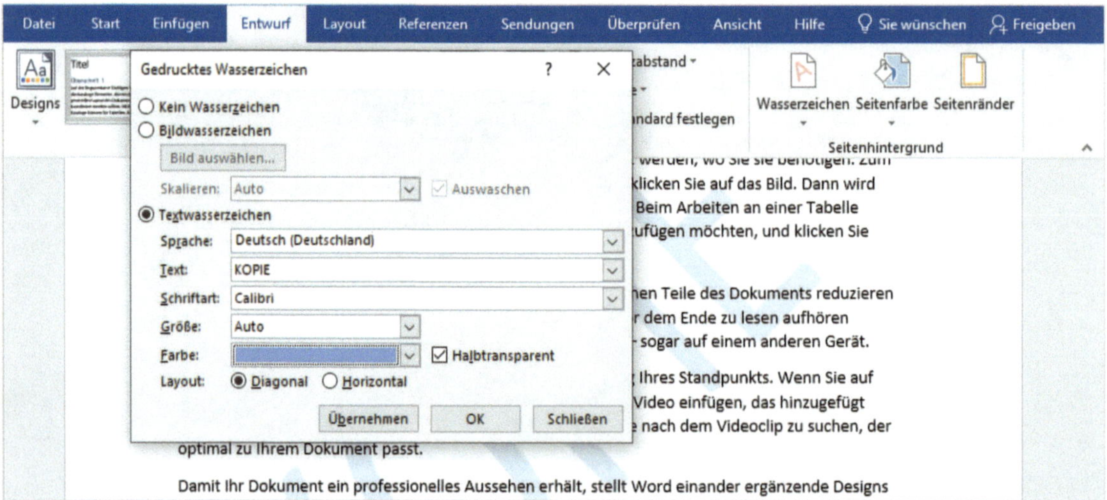

Bild 5.40 Benutzerdefiniertes Wasserzeichen bearbeiten

Wasserzeichen entfernen

Zum Entfernen eines Wasserzeichens klicken Sie erneut auf die Schaltfläche *Wasserzeichen* und hier auf *Wasserzeichen entfernen*.

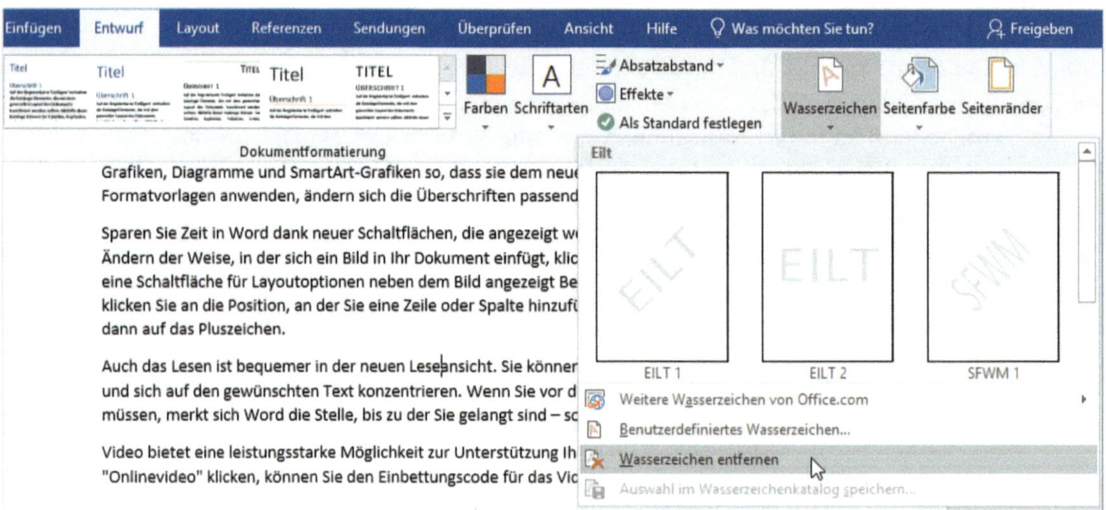

Bild 5.41 Wasserzeichen entfernen

Seitenfarbe

Die dritte Schaltfläche, *Seitenfarbe*, der Gruppe im Register *Entwurf*, erlaubt die Auswahl einer Hintergrundfarbe oder eines Bildes und eignet sich eigentlich nur für die Erstellung von Webseiten. Daher wird hier auf diese Möglichkeit nicht weiter eingegangen.

5.7 Dokument drucken

Zusammen mit den allgemeinen Druckeinstellungen erhalten Sie in Word zur Kontrolle eine Vorschau auf den Ausdruck. Die Vorschau und die Druckeinstellungen finden Sie im Register *Datei*. Klicken Sie links auf *Drucken*.

Bild 5.42 Register Datei - Drucken

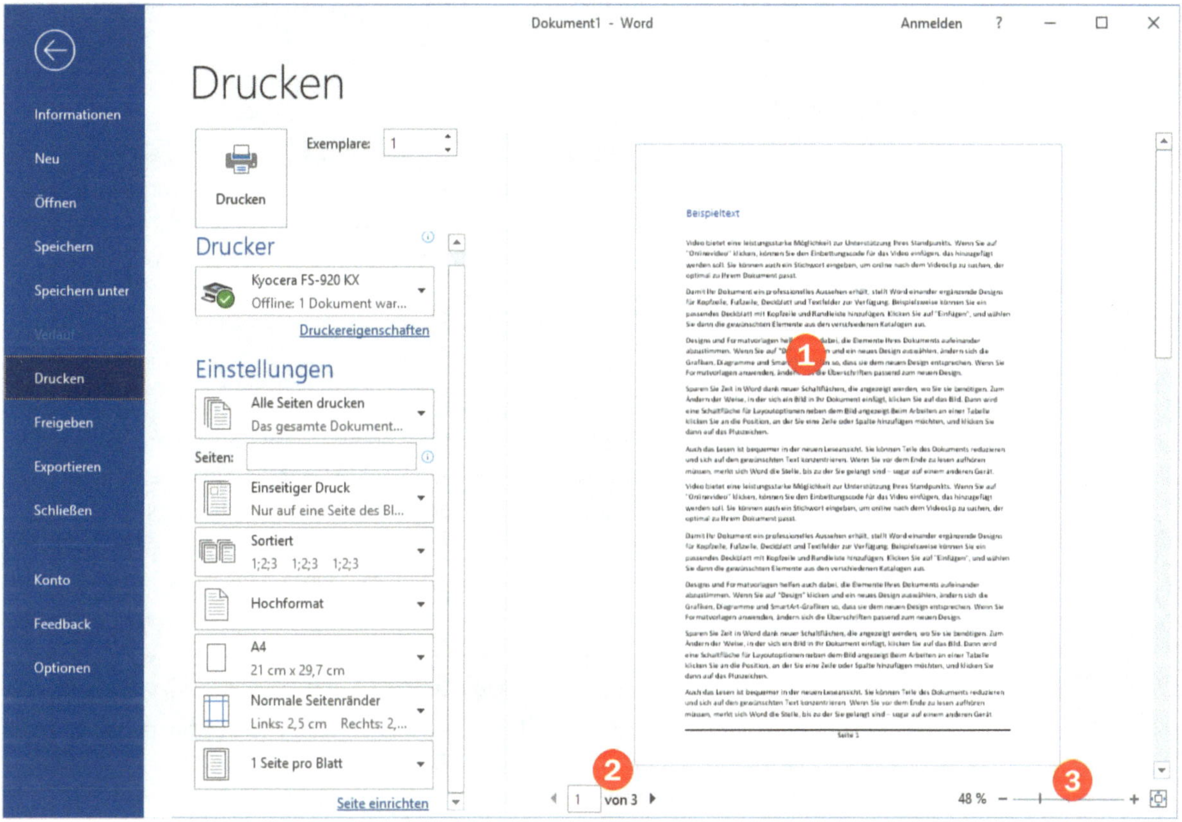

Dokument in der Druckvorschau kontrollieren

In der rechten Hälfte sehen Sie die Druckvorschau ❶, in der Sie das Ergebnis vor dem Drucken noch einmal kontrollieren können. Sie zeigt das Dokument exakt so, wie es später auch gedruckt wird, Änderungen am Inhalt sind nicht möglich.

Zum Blättern in der Vorschau verwenden Sie die kleinen Pfeile ❷ nach rechts und links am unteren Rand des Fensters. Hier sehen Sie zusammen mit der Gesamtzahl der Seiten auch, welche Seite gerade angezeigt wird. Die Bildlaufleiste am rechten Fensterrand oder das Mausrad (Scrollen) können ebenfalls zum Blättern benutzt werden. Zum Vergrößern oder Verkleinern der Vorschau verwenden Sie den Zoombereich rechts unten ❸. **Tipp**: Ein Klick auf das kleine Symbol *Auf Seite zoomen* rechts neben dem Zoombereich wählt den Zoom automatisch so, dass eine vollständige Seite genau auf den Bildschirm passt.

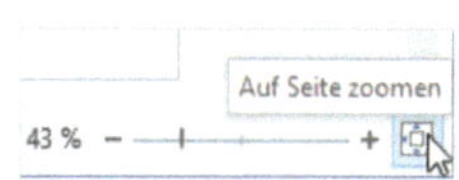

Drucken und Druckeinstellungen

Mit einem Klick auf die Schaltfläche *Drucken* ❶ (Bild 5.43) senden Sie das Dokument an den Drucker. Zuvor sollten Sie jedoch einige Druckeinstellungen kontrollieren und bei Bedarf ändern, diese werden unter *Einstellungen* aufgelistet. Alle Einstellungen sind mit einem kleinen, nach unten weisenden, Dreieck versehen, zum Ändern klicken Sie auf die jeweilige Schaltfläche.

Drucker auswählen

Der Standarddrucker ist auch am grünen Häkchen zu erkennen.

Verfügen Sie über mehrere Drucker, so klicken Sie auf das Dropdown-Feld *Drucker* ❷ und wählen Sie den gewünschten Drucker. Standardmäßig wird der, von Windows als Standarddrucker festgelegte, Drucker verwendet. Weitere druckerspezifische Eigenschaften, wie z. B. Druckqualität und Papierzufuhr, öffnen Sie mit einem Mausklick auf den Link *Druckereigenschaften*.

Anzahl Exemplare

Rechts neben der Schaltfläche *Drucken* können Sie im Feld *Exemplare* ❸ angeben, wie oft Sie das Dokument ausdrucken möchten, standardmäßig ist hier 1 eingestellt. Beim Drucken mehrerer Exemplare sollten Sie bei mehrseitigen Dokumenten auch die Sortierung festlegen. Klicken Sie auf das Dropdown-Feld *Sortierung* ❹ und wählen Sie zwischen *Sortiert* und *Getrennt*. Die Standardeinstellung ist *Sortiert*.

Seitenbereich festlegen

Standardmäßig werden alle Seiten des Dokuments gedruckt. Wenn Sie nur bestimmte Seiten drucken möchten, dann geben Sie die Seitenzahlen der zu druckenden Seiten im Feld darunter ein ❺. Neben der Eingabe einer bestimmten Seitenzahl sind noch folgende Schreibweisen erlaubt: 3;5, wenn Sie die Seiten 3 und 5 drucken möchten oder z. B. 1;7-20, um die Seiten 1 und von 7 bis 20 zu drucken.

Bild 5.43 Druckeinstellungen

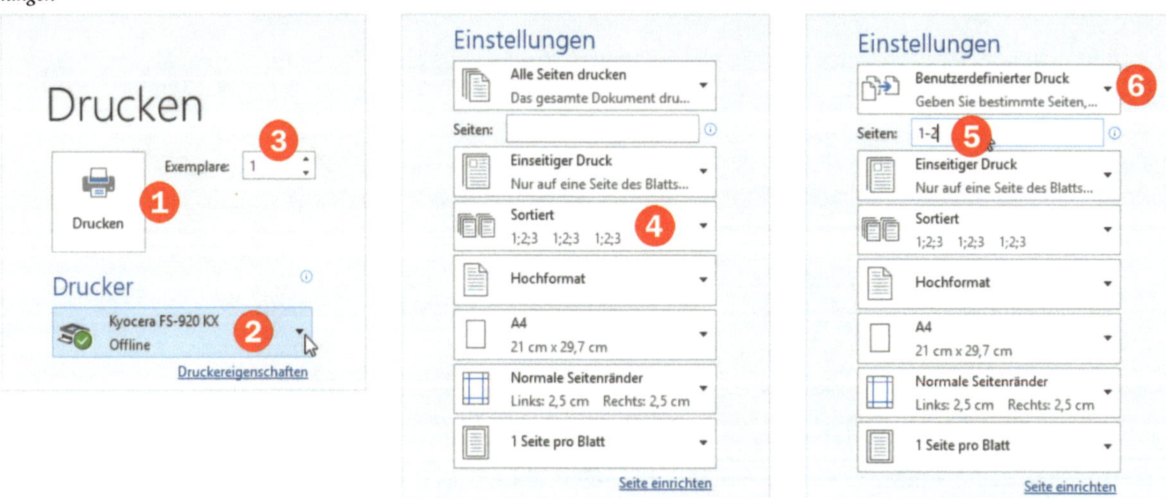

Weitere Einstellungen zum Druckumfang erhalten Sie, wenn direkt auf die Schaltfläche klicken ⑥. Hier können Sie auch nur die *Aktuelle Seite drucken* oder die markierte Textstelle (*Auswahl drucken*) sowie bei Bedarf nur gerade oder ungerade Seiten.

Beidseitiger Druck

Standardmäßig druckt Word nur auf der Vorderseite eines Blattes. Unterstützt Ihr Drucker automatischen beidseitigen Druck (Duplexdruck), dann können Sie wählen, ob die Blätter an der langen oder kurzen Seite gedreht werden sollen. Wenn Ihr Drucker dies nicht unterstützt, dann wählen Sie für beidseitigen Druck die Option *Beidseitiger manueller Druck*. Nach dem Bedrucken der Vorderseite erscheint dann eine Aufforderung, das Papier gedreht erneut in den Drucker einzulegen, anschließend wird auf der Rückseite gedruckt.

Mehrere Seiten pro Blatt

Um Papier und Toner bzw. Tinte zu sparen, können Sie umfangreichere Dokumente entweder beidseitig drucken oder mehrere Seiten des Dokuments verkleinert auf einem Blatt neben- bzw. untereinander drucken (*Seite/n pro Blatt*).

Papierausrichtung und Seitenränder

Die übrigen Einstellungen, Papierformat, Ausrichtung und Seitenränder sind identisch mit denen im Register *Layout* und wurden bereits am Anfang dieses Kapitels ausführlich beschrieben. Mit Klick auf den Link *Seite einrichten* am unteren Rand des Fensters öffnen Sie das gleichnamige Fenster, in dem Sie ebenfalls die dazugehörigen Einstellungen vornehmen können.

Tipps zum Drucken

Druckbefehl der Symbolleiste für den Schnellzugriff hinzufügen

Wenn Sie den Druckbefehl zusammen mit der Druckvorschau schneller aufrufen möchten, dann fügen Sie diesen einfach der Symbolleiste für den Schnellzugriff hinzu. Klicken Sie dazu am rechten Ende der Leiste auf *Symbolleiste für den Schnellzugriff anpassen* und aktivieren Sie *Seitenansicht und Drucken*.

Ausgeblendeten Text drucken

Standardmäßig druckt Word das aktuelle Dokument mit allen Inhalten, ausgenommen Text, der als ausgeblendet formatiert wurde (siehe Kapitel 4, Zeichenformate). Soll dieser ausnahmsweise mit gedruckt werden, so können Sie dies in den Word-Optionen einstellen. Öffnen Sie dazu im Register *Datei* die *Word-Optionen* und klicken Sie auf *Anzeige*. Aktivieren Sie dann das Kontrollkästchen *Ausgeblendeten Text drucken* und vergessen Sie nicht, dieses nach dem Drucken wieder zu deaktivieren.

5.8 Umschläge und Etiketten drucken

Achtung: Im Gegensatz zum Seriendruck drucken Sie hier immer nur eine einzige Adresse!

Für das Drucken von Umschlägen und Etiketten stellt Word ein gesondertes Tool zu Verfügung, Sie brauchen also nicht extra ein Seitenlayout dazu einrichten. Klicken Sie auf das Register *Sendungen*, hier finden Sie in der Gruppe *Erstellen* die beiden Schaltflächen *Umschläge* und *Etiketten*.

Umschläge bedrucken

1 Klicken Sie im Register *Sendungen*, Gruppe *Erstellen*, auf *Umschläge*, um das Fenster *Umschläge und Etiketten* mit dem Register *Umschläge* zu öffnen.

2 Geben Sie Empfänger ❶ -und Absenderadresse ❷ in die Felder ein.

3 Klicken Sie auf die Schaltfläche *Optionen...* ❸, um im Fenster *Umschlagoptionen* das Umschlagformat ❹ zu wählen und ggf. die Position der Anschriften zu ändern. Bei Bedarf können Sie über die Schaltflächen *Schriftart...* auch die Schrift der Adressen ändern.

4 Wie Sie den Umschlag in den Drucker einlegen müssen, ist druckerabhängig und wird im Fenster *Umschläge und Etiketten* unter *Einzug* ❺ angezeigt. Details erhalten Sie, wenn Sie auf *Optionen...* und hier auf das Register *Druckoptionen* klicken.

5 Mit Klick auf die Schaltfläche *Drucken* wird der Umschlag an den Drucker gesendet und der Ausdruck gestartet.

Bild 5.44 Umschläge drucken

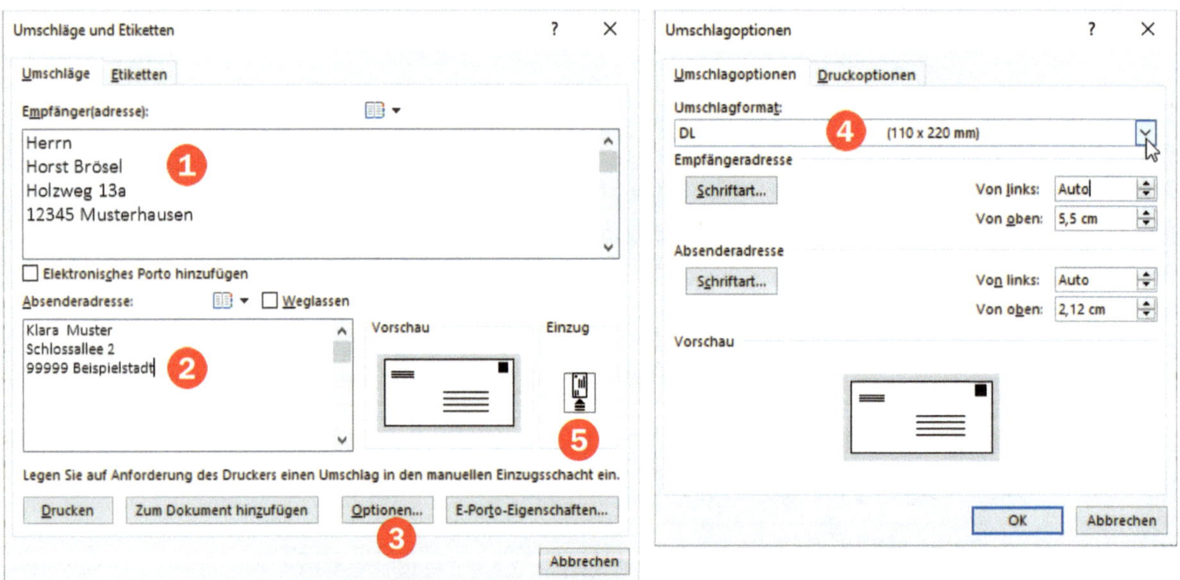

Hinweis: Sie müssen für den Druck von Umschlägen kein neues Dokument öffnen. Sie können also beispielsweise den dazugehörigen Brief geöffnet lassen und die Anschrift einfach über die Zwischenablage (Strg+C und Strg+V) in das Feld *Empfängeradresse* kopieren. Wenn der Umschlag zusammen mit dem Dokument gespeichert werden soll, dann klicken Sie auf die Schaltfläche *Zum Dokument hinzufügen*. Word fügt dann den Umschlag am Beginn des Dokuments als zusätzliche Seite ein.

Etiketten drucken

1. Ähnlich verfahren Sie beim Drucken von Etiketten. Klicken Sie im Register *Sendungen* ▶ *Erstellen*, auf *Etiketten*, um das Fenster *Umschläge und Etiketten* mit dem Register *Etiketten* zu öffnen. Geben Sie hier die Empfängeradresse ein; unter *Drucken* wählen Sie zwischen einer ganzen Seite mit derselben Adresse und einem einzelnen Etikett. Mit der Auswahl *Ein Etikett* müssen Sie in den Feldern *Zeile* und *Spalte* noch die genaue Position des Etiketts angeben.
2. Die Etikettengröße legen Sie wieder über die Schaltfläche *Optionen...* fest. Wählen Sie hier zuerst den Etikettenhersteller und unterhalb dann die Etiketten- bzw. Bestellnummer. Sollte das verwendete Etikett hier nicht aufgeführt sein, so können Sie über die Schaltfläche *Neues Etikett...* die Maße selbst eingeben.
3. Beim Drucken von Etiketten haben Sie zwei Möglichkeiten:
   - Falls Sie die Etiketten zunächst in der Vorschau betrachten oder später speichern möchten, so klicken Sie auf *Neues Dokument*. Sie können dann im Dokument einzelne Etiketten auch noch manuell bearbeiten und anschließend mit dem normalen Druckbefehl ausdrucken.
   - Mit Klick auf die Schaltfläche *Drucken* wird dagegen sofort der Ausdruck gestartet.

Bild 5.45 Etiketten einrichten

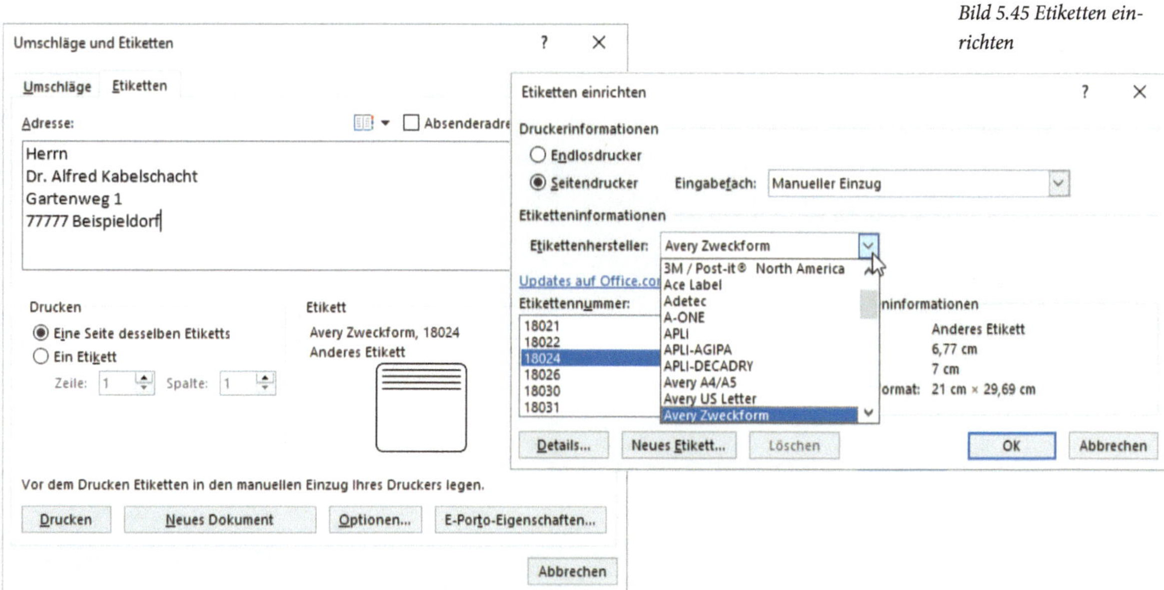

5.9 Übung

- Erstellen Sie ein neues leeres Dokument und fügen Sie etwa 30 Absätze (=rand(30)) bzw. mindestens drei Seiten Blindtext ein. Speichern Sie das Dokument unter dem Namen Kap_05_Uebung.docx.
- Das Dokument soll im Hochformat gedruckt werden mit folgenden Seitenrändern: Links und rechts jeweils 3 cm, oben 3,5 cm und unten 2 cm.
- Gestalten Sie eine einheitliche Kopfzeile für das gesamte Dokument: Links geben Sie Ihren Namen ein und rechts soll das aktuelle Datum stehen. Formatieren Sie die Kopfzeile mit einer Rahmenlinie unten.
- Die Seitenzahlen sollen in der Mitte der Fußzeile gedruckt werden und zwar in der Schreibweise „Seite X von Y“. Außerdem erhält die Fußzeile eine Rahmenlinie oben.
- Ändern Sie das Layout so, dass die Absätze 2 bis einschließlich 5 zweispaltig angeordnet werden. Die Spalten erhalten gleiche Breite mit einem Abstand von 1 cm und einer Zwischenlinie. Die übrigen Absätze bleiben einspaltig.
- Fügen Sie am Beginn des Dokuments noch eine zentrierte Überschrift mit beliebigem Text ein und formatieren Sie diese und den übrigen Text nach Ihren Vorstellungen.
- Fügen Sie ein beliebiges Deckblatt hinzu und ergänzen Sie die Inhalte nach Ihren Vorstellungen.
- Kontrollieren Sie das Dokument in der Druckvorschau und speichern Sie Ihre Änderungen.

6 Effiziente Gestaltung mit Formatvorlagen

In diesem Kapitel lernen Sie...

- Längere Dokumente mit Formatvorlagen gestalten
- Formatvorlagen ändern
- Eigene Formatvorlagen erstellen
- Formatvorlagen für Überschriften verwenden
- Aus den Überschriften ein Inhaltsverzeichnis erstellen

Das sollten Sie bereits wissen

- Text eingeben und korrigieren
- Zeichen und Absätze formatieren

6.1 Gute Gründe für die Verwendung von Formatvorlagen

Dieses Kapitel möchte Ihnen Formatvorlagen nahebringen. Das wichtigste allerdings gleich vorweg: Das Anpassen oder Erstellen von Formatvorlagen erfordert auch etwas Zeit. Klar im Vorteil sind Sie mit Formatvorlagen in längeren Dokumenten, z. B. Haus- oder Seminararbeiten, für einfache Briefe und schnelle Notizen lohnt sich hingegen der Aufwand meist nicht.

Was sind Formatvorlagen?

Formatvorlagen speichern gleich mehrere Formatierungsmerkmale für Zeichen und/oder Absätze und leisten nützliche Dienste, wenn umfangreiche Dokumente ein einheitliches Aussehen erhalten sollen. Word bringt einen ganzen Satz fertiger Formatvorlagen für unterschiedliche Zwecke, z. B. Überschriften mit, die Sie nicht nur verwenden, sondern außerdem schnell anpassen können.

Die Vorteile von Formatvorlagen auf einen Blick

- Mit Formatvorlagen weisen Sie in einem einzigen Arbeitsschritt gleich mehrere Formatierungsmerkmale (z. B. Schriftart, Schriftgrad, Zeilenabstand und Ausrichtung) schnell und effizient zu.
- Formatvorlagen gewährleisten ein einheitliches Aussehen von Texten im gesamten Dokument.
- Um nachträglich die Formatierung zu ändern, genügt es, die Formatvorlage zu ändern. Dadurch ändert sich automatisch auch das Aussehen aller Textstellen im Dokument, denen diese Formatvorlage zugewiesen wurde.

Zusätzliche Vorteile erhalten Sie durch die integrierten Überschriften-Formatvorlagen:

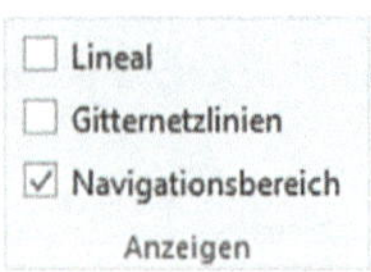

- Im Navigationsbereich erhalten Sie im einen guten Überblick über Aufbau und Gliederung eines Dokuments. Zum Einblenden des Navigationsbereichs aktivieren Sie im Register *Ansicht*, Gruppe *Anzeigen*, das gleichnamige Kontrollkästchen. Mit der Auswahl *Überschriften* erscheinen hier alle Überschriften des Dokuments und mit Mausklick auf eine Überschrift gelangen Sie im Dokument schnell zu dieser Stelle.
- Im Dokument selbst erscheinen beim Zeigen links von einer Überschrift kleine graue Dreiecke. Mit einem Klick auf das Dreieck blenden Sie untergeordnete Textebenen aus und erhalten so ebenfalls eine bessere Übersicht über Ihre Gliederungspunkte. Ein weiterer Klick auf das Dreieck blendet die Ebenen wieder ein.

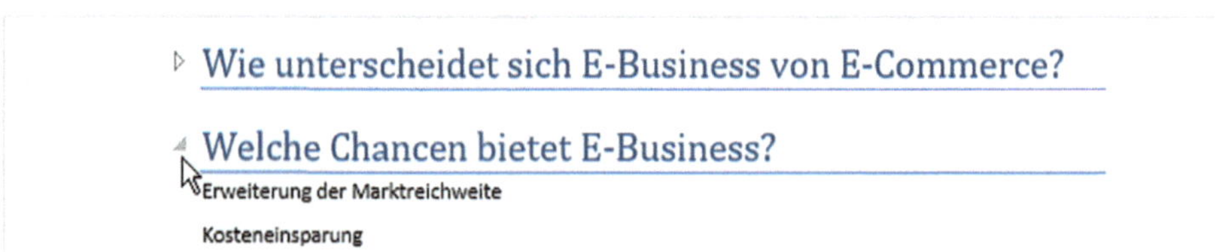

Bild 6.1 Überschriften ausblenden

- Aus den Überschriften erstellt Word per Mausklick ein Inhaltsverzeichnis, wenn Sie im Register *Verweise* auf *Inhaltsverzeichnis* klicken. Die Vorgehensweise wird am Ende dieses Kapitels kurz vorgestellt.

Hinweis: Word bringt weitere integrierte Vorlagen für unterschiedliche Zwecke, z. B. zur Tabellenformatierung oder für grafische Elemente mit. Dieses Kapitel befasst sich jedoch ausschließlich mit Formatvorlagen für Text, also für Absätze und Zeichen.

6.2 Formatvorlagen zuweisen

Auswahl einer Formatvorlage

Eine Auswahl an Formatvorlagen für Text finden Sie im Register *Start* in der Gruppe *Formatvorlagen*. Ein Mausklick auf die Schaltfläche *Weitere* öffnet den gesamten Katalog und Sie sehen am markierten Text bzw. aktuellen Absatz eine Vorschau, sobald Sie auf eine Vorlage zeigen. Die meisten Vorlagen können sowohl für die markierten Zeichen als auch für Absätze verwendet werden. Formatvorlagen, die sich ausschließlich auf Absätze beziehen, sind mit dem Absatzsymbol ¶ gekennzeichnet.

Zur Verwendung einer Formatvorlage brauchen Sie nur die Textstelle markieren (Zeichenformatierung) oder in den Absatz (Absatzformatierung) und dann auf die gewünschte Formatvorlage klicken. Beim Zeigen auf eine Vorlage erhalten Sie an der aktuellen Textstelle im Dokument eine Vorschau und können so die Wirkung vorab beurteilen, im Bild unten die Vorlage Überschrift 2. Erst mit einem Klick übernehmen Sie die Vorlage. Falls diese später nicht mehr gefällt, können Sie dem Text jederzeit eine andere Formatvorlage zuweisen oder mit der Formatvorlage *Standard* das ursprüngliche Aussehen wiederherstellen.

Bild 6.2 Beispiel: Überschriftenformatvorlage zuweisen

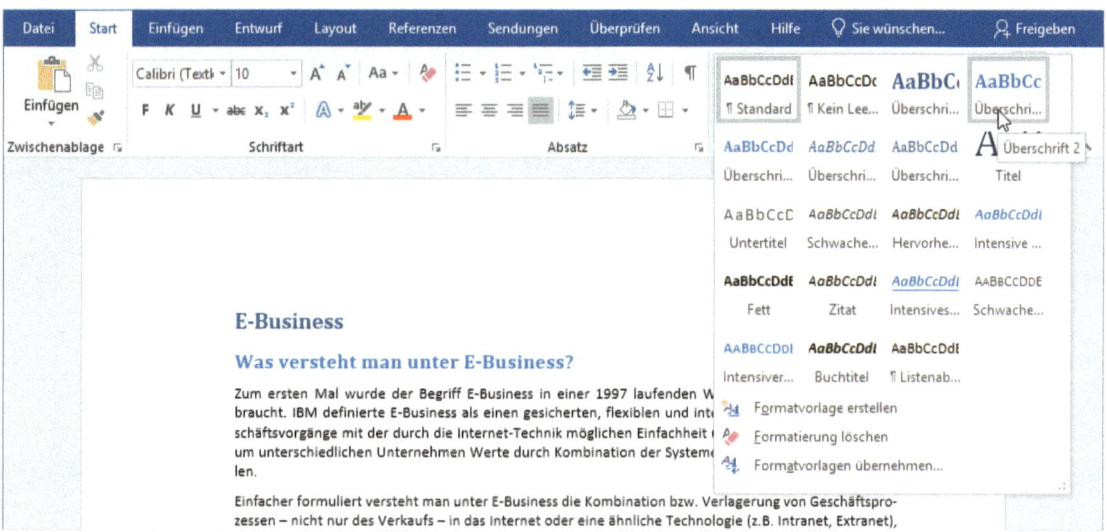

Word unterscheidet bei den Formatvorlagen für Text zwischen folgenden Typen, von ihnen hängt es ab, ob Sie eine Textstelle markieren müssen oder ob es genügt, wenn sich der Cursor im entsprechenden Absatz befindet.

- Reine Absatzformatvorlagen sind mit diesem Symbol ¶ gekennzeichnet. Sie können sowohl Zeichen- als auch Absatzformate enthalten und wirken sich immer auf den gesamten Absatz aus, d. h. es genügt, wenn sich der Cursor im Absatz befindet.
- Reine Zeichenformatvorlagen enthalten ausschließlich Zeichenformate, z. B. Schriftart, und können nur den markierten Zeichen zugewiesen werden.
- Zuletzt gibt es noch verknüpfte Formatvorlagen, diese können wahlweise den markierten Zeichen oder dem aktuellen Absatz zugewiesen werden.

Besondere Formatvorlagen

Die Formatvorlage Standard

Die Vorlage *Standard* ist die wichtigste Formatvorlage. Sie legt die Standardschriftart und -größe sowie das Standardabsatzformat, z. B. linksbündige Ausrichtung, fest. Wenn Sie nach dem Öffnen eines leeren Dokuments mit der Eingabe beginnen und nichts anderes festgelegt haben, dann erhält der Text alle Merkmale der Formatvorlage *Standard*. Wenn also bei Verwendung von Formatvorlagen Text wieder das ursprüngliche Aussehen erhalten soll, dann brauchen Sie nur die Formatvorlage *Standard* zuweisen. Auch Löschen der Formatierung bedeutet eigentlich nichts anderes, als den Text wieder auf die Formatvorlage *Standard* zurücksetzen.

Tipp: Eine schnelle und komfortable Möglichkeit, größere Zeilenabstände und nicht benötigte Abstände zwischen Absätzen schnell zu entfernen, bietet sich mit der Formatvorlage *Kein Leerraum* an. Diese verwendet normalerweise dieselbe Schrift wie die Vorlage Standard, beinhaltet aber einen einfachen Zeilenabstand (1) und keine Abstände zwischen Absätzen. Markieren Sie die betreffenden Absätze und klicken Sie dann auf die Formatvorlage *Kein Leerraum*.

Überschriften

Nützlich sind insbesondere die Vorlagen für Überschriften, z. B. *Überschrift 1*, *Überschrift 2*, usw. Mit ihnen lassen sich bis zu neun Ebenen gestalten, außerdem können Sie mit ihrer Hilfe Inhaltsverzeichnisse automatisch erstellen. Wie Sie dabei vorgehen, lesen Sie in diesem Kapitel ab Seite 206.

Formatvorlagen dauerhaft anzeigen

Vielleicht haben Sie bereits bemerkt, dass bei häufiger Verwendung von Formatvorlagen der Formatvorlagenkatalog etwas unübersichtlich und umständlich in der Handhabung ist. Schneller lässt sich die Arbeit mit Formatvorlagen im Aufgabenbereich *Formatvorlagen* erledigen. Diesen öffnen Sie mit Klick auf das Pfeilsymbol der Gruppe *Formatvorlagen* (Register *Start*).

Bild 6.3 Formatvorlagen öffnen

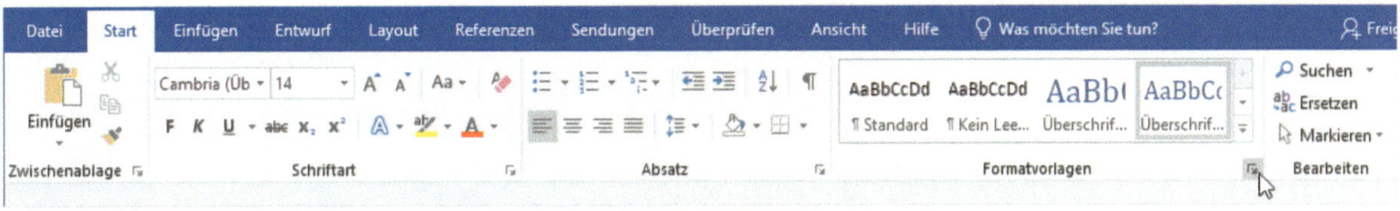

Tipps zum Arbeiten mit dem Aufgabenbereich Formatvorlagen

- Falls die Formatvorlagen als frei bewegliches Fenster geöffnet werden, so sollten Sie es mit Doppelklick auf den Namen ❶ fest am rechten Fensterrand verankern (andocken). Das Fenster bzw. der Aufgabenbereich bleibt solange geöffnet, bis Sie auf das *Schließen*-Symbol klicken. Die Breite bestimmen Sie durch Ziehen mit der Maus.
- Die Formatvorlagen erscheinen in Form einer übersichtlichen Liste, Sie erhalten so einen besseren Überblick über vorhandene Formatvorlagen und können diese schneller zuweisen. Die Formatvorlage des aktuellen Absatzes, d. h. in dem sich Cursor gerade befindet, ist durch die Hervorhebung ❷ leicht zu erkennen.
- Zusätzlich sollten Sie das Kontrollkästchen *Vorschau anzeigen* ❸ aktivieren. Dadurch werden in der Liste alle Formatvorlagen zusammen mit Ihren Formaten angezeigt, was ebenfalls für einen besseren Überblick sorgt.
- Sämtliche Formatierungen werden zusätzlich eingeblendet, wenn Sie auf eine Formatvorlage zeigen.

Bild 6.4 Der Aufgabenbereich Formatvorlagen

Darüber hinaus ist jede Formatvorlage mit einem Symbol versehen, das den Formatvorlagentyp kennzeichnet:

- Absatzformatvorlagen sind an diesem Symbol ¶ zu erkennen.
- Das Symbol a steht für reine Zeichenformatvorlagen.
- Verknüpfte Formatvorlagen ¶a können wahlweise markierten Zeichen oder dem aktuellen Absatz zugewiesen werden.

6.3 Formatvorlagen anpassen

Das Aussehen der Formatvorlagen ist abhängig von den Designfarben und -schriften (siehe Kapitel 4.2). Mit der Auswahl anderer Farben und/oder Schriften erhalten daher auch die integrierten Formatvorlagen ein anderes Aussehen. Darüber hinaus können Sie vorhandene Formatvorlagen ändern oder einfach einen anderen Formatvorlagensatz wählen.

Formatvorlagensatz auswählen

Word bietet im Register *Entwurf* ▶ *Dokumentformatierung* in Form von Formatvorlagensätzen mehrere Varianten von Formatvorlagen an, die alle auf dem ausgewählten Design bzw. den verwendeten Farben und Schriften basieren. Ein Klick auf die Schaltfläche *Weitere* öffnet den gesamten Katalog und erlaubt einen besseren Überblick. Zudem erhalten Sie im Dokument eine Vorschau, wenn Sie auf einen Vorlagensatz zeigen.

Bild 6.5 Wählen Sie einen Formatvorlagensatz im Register Entwurf

Achtung: Wenn Sie bereits Text eingegeben und mit Formatvorlagen formatiert haben, dann erhält dieser mit der Auswahl eines anderen Formatvorlagensatzes ein anderes Aussehen.

Vorhandene Formatvorlagen ändern

Neben den, in Kapitel 4 beschriebenen, Anpassungsmöglichkeiten im Register *Entwurf* lassen sich auch einzelne Formatvorlagen gezielt ändern. Dazu können Sie entweder die Formatvorlage direkt bearbeiten und ihr andere Formate zuweisen oder Sie formatieren zuerst eine Textstelle im Dokument, z. B. einen Absatz und aktualisieren anschließend die Formatvorlage anhand des Textes.

> **Achtung**: Alle Änderungen an einer Formatvorlage wirken sich automatisch auf alle Absätze und Zeichen aus, die mit dieser Formatvorlage formatiert wurden.

Formatvorlage anhand von Text aktualisieren

Die einfachste Möglichkeit besteht darin, dass Sie eine Formatvorlage anhand einer entsprechend formatierten Textstelle im Dokument aktualisieren. Diese Vorgehensweise besitzt außerdem den Vorteil, dass Sie vor der endgültigen Übernahme die Wirkung im Dokument besser beurteilen können. Der Absatz, mit dem Sie die Formatvorlage aktualisieren, kann, muss aber nicht zwingend mit der betreffenden Formatvorlage formatiert sein.

1 Als Beispiel erhielt die Überschrift im Bild unten abweichend Schriftgröße 16, Kapitälchen, einen erweiterten Zeichenabstand und gelbbraune Schriftfarbe sowie eine Rahmenlinie unterhalb in derselben Farbe. Alle diese Formate sollen nun der Formatvorlage *Überschrift 1* zugewiesen werden.

2 Zum anschließenden Aktualisieren muss sich entweder der Cursor im geänderten Absatz befinden oder Sie markieren den gesamten Absatz. Klicken Sie im Aufgabenbereich *Formatvorlagen* mit der rechten Maustaste auf die Formatvorlage, die Sie ändern möchten und auf den Befehl *...aktualisieren, um der Auswahl zu entsprechen* (Bild unten). Alternativ klicken Sie auf den Dropdown-Pfeil der Formatvorlage; **Achtung**: dieser erscheint erst beim Zeigen auf die Vorlage.

Bild 6.6 Klicken Sie mit der rechten Maustaste auf die Formatvorlage und auf ... aktualisieren.

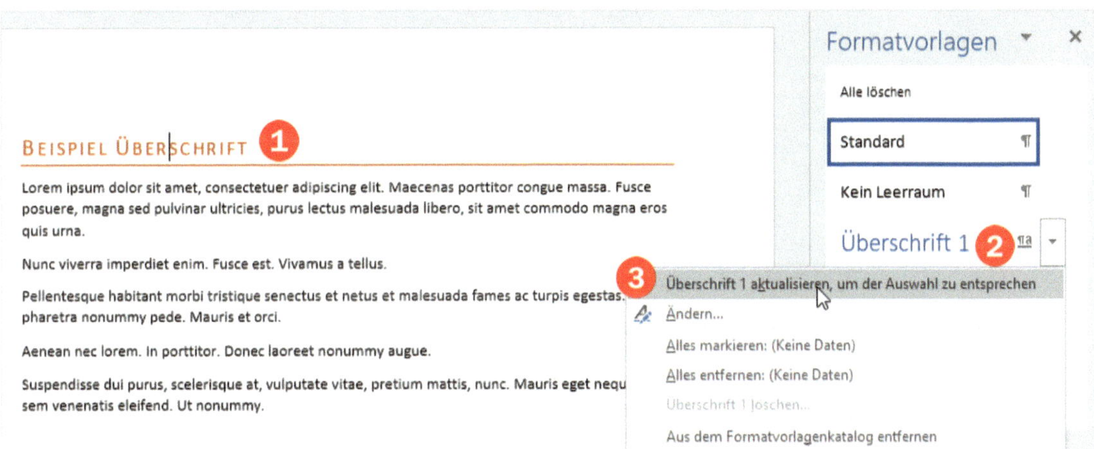

Die Formatvorlage wird entsprechend angepasst. Gleichzeitig ändert sich automatisch auch das Aussehen aller Absätze, denen diese Formatvorlage bereits vorher zugewiesen wurde.

Bild 6.7 Die geänderte Formatvorlage Überschrift 1

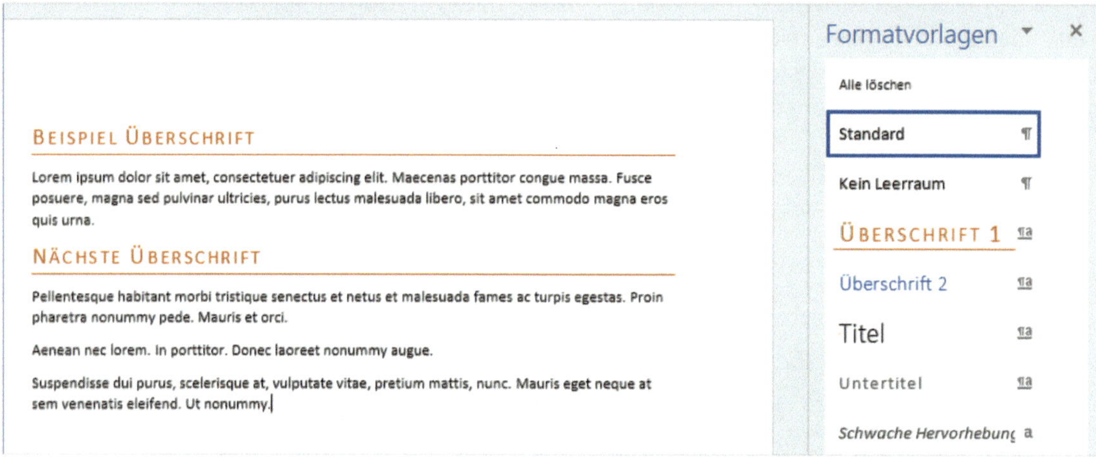

Hinweis: Falls Sie nicht mit dem Aufgabenbereich *Formatvorlagen* arbeiten, so erhalten Sie den Befehl zum Aktualisieren auch, wenn Sie im Menüband, Gruppe *Formatvorlagen* mit der rechten Maustaste auf die zu aktualisierende Formatvorlage klicken.

Die Formatvorlage direkt bearbeiten

Als zweite Möglichkeit bearbeiten Sie die Formatvorlage direkt.

1 Dazu klicken Sie ebenfalls im Aufgabenbereich *Formatvorlagen* mit der rechten Maustaste auf die zu ändernde Formatvorlage und hier auf *Ändern...*.

Das Menü mit dem Befehl *Ändern...* erscheint auch, wenn Sie auf den Dropdown-Pfeil klicken, der beim Zeigen auf die betreffende Formatvorlage erscheint.

Bild 6.8 Klicken Sie auf Ändern...

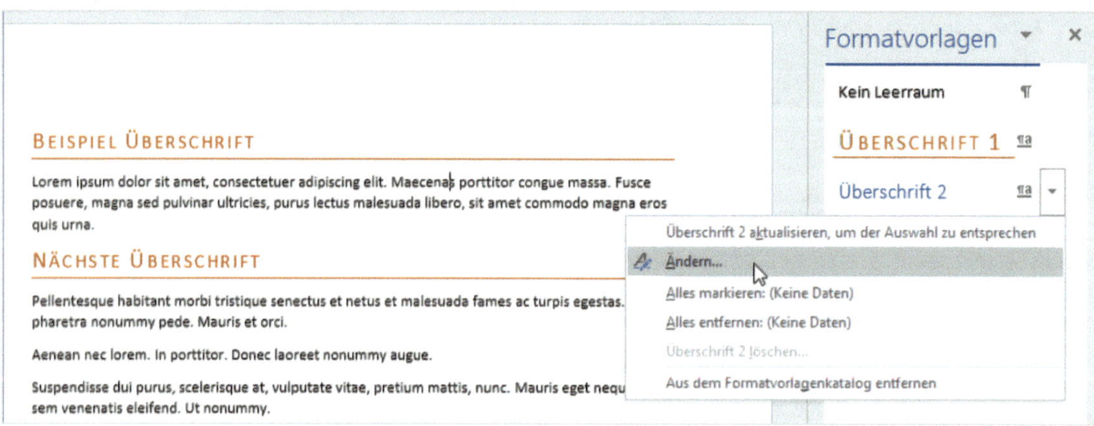

2 Das Dialogfenster *Formatvorlage ändern* wird geöffnet. Sie erhalten hier eine Vorschau ❶ zusammen mit allen Eigenschaften der Formatvorlage ❷ und können

diese bearbeiten. Die wichtigsten Formatierungen lassen sich über Symbole ❸ schnell ändern, deren Bedeutung dürfte aus Kapitel 4 bekannt sein. Alle übrigen sind über die Schaltfläche *Format* ❹ verfügbar. Zum Übernehmen Ihrer Änderungen klicken Sie auf *OK*.

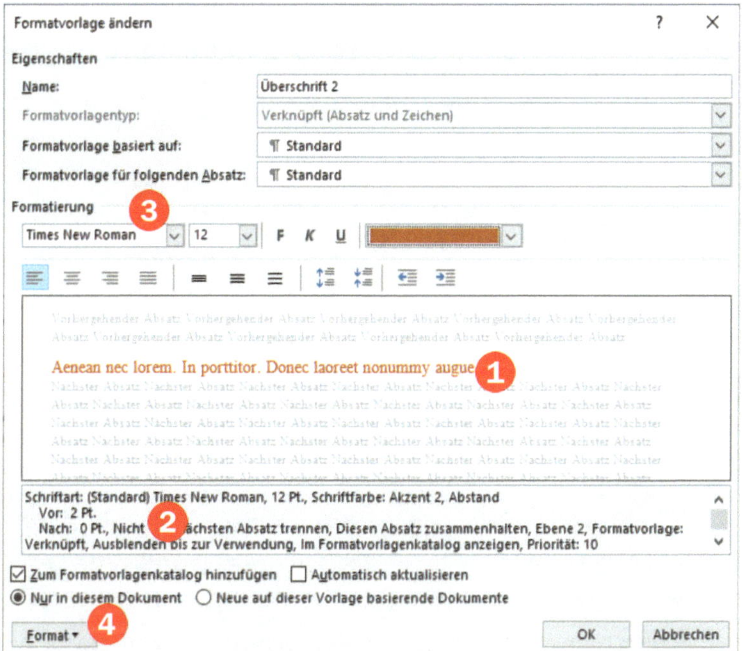

Bild 6.9 Formatvorlage ändern

Was Sie beim Ändern von Formatvorlagen unbedingt beachten sollten

Achten Sie bei Änderungen an Formatvorlagen auf die folgenden Optionen, die Word im unteren Bereich des Fensters bereithält.

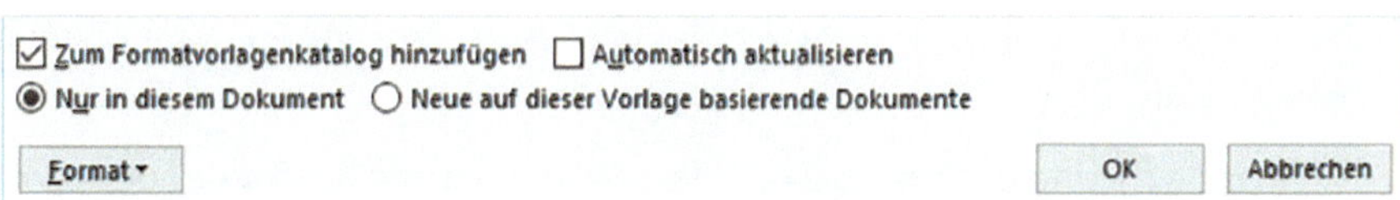

Bild 6.10 Optionen beachten!

- *Zum Formatvorlagenkatalog hinzufügen*. Damit ist diese Formatvorlage nicht nur im Aufgabenbereich *Formatvorlagen*, sondern auch im Register *Start* im Formatvorlagenkatalog verfügbar.
- *Automatisch aktualisieren*. **Achtung**: Dieses Kontrollkästchen ist mit Vorsicht zu behandeln! Wenn Sie es aktivieren, dann wird jede Änderungen im Dokument an einer Textstelle mit dieser Formatvorlage automatisch auch in die Formatvorlage übernommen. Unterstreichen Sie beispielsweise einen Absatz, der mit der Formatvorlage Standard formatiert wurde, so erhält die gesamte Formatvorlage Standard ebenfalls Unterstreichung.

- *Nur in diesem Dokument*. Diese Option bewirkt, dass sich alle vorgenommenen Änderungen ausschließlich im aktuellen Dokument auswirken. Dies ist auch die Standardeinstellung die nur in Ausnahmefällen geändert werden sollte.
- *Neue, auf dieser Vorlage basierende Dokumente*. Wenn Sie stattdessen diese Option wählen, dann wirken sich Änderungen an der Formatvorlage auch auf alle neuen Dokumente aus, die auf derselben Dokumentvorlage, normalerweise *Leeres Dokument*, basieren.

6.4 Eigene Formatvorlagen neu erstellen

Genau wie beim Ändern haben Sie auch beim Erstellen völlig neuer, eigener Formatvorlagen die Möglichkeit, diese anhand eines fertig formatierten Absatzes im Dokument oder im Fenster *Neue Formatvorlage* zu erstellen.

Absatzformatvorlage aus Auswahl erstellen

Am schnellsten erhalten Sie eine eigene benutzerdefinierte Absatzformatvorlage, wenn Sie zunächst einen Absatz im Dokument mit allen gewünschten Zeichen- und Absatzformaten versehen.

Beispiel: Sie möchten Hinweise in Schriftgröße 10, kursiv, eingerückt und mit hellgrauem Hintergrund und einer einfachen Rahmenlinie außen hervorheben. Da das Dokument mehrere Hinweise enthält, die alle dieselbe Formatierung erhalten sollen, erstellen Sie zu diesem Zweck eine eigene Formatvorlage mit dem Namen „Hinweistext".

1. Im ersten Schritt versehen Sie einen Absatz des Dokuments mit allen benötigten Formatierungen (siehe Bild 6.11). Dieser Absatz sollte auf der Formatvorlage *Standard* basieren, da sonst eventuell auch unerwünschte Formate übernommen werden.

2. Im nächsten Schritt erstellen Sie aus dieser Formatierung eine neue Formatvorlage: Achten Sie darauf, dass sich der Cursor innerhalb dieses Absatzes befindet ❶ und klicken Sie in der Gruppe *Formatvorlagen* (*Start*) auf die Schaltfläche *Weitere* ▾. Klicken Sie hier auf *Formatvorlage erstellen* ❷.
3. Geben Sie im nachfolgenden Fenster einen Namen für die Formatvorlage ein ❸ und klicken Sie auf *OK*.

Die neue Formatvorlage ist automatisch vom Typ *Verknüpfte Formatvorlage*, d. h. sie kann für Zeichen oder Absätze verwendet werden und ist ab sofort im Formatvorlagenkatalog (Schaltfläche *Weitere*) und im Aufgabenbereich *Formatvorlagen* verfügbar.

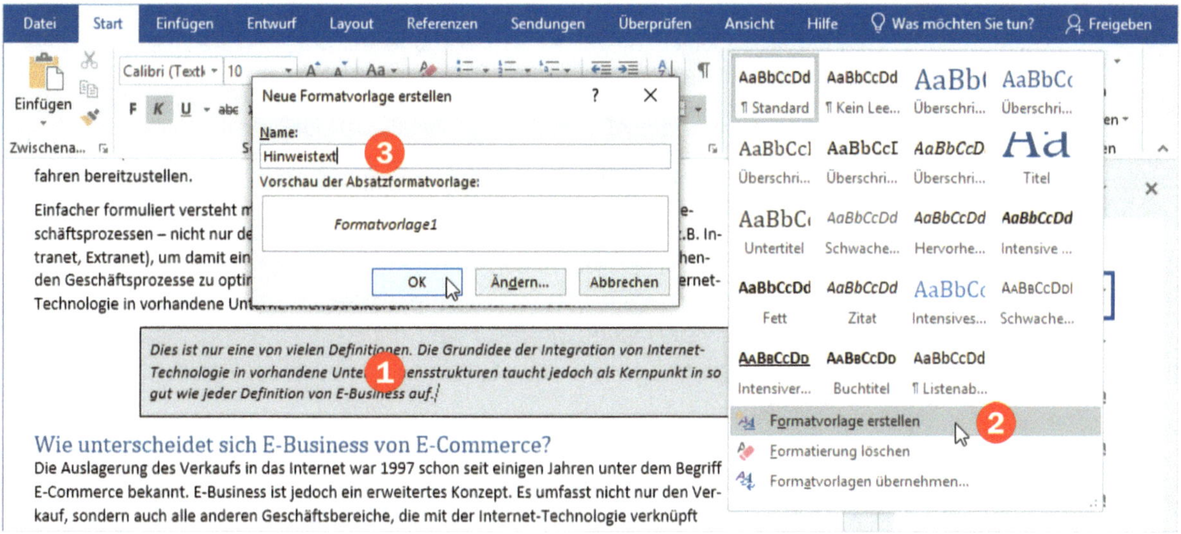

Bild 6.11 Neue Formatvorlage aus Auswahl erstellen

Eine Absatzformatvorlage von Grund auf neu erstellen

Umfangreiche und weitergehende Möglichkeiten finden Sie im Dialogfenster *Neue Formatvorlage erstellen*. Dieses Fenster öffnen Sie entweder im Aufgabenbereich *Formatvorlagen* mit einem Klick das Symbol *Neue Formatvorlage*, oder klicken Sie auf *Formatvorlage erstellen* (siehe oben) und im nachfolgenden Fenster auf die Schaltfläche *Ändern...*. Hier können Sie weitere Eigenschaften der neuen Formatvorlage festlegen und einen anderen Formatvorlagentyp auswählen.

Achtung: Wenn beim Öffnen des Fensters *Neue Formatvorlage erstellen* eine Textstelle markiert ist oder sich der Cursor in einem formatierten Absatz befindet, dann verfügt die neue Formatvorlage bereits über alle Formatmerkmale dieses Absatzes. Möchten Sie dagegen mit einer neuen Formatvorlage ohne Vorgaben beginnen, dann sorgen Sie dafür, dass sich der Cursor in einem nicht formatierten Absatz mit der Formatvorlage *Standard* befindet.

1 Zunächst geben Sie einen Namen für die neue Formatvorlage ein ❶. Jeder Name darf im Dokument bzw. der Dokumentvorlage nur einmal vorhanden sein, möglicherweise erhalten Sie daher eine Meldung, dass dieser Name bereits vorhanden oder für eine integrierte Formatvorlage reserviert ist.

2 Als Formatvorlagentyp ❷ wird standardmäßig *Absatz* vorgeschlagen, die übrigen Typen, *Zeichen* und *Verknüpft* wählen Sie über den Dropdown-Pfeil aus.

Achtung: der Formatvorlagentyp kann nachträglich nicht mehr geändert werden!

3 Unter *Formatvorlage basiert auf* ❸ legen Sie fest, auf welcher Formatvorlage die neue Vorlage basieren soll. Basiert sie beispielsweise auf der Formatvorlage *Standard*, so enthält sie zusätzlich auch deren Formatierungen und nachträgli-

che Änderungen an der Formatvorlage *Standard*, z. B. das Ändern der Schriftart, wirken sich auch auf die neue Formatvorlage aus. Möchten Sie dies ausschließen, so wählen Sie hier *keine Formatvorlage*.

4 Wenn Sie während der Eingabe einen Absatz beenden, erhält der nachfolgende Absatz automatisch dieselbe Formatvorlage. Im Feld *Formatvorlage für nachfolgenden Absatz* können Sie dem nächsten Absatz eine abweichende Formatvorlage zuweisen. Sinnvoll ist dies beispielsweise bei Überschriften, da für den Folgeabsatz normalerweise wieder eine Formatvorlage für Fließtext benötigt wird. Bei Aufzählungen sollte dagegen auch der nächste Absatz dieselbe Formatierung erhalten. Diese Einstellung dient nur der Arbeitserleichterung, Sie können jederzeit dem Folgeabsatz manuell eine andere Formatvorlage zuweisen.

5 Im Bereich *Formatierung* ❹ legen Sie die Formate fest. Weitere, z. B. Rahmenlinien und Schattierung oder Tabstopps finden Sie über die Schaltfläche *Format* ❺.

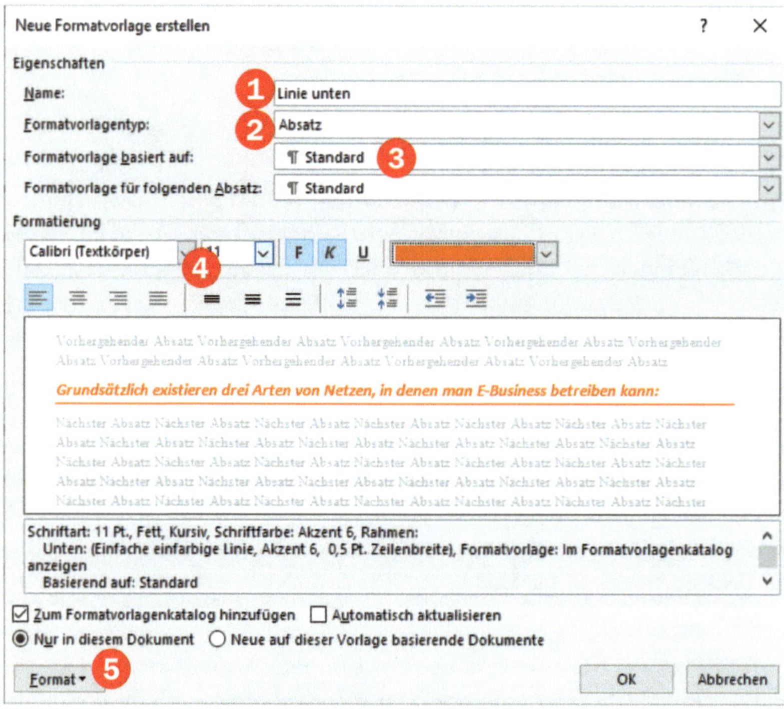

Bild 6.12 Neue Formatvorlage erstellen

6 Aktivieren Sie das Kontrollkästchen *Zum Formatvorlagenkatalog hinzufügen*. Genaue Erläuterungen zu den übrigen Optionen finden Sie auf Seite 201.

Die meisten benutzerdefinierten Formatvorlagen werden ausschließlich im aktuellen Dokument benötigt; die Standardeinstellung *Nur in diesem Dokument* sorgt dafür, dass die Liste der Formatvorlagen nicht zu umfangreich und damit unübersichtlich wird. Die Option *Neue auf dieser Vorlage basierende Dokumente* sollten Sie also nur in Ausnahmefällen aktivieren.

Zeichenformatvorlagen erstellen

Die Erstellung von Zeichenformatvorlagen unterscheidet sich nur wenig von der oben beschriebenen Vorgehensweise. Wählen Sie im Feld *Formatvorlagentyp* Zeichen aus und beachten Sie, dass dieser Vorlagentyp nur Zeichenformate, z. B. Schriftart und -größe, Schriftschnitt und -farbe zulässt.

Tastenkombination zuweisen

Formatierungen mit häufig verwendeten Formatvorlagen lassen sich noch schneller mit Hilfe von Tastenkombinationen erledigen. Tastenkombinationen können sowohl vorhandenen als auch benutzerdefinierten Formatvorlagen zugewiesen werden.

1. Öffnen Sie dazu das Fenster *Formatvorlage ändern*, entweder per Rechtsklick auf die Formatvorlage im Formatvorlagenkatalog und den Befehl *Ändern…* oder klicken Sie im Aufgabenbereich *Formatvorlagen* auf den Dropdown-Pfeil der Vorlage und auf *Ändern…*.
2. Klicken Sie dann auf die Schaltfläche *Format* und auf *Tastenkombination…*.
3. Das Fenster *Tastatur anpassen* wird geöffnet. Klicken Sie in das Feld *Neue Tastenkombination* und drücken Sie die gewünschten Tasten. Verwenden Sie am besten eine Kombination mit den Tasten Strg + Umschalt (Shift). Sollte die gewählte Tastenkombination bereits anderweitig belegt sein, so erscheint dies unter *Derzeit zugewiesen an*.

   Achtung: Verwenden Sie keine der bekannten und wichtigen Tastenkombinationen wie beispielsweise Strg+C (Kopieren), da sonst die ursprüngliche Tastenbelegung überschrieben wird!

Bild 6.13 Format - Tastenkombination

Bild 6.14 Geben Sie eine Tastenkombination ein

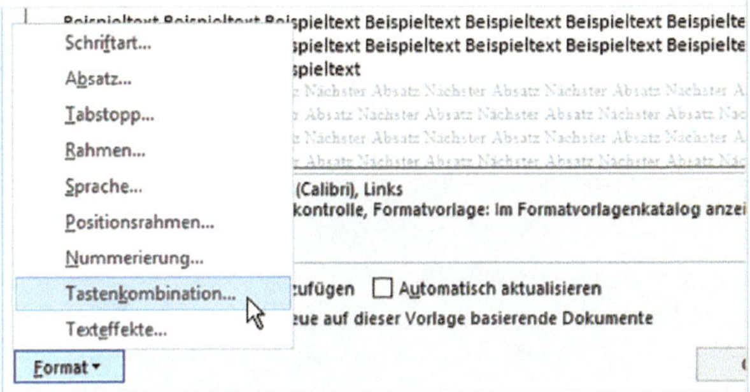

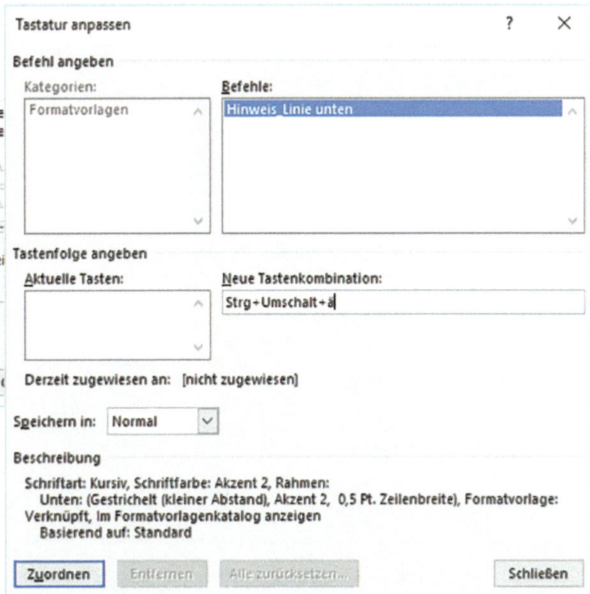

4 Wählen Sie im Feld *Speichern in* aus, in welchen Dokumenten die Tastenkombination in Verbindung mit der Formatvorlage verfügbar sein soll. Mit der Auswahl *Normal* besitzt sie in allen neuen und leeren Dokumenten Gültigkeit.

5 Zuletzt klicken Sie auf die Schaltfläche *Zuordnen*.

Formatvorlage löschen

Klicken Sie im Aufgabenbereich *Formatvorlagen* auf den Dropdown-Pfeil derjenigen Formatvorlage, die Sie löschen möchten und wählen Sie den Eintrag *...löschen...*. Bestätigen Sie die nachfolgende Meldung mit der Schaltfläche *OK*. Falls die gelöschte Formatvorlage noch im Dokument verwendet wird, so erhalten die entsprechenden Textstellen wieder die Formatvorlage *Standard*. Beachten Sie, dass integrierte Formatvorlagen, z. B. Überschrift1 oder Standard, nicht gelöscht werden können!

6.5 Überschriften mit Formatvorlagen im Griff

Überschriften nummerieren

In der Standardeinstellung sind die Überschriften, genauer gesagt die entsprechenden Formatvorlagen, nicht nummeriert. Allerdings ist die Zuweisung einer Nummerierung schnell erledigt.

Bild 6.15 Wählen Sie eine Vorlage für Überschriften

1 Setzen Sie den Cursor im Dokument in eine beliebige Überschrift ❶, diese muss mit einer Überschriftenformatvorlage ❶ formatiert sein.

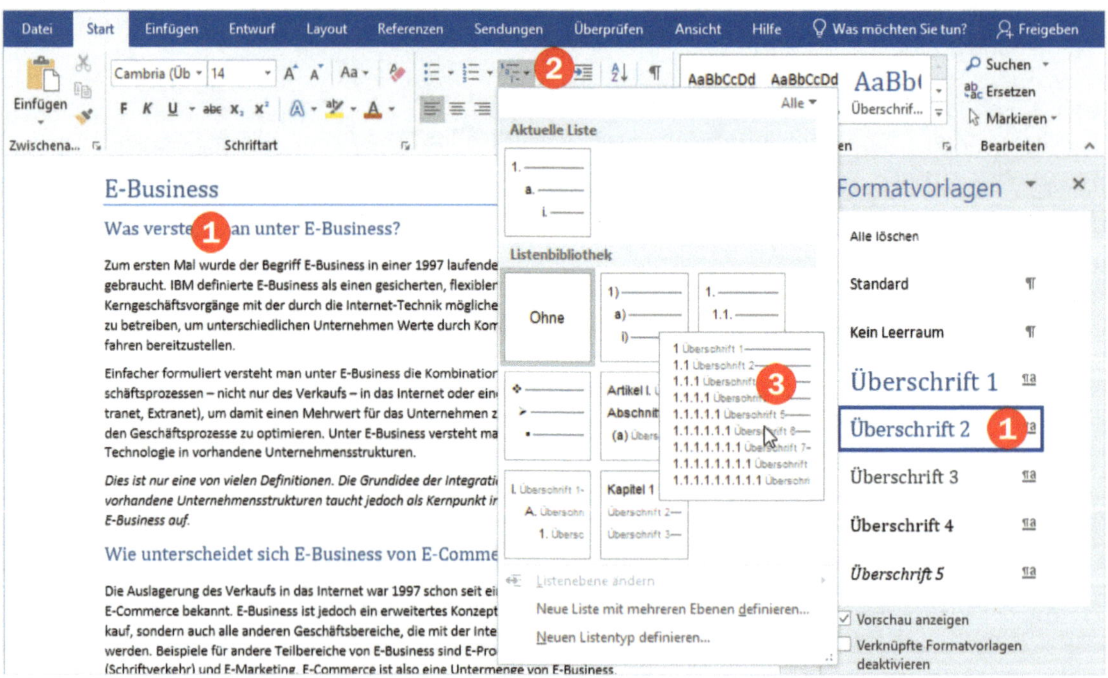

2 Klicken Sie im Register *Start*, Gruppe *Absatz*, auf die Schaltfläche *Liste mit mehreren Ebenen* ❷ (siehe Kapitel 4.5 auf Seite 145).

3 Wählen Sie dann in der Listenbibliothek eine Vorlage, deren Ebenen mit dem Zusatz *Überschrift 1*, *Überschrift 2*, usw. versehen sind ❸.

Word nummeriert anschließend im Dokument automatisch sämtliche Überschriften aller Ebenen, eine Vorschau auf die Nummerierung sehen Sie im Aufgabenbereich *Formatvorlagen*. Im Gegensatz zu den einfachen Listenvorlagen mit mehreren Ebenen sind hier alle Ebenen am linken Seitenrand ausgerichtet.

Bild 6.16 Die nummerierten Überschriftenebenen

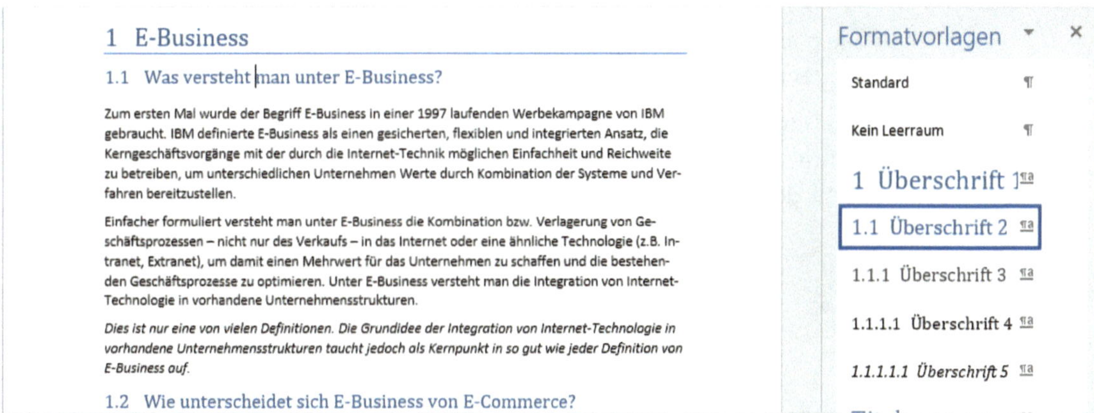

Inhaltsverzeichnis erstellen

Wenn Sie Ihre Überschriften konsequent mit Formatvorlagen formatiert haben, ist das dazugehörige Inhaltsverzeichnis mit wenigen Mausklicks schnell erstellt:

1 Zuerst benötigen Sie für das Inhaltsverzeichnis eine neue Seite am Beginn des Dokuments. Dazu setzen Sie den Cursor vor das erste Zeichen am Dokumentbeginn und klicken im Register *Einfügen* ▶ *Seiten* auf *Leere Seite*.

2 Positionieren Sie den Cursor am Beginn der neu hinzugefügten Seite und klicken Sie im Register *Referenzen* ▶ *Inhaltsverzeichnis* auf *Inhaltsverzeichnis*.

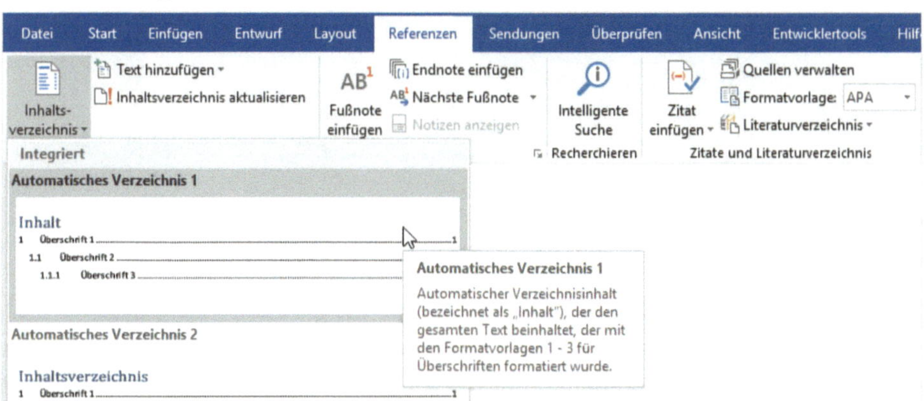

Bild 6.17 Wählen Sie Automatisches Verzeichnis

3 Je nach gewünschter Verzeichnisüberschrift klicken Sie auf *Automatisches Verzeichnis 1* oder *Automatisches Verzeichnis 2*.

4 Das Inhaltsverzeichnis wird ab der Cursorposition eingefügt.

Beachten Sie

- Bei nachträglich vorgenommenen Änderungen am Dokument muss das Inhaltsverzeichnis aktualisiert werden. Dazu klicken Sie in das Inhaltsverzeichnis und dann am oberen Rand auf *Inhaltsverzeichnis aktualisieren* ❷ oder im Register *Referenzen* auf *Inhaltsverzeichnis aktualisieren* ❷.
- Die graue Schattierung erscheint nur, wenn Sie in das Inhaltsverzeichnis klicken. Sie kennzeichnet Word-Felder (siehe Seitenzahlen) und wird nicht gedruckt.
- Die Überschriften des Inhaltsverzeichnisses sind gleichzeitig Hyperlinks. Das bedeutet, wenn Sie mit gleichzeitig gedrückter Strg-Taste auf eine Überschrift klicken, gelangen Sie im Dokument sofort zu dieser Stelle.

Achtung: nehmen Sie im Inhaltsverzeichnis keine inhaltlichen Änderungen vor, da diese bei der nächsten Aktualisierung wieder verloren gehen. Eventuell nötige Korrekturen an der Überschriften müssen an der Originalposition vorgenommen werden.

Bild 6.18 Das fertige Inhaltsverzeichnis, die Felder sind grau hervorgehoben

Hinweis: In der Standardeinstellung werden maximal drei Überschriftsebenen in das Inhaltsverzeichnis aufgenommen, auch wenn im Dokument weitere Ebenen existieren. Eine Beschreibung, wie Sie Inhaltsverzeichnisse anpassen, würde an dieser Stelle zu weit führen. Die detaillierte Vorgehensweise beim Erstellen von Inhalts- und Abbildungsverzeichnissen zeigen wir Ihnen im Buch Word Profiwissen vom Bildner Verlag.

Schnelle Navigation im Navigationsbereich

Die Verwendung von Formatvorlagen für Überschriften bringt noch einen weiteren Vorteil: Sie erhalten im Navigationsbereich eine Übersicht über Ihre Gliederung und können durch Anklicken einer Überschrift schnell zu diesem Punkt navigieren. Zum Einblenden des Navigationsbereichs klicken Sie auf das Register *Ansicht* und aktivieren in der Gruppe *Anzeigen* das gleichnamige Kontrollkästchen. Klicken Sie auf die Navigationsart *Überschriften*.

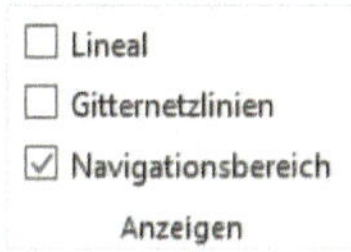

Bild 6.19 Überschriften im Navigationsbereich

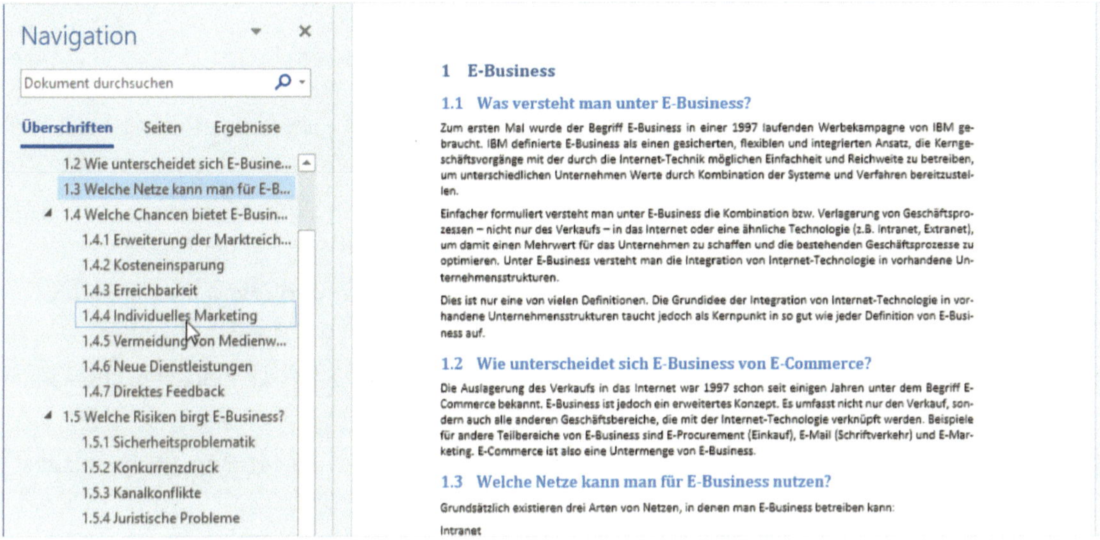

6.6 Übung

- Öffnen Sie aus dem Ordner Download\Uebungen die Datei Kap_06_Beispieltext_Formatvorlagen.

  Alternativ beginnen Sie mit einem leeren Dokument und fügen ab der ersten Zeile mit der Anweisung =rand(30) Blindtext über mehrere Seiten ein (Siehe Kapitel 5.1 auf Seite 162). In diesem Fall fügen Sie anschließend noch an mehreren Stellen des Dokuments Überschriften beliebigen Inhalts ein.

- Wählen Sie Designfarben und -schriften sowie einen Formatvorlagensatz nach Ihren Vorstellungen.

- Lassen Sie sich die Formatvorlagen im Aufgabenbereich anzeigen und verankern Sie diesen, falls nötig am rechten Rand des Word-Fensters. Aktivieren Sie hier außerdem die Vorschau.
- Weisen Sie einzelnen Absätzen verschiedene Formatvorlagen zu. Wenn Sie eine Formatvorlage wieder von einem Absatz entfernen möchten, weisen Sie diesem einfach wieder die Formatvorlage Standard zu.
- Formatieren Sie die Überschriften mit Formatvorlagen bis max. Ebene 3.

Achten Sie bei den folgenden Änderungen darauf, dass sich diese ausschließlich auf das aktuelle Dokument beziehen!

- Ändern Sie die Formatvorlage *Überschrift 2*: diese erhält eine andere Schriftfarbe und eine Rahmenlinie unterhalb.
- Erstellen Sie eine neue Absatzformatvorlage mit dem Namen „Einzug links". Diese soll auf der Formatvorlage Standard basieren und erhält außerdem Schriftgröße 9, kursiv und einen linken Einzug von 2,5 cm. Außerdem einen Abstand nach oben und unten von je 12 Pt..
- Weisen Sie diese Formatvorlage zwei bis drei beliebigen Absätzen zu und setzen Sie dann diese Absätze wieder auf die Formatvorlage Standard zurück.
- Wählen Sie eine andere Farbzusammenstellung und/oder einen anderen Formatvorlagensatz aus und betrachten Sie die Wirkung auf das Dokument.
- Falls Sie mit der Wirkung nicht zufrieden sind, testen Sie einfach nacheinander mehrere Designs.
- Speichern Sie das fertige Dokument unter dem Namen Kap_06_Beispieltext_Formatvorlagen_fertig.docx.

7 Tabulatoren und Tabellen

In diesem Kapitel lernen Sie...

- Arbeiten mit Tabstopps
- Benutzerdefinierte Tabstopps setzen
- Tabellen einfügen
- Tabellen formatieren und Tabellenlayout ändern
- Text in Tabelle umwandeln und umgekehrt

Das sollten Sie bereits wissen

- Texteingabe und -korrektur
- Zeichen und Absätze formatieren

Zum Ausrichten von Text in Spalten oder einfach nur für größere Abstände im Text können Sie entweder Tabstopps oder Tabellen verwenden, auf keinen Fall aber sollten Sie die Abstände zwischen Spalten mit Leerzeichen erzeugen! Da fast immer Proportionalschriften mit unterschiedlichen Zeichenbreiten verwendet werden, ist es mit Leerzeichen nicht möglich, Text über mehrere Zeilen in Spalten exakt untereinander auszurichten. Auch bei nachträglichen Änderungen geraten auf diese Weise erzeugte Spalten schnell aus den Fugen.

7.1 Text anhand von Tabstopps ausrichten

Die Standardtabstopps zur schnellen Ausrichtung nutzen

Tabstopps orientieren sich nicht an der Zeichenbreite, sondern sind feste, vorgegebene Positionen, die Sie mit der Tab-Taste der Tastatur ansteuern. Word verfügt über integrierte Standardtabstopps in Abständen von 1,25 cm. Das bedeutet, mit jedem Drücken der Tab-Taste bewegen Sie den Cursor um 1,25 cm weiter. So erzeugen Sie während der Eingabe schnell größere Leerschritte und da Tabstopppositionen unabhängig sind von der Zeichenbreite, ist eine Ausrichtung auch über mehrere Zeilen hinweg kein Problem.

Die mit der Tab-Taste erzeugten Tabulatorzeichen gehören zu den nicht druckbaren Zeichen und erscheinen, falls eingeblendet, auf dem Bildschirm als kleine Pfeile. Tabulatorzeichen können, wie alle Zeichen auch nachträglich eingefügt oder gelöscht werden.

Bild 7.1 Die Standardtabstopps

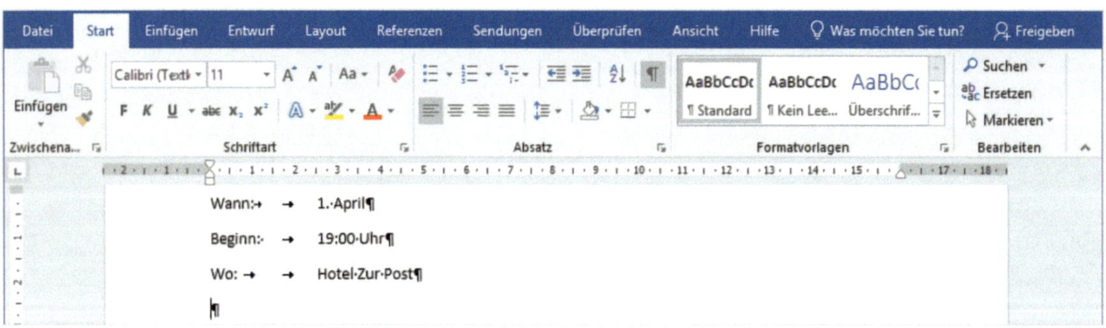

Nachteile der Standardtabstopps

- An den Standardtabstopps wird Text ausschließlich linksbündig ausgerichtet.
- Nachträgliche Änderungen im Text oder Formatierungen machen meist auch das Löschen oder Einfügen weiterer Tabulatorzeichen nötig. Daher eignen sich die Standardtabstopps nur für kleinere Bereiche.

Benutzerdefinierte Tabstopps setzen

Anstelle der Standardtabstopps können Sie auch eigene Tabstopps setzen. Ein benutzerdefinierter Tabstopp hebt alle Standardtabstopps links von seiner Position auf, sodass Sie mit Drücken der Tab-Taste den Cursor sofort an die erste benutzerdefinierte Tabstoppposition setzen.

> Tabstopps werden wie Absatzformate behandelt. Das bedeutet, sie gelten nicht für das gesamte Dokument, sondern für den Absatz, in dem sie gesetzt werden. Während der Eingabe werden Tabstopps durch Drücken der Eingabetaste in den nächsten Absatz übernommen.

Vorteile

- Benutzerdefinierte Tabstopps können auch nachträglich gesetzt und wieder gelöscht werden. Bereits vorhandene lassen sich nachträglich verschieben.
- Sie können zwischen den Tabstopp-Ausrichtungen Linksbündig, Rechtsbündig und Zentriert wählen. Mit der Ausrichtung Dezimal werden die Dezimaltrennzeichen, standardmäßig Komma, am Tabstopp ausgerichtet. Diese Einstellung eignet sich für Zahlen, z. B. bei der Erstellung einer Preisliste.
- Benutzerdefinierte Tabstopps erlauben zusätzlich die Verwendung von Füllzeichen, d. h. der Zwischenraum bis zum nächsten Tabstopp wird mit Punkten oder Bindestrichen automatisch aufgefüllt.

Lineal einblenden

Tabstopps werden im Lineal angezeigt und können hier schnell gesetzt oder verschoben werden, daher sollte beim Arbeiten mit Tabstopps das Lineal sichtbar sein. Ist dies nicht der Fall, so klicken Sie auf das Register *Ansicht* und blenden das Lineal durch Aktivieren des Kontrollkästchens in der Gruppe *Anzeigen* ein.

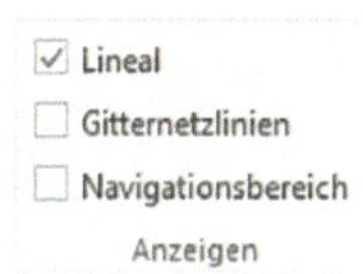

Bild 7.2 Das Lineal

So setzen Sie Tabstopps im Lineal

Achten Sie darauf, dass sich Cursor in dem Absatz befindet, der einen Tabstopp erhalten soll. Soll der Tabstopp für mehrere Absätze gelten, so müssen diese markiert sein.

1 Links neben dem Lineal befindet sich ein kleines Kästchen, das die aktuell aktive Tabstoppausrichtung anzeigt, standardmäßig linksbündig.

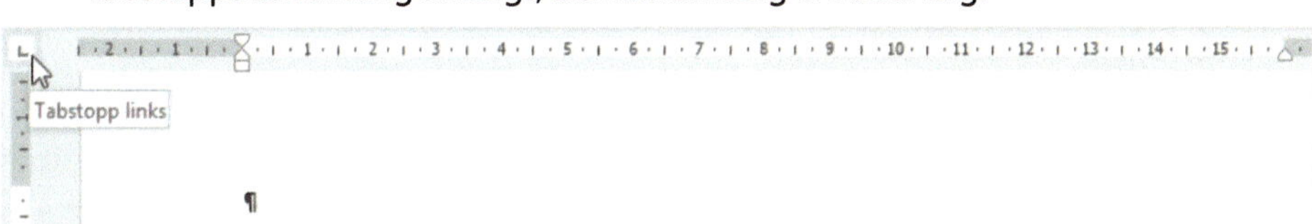

Bild 7.3 Linksbündig ist aktiviert

2 Klicken Sie nun mit der Maus im Lineal an die gewünschte Stelle. Hier erscheint eine Tabstoppmarke mit der gewählten Ausrichtung und im dazugehörigen Absatz springt nach dem Drücken der Tab-Taste der Cursor an diese Position.

Bild 7.4 Tabstopp setzen

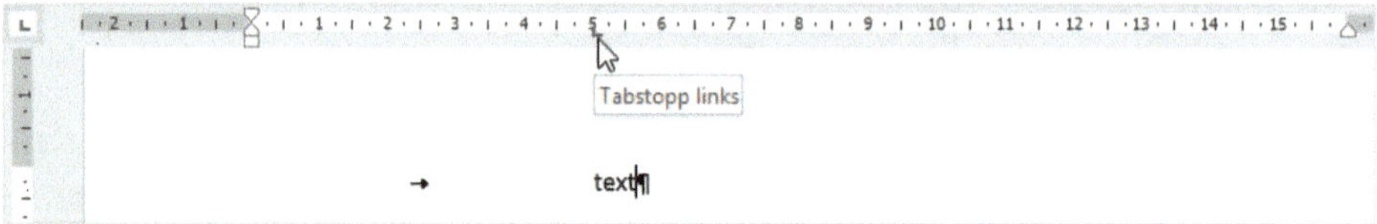

Tabstoppausrichtung wählen

Wenn Sie einen Tabstopp mit einer anderen Ausrichtung, z. B. rechts, setzen möchten, dann müssen Sie zuerst die Ausrichtung ändern. Dazu klicken Sie mehrmals auf das Kästchen links neben dem Lineal, bis die gewünschte Tabstoppausrichtung erscheint und setzen erst dann den Tabstopp per Mausklick in das Lineal.

Auf diese Weise können Sie in einem Absatz nacheinander auch mehrere Tabstopps mit unterschiedlicher Ausrichtung setzen. An Lineal erkennen Sie auch, ob ein Absatz bereits über benutzerdefinierte Tabstopps verfügt. Beachten Sie aber, dass nur die Tabstoppmarken des aktuellen Absatzes, in dem sich der Cursor befindet, angezeigt werden. Oder der markierten Absätze, wie im Bild unten.

Bild 7.5 Tabstopps unterschiedlicher Ausrichtung

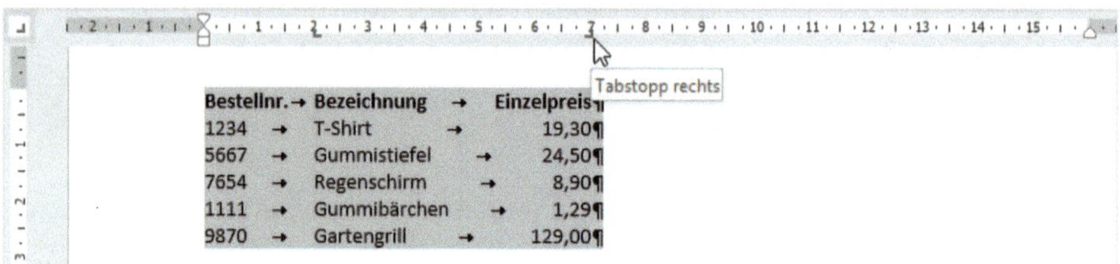

Die Tabstopp-Ausrichtungen im Überblick

	Linksbündig
	Rechtsbündig
	Zentriert
	Dezimal

Hinweis: Die übrigen Symbole *Linker* und *Rechter Einzug* sowie *Vertikale Linie-Tabstopp*, das im Dokument an der Tabstoppposition einen senkrechten Strich einfügt, werden in der Regel nicht benötigt. Klicken Sie einfach solange auf das Kästchen, bis wieder das Symbol *Linksbündig* erscheint.

Benutzerdefinierte Tabstopps ändern

Auch sämtliche Änderungen an benutzerdefinierten Tabstopps beziehen sich auf den aktuellen Absatz oder die markierten Absätze. Haben Sie also einen Tabstopp über mehrere Absätze verwendet und möchten diesen verschieben, so müssen Sie die Absätze zuvor markieren.

Am einfachsten verschieben Sie einen Tabstopp mit der Maus im Lineal: Zeigen Sie auf die Tabstoppmarke und ziehen Sie die Marke mit gedrückter linker Maustaste nach rechts oder links.

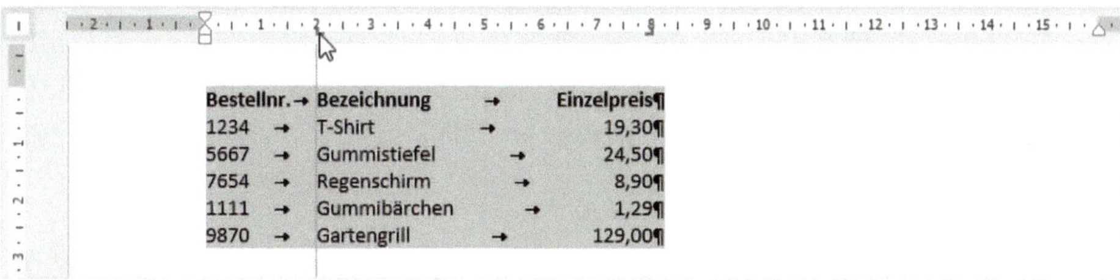

Bild 7.6 Tabstopp verschieben

Tipp: Da benutzerdefinierte Tabstopps wie Absatzformate behandelt werden, können Sie das Symbol *Format übertragen* (Register *Start*) benutzen, wenn Sie schnell Tabstopps in andere Absätze übernehmen möchten. Siehe Kapitel 4.

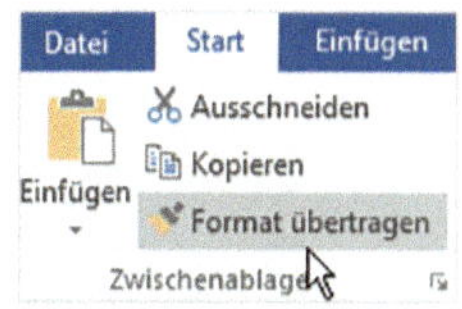

Tabstopp löschen

Nicht mehr benötigte oder überzählige Tabstopps sollten Sie löschen. Dazu genügt es, wenn Sie die Tabstoppmarke mit gedrückter Maustaste aus dem Lineal heraus nach unten ziehen. Falls sich im Absatz Tabulatorzeichen befinden, so steuern diese anschließend wieder die Standardtabstopps an.

Tabstopps mit Füllzeichen

Wenn der Zwischenraum bis zu einem Tabstopp automatisch mit Füllzeichen aufgefüllt werden soll, dann müssen Sie dazu das Fenster *Tabstopps* öffnen.

- Dazu setzen Sie entweder im Lineal einen Tabstopp an die gewünschte Stelle und doppelklicken dann auf die Tabstoppmarke.
- Oder öffnen Sie das Fenster *Absatz* mit Klick auf den kleinen Pfeil der Gruppe *Absatz* (Register *Start*) und klicken hier auf die Schaltfläche *Tabstopps...*.

Bild 7.7 Das Fenster Tabstopps öffnen

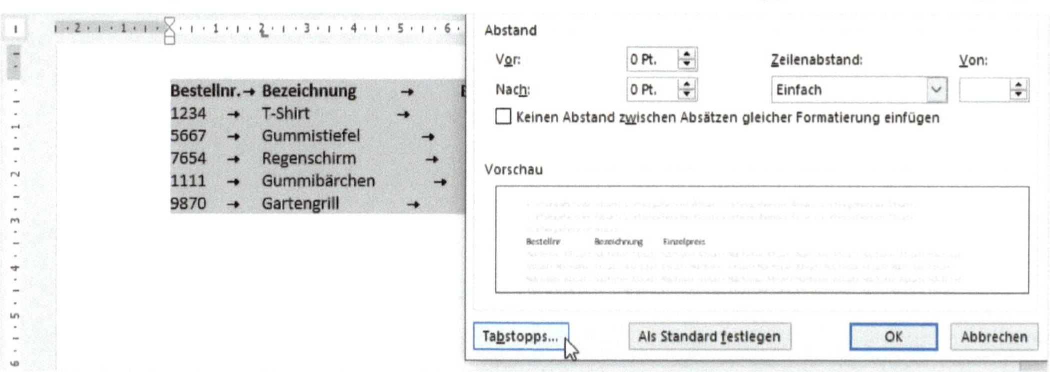

1 Geben Sie zuerst die gewünschte Tabstoppposition in cm ein oder markieren Sie die betreffende Tabstoppposition ❶, falls bereits vorhanden.

2 Wählen Sie dann Ausrichtung ❷ und Füllzeichen ❸ und klicken Sie anschließend auf die Schaltfläche *Festlegen* ❹.

3 Werden noch weitere Tabstopps benötigt, so wiederholen Sie diese Schritte. Zuletzt schließen Sie das Fenster mit der Schaltfläche *OK*.

Bild 7.8 Füllzeichen festlegen

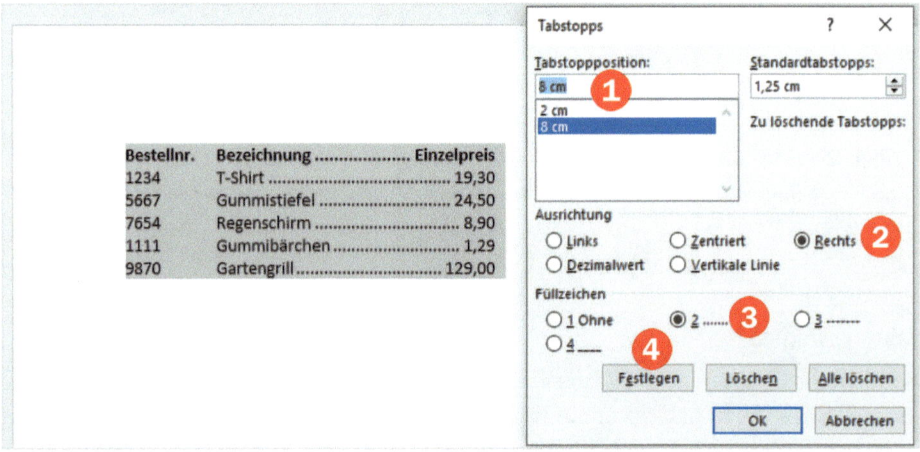

Wenn Sie einen Tabstopp nachträglich mit Füllzeichen versehen möchten, dann markieren Sie im Fenster *Tabstopps* zuerst die betreffende Tabstoppposition, wählen dann ein Füllzeichen und klicken auf *Festlegen*. Auch die Ausrichtung lässt sich auf diese Weise ändern.

Tipp: Im Dialogfenster *Tabstopps* lässt sich die Position eines Tabstopps exakt festlegen, im Lineal ist dies dagegen manchmal nicht ganz einfach.

Leider lässt sich die Position eines Tabstopps im Fenster *Tabstopps* nachträglich nicht ändern. In diesem Fall müssen Sie den Tabstopp löschen und anschließend erneut setzen. Zum Löschen markieren Sie den Tabstopp und klicken auf die Schaltfläche *Löschen*.

7.2 Mit Tabellen arbeiten

Am einfachsten lässt sich Text mithilfe von Tabellen ausrichten, die Verwendung von Füllzeichen ist allerdings hier nicht möglich. Weitere Vorteile von Tabellen:

- Spaltenbreite und Zeilenhöhe können schnell geändert werden und viele Formatierungen, z. B. Ausrichtung innerhalb einer Spalte, lassen sich einfacher durchführen.
- Tabellen können nicht nur Text, sondern auch Grafiken enthalten.
- Innerhalb einer Zelle erfolgt ein automatischer Zeilenumbruch, es sind also auch mehrzeilige Einträge möglich. Sie können aber auch einen manuellen Zeilenumbruch oder durch Drücken der Eingabetaste ein Absatzende einfügen.

Tabelle einfügen

Eine einfache Standardtabelle einfügen

Tabellen werden an der Cursorposition eingefügt, achten Sie daher vor dem Einfügen darauf, dass sich der Cursor am Beginn eines neuen Absatzes befindet. Sie sollten sich auch zuvor überlegen, wie viele Spalten die Tabelle erhalten soll, die Anzahl der Zeilen spielt dagegen keine Rolle, da neue Zeilen während der Eingabe automatisch an die Tabelle angefügt werden.

1. Klicken Sie im Register *Einfügen*, Gruppe *Tabellen*, auf die Schaltfläche *Tabelle* ❶.
2. Ein Raster wird geöffnet, in dem Sie die Anzahl der Spalten und Zeilen festlegen. Bewegen Sie dazu die Maus im Raster über die gewünschte Anzahl Spalten und Zeilen ❷, gleichzeitig erhalten Sie im Dokument eine Vorschau auf die Tabelle ❸. Zum Übernehmen klicken Sie im Raster in die untere rechte Ecke.

Bild 7.9 Tabelle einfügen

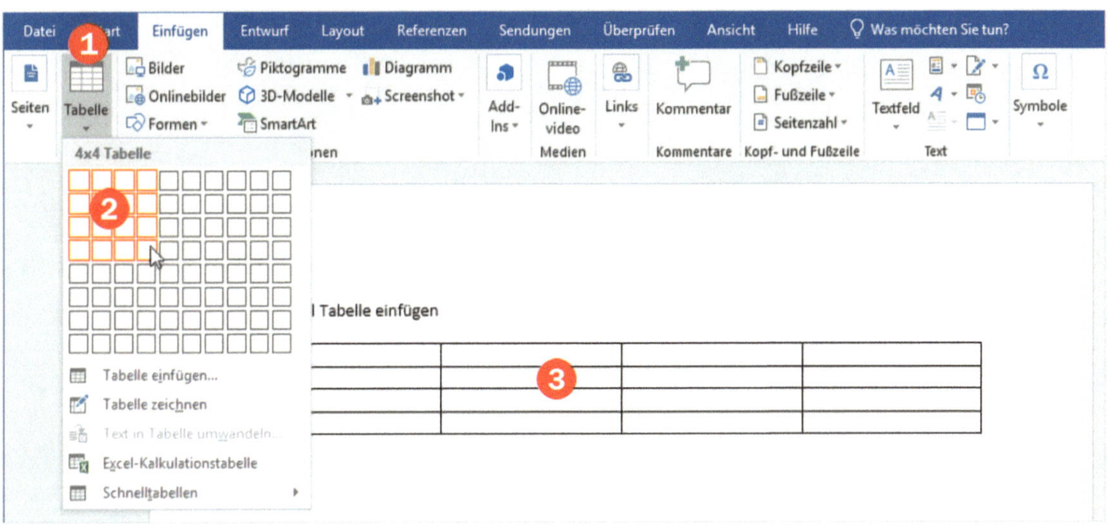

Standardmäßig erhalten alle Spalten beim Einfügen gleiche Spaltenbreite und die Tabellenbreite richtet sich nach dem verfügbaren Platz zwischen dem rechten und linken Seitenrand des Dokuments.

Tabellengröße beim Einfügen festlegen

Als zweite Möglichkeit klicken Sie auf die Schaltfläche *Tabelle* und auf den Befehl *Tabelle einfügen…*. Damit öffnen Sie das Dialogfenster *Tabelle einfügen* (siehe Bild unten) und legen die Anzahl der Spalten und Zeilen über Felder fest. Zudem können Sie hier unter *Einstellung für optimale Breite* die Tabellenbreite festlegen.

- Am besten behalten Sie die Standardeinstellung, *Feste Spaltenbreite*, bei. *Auto* im Feld daneben bedeutet, die Tabellenbreite orientiert sich am linken und rechten Seitenrand und alle Spalten erhalten gleiche Breite. Sie können hier natürlich auch eine bestimmte Spaltenbreite angeben, diese gilt zunächst für alle Spalten.
- Mit *Optimale Breite: Inhalt* erhalten Sie eine Tabelle in der kleinstmöglichen Breite, die Spalten werden erst während der Eingabe automatisch verbreitert.
- Die dritte Option, *Optimale Breite: Fenster*, eignet sich nicht für Druckdokumente, da sich die Tabellenbreite nach dem Word-Fenster richtet und die Tabelle beim Drucken ein völlig anderes Layout erhält.

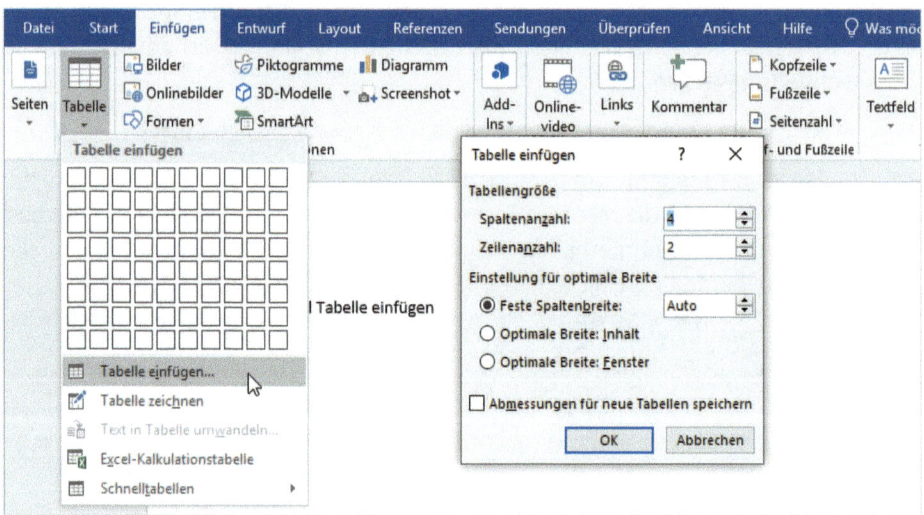

Bild 7.10 Das Fenster Tabelle einfügen

Tipp: Über die Schaltfläche *Tabellen* und die Auswahl *Schnelltabellen* erhalten Sie die Möglichkeit, fertig gestaltete Tabellen zu verschiedenen Zwecken einzufügen, z. B. Kalender, in die Sie nur noch Text eingeben brauchen.

Texteingabe in Tabellen

Zur Texteingabe klicken Sie entweder mit der Maus in die gewünschte Zelle oder benutzen die folgenden Tasten.

Sie möchten ...	Taste/n
Cursor in die nächste Zelle rechts setzen	Tab-Taste (Tabulator-Taste)
Cursor in die nächste Zelle links setzen	Umschalt + Tab-Taste
Cursor an den Anfang der nächsten Zeile setzen	Drücken Sie in der letzten Spalte die Tab-Taste
Neue Zeile am Ende der Tabelle anfügen	Drücken Sie am Ende der letzten Zeile die Tab-Taste
Innerhalb der Zelle einen Tabstopp ansteuern	Strg + Tab-Taste

Beachten Sie außerdem folgende Besonderheiten bei der Eingabe

- Mit der Tab-Taste setzen Sie den Cursor in die nächste Zelle, dies gilt auch, wenn sich der Cursor in der letzten Spalte befindet.
- Mit Drücken der Eingabetaste beginnen Sie dagegen innerhalb der Zelle einen neuen Absatz ❶ (Absatzende).
- Zeilenumbrüche erfolgen in der Zelle automatisch, sobald die Spaltenbreite nicht ausreicht. Die Zeilenhöhe wird dagegen automatisch angepasst.
- Wenn sich der Cursor in der letzten Zelle der Tabelle befindet, brauchen Sie zum Anfügen einer weiteren Zeile nur die Tab-Taste betätigen ❷.

Bild 7.11 Text in Tabelle eingeben

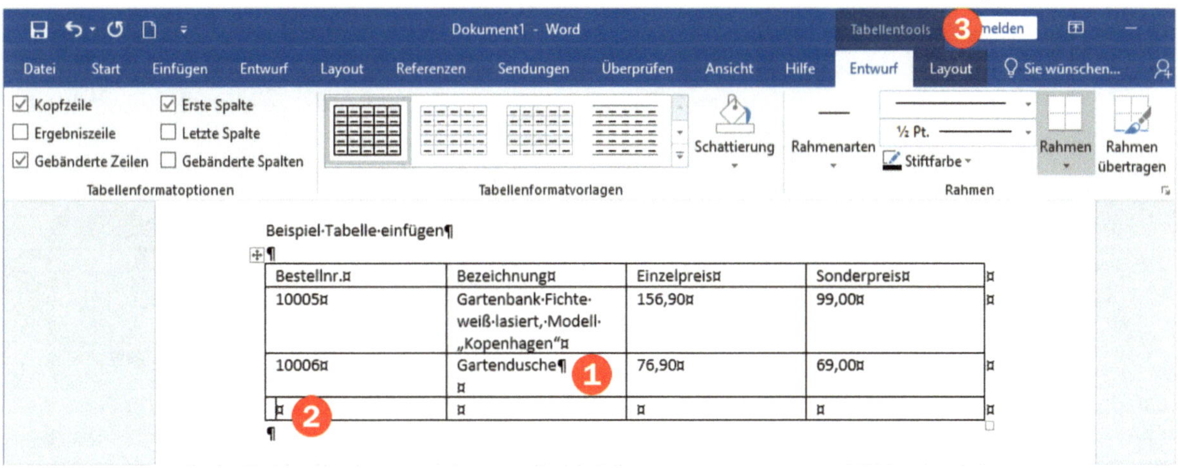

Sobald sich der Cursor innerhalb einer Tabelle befindet, erscheinen im Menüband die beiden *Tabellentools* Register *Entwurf* und *Layout* ❸. Wenn in diesem Kapitel in der Folge das Register *Layout* erwähnt wird, dann ist damit das *Tabellentools* Register gemeint.

Tabelle und Zellen markieren

Zum Markieren von Tabellenelementen können Sie neben den bekannten Methoden auch folgende Möglichkeiten verwenden.

Markieren...	So gehen Sie vor	Mauszeiger
Zeile	Klicken Sie links neben der Zeile in die Markierungsspalte.	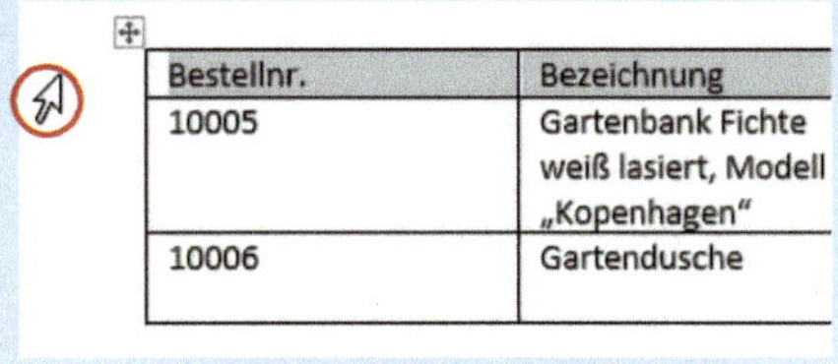
Spalte	Zeigen Sie mit der Maus auf den oberen Rand der Spalte und klicken Sie, wenn ein nach unten weisender Pfeil erscheint.	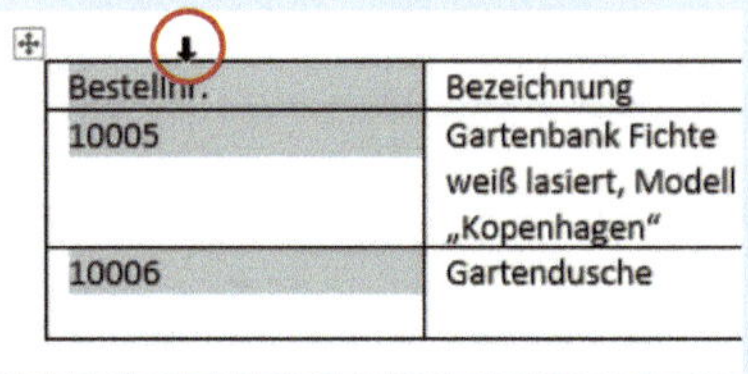
Zelle	Zeigen Sie mit der Maus an den linken Rand der Zelle und klicken Sie, wenn als Mauszeiger ein diagonaler Pfeil erscheint.	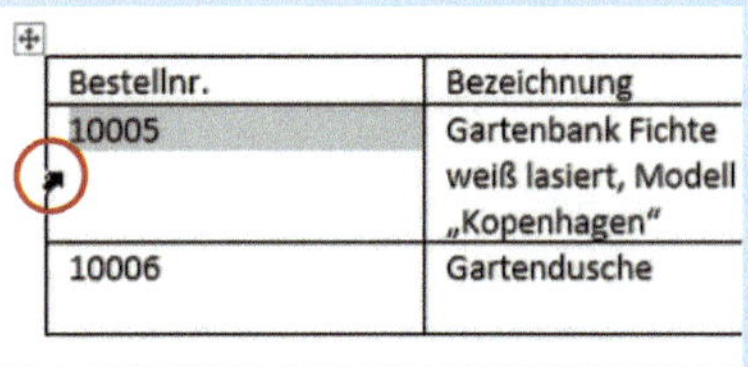
Tabelle	Klicken Sie in der linken oberen Ecke der Tabelle auf das Kästchen. Da dieses Kästchen gleichzeitig zum Verschieben der Tabelle dient, sollten Sie beim Markieren darauf achten, dass Sie die Maus nicht bewegen.	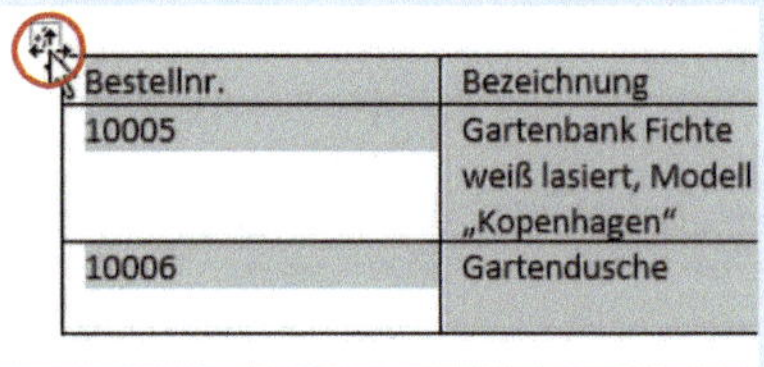

Hinweis: Beim Zeigen in den Bereich links von der Tabelle erscheint manchmal auch ein Plus-Zeichen, wie im Bild rechts. Dieses Zeichen bedeutet, Sie können an dieser Stelle mit einem Mausklick eine neue Zeile einfügen. Näheres hierzu weiter unten.

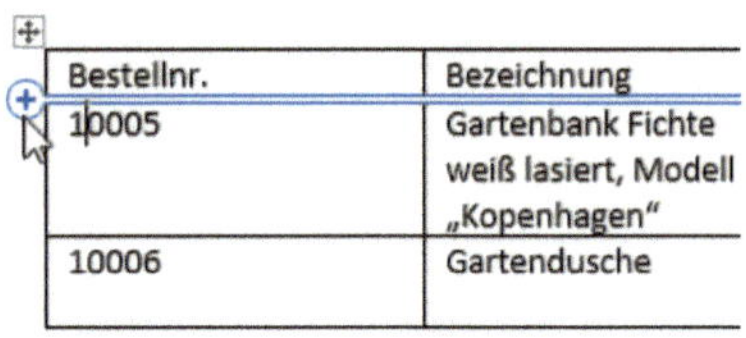

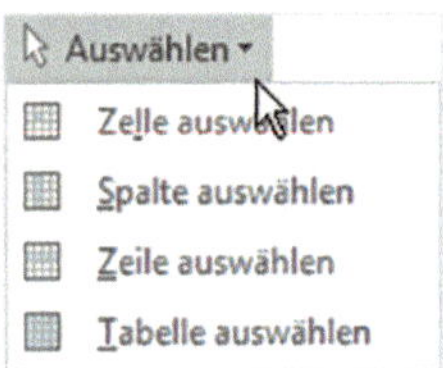

Auswählen

Eine weitere Möglichkeit finden Sie im Register *Tabellentools - Layout*, Gruppe *Tabelle*. Im Listenfeld der Schaltfläche *Auswählen* können Sie entscheiden, ob die aktuelle Zelle, die Zeile bzw. Spalte, in der sich der Cursor befindet oder die gesamte Tabelle markiert werden soll.

7.3 Tabellenlayout anpassen

Spaltenbreite und Zeilenhöhe ändern

Zum Ändern von Spaltenbreite und Zeilenhöhe ist kein Markieren erforderlich. Im Gegenteil; sind einzelne Zellen markiert und Sie ändern Spaltenbreite und/oder Zeilenhöhe, so beziehen sich Ihre Änderungen unter Umständen ausschließlich auf diese Zellen!

Außerdem gilt:

- Wenn Sie die Spaltenbreite mit der Maus verschieben, dann benutzen Sie dazu die rechte Trennlinie. Die Zeilenhöhe ändern Sie über die untere Trennlinie.
- Solange Sie die Trennlinien innerhalb der Tabelle verschieben, bleibt die Breite der gesamten Tabelle unverändert. Mit den beiden Linien links und rechts außen ändern Sie dagegen die Breite der gesamten Tabelle.

Mit der Maus ändern

Am einfachsten ändern Sie Spaltenbreite und Zeilenhöhe durch Ziehen mit der Maus. Als Beispiel soll im Bild unten die Breite der ersten Spalte geändert werden.

1 Zeigen Sie mit der Maus auf die rechte Trennlinie derjenigen Spalte, deren Breite Sie ändern möchten. In unserem Beispiel die rechte Begrenzung der zweiten Spalte. Als Mauszeiger wird ein Doppelpfeil sichtbar.

2 Drücken Sie nun die linke Maustaste und verschieben Sie mit gedrückter Maustaste die Linie nach links oder rechts.

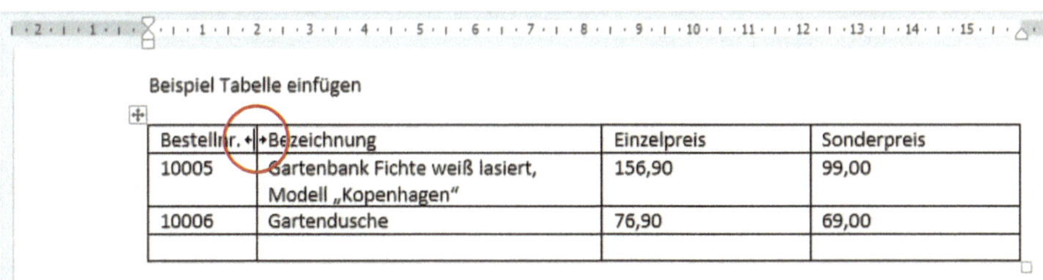

Bild 7.12 Spaltenbreite ändern

Tipp: Wenn das Lineal eingeblendet ist, dann werden bei gleichzeitig gedrückter Alt-Taste hier auch die Spaltenbreiten in cm sichtbar.

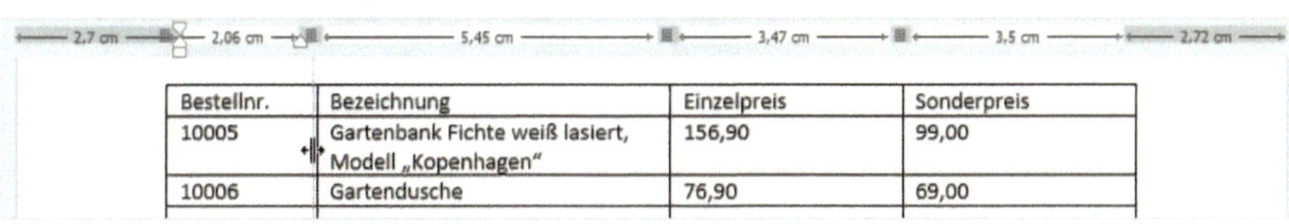

Bild 7.13 Spaltenbreiten im Lineal anzeigen

Die Höhe der Zeilen ändern Sie genauso. Beachten Sie, dass Sie dazu die Trennlinie unterhalb verschieben müssen.

Spaltenbreite und Zeilenhöhe eingeben

Benötigen Sie exakte Abmessungen für Spalten und/oder Zeilen, dann geben Sie diese im *Tabellentools* Register *Layout* ▶ *Zellengröße* in die Felder *Tabellenspaltenbreite* und *Tabellenzeilenhöhe* ein. Zudem finden Sie hier noch weitere Möglichkeiten der Anpassung von Spaltenbreite und Zeilenhöhe.

- **Beispiel Spaltenbreite**
  Die erste Spalte der unten abgebildeten Tabelle soll eine Breite von 2,5 cm erhalten. Klicken Sie in eine beliebige Zelle dieser Spalte und geben Sie im Feld *Tabellenspaltenbreite* 2,5 ein oder ändern Sie die Breite mit den kleinen Pfeilen.

Bild 7.14 Beispiel: Die erste Spalte erhält 2,5 cm Breite

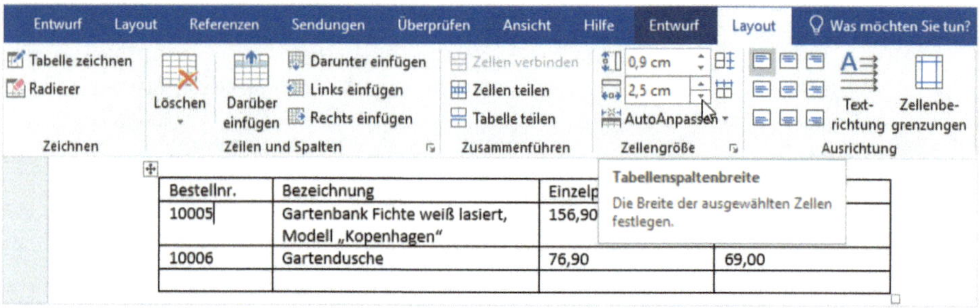

- **Zeilenhöhe**
  Genauso verfahren Sie, wenn eine Zeile eine bestimmte Höhe erhalten soll, in diesem Fall geben Sie die Höhe im Feld *Tabellenzeilenhöhe* ein. Sollen alle Tabellenzeilen dieselbe Höhe erhalten, so muss zuvor die gesamte Tabelle markiert werden.

- **Automatisches Anpassen von Zeilenhöhe und Spaltenbreite an den Inhalt**
  Die Schaltfläche *AutoAnpassen* bezieht sich auf die gesamte Tabelle und bietet drei verschiedene Optionen an:
  - *Automatisch an Inhalt anpassen* passt die Breite der aktuellen Spalte an den Inhalt an, dies geschieht auch während der Eingabe.
  - Mit der Auswahl *Feste Spaltenbreite* deaktivieren Sie das automatische Anpassen wieder.
  - *Automatisch an Fenster anpassen* passt die Breite der gesamten Tabelle an die Seitenbreite an.

Bild 7.15 Automatisches Anpassen

Bild 7.16 Spalten verteilen

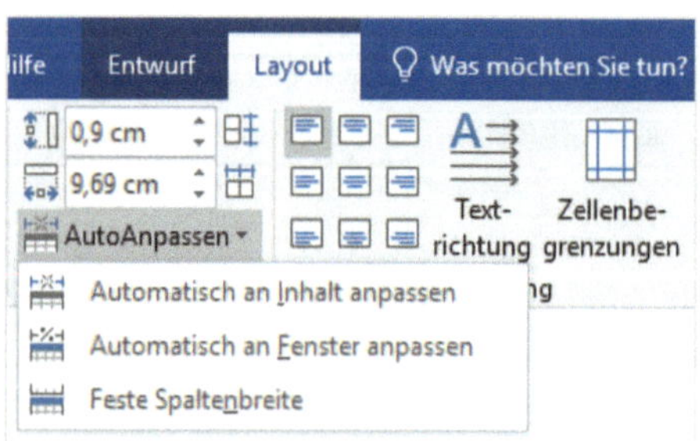

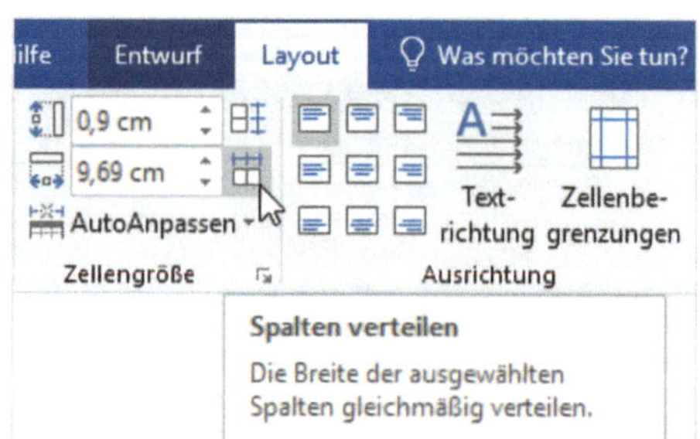

- **Gleiche Spaltenbreite/Zeilenhöhe**
  Mit den Schaltflächen *Zeilen verteilen* und *Spalten verteilen* können Sie allen markierten Zeilen und/oder Spalten schnell gleiche Breite bzw. Höhe zuweisen. Die Breite der gesamten Tabelle wird dadurch nicht geändert!

Das Fenster Tabelleneigenschaften

Weitere Möglichkeiten erhalten Sie im Dialogfenster *Tabelleneigenschaften*, das Sie mit einem Klick auf den Pfeil der Gruppe *Zellengröße* oder Rechtsklick in die Tabelle und den Befehl *Tabelleneigenschaften* öffnen. Klicken Sie auf das Register *Zeile* oder *Spalte* und geben Sie die gewünschten Maße ein. Das Feld *Zeilenhöhe* lässt außerdem die Auswahl *Mindestens* oder *Genau* zu. Als Spaltenbreite können neben cm auch die Maßeinheit *Prozent* wählen und so z. B. der aktuellen Spalte eine Breite von 25% der gesamten Tabellenbreite zuweisen.

Mit den Schaltflächen *Vorherige* und *Nächste Zeile* bzw. *Spalte* können Sie schnell die nächste Zeile und Spalte auswählen.

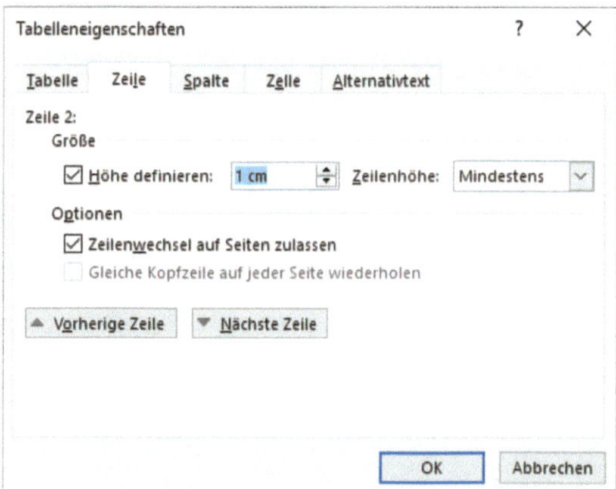

Bild 7.17 Tabelleneigenschaften Zeile

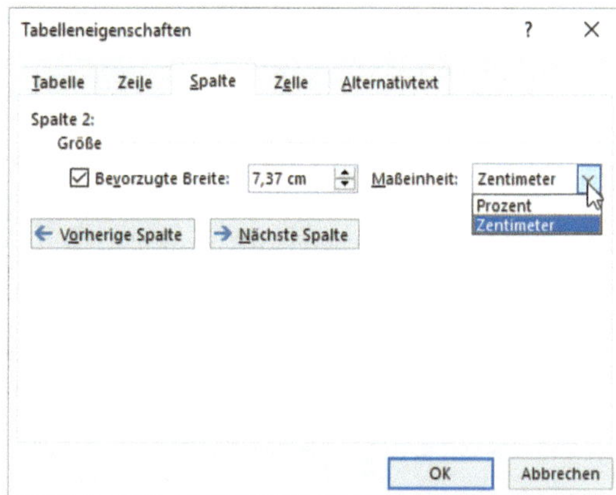

Bild 7.18 Spalte

Zeilen und Spalten hinzufügen und löschen

Am Ende der Tabelle werden durch Drücken der Tab-Taste automatisch weitere Zeilen angefügt. Zum nachträglichen Einfügen von Zeilen zwischen zwei vorhandenen Zeilen verwenden Sie am einfachsten das kleine Plus-Symbol im Dokument. Es erscheint automatisch zusammen mit einer Doppellinie, sobald Sie mit der Maus am linken Rand der Tabelle auf eine Trennlinie zwischen zwei Zeilen zeigen und mit einem Klick auf das Plus-Zeichen wird an dieser Stelle eine leere Zeile eingefügt.

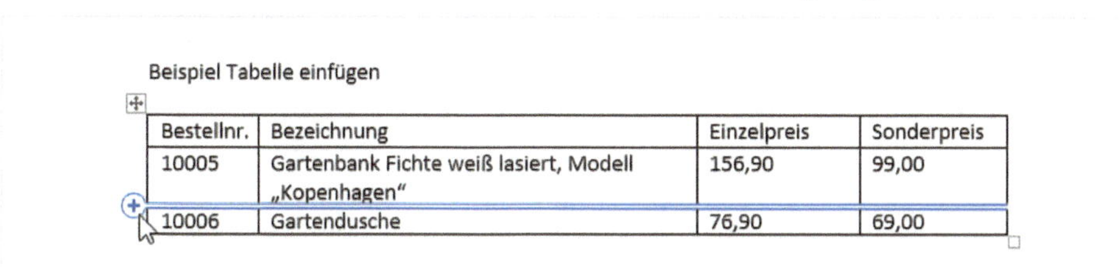

Beispiel Tabelle einfügen

Bestellnr.	Bezeichnung	Einzelpreis	Sonderpreis
10005	Gartenbank Fichte weiß lasiert, Modell „Kopenhagen“	156,90	99,00
10006	Gartendusche	76,90	69,00

Bild 7.19 Leere Zeile einfügen

Spalten können Sie auf dieselbe Weise einfügen: Zeigen Sie am oberen Rand der Tabelle mit der Maus auf eine senkrechte Trennlinie, so erscheint ebenfalls das Pluszeichen und mit einem Klick wird die neue Spalte links von dieser Linie eingefügt.

Die neue Spalte erhält automatisch die Breite der Spalte rechts, sofern nicht automatisches Anpassen an den Inhalt (*AutoAnpassen*) festgelegt wurde.

Bild 7.20 Zeile einfügen

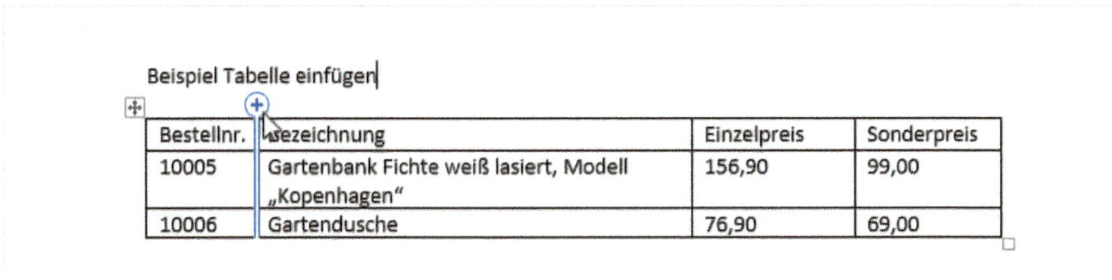

Zeilen erhalten beim nachträglichen Einfügen mit dieser Methode automatisch das Format der Zeile oberhalb, Spalten dagegen das Format und rechts.

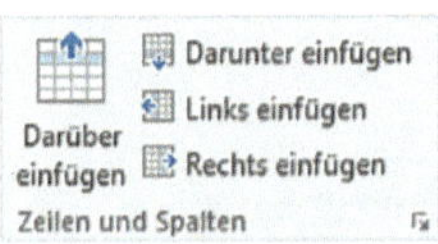

Eine zweite Möglichkeit zum Einfügen von Zeilen und Spalten finden Sie im *Tabellentools* Register *Layout*. Hier benutzen Sie in der Gruppe *Zeilen und Spalten* die Schaltflächen *Links einfügen* bzw. *Rechts einfügen*, um eine neue Spalte links oder rechts von der aktuellen Spalte einzufügen. Zeilen fügen Sie mit den Schaltflächen *Darüber einfügen* oder *Darunter einfügen* hinzu.

Hier gilt in Bezug auf Formate: Auf diese Weise eingefügte Spalten und/oder Zeilen erhalten automatisch das Format der aktuellen Zeile bzw. Spalte, in der sich der Cursor gerade befindet.

Zeilen und Spalten löschen

Zum Löschen von Zeilen oder Spalten genügt es, wenn sich der Cursor in der betreffenden Zeile/Spalte befindet. Klicken Sie im Register *Layout* auf die Schaltfläche *Löschen* und wählen Sie das gewünschte Element. Hier finden Sie auch den Befehl zum Löschen der gesamten Tabelle.

Tipp: Eine Tabellenzeile können Sie auch löschen, indem Sie die gesamte Zeile markieren und auf der Tastatur die Korrektur-Taste (Rückschritt) betätigen.

Bild 7.21 Zeilen und Spalten löschen

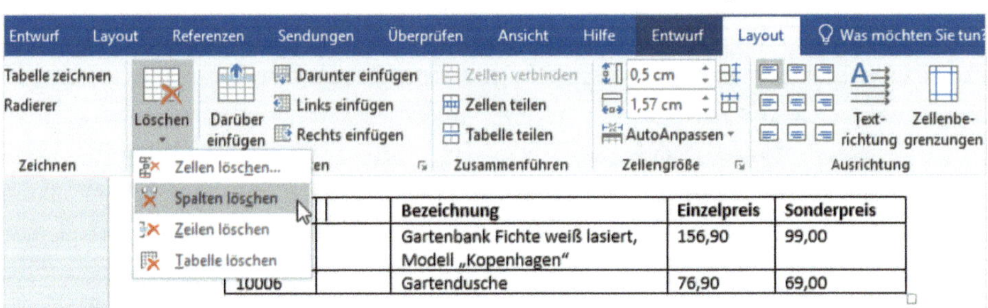

Achtung: Die Entf-Taste dagegen löscht nur den markierten Inhalt von Zellen.

Zellen teilen und verbinden

Zum Verbinden von zwei oder mehr nebeneinander liegenden Zellen, beispielsweise für eine gemeinsame Überschrift über mehrere Spalten, markieren Sie diese Zellen und klicken im Register *Layout*, Gruppe *Zusammenführen*, auf die Schaltfläche *Zellen verbinden*. Das Verbinden von Zellen funktioniert horizontal und vertikal.

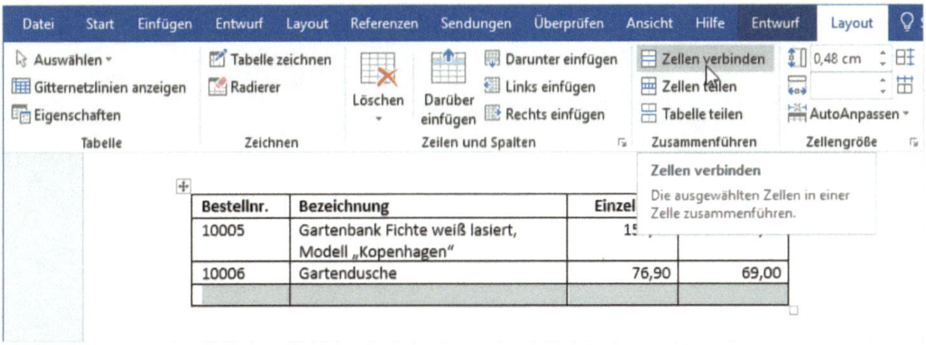

Bild 7.22 Markierte Zellen verbinden

Mit der Schaltfläche *Zelle teilen* können Sie dagegen eine Zelle in mehrere Zellen aufteilen. Geben Sie die benötigte Anzahl Zeilen oder Spalten an.

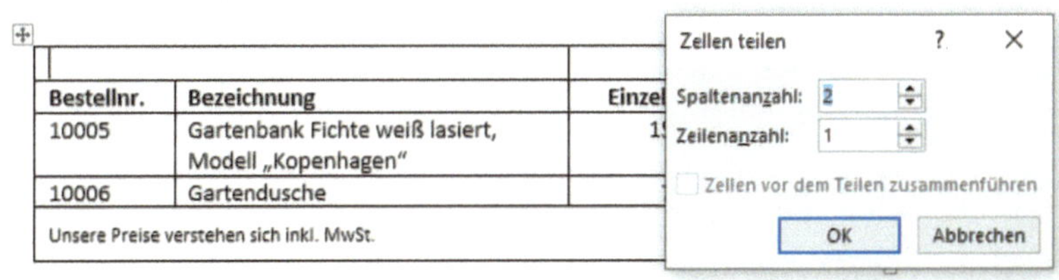

Bild 7.23 Markierte Zellen verbinden

Tabellengröße und -position

Einstellungen zur Tabellengröße und -position nehmen Sie im Dialogfenster *Tabelleneigenschaften* vor. Dieses Fenster öffnen Sie entweder per Rechtsklick in die Tabelle und den Befehl *Tabelleneigenschaften* oder den kleinen Pfeil der Gruppe *Zellengröße*. Oder über die Schaltfläche *Eigenschaften* im Register *Tabellentools - Layout* ▶ *Tabelle*. Klicken Sie im Fenster auf das Register *Tabelle* (Bild 7.24).

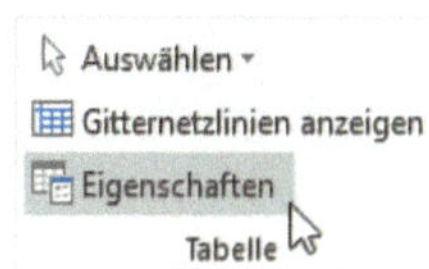

- **Tabellenbreite**
  Falls die Tabelle eine bestimmte Breite erhalten soll, können Sie dies hier mit dem Kontrollkästchen *Bevorzugte Breite* und Eingabe der Breite in cm oder % festlegen, 100% entspricht der gesamten Seitenbreite.

- **Tabelle ausrichten**
  Normalerweise wird eine Tabelle am Beginn eines neuen Absatzes eingefügt und als Absatz behandelt. Dies bedeutet, Sie können unter *Ausrichtung* die gesamte Tabelle wie einen Absatz links, zentriert wie im Bild unten, oder rechts ausrichten oder einen linken Einzug festlegen. In der Standardeinstellung wird eine Tabelle

links ausgerichtet und es erfolgt kein Textumbruch (*Ohne*). Dies bedeutet, der übrige Text befindet sich oberhalb und unterhalb der Tabelle.

Bild 7.24 Tabelleneigenschaften: Ausrichtung

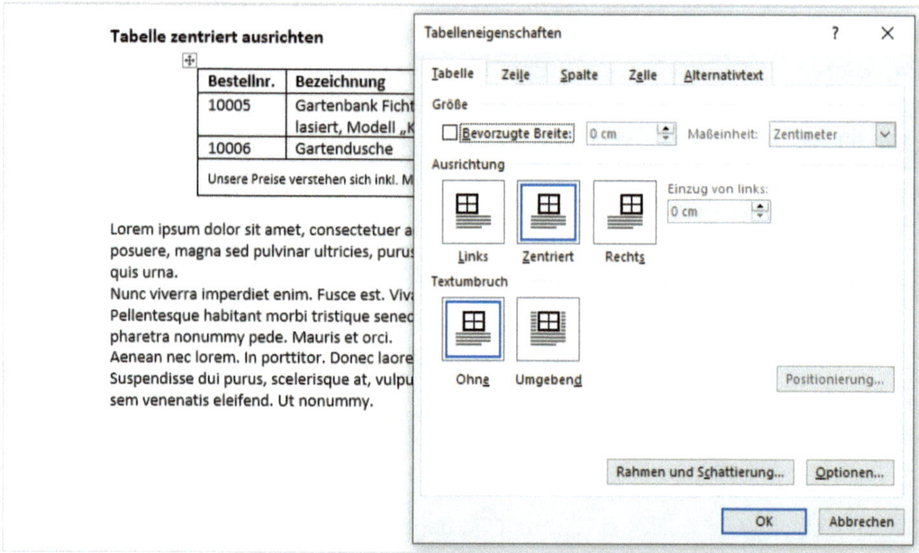

Hinweis: Die Schaltfläche *Rahmen und Schattierung...* öffnet das gleichnamige Fenster, das Sie bereits aus der Absatzformatierung kennen. Über *Optionen...* können Sie den Textabstand steuern. Näheres hierzu in diesem Kapitel ab Seite 228.

Text um die Tabelle herumfließen lassen

Soll die Tabelle wie ein Objekt behandelt werden und der übrige Text um die Tabelle herumfließen ❶ (siehe auch Grafik im nächsten Kapitel), so müssen Sie im Fenster *Tabelleneigenschaften* unter *Textumbruch* die Einstellung *Umgebend* ❷ wählen.

Bild 7.25 Tabelle um Textumbruch umgeben

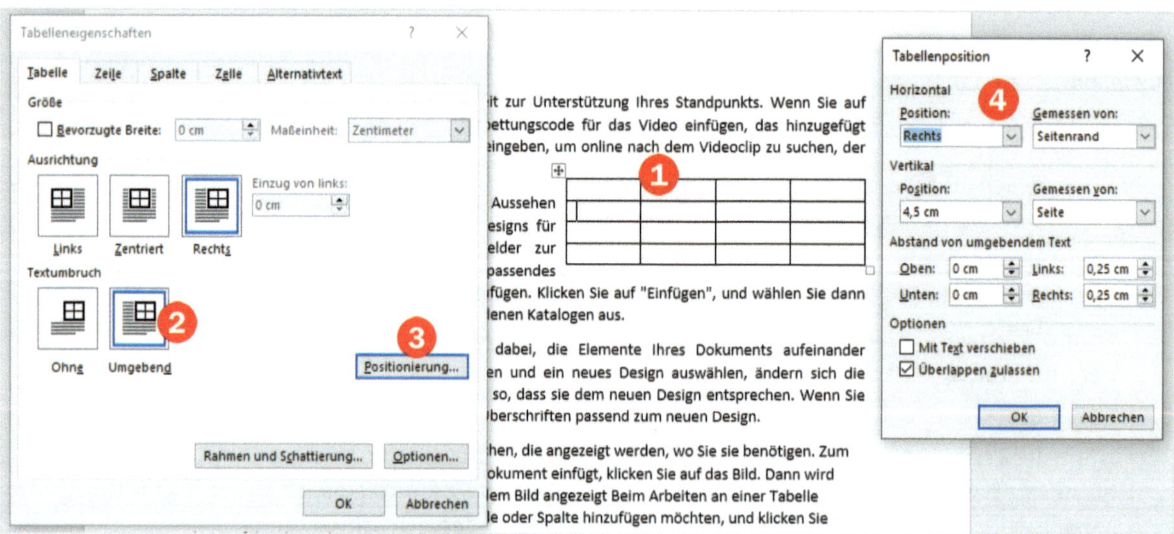

Anschließend können Sie mit der Schaltfläche *Positionierung...* ❸ die genaue horizontale und vertikale Position sowie den Abstand vom umgebenden Text festlegen ❹. Im Feld *Gemessen von* wählen Sie zwischen Seitenrand, Seite und Absatz bzw. Spalte. Auch den Abstand zum umgebenden Text können Sie in Feldern angeben.

Tabelle im Text verschieben

Auch wenn Sie eine Tabelle mit der Maus verschieben erhält diese automatisch *Umgebend* als Textumbruch. Dazu zeigen Sie in das Kästchen in der linken oberen Ecke der Tabelle und am Mauszeiger erscheinen vier Richtungspfeile. Ziehen Sie nun die Tabelle mit gedrückter linker Maustaste an die gewünschte Position.

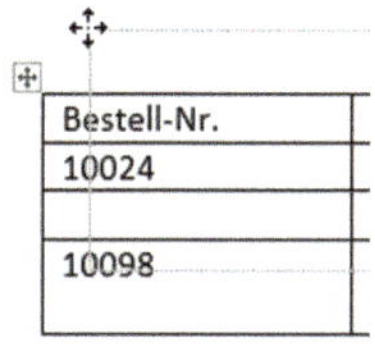

Tabelle sortieren und weitere Optionen

Zum Sortieren der Tabelle klicken Sie in eine beliebige Zelle der Tabelle oder markieren Sie die gesamte Tabelle und klicken Sie in der Gruppe *Daten*, Register *Layout*, auf die Schaltfläche *Sortieren* ❶.

1 Legen Sie zunächst unter *Meine Liste enthält* ❷ fest, ob die erste Zeile Ihrer Tabelle Überschriften enthält, die nicht mit sortiert werden sollen. Häufig wird dies von Word auch automatisch erkannt.

2 Wählen Sie dann unter *Sortieren nach* ❸ das gewünschte Sortierkriterium bzw. eine Spalte und bei Bedarf im Feld darunter (*Dann nach* ❹) eine zweite Spalte, maximal drei sind möglich. Die Sortierfolge (aufsteigend oder absteigend) legen Sie in den Feldern daneben fest. Der Typ, Text, Zahl oder Datum, richtet sich nach dem Inhalt der Spalte und wird von Word normalerweise automatisch erkannt.

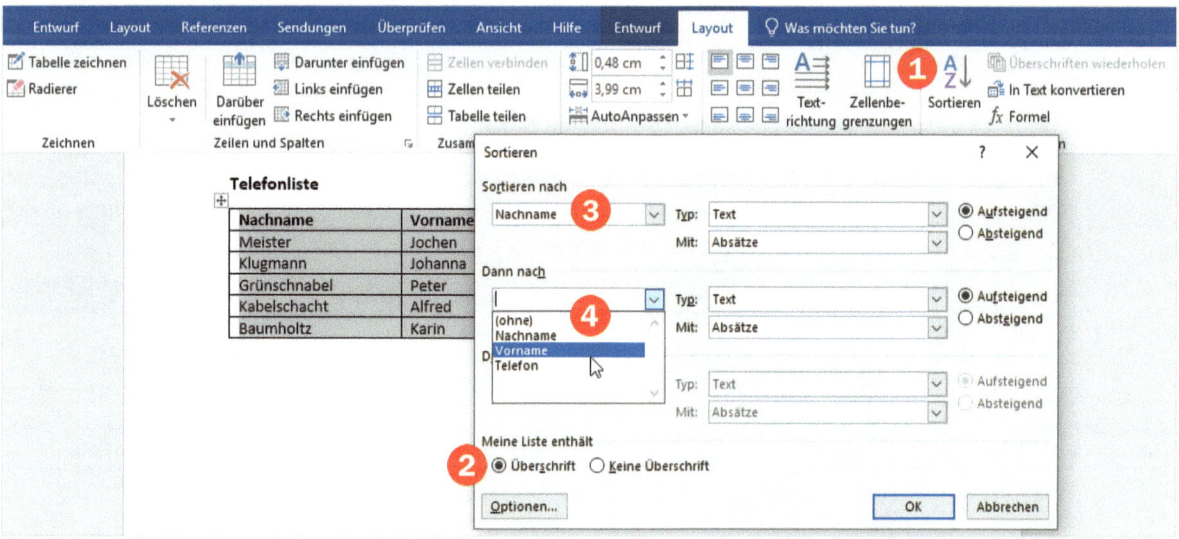

Bild 7.26 Tabelle sortieren

Spaltenüberschriften wiederholen

Erstreckt sich eine Tabelle über mehrere Druckseiten, so können die Spaltenüberschriften am Beginn jeder Seite automatisch wiederholt werden. Markieren Sie die betreffenden Zeilen und klicken Sie im Register *Layout*, Gruppe *Daten*, auf *Überschriften wiederholen*.

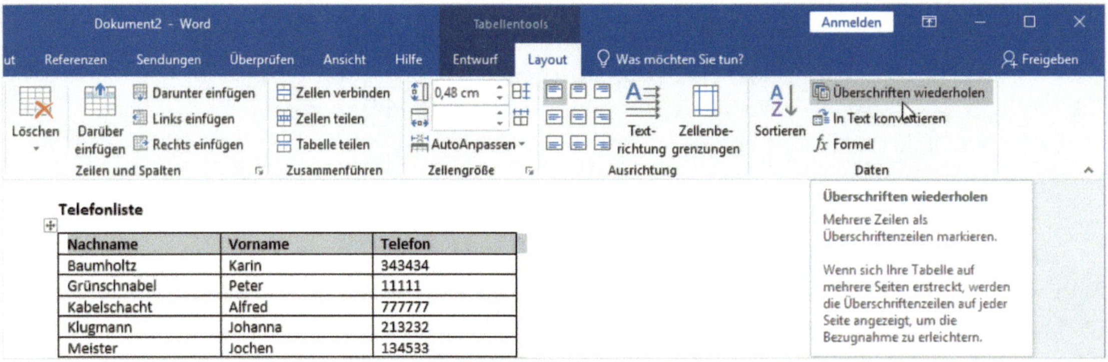

Bild 7.27 Überschriften auf mehreren Seiten wiederholen

7.4 Tabelle formatieren

Zum Formatieren von Tabellen können Sie alle Formatierungsmöglichkeiten von Word verwenden. Diese wurden bereits in Kapitel 4 ausführlich beschrieben, daher befassen wir uns hier nur mit den tabellenspezifischen Besonderheiten.

Textausrichtung und -abstand

Bild 7.28 Textausrichtung

Neben den bereits bekannten Möglichkeiten der horizontalen Textausrichtung können Sie in Tabellenzellen auch die vertikale Ausrichtung steuern. Standardmäßig wird Text linksbündig und oben ausgerichtet; weitere Möglichkeiten, wie z. B. Mitte rechts, erhalten Sie über die Schaltflächen der Gruppe *Ausrichtung* im Register *Layout*.

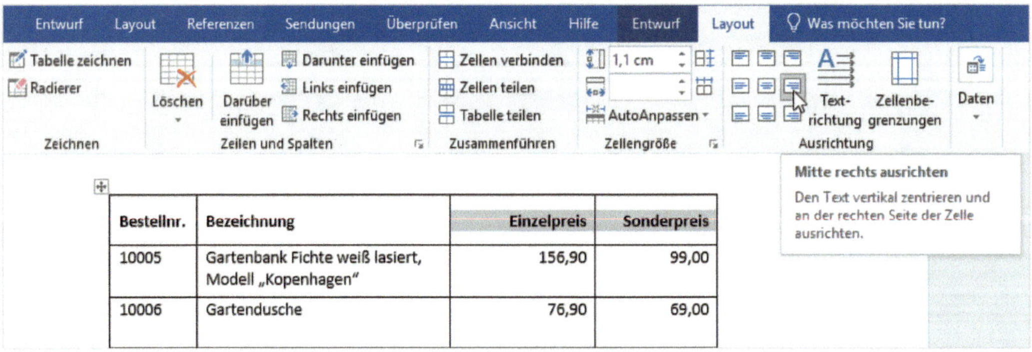

Text drehen

In derselben Gruppe finden Sie die Schaltfläche *Textrichtung*, mit der Sie in einer Zelle die Zeichen drehen können. Jeder Mausklick auf die Schaltfläche dreht den markierten Text um jeweils 90 Grad.

Bild 7.29 Textrichtung ändern

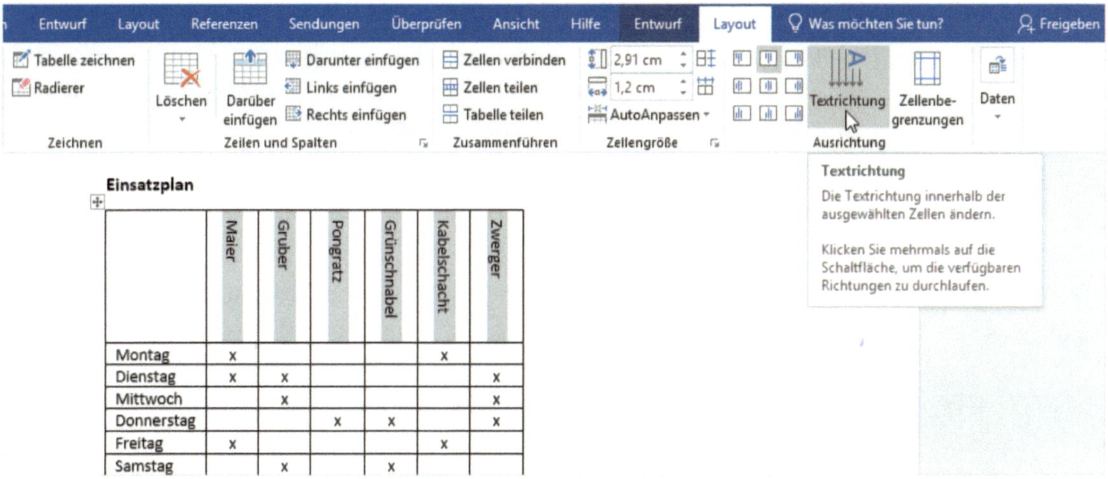

Abstand zum Text

Die Schaltfläche *Zellenbegrenzungen* öffnet ein Dialogfenster, in dem Sie die Abstände zwischen Text und Zellbegrenzungslinien festlegen können, die Zeilenhöhen passen sich automatisch an. Diese Abstände gelten automatisch für die gesamte Tabelle, Sie brauchen also nichts markieren, es reicht, wenn sich der Cursor in der Tabelle befindet..

Bild 7.30 Textabstand

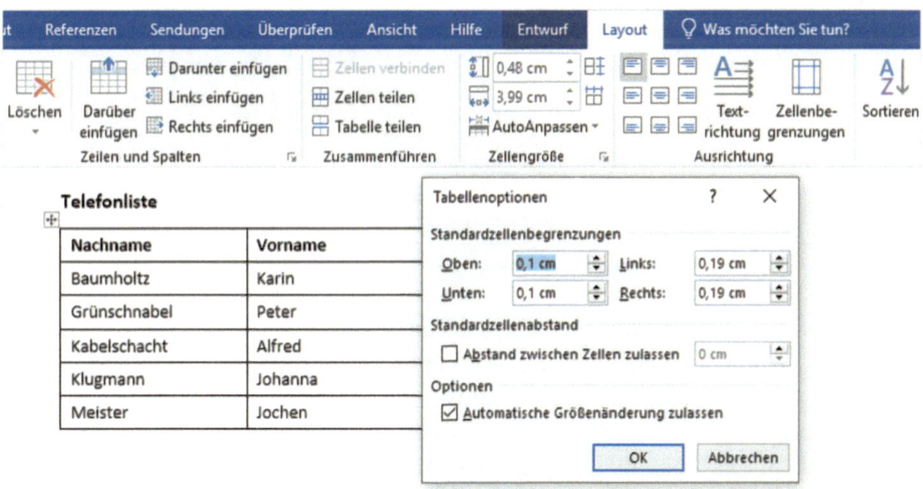

Tipp: Verwenden Sie einen Textabstand nach oben und unten statt einer festen Zeilenhöhe. Dies erhöht die Lesbarkeit und ihre Tabellen erhalten in den meisten Fällen ein wesentlich einheitlicheres Aussehen.

Formatvorlagen für Tabellen

Zur schnellen Formatierung mit Rahmenlinien und Füllfarben (Schattierung) können Sie eine der Vorlagen im Register *Entwurf* verwenden. Ein Mausklick auf den Pfeil *Weitere* öffnet in der Gruppe *Tabellenformatvorlagen* den gesamten Vorlagenkatalog.

Beachten Sie

- Die Farben entsprechen den Designfarben, mit der Wahl anderer Farben ändern sich auch die Tabellenformatvorlagen entsprechend.
- Die Tabelle sollte vorab keine zusätzlichen Zeichenformate, z. B. Fett aufweisen, da die meisten Vorlagen eigene Formatierungen mitbringen. Eine vorhandene Ausrichtung, etwa rechtsbündig, wird dagegen beibehalten.
- In der Gruppe *Tabellenformatoptionen* können Sie über Kontrollkästchen steuern, ob von der gewählten Vorlage auch Sonderformate, beispielsweise für Überschrift- und Ergebniszeilen, erste oder letzte Spalte, übernommen werden sollen.

Bild 7.31 Tabellenformatvorlagen

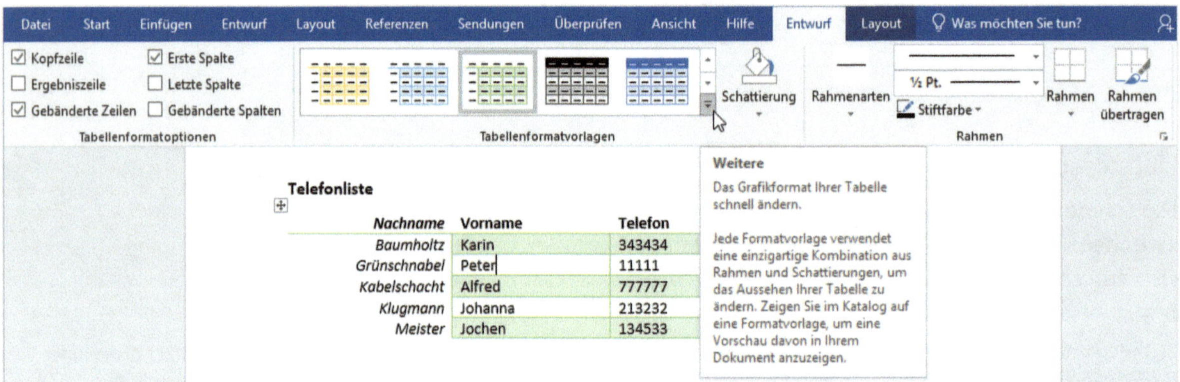

Falls Ihnen die gewählte Formatvorlage später nicht mehr zusagt, so wählen Sie aus dem *Formatvorlagenkatalog* in der Gruppe *Einfache Tabelle* die erste Vorlage links oben, *Tabellenraster*. Damit erhält die Tabelle ihr ursprüngliches Aussehen zurück.

Tabelle mit individuellen Rahmen und Farben versehen

Falls Sie anstelle der Vorlagen lieber eigene Formate verwenden möchten, so markieren Sie die betreffenden Zellen bzw. die gesamte Tabelle und benutzen Sie die Schaltflächen *Schattierung* und *Rahmen* ❶, entweder im Register *Entwurf* oder im Register *Start*. Der Befehl *Rahmen und Schattierung...* ❷ öffnet das Dialogfenster *Rahmen und Schattierung*, das Sie bereits aus Lektion 4 kennen dürften. Im Feld *Übernehmen für* wählen Sie zwischen *Text*, *Absatz*, *Zelle* (markierter Bereich) und *Tabelle* ❸.

Im Unterschied zu Absätzen sind hier zusätzlich die Varianten *Rahmenlinien außen* bzw. *innen* sowie *Horizontale* und *Vertikale Rahmenlinien innen* von Interesse, ein Beispiel sehen Sie auf der nächsten Seite.

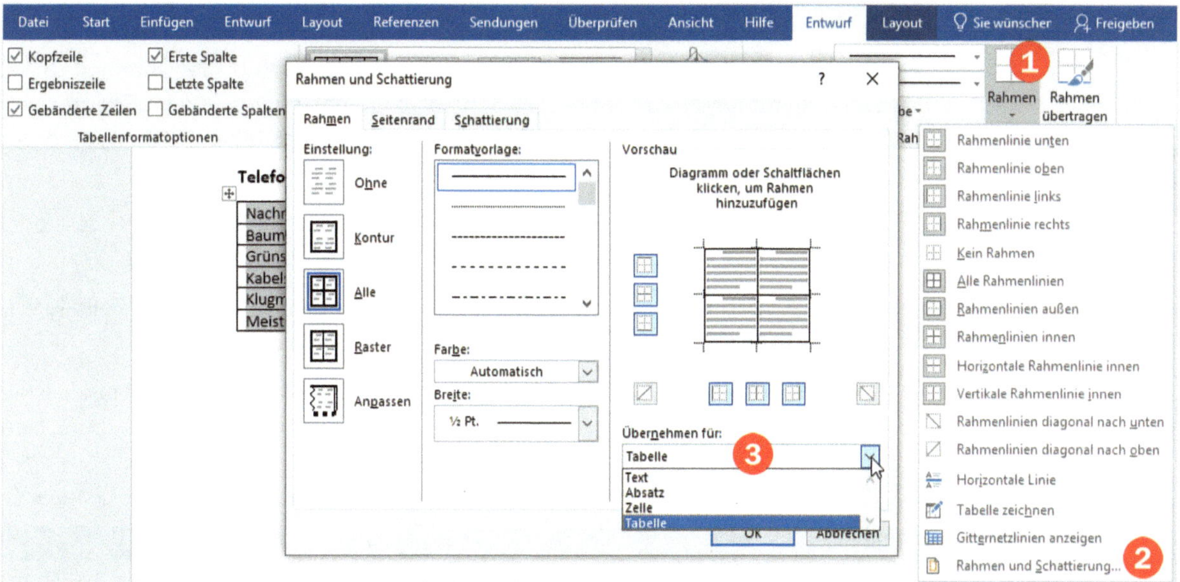

Bild 7.32 Rahmenlinien

Tabelle ohne Rahmenlinien

Eine Tabelle leistet in vielen Fällen gute Dienste zum Ausrichten von Text auch ohne Rahmenlinien, z. B. wenn Sie einen tabellarischen Lebenslauf erstellen möchten. Standardmäßig erhält eine Tabelle beim Einfügen Rahmenlinien und diese erscheinen auch auf dem Ausdruck. Um von einer Tabelle die Rahmenlinien zu entfernen, markieren Sie die Tabelle, klicken auf die Schaltfläche *Rahmen* und auf die Auswahl *Kein Rahmen*.

Gitternetzlinien anzeigen

Bei Tabellen ohne Rahmenlinien, wie im Bild unten links, sollten Sie dafür sorgen, dass am Bildschirm die Gitternetzlinien der Tabelle sichtbar sind. Diese erscheinen am Bildschirm im Gegensatz zu den Rahmenlinien als gestrichelte graue Linien. Sie werden nicht gedruckt, geben aber Anhaltspunkte über die Tabelleneinteilung und leisten gute Dienste beim Ändern der Spaltenbreite mit der Maus. Zum Ein- und Ausblenden der Gitternetzlinien klicken Sie auf die Schaltfläche *Rahmen* und aktivieren die Einstellung *Gitternetzlinien anzeigen* (siehe Bild oben). Oder benutzen Sie dazu im Register *Tabellentools - Layout* die Schaltfläche *Gitternetzlinien anzeigen*.

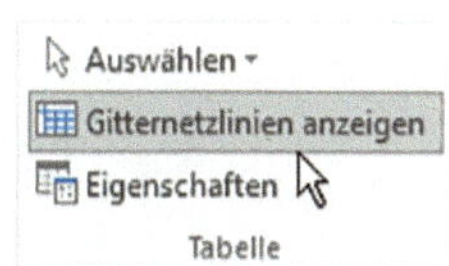

Bild 7.33 Tabelle ohne und mit Gitternetzlinien

Telefonliste

Nachname	Vorname	Telefon
Baumholtz	Karin	343434
Grünschnabel	Peter	11111
Kabelschacht	Alfred	777777
Klugmann	Johanna	213232
Meister	Jochen	134533

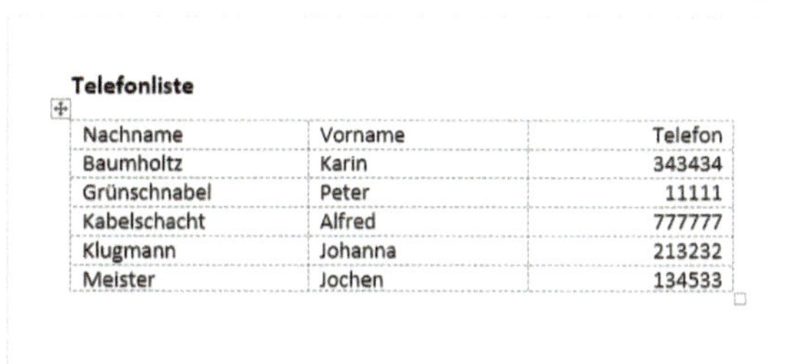

Telefonliste

Nachname	Vorname	Telefon
Baumholtz	Karin	343434
Grünschnabel	Peter	11111
Kabelschacht	Alfred	777777
Klugmann	Johanna	213232
Meister	Jochen	134533

Rahmenlinien zeichnen

Eine andere Möglichkeit der Formatierung mit Rahmenlinien besteht darin, dass Sie die Linien mit der Maus zeichnen. Die Schaltflächen dazu finden Sie im Register *Entwurf* in der Gruppe *Rahmen*. Im Gegensatz zur oben beschriebenen Methode brauchen Sie dabei nichts markieren, so gehen Sie vor:

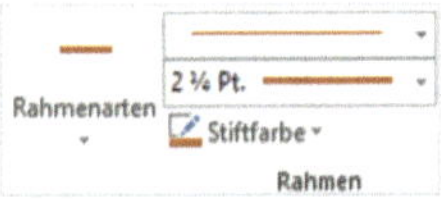

1 Legen Sie im ersten Schritt Linienart, Linienbreite und Stiftfarbe ❶ fest oder wählen Sie über die Schaltfläche *Rahmenarten* eine der Vorlagen aus.

2 Als Mauszeiger erscheint ein Stift ❷ und Sie können nun auf eine Zellbegrenzung klicken oder mit gedrückter Maustaste Linien nachziehen.

3 Zum Beenden des Zeichnen-Modus deaktivieren Sie entweder per Mausklick die Schaltfläche *Rahmen übertragen* ❸ oder drücken die Esc-Taste der Tastatur. Den Zeichnen-Modus können Sie jederzeit mit einem Klick auf *Rahmen übertragen* wieder aktivieren, Word verwendet automatisch die zuletzt gewählte Linienart.

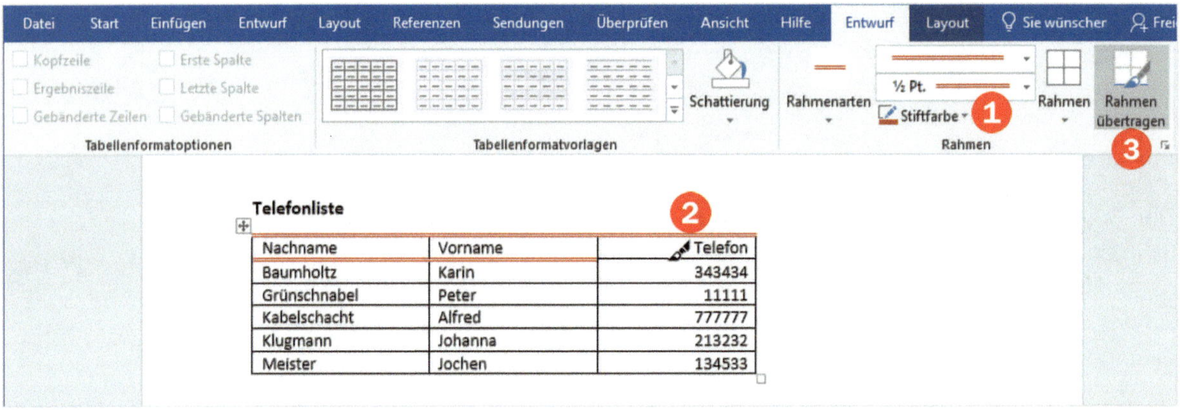

Bild 7.34 Rahmenlinien zeichnen

> **Hinweis**: Die Rahmenvarianten der Schaltfläche *Rahmen* verwenden dieselben Einstellungen wie der Zeichnen-Modus. Falls Sie wieder einfache schwarze Rahmenlinien über diese Schaltfläche zuweisen möchten, müssen Sie zuvor wieder Linienart und Stiftfarbe ändern.

Statt mit der Maus zu zeichnen, können Sie auch Linienart, Linienbreite und -farbe auswählen und dann mit Klick auf die Schaltfläche *Rahmen* eine Rahmenlinie, z. B. *Rahmenlinien außen* oder *Rahmenlinie unten* auswählen (siehe Bild 7.32 auf Seite 231).

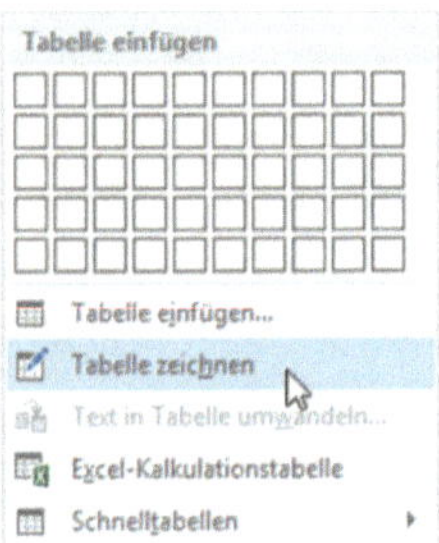

Tabelle zeichnen

Mit derselben Technik wie beim Zeichnen von Rahmenlinien können Sie auch neue Tabellen zeichnen anstatt einfügen. Dazu klicken Sie im Register *Einfügen* auf *Tabelle* und auf *Tabelle zeichnen*. Der Mauszeiger verwandelt sich in einen Stift und Sie können im Dokument an beliebiger Stelle mit gedrückter Maustaste eine Tabelle zeichnen.

- Beginnen Sie immer mit einem Rechteck als äußerer Umrandung der gesamten Tabelle, anschließend zeichnen Sie beliebig waagrechte und senkrechte Linien.
- Sobald Sie die Umrandung gezeichnet haben, erscheinen auch die Register *Entwurf* und *Layout* und Sie können nun auch eine andere Linienart wählen, bevor Sie mit dem Zeichnen fortfahren. Zum Beenden des Zeichnen-Modus drücken Sie wieder entweder die Esc-Taste oder klicken auf *Rahmen übertragen*.

Bild 7.35 Tabelle zeichnen

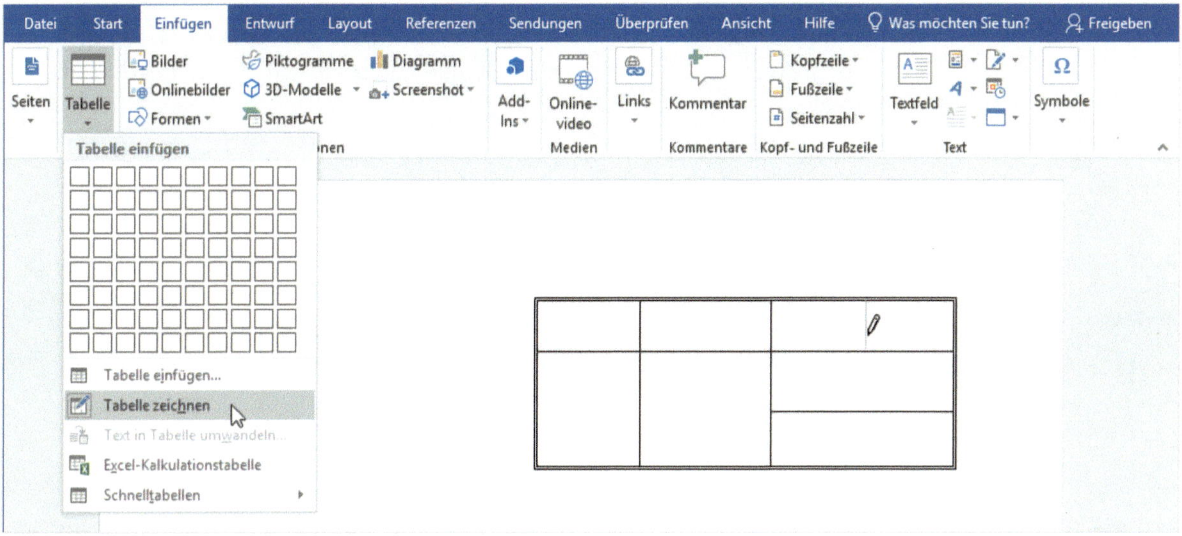

Gezeichnete Linien entfernen

Versehentlich gezeichnete Linien können Sie mit Hilfe des Radierers schnell wieder entfernen. Aktivieren Sie dazu im Register *Layout* ▶ *Zeichnen* mit einem Klick den *Radierer* ❶. Anschließend klicken Sie wie beim Zeichnen mit dem Radierer als Mauszeiger auf die zu entfernenden Linien. Oder markieren Sie die betreffenden Zellen und klicken im Register *Layout* auf *Zellen verbinden*.

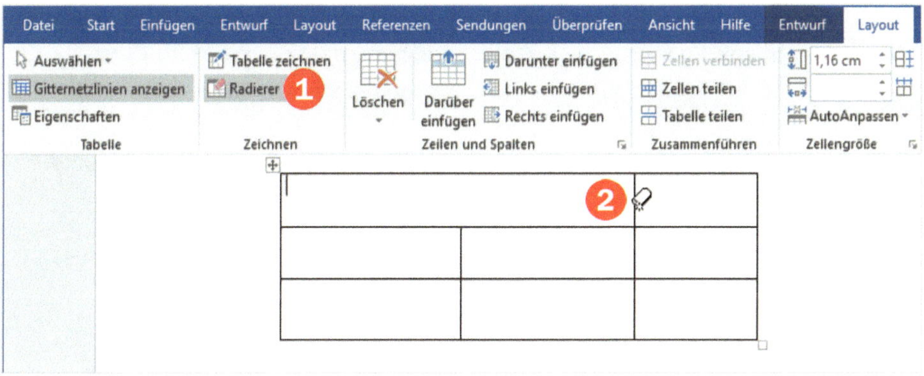

Bild 7.36 Linien mit dem Radierer entfernen

7.5 Text in Tabelle umwandeln und umgekehrt

Falls Sie bereits Text mit Tabstopps oder Semikolon als Trennzeichen eingegeben haben, können Sie diese Absätze nachträglich in eine Tabelle umwandeln.

1 Markieren Sie dazu alle entsprechenden Absätze, klicken Sie im Register *Einfügen* auf *Tabelle* und auf *Text in Tabelle umwandeln...*.

2 Wählen Sie unter *Text trennen bei* das verwendete Trennzeichen, z. B. Semikolon, als Einstellung für optimale Breite können Sie zunächst die Standardeinstellung *Feste Spaltenbreite* beibehalten.

3 Die Anzahl der Spalten im Feld *Spaltenanzahl* braucht nicht angegeben werden, diese werden bei der Wahl des richtigen Trennzeichens automatisch erkannt.

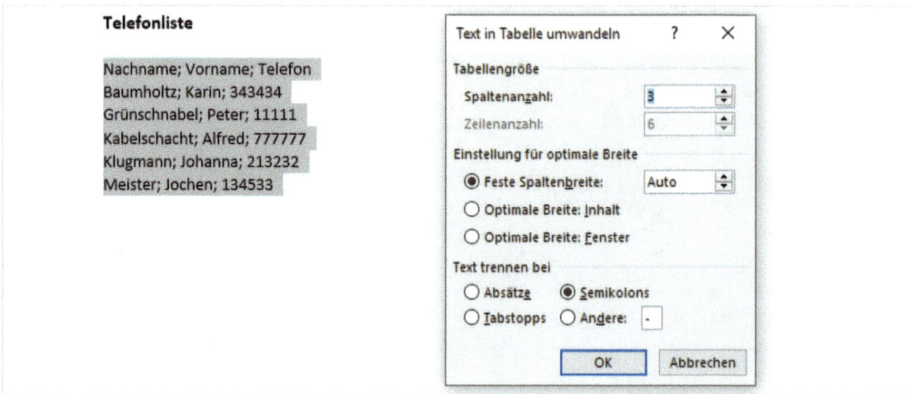

Bild 7.37 Text mit Trennzeichen in Tabelle umwandeln

Tabelle in Text umwandeln

Wenn Sie umgekehrt eine Tabelle in Text umwandeln möchten, dann klicken Sie in die Tabelle ❶ und im Register *Tabellentools - Layout* ▶ *Daten* auf *In Text konvertieren* ❷. Wählen Sie im nachfolgenden Fenster *Tabelle in Text umwandeln* ❸ das gewünschte Trennzeichen, z. B. Tabstopps und klicken Sie auf *OK*. Falls Sie ein anderes Trennzeichen benötigen, z. B. Komma, dann klicken Sie auf *Andere* und geben das Trennzeichen ein.

Bild 7.38 Tabelle in Text umwandeln

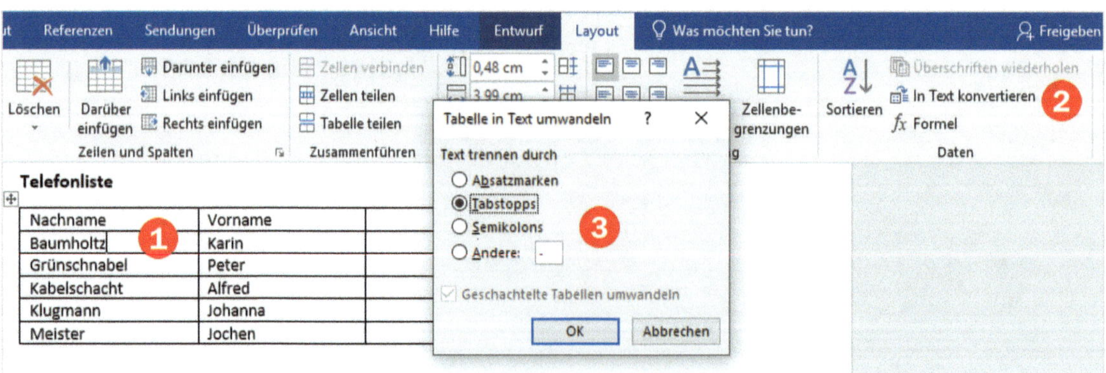

7.6 Übung

Teil 1

Erstellen Sie ein neues Dokument, das Sie unter dem Namen Kap_07_Übung.docx speichern. Erfassen Sie eine Speisekarte mit beliebigem Inhalt nach dem unten abgebildeten Muster:

Tabstopps Übung

Speisekarte

Pizza Margherita (Tomaten, Mozzarella) 6,30

Pizza Funghi (Tomaten, Käse, Pilze) 8,20

Pizza Calzone (Tomaten, Käse, Schinken) 10,90

Pizza Salami (Tomaten, Käse, Salami, Oliven) 11,20

Hinweise und Tipps

- Achten Sie beim Setzen der Tabstopps darauf, dass sich der Cursor im richtigen Absatz befindet.
- Wählen Sie als Ausrichtung rechtsbündig oder dezimal und legen Sie Punkte als Füllzeichen fest.
- Während der Eingabe erscheinen die Füllzeichen erst nach dem Drücken der Tab-Taste. Beenden Sie jeden Absatz mit der Eingabetaste, auf diese Weise übernehmen Sie den Tabstopp auch in den nachfolgenden Absatz.

Teil 2

Fügen Sie unterhalb der Speisekarte zwei bis drei Leerzeilen ein und entfernen Sie aus diesen alle eventuell vorhandenen Tabstopps.

Fügen Sie hier eine Tabelle ein, die Sie nach dem unten abgebildeten Muster gestalten, die Farben können beliebig gewählt werden. Beachten Sie folgende Vorgaben:

- Zeile 1 der Tabelle erhält Zeilenhöhe 1 cm, alle übrigen Zeilen die Höhe 0,6 cm.
- Die Spalten 3 bis 8 erhalten gleiche Spaltenbreite.
- Richten Sie die Inhalte aller Zellen vertikal zentriert aus.

Tabelle Übung

Preisliste		**Bodenbeläge** Preise pro m^2					
		Parkett			**Laminat**		
		3,5 mm	5 mm	6 mm	2 mm	2,5 mm	3 mm
Landhaus	Buche						
	Bambus						
	Eiche						
	Kiefer						
Schiffsboden	Buche						
	Eiche						
	Kiefer						
	Fichte						
	Ahorn						

Hinweise und Tipps

- Am einfachsten beginnen Sie, indem Sie zuerst eine Tabelle mit höchsten Anzahl benötigter Spalten, in diesem Fall 8 Spalten, und einigen Zeilen einfügen.
- Bevor Sie Zellen verbinden, sollten Sie die Spalten drei bis sechs mit einheitlicher Spaltenbreite formatieren und die Breite für Spalte eins und zwei festlegen.
- Verbinden Sie dann in der ersten Spalte die Zellen und ändern die Textrichtung auf senkrecht. Verbinden Sie auch die Zellen der Überschriftzeilen.
- Entfernen Sie die Linien in der linken oberen Ecke (Preisliste). Die Formatierung mit unterschiedlichen Rahmenlinien erledigen Sie am besten durch Zeichnen.

8 Bilder und grafische Elemente einfügen

In diesem Kapitel lernen Sie...

- Bilder einfügen und im Dokument positionieren
- Bilder im Web suchen und einfügen
- Bilder und Grafiken bearbeiten und mit Effekten versehen
- Formen verwenden und ausrichten
- WordArt-Objekte und grafische Layouts (SmartArt) verwenden
- Freihandformen zeichnen
- Textfelder einfügen

Das sollten Sie bereits wissen

- Texteingabe und -korrektur
- Zeichen und Absätze formatieren
- Druckseite einrichten, Seitenlayout gestalten

8.1 Bild oder Grafik einfügen

In ein Word-Dokument lassen sich Bilder und Grafiken aus verschiedensten Quellen einfügen. Sie können Fotos und Grafiken verwenden, die auf Festplatte oder *OneDrive* gespeichert sind. Sie können aber auch Bilder aus dem Web einfügen, sollten allerdings bei deren Verwendung beachten, dass diese Bilder in der Regel dem Urheberrecht unterliegen.

Ein Bild von Festplatte oder OneDrive einfügen

1 Positionieren Sie den Cursor im Dokument an derjenigen Stelle, an der Sie das Bild einfügen möchten, am besten vorerst in einem leeren Absatz und klicken Sie auf das Register *Einfügen*. Wenn das gewünschte Bild als Grafikdatei auf der Festplatte Ihres PCs oder in einem OneDrive-Ordner gespeichert ist, dann klicken Sie auf *Bilder*.

Bild 8.1 Bild aus Datei einfügen

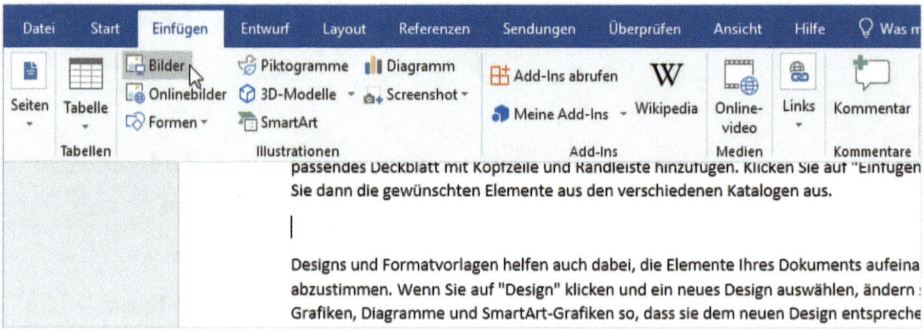

2 Das Fenster *Grafik einfügen* öffnet sich; navigieren Sie zum Ordner, der das gesuchte Bild enthält.

3 Klicken Sie auf das Bild und anschließend auf die Schaltfläche *Einfügen*. Als Alternative können Sie das Bild mit einem Doppelklick sofort einfügen.

Bild 8.2 Grafikdatei auswählen

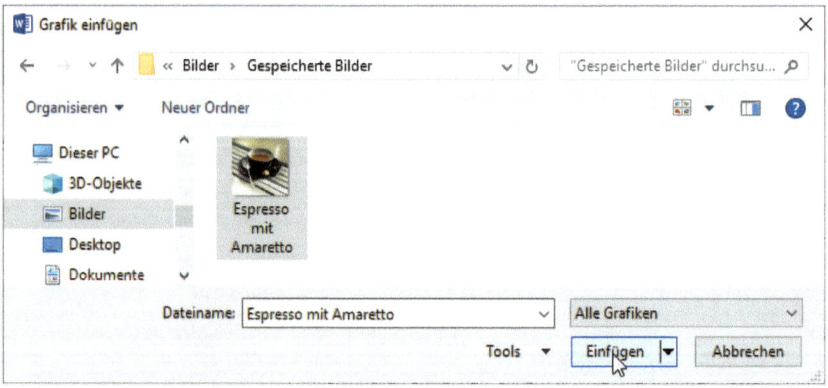

Online-Bilder

Wenn Sie ein Bild aus dem Web einfügen möchten, dann gehen Sie genauso vor, klicken aber im Register *Einfügen* auf *Onlinebilder*.

Bilder suchen

Das Fenster *Online-Bilder* wird geöffnet und listet verschiedene Kategorien auf. Sie können nun entweder mit einem Klick auf eine Kategorie z. B. *Tiere* oder *Auto* ❶ diese durchsuchen oder geben Sie in das Suchfeld einen Suchbegriff ein ❷ und starten die Suche durch Drücken der Eingabetaste. In beiden Fällen liefert der Microsoft Suchdienst Bing die Ergebnisse.

Beachten Sie das Urheberrecht

Als Suchergebnisse erhalten Sie zunächst Bilder und Grafiken, die unter Creative Commons ❸ lizenziert sind. Das bedeutet, Sie erhalten Nutzungsrechte, die über das Urheberrecht hinausgehen, in der einfachsten Form beinhaltet dies nur die Nennung des Namens des Rechtsinhabers. Weitere Informationen erhalten Sie, wenn Sie am unteren Rand des Fensters auf den Link *Hier erfahren Sie mehr* ❹ klicken. Um mehr über ein Bild zu erfahren, klicken Sie auf die drei Punkte in dessen unterer rechter Ecke ❺. Diese erscheinen, sobald Sie auf ein Bild zeigen.

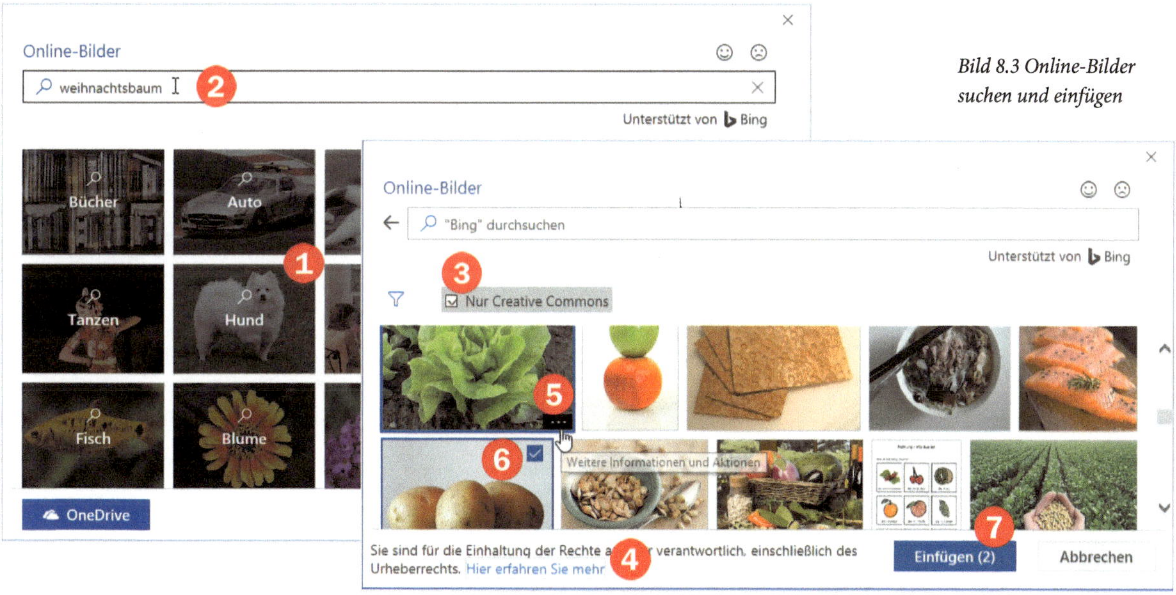

Bild 8.3 Online-Bilder suchen und einfügen

Bild einfügen

Zum Einfügen markieren Sie mit einem Mausklick das gewünschte Bild ❻ und klicken auf die Schaltfläche *Einfügen* ❼. Sie können auch nacheinander mehrere Bilder anklicken und diese anschließend mit einem einzigen Klick einfügen, die Schaltfläche *Einfügen* zeigt die Anzahl der ausgewählten Bilder an.

8.2 Bild bearbeiten

Nur selten ist das Ergebnis bereits nach dem Einfügen eines Bildes zufriedenstellend. Häufig ist das Bild zu groß, vielleicht benötigen Sie aber auch nur einen Ausschnitt aus dem Bild.

Bild markieren

Vor jeder weiteren Bearbeitung müssen Sie das Bild markieren. Dazu genügt ein Mausklick in das Bild. Ein markiertes Bild erkennen Sie an den Markierungspunkten in den Ecken ❶ und in der Mitte jeder Seite, außerdem erscheint an seiner rechten oberen Ecke eine kleine Schaltfläche mit Layoutoptionen ❷ (siehe Bild 8.4). Zusammen mit dem markierten Bild ist im Menüband das *Bildtools* Register *Format* mit Schaltflächen zur weiteren Bearbeitung verfügbar.

Bild 8.4 In das Dokument eingefügte und markierte Grafik

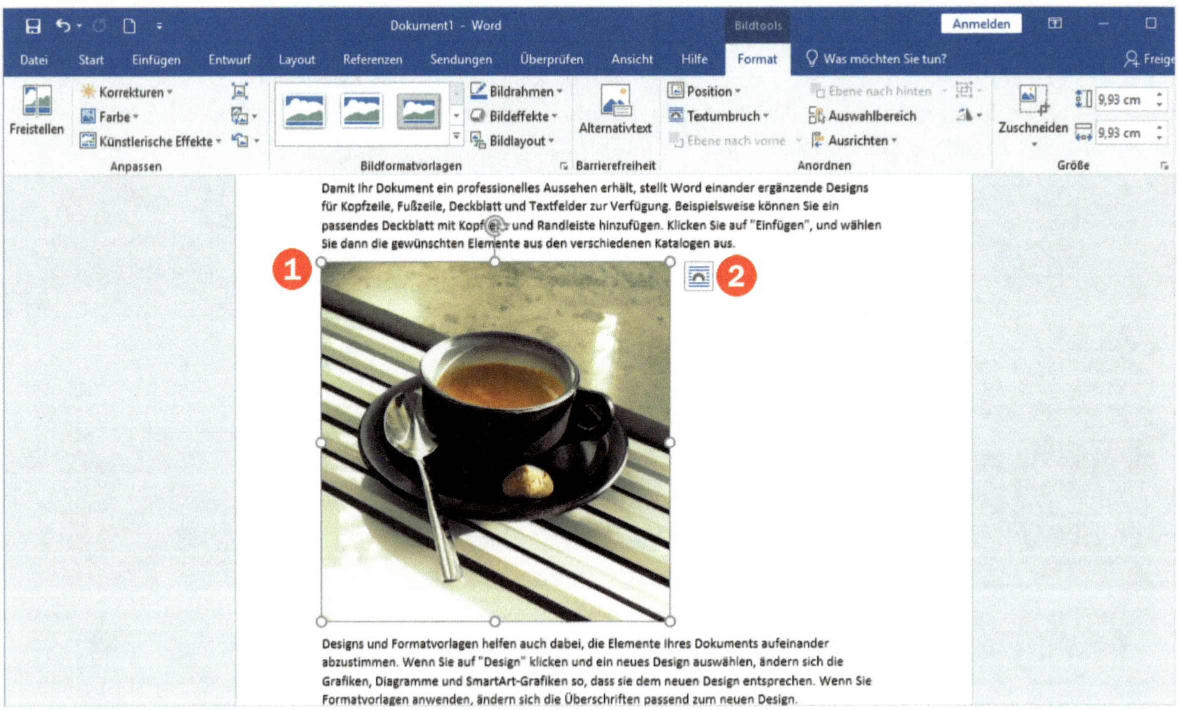

Bild aus dem Dokument entfernen

Um ein Bild aus dem Dokument zu entfernen, markieren Sie es mit einem Mausklick und betätigen anschließend die Entf-Taste.

Die Bildgröße ändern

Die Größe eines Bildes ändern Sie am einfachsten mit der Maus: Markieren Sie das Bild und zeigen Sie auf einen der Eckpunkte. Sobald sich der Mauszeiger in einen Doppelpfeil verwandelt, können Sie mit gedrückter linker Maustaste diese Ecke in eine der beiden Richtungen ziehen und so das Bild vergrößern oder verkleinern.

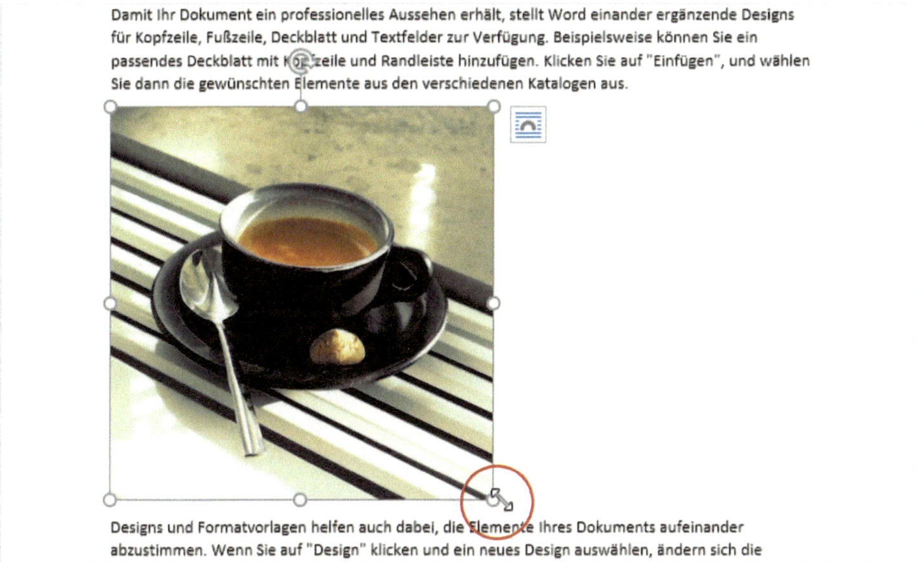

Bild 8.5 Ändern Sie die Größe durch Ziehen mit der Maus an den Eckpunkten

Achtung: Wenn Sie ausschließlich die Eckpunkte zur Größenänderung benutzen, dann wird das ursprüngliche Seitenverhältnis beibehalten. Die Markierungspunkte in der Mitte jeder Seite lassen dagegen nur horizontale oder vertikale Änderungen zu, auf diese Weise wird das Bild verzerrt.

Als Alternative oder zur Angabe exakter Maße klicken Sie auf das Register *Bildtools - Format* ❶. In der Gruppe *Größe* können Sie über Eingabefelder ❷ bzw. kleine Pfeile die genaue Höhe oder Breite festlegen, die Größe des Bildes ändert sich in diesem Fall ebenfalls proportional.

Bild 8.6 Exakte Maße festlegen

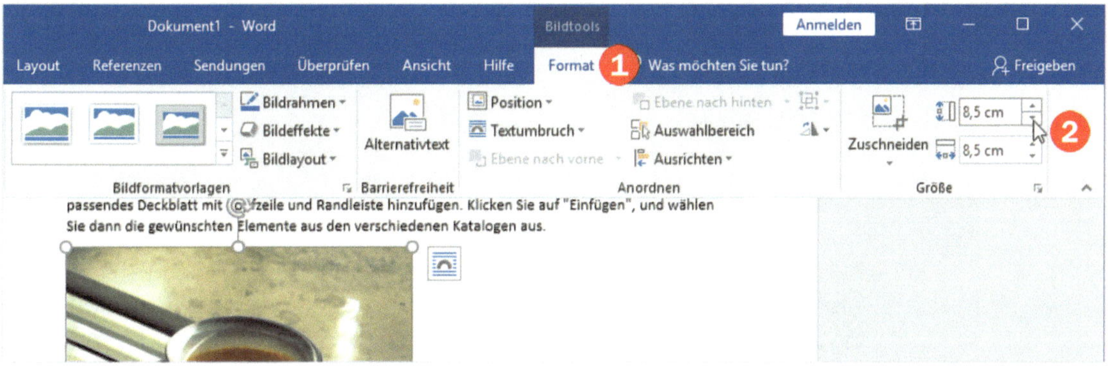

Bild zuschneiden

Möchten Sie die Größe beibehalten und einen Teil des Bildes wegschneiden, dann verwenden Sie dazu im Register *Format*, Gruppe *Größe*, die Schaltfläche *Zuschneiden*. Der Mauszeiger nimmt eine andere Form an und Sie können mit gedrückter Maustaste das Bild an den gekennzeichneten Stellen zuschneiden. Die Originalumrisse sind zunächst noch sichtbar, verschwinden aber, sobald das Bild nicht mehr markiert ist.

Bild 8.7 Bild zuschneiden

Weitere Varianten erhalten Sie über den Dropdown-Pfeil der Schaltfläche *Zuschneiden*:

- *Auf Form zuschneiden* erlaubt das Zuschneiden auf eine beliebige Form, zum Beispiel Ellipse, wie in Bild 8.8.
- Mit der Auswahl *Seitenverhältnis* schneiden Sie das Bild auf ein bestimmtes Seitenverhältnis zu, ohne dabei die Originalproportionen zu ändern. Anschließend verschieben Sie das Bild mit der Maus, um einen Bildbereich auszuwählen (Bild 8.9). Sie sehen zunächst eine Vorschau, die grauen abgeschnittenen Bereiche verschwinden erst, wenn Sie mit der Maus an einen beliebige andere Stelle klicken.

Bild 8.8 Auf Form zuschneiden (Ellipse)

Bild 8.9 Seitenverhältnis

- Als dritte Möglichkeit können Sie zunächst ein bestimmtes Seitenverhältnis wählen und dann mit *Einpassen* in einem zweiten Schritt die Größe des Bildes an den neuen Bildbereich anpassen.

Bild schnell wieder auf die ursprüngliche Größe zurücksetzen

Möglicherweise haben Sie bei der Größenänderung das Bild versehentlich verzerrt oder zu viel weggeschnitten. Neben der Möglichkeit, solche Änderungen über das Symbol der Schnellzugriffsleiste sofort anschließend wieder Rückgängig zu machen, können Sie auch später die ursprüngliche Größe des Bildes schnell wiederherstellen. Dazu markieren Sie das Bild und klicken im Register *Bildtools - Format* ▶ *Anpassen* auf den Dropdown-Pfeil der Schaltfläche *Zurücksetzen* und hier auf *Bild und Größe zurücksetzen*. Allerdings gehen damit auch alle zwischenzeitlich vorgenommenen Bildformatierungen, z. B. Rahmen verloren.

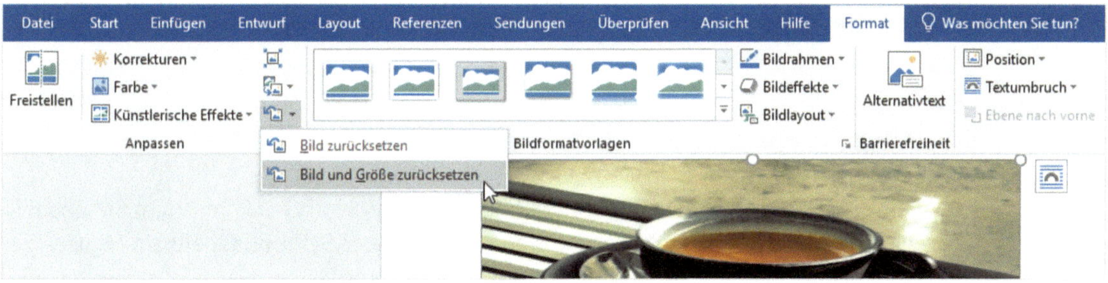

Bild 8.10 Bildgröße zurücksetzen

Weitere Einstellungen zur Größenänderung

Alle Möglichkeiten der Größenänderung finden Sie auch im Dialogfenster *Layout*, das Sie über einen Mausklick auf das Pfeilsymbol der Gruppe *Größe* oder über den Befehl *Größe und Position…* aus dem Kontextmenü der rechten Maustaste erreichen. Klicken Sie auf das Register *Größe*, hier finden Sie folgende Möglichkeiten:

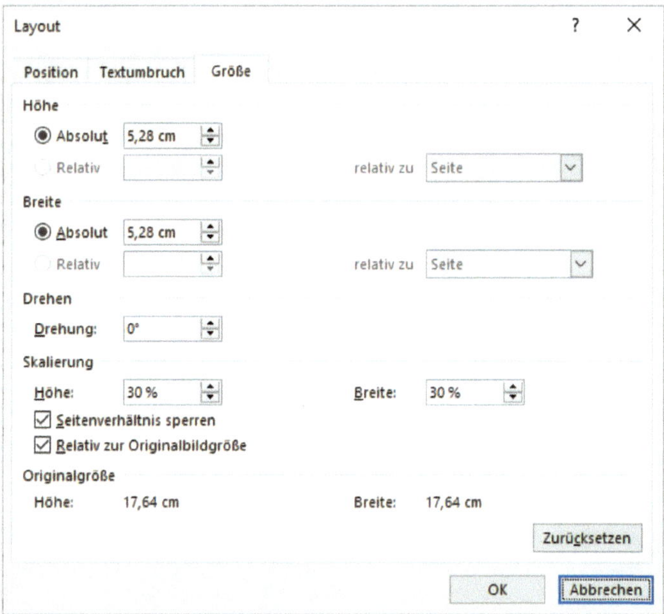

Bild 8.11 Einstellungen im Fenster Layout

- Unter *Höhe* und *Breite* geben Sie in den Feldern *Absolut* die Maße in cm ein. Relative Höhe und Breite und eine entsprechende Bezugsangabe sind nur für Zeichnungselemente bzw. Formen verfügbar.
- Oder wählen Sie unter *Skalierung* eine prozentuale Größenänderung. Sowohl bei der Eingabe von Breite oder Höhe als auch bei Prozentangaben sorgt das standardmäßig aktivierte Kontrollkästchen *Seitenverhältnis sperren* dafür, dass das ursprüngliche Verhältnis von Breite und Höhe beibehalten wird.
- Ist zusätzlich das Kontrollkästchen *Relativ zur Originalgröße* aktiviert, so beziehen sich alle prozentualen Änderungen immer auf die ursprüngliche Bildgröße.
- Die Schaltfläche *Zurücksetzen* nimmt alle Änderungen zurück und das Bild erhält wieder die Originalgröße, siehe oben.

Ein Bild drehen oder spiegeln

Oberhalb eines markierten Bildes befindet sich ein Symbol ❶, mit dem Sie das Bild mit der Maus frei drehen können. Zeigen Sie auf dieses Symbol; sobald am Mauszeiger ein kreisförmiger Pfeil erscheint, können Sie mit gedrückter linker Maustaste das Bild beliebig drehen. Für eine exakte Drehung oder seitenverkehrte Spiegelung markieren Sie das Bild und klicken im Register *Format*, Gruppe *Anordnen*, auf die Schaltfläche *Objekte drehen* ❷.

Bild 8.12 Bild drehen

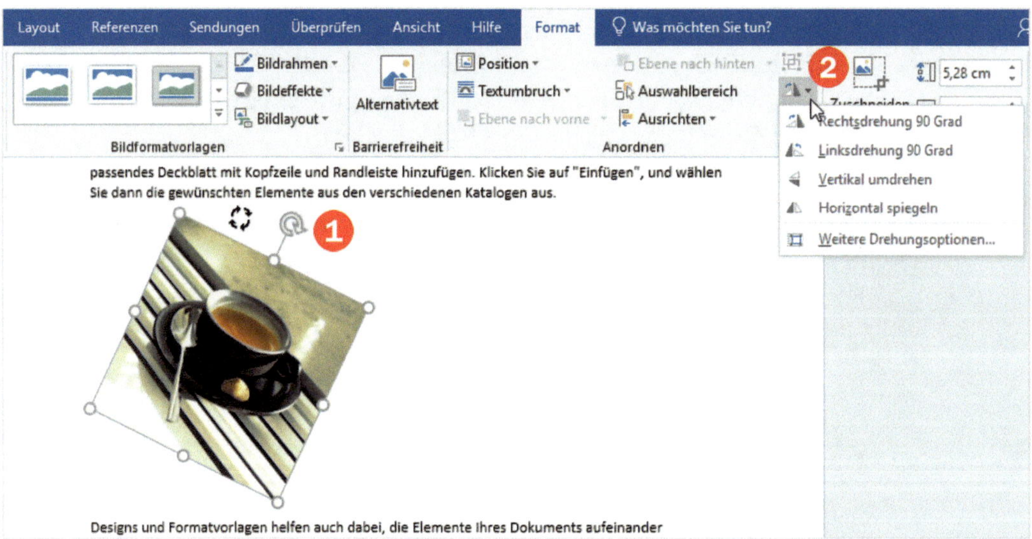

Die Bildbearbeitungstools von Word

Im Register *Bildtools - Format,* Gruppe *Anpassen* finden Sie einige Bearbeitungsmöglichkeiten für das Bild selbst.

Über die Schaltfläche *Korrekturen* können Sie Schärfe, Helligkeit und Kontrast verändern, mit *Farbe* ändern Sie den Farbton oder färben das Bild neu ein, z. B. Graustufen oder Schwarzweiß. Hier finden Sie auch den Befehl *Transparente Farbe bestimmen*, mit dessen Hilfe Sie einen bestimmten Bereich transparent machen können. *Künstlerische Effekte* öffnet einen Katalog verschiedener Verfremdungseffekte.

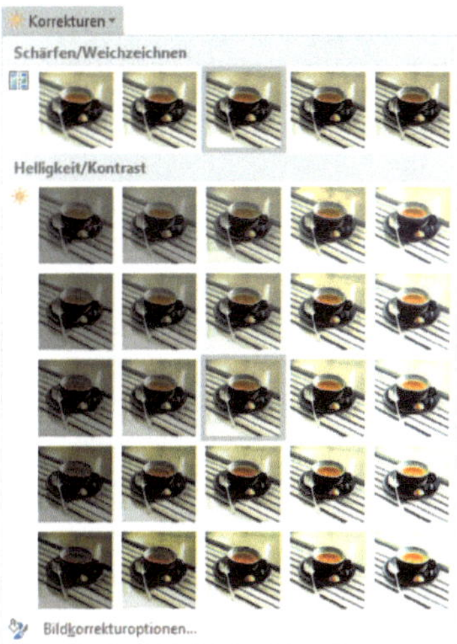

Bild 8.13 Korrekturen

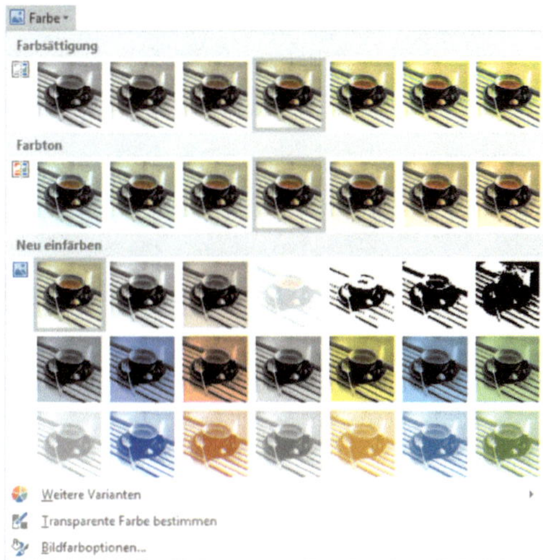

Bild 8.14 Farbe

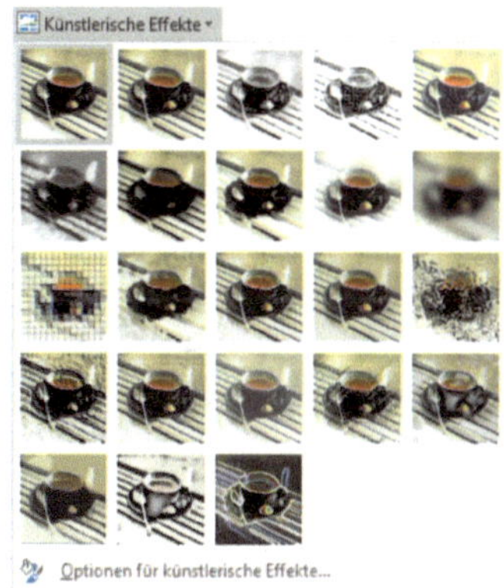

Bild 8.15 Künstlerische Effekte

Die weiteren Möglichkeiten der Gruppe *Anpassen*:

- **Freistellen**
  Bildbereiche transparent machen und so den Hintergrund von Bildern entfernen.

- **Bilder komprimieren**
  Das markierte Bild oder alle Bilder komprimieren, um den Speicherplatzbedarf der Datei zu verringern.

- **Bild ändern**
  Das markierte Bild durch ein anderes ersetzen, Größe und Formatierungen bleiben erhalten.

- **Bild zurücksetzen**
  Die Schaltfläche *Bild zurücksetzen* entfernt alle Bildbearbeitungen.

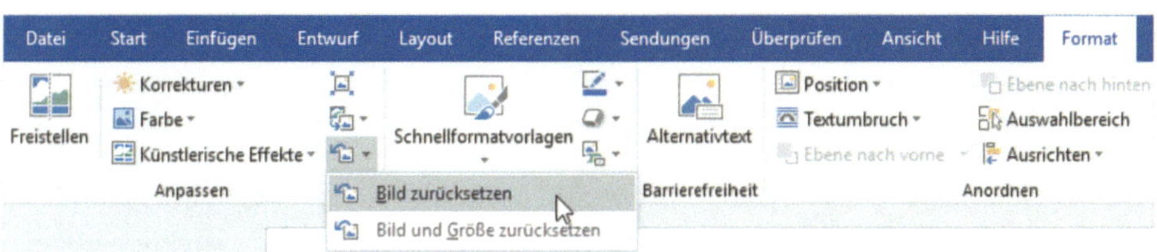

Bild 8.16 Bild zurücksetzen

Ein Bild mit Rahmen- und weiteren grafischen Effekten versehen

Einfacher Rahmen

Um ein Bild mit einer einfachen Rahmenlinie zu versehen, klicken Sie in der Gruppe *Bildformatvorlagen* auf die Schaltfläche *Bildrahmen* und wählen Linienfarbe, -stärke und Strichart aus. Zum Entfernen eines Rahmens wählen Sie *Keine Kontur*.

Bild 8.17 Rahmenlinie und Rahmenfarbe

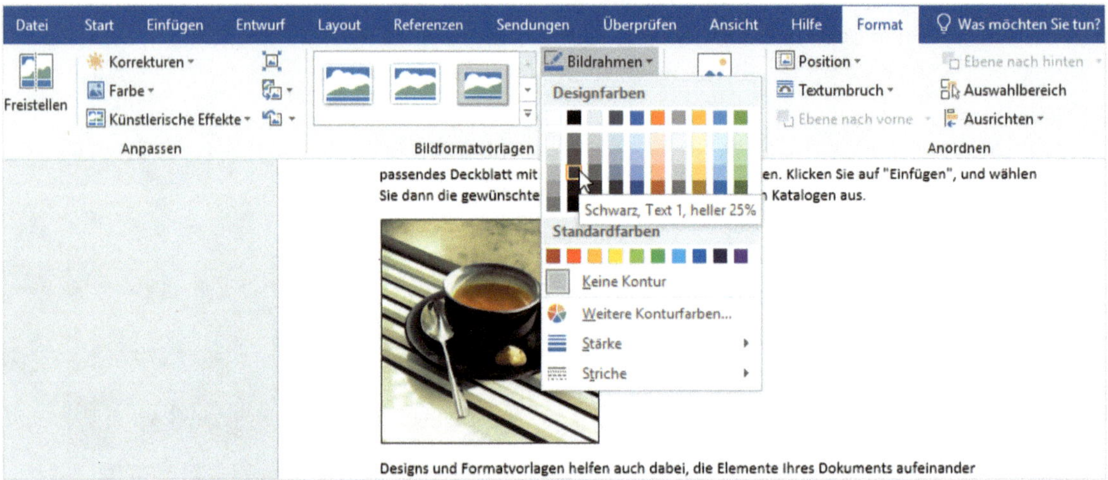

Weitere Effekte, beispielsweise *Schatten*, *Spiegelung* oder *3D-Drehung* erhalten Sie über die Schaltfläche *Bildeffekte* zur Auswahl.

Bild 8.18 Bildeffekte

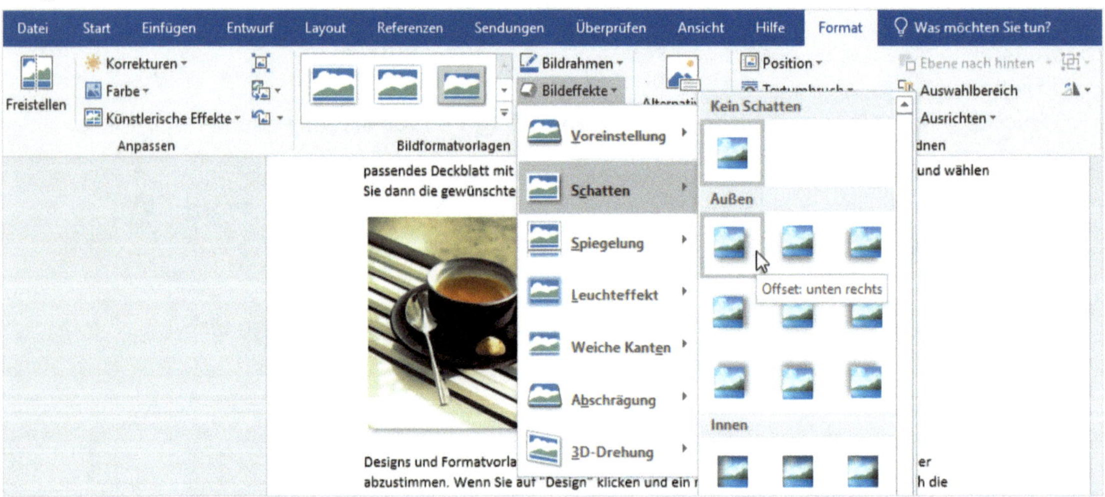

Rahmenvorlagen

Die Gruppe *Bildformatvorlagen* (Register *Format*) enthält außerdem eine Sammlung von Formatvorlagen verschiedener Rahmen- und Schatteneffekte ❶ zur schnellen

Bildformatierung. Klicken Sie auf die Schaltfläche *Weitere* ❷, um den gesamten Katalog auf einen Blick zu öffnen.

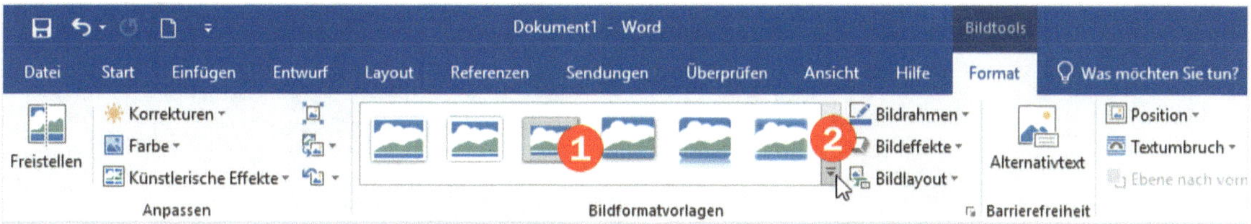

Bild 8.19 Rahmenvorlagen

8.3 Bild im Dokument positionieren

Bild ausrichten

Standardmäßig wird jedes Bild beim Einfügen wie Text behandelt und in einen Absatz bzw. eine Zeile eingefügt. Der Zeilen- oder Absatzabstand vergrößert sich entsprechend der Größe des Bildes und die Ausrichtung des Bildes richtet sich nach der Absatzausrichtung. Soll beispielsweise das Bild in der Mitte angeordnet werden, wie im Bild unten, dann brauchen Sie nur den dazugehörigen Absatz zentriert ausrichten.

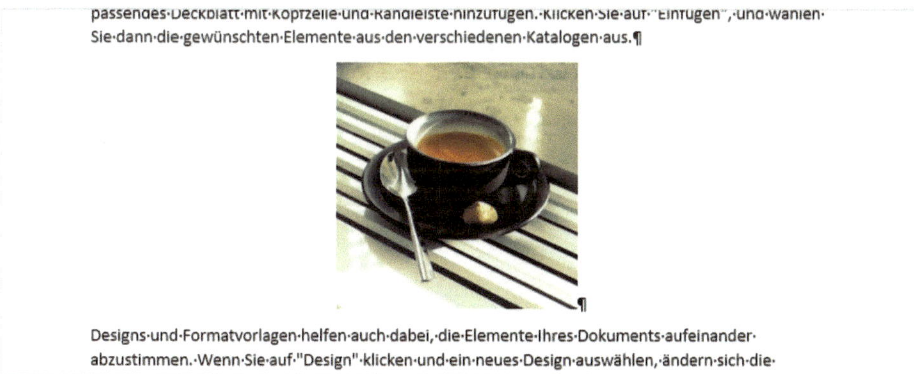

Bild 8.20 Bild als Absatz zentriert ausrichten

Textumbruch

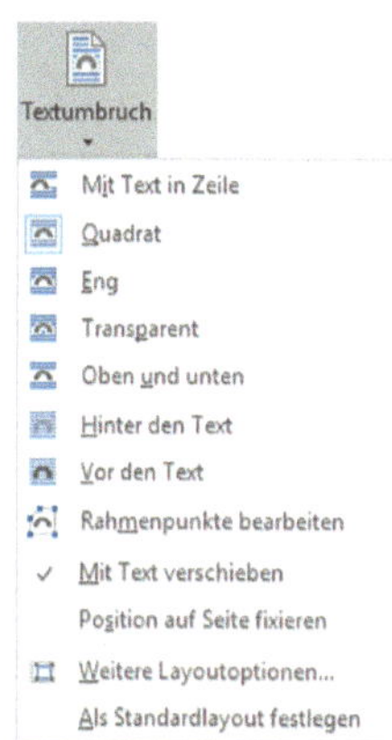

Alle anderen Layouteinstellungen, z. B. Text um das Bild herumfließen lassen, erledigen Sie in der Layoutoptionen. Das dazugehörige Symbol erscheint im Dokument unmittelbar neben der rechten oberen Ecke der Grafik, sobald Sie auf das Bild klicken bzw. das Bild markiert haben.

1 Mit Klick auf dieses Symbol ❶ oder auf die Schaltfläche *Zeilenumbruch* im Register *Format* erhalten Sie verschiedene Layoutvarianten. *Mit Text in Zeile* ist die Standardeinstellung (siehe oben).

2 Wählen Sie im Abschnitt *Mit Textumbruch* ❶ eine Umbruchart aus, z. B. *Quadrat*, wenn der Text rechteckig, wie im Bild unten, um das Bild herumfließen soll.

Bild 8.21 Layoutoptionen

Bild mit Text verschieben oder feste Position?

Standardmäßig ist außerdem die Option *Mit Text verschieben* ❸ aktiviert. Das bedeutet, das Bild ist mit dem Absatz verbunden, in den es eingefügt wurde und wird bei nachträglichen Änderungen im Dokument zusammen mit diesem Absatz verschoben. Soll dagegen das Bild einen festen Platz auf der Seite erhalten, dann wählen Sie die Option *Position auf der Seite fixieren*.

Die Umbrucharten im Überblick

Symbol	Bedeutung	Beispiel
	**Mit Text in Zeile:** Das Bild wird in einer Zeile ausgerichtet und wie Text behandelt. Diese Einstellung eignet sich, wenn Sie eine Grafik in einer Tabellenzelle positionieren möchten.	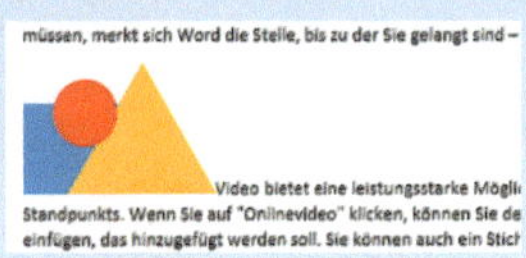
	**Quadrat:** Der Text fließt in Rechteckform um das Bild herum.	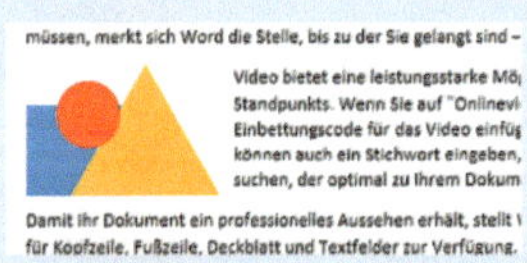
	**Eng / Transparent:** Bei entsprechender Grafik passt sich der Text an die Konturen an.	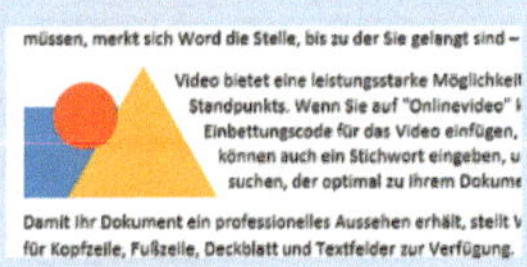

Symbol	Bedeutung	Beispiel
	Oben und unten: Der Text umfließt das Bild nur ober- und unterhalb	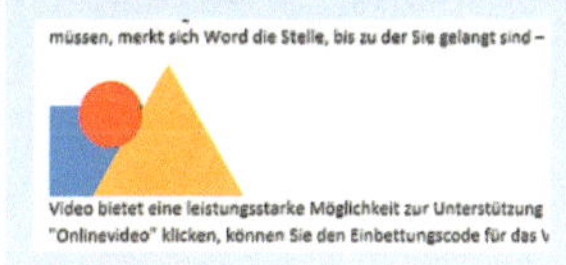
	Hinter den Text: Die Grafik wird hinter den Text gelegt. Zur besseren Lesbarkeit sollten in diesem Fall Helligkeit und Farbe der Grafik entsprechend geändert werden.	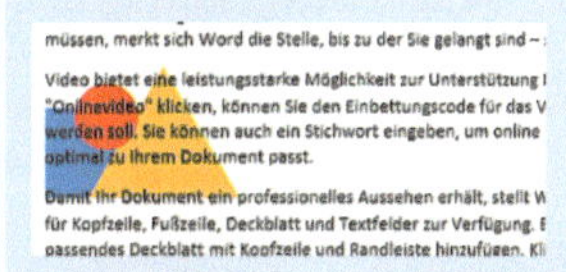
	Vor den Text: Die Grafik wird über den Text gelegt und kann diesen verdecken. Diese Einstellung verhindert auch, dass sich der Text beim Verschieben der Grafik automatisch ändert und eignet sich am besten in Dokumenten mit ausreichend freiem Platz.	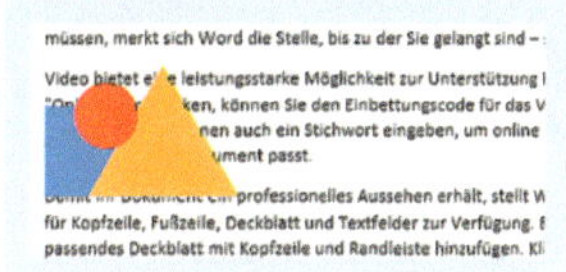

Objekte markieren

Tipp: Eine Grafik hinter dem Text ist nicht immer leicht zu markieren. Zur Abhilfe klicken Sie in diesem Fall im Register *Start*, Gruppe *Bearbeiten*, auf die Schaltfläche *Markieren* und aktivieren den Modus *Objekte markieren*. Dies bedeutet, der Mauszeiger erscheint auch im Text als Pfeil und beim Klicken werden ausschließlich (Grafik-) Objekte markiert, Text wird ignoriert. Mit der Esc-Taste oder der Auswahl *Markieren* ▶ *Alles markieren* beenden Sie diesen Modus wieder.

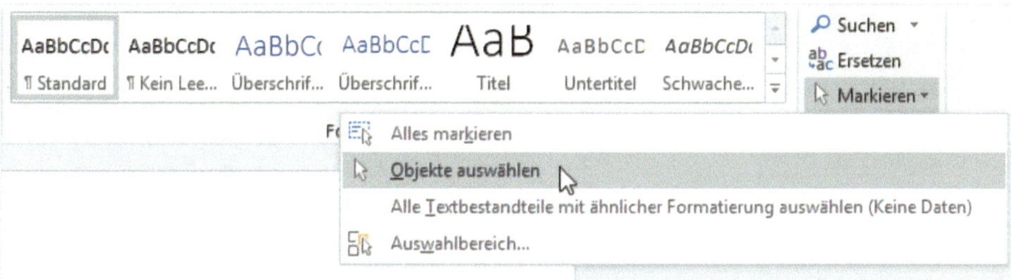

Bild 8.22 Grafik hinter dem Text markieren

Bild verschieben

Zum Verschieben zeigen Sie an eine beliebige Stelle des Bildes. Am Mauszeiger erscheinen vier Richtungspfeile und Sie können nun mit gedrückter linker Maustaste das Bild im Dokument verschieben. Die Möglichkeiten der genauen Positionierung sind abhängig vom Textumbruch. Mit der Einstellung *Mit Text in Zeile* ist ein Verschieben ausschließlich innerhalb des Textes möglich, bei den Umbrucharten *Quadrat* oder *Passend* passt sich dagegen der umgebende Text beim Verschieben automatisch an und die Grafik kann an jede beliebige Stelle des Dokuments verschoben werden.

Als Alternative zum Verschieben mit der Maus kann ein Bild auch in die Zwischenablage ausgeschnitten oder kopiert und anschließend an beliebiger Stelle wieder eingefügt werden.

Ausrichtungslinien zur exakten Positionierung nutzen

Ein nützliches Hilfsmittel zur Ausrichtung von Bildern sind intelligente Führungslinien, die auf dem Bildschirm erscheinen, sobald Sie ein Element mit der Maus verschieben. Mit ihrer Hilfe lassen sich Bilder schnell an den Seitenrändern platzieren. Da die Führungslinien in der Standardeinstellung nicht angezeigt werden, müssen Sie sie zuerst aktivieren.

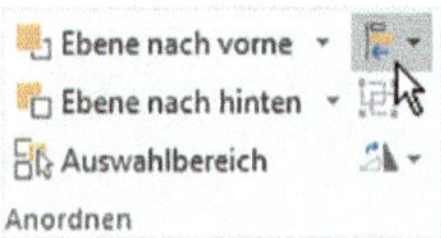

1 Klicken Sie im Register *Bildtools* bzw. *Zeichentools - Format*, Gruppe *Anordnen*, auf die Schaltfläche *Ausrichten*.

2 Klicken Sie auf *Ausrichtungslinien verwenden*, die eventuell bereits aktivierte Einstellung ist am Häkchen zu erkennen.

Bild 8.23 Ausrichtungslinien

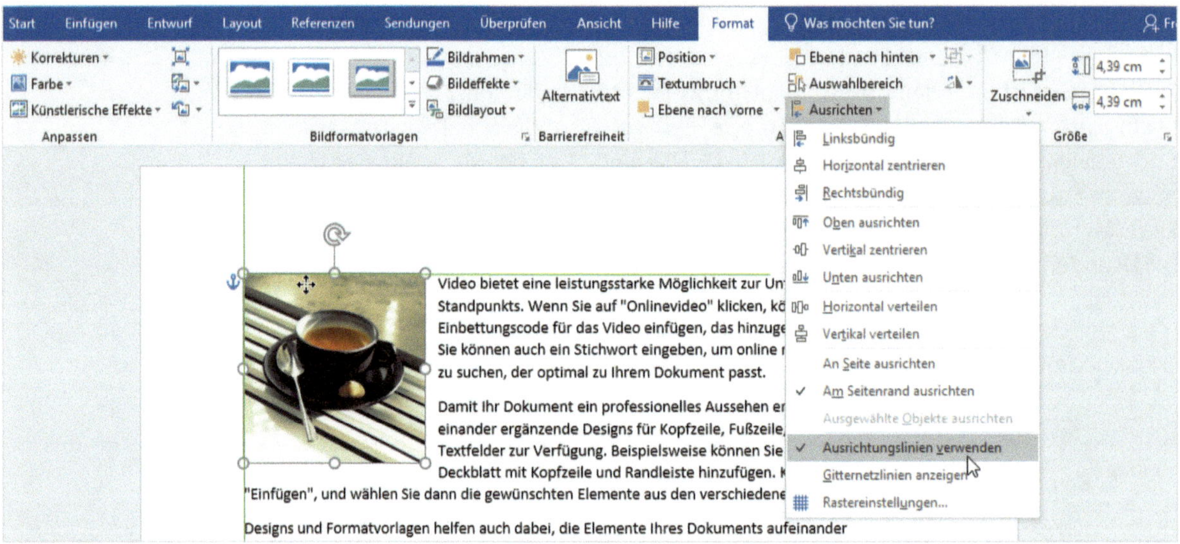

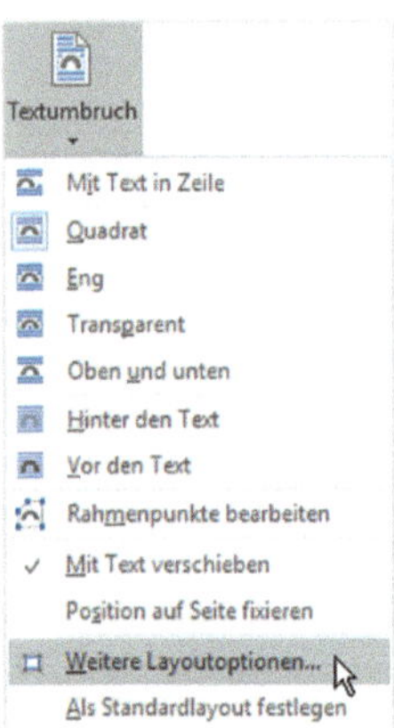

Weitere Optionen zu Bildposition und Textumbruch

Zusätzliche Einstellungen zu Bildposition und Textumbruch können Sie im Fenster Layout vornehmen, das Sie mit Klick auf das Symbol *Layoutoptionen* und den Link *Weitere anzeigen...* öffnen. Oder klicken Sie mit der rechten Maustaste in das Bild und auf den Befehl *Größe und Position...*. Auch ein Klick auf die Schaltfläche *Textumbruch* (Register *Format*) und den Befehl *Weitere Layoutoptionen...* öffnet das Dialogfenster.

Klicken Sie im Dialogfenster *Layout* auf das Register *Textumbruch* (Bild 8.24). Wenn Sie als Umbruchart *Rechteck* oder *Passend* gewählt haben, dann können Sie unter *Textfluss* auch noch steuern, auf welcher Seite der Text die Grafik umfließen soll und den Abstand zum Text festlegen.

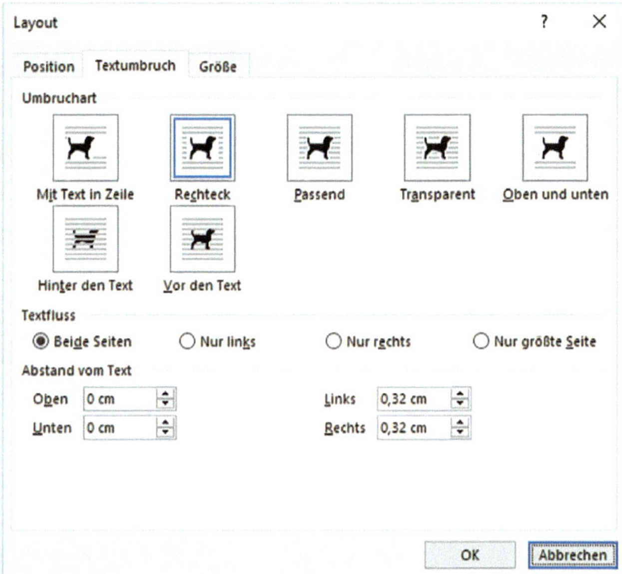

Bild 8.24 Weitere Layout-optionen

Feste Bildposition innerhalb der Seite

Die Position der Grafik innerhalb einer Seite können Sie, falls nötig, mit der Schaltfläche *Position* (Register *Format*), Gruppe *Anordnen*, genauer festlegen. Diese Position ist fest, unabhängig von späteren Änderungen im Dokument. Gleichzeitig wird die Option *Position auf Seite fixieren* anstatt *Mit Text verschieben* aktiviert, siehe Seite 248.

Bild 8.25 Position auf der Seite

Wenn Sie die Bildposition innerhalb einer Seite genau definieren möchten, dann klicken Sie auf *Position* und auf *Weitere Layoutoptionen....* Es öffnet sich das Fenster *Layout* mit dem Register *Position*. Wählen Sie als horizontale und vertikale Position zwischen den Optionen *Ausrichtung*, *Buchlayout*, *Absolute* und *Relative Position* und wählen Sie rechts daneben den Bezug aus.

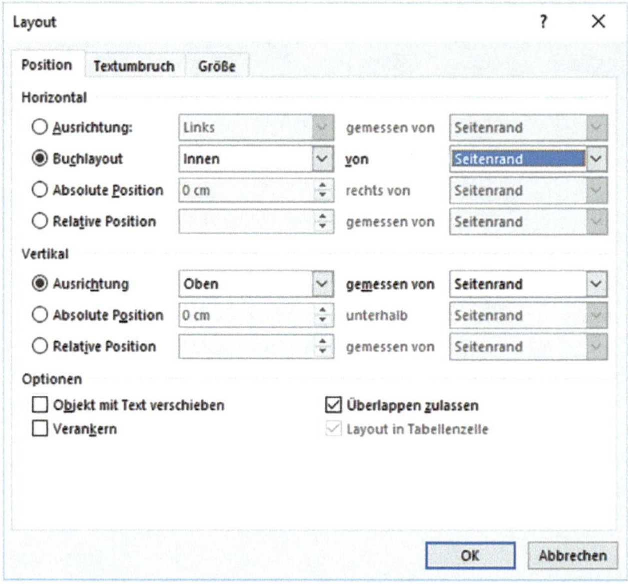

Bild 8.26 Layout - Positionseinstellungen

8.4 Formen einfügen

Neben Bild- und Grafikdateien können Sie auch verschiedene Formen in Dokumente einfügen, und sogar eigene Grafiken aus Formen zusammensetzen. Außerdem bringt Word 2019 eine Sammlung von Piktogrammen mit, die Sie ebenfalls beliebig in Dokumente einfügen können. Die Techniken zur Markierung, Positionierung und Größenänderung unterscheiden sich nicht von Bildern und werden daher an dieser Stelle nicht mehr beschrieben.

Form einfügen

Klicken Sie im Register *Einfügen*, Gruppe *Illustrationen*, auf *Formen*. Es öffnet sich ein Katalog verschiedener Formen, klicken Sie auf die gewünschte Form.

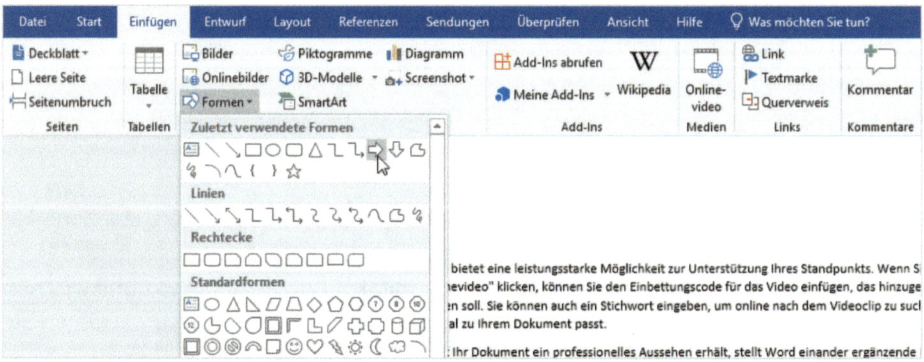

Bild 8.27 Form auswählen

Zum anschließenden Einfügen im Dokument verwenden Sie eine der folgenden Möglichkeiten. Im Gegensatz zu Bildern werden Formen standardmäßig mit Textumbruch eingefügt, sodass Sie beim Einfügen nicht auf die Cursorposition achten brauchen.

- Um die Form in Originalgröße und -proportionen einzufügen, klicken Sie einfach im Dokument an die gewünschte Stelle.
- Wenn Sie die Form in beliebiger Größe und Proportion einfügen möchten, dann fügen Sie diese durch Zeichnen ein. Der Mauszeiger nimmt im Dokument die Form eines Fadenkreuzes an. Beginnen Sie an einem der Eckpunkte, drücken Sie die linke Maustaste und ziehen Sie mit gedrückter Maustaste in diagonaler Richtung, bis das Objekt die gewünschte Größe und Form hat.
- Möchten Sie anstatt einer Ellipse einen exakten Kreis zeichnen oder anstelle eines Rechtecks mit beliebigen Proportionen ein Quadrat, dann halten Sie zusätzlich während des Zeichnens die Umschalt-Taste der Tastatur gedrückt.

Bild 8.28 Form einfügen

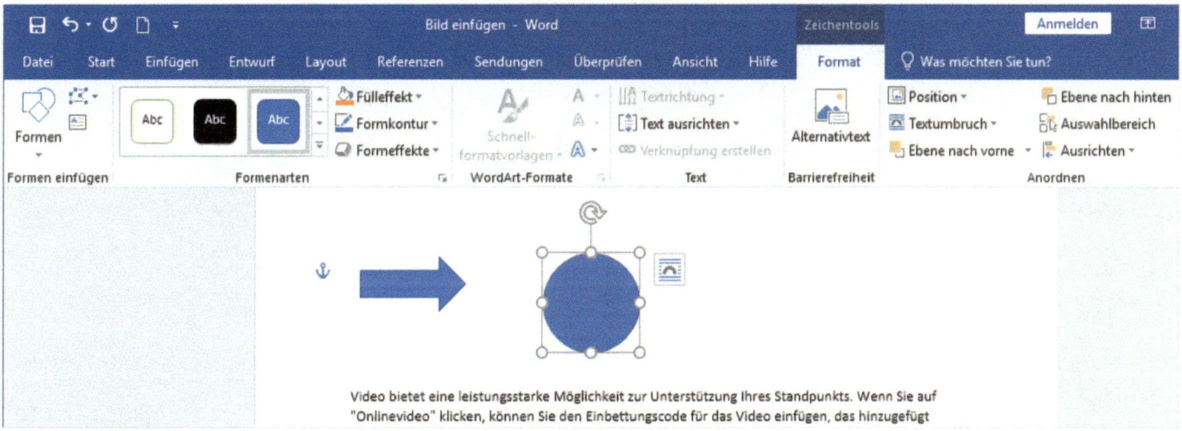

Größe und Layout ändern

Beim Ändern der Größe und des Textumbruchs gehen Sie wie bei Bildern vor. Sobald die Form markiert ist, erscheint an der rechten oberen Ecke die Schaltfläche *Layoutoptionen* und Sie können den Textumbruch festlegen (siehe Seite 247). Die Größenänderung nehmen Sie wieder über die Markierungs- bzw. Ziehpunkte vor.

Tipp: Einige Formen, z. B. Pfeile, verfügen über zusätzliche gelbe Markierungspunkte, an denen Sie durch Ziehen mit der Maus auch noch Winkel und Stärke des Pfeils ändern können.

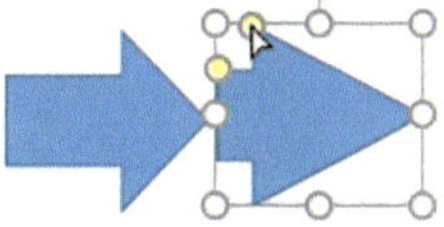

Achtung: Damit bei der Größenänderung mit der Maus die Proportionen beibehalten werden, müssen Sie wie beim Einfügen bzw. Zeichnen während des Ziehens gleichzeitig die Umschalt-Taste der Tastatur gedrückt halten.

Formen mit Füllungen und weiteren Effekten versehen

Zusammen mit einer markierten Form steht Ihnen im Menüband das zusätzliche Register *Zeichentools* - *Format* mit Werkzeugen zur Bearbeitung zur Verfügung.

Bild 8.29 Das Register Zeichentools Format

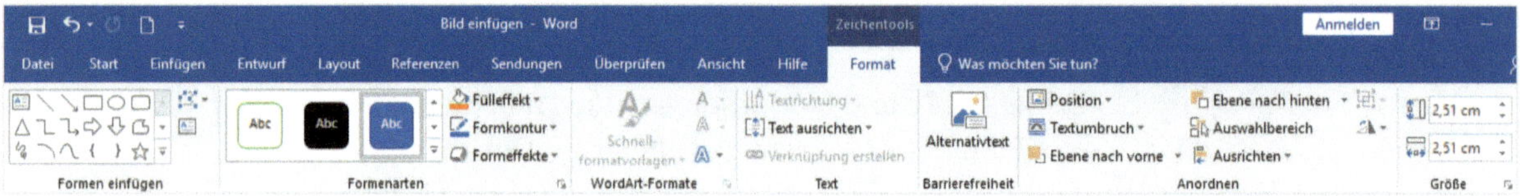

Am schnellsten ändern Sie das Aussehen der markierten Form mit Hilfe von Vorlagen. Ein Klick auf *Weitere* öffnet im Register *Format* ▶ *Formenarten* einen Katalog verschiedener Vorlagen, die Farben und Effekte der Vorlagen, z. B. 3D und Schatten, sind abhängig von den gewählten Designfarben und -effekten (Register *Entwurf*).

Bild 8.30 Formatvorlagenkatalog

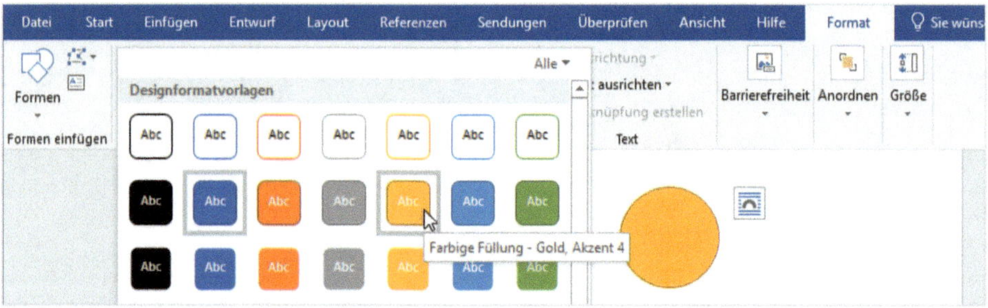

Individuelle Formatierungen zusammenstellen

In der Gruppe *Formenarten* finden sich auch die Schaltflächen *Fülleffekt*, *Formkontur* und *Formeffekte*, über die Sie einer Form nach Belieben einzelne Formate zuweisen können. Über *Fülleffekte* können Sie neben den Designfarben auch ein Bild oder einen *Farbverlauf* als Füllung auswählen.

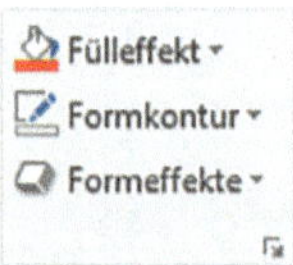

Bild 8.31 Fülleffekt, Formkontur und Formeffekte auswählen

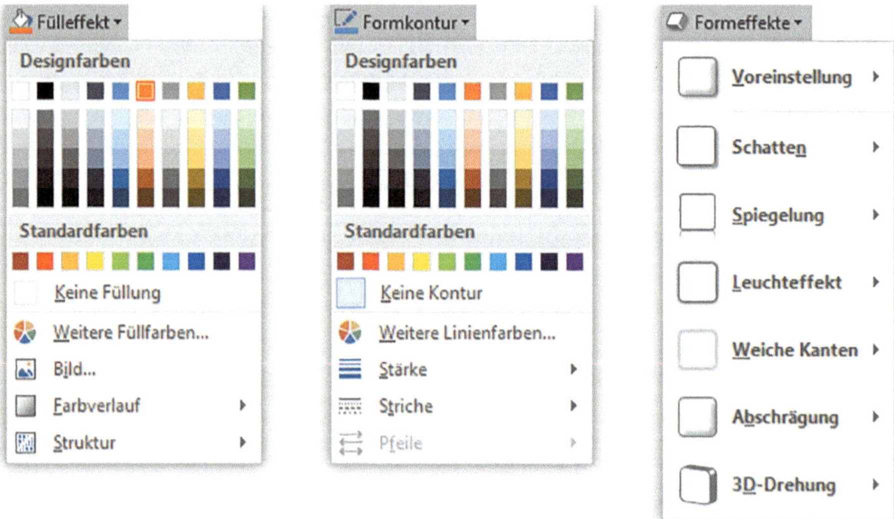

Weitere Möglichkeiten des Aufgabenbereichs Form formatieren

Weitergehende Möglichkeiten finden Sie im Aufgabenbereich *Form formatieren*, den Sie über den Pfeil der Gruppe *Formenarten* oder per Rechtsklick und den *Befehl Form formatieren* öffnen.

- Wählen Sie zuerst mit einem Klick auf das jeweilige Symbol eine Aufgabe: *Füllung und Linie*, *Effekte* oder *Layout und Eigenschaften*.
- Ein Klick auf die Dreiecke öffnet weitere Einstellungen, die Abbildungen unten zeigen einige Beispiele.

Bild 8.32 Der Aufgabenbereich Form formatieren

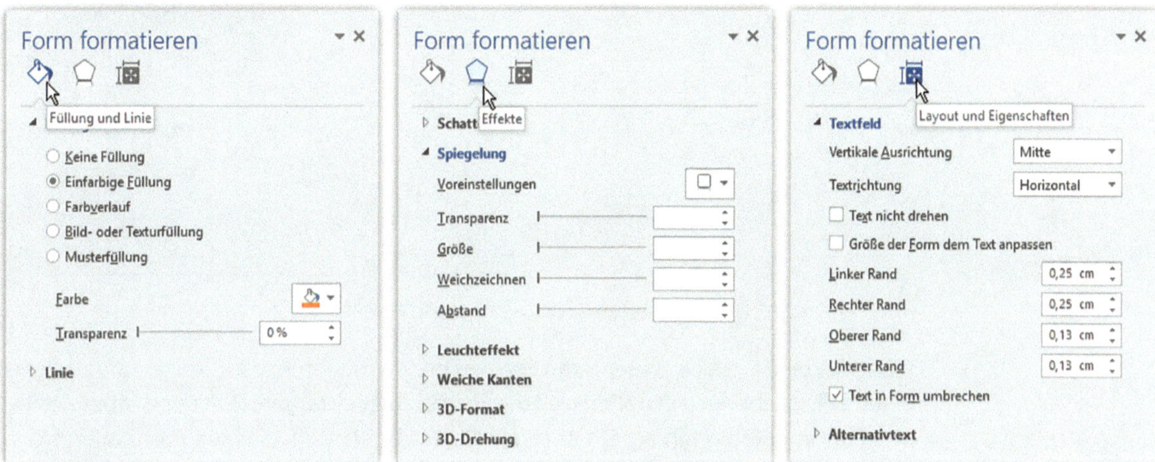

Farbverläufe verwenden und bearbeiten

Über die Schaltfläche *Fülleffekt* stehen unter *Farbverlauf* verschiedene Verlaufsformen zur Auswahl, die Farbe richtet sich nach der Farbe des markierten Elements. Zur Bearbeitung und Erstellung eigener Farbverläufe klicken Sie entweder unter *Fülleffekte* ▶ *Farbverläufe* auf *Weitere Farbverläufe...* oder öffnen den Aufgabenbereich *Form formatieren*. Klicken Sie dann in der Kategorie *Füllung und Linie* auf *Füllung* und wählen Sie die Option *Farbverlauf*. Änderung und Bearbeitung der Farben erfolgen über Farbverlaufstopps:

1. Markieren Sie mit einem Mausklick den ersten Farbverlaufstopp. Diesem weisen Sie dann über die Schaltfläche darunter eine Farbe zu, bei Bedarf legen Sie über weitere Felder noch Transparenz und Helligkeit fest. Genauso verfahren Sie nacheinander mit allen weiteren Farbverlaufstopps.
2. Die Position eines Farbverlaufstopps ändern Sie über das Feld *Position* oder einfach durch Verschieben mit gedrückter Maustaste.
3. Mit den Schaltflächen *Farbverlaufstopp hinzufügen* bzw. *Farbverlaufstopp entfernen* können Sie noch weitere hinzufügen oder den markierten Farbverlaufstopp löschen. Oberhalb der Farbverlaufstopps finden Sie Schaltflächen, über die Sie auch noch Typ, Richtung und Winkel des Farbverlaufs ändern können.

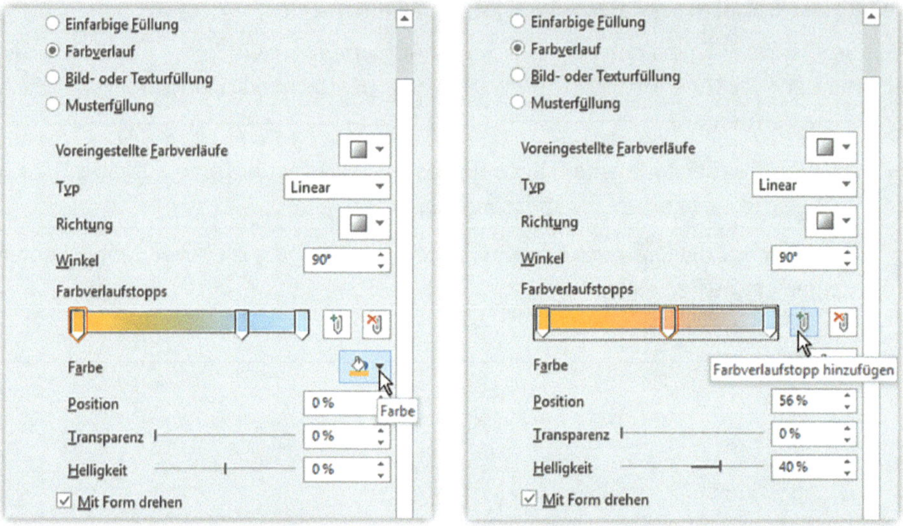

Bild 8.33 Farbverlauf bearbeiten

Mehrere Formen in Zeichenbereich zusammenfassen

Wenn Sie eine Grafik aus mehreren Formen bilden möchten, dann sollten Sie zunächst einen Zeichenbereich erstellen und die Formen hier einfügen. Der Zeichenbereich mit den Formen wird dann als ein einziges Objekt behandelt, was die Positionierung im Dokument erheblich erleichtert.

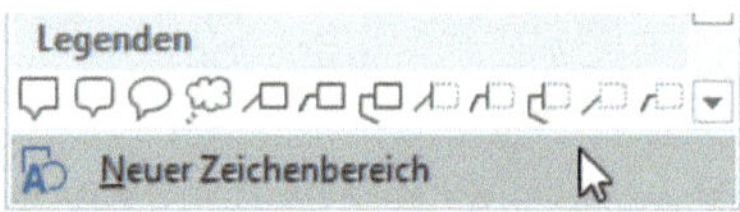

1 Positionieren Sie am besten den Cursor in einem leeren Absatz.

2 Zum Einfügen des Zeichenbereichs klicken Sie im Register *Einfügen* auf *Formen* und ganz am Ende des Katalogs auf *Neuer Zeichenbereich*.

3 Der Zeichenbereich nimmt automatisch die gesamte Breite des Satzspiegels ein, kann aber wie jedes Objekt beliebig vergrößert oder verkleinert werden, zur Positionierung verwenden Sie das Symbol *Layoutoptionen*.

4 Anschließend markieren Sie den Zeichenbereich und fügen die weiteren Formen ein. Diese können, wie oben beschrieben, beliebig formatiert werden. Auch der Zeichenbereich selbst kann über die Schaltflächen *Fülleffekt*, *Formkontur* und *Formeffekte* wie eine Form formatiert werden.

5 Zum Verschieben des Zeichenbereichs achten Sie darauf, dass nur dieser markiert ist. Zeigen Sie mit der Maus auf den Rahmen des Zeichenbereichs und ziehen Sie ihn dann an die gewünschte Stelle.

Tipp: Wenn Sie eine Form mehrmals benötigen, dann benutzen Sie die Tastenkombination Strg+D zum Duplizieren der markierte Form.

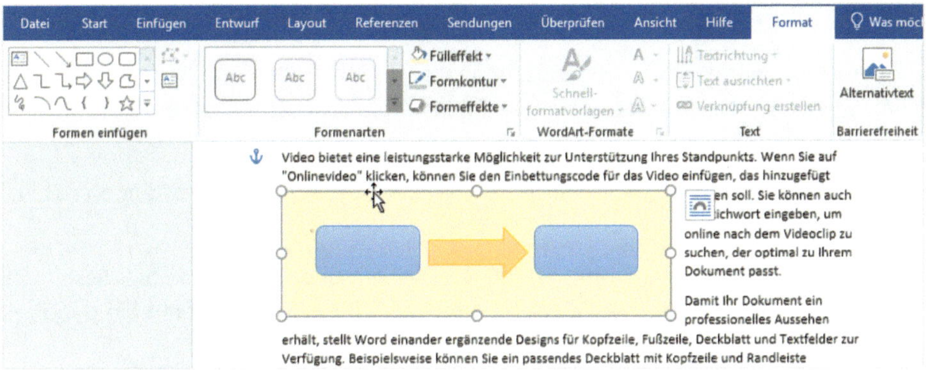

Bild 8.34 Zeichenbereich Verschieben

Form mit Text versehen

In Formen können Sie jederzeit beliebigen Text einfügen. Dazu markieren Sie die Form mit einem Mausklick und tippen über die Tastatur Ihren Text ein. Als Alternative klicken Sie mit der rechten Maustaste in die Form und wählen aus dem Kontextmenü *Text hinzufügen* bzw. *Text bearbeiten*. Anschließend können Sie den Text markieren und beliebig formatieren (Register *Start*).

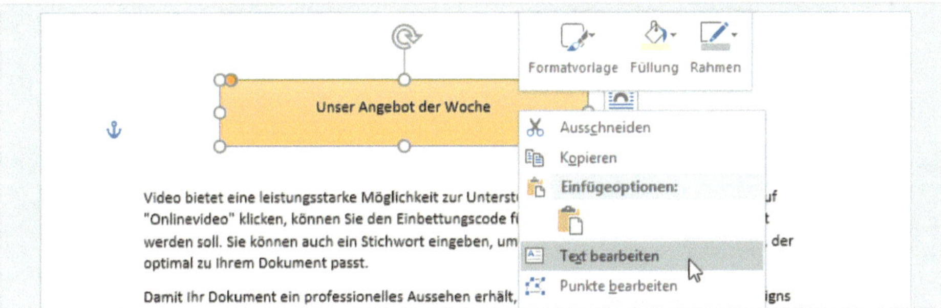

Bild 8.35 Text hinzufügen/ Text bearbeiten

Über die Schaltfläche *Textrichtung* können Sie den Text auch drehen und mit *Text ausrichten* steuern Sie die vertikale Ausrichtung in der Form.

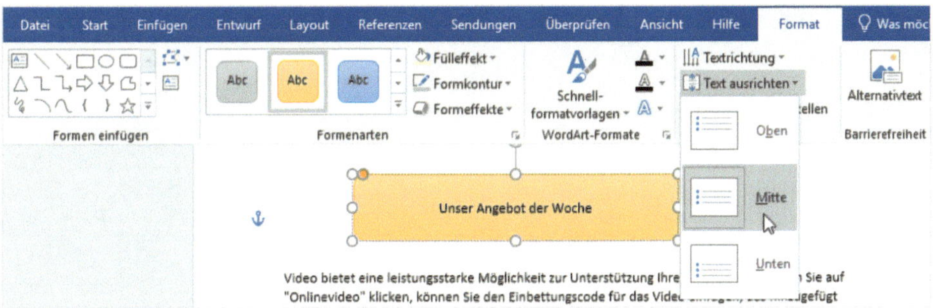

Bild 8.36 Text vertikal ausrichten

Achtung: Falls der Text trotzdem nicht vertikal in der Mitte ausgerichtet wird, dann müssen Sie den *Abstand nach Absatz* entfernen (Register *Start*, *Zeilen- und Absatzabstand*).

Objekte ausrichten

Zum Ausrichten mehrerer Objekte stehen verschiedene Hilfen und Befehle zur Verfügung. Es spielt keine Rolle, ob es sich um Bilder oder Formen handelt und ob sich diese innerhalb eines Zeichenbereichs, wie im Bild unten, befinden.

Beispiel: Sie möchten mehrere Pfeile derselben Größe mit gleichen Abständen nebeneinander ausrichten.

1 Fügen Sie im ersten Schritt den ersten Pfeil ein und formatieren Sie diesen wie gewünscht. Um mehrere identische Pfeile zu erhalten, markieren Sie den Pfeil und betätigen mehrmals die Tasten Strg+D (Duplizieren).

2 Markieren Sie alle auszurichtenden Objekte, indem Sie diese nacheinander mit gedrückter Strg-Taste anklicken ❶.

3 Klicken Sie auf die Schaltfläche *Objekte ausrichten* (Gruppe *Anordnen*) und wählen Sie die gewünschte Ausrichtung, z. B. *oben ausrichten* ❷.

- Standardmäßig ist die Einstellung *Ausgewählte Objekte ausrichten* ❸ (siehe Bild) aktiv und die Ausrichtung orientiert sich an den übrigen Objekten, das bedeutet, an demjenigen, das sich am weitesten unten/oben/links oder rechts befindet. Diese Einstellung wird auch in diesem Beispiel benötigt.
- Mit den beiden anderen Einstellungen, *An Seite ausrichten* und *Am Seitenrand ausrichten* und anschließender Auswahl einer Ausrichtung, z.B. *Linksbündig*, orientiert sich die Ausrichtung am Seitenrand des Dokuments oder am Papierrand.

Bild 8.37 Objekte aneinander ausrichten

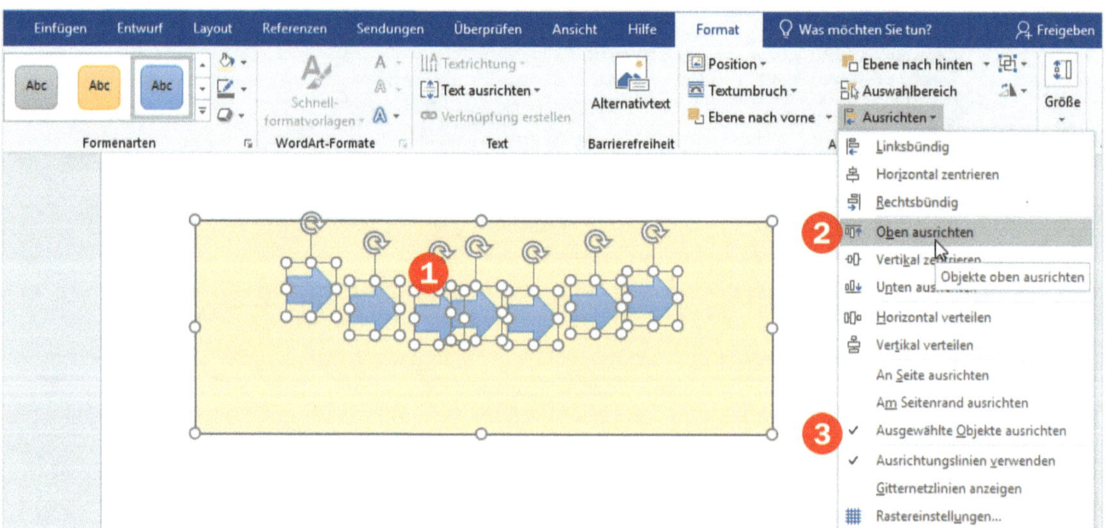

> **Mehrfachmarkierung**: Um mehrere Objekte zu markieren, klicken Sie diese nacheinander mit gleichzeitig gedrückter Strg-Taste an.

Gleiche Abstände

Nun fehlen nur noch gleiche Abstände. Dazu klicken Sie erneut auf *Ausrichten* und dann in diesem Fall auf *Horizontal verteilen*.

Bild 8.38 Gleiche Abstände

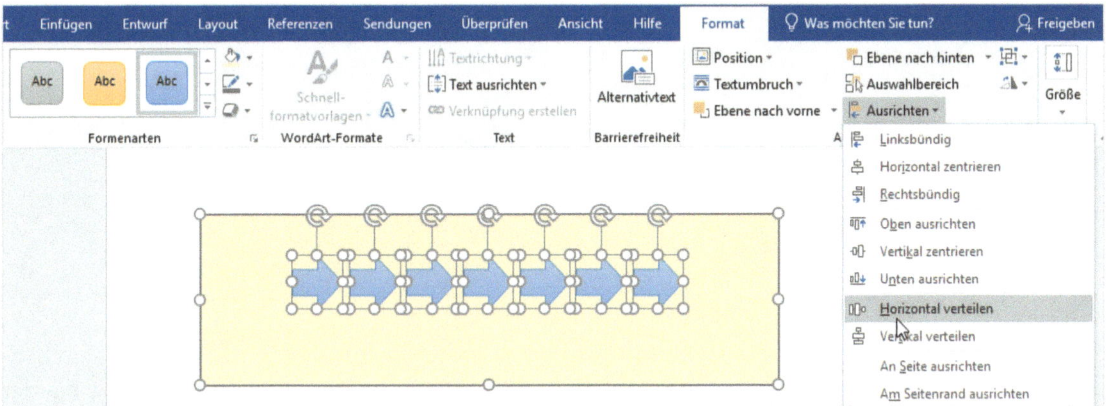

Objekte anordnen

Alle Objekte, also Formen und auch Bilder werden in derjenigen Reihenfolge angeordnet, in der sie im Dokument eingefügt wurden. Die Reihenfolge spielt allerdings nur eine Rolle, wenn Elemente übereinander bzw. überlappend angeordnet werden. Um ein markiertes Objekt nach hinten oder vorne zu verschieben, verwenden Sie im Register *Format*, Gruppe *Anordnen*, die Schaltflächen *Ebene nach vorne* oder *Ebene nach hinten*. Ein Klick auf den Dropdown-Pfeil der Schaltflächen öffnet ein kleines Menü und Sie können das Objekt auch in den Hinter- oder Vordergrund bzw. hinter oder vor den Text verschieben.

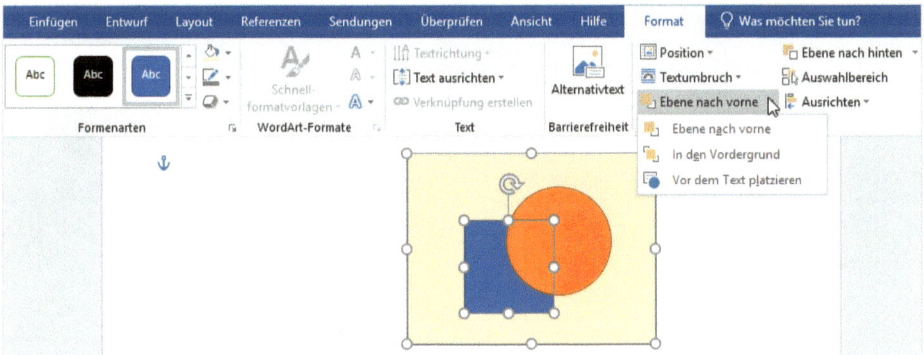

Bild 8.39 Objekte anordnen

Formen gruppieren

Um mehrere, bereits ausgerichtete Formen leichter zu verschieben, können Sie diese gruppieren. Dazu markieren Sie alle Formen, die Sie zu einer Gruppe zusammenfassen möchten und klicken im Register *Format*, Gruppe *Anordnen*, auf das Symbol *Gruppieren* und auf den Befehl *Gruppieren*. Hier finden Sie auch den Befehl *Gruppierung aufheben*.

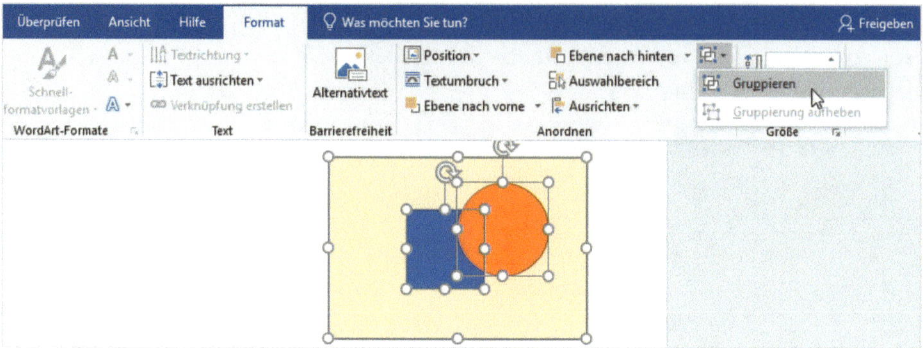

Bild 8.40 Markierte Formen gruppieren

Objekte an Raster ausrichten

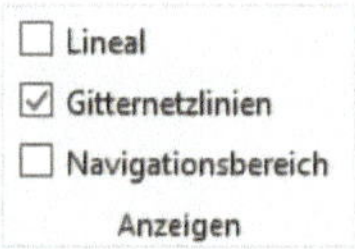

Über das Menü *Ansicht* und das Kontrollkästchen *Gitternetzlinien* kann auf dem Bildschirm für das gesamte Dokument ein Raster eingeblendet werden, das Sie bei der Ausrichtung von Objekten unterstützt. Beim Verschieben und Ändern der Größe werden dann alle Objekte automatisch an diesen Rasterlinien ausgerichtet. Die Gitternetzlinien wirken bei der Texteingabe und -bearbeitung allerdings eher störend und sollten daher ausgeblendet werden, wenn sie nicht benötigt werden.

Optionen für Gitternetz und Führungslinien

Den Rasterabstand legen Sie im Dialogfenster *Gitternetz- und Führungslinien* fest, das Sie über *Anordnen* ▶ *Ausrichten* und *Rastereinstellungen* öffnen. Hier finden Sie auch Einstellungen zu den oben bereits erwähnten Ausrichtungslinien.

Bild 8.41 Einstellungen Raster und Führungslinien

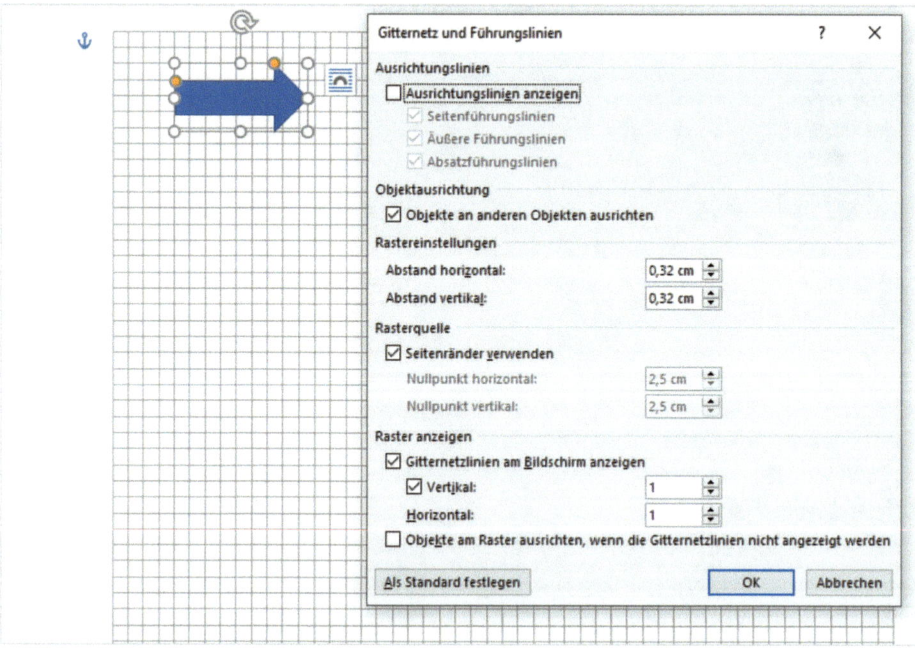

Piktogramme einfügen und formatieren

Neu in Word 2019 ist eine Sammlung von Piktogrammen, die Sie wie Formen verwenden. Sie können also z. B. auch mehrere Formen und Piktogramme in einem Zeichenbereich zusammenfassen oder beliebig formatieren.

1 Piktogramme werden beim Einfügen zunächst wie Text behandelt (siehe Seite 247), sorgen Sie daher am besten dafür, dass sich der Cursor in einem leeren Absatz befindet oder markieren Sie einen Zeichenbereich. Klicken Sie im Register *Einfügen* ▶ *Illustrationen* auf *Piktogramme*.

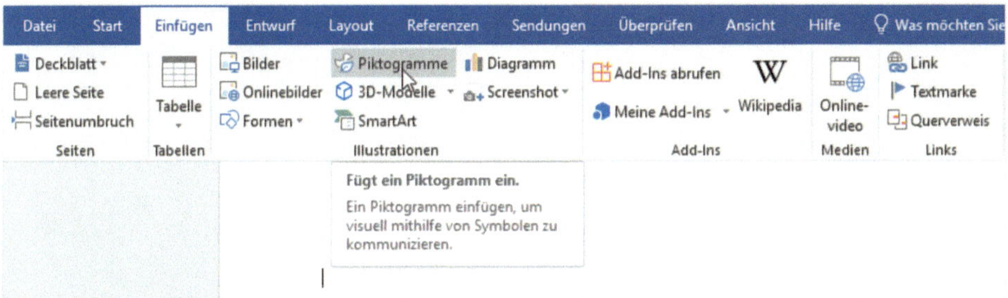

Bild 8.42 Piktogramm einfügen

2 Im nachfolgenden Fenster *Piktogramme* wählen Sie anschließend eine Kategorie ❶, z. B. *Sport* wie im Bild unten. Klicken Sie dann auf das gewünschte Piktogramm ❷, dieses wird mit einem Häkchen versehen. Sie können nacheinander auch gleich mehrere durch Anklicken auswählen, falls gewünscht, entfernt ein weiterer Klick das Häkchen wieder.

3 Klicken Sie auf *Einfügen* ❸.

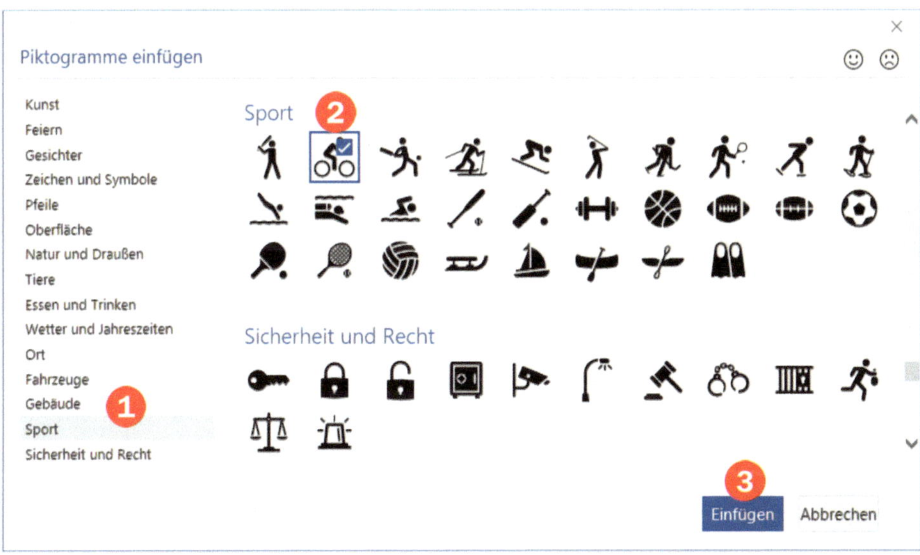

Bild 8.43 Piktogramm auswählen und einfügen

Zusammen mit dem markierten Piktogramm finden Sie im Menüband das Register *Grafiktools* - *Format*, das bis auf wenige Ausnahmen identisch ist mit dem Register

Zeichentools - *Format*. Auch die Möglichkeiten der Formatierung unterscheiden sich kaum von den Formen, siehe Seite 254. Sie können auf verschiedene Formatvorlagen zurückgreifen oder mit *Grafikfüllung*, *Grafikkontur* und *Grafikeffekte* das Piktogramm individuell nach Ihren Vorstellungen gestalten. Am schnellsten ändern Sie die Farbe mit einem Rechtsklick und der Auswahl einer Farbe über die Schaltfläche *Füllung*.

Bild 8.44 Piktogramm formatieren

Die weitere Vorgehensweise, z. B. Positionierung und Größenänderung unterscheidet sich nicht von Bildern und Formen und wird daher an dieser Stelle nicht nochmals beschrieben (siehe Seite 240 und Seite 247).

Tipp: Sämtliche Formate, wie z. B. die Füllfarbe beziehen sich standardmäßig auf das gesamte Piktogramm. Falls Sie einzelne Bestandteile gesondert behandeln möchten, dann klicken Sie im Register *Format* ▶ *Ändern* auf *In Form konvertieren*. Nach einer Rückfrage, ob Sie die Grafik in ein Zeichnungsobjekt umwandeln möchten, wird das Piktogramm in Formen zerlegt, die Sie nun einzeln markieren und formatieren können.

8.5 SmartArt-Layouts verwenden

Unter der Bezeichnung *SmartArt* stellt Microsoft Office und somit auch Word eine Sammlung grafischer Textlayouts, z. B. zur Darstellung von Abläufen oder Hierarchien, Stichwort Organigramm, zur Verfügung. Diese werden wie Grafikobjekte im Dokument platziert und können beliebig beschriftet werden. Zur Gestaltung sind im Menüband im dazugehörigen Register *SmartArt-Tools* - *Entwurf* verschiedene Vorlagen verfügbar sowie Schaltflächen, über die Sie weitere Formen hinzufügen können.

SmartArt einfügen

1 Zum Einfügen klicken Sie im Menüband, Register *Einfügen* ▶ *Illustrationen* auf *SmartArt* ❶. Das vorherigen Erstellen eines Zeichenbereichs ist nicht nötig.

2 Wählen Sie im Fenster *SmartArt-Grafik auswählen* das gewünschte Layout. Am besten klicken Sie zunächst links auf eine Kategorie, z. B. *Prozess* ❷. In der Mitte erscheinen alle dazugehörigen Layouts; rechts erhalten Sie eine Vorschau ❹ auf das markierte Layout ❸.

3 Mit Klick auf *OK* ❺ wird das ausgewählte SmartArt-Objekt an der Cursorposition im Dokument eingefügt.

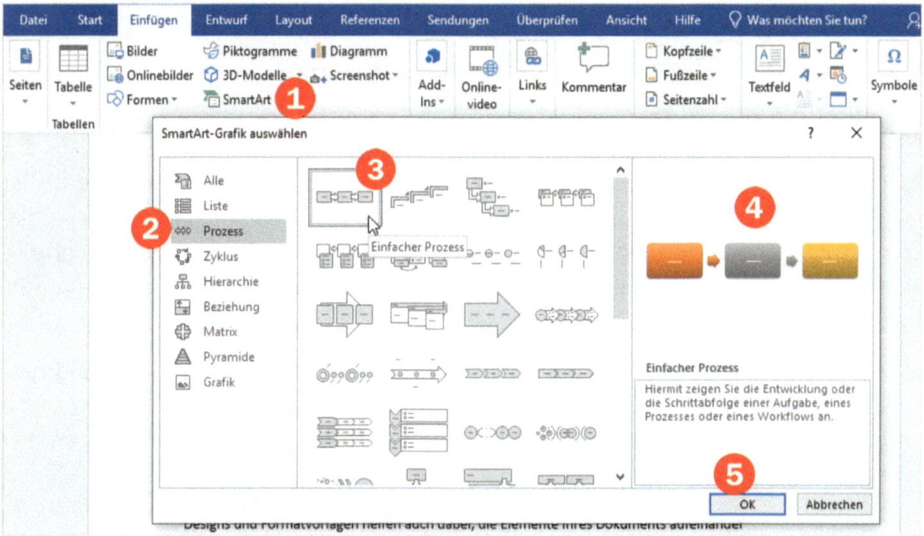

Bild 8.45 SmartArt auswählen

Elemente beschriften

Die Beschriftung erfolgt entweder direkt im Element - klicken Sie auf die betreffende Form ❶ und geben Sie Ihren Text ein - oder verwenden Sie zur Eingabe den gesonderten Textbereich ❷ (Bild unten). Dieser Bereich kann über das Symbol *Schließen* in der rechten oberen Ecke wieder geschlossen werden, zum Öffnen klicken Sie am linken Rand des Markierungsrahmens auf die kleine Schaltfläche ❸ oder benutzen die Schaltfläche *Textbereich* ❹ im Menüband (*Entwurf* ▶ *Grafik erstellen*).

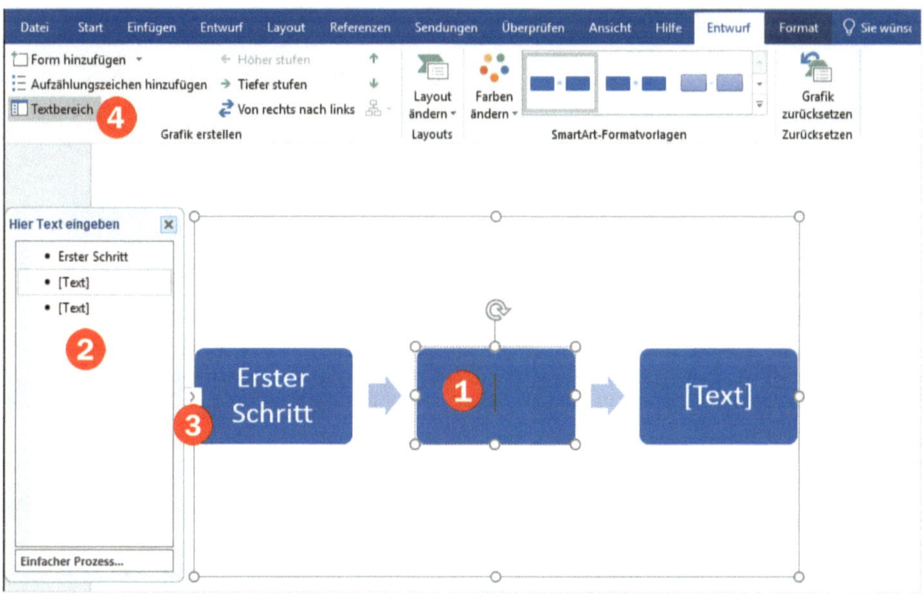

Bild 8.46 Text eingeben

Die Schriftgröße passt sich automatisch an die Größe der Form an. Für eine individuelle Schriftgestaltung benutzen Sie entweder die rechte Maustaste oder die Schaltflächen im Register *Start*. **Achtung**: Ihre Änderungen beziehen sich ausschließlich auf das markierte Element, mehrere Elemente markieren Sie, indem Sie diese nacheinander mit gedrückter Strg-Taste anklicken (Mehrfachmarkierung).

Formen hinzufügen

Wenn Sie weitere Elemente hinzufügen möchten, dann klicken Sie im Menüband, Register *SmartArt-Tools - Entwurf* in der Gruppe *Grafik erstellen* auf den Pfeil der Schaltfläche *Form hinzufügen* und wählen eine Position aus. Beachten Sie, dass Formen grundsätzlich an das markierte Element angefügt werden und die verfügbaren Positionen, im Bild unten *Form danach* und *Form davor*, abhängig sind vom Layout.

Mit jedem weiteren Element werden die vorhandenen Formen verkleinert und passen sich automatisch an die Größe des SmartArt-Objekts an. Das Smart-Objekt selbst verhält sich wie ein Zeichenbereich (siehe Seite 256) und kann mit der Maus an den Markierungspunkten vergrößert oder verkleinert werden.

Überzählige Formen markieren Sie und löschen diese mit der Entf-Taste.

Bild 8.47 Form hinzufügen

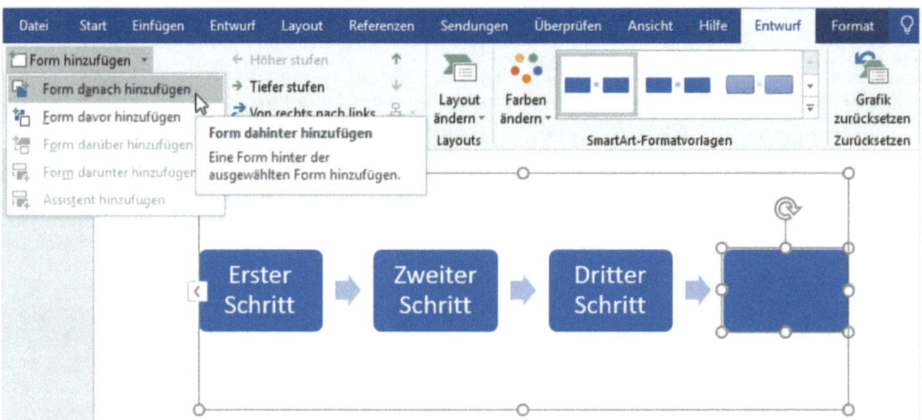

Anderes Layout wählen

Falls Sie nachträglich noch ein anderes Layout wünschen, so klicken Sie in die SmartArt-Grafik und wählen im Register *SmartArt-Tools-Entwurf* ▶ *Layouts* einfach ein anderes Layout aus dem Katalog.

Bild 8.48 Das Register SmartArt-Tools Entwurf

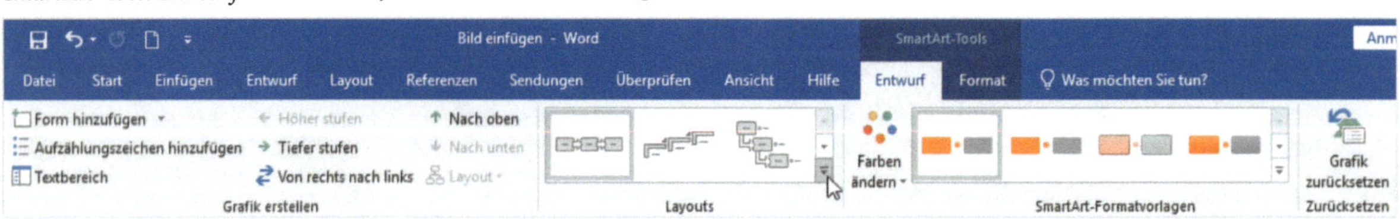

SmartArt formatieren

Zur Formatierung verwenden Sie eine der SmartArt-Formatvorlagen im Register *Entwurf*, über die Schaltfläche *Farben ändern* wählen Sie eine andere Farbgestaltung.

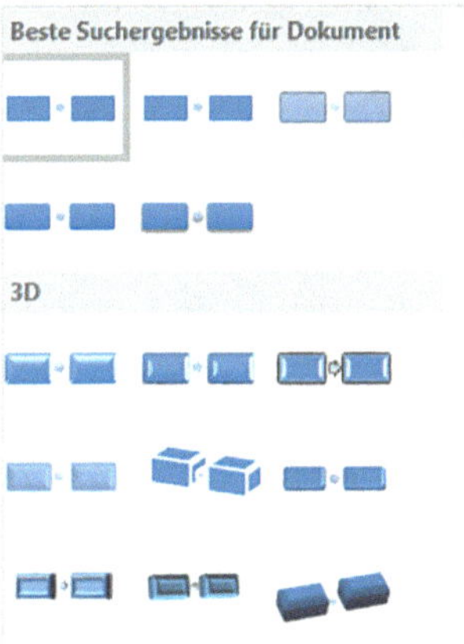

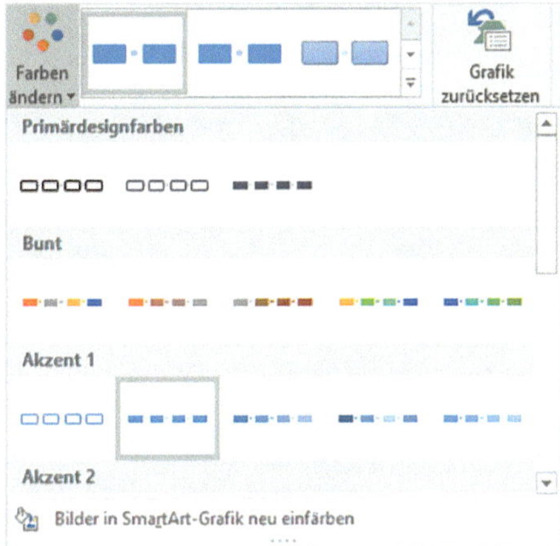

Bild 8.49 SmartArt-Formatvorlagen

Bild 8.50 Farben ändern

Einzelne Elemente formatieren

Falls Sie bestimmte Farben und Effekte benötigen, so wechseln Sie in das *SmartArt-Tools* Register *Format*. Hier können Sie jedem markierten Element ein individuelles Format zuweisen, die Möglichkeiten unterscheiden sich nicht von den Formen.

SmartArt zurücksetzen

Die Schaltfläche *Grafik zurücksetzen* (*SmartArt-Tools - Entwurf*) entfernt alle nachträglich vorgenommenen Formatänderungen und das gesamte SmartArt-Objekt erhält wieder das ursprüngliche Aussehen. Nachträglich hinzugefügte Formen und sämtliche Beschriftungen bleiben erhalten.

8.6 Weitere grafische Elemente

WordArt-Objekte

Im Gegensatz zur Schaltfläche *Texteffekte* im Register *Start*, können Sie im Register *Einfügen*, Gruppe *Text*, mit der Schaltfläche *WordArt* beliebige Texte mit den gleichen Effekten, aber als grafisches Objekt einfügen. Dieses Objekt wird wie eine Grafik behandelt und kann entsprechend positioniert und bearbeitet werden.

Klicken Sie dazu im Register *Einfügen*, Gruppe *Text*, auf die Schaltfläche *WordArt* und wählen Sie eine Vorlage. Das WordArt-Objekt wird im Dokument an der Cursorposition eingefügt, den Platzhaltertext können Sie anschließend einfach überschreiben.

Bild 8.51 WordArt-Objekt einfügen

Als Alternative können Sie auch vorhandenen Text markieren und anschließend auf die Schaltfläche *WordArt* klicken. Dann wird dieser Text in ein Objekt umgewandelt.

WordArt bearbeiten

Die weitere Bearbeitung erfolgt im Register *Zeichentools -Format* in der Gruppe *WordArt-Formate*. Hier wählen Sie entweder nachträglich eine andere Schnellformatvorlage oder stellen Ihr eigenes Format über Schaltflächen zusammen. Beachten Sie, dass dazu der Text markiert sein muss.

- Mit der Schaltfläche *Textfüllung* ändern Sie die Schriftfarbe oder wählen einen Farbverlauf und mit *Textkontur* legen Sie die Farbe der Schriftkonturen fest.
- Die Schaltfläche *Texteffekte* stellt verschiedene Schatten-, Spiegelungs- und 3D-Effekte zur Verfügung. Unter *Transformieren* finden Sie verschiedene Textpfade mit denen Sie beispielsweise Text kreisförmig anordnen können.

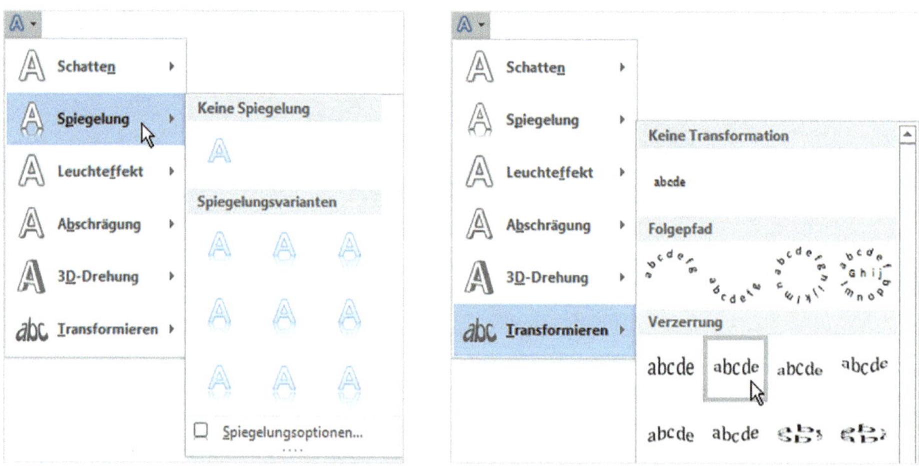

Bild 8.52 Effekte auswählen

Der Aufgabenbereich Form formatieren

Zusammenfassend können Sie die beschriebenen Einstellungen und noch weitere auch im Aufgabenbereich *Form formatieren* (siehe Zeichnungsform formatieren) vornehmen. Sie öffnen den Aufgabenbereich entweder über das Kontextmenü mit dem

Befehl *Form formatieren...* oder mit einem Mausklick auf den Pfeil der Gruppe *WordArt Formate*. Klicken Sie dann im Aufgabenbereich auf *Textoptionen*.

Um die vertikale Textausrichtung, Textrichtung oder Drehung sowie die Abstände innerhalb der Form anzupassen, klicken Sie im Aufgabenbereich *Form formatieren* ▶ *Textoptionen* auf das Symbol *Layout und Eigenschaften*.

Bild 8.53 WordArt im Aufgabenbereich formatieren

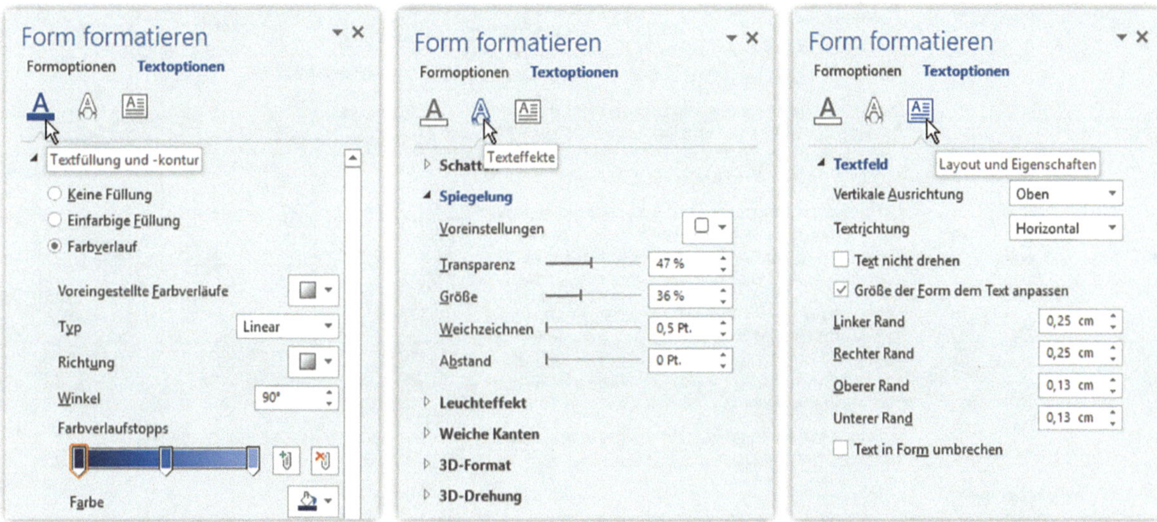

Textfelder einfügen

Mit Hilfe von Textfeldern können Sie auch normalen Text als Objekt an beliebigen Stellen eines Dokuments einfügen und zur Platzierung alle, in dieser Lektion beschriebenen, Methoden verwenden. Zum Einfügen eines Textfelds klicken Sie im Register *Einfügen*, Gruppe *Text*, auf die Schaltfläche *Textfeld*. Word öffnet ein Feld mit verschiedenen Standardformen, durch Anklicken einer Vorlage wird das Textfeld eingefügt und Sie brauchen nur noch in das Textfeld klicken und den Platzhaltertext überschreiben.

Im Bild unten als Beispiel ein *Einfaches Textfeld* mit Standardformatierung. Geben Sie Ihren Text ein und ziehen Sie das Textfeld mit der Maus an die gewünschte Position.

Bild 8.54 Beispiel Textfeld

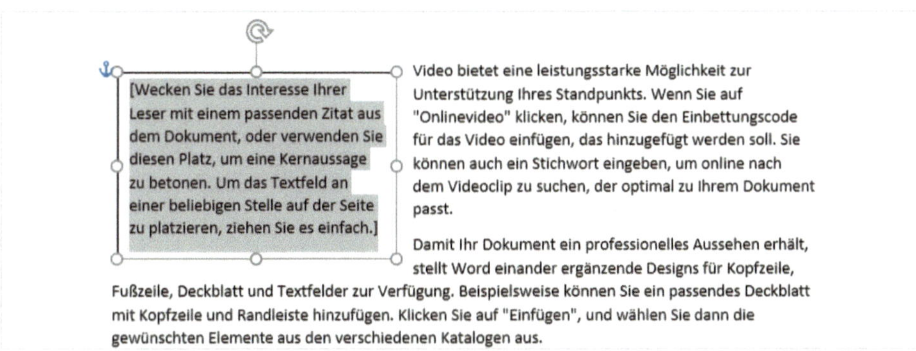

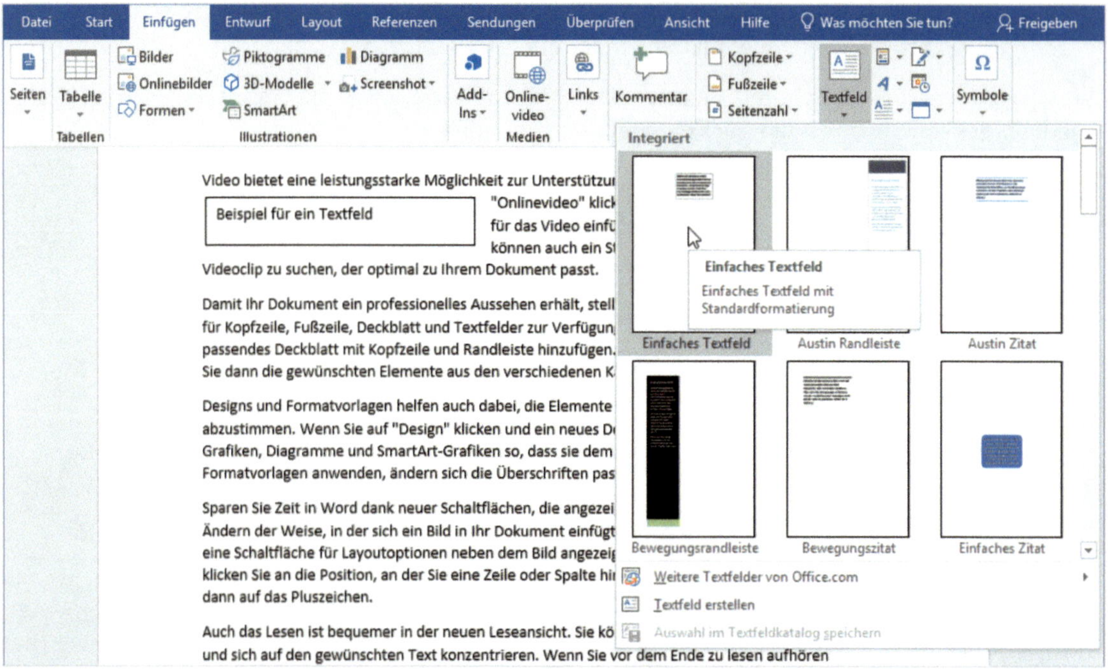

Bild 8.55 *Textfeld einfügen*

Die Textfeld-Vorlagen werden standardmäßig mit dem Textumbruch *Quadrat* eingefügt und können anschließend mit gedrückter Maustaste verschoben, vergrößert und verkleinert werden. Wenn Sie ein benutzerdefiniertes einfaches Textfeld einfügen möchten, so klicken Sie auf *Textfeld* und auf *Textfeld erstellen*. Anschließend zeichnen Sie durch Ziehen mit der Maus an der gewünschten Stelle des Dokuments ein rechteckiges Textfeld, dieses erhält zunächst den Textumbruch *Vor den Text*.

Innerhalb eines Textfelds können Sie alle Zeichen- und Absatzformatierungen sowie Tabellen verwenden. Die vertikale Textausrichtung im Textfeld ändern Sie mit den Schaltflächen der Gruppe *Text*. Zur Formatierung des Textfelds selbst, z. B. mit Rahmenlinien und Füllfarben, verwenden Sie wie bei allen grafischen Objekten das Register *Format*, den Textumbruch steuern Sie über die Schaltfläche *Layoutoptionen*.

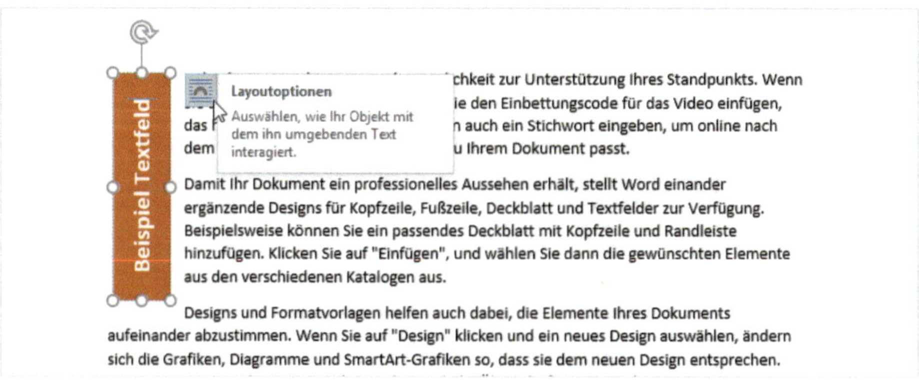

Bild 8.56 *Beispiel Textfeld mit Textrichtung um 270° gedreht*

3D-Modelle

Neu in Word 2019 ist die Unterstützung von 3D-Modellen, die im Dokument beliebig gedreht werden können.

Zum Einfügen klicken Sie im Register *Einfügen* ▶ *Illustrationen* auf den Dropdown-Pfeil *3D-Modelle* und wählen Sie zwischen aus einer *Datei...* und aus *Onlinequellen...*. Bei der Wahl von Online-Bildern ist allerdings das Urheberrecht zu beachten.

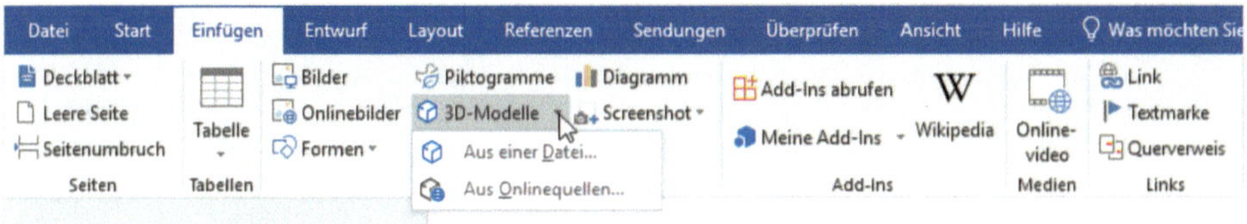

Bild 8.57 3D-Modelle einfügen

Als Beispiel im Bild unten ein einfaches 3D-Modell eines Würfels, der als Datei auf der Festplatte gespeichert ist. In diesem Fall klicken Sie auf *Aus einer Datei...* und wählen anschließend Ordner und Datei aus. Das 3D-Modell kann anschließend im Dokument mit der Maus beliebig gedreht werden, zeigen Sie dazu auf das Symbol ❶. Weitere Drehungen finden Sie im Register *3D-Modelltools -Format* in den *3D-Modellansichten* ❷ und mit *3D-Modell zurücksetzen* ❸ stellen Sie schnell das ursprüngliche Aussehen wieder her.

> **Achtung**: Diese Möglichkeiten sind ausschließlich für echte 3D-Modelldateien (z. B. mit den Dateinamenerweiterungen .fbx, .obj, .3mf, .ply, .glb), nicht aber für Grafiken mit 3D-Effekten verfügbar. Solche 3D-Modelle können Sie beispielsweise mit dem, in Windows 10 integrierten, Zeichenprogramm 3D Paint erstellen und speichern.

Bild 8.58 3D-Modell im Dokument drehen

Die Platzierung im Dokument erfolgt wieder über das Symbol *Layoutoptionen* ❹ und auch die übrige Vorgehensweise unterscheidet sich nicht von Bildern und Formen.

Ein Abbild des Bildschirms erzeugen und einfügen

Sie können auch, beispielsweise zu Erklärungszwecken, den Inhalt eines Bildschirmfensters, einen so genannten Screenshot, als Bild an der Cursorposition in das Dokument einfügen. Klicken Sie dazu im Register *Einfügen*, Gruppe *Illustrationen*, auf *Screenshot*. Hier erscheint eine Vorschau mit allen derzeit geöffneten Fenstern.

Bild 8.59 Fenster auswählen

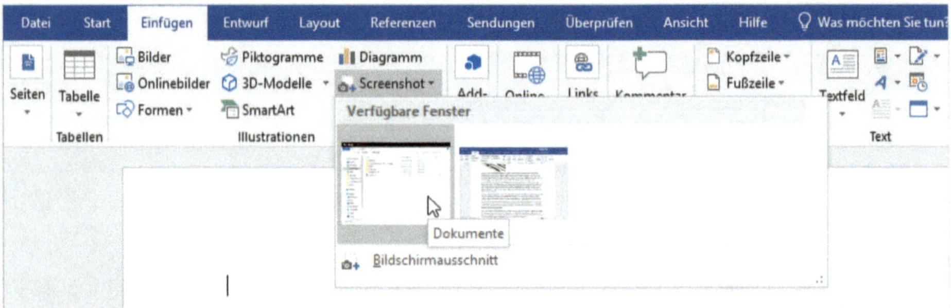

- Zum Einfügen des gesamten Fensters klicken Sie einfach in der Vorschau in das gewünschte Fenster.
- Benötigen Sie dagegen nur einen Ausschnitt des Bildschirms, so klicken Sie auf *Bildschirmausschnitt*. Der Mauszeiger verwandelt sich in ein Fadenkreuz und Sie können durch Ziehen mit gedrückter linker Maustaste den Bereich in Form eines Rechtecks festlegen. Dazu darf allerdings nur das gewünschte Fenster als einziges im Hintergrund geöffnet sein.

Freihandformen zeichnen

Auf einem Gerät mit Touchbedienung können Sie auch mit dem Finger oder einem Stift zeichnen. Dann sollte auch die dazugehörige Registerkarte *Zeichnen* automatisch verfügbar sein. **Achtung**: Freihandeingaben sind nur in der Ansicht Drucklayout möglich!

Register Zeichnen anzeigen

Ist dies nicht der Fall oder möchten Sie auch die Maus zum Zeichnen benutzen, dann klicken Sie mit der rechten Maustaste an eine beliebige Stelle im Menüband und auf den Befehl *Menüband anpassen...*.

Bild 8.60 Menüband anpassen

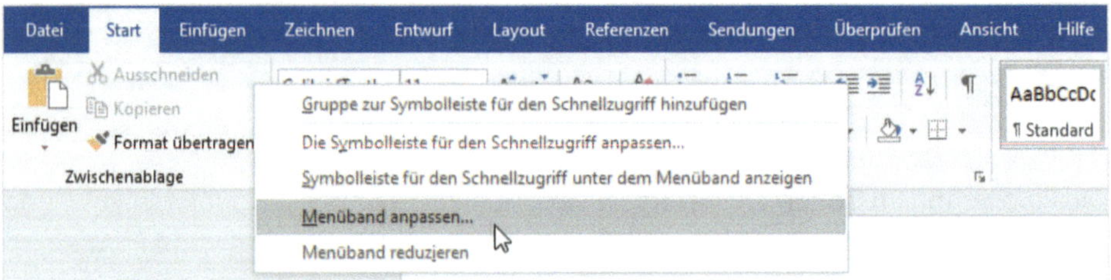

Das Fenster *Word-Optionen* mit der Kategorie *Menüband anpassen* wird geöffnet. Aktivieren Sie in der rechten Spalte mit einem Mausklick das Kontrollkästchen *Zeichnen* (Häkchen) und schließen Sie die Word-Optionen mit Klick auf die Schaltfläche *OK*.

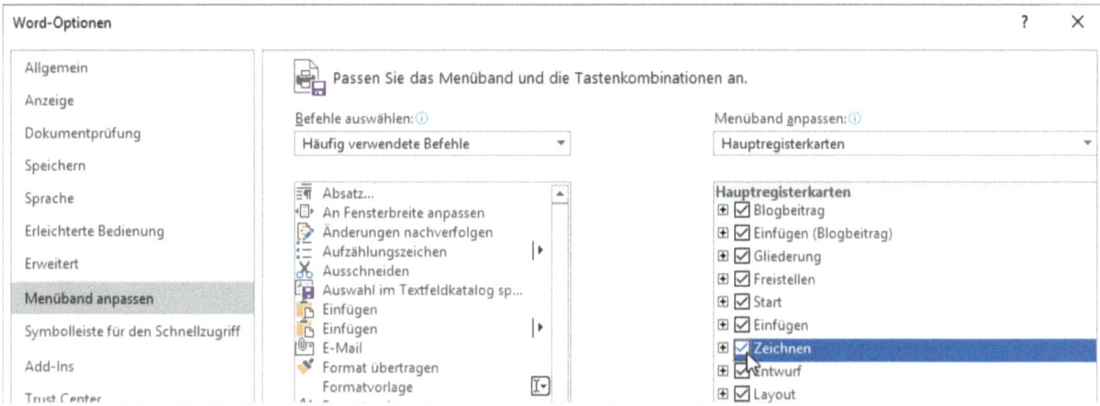

Bild 8.61 Register Zeichnen aktivieren

Zeichnen

Um mit dem Zeichnen zu beginnen, wählen Sie im Register *Zeichnen* einen Stift aus ❶, mit Klick auf den nach unten weisenden Pfeil legen Sie Linienstärke und Farbe fest. Die Schaltfläche *Zeichnen* ❷ wird dadurch automatisch aktiviert und Sie können mit dem Zeichnen beginnen. Den Zeichnen-Modus beenden Sie entweder mit der Esc-Taste oder einem Klick auf die Schaltfläche *Zeichnen*.

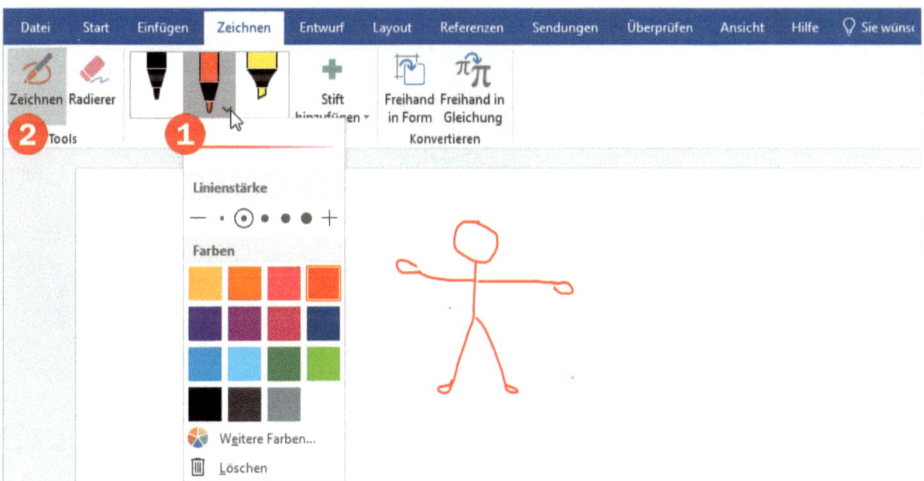

Bild 8.62 Freihandform zeichnen

Eine Freihandform verhält sich wie jedes andere Objekt. Sie können die Form markieren, im Dokument verschieben, mit den Schaltflächen des Registers *Zeichentools* - Format *formatieren*, z. B. Farbe ändern, oder mit der Entf-Taste löschen.

8.7 Übung

- Beginnen Sie mit einem neuen leeren Dokument und speichern Sie dieses unter dem Namen Übung_Grafik.
- Fügen Sie Blindtext über mindestens 1 Seite ein, z. B. mit der Anweisung =rand().
- Gestalten Sie mit Formen eine Überschrift (siehe Bild unten), die Sie oberhalb der ersten Zeile mit dem Textumbruch *Oben und unten* platzieren. Farben und Schrift wählen Sie nach Belieben.
- Fügen Sie ein Piktogramm zu einem beliebigen Thema ein, das Sie so am linken Rand des Dokuments platzieren, dass der übrige Text im Quadrat herumfließt. Formatieren Sie das Piktogramm mit grüner Füllfarbe.
- Fügen Sie am rechten Rand des Dokuments ein einfaches Textfeld ein und geben Sie hier beliebigen Text ein. Den Inhalt des Textfeldes formatieren Sie mit blauer Schriftfarbe, kursiv und mit hellgrauer Füllung. Der übrige Text soll im Quadrat um das Textfeld herumfließen.
- Fügen Sie außerdem noch am Ende der ersten Seite ein Online-Bild zum Thema Auto ein. Verkleinern Sie das Bild auf 3 cm Breite und achten Sie darauf, dass das Seitenverhältnis beibehalten wird. Platzieren Sie dieses Bild mit dem Textumbruch Rechteck am linken Seitenrand.
- So ähnlich könnte das Ergebnis aussehen:

Beispiele Grafik

Video bietet eine leistungsstarke Möglichkeit zur Unterstützung Ihres Standpunkts. Wenn Sie auf "Onlinevideo" klicken, können Sie den Einbettungscode für das Video einfügen, das hinzugefügt werden soll. Sie können auch ein Stichwort eingeben, um online nach dem Videoclip zu suchen, der optimal zu Ihrem Dokument passt.

Damit Ihr Dokument ein professionelles Aussehen erhält, stellt Word einander ergänzende Designs für Kopfzeile, Fußzeile, Deckblatt und Textfelder zur Verfügung. Beispielsweise können Sie ein passendes Deckblatt mit Kopfzeile und Randleiste hinzufügen. Klicken Sie auf "Einfügen", und wählen Sie dann die gewünschten Elemente aus den verschiedenen Katalogen aus.

Designs und Formatvorlagen helfen auch dabei, die Elemente Ihres Dokuments aufeinander abzustimmen. Wenn Sie auf "Design" klicken und ein neues Design auswählen, ändern sich die Grafiken, Diagramme und SmartArt-Grafiken so, dass sie dem neuen Design entsprechen. Wenn Sie Formatvorlagen anwenden, ändern sich die Überschriften passend zum neuen Design.

Dieses Textfeld enthält beliebigen Inhalt. Dieses Textfeld enthält beliebigen Inhalt. Dieses Textfeld enthält beliebigen Inhalt. Dieses Textfeld enthält beliebigen Inhalt.

Sparen Sie Zeit in Word dank neuer Schaltflächen, die angezeigt werden, wo Sie sie benötigen. Zum Ändern der Weise, in der sich ein Bild in Ihr Dokument einfügt, klicken Sie auf das Bild. Dann wird eine Schaltfläche für

9 Weiterführende Techniken

In diesem Kapitel lernen Sie...

- Texteingabe mit Schnellbausteinen und AutoText automatisieren
- Datum und Datumsfelder einfügen
- Fuß- und Endnoten verwenden
- Mathematische Formeln eingeben
- Übersetzungshilfen nutzen
- Dokumente freigeben und gemeinsam bearbeiten
- Dokumente in der Leseansicht anzeigen

Das sollten Sie bereits wissen

- Texteingabe und -korrektur
- Dokumente speichern und öffnen
- Zeichen und Absätze formatieren
- Tabellen und Tabstopps
- Seitenlayout einrichten

9.1 Textelemente einfügen

Datum und Uhrzeit

Nach Eingabe der ersten Zeichen des aktuellen Datums erscheint im Dokument ein kurzer Hinweistext und mit Drücken der Eingabetaste wird das Datum automatisch vervollständigt. Wenn Sie das aktuelle Datum in einer anderen Schreibweise einfügen möchten, dann klicken Sie auf das Register *Einfügen* und in der Gruppe *Text* auf *Datum und Uhrzeit* ❶. Das gleichnamige Fenster wird geöffnet, markieren Sie das gewünschte Datums- oder Uhrzeitformat ❷ und klicken Sie zum Einfügen auf *OK*.

Weitere Datumsoptionen

- Falls Sie ein bestimmtes Datumsformat als Standardformat festlegen möchten, so öffnen Sie das Fenster *Datum und Uhrzeit*, markieren das gewünschte Format und klicken auf die Schaltfläche *Als Standard festlegen*.
- Soll ein Datum beim Öffnen des Dokuments automatisch aktualisiert werden, so aktivieren Sie vor dem Einfügen das Kästchen *Automatisch aktualisieren* ❸.

Bild 9.1 Datum einfügen

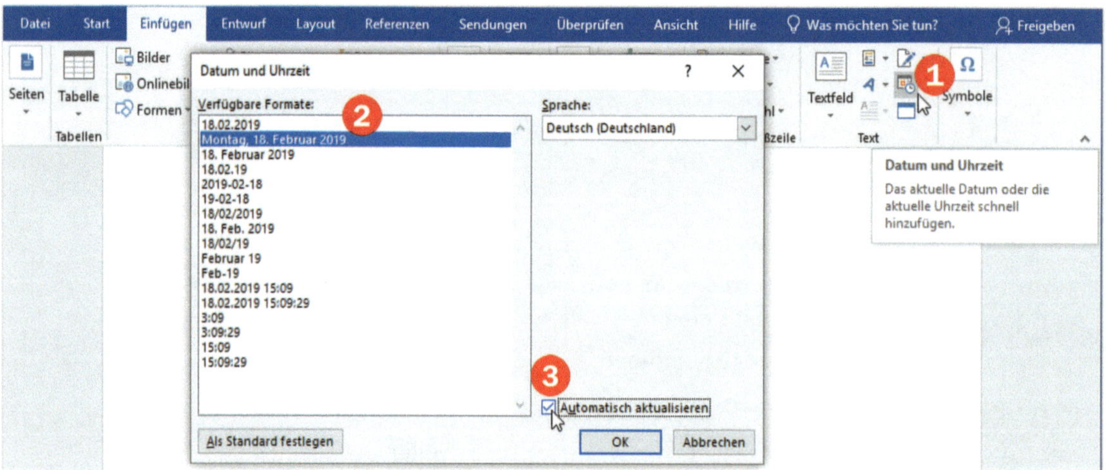

Nachteil eines aktualisierbaren Datums: In Briefen ist beim späteren Öffnen des fertigen und gespeicherten Briefes nicht mehr ersichtlich, wann der Brief erstellt bzw. gedruckt wurde, da er ja immer das aktuelle Datum enthält.

Weitere Datumsinformationen als Feld einfügen

Besser geeignet ist in vielen Fällen das Datum, an dem das Dokument erstellt oder gedruckt wurde, vor allem in Briefen. Diese Datumsfelder fügen Sie über das Dialogfenster *Feld* in Ihr Dokument ein.

1 Klicken Sie im Register *Einfügen* auf *Schnellbausteine* und hier im Menü auf *Feld...*.

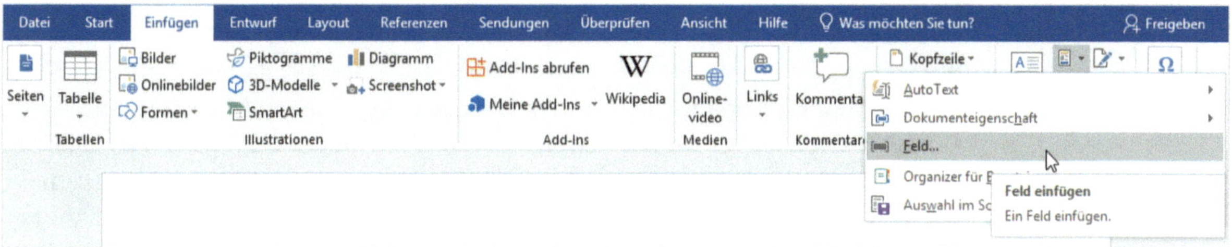

Bild 9.2 Register Einfügen, Gruppe Text

2 Das Fenster *Feld* öffnet sich (Bild unten) und unter *Feld auswählen* erhalten Sie eine Liste aller verfügbaren Felder. Da die Liste recht lang und alphabetisch geordnet ist, sollten Sie zunächst die Kategorie *Datum und Uhrzeit* ❶ auswählen.

3 Unterhalb erscheinen nun ausschließlich Datumsfelder. Klicken Sie auf das Feld *CreateDate* ❷ (Erstelldatum). Im mittleren Bereich, unter *Feldeigenschaften* ❸, können Sie anschließend die gewünschte Schreibweise auswählen und mit *OK* ❹ das Datumsfeld in das Dokument übernehmen.

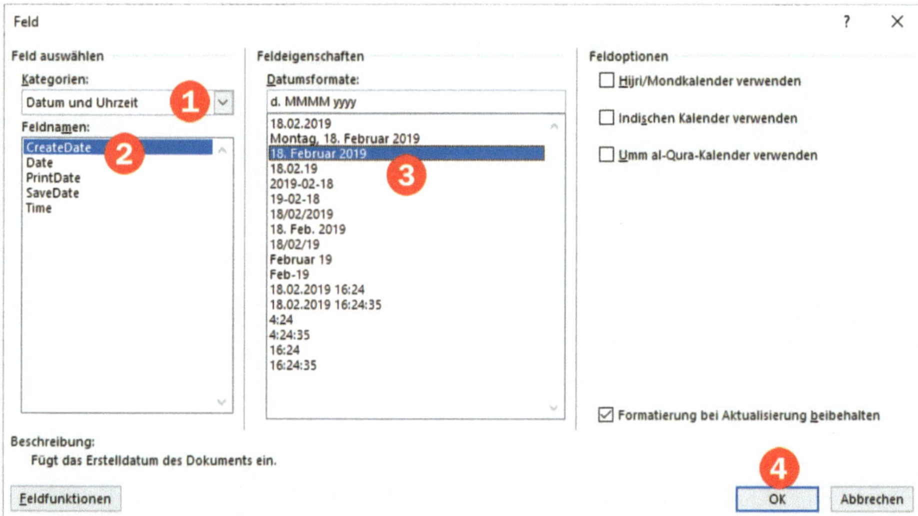

Bild 9.3 Weitere Datumsfelder über das Fenster Feld einfügen

Die weiteren Datumsfelder

Feld	Funktionsweise
SaveDate	Fügt das Datum ein, an dem das Dokument das letzte Mal gespeichert wurde.
PrintDate	Fügt das Datum ein, an dem das Dokument das letzte Mal ausgedruckt wurde. Wenn noch kein Ausdruck erfolgt ist, dann erscheinen Nullen, 00.00.0000.
Date	Das Datum wird bei jedem Öffnen des Dokuments automatisch aktualisiert.
Time	Fügt Datum und Uhrzeit ein, die tatsächliche Anzeige richtet sich nach dem vorgegebenen Datumsformat, z. B. TIME \@ "dd.MM.yyyy HH:mm". Dieses Feld wird auch von der Schaltfläche Einfügen - Datum und Uhrzeit eingefügt (siehe oben).

Mathematische Formeln und Sonderzeichen

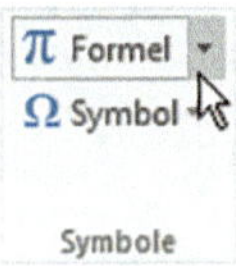

Mathematische Formeln verwenden zahlreiche Sonderzeichen und Symbole, daher verfügt Word zur Eingabe von Formeln über einen gesonderten Editor. Klicken Sie zum Einfügen einer Formel auf das Register *Einfügen* und in der Gruppe *Symbole* auf den Dropdown-Pfeil der Schaltfläche *Formel*. Es erscheint ein Katalog typischer Formeln, aus dem Sie mit einem Klick die gewünschte Formel an der Cursorposition einfügen. Klicken Sie dann zur weiteren Bearbeitung im Dokument in die Formel. Zusammen mit der markierten Formel ist im Menüband das Register *Formeltools* - *Entwurf* mit einer Bibliothek mathematischer Symbole und Strukturen verfügbar, die Sie in die Formel einfügen können. Wie bei der Bearbeitung von normalem Text, müssen Sie zum Ersetzen oder Löschen einzelner Ausdrücke diese zuvor markieren.

Der Rahmen um die Formel wird nur sichtbar, wenn Sie in die Formel klicken und wird nicht gedruckt.

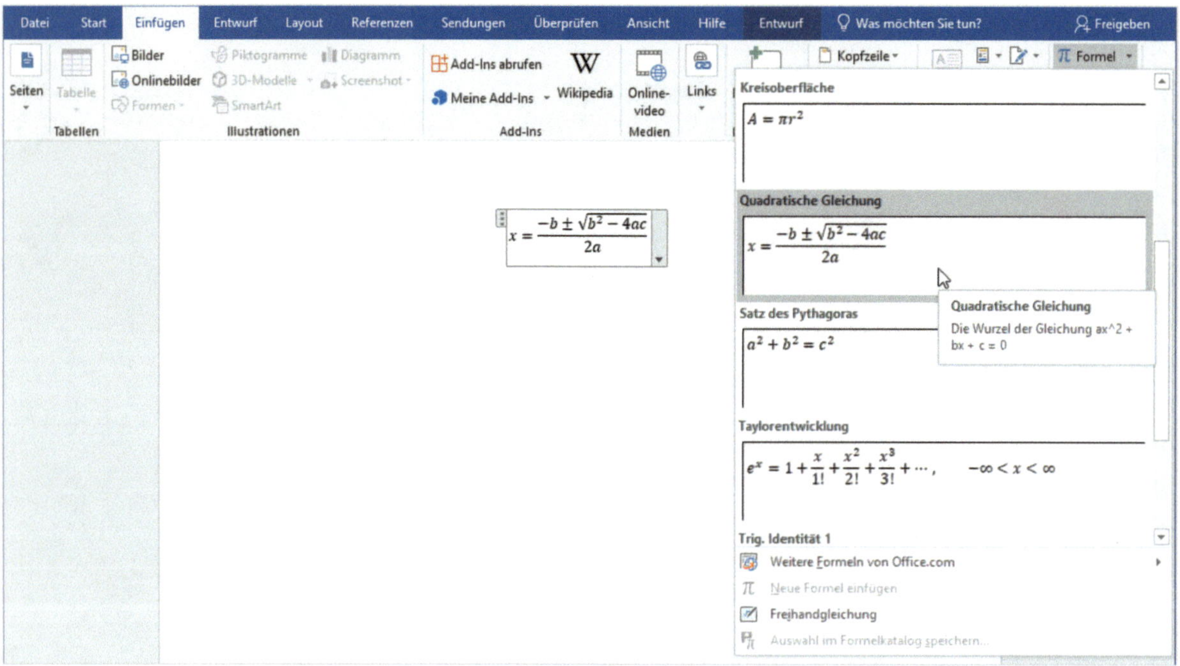

Bild 9.4 Formel einfügen

Sollte die gewünschte Formel nicht in der Sammlung enthalten sein, so fügen Sie ein leeres Platzhalterfeld zur Eingabe der Formel ein: Klicken Sie dazu entweder direkt auf die Schaltfläche *Formel* oder im Auswahlfeld auf *Neue Formel einfügen*. Bearbeiten Sie anschließend die Formel über die Symbole und Schaltflächen des Registers *Formeltools* - *Entwurf*.

Falls die hier angebotenen Symbole bzw. Formeln nicht ausreichen sollten, so klicken Sie in der Gruppe *Tools* auf *Freihandgleichung*. Word öffnet ein kleines Fenster, in dem Sie einen Ausdruck mit gedrückter Maustaste „zeichnerisch" eingeben können.

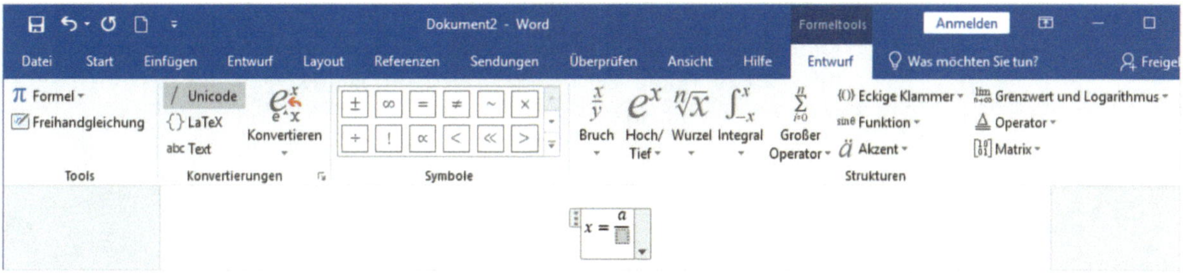

Bild 9.5 Das Register Formeltools - Entwurf

Um eine Formel zur späteren Bearbeitung erneut zu markieren, klicken Sie einfach in die Formel. Wenn Sie links von der Formel auf die drei Punkte klicken, wird die Formel markiert und kann anschließend mit der Entf-Taste vollständig gelöscht werden.

Fuß- und Endnoten

Einfache Fuß- oder Endnoten lassen sich in Word schnell erstellen und verwalten, ihre Nummerierung wird automatisch erstellt und bei späteren Änderungen auch aktualisiert. Fußnoten erscheinen am Ende der jeweiligen Seite, während Endnoten gesammelt und erst am Dokumentende eingefügt werden. So gehen Sie beim Einfügen einer Fußnote bzw. des Fußnotenzeichens vor:

1 Positionieren Sie im Text den Cursor an derjenigen Stelle, an der das Fußnotenzeichen eingefügt werden soll ❶ und klicken Sie dann im Register *Referenzen*, Gruppe *Fußnoten*, auf die Schaltfläche *Fußnote einfügen* ❷.

Bild 9.6 Fußnote einfügen

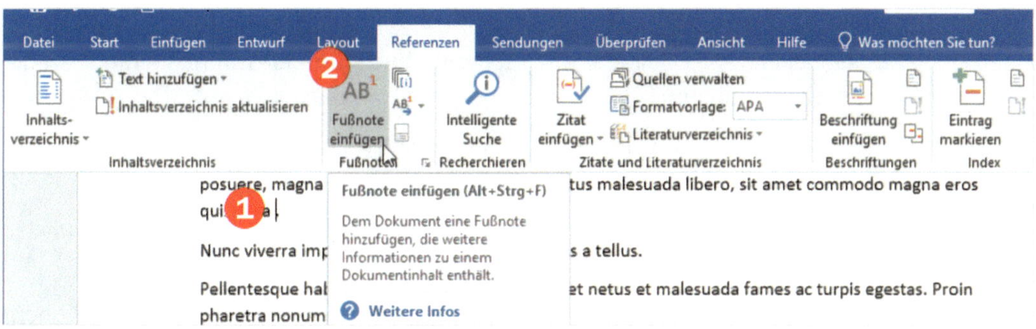

2 Ein hochgestelltes Fußnotenzeichen wird an der Cursorposition eingefügt, gleichzeitig erscheint am Ende der Seite in einem gesonderten Fußnotenbereich dasselbe Zeichen zusammen mit dem Cursor. Geben Sie hier den Fußnotentext ein ❸.

Bild 9.7 Geben Sie im Fußnotenbereich den dazugehörigen Text ein

3 Mit einem Doppelklick auf das Fußnotenzeichen wechseln Sie schnell vom Fußnotenbereich zurück in den Text und umgekehrt. Wenn Sie im Text auf ein Fußnoten- bzw. Endnotenzeichen zeigen, dann blendet Word den dazugehörigen Text im Dokument ein.

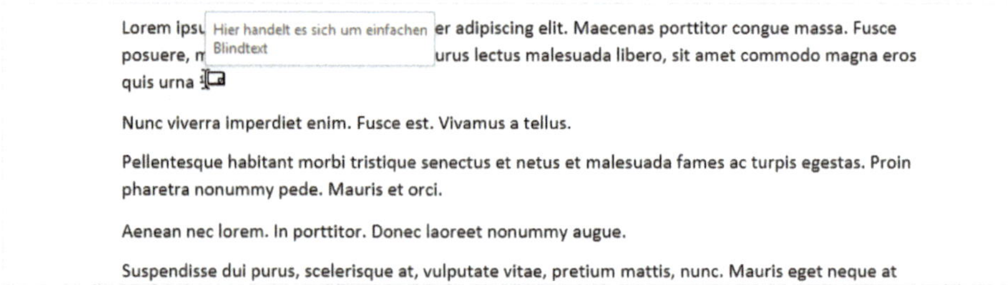

Bild 9.8 Fußnotentext im Dokument anzeigen

Genauso gehen Sie auch vor, wenn Sie anstelle einer Fußnote eine Endnote einfügen möchten.

Fußnote löschen

Zum Entfernen einer Fußnote brauchen Sie nur das Fußnotenzeichen im Text löschen. Der dazugehörige Fußnotentext verschwindet automatisch und die Nummerierung der übrigen Fußnoten wird aktualisiert.

Text aus Datei einfügen

Wenn Sie in das Dokument den Inhalt eines anderen Word-Dokuments einfügen möchten, dann ist dies auf dem Weg über die Zwischenablage möglich. Sie können aber auch ein zweites Dokument vollständig ohne vorheriges Öffnen einfach an der Cursorposition einfügen.

1 Positionieren Sie dazu den Cursor an der Stelle, ab der das Dokument eingefügt werden soll.

2 Wechseln Sie dann in das Register *Einfügen*, Gruppe *Text*. Klicken Sie auf den Dropdown-Pfeil des Symbols *Objekt* und wählen Sie *Text aus Datei…*.

3 Das Fenster *Datei einfügen*, ähnlich dem Dialogfenster *Datei öffnen*, wird geöffnet. Markieren Sie die gewünschte Datei und klicken Sie auf die Schaltfläche *Einfügen*.

Bild 9.9 Datei einfügen

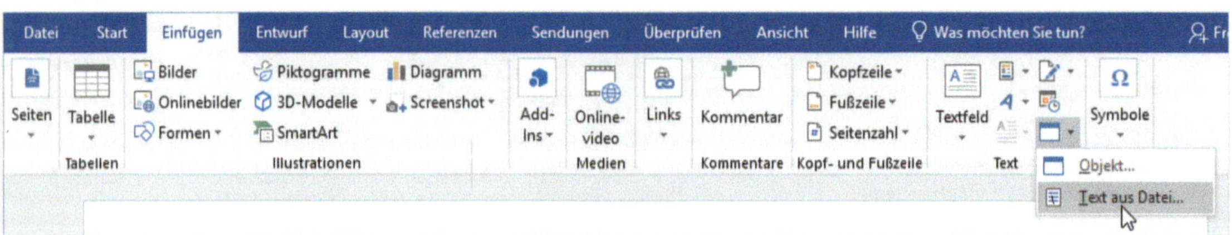

9.2 Wiederverwendbaren Text als Baustein speichern

Grundlagen

In vielen Dokumenten werden gleichbleibende Standardtexte benötigt. Damit Sie diese Texte nicht jedes Mal wieder neu eingeben oder umständlich über die Zwischenablage kopieren und einfügen müssen, können Sie Texte als Schnellbausteine speichern und beliebig oft in Dokumente einfügen. Bausteine können nicht nur Text einschließlich Formatierungen, sondern auch Grafiken oder Tabellen enthalten.

Word unterscheidet zwischen zwei Arten von Bausteinen, genauer gesagt, verschiedenen Baustein-Katalogen, die an unterschiedlichen Orten gespeichert werden. Von diesen hängt es ab, in welchen Dokumenten der Baustein später zur Verfügung steht.

- **AutoText**
  Unter der Bezeichnung *AutoText* wird ein Baustein zusammen mit derjenigen Dokumentvorlage gespeichert, auf der das aktuelle Dokument beruht. Bei einem leeren Dokument ist dies die Vorlage *Normal*.

Näheres zu Dokumentvorlagen lesen Sie in Kapitel 10.

- **Schnellbausteine**
  Schnellbausteine werden dagegen in einer gesonderten Datei mit dem Namen *Building Blocks* gespeichert und sind, unabhängig von der verwendeten Vorlage, in allen Dokumenten verfügbar. In dieser Datei bzw. diesem Katalog sind auch die integrierten Vorlagen, z. B. für Kopf- und Fußzeilen, gespeichert.

Baustein speichern

Das Erstellen von AutoText und Schnellbausteinen unterscheidet sich nur geringfügig. Um einen neuen AutoText oder Baustein zu erstellen, geben Sie den Text zunächst in ein beliebiges Dokument ein oder benutzen Text in einem bereits vorhandenen Dokument. Soll später der Text immer mit demselben Format eingefügt werden, so nehmen Sie auch gleich alle benötigten Formatierungen vor.

1 Markieren Sie anschließend die gesamte Textstelle, die Sie speichern möchten. **Achtung**: Handelt es sich um vollständige Absätze, dann muss auch die dazugehörige Absatzendemarke markiert sein, da zusammen mit dieser alle Absatzformate, z. B. Einzüge oder Ausrichtung gespeichert werden. Andernfalls enthält der Baustein nur Zeichenformate.

2 Klicken Sie im Register *Einfügen*, Gruppe *Text*, auf das Symbol *Schnellbausteine*.

- Möchten Sie den Baustein im Schnellbausteinkatalog speichern, so klicken Sie hier auf *Auswahl im Schnellbaustein-Katalog speichern*.
- Soll der Baustein dagegen als AutoText gespeichert werden, so zeigen Sie auf *AutoText* und klicken auf *Auswahl im AutoText-Katalog speichern*.

Bild 9.10 Im Schnellbaustein-Katalog speichern

3 In beiden Fällen öffnet sich anschließend das Fenster *Neuen Baustein erstellen* (Bild 9.11). Geben Sie im Feld *Name* den Namen ein, unter dem der Baustein gespeichert werden soll. Standardmäßig verwendet Word dafür die ersten Zeichen des markierten Textes. Verwenden Sie stattdessen besser einen kürzeren, eindeutigen Namen.

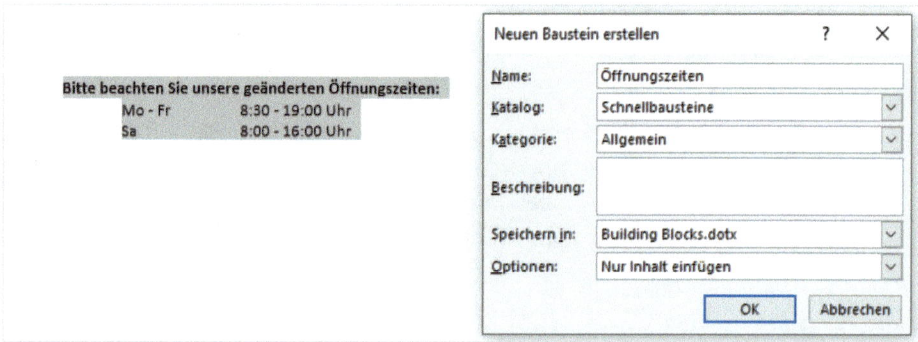

Bild 9.11 Neuen Baustein erstellen

4 Im Feld *Katalog* ist die oben getroffene Wahl zwischen *AutoText* und *Schnellbaustein-Katalog* ersichtlich, im Bild oben *Schnellbausteine*. Eine Beschreibung ist optional und kann im Feld *Beschreibung* eingegeben werden.

„Normal" ist der Name der Dokumentvorlage, die für alle neuen leeren Dokumente verwendet wird.

5 Im Feld *Speichern in* können Sie den Speicherort kontrollieren und ggf. auch nachträglich noch ändern. *Normal* bedeutet, der Baustein wird zusammen mit der Dokumentvorlage für neue, leere Dokumente gespeichert, mit der Auswahl *Building Blocks.dotx* ist er dagegen später in allen Dokumenten verfügbar.

6 Unter *Optionen* wählen Sie aus, wie der Baustein später im Text eingefügt werden soll. Standardmäßig verwendet Word die Option *Nur Inhalt einfügen*, das bedeutet, beim Einfügen wird der Inhalt einfach an der Cursorposition eingefügt. Falls nötig, können Sie auch festlegen, dass der Inhalt des Bausteins immer in einem eigenen Absatz (*Inhalt in eigenem Absatz einfügen*) oder auf einer eigenen Seite (*Inhalt auf eigener Seite einfügen*) eingefügt werden soll.

7 Zuletzt klicken Sie zum Speichern auf *OK*.

Hinweis: Falls Sie den Bausteintext in einem gesonderten Dokument eingegeben haben, kann dieser nach dem Speichern wieder gelöscht werden.

Änderungen speichern

Da Schnellbausteine in der Datei Building Blocks gespeichert werden, müssen Sie nach dem Hinzufügen oder Ändern von Bausteinen auch Änderungen dieser Datei speichern. Dies passiert nicht automatisch, sondern beim Beenden von Word erscheint eine Meldung, die Sie auffordert, Änderungen in dieser Datei zu speichern. Klicken Sie auf *Speichern*, damit der erstellte Baustein später auch verfügbar ist.

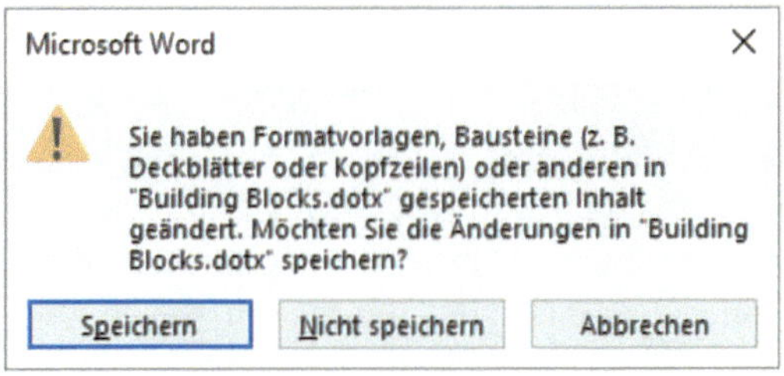

Bild 9.12 Speichern Sie die Änderungen der Datei Building Blocks

Baustein einfügen

Eine Liste aller Schnellbausteine erscheint, wenn Sie im Register *Einfügen* ▶ *Text* auf die Schaltfläche *Schnellbausteine* klicken und mit einem Mausklick auf den gewünschten Eintrag wird der Schnellbaustein an der Cursorposition im Dokument eingefügt. Wurde der Baustein als AutoText gespeichert, so zeigen Sie auf *AutoText*. Hier erscheinen die verfügbaren AutoText-Einträge und können ebenfalls mit einem Klick eingefügt werden.

Bild 9.13 Schnellbaustein einfügen

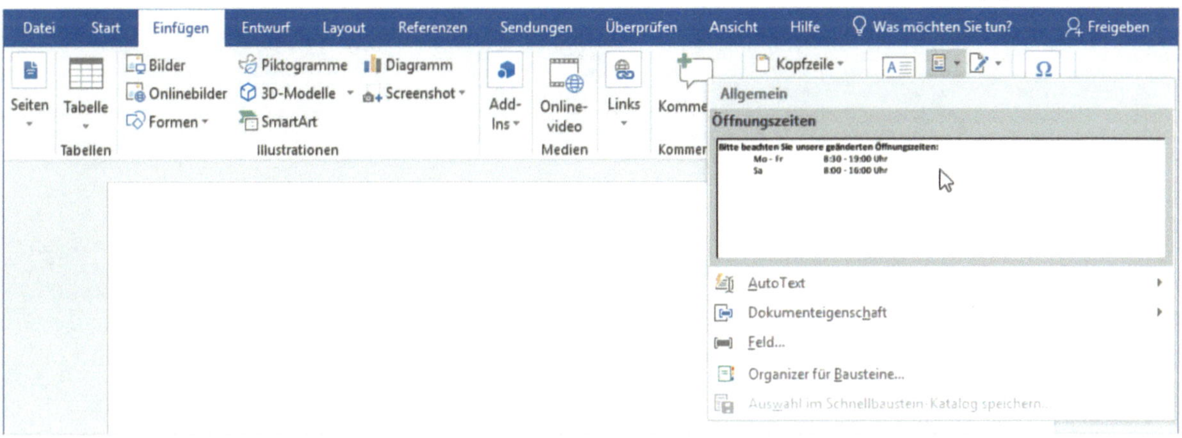

Per Tastatur einfügen

Alternativ können Sie einen Baustein oder AutoText auch schnell einfügen, indem Sie den Namen des Bausteins im Dokument eintippen und unmittelbar danach die Funktionstaste F3 betätigen.

Wurde ein Baustein als AutoText gespeichert, so erscheint bereits nach Eingabe der ersten vier Zeichen der dazugehörige Text in einem Infofeld und kann mit Drücken der

Eingabetaste übernommen werden. Dies funktioniert allerdings nur, wenn der Auto-Text-Name mindestens vier Zeichen lang ist und nicht bei Schnellbausteinen.

Bild 9.14 Schnellbaustein mit der Eingabetaste einfügen

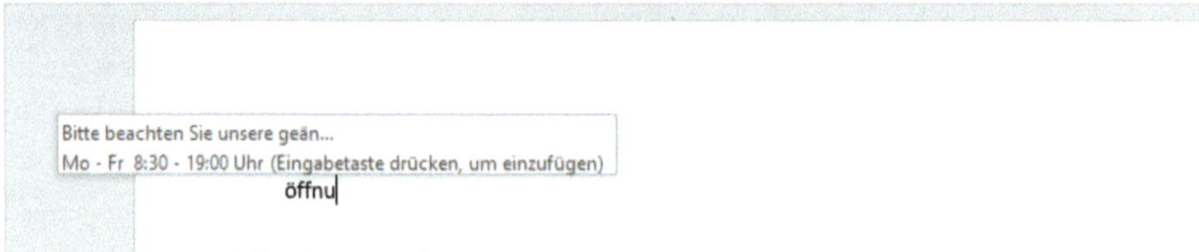

Tipp: Wenn Sie mit der rechten Maustaste auf einen Schnellbaustein klicken, so erhalten Sie im Kontextmenü einige Positionen im Dokument zur Auswahl. Beispielsweise die Möglichkeit, den Schnellbaustein in die Kopf- oder Fußzeile einzufügen (siehe Bild unten).

Bausteine verwalten, ändern und löschen

Umbenennen und Speicherort ändern

Name und Speicherort eines Bausteins können auch nachträglich geändert werden.

1. Dazu klicken Sie im Register *Einfügen* auf *Schnellbausteine* und anschließend mit der rechten Maustaste auf den Eintrag, den Sie ändern möchten.
2. Klicken Sie auf *Eigenschaften bearbeiten*. Das Fenster *Baustein ändern* öffnet sich und Sie können wie im Fenster *Neuen Baustein erstellen* Name, Katalog, Kategorie und Speicherort ändern.

Bild 9.15 Baustein bearbeiten

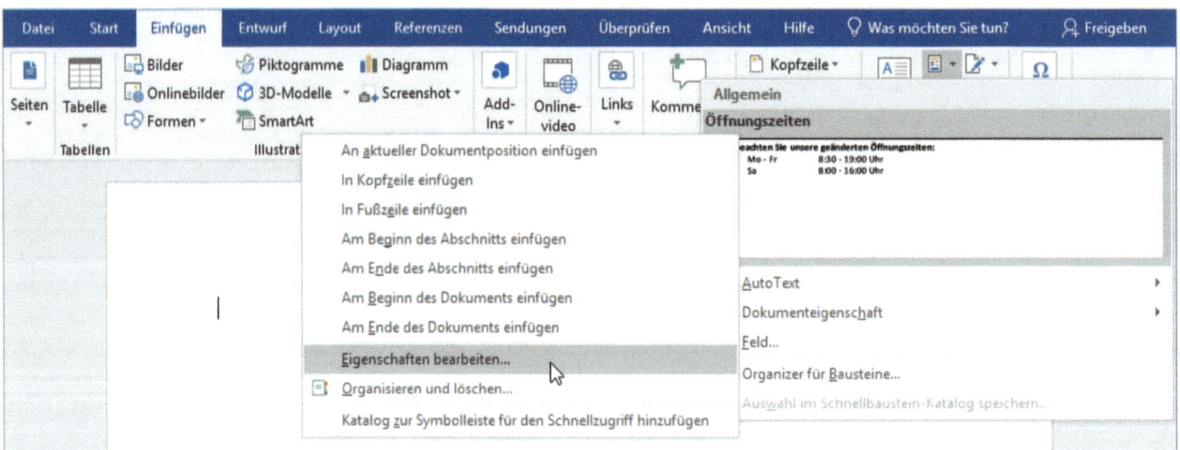

Inhalt eines Schnellbausteins ändern

Den Text bzw. die Formatierung eines Bausteins können Sie dagegen nur ändern, indem Sie den Baustein in ein beliebiges Dokument einfügen, hier alle erforderlichen Änderungen vornehmen und ihn anschließend erneut unter dem bisherigen Namen speichern. Bestätigen Sie die nachfolgende Meldung, ob Sie den Baustein neu definieren möchten mit der Schaltfläche *Ja*.

Baustein löschen

Wenn Sie einen Baustein löschen möchten, dann klicken Sie im Register *Einfügen* ebenfalls auf *Schnellbausteine* und mit der rechten Maustaste auf den zu löschenden Eintrag. Wählen Sie *Organisieren und Löschen...*, damit öffnet sich der *Organizer für Bausteine*, der ausgewählte Eintrag ist bereits markiert und kann mit Klick auf die Schaltfläche *Löschen* entfernt werden.

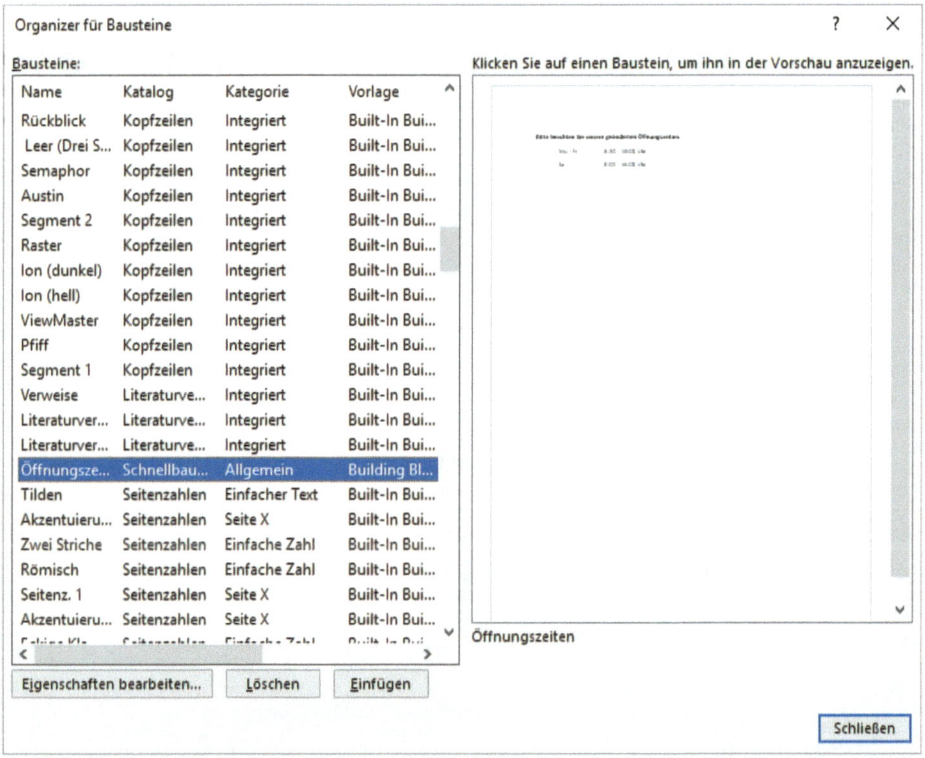

Bild 9.16 Baustein im Organizer löschen

Bausteine im Organizer verwalten

Im Organizer verwalten Sie alle Schnellbausteine, können deren Eigenschaften bearbeiten oder den markierten Baustein löschen. Zum Öffnen klicken Sie im Register *Einfügen* auf *Schnellbausteine* und auf *Organizer für Bausteine...*.

Die Spalte *Katalog* gibt Auskunft, wo ein Baustein zu finden ist. So finden Sie hier beispielsweise auch alle integrierten Vorlagen für Kopf- und Fußzeilen, Seitenzahlen, Deckblätter usw.. In der Spalte *Vorlage* sehen Sie den Speicherort: Building Blocks oder Normal. **Tipp**: Um schnell einen bestimmten Baustein zu finden, können Sie die Einträge nach Name, Katalog oder Speicherort sortieren: Klicken Sie dazu einfach mit der Maus in die Überschrift der betreffenden Spalte.

Benutzerdefinierte Fußzeile als Baustein speichern

Siehe Kopf- und Fußzeilen in Kapitel 5.5.

Neben den allgemein verfügbaren Bausteinen in den Katalogen *Schnellbausteine* oder *AutoText* bietet Word auch die Möglichkeit, Bausteine nur zu bestimmten Zwecken, z. B. als Kopfzeile oder Fußzeile, zu speichern, die dann ausschließlich an diesen Stellen zur Verfügung stehen.

Beispiel: Sie möchten in verschiedenen Dokumente immer dieselbe Fußzeile verwenden? Zum Beispiel Ihren Namen oder die Firma links, darunter den Dateinamen mit Angabe des Suchpfads und am rechten Rand die Seitenzahlen in der Form *Seite X von Y*, und das alles in einer bestimmten Schriftgröße und -farbe?

Dann vermeiden Sie unnötige Eingaben oder umständliches Kopieren über die Zwischenablage, indem Sie die Fußzeile im Katalog *Fußzeilen* als Baustein speichern. So gehen Sie vor:

1. Erstellen Sie eine Fußzeile mit allen erforderlichen Formatierungen oder öffnen Sie ein Dokument, das bereits die gewünschte Fußzeile enthält. Markieren Sie dann die gesamte Fußzeile.
2. Klicken Sie im Register *Einfügen* ▶ *Text* auf *Schnellbausteine* und klicken Sie hier auf *Auswahl im Schnellbaustein-Katalog speichern....*

   Tipp: Dieselbe Schaltfläche *Schnellbausteine* finden Sie auch im Register *Kopf- und Fußzeilentools - Entwurf*, Gruppe *Einfügen*.
3. Geben Sie einen Namen für den Schnellbaustein ein und wählen Sie im Feld *Katalog* Fußzeilen aus (Bild unten). Die Option *Nur Inhalt einfügen* kann beibehalten werden. Klicken Sie zum Schluss auf *OK*.

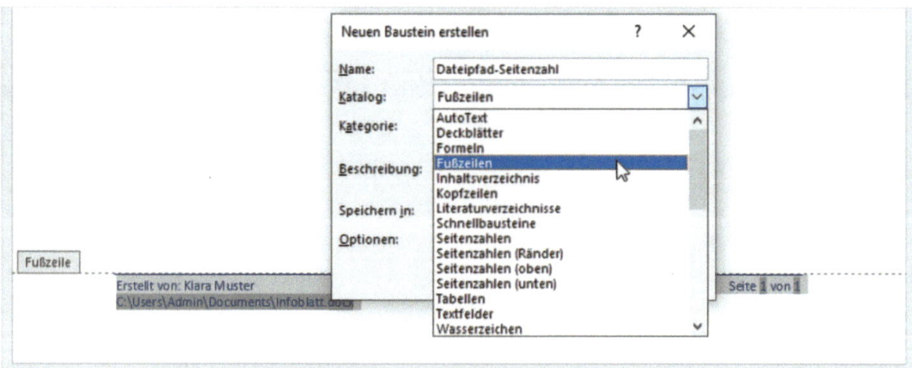

Bild 9.17 Wählen Sie den Katalog Fußzeilen aus

Achtung: Gespeichert wird der Baustein wieder in der Datei *Building Blocks*, daher müssen beim Beenden von Word auch Änderungen dieser Datei gespeichert werden.

Den Baustein benutzerdefinierte Fußzeile einfügen

Das Einfügen der benutzerdefinierten Fußzeile ist schnell erledigt: Klicken Sie im Register *Einfügen*, Gruppe *Kopf- und Fußzeile* auf die Schaltfläche *Fußzeile*. Hier finden Sie

Ihre Fußzeile in der Kategorie *Allgemein* am Beginn der Liste und mit einem Klick wird die Fußzeile eingefügt. Der Cursor kann sich dabei an beliebiger Stelle im Dokument befinden!

Bild 9.18 Benutzerdefinierte Fußzeile einfügen

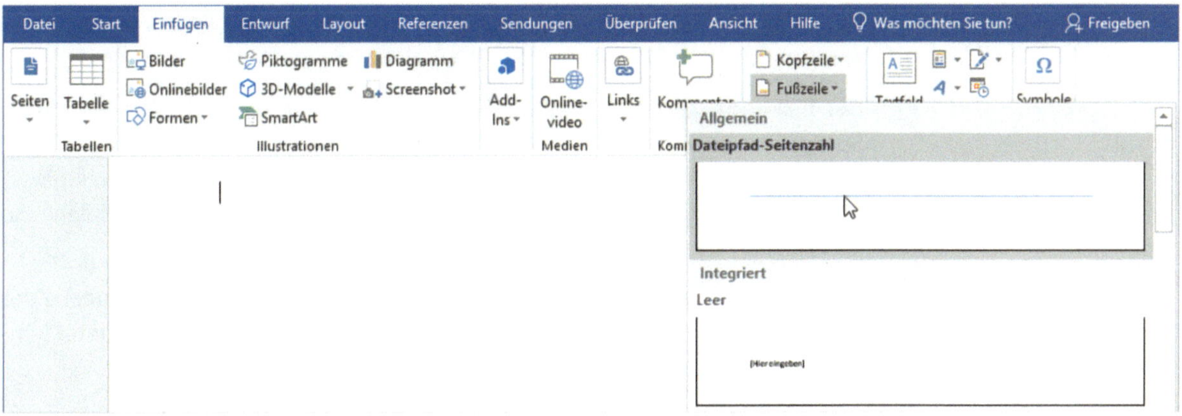

Dieselbe Vorgehensweise lässt sich auch auf Deckblätter, Seitenzahlen, Tabellen, Textfelder und weitere Elemente anwenden.

9.3 Arbeitshilfen nutzen

Übersetzungshilfen

Zu Word gehören auch verschiedene Übersetzungshilfen. Diese finden Sie im Register *Überprüfen* ▶ *Sprache* und mit Klick auf die Schaltfläche *Übersetzen* erhalten Sie hier die Möglichkeiten *Auswahl übersetzen* und *Dokument übersetzen*.

Bild 9.19 Schaltfläche Übersetzen

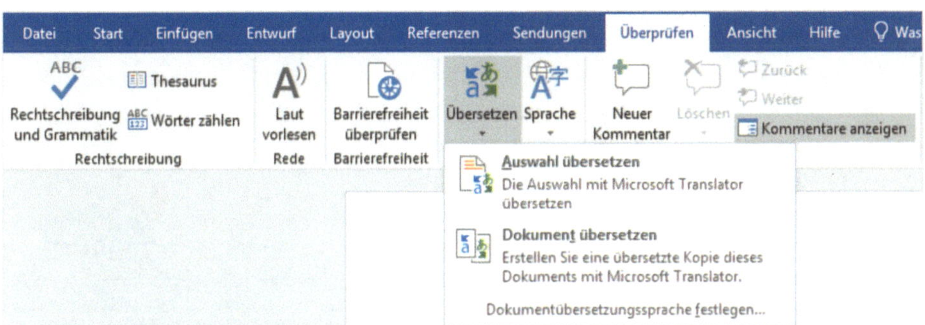

Markierten Text übersetzen

1 Um beispielsweise einen Absatz zu übersetzen, markieren Sie diesen und klicken auf *Übersetzen* ▶ *Auswahl übersetzen*.

2 Am rechten Rand des Word-Fensters öffnet sich der *Übersetzer*.

Achtung: Die Übersetzungen erfolgen durch den Microsoft Translator-Dienst. Damit Sie diesen Dienst nutzen können, müssen Sie nach der Neuinstallation von Word bzw. vor der ersten Verwendung der Übersetzung die intelligenten Dienste aktivieren.

3 Der markierte Text erscheint im Feld *Aus* ❶ zusammen mit der verwendeten Sprache, hier *Deutsch*. Meist wird die Ausgangssprache automatisch erkannt, wie im Bild unten. Sollte dies nicht der Fall sein, so klicken Sie auf den kleinen, nach unten weisenden Pfeil neben der angezeigten Sprache ❷ und wählen eine Sprache aus der Liste aus.

4 Unterhalb wählen Sie ebenfalls mit Klick auf den Pfeil aus, in welche Sprache der Text übersetzt werden soll, in diesem Beispiel *Englisch* ❸. Im Feld darunter können Sie die Übersetzung kontrollieren.

5 Wenn Sie die Übersetzung in das Dokument einfügen möchten, dann klicken Sie auf die Schaltfläche *Einfügen* ❹. **Achtung:** ist der ursprüngliche Text noch markiert, so wird dieser durch die Übersetzung ersetzt. Um ihn an anderer Stelle in das Dokument einzufügen, müssen Sie den Cursor entsprechend positionieren.

Bild 9.20 Markierten Text übersetzen und wieder ins Dokument einfügen

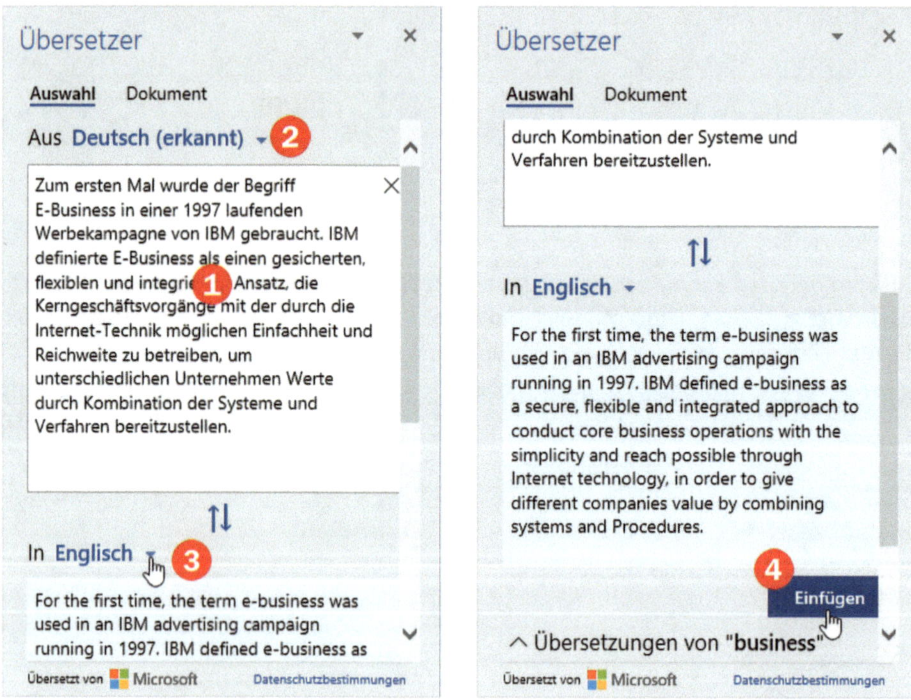

Gesamtes Dokument übersetzen

Wenn Sie das gesamte aktuelle Dokument übersetzen möchten, dann klicken Sie auf *Übersetzen* und auf *Dokument übersetzen* (Bild 9.19). Kontrollieren Sie die Sprache bzw.

legen Sie im Aufgabenbereich *Übersetzer* die verwendete Sprache und die gewünschte Sprache fest und klicken Sie auf *Übersetzen*.

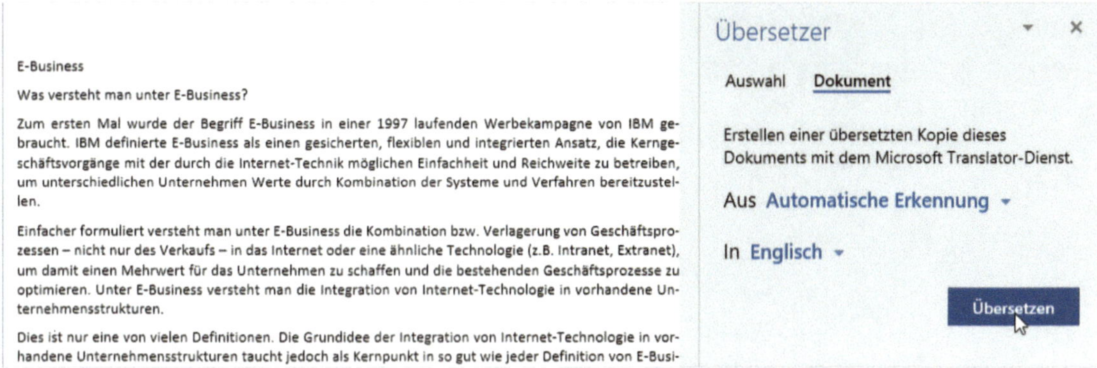

Bild 9.21 Das gesamte Dokument übersetzen

Der Übersetzer erstellt eine übersetzte Kopie des Dokuments und öffnet diese in einem zweiten Word-Fenster. Da es sich um automatisch übersetzten Text handelt, sollten Sie in jedem Fall noch Rechtschreibung und Grammatik von Word prüfen lassen und die Formulierungen kontrollieren und ggf. ändern. Anschließend können Sie das Dokument speichern.

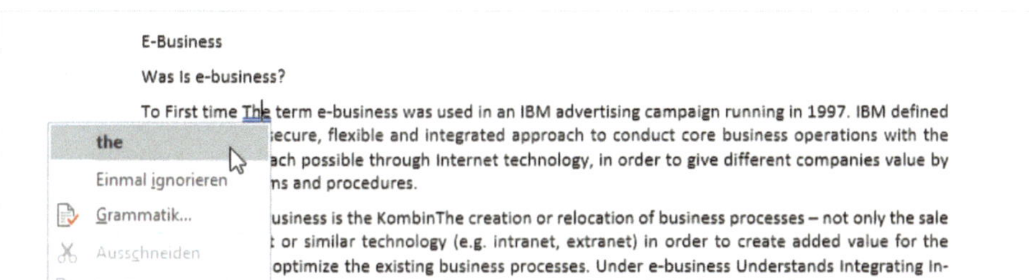

Bild 9.22 Kontrollieren Sie das übersetzte Dokument.

Einzelne Wörter mit der Übersetzungshilfe übersetzen

Möchten Sie nur einzelne Wörter übersetzen, dann gehen Sie genauso vor, wie auf Seite 285 beim Übersetzen von markiertem Text beschrieben. Markieren Sie ein Wort oder einen Begriff, klicken Sie auf *Übersetzen* und auf *Auswahl übersetzen*.

- Im Aufgabenbereich *Übersetzer* (Bild 9.23) erscheinen wieder der markierte Begriff und die Übersetzung und mit der Schaltfläche *Einfügen* ❶ kann diese im Dokument an der Cursorposition eingefügt werden.
- Scrollen Sie weiter nach unten, so erhalten Sie zusätzliche Übersetzungsvorschläge ❷ und mit Klick auf einen Vorschlag als Beispiel einen vollständigen Satz in beiden Sprachen.

Bild 9.23 Wörter oder Begriffe übersetzen

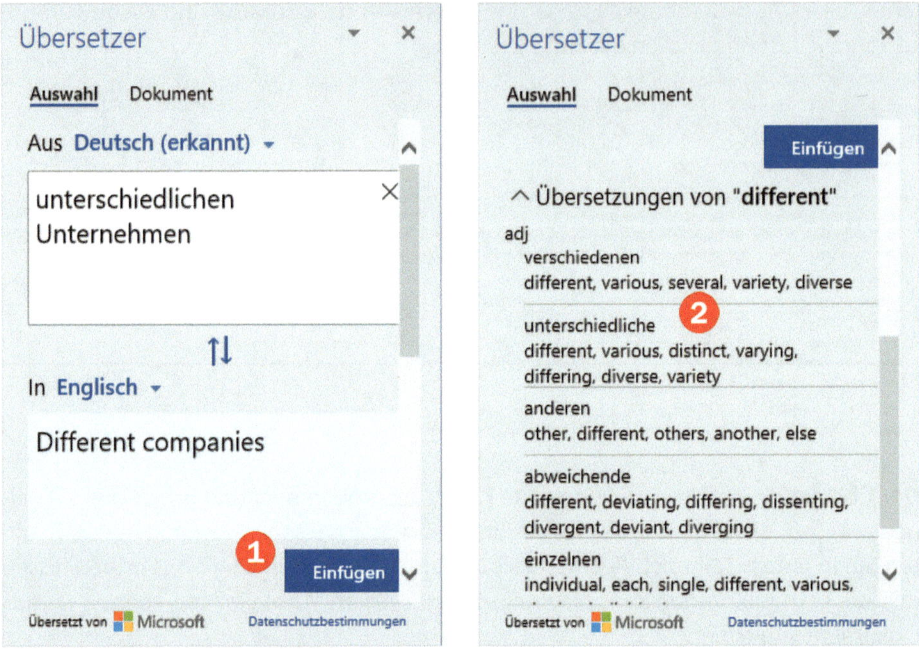

Tipp: Solange der Übersetzer geöffnet ist, können Sie schnell weitere Textstellen übersetzen lassen. Sobald Sie im Text einen weiteren Begriff markieren, erscheint im Übersetzer dessen Übersetzung. Beachten Sie außerdem, dass der Übersetzer immer in die zuletzt gewählte Sprache, in den oben abgebildeten Beispielen Englisch übersetzt. Sie können jedoch jederzeit mit Klick auf den Pfeil die Sprache ändern.

Begriffe schnell im Internet nachschlagen

Neu in Word 2019 ist auch die Möglichkeit, schnell bestimmte Begriffe im Internet nachzuschlagen. Dieses Tool finden Sie unter der Bezeichnung *Intelligente Suche* im Register *Referenzen* ▶ *Recherchieren* des Menübands. Es lässt sich beispielsweise nutzen, um einen Begriff bei Wikipedia nachzuschlagen oder um schnell die korrekte Schreibweise zu finden.

1 Markieren Sie im Dokument den Begriff ❶, den Sie nachschlagen möchten und klicken Sie im Register *Referenzen* ▶ *Recherchieren* auf Intelligente Suche ❷.

2 Am rechten Rand des Word-Fensters öffnet sich der Aufgabenbereich *Intelligentes Nachschlagen* ❸ und listet verschiedene Fundstellen im Internet auf, unter anderem Wikipedia.

3 Um nähere Informationen zu erhalten, klicken Sie auf die drei Punkte ❹. Daraufhin öffnet sich Ihr Standardbrowser, z. B. Microsoft Edge mit der betreffenden Seite.

Bild 9.24 Intelligentes Nachschlagen

Erleichterte Bedienung mit den Lerntools

Zur Verbesserung der Lesbarkeit können Sie den Text in kürzeren Zeilen und mit vergrößerten Zeichenabständen am Bildschirm anzeigen und bei Bedarf auch vorlesen lassen. Dazu klicken Sie im Menüband auf das Register *Ansicht* und hier auf *Lerntools*.

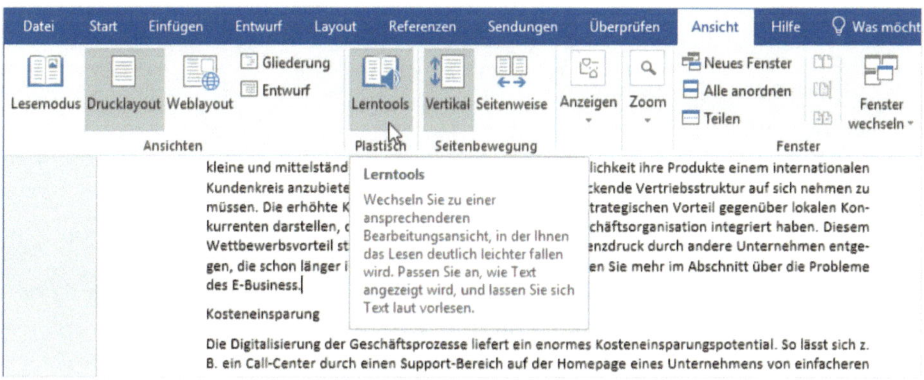

Bild 9.25 Zur Anzeige wechseln

Der Text wird zusammen mit dem Register *Lerntools* angezeigt (Bild 9.26). Zur besseren Lesbarkeit sind die Zeilen verkürzt, das Seitenlayout entspricht also nicht dem Drucklayout. Dagegen sind Formate wie Fett, Unterstrichen und Schriftfarbe oder die Absatzausrichtung auch in dieser Ansicht sichtbar. Bilder und Tabellen werden ebenfalls angezeigt. Sie können in dieser Ansicht nicht nur Text lesen sondern auch eingeben und korrigieren. Auch die Rechtschreib- und Grammatikprüfung ist verfügbar.

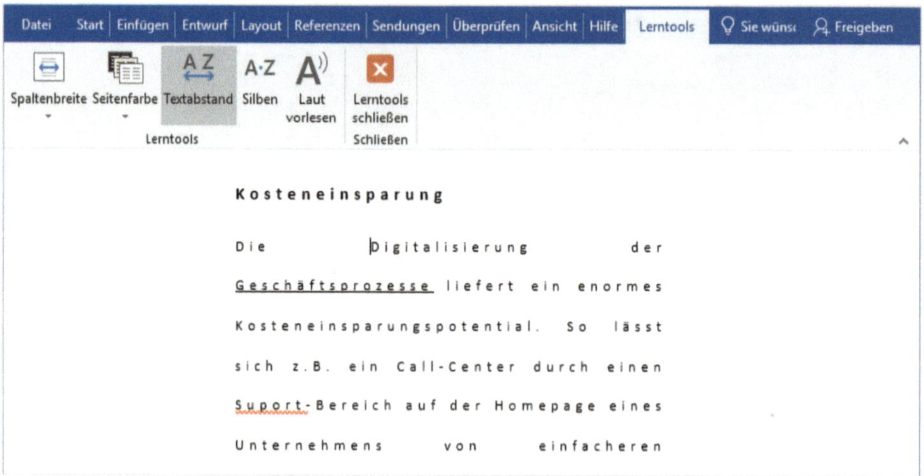

Bild 9.26 In der Ansicht Lerntools kann Text auch eingegeben und bearbeitet werden

Im Register *Lerntools* sind folgende Einstellungen möglich:

- Mit der Schaltfläche *Spaltenbreite* ändern Sie die Zeilenlänge,
- *Seitenfarbe* erlaubt die Wahl einer anderen Hintergrundfarbe,
- mit der Schaltfläche *Textabstand* vergrößern bzw. verkleinern Sie die Abstände zwischen den Zeichen,
- *Silben* zeigt Trennzeichen zwischen den Silben an,
- mit *Laut vorlesen* lassen Sie sich das Dokument vorlesen während die einzelnen Wörter hervorgehoben werden.
- *Lerntools schließen* schließt die Ansicht wieder.

9.4 Dokumente im Team bearbeiten

Häufig müssen Dokumente von mehreren Personen gemeinsam geöffnet und bearbeitet werden. Auf einem gemeinsamen Laufwerk in einem Netzwerk stellt dies normalerweise kein Problem dar. Soll allerdings von anderen Orten außerhalb des Netzwerks Zugriff auf die Datei möglich sein, so versenden Sie entweder das Dokument per E-Mail oder nutzen die Vorteile der Speicherung in der Cloud.

Dokument per E-Mail weitergeben

Im einfachsten Fall versenden Sie das Dokument als Anlage per E-Mail. Dazu klicken Sie im Register *Datei* auf *Freigeben* und hier auf *E-Mail*. Wählen Sie dann zwischen den folgenden Möglichkeiten.

- Mit der Auswahl *Als Anlage senden* wird automatisch Ihr Standard E-Mail Programm, z. B. Outlook, mit einer neuen Nachricht geöffnet und eine Kopie des aktuellen Word-Dokuments als Anlage angefügt.
- Die Option *Einen Link senden* ist nur verfügbar, wenn sich das Dokument an einem Speicherort in der Cloud, z. B. *OneDrive* befindet.
- *Als PDF senden* bedeutet, vom aktuellen Word-Dokument wird eine PDF-Datei erstellt und als Anlage in eine neue Nachricht eingefügt.
- **Vorsicht**: Die Option *Als XPS senden* sollte nur in Ausnahmefällen gewählt werden. Das XPS-Dateiformat ist wenig verbreitet, sodass die Anlage eventuell vom Empfänger nicht geöffnet werden kann.

Bild 9.27 Dokument per E-Mail senden

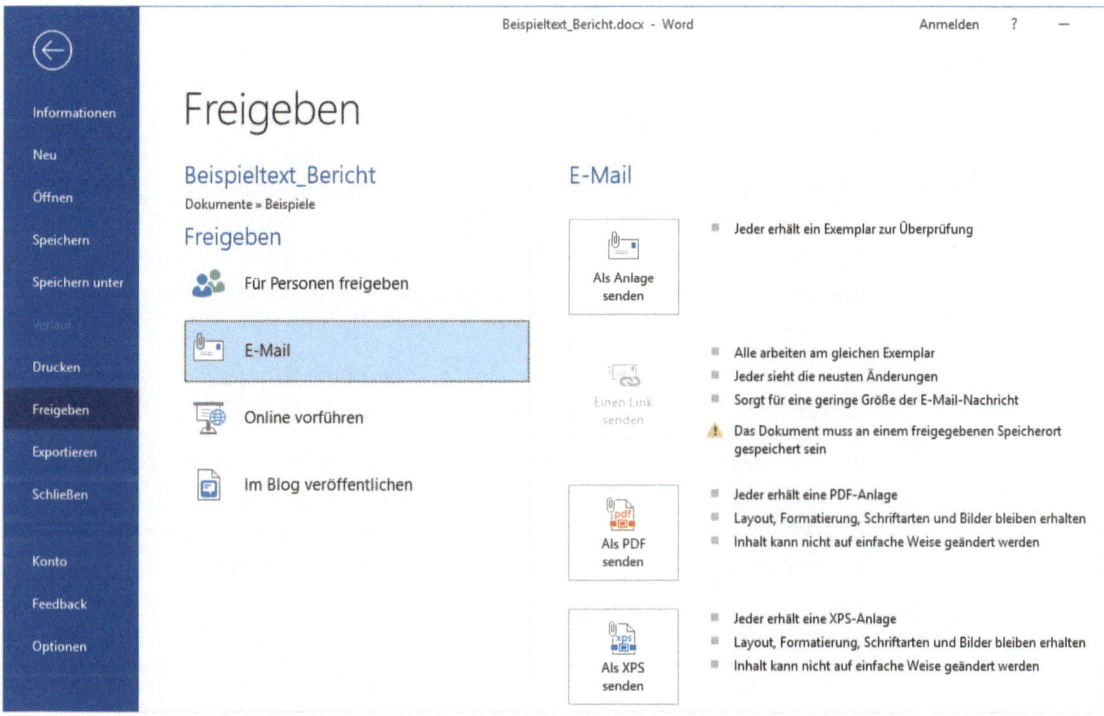

Dokumente in der Cloud freigeben

Freigaben und gemeinsames Bearbeiten in der Cloud setzen voraus, dass das Dokument an einem entsprechenden Ort gespeichert ist, entweder auf *OneDrive* oder, falls vorhanden, Office 365 SharePoint. Dazu müssen Sie natürlich mit dem dazugehörigen Konto, z. B. einem Microsoft-Konto angemeldet sein (siehe Kapitel 3.6).

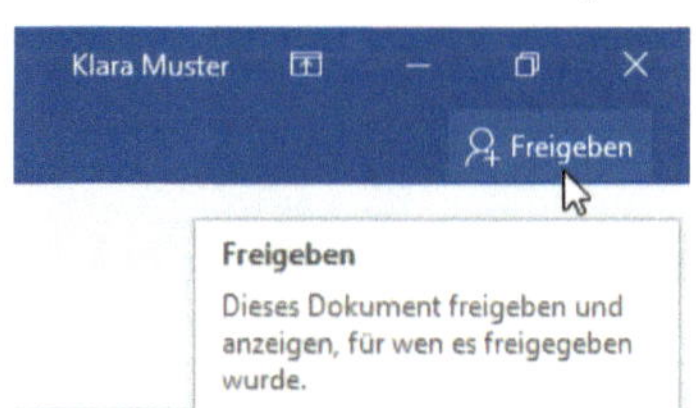

1 Klicken Sie in der rechten oberen Ecke des Word-Fensters auf *Freigeben*. Falls das Doku-

ment noch nicht in der Cloud gespeichert wurde, erhalten Sie zunächst eine entsprechende Aufforderung. Klicken Sie auf *In der Cloud speichern*, wählen Sie einen entsprechenden Speicherort und speichern Sie das Dokument.

Bild 9.28 Dokument freigeben

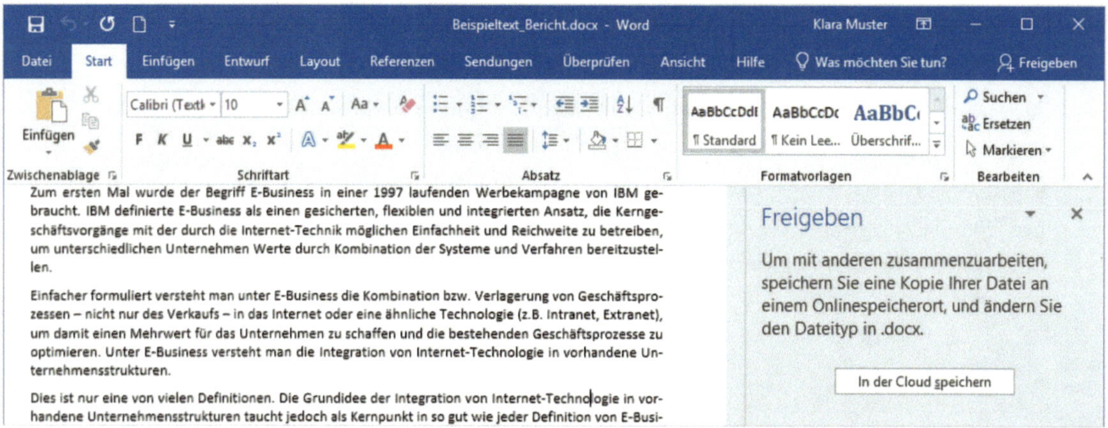

2 Anschließend können Sie angeben, welchen Personen Sie das Dokument freigeben möchten. Klicken Sie dazu in das Feld *Personen einladen* und geben Sie die E-Mail-Adresse ein ❶, mehrere Adressen trennen Sie durch Semikolon (;). Oder klicken Sie daneben auf das Adressbuch, um E-Mail Adressen auszuwählen.

3 Im Feld darunter ist die Berechtigung *Kann bearbeiten* ❷ standardmäßig ausgewählt. Die Alternative wäre *Kann anzeigen*. Optional können Sie unterhalb einen kurzen Nachrichtentext eingeben.

4 Wenn alle Änderungen sofort in Echtzeit im Dokument erscheinen sollen, dann muss im Feld *Änderungen automatisch teilen* ❸ entweder *Mich fragen* oder *Immer* ausgewählt sein. Mit der Option *Mich fragen* müssen Sie beim ersten Mal zustimmen, dass Ihre Änderungen in Echtzeit angezeigt werden.

5 Klicken Sie zuletzt auf *Freigeben* ❹.

Bild 9.29 Personen einladen

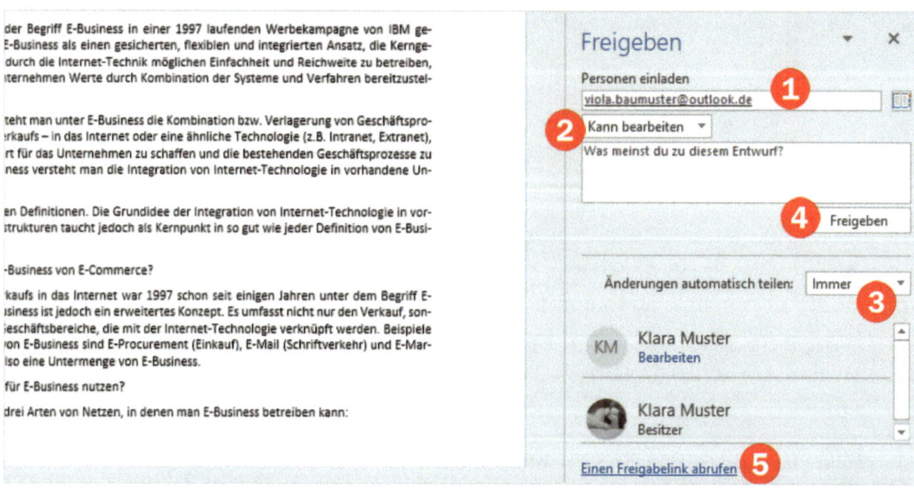

Einen Freigabelink erzeugen und versenden

Falls derartige Einladungen nicht von Ihrem E-Mail Programm unterstützt werden, können Sie als Alternative einen Freigabelink erzeugen und diesen selbst in eine E-Mail einfügen.

1 Klicken Sie dazu auf *Einen Freigabelink abrufen* ❺ (siehe Bild oben), die Angabe einer E-Mail-Adresse ist in diesem Fall nicht erforderlich. Anschließend können Sie wählen, welche Art Link erstellt werden soll, klicken Sie auf die entsprechende Schaltfläche, im Bild unten *Bearbeitungslink*.
   - Ein *Bearbeitungslink* erlaubt das Bearbeiten des Dokuments.
   - Mit *Reine Anzeigelink* kann das Dokument nur angezeigt, nicht aber bearbeitet werden.

2 Der Link erscheint in einem Feld. Mit der Schaltfläche *Kopieren* können Sie diesen in die Zwischenablage kopieren und anschließend in eine E-Mail einzufügen.

Einfügen aus der Zwischenablage: Strg+V

Die Freigaben werden unterhalb aufgelistet. Personen, denen Sie einen Bearbeitungslink gesendet haben, können hier nicht namentlich aufgeführt werden und erscheinen während der gemeinsamen Bearbeitung als *Gast*.

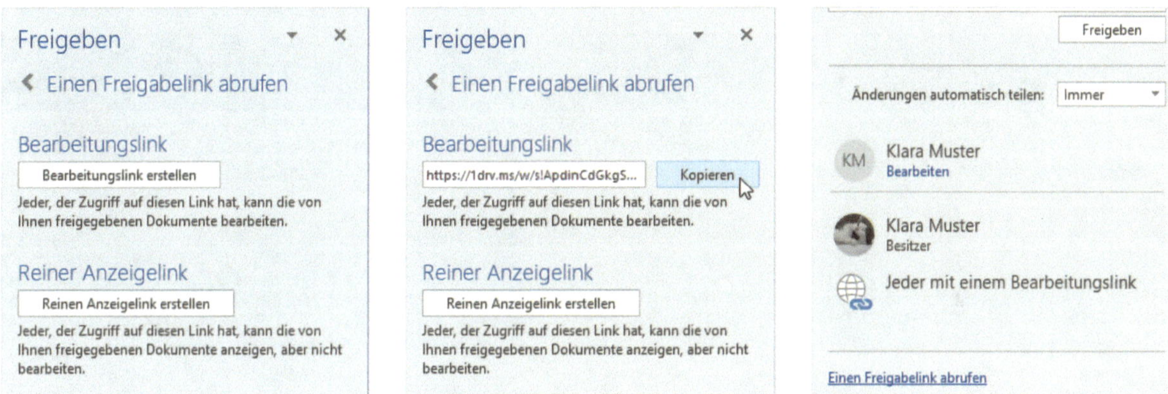

Bild 9.30 Bearbeitungslink abrufen

Freigabe aufheben

Wenn Sie eine erteilte Freigabe aufheben möchten, dann klicken Sie mit der rechten Maustaste auf die betreffende Person bzw. den Link und auf *Benutzer entfernen* oder *Link deaktivieren*.

Freigegebene Dokumente gemeinsam bearbeiten

Änderungen in Echtzeit anzeigen

Wenn Sie einen Bearbeitungslink zu einem Dokument erhalten haben, öffnet sich nach einem Klick auf den Link das Dokument mit Word Online im Browser, z. B. Microsoft Edge. Um das Dokument hier auch zu bearbeiten, müssen Sie auf *Bearbeiten* bzw.

Edit in Browser klicken. Wenn Sie dagegen das Dokument mit dem installierten Word öffnen möchten, dann müssen Sie sich anmelden: klicken Sie dazu rechts oben im Browser auf *Anmelden* und geben Sie nacheinander Ihr Microsoft-Konto und das dazugehörige Kennwort ein. Anschließend können Sie wählen zwischen *Bearbeiten im Browser* und *Bearbeiten in Word*.

- In Word bzw. im Originaldokument des Besitzers erscheint die Anzahl der Personen, die gerade am Dokument arbeiten, oben rechts neben *Freigeben* ❶ und mit einem Klick auf *Freigeben* auch im Aufgabenbereich ❷.
- Änderungen am Inhalt sehen Sie in Echtzeit, allerdings werden diese nicht automatisch hervorgehoben. Anhand der kleinen Fähnchen ❸ erkennen Sie, an welcher Stelle gerade gearbeitet wird, der Name erscheint, wenn Sie auf eine Marke zeigen ❹.
- Beachten Sie, dass nicht angemeldete Bearbeiter nicht namentlich, sondern nur als *Gast* erscheinen. Angemeldete Bearbeiter sehen Sie dagegen mit ihrem Namen, wie im Bild unten.
- Wenn ein Bearbeiter das Dokument schließt, erhalten Sie eine kurze Benachrichtigung.

Bild 9.31 Gemeinsam bearbeiten

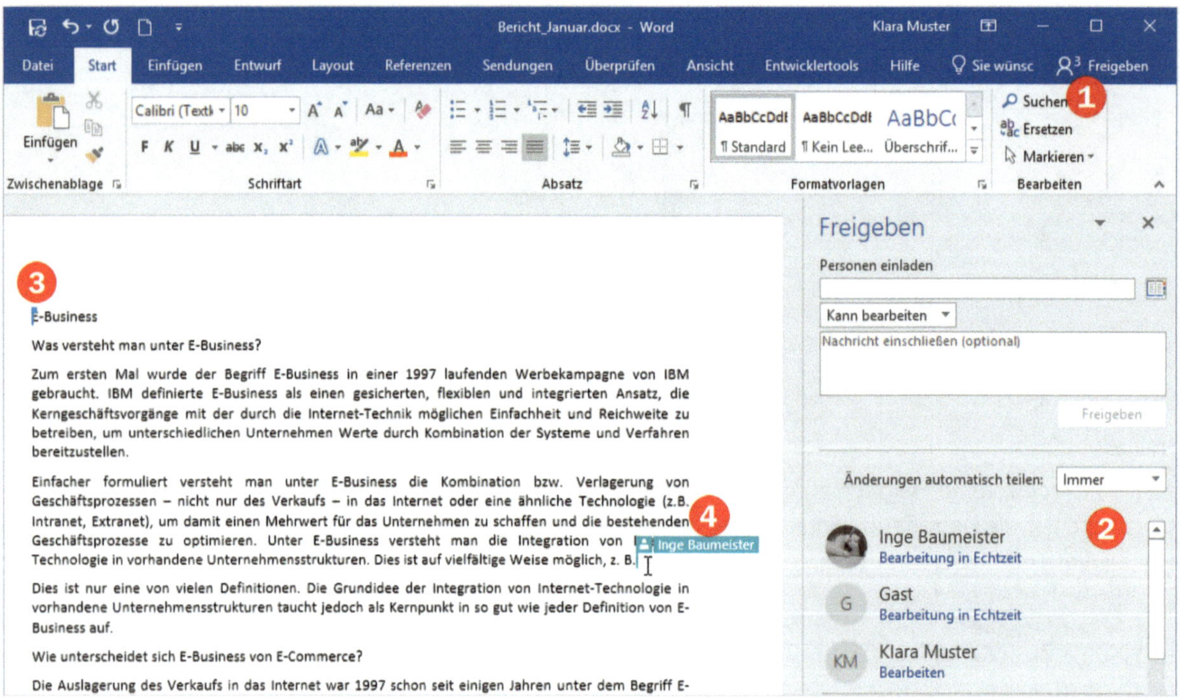

Neben der Eingabe von Text können Bearbeiter auch Formatierungen vornehmen und Kommentare einfügen, siehe Seite 296.

Änderungen nachverfolgen

In manchen Fällen ist es wichtig, dass nachträglich erfolgte Überarbeitungen genau nachverfolgt werden können, egal ob diese durch Sie oder andere Personen vorgenommen werden, und dass bei Bedarf der ursprüngliche Zustand wieder hergestellt werden kann. Dies erledigen Sie mit der Funktion *Änderungen nachverfolgen*. Die Befehle und Einstellungen dazu finden Sie im Register *Überprüfen*.

Überarbeitungsmodus aktivieren

Damit alle nachträglich erfolgten Löschungen, Ergänzungen und Formatänderungen festgehalten werden, müssen Sie den Korrektur- bzw. Überarbeitungsmodus einschalten, bevor Sie mit der Überarbeitung beginnen. Klicken Sie dazu auf *Änderungen nachverfolgen*. Der aktivierte Überarbeitungsmodus ist an der hervorgehobenen Schaltfläche zu erkennen, mit einem weiteren Klick auf diese Schaltfläche schalten Sie den Überarbeitungsmodus wieder aus.

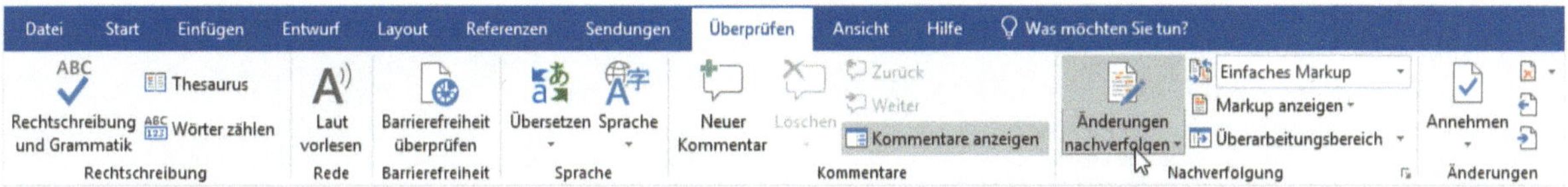

Bild 9.32 Überarbeitungsmodus ein/aus

Hervorhebungen im Dokument

Von nun an werden je nach Einstellung alle Änderungen im Dokument rot hervorgehoben und geänderte Absätze am linken Seitenrand mit einer senkrechten Linie versehen. Sollten die Details zu den Überarbeitungen nicht sichtbar sein, so klicken Sie auf eine der Linien oder wählen im Register *Überprüfen*, Gruppe *Nachverfolgung*, im Feld *Markup: alle* aus. Damit erscheinen am rechten Rand des Dokuments in einem gesonderten Markupbereich alle geänderten Formatierungen. Inhaltliche Änderungen dagegen sind direkt im Dokument sichtbar. Ein weiterer Mausklick auf eine Linie oder die Auswahl *Einfaches Markup* blendet die Details wieder aus.

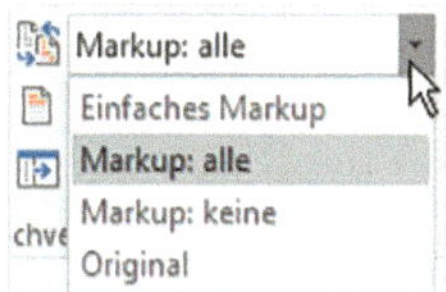

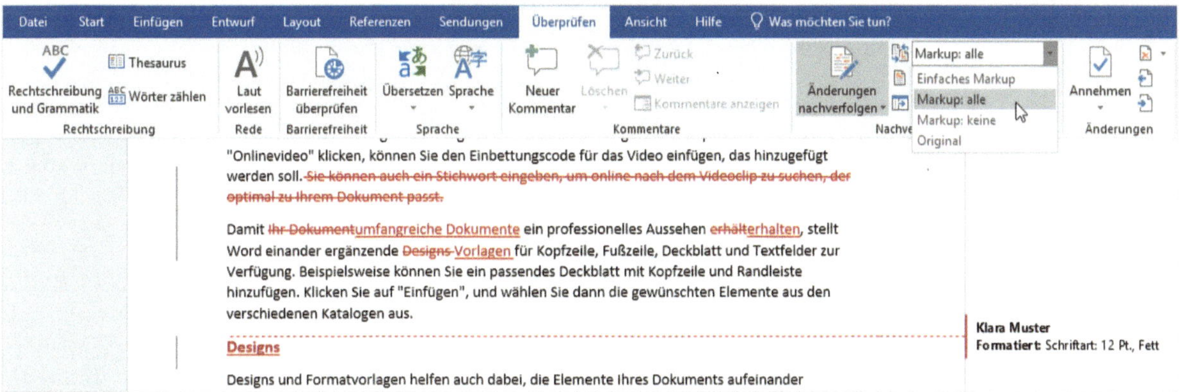

Bild 9.33 Änderungen im Dokument

Mit Klick auf die Schaltfläche *Überarbeitungsbereich* können Sie zusätzlich am linken Rand den Überarbeitungsbereich mit einer Zusammenfassung aller Änderungen ein- und ausblenden.

Änderungen annehmen/ablehnen

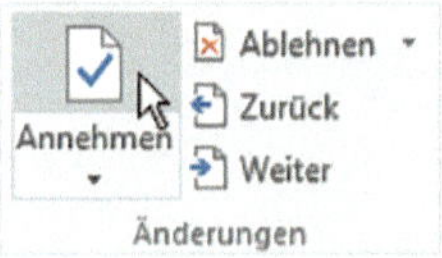

Im nächsten Schritt können Sie für jede einzelne Änderung entscheiden, ob Sie diese beibehalten oder ablehnen möchten. Klicken Sie dazu im Dokument auf die erste geänderte Stelle und verwenden Sie in der Gruppe *Änderungen* (Register *Überprüfen*) die Schaltflächen *Annehmen* oder *Ablehnen*. Die Kennzeichnung an dieser Stelle verschwindet und die nächste Überarbeitung wird automatisch markiert. Falls nötig, benutzen Sie die Schaltflächen *Zurück* bzw. *Weiter*, um zur vorherigen/nächsten Änderung zu gelangen.

Falls Sie alle Änderungen gleichzeitig annehmen oder ablehnen möchten, so klicken Sie auf den Dropdown-Pfeil der jeweiligen Schaltfläche und auf *Alle Änderungen annehmen* bzw. *Alle Änderungen ablehnen*. Mit dem Befehl *Alle Änderungen annehmen und Nachverfolgung beenden* schalten Sie auch gleichzeitig den Überarbeitungsmodus aus.

Bild 9.34 Überarbeitungen im Dokument

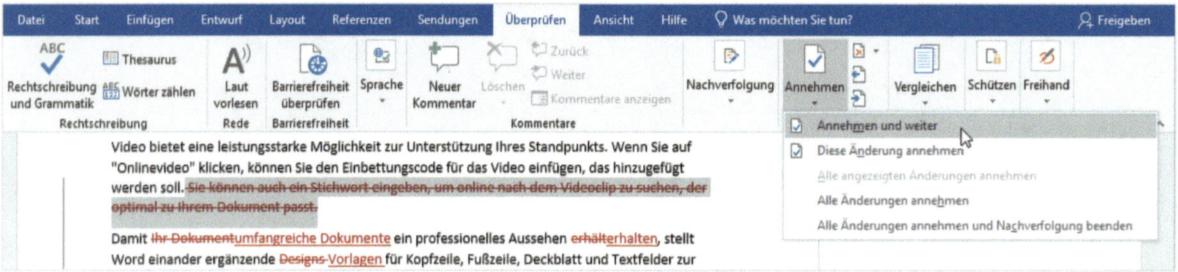

> Vergessen Sie nicht, dass Sie nach Beenden der Kontrolle auch den Überarbeitungsmodus wieder deaktivieren sollten. Alternativ schalten Sie den Überarbeitungsmodus mit der Tastenkombination Strg+Umschalt+E ein und wieder aus.

Kommentare einfügen

Statt direkter Änderungen können Sie und andere Personen auch Kommentare an bestimmten Stellen einfügen. Diese erscheinen rechts in einer gesonderten Spalte oder wenn Sie im Dokument auf die betreffende Stelle zeigen.

Zum Einfügen eines Kommentars positionieren Sie den Cursor im Dokument an der Stelle, die Sie kommentieren möchten und klicken im Register *Überprüfen* auf *Neuer Kommentar*. Rechts erscheint ein Feld mit Ihrem Benutzernamen und Sie können Ihren Kommentartext eingeben.

Bild 9.35 Kommentare

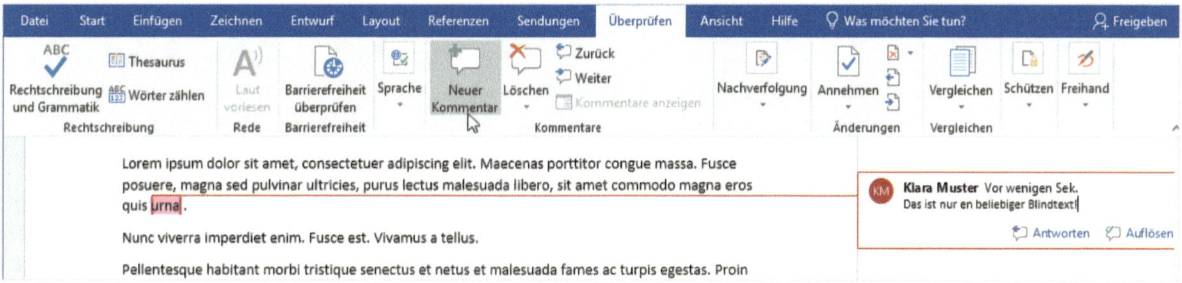

Weitere Befehle zum Verwalten von Kommentaren finden Sie ebenfalls in der Gruppe Kommentare (Register *Überprüfen*). Mit den Schaltflächen *Löschen*, *Zurück* und *Weiter* können Kommentare löschen oder schnell auswählen.

9.5 Dokumente im Lesemodus anzeigen

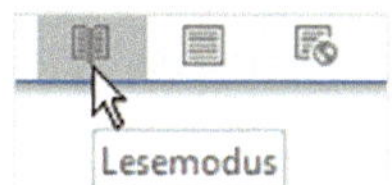

Im Gegensatz zur Ansicht *Drucklayout* zielt die Ansicht *Lesemodus* auf die Optimierung der Lesbarkeit von Dokumenten am Bildschirm, das Layout ist daher nicht identisch mit dem Druckergebnis. Aus demselben Grund wird in dieser Ansicht der Text standardmäßig in Spalten angeordnet. Ein weiterer Vorteil des Lesemodus ist die einfache Bedienung mit dem Finger.

Navigation im Lesemodus

Zum Blättern zwischen den Seiten klicken Sie mit der Maus auf die Pfeile nach rechts ❶ bzw. links ❷ oder drehen das Mausrädchen. Auf einem Touchscreen wischen oder streifen Sie mit dem Finger nach links bzw. rechts. Die Pfeiltasten der Tastatur können ebenfalls zum Blättern verwendet werden.

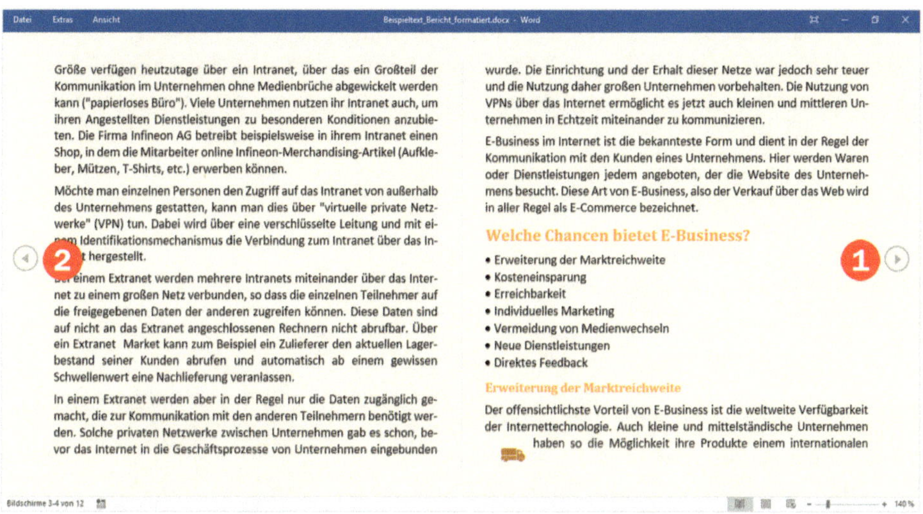

Bild 9.36 Ansicht Lesemodus

Einstellungen

Einstellungen zum Layout und zur Anzeige nehmen Sie über das Menü *Ansicht* vor. Hier blenden Sie beispielsweise einen zusätzlichen Navigationsbereich ein oder ändern die Spaltenbreite. Mit *Seitenfarbe* können Sie den Hintergrund augenfreundlicher gestalten, wie im Bild unten. Soll die Anzeige dem gedruckten Ergebnis entsprechen, so klicken Sie auf *Ansicht* ▶ *Layout* und wählen *Papierlayout*. Außerdem lässt sich wie in den Lerntools (siehe Seite 289) der Textabstand vergrößern und Sie können sich den Text laut vorlesen lassen, wobei auch hier das jeweils vorgelesene Wort hervorgehoben wird.

Über das Menü *Extras* können Sie außerdem das Dokument nach Begriffen durchsuchen oder mit der intelligenten Suche im Internet recherchieren sowie markierten Text in eine andere Sprache übersetzen lassen.

Bild 9.37 Anzeigeeinstellungen im Menü Ansicht

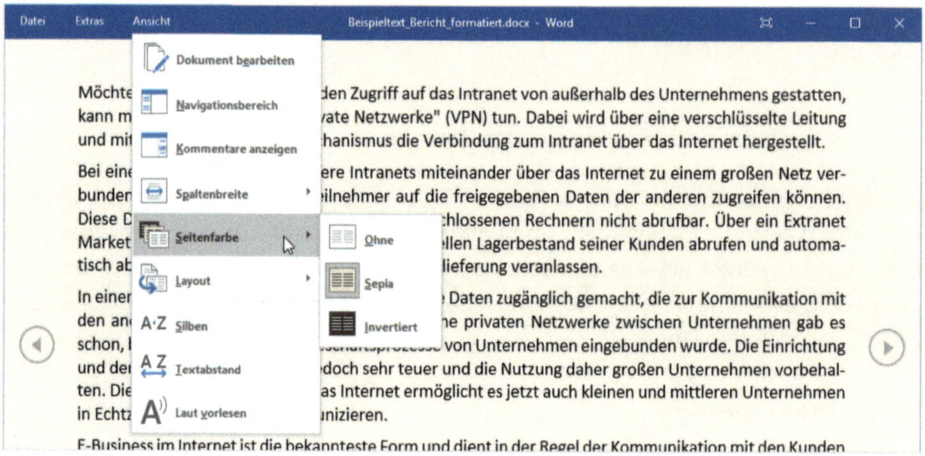

Objekte zoomen

Das Aussehen von Grafiken und Bildern entspricht im Lesemodus nicht ihrer ursprünglichen Größe und Position. Sie werden im Lesemodus zunächst verkleinert dargestellt, lassen sich aber mit einem Doppelklick schnell in der Originalgröße anzeigen.

Bild 9.38 Bild zoomen

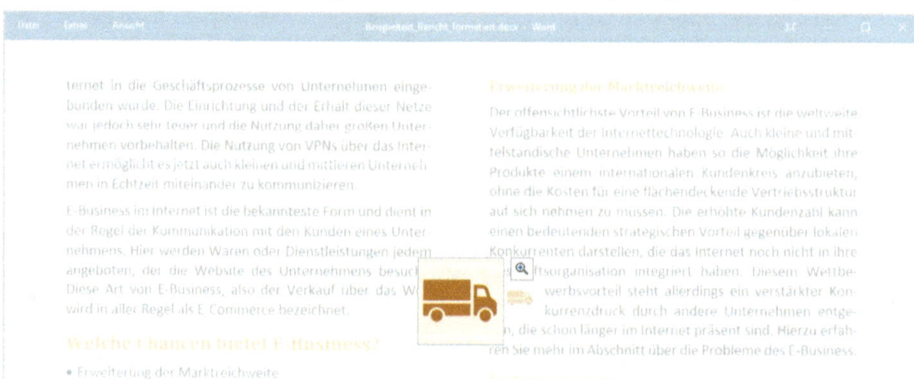

Der umgebende Text rückt dann in den Hintergrund und am Objekt erscheint eine Lupe, mit der Sie es nochmals vergrößern können. Mit Klick in den Dokumenttext kehren Sie wieder zur vorherigen Anzeige zurück.

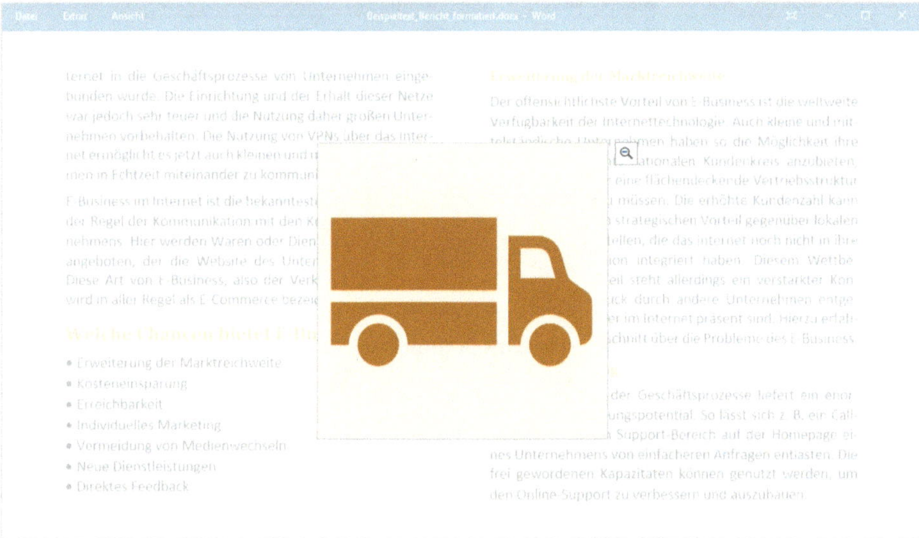

Bild 9.39 Bild vergrößern

Lesemodus beenden

Zum Beenden des Lesemodus klicken Sie auf *Ansicht* und auf *Dokument bearbeiten* oder klicken in der Statusleiste auf die Schaltfläche *Drucklayout*.

9.6 Übung

Teil 1

- Öffnen Sie ein neues, leeres Dokument, erfassen Sie die folgenden Texte (einschließlich Formatierung) und speichern Sie die Texte als Schnellbausteine unter den angegebenen Namen Mahn1, Mahn2 und Mahn3.
- Schließen Sie das Dokument. Das Dokument selbst braucht nicht gespeichert werden, achten Sie aber darauf, dass die Schnellbausteine gespeichert werden!

Mahn1

Sicher haben Sie übersehen, den unten genannten, noch ausstehenden Rechnungsbetrag auf eines unserer Konten zu überweisen. Wir möchten Sie darauf hinweisen, das für Sie unnötige Kosten entstehen, sollten wir innerhalb der nächsten 10 Tage keinen Zahlungseingang verzeichnen.

Mahn2

Bitte bei Zahlung stets angeben:

Rechnung Nr.	Kunden Nr.	Rechnungsdatum	Fälligkeit

Mahn3

Sollten Sie den fälligen Betrag bereits beglichen haben, so betrachten Sie bitte dieses Schreiben als gegenstandslos.

- Erstellen Sie noch eine Grußzeile mit Ihrem Namen und speichern Sie diese mit dem Namen Grußzeile ebenfalls als Schnellbaustein.

Teil2 : Mahnschreiben erstellen

Beginnen Sie mit einem neuen leeren Dokument und speichern Sie es unter dem Namen Kap_09_Mahnung.docx. In diesem Dokument erstellen Sie folgendes Mahnschreiben.

- Geben Sie Ihre oder eine beliebige andere Adresse im Briefkopf als Absender ein und formatieren Sie den Briefkopf nach Ihren Vorstellungen.
- Als Datum fügen Sie das Druckdatum (PrintDate) ein.
- Geben Sie als Empfänger die folgende Adresse ein:

  Hugo Grünschnabel
  Schlossallee 99a
  80638 München

- Geben Sie in die Betreffzeile des Briefs den Text „Mahnung" ein und darunter mit 2 Zeilen Abstand die Briefanrede.
- Fügen Sie im Brief an den entsprechenden Stellen mit jeweils 1 Zeile Abstand die Schnellbausteine Mahn1, Mahn2, Mahn3 und Grußzeile ein und ergänzen Sie Rechnungsnummer, Kundennummer, Rechnungsdatum und Fälligkeit nach Belieben.
- Fügen Sie nach „... 10 Tage" eine Fußnote mit folgendem Text ein:

  Nach Eingang dieses Schreibens.

10 Eigene Dokumentvorlagen gestalten

In diesem Kapitel lernen Sie...

- Eigene Dokumentvorlagen erstellen und speichern
- Dokumentvorlagen verwenden, öffnen und ändern
- Formularfelder einfügen
- Dokumentvorlage und Formulare schützen

Das sollten Sie bereits wissen

- Text eingeben und formatieren
- Tabelle einfügen
- Druckseite einrichten

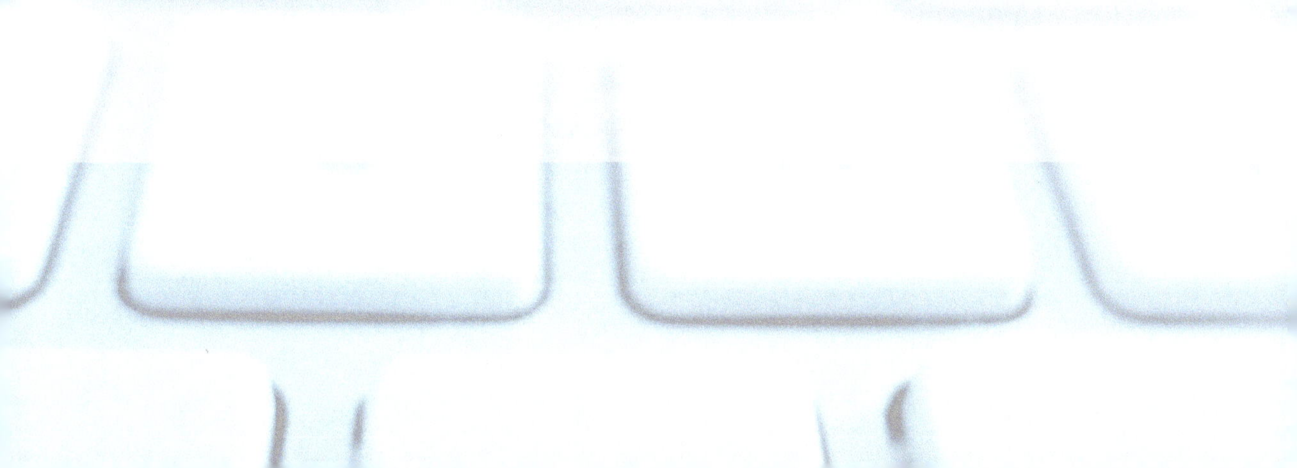

Oft sind es die kleinen Helfer, mit denen Sie im Büroalltag eine Menge Arbeit sparen. Dazu gehören in jedem Fall Dokumentvorlagen für Briefe und andere, häufig benötigte Dokumente. Egal, zu welchem Zweck Sie die Vorlage erstellen, die grundsätzliche Vorgehensweise bleibt immer gleich.

10.1 Eigene Vorlagen speichern

Was sind Dokumentvorlagen eigentlich?

Dokumentvorlagen geben die Standardeinstellungen für ein neues Dokument vor. Jedes neue Word-Dokument basiert auf einer Dokumentvorlage, bei einem leeren Dokument ist dies die Vorlage Normal.dotx.

Dokumentvorlagen speichern allgemeine Einstellungen wie Papierformat, Ausrichtung und Seitenränder, können aber auch Text und Grafik oder Formatierungen in Form von Formatvorlagen enthalten, Sie brauchen dann nur noch Text hinzufügen. Dokumentvorlagen vereinfachen auch viele Aufgaben, wenn eine Vielzahl von Dokumenten, beispielsweise Briefe, ein einheitliches Aussehen erhalten soll. Wie Sie eine Dokumentvorlage zur Erstellung neuer Dokumente auswählen, wurde bereits im ersten Kapitel beschrieben. In diesem Kapitel erfahren Sie nun, wie Sie eigene Dokumentvorlagen erstellen und speichern.

Word-Dokumentvorlagen werden als eigener Dateityp mit der Dateinamenserweiterung .dotx gespeichert.

So gehen Sie bei der Erstellung vor

Eigene Dokumentvorlagen erstellen Sie mit einer der folgenden Möglichkeiten:

- Sie verwenden eine Dokumentvorlage von Word, ändern diese nach Ihren Vorstellungen ab und speichern die Vorlage erneut.
- Sie öffnen ein gespeichertes Dokument und erstellen daraus eine Vorlage.
- Sie erstellen eine völlig neue Dokumentvorlage. Mit dieser Vorgehensweise werden wir uns in diesem Kapitel näher befassen.

1. Schritt: Erstellen und gestalten Sie die Vorlage

Dabei gehen Sie wie bei der Erstellung eines normalen Dokuments vor, beispielsweise eines Briefes. Legen Sie die erforderlichen Seitenränder mit Kopf- und Fußzeilen fest und geben Sie alle gleichbleibenden Texte, beispielsweise Firmenname und -anschrift, ein. Falls gewünscht, fügen Sie auch eine Grafik (Firmenlogo) ein. Formatieren Sie das Dokument und ändern oder erstellen Sie ggf. die benötigten Formatvorlagen, z. B. die

Formatvorlage *Standard*. Falls gewünscht, können Sie in Vorlagen für Briefe auch die genaue Position der Briefanschrift mit Hilfe eines Textfeldes festlegen.

> **Wichtig**: Geben Sie nur Texte ein, die später in jedem Dokument, das auf dieser Vorlage basiert, erscheinen sollen! Dies gilt auch für Grafiken.

2. Schritt: Als Dokumentvorlage speichern

1 Klicken Sie auf das Register *Datei* und auf *Exportieren* ❶. Klicken Sie hier auf *Dateityp ändern* ❷ und rechts auf den Dateityp *Vorlage* ❸. Anschließend klicken Sie am Ende der Liste auf die Schaltfläche *Speichern unter* ❹.

Bild 10.1 Datei - Exportieren

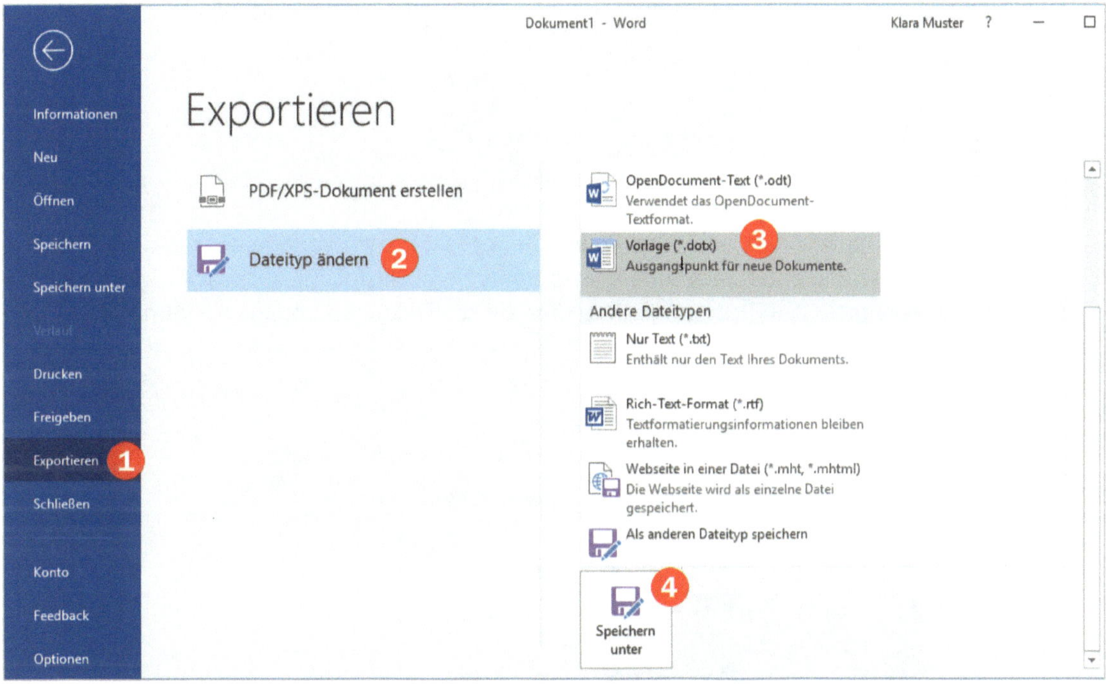

2 Das Fenster *Speichern unter* öffnet sich (Bild 10.2). Geben Sie einen aussagekräftigen Dateinamen ein, im Feld unterhalb ist der Dateityp *Word-Vorlage (.dotx)* ❶ bereits vorgegeben.

3 Falls nicht bereits von Word vorgeschlagen, können Sie als Speicherort den Ordner *Benutzerdefinierte Office-Vorlagen* im Ordner *Dokumente* ❷ verwenden. Dieser Ordner wurde von Microsoft Office bei der Installation automatisch erstellt, hier gespeicherte Vorlagen finden Sie auf der Startseite von Word und unter *Neu* in der Kategorie *Persönlich*.

Alternativ können Sie natürlich auch den normalen Befehl *Speichern unter* verwenden und anschließend den Dateityp *Word-Vorlage* auswählen.

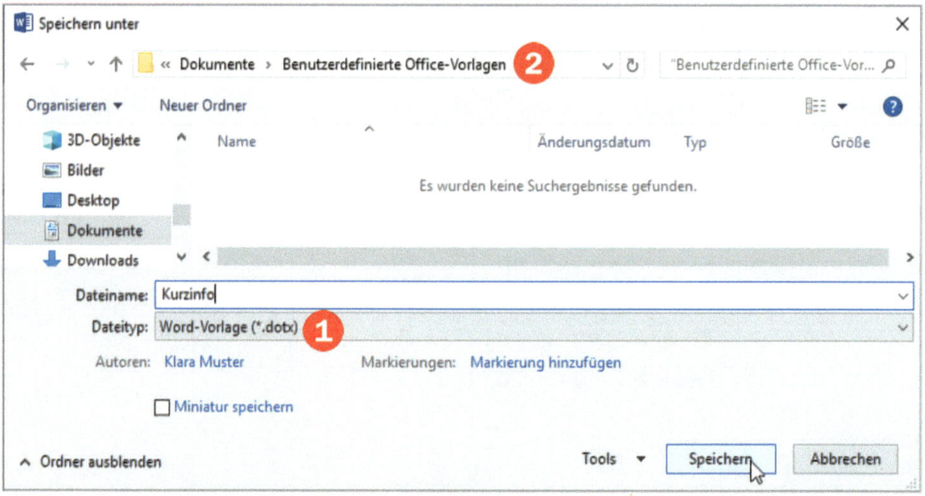

Bild 10.2 Dokumentvorlage speichern

Dokumentvorlage verwenden

Zur späteren Verwendung finden Sie Ihre Dokumentvorlage auf der Startseite von Word (Bild unten) oder im Register *Datei*, wenn Sie auf *Neu* klicken. Klicken Sie auf die Kategorie *PERSÖNLICH* ❶. Mit Klick auf die Dokumentvorlage ❷ öffnet Word eine Kopie der Vorlage.

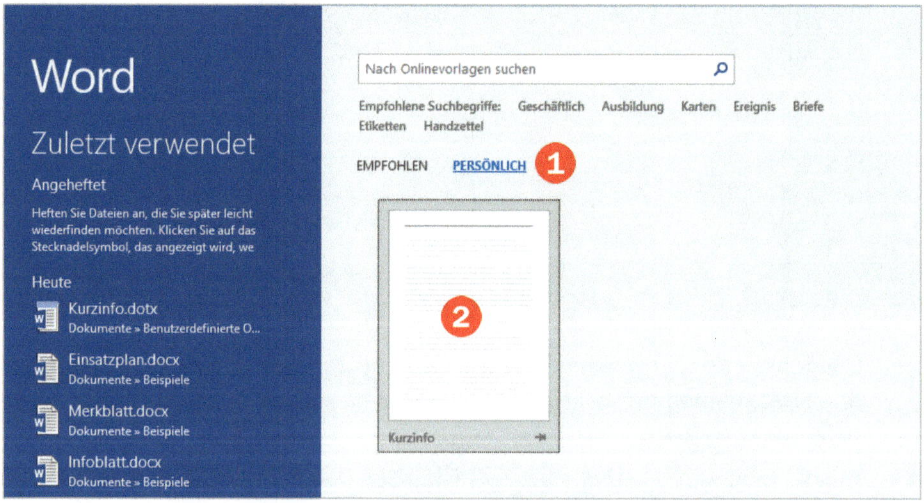

Bild 10.3 Benutzerdefinierte Vorlage verwenden

Anderen Speicherort wählen

Eine Dokumentvorlage kann auch in jedem anderen Ordner gespeichert werden, beispielsweise wenn die Dokumentvorlage in einem Netzwerk auch für andere Personen verfügbar sein soll. Dann erscheint allerdings die Vorlage nicht im Register *Datei* unter

Neu, Sie können jedoch im Datei-Explorer von Windows schnell aus der Vorlage ein neues Dokument erstellen. Dokumentvorlagen unterscheiden sich im Datei-Explorer durch ein anderes Dateisymbol von normalen Word-Dokumenten und mit Doppelklick auf das Dateisymbol einer Dokumentvorlage öffnen Sie eine Kopie der Vorlage als neues Dokument.

Den Standardspeicherort für persönliche Vorlagen können Sie bei Bedarf in den Word-Optionen ändern. Klicken Sie hierzu im Register *Datei* auf *Optionen*, wählen Sie *Speichern* ❶ und tragen Sie den gewünschten Speicherort in das Feld *Standardspeicherort für persönliche Vorlagen* ein ❷.

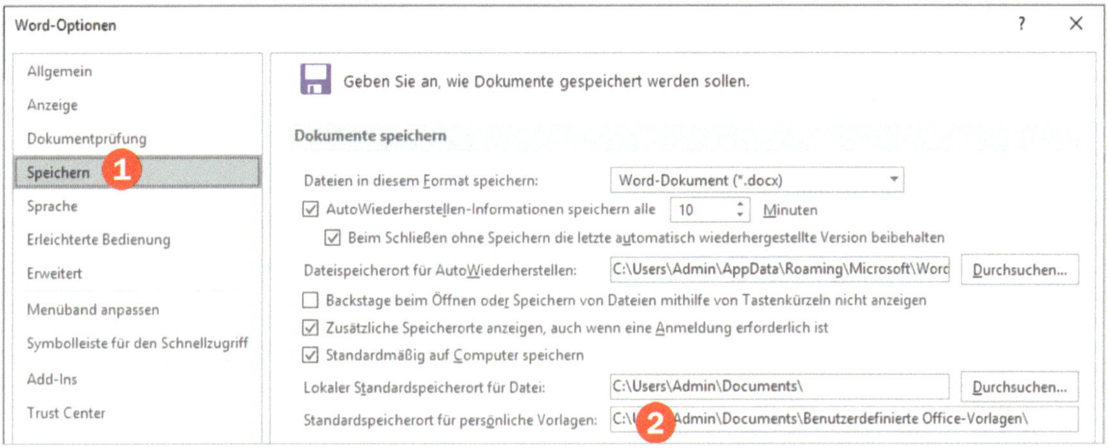

Bild 10.4 Standardspeicherort für Vorlagen

Dokumentvorlage ändern

Nachträgliche Änderungen an Dokumentvorlagen sind jederzeit möglich, allerdings müssen Sie diese mit dem *Öffnen*-Dialogfenster von Word öffnen, da ein Doppelklick im Datei-Explorer ja eine Kopie der Vorlage öffnet.

Achtung: Eine Dokumentvorlage kann nicht geändert werden, solange ein auf dieser Vorlage basierendes Dokument geöffnet ist. Eine nicht mehr benötigte Dokumentvorlage kann natürlich auch gelöscht werden, dies hat keinerlei Auswirkungen auf gespeicherte Dokumente, die mit dieser Vorlage erstellt wurden.

10.2 Beispiel: Dokumentvorlage für interne Kurzmitteilungen

Als Beispiel werden wir in diesem Kapitel eine Dokumentvorlage für interne Kurzmitteilungen erstellen und speichern. Da wir mit einem leeren Dokument beginnen, klicken Sie im Register *Datei* auf *Neu* und wählen *Leeres Dokument* bzw. klicken Sie auf der Startseite von Word auf *Leeres Dokument.*

Dokumentvorlage speichern

Im ersten Schritt speichern Sie das Dokument als Dokumentvorlage. Dazu klicken Sie diesmal im Register *Datei* auf *Speichern unter* und auf *Durchsuchen*. Geben Sie einen Dateinamen ein und wählen Sie den Dateityp *Word-Vorlage*.

Word schlägt für Dokumentvorlagen automatisch als Speicherort den Ordner *Benutzerdefinierte Office-Vorlagen* vor. Bevor Sie diesen übernehmen, sollten Sie folgende Punkte berücksichtigen:

- Wenn Sie diesen Speicherort beibehalten, steht Ihre Briefvorlage im Register *Datei* ▶ *Neu* unter *Persönlich* zur Auswahl. Diesen Speicherort verwenden wir auch für unser Beispiel.
- Alternativ können Sie Vorlagen auch in einem eigens dafür erstellten Ordner, z. B. einem Unterordner von *Dokumente* speichern.
- Soll die Vorlage dagegen auch anderen Nutzern zur Verfügung stehen, dann müssen Sie zum Speichern einen Ordner auf einem freigegebenen Netzlaufwerk wählen oder neu erstellen.

Bild 10.5 Dokument als Dokumentvorlage speichern

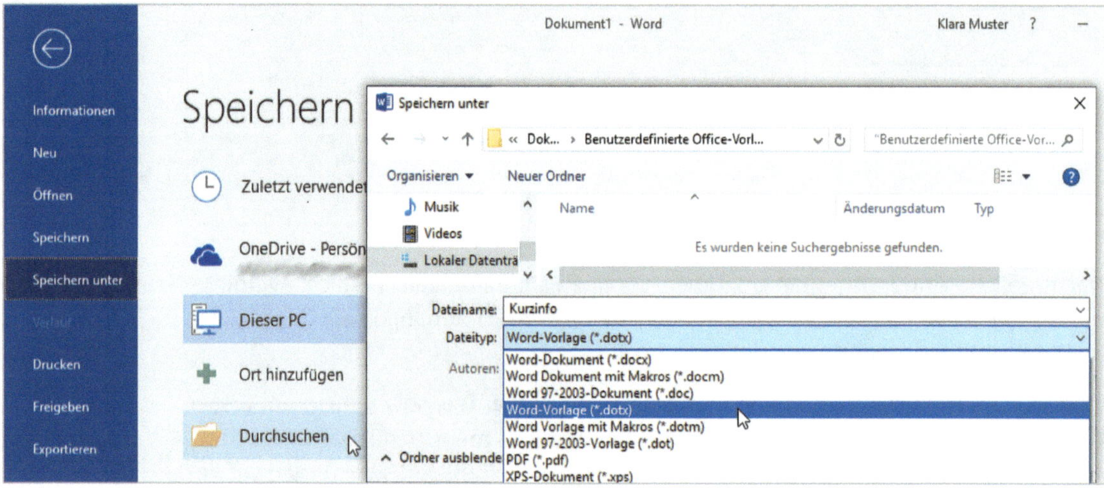

Designfarben und Schriftarten zusammenstellen

Im nächsten Schritt legen wir die Designfarben und -schriftarten fest. In größeren Firmen richten sich diese meist nach den Vorgaben des Corporate Designs, für dieses Beispiel wählen Sie einfach Farben, die Ihnen am meisten zusagen.

1. Klicken Sie im Register *Entwurf* auf *Farben* und wählen Sie eine Farbzusammenstellung. Falls Sie einzelne Farben ändern möchten, so klicken Sie dann nochmals auf *Farben* und auf *Farben anpassen...*.

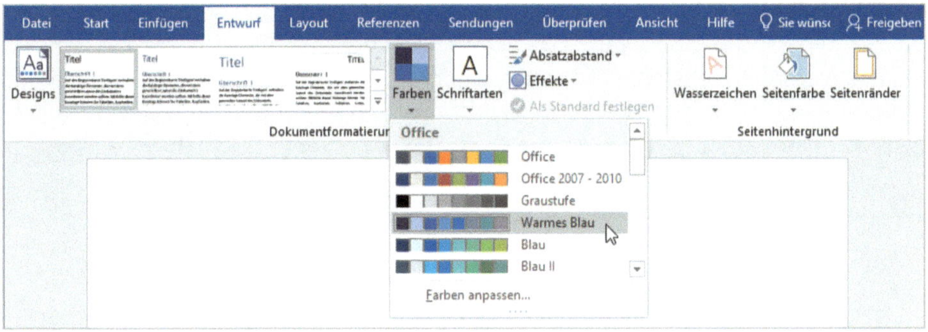

Bild 10.6 Farben wählen

- **Schriftarten festlegen**
  Als Standardschriftart soll Calibri verwendet werden. Klicken Sie im Register *Entwurf* auf *Schriftarten* und wählen Sie *Calibri*.

- **Abstände und Effekte**
  In der Standardeinstellung verwendet Word vergrößerte Zeilen- und Absatzabstände. Da wir in der Vorlage einfache Abstände benötigen, klicken Sie im Register *Entwurf* auf *Absatzabstand* und wählen die Variante *Kein Absatzabstand*.

Die Schaltfläche *Effekte* spielt in diesem Beispiel keine Rolle, da sich diese ausschließlich auf grafische Objekte auswirken.

Seitenlayout einrichten und Kopf- und Fußzeile gestalten

Seitenränder

Von den Seitenrändern hängt die Position aller übrigen Elemente der Vorlage ab, daher sollten Sie diese gleich zu Beginn festlegen, insbesondere wenn es sich um eine Vorlage für Briefe handelt. Am einfachsten nehmen Sie die Einstellungen im Fenster *Seite einrichten* vor, das Sie im Register *Layout* mit Klick auf den Pfeil der gleichnamigen Gruppe öffnen.

Die Kurzmitteilung erhält in unserem Beispiel je 2,5 cm Seitenrand links und rechts. Für die Inhalte von Kopf- und Fußzeile wird etwas mehr Platz benötigt, wählen Sie daher oben 3,5 cm und unten 3 cm.

Briefkopf und Fußzeile

Die Kopfzeile soll links den Namen der Firma enthalten, sowie am rechten Rand das Firmenlogo. Außerdem soll die Kopfzeile eine Rahmenlinie unterhalb erhalten. Die Fußzeile erhält in der Mitte die Seitenzahl in der Schreibweise „Seite X / Y". Außerdem eine hellgraue Rahmenlinie oberhalb.

Doppelklicken Sie im Dokument in den Kopfzeilenbereich oberhalb des oberen Seitenrandes und geben Sie links den Firmennamen ein. Dieser erhält etwas größere Schrift in blauer Farbe und eine Rahmenlinie in derselben Farbe unterhalb. Als Firmenlogo verwenden wir für dieses Beispiel ein Piktogramm, das entsprechend verkleinert am rechten Rand platziert wird. Dazu eignet sich der Textumbruch *Vor dem Text* am besten. Außerdem erhält das Piktogramm noch eine, an die Designfarben angepasste, blaue Füllung.

Bild 10.7 So könnte Ihre Kopfzeile aussehen

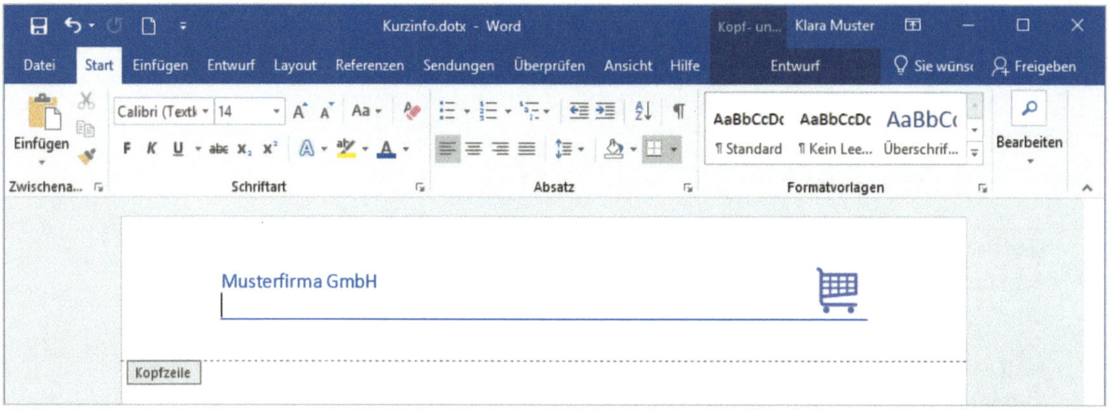

Wechseln Sie in die Fußzeile und fügen Sie zentriert die Seitenzahl ein. Dazu klicken Sie im Register *Kopf- und Fußzeilentools Entwurf* auf *Seitenzahl*, zeigen auf *Aktuelle Position* und wählen am Ende der Liste *Fett formatierte Seitenzahlen*. Markieren Sie dann das Wort „von" und ersetzen Sie es durch einen Schrägstrich. Wenn die Seitenzahlen nicht fett formatiert sein sollen, so markieren Sie diese und deaktivieren über die Schaltfläche im Register *Start* (oder im Kontextmenü) die Fettschrift.

Formatieren Sie die Fußzeile noch mit einer Rahmenlinie oben und schließen Sie dann die Kopf- und Fußzeile.

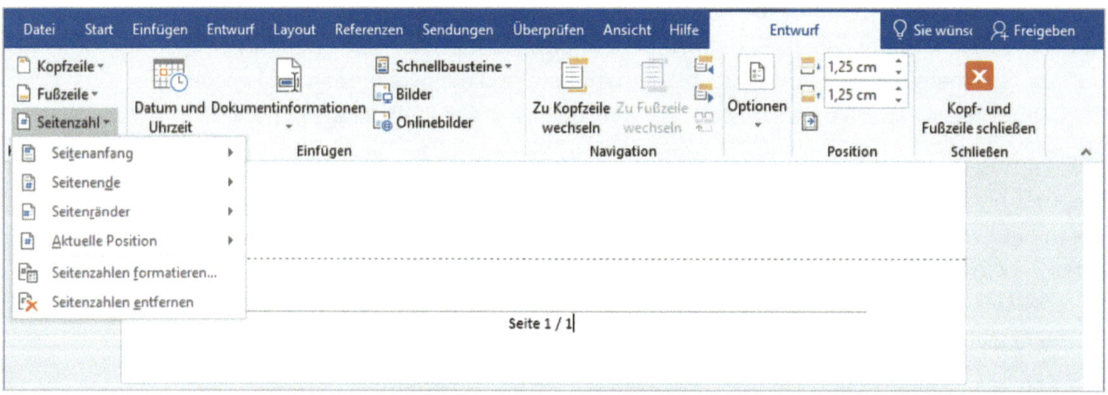

Sonstige Texte hinzufügen

Als gleichbleibenden Text erhält die Kurzmitteilung außerdem gleich eine entsprechende Überschrift, wie im Bild unten. Damit wäre die Dokumentvorlage eigentlich schon fertig zur Verwendung und braucht nur noch gespeichert werden.

Allerdings lässt sich eine Dokumentvorlage mit Platzhaltern für den einzugebenden Text noch wesentlich komfortabler gestalten. Diese Platzhalter dürften Ihnen aus der Dokumentvorlage in Kapitel 1 bekannt sein. Auch Deckblätter und manche Kopf- und Fußzeilen verfügen über solche Platzhalter. Mit diesem Platzhaltern befassen wir uns im nächsten Punkt.

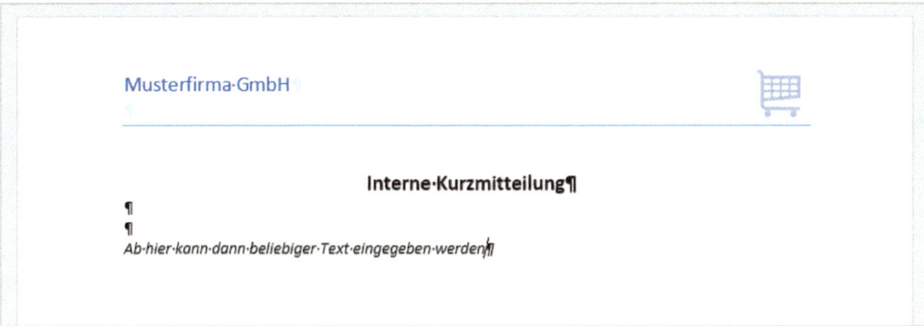

Bild 10.8 Die vorerst fertige Dokumentvorlage

10.3 Formularfelder

Mit Word lassen sich auch Formulare erstellen, also Vordrucke, die Sie oder andere Personen später am Bildschirm ausfüllen. Dazu stellt Word spezielle Formularelemente zur Verfügung, die eine Tastatureingabe, Ankreuzen oder die Auswahl aus einer Liste unterstützen. Auch Formulare werden als Dokumentvorlage erstellt, daher soll im nächsten Schritt die oben erstellte Dokumentvorlage Kurzmitteilung um solche Formularfelder ergänzt werden.

Entwicklertools anzeigen

Die Formularfelder befinden sich im Menüband im Register *Entwicklertools*, das allerdings standardmäßig nicht sichtbar ist. Zum Einblenden klicken Sie mit der rechten Maustaste an eine beliebige Stelle im Menüband und auf *Menüband anpassen...*.

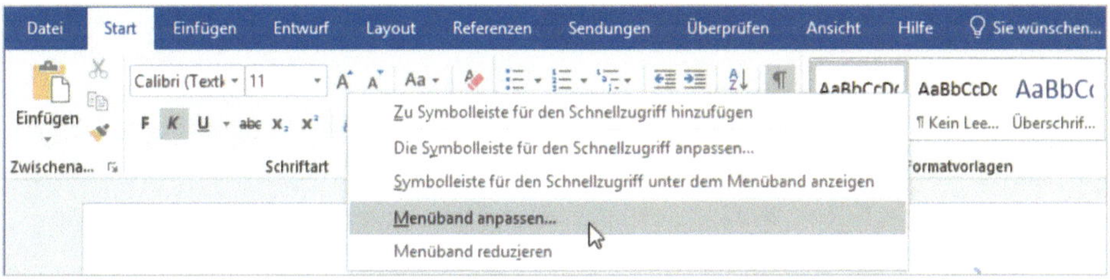

Bild 10.9 Menüband anpassen

Das Fenster *Word-Optionen* öffnet sich mit der Kategorie *Menüband anpassen*. Die rechte Liste enthält sämtliche Hauptregisterkarten, am Kontrollkästchen erkennen Sie bereits sichtbare bzw. verfügbare Register. Aktivieren Sie das Kontrollkästchen *Entwicklertools*, falls ausgeblendet, und schließen Sie die Word-Optionen mit *OK*.

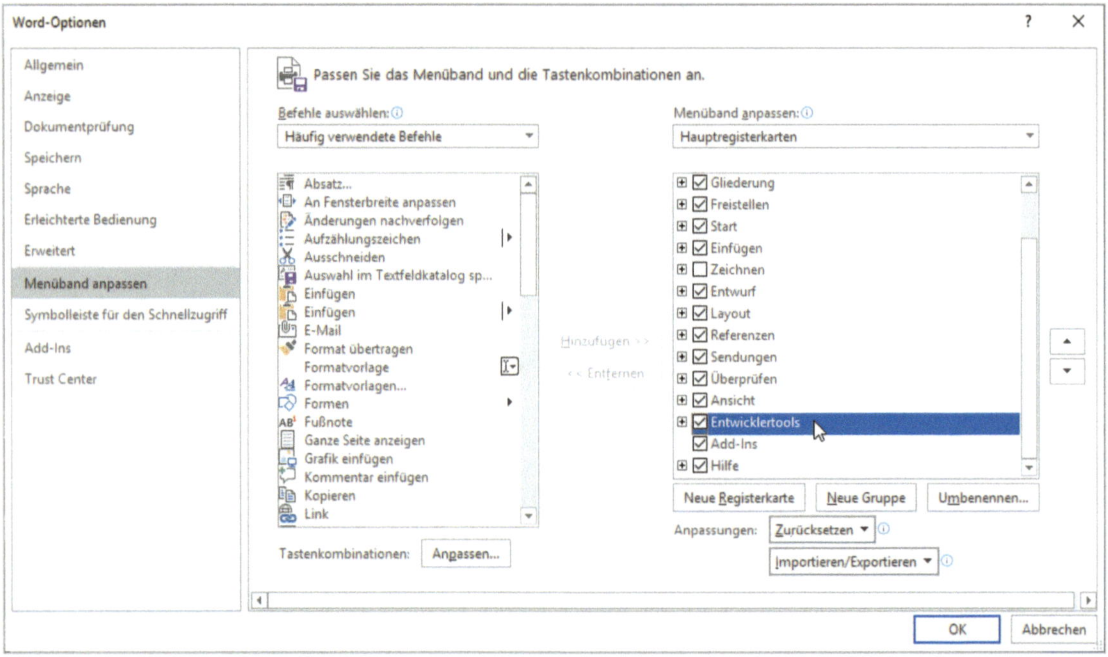

Bild 10.10 Entwicklertools anzeigen

Die benötigten Formularfelder

Die Formularfelder finden Sie im Register *Entwicklertools* in der Gruppe *Steuerelemente*. Wir benötigen die folgenden Steuerelemente, der Rest ist für unser Beispiel nicht von Bedeutung.

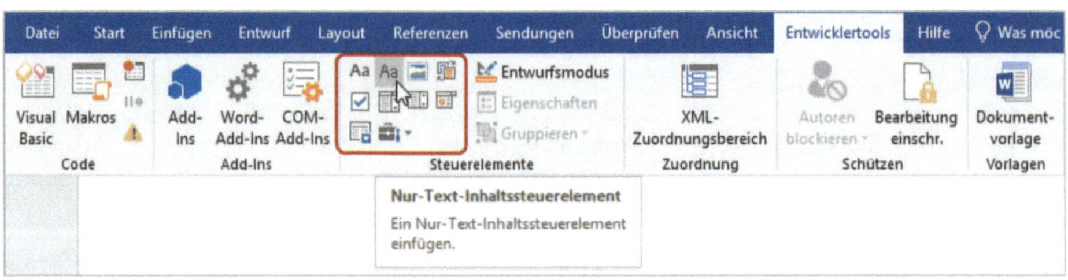

Bild 10.11 Inhaltssteuerelemente im Register Entwicklertools

- **Nur-Text-Inhaltssteuerelement**
  Erlaubt die Eingabe von Text oder Zahlen, die Formatierung richtet sich nach der Formatierung des gesamten Absatzes. Ein Absatzumbruch ist in solchen Feldern nicht möglich.
- **Rich-Text-Inhaltssteuerelement**
  Wie Nur-Text Inhaltssteuerelement mit dem Unterschied, dass auch Absatzumbrüche und Formatierungen unterstützt werden.

- **Kontrollkästchensteuerelement**
  Ermöglicht Ankreuzen bzw. Aktivieren und Deaktivieren per Mausklick oder durch Betätigen der Leertaste.

- **Kombinationsfeld-Inhaltssteuerelement**
  Öffnet beim Klick auf den Pfeil eine Auswahlliste (Auswahlfeld). Aus dieser kann durch Anklicken ein bestimmter Eintrag ausgewählt werden. Zusätzlich ist auch die Eingabe von beliebigem Text möglich, falls der gewünschte Eintrag nicht in der Liste vorhanden ist. Dieser wird nicht in der Liste gespeichert.

- **Datumsauswahl-Inhaltssteuerelement**
  Dieses Formularfeld steht speziell zur Datumseingabe zur Verfügung. Ein Klick auf den Pfeil öffnet ein Kalenderblatt zur Datumsauswahl. Dieses Datum wird **nicht** automatisch aktualisiert.

Inhaltssteuerelemente einfügen

Zur exakten Ausrichtung von Text und Inhaltssteuerelementen empfiehlt sich in vielen Fällen die Verwendung von Tabellen. Diese werden ohne Rahmenlinien formatiert und dafür die Gitternetzlinien eingeblendet (Register *Tabellentools - Layout* ▶ *Gitternetzlinien anzeigen*). Die Tabelle zur Ausrichtung der Formularelemente in unserer internen Kurzmitteilung könnte aussehen, wie im Bild unten. Bei den Linien handelt es sich um die eingeblendeten Gitternetzlinien, keine Rahmenlinien.

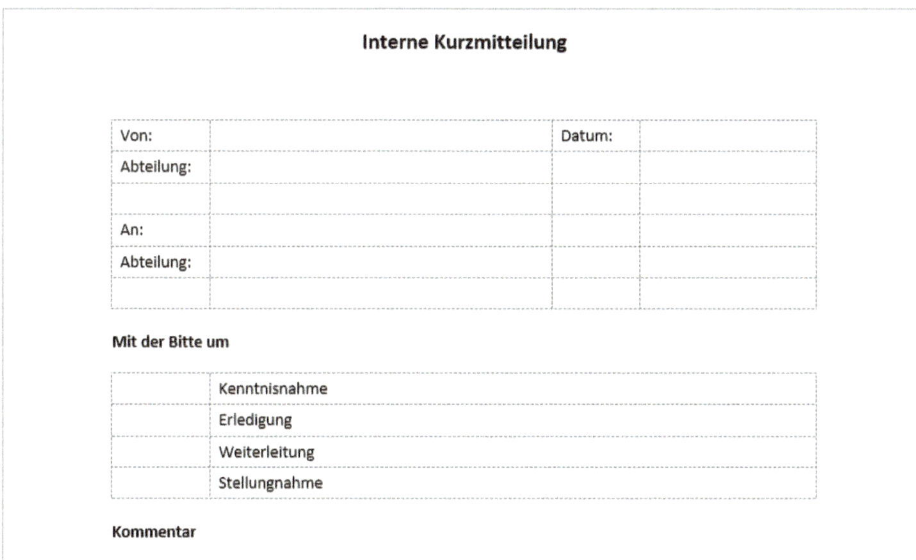

Interne Kurzmitteilung

Von:		Datum:	
Abteilung:			
An:			
Abteilung:			

Mit der Bitte um

	Kenntnisnahme
	Erledigung
	Weiterleitung
	Stellungnahme

Kommentar

Bild 10.12 Die Tabelle ohne Steuerelemente

Nur-Text-Inhaltssteuerelement einfügen

1 In den Feldern Von: und An: ist eine Tastatureingabe erforderlich, dazu eignet sich am besten ein Nur-Text Inhaltssteuerelement. Positionieren Sie den Cursor

in der entsprechenden Tabellenzelle und klicken Sie im Register *Entwicklertools* auf *Nur-Text Inhaltssteuerelement*.

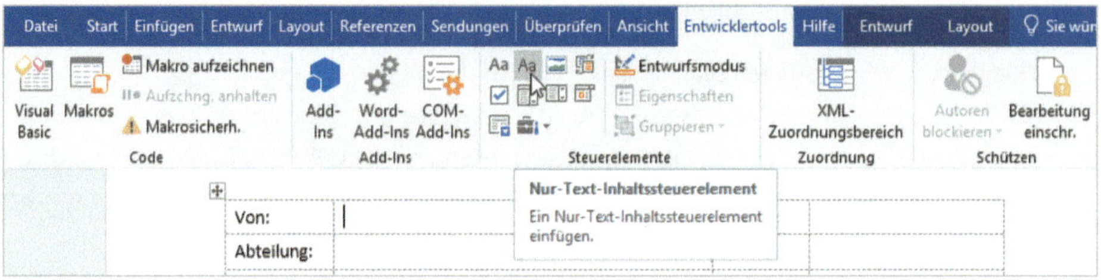

Bild 10.13 Nur-Text Inhaltssteuerelement einfügen

2 Das eingefügte Steuerelement zeigt einen kurzen Hinweistext an, dieser wird später durch die Tastatureingabe ersetzt. Der Rahmen und die graue Schattierung sind nur sichtbar, wenn das Feld angeklickt wurde bzw. sich der Cursor im Feld befindet. Beide werden nicht gedruckt!

3 Wiederholen Sie diese Schritte für das Feld An:

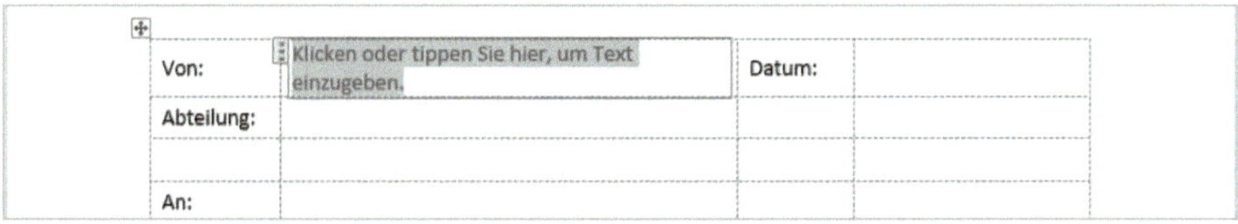

Bild 10.14 Das Nur-Text Inhaltssteuerelement im Dokument

Datumsauswahl-Inhaltssteuerelement

Die Datumseingabe soll per Auswahl aus einem Kalenderblatt erfolgen. Setzen Sie den Cursor in die Tabellenzelle und klicken Sie auf *Datumsauswahl-Inhaltssteuerelement*.

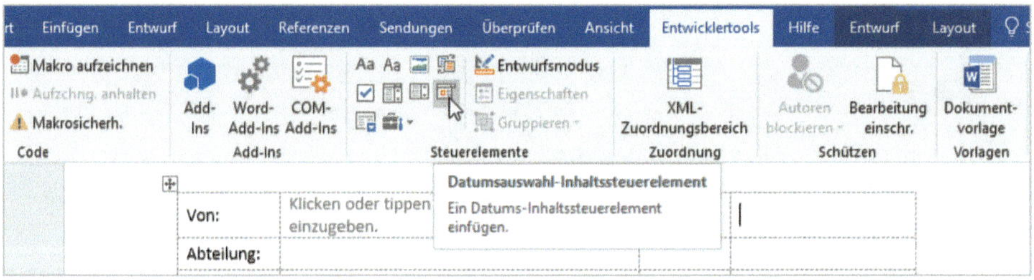

Bild 10.15 Datumsauswahl-Inhaltssteuerelement

Mit Klick auf den Pfeil kann später beim Ausfüllen ein Datum ausgewählt werden.

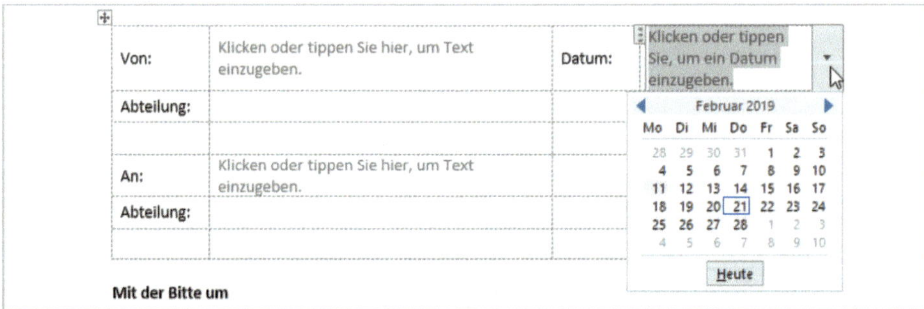

Bild 10.16 Datum auswählen

Kombinationsfeld-Inhaltssteuerelement

Zur Eingabe der Abteilung verwenden wir ein Auswahlfeld, in Word als Kombinationsfeld-Inhaltssteuerelement bezeichnet. Setzen Sie den Cursor in die entsprechende Tabellenzelle und klicken Sie auf *Kombinationsfeld-Inhaltssteuerelement*.

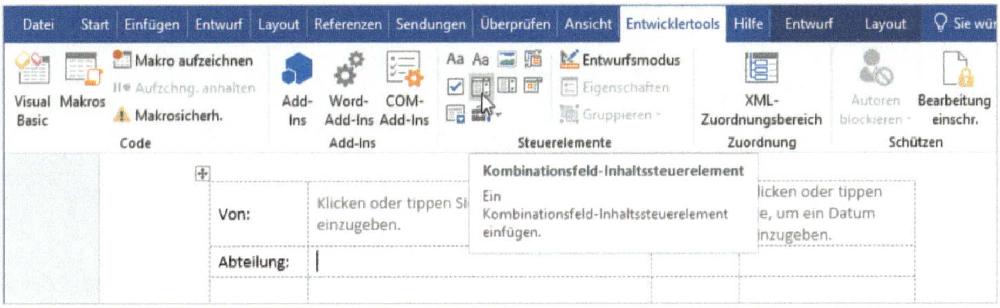

Bild 10.17 Kombinationsfeld-Inhaltssteuerelement einfügen

Listeneinträge hinzufügen

1 Zum Hinzufügen der Listeneinträge klicken Sie in das Steuerelement ❶ und im Menüband, Register *Entwicklertools*, auf *Eigenschaften* ❷. Im Fenster *Eigenschaften* können Sie nun der Liste ❸ Einträge hinzufügen.

2 Klicken Sie dazu auf *Hinzufügen...* ❹, geben Sie den ersten Eintrag der Liste ein ❺ und klicken Sie auf *OK*.

3 Wiederholen Sie diesen Schritt für jeden Eintrag. Ein markierter Eintrag kann über Schaltflächen gelöscht oder in der Liste nach oben/unten verschoben werden.

Bild 10.18 Listeneinträge hinzufügen

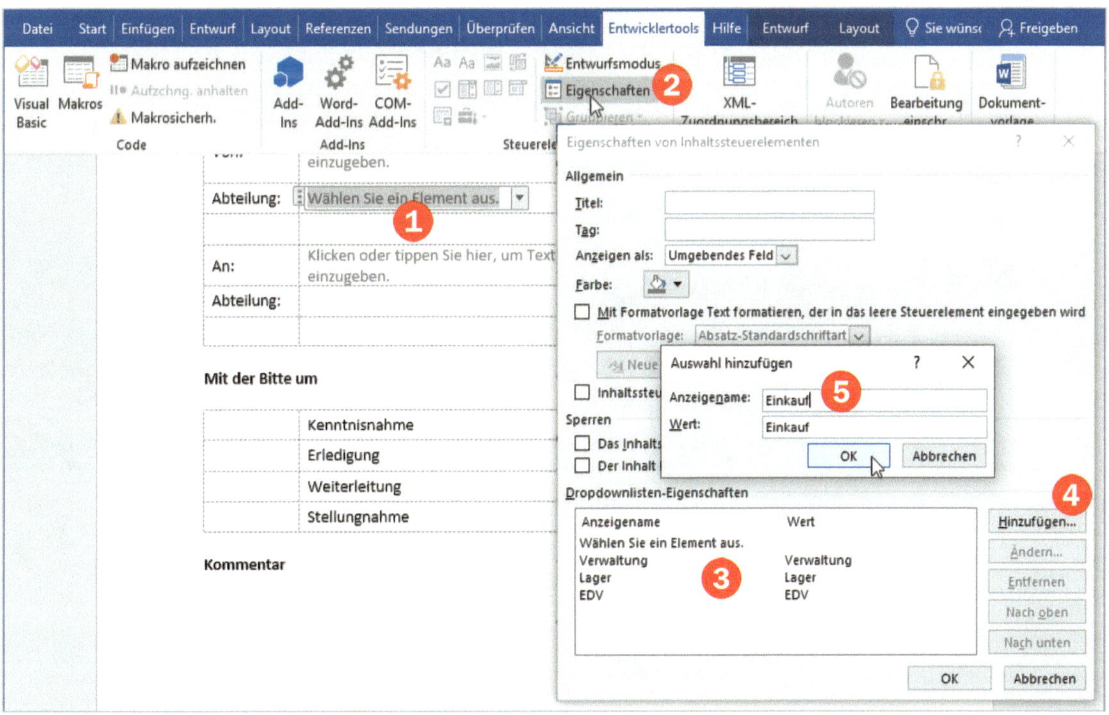

4 Schließen Sie zuletzt das Fenster *Eigenschaften* mit *OK*.

5 Mit Klick auf den Pfeil kann später ein Element der Liste ausgewählt werden.

Bild 10.19 Element aus einer Liste auswählen

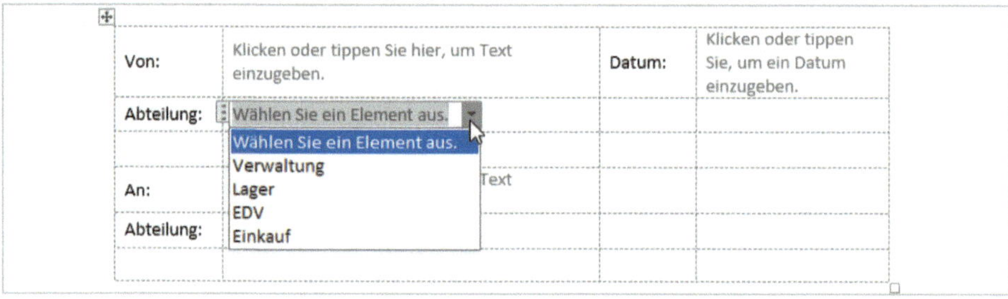

Tipp: Da das Auswahlfeld Abteilung ein zweites Mal benötigt wird, können Sie Arbeit sparen und das Steuerelement samt seinen Eigenschaften einfach kopieren. Klicken Sie dazu am einfachsten mit der rechten Maustaste in das Steuerelement und auf *Kopieren*. Dann fügen Sie die Kopie mit Strg-V an der gewünschten Stelle ein.

Kontrollkästchensteuerelement

Nun fehlen noch die Kontrollkästchen. Klicken Sie nacheinander in die betreffenden Tabellenzellen und im Register *Entwicklertools* auf *Kontrollkästchensteuerelement*.

Bild 10.20 Kontrollkästchensteuerelement einfügen

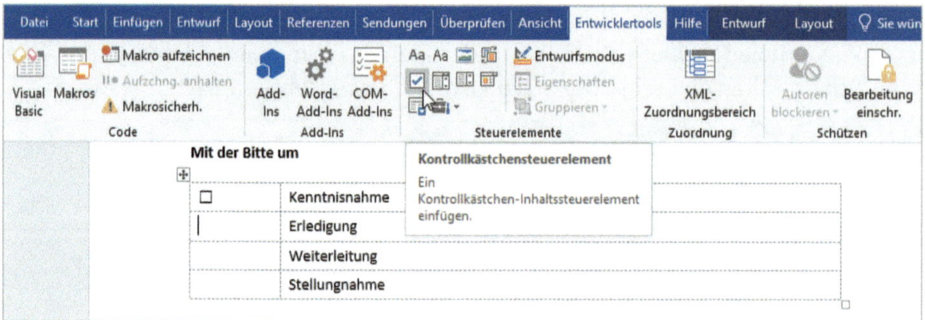

Steuerelement für Bemerkungen

Zuletzt fehlt eigentlich nur noch am Ende ein Steuerelement für Bemerkungen und Kommentare, in das Text beliebiger Länge eingegeben werden kann. Dazu eignet sich ein Rich-Text-Steuerelement.

Bild 10.21 Rich-Text-Steuerelement einfügen

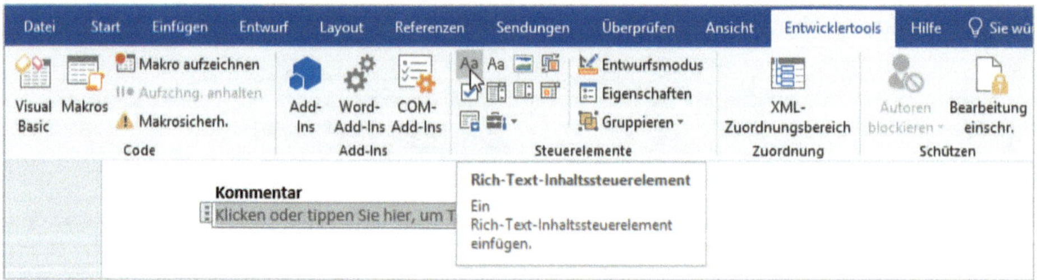

Inhaltssteuerelement löschen

Nicht benötigte, versehentlich eingefügte Inhaltssteuerelemente löschen Sie am einfachsten, indem Sie diese mit der rechten Maustaste anklicken und im Kontextmenü auf *Inhaltssteuerelement entfernen* klicken.

Damit ist die Dokumentvorlage für interne Kurzmitteilungen fertig und kann gespeichert werden.

Musterfirma GmbH

Interne Kurzmitteilung

Von:	Klicken oder tippen Sie hier, um Text einzugeben.	Datum:	Klicken oder tippen Sie, um ein Datum einzugeben.
Abteilung:	Wählen Sie ein Element aus.		
An:	Klicken oder tippen Sie hier, um Text einzugeben.		
Abteilung:	Wählen Sie ein Element aus.		

Mit der Bitte um

☐	Kenntnisnahme
☐	Erledigung
☐	Weiterleitung
☐	Stellungnahme

Kommentar
Klicken oder tippen Sie hier, um Text einzugeben.

Bild 10.22 Das Ergebnis

10.4 Formular vor Änderungen schützen

Meist soll ein Formular bzw. die Dokumentvorlage von mehreren Personen genutzt werden. Um ausschließlich Eingaben in die dafür vorgesehenen Felder zuzulassen, können Sie ein Formular schützen, am besten mit einem Kennwort.

1. Dazu klicken Sie im Register *Entwicklertools* auf *Bearbeitung einschr.* ❶ (Bild 10.23). Der Aufgabenbereich *Bearbeitung einschränken* öffnet sich am rechten Rand des Word-Fensters.
2. Aktivieren Sie unter Punkt *2. Bearbeitungseinschränkungen* das Kontrollkästchen *Nur diese Bearbeitungen zulassen* ❷ und wählen Sie im Feld darunter *Ausfüllen von Formularen* ❸ aus.

3 Klicken Sie bei Punkt *3. Schutz anwenden* auf die Schaltfläche *Ja, Schutz jetzt anwenden* ❹. Geben Sie im nachfolgenden Fenster ein Kennwort zum Aufheben des Schutzes ein ❺ und wiederholen Sie dieses. Falls Sie kein Kennwort vereinbaren möchten, lassen Sie die Felder einfach leer.

Bild 10.23 Formular schützen

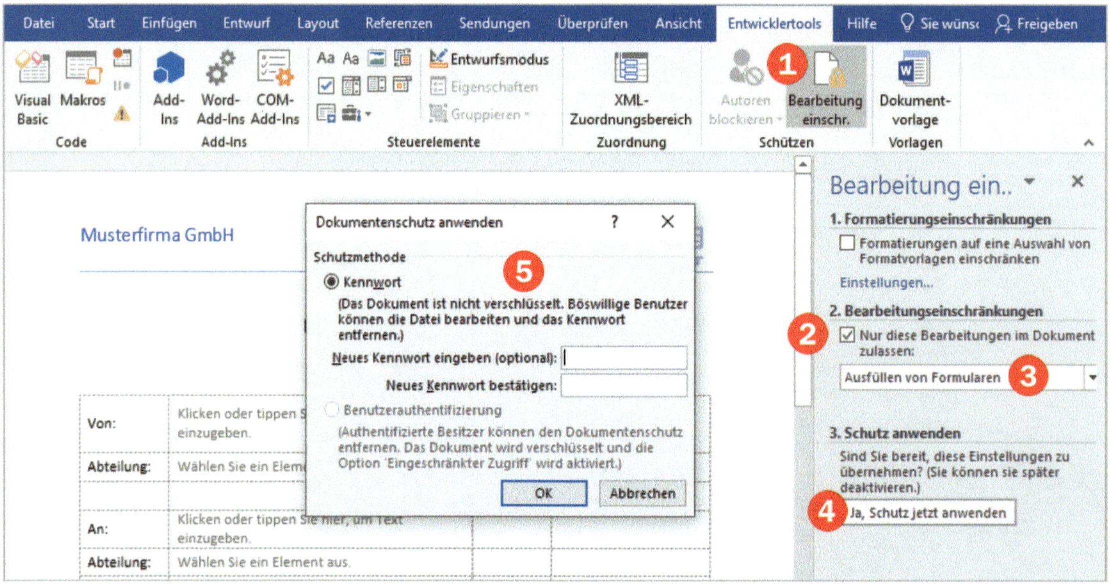

Schutz aufheben

Vor eventuellen Änderungen am Formular bzw. der Dokumentvorlage müssen Sie den Schutz aufheben. Klicken Sie dazu ebenfalls im Register *Entwicklertools* auf *Bearbeitung einschr.* und klicken Sie dann im Aufgabenbereich *Bearbeitung einschränken* auf *Schutz aufheben*. Geben Sie im nachfolgenden Fenster Ihr Kennwort ein bzw. lassen Sie das Feld leer, wenn kein Kennwort vereinbart wurde.

Ausfüllen der geschützten Formularfelder

Wenn Sie ein neues Dokument aus einer geschützten Dokumentvorlage mit Formularfeldern erstellen, dann brauchen Sie nur die Tab-Taste betätigen, um von einem Formularfeld zum nächsten zu springen.

Bild 10.24 Formular ausfüllen

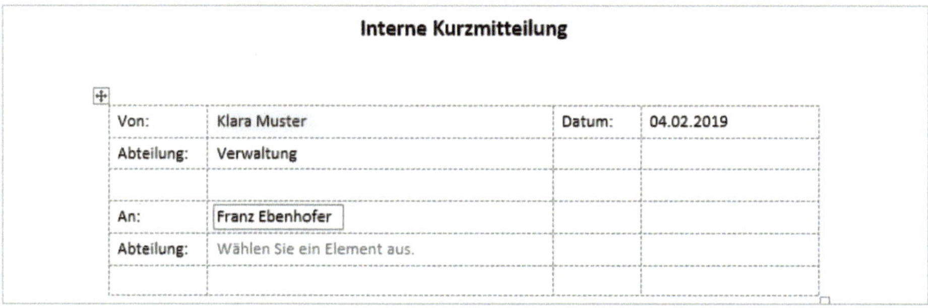

11 Einführung Seriendruck

In diesem Kapitel lernen Sie...

- Empfängerliste erstellen, öffnen und bearbeiten
- Einfache Serienbriefe erstellen und drucken
- Anschrift und Grußzeile einfügen
- Serienbriefe sortieren und filtern
- Seriendruck-Etiketten erstellen

Das sollten Sie bereits wissen

- Texteingabe und -korrektur
- Dokumente speichern und öffnen
- Zeichen und Absätze formatieren
- Arbeiten mit Tabellen

Als Seriendruck bezeichnet man die Möglichkeit, Dokumente wie beispielsweise Briefe, Angebote oder Einladungen an einen größeren Personenkreis zu adressieren. Beim Drucken werden einzelne Elemente wie individuelle Anschrift oder persönliche Anrede aus den gespeicherten Empfängeradressen nacheinander in das Dokument eingesetzt. Neben Serienbriefen können Sie auf diese Weise auch Umschläge und Adressetiketten erstellen. Für den Seriendruck werden zwei Dokumente bzw. Dateien benötigt:

- Ein Word-Dokument mit dem eigentlichen Brieftext, auch als Hauptdokument bezeichnet.
- Eine zweite Datei mit den Adressinformationen, sie wird auch als Datenquelle bezeichnet. Die Adressen können in Form von verschiedenen Dateitypen, z. B. Excel-Arbeitsmappe, Textdatei oder Access-Datenbanktabelle vorliegen.

Die Befehle und Schaltflächen zum Seriendruck finden Sie im Menüband im Register *Sendungen*.

11.1 Empfängeradressen

Aufbau und Dateitypen

Die Adressen für den Seriendruck sind im Normalfall bereits vorhanden: Häufig als Microsoft Excel-Tabelle oder als Abfrage oder Tabelle aus einer Datenbank. Neben den Office-Anwendungen unterstützt Word auch andere gängige Dateiformate. Im einfachsten Fall können die Daten als Textdatei vorliegen, wobei anstelle von Spalten die Informationen mit Semikolon (;) getrennt werden. Natürlich können Sie die Adressen auch in einem Word-Dokument in Form einer Tabelle speichern. Unabhängig davon sollte die erste Zeile in jedem Fall die Spaltenüberschriften enthalten. Diese werden später als Seriendruckfelder in den Brief eingefügt.

In Zusammenhang mit dem Seriendruck werden häufig die beiden Datenbankbegriffe Datensatz und Datenfeld bzw. Feld verwendet.

- Als Datensatz bezeichnet man eine einzelne Adresse einer Datenbank, in einer Tabelle entspricht ein Datensatz einer Tabellenzeile.
- Als Datenfelder bezeichnet man die Spalten der Tabelle. Die erste Zeile der Tabelle enthält die Spaltenüberschriften (Feldnamen).

Adressen aus einer Microsoft Excel-Tabelle verwenden

Wenn die Adressen in einer Microsoft Excel-Tabelle gespeichert sind, dann sollten Sie darauf achten, dass die Tabelle mit der ersten Zeile und Spalte des Tabellenblattes beginnt. Ist dies nicht der Fall, so muss der Zellbereich, der die Adressen enthält mit einem Bereichsnamen versehen sein. Zur besseren Orientierung sollten Sie außerdem in einer Mappe mit mehreren Tabellenblättern Blattnamen verwenden.

Bild 11.1 Excel-Tabelle

	A	B	C	D	E	F	G	H	I	J
1	KD-Nr.	Nachname	Vorname	Anrede	Strasse	Land	PLZ	Ort	Umsatz	
2	100	Nordhoff	Silke	Frau	Uferstrasse 85 b	D	93055	Regensburg	150,00	
3	101	Knogel	Frank	Herr	Pfarrer-Heinrich-Weg 4	D	22040	Hamburg	23,00	
4	102	Süßmilch	Johanna	Frau	Adlersberger Strasse 56	D	93078	Pentling	63,00	
5	103	Fürst	Alfons	Herr	Wittelsbacherstr. 6	D	80638	München	266,20	
6	104	Drögel-Steininger	Klara	Frau	Waldweg 4	D	04777	Neuendorf	81,50	
7	105	Reuter	Jens	Herr	Bochumerstr. 9	D	45879	Gelsenkirchen	56,30	
8	106	Baumholtz	Tobias	Herr	Höllentalstrasse 12	D	82467	Garmisch-Partenkirchen	45,60	
9	107	Adler	Christine	Frau	Pfarrer-Wenz-Str. 88	D	96317	Kronach	20,00	
10	108	Einstein	Nadine	Frau	Kleiststr. 34a	D	40215	Düsseldorf	29,30	
11	109	Kungel	Fred	Herr	Fichtelgebirgstr. 73	D	96450	Coburg	123,00	

Microsoft Word-Dokument als Datenquelle

Wenn Sie die Adressen in einem Word-Dokument erfassen und speichern möchten, so verwenden Sie dazu am besten eine Tabelle. Formatierungen der Datenquelle sind nicht erforderlich, da diese in Serienbriefen nicht berücksichtigt werden. Als Alternative zur Tabelle können Sie die einzelnen Adressfelder wie Name, PLZ und Ort auch mit Tabstopps oder Semikolon (;) trennen.

> Beachten Sie, dass das Dokument oberhalb der Tabelle keinerlei weiteren Text enthalten darf. Außerdem sollte die erste Zeile Spaltenüberschriften enthalten.

Beispiele:

Bild 11.2 Tabelle

Kunden-Nr.	Anrede	Vorname	Nachname	Straße	Land	PLZ	Ort
153	Herr	Alfons	Altenkirchner	Obere Waldstr. 14	D	88212	Ravensburg
771	Herr	Bernhard	Feldmann	Donauweg 41	D	94056	Regensburg
106	Frau	Irene	Rother	Kapellenweg 23	D	44317	Dortmund
763	Frau	Doris	Rettich	Jahnstr. 9	D	22041	Hamburg

Bild 11.3 Tabstopps

```
Kunden-Nr. → Anrede → Vorname → Nachname → Straße → Land → PLZ → Ort¶
153 → Herr → Alfons → Altenkirchner → Obere·Waldstr.·14 → D → 88212 → Ravensburg¶
771 → Herr → Bernhard → Feldmann → Donauweg·41 → D → 94056 → Regensburg¶
106 → Frau → Irene → Rother → Kapellenweg·23 → D → 44317 → Dortmund¶
763 → Frau → Doris → Rettich → Jahnstr.·9 → D → 22041 → Hamburg¶
```

Bild 11.4 Trennzeichen Semikolon

```
Kunden-Nr.; Anrede; Vorname; Nachname; Straße; Land; PLZ; Ort
153; Herr; Alfons; Altenkirchner; Obere Waldstr. 14; D; 88212; Ravensburg
771; Herr; Bernhard; Feldmann; Donauweg 41; D; 94056; Regensburg
106; Frau; Irene; Rother; Kapellenweg 23; D; 44317; Dortmund
763; Frau; Doris; Rettich; Jahnstr. 9; D; 22041; Hamburg
```

Neue Adressenliste erstellen und speichern

Sollten noch keine Adressen gespeichert sein, so bietet Word in Zusammenhang mit Seriendruck die Möglichkeit, die Adressen in eine Datenbank einzugeben und zu speichern. Dabei gehen Sie wie folgt vor:

1 Klicken Sie auf das Register *Sendungen* und auf die Schaltfläche *Empfänger auswählen* ❶, wählen Sie *Neue Liste eingeben….*

2 Word öffnet das Fenster *Neue Adressliste* mit einer leeren Tabelle und Sie können mit der Eingabe der Adressen ❷ beginnen.

- Drücken Sie die Tab-Taste, um zur nächsten Spalte zu gelangen, mit der Schaltfläche *Neuer Eintrag* ❸ fügen Sie weitere Zeilen für Adressen hinzu.
- **Achtung**: mit Drücken der Eingabetaste beenden Sie dagegen die Eingabe!

Bild 11.5 Neue Adressliste, Adressliste anpassen

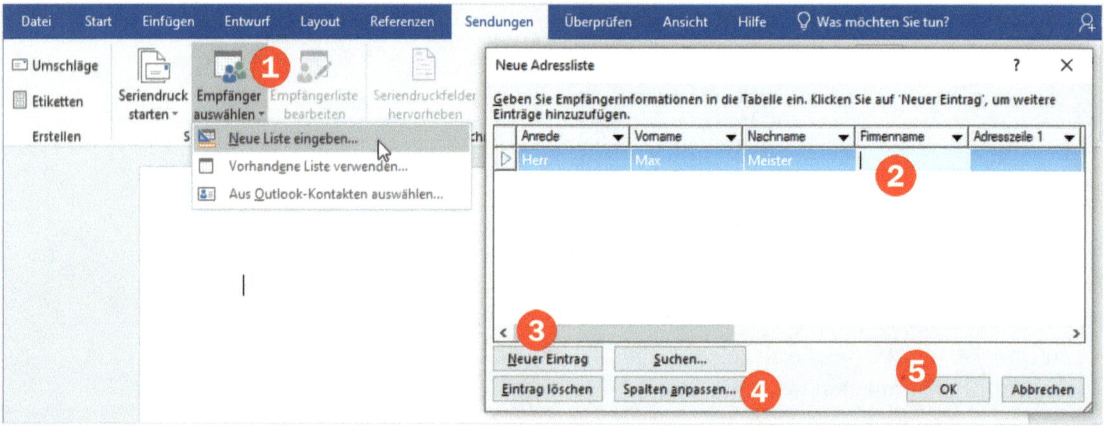

3 Falls Sie in der Tabelle zusätzliche Spalten benötigen oder überzählige entfernen möchten, können Sie vor Beginn der Eingabe mit Klick auf die Schaltfläche *Spalten anpassen* ❹ Tabellenspalten hinzufügen oder löschen.

4 Mit der Schaltfläche *OK* ❺ beenden Sie die Adresseingabe. Anschließend werden Sie aufgefordert, die Adressliste zu speichern. Als Speicherort wird meist der Ordner *Meine Datenquellen* vorgeschlagen, Sie können aber auch jeden beliebigen anderen Speicherort wählen.

Bild 11.6 Adressliste speichern

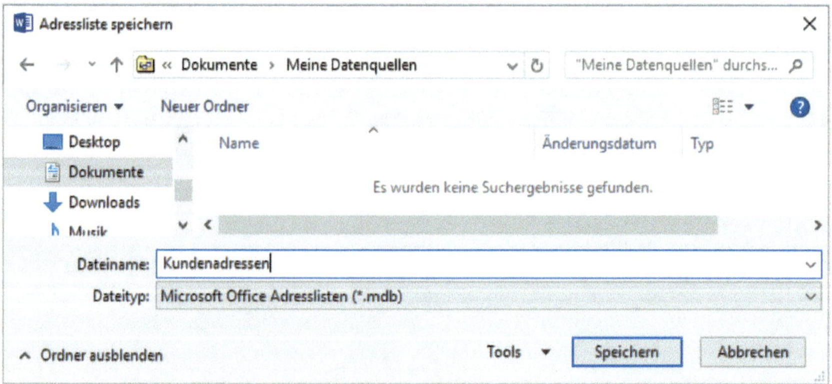

11.2 Serienbriefe erstellen

Die häufigste Form des Seriendrucks sind Briefe mit einer individuellen Anschrift und Anrede. Sie können dazu mit einem neuen, leeren Dokument beginnen oder ein bereits vorhandenes Dokument verwenden. Beginnen Sie am besten mit dem Brieftext, Anschrift und andere individuelle Bestandteile des Briefs, beispielsweise eine persönliche Anrede, lassen Sie vorerst leer.

Wichtig: Speichern Sie das Dokument, bevor Sie mit der Erstellung des eigentlichen Serienbriefs beginnen!

Alle Schaltflächen und Befehle zur Erstellung und Bearbeitung von Seriendruck-Dokumenten finden Sie im Register *Sendungen*. Ausnahme: Die Schaltflächen *Umschläge* und *Etiketten* in der Gruppe *Erstellen* ganz links gehören nicht zum Seriendruck! Zur Erstellung von Serienbriefen verwenden Sie die übrigen Gruppen und Schaltflächen in der Reihenfolge von links nach rechts.

Bild 11.7 Das Register Sendungen

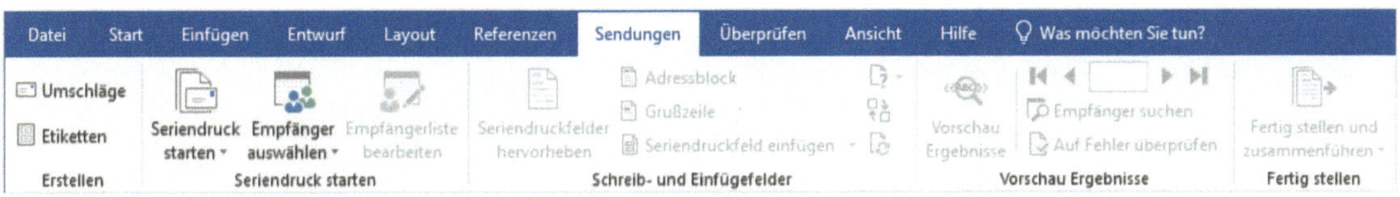

1. Schritt: Dokumenttyp festlegen

Im ersten Schritt wandeln Sie das aktuelle Word-Dokument in ein Seriendruck- Dokument um. Wechseln Sie dazu in das Register *Sendungen* und klicken Sie in der Gruppe *Seriendruck starten* auf *Seriendruck starten*. Wählen Sie den Dokumenttyp *Briefe*.

Bild 11.8 Dokumenttyp Briefe

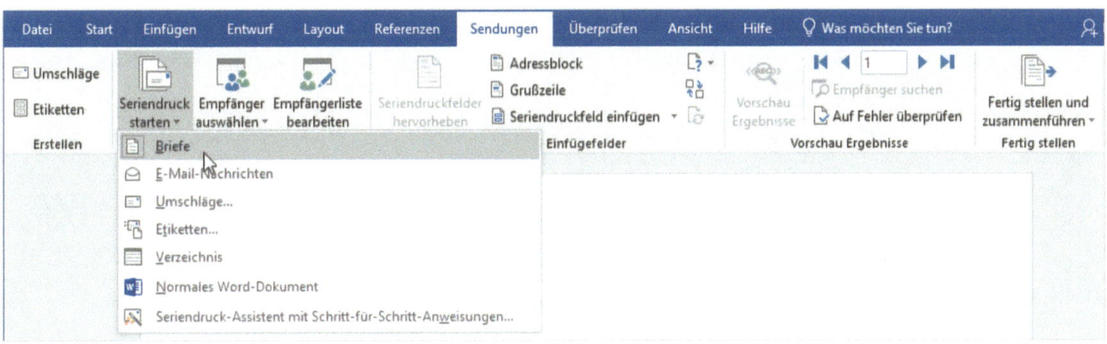

2. Schritt: Empfängeradressen auswählen

Im nächsten Schritt geben Sie an, welche Datei die Empfängeradressen enthält. Klicken Sie im Register *Sendungen* auf die Schaltfläche *Empfänger auswählen*.

- Liegen die Adressen bereits als Datei vor, z. B. als Excel-Arbeitsmappe oder Textdatei, so klicken Sie auf *Vorhandene Liste verwenden...* und wählen die benötigte Datei aus. Sollten noch keine Adressen gespeichert sein, so können Sie mit dem Befehl *Neue Liste eingeben...* auch an dieser Stelle noch eine neue Liste bzw. Datenbank erstellen, siehe oben.
- Wenn Microsoft Outlook nutzen, so können Sie über *Aus Outlook-Kontakten auswählen...* auch die Kontakte aus Microsoft Outlook für Serienbriefe nutzen.

In diesem Beispiel verwenden wir eine bereits gespeicherte Adressdatei, klicken Sie daher auf *Vorhandene Liste verwenden...* ❶. Das Fenster *Datenquelle auswählen* wird geöffnet. Markieren Sie die Datei, die Ihre Adressen enthält und klicken Sie auf die Schaltfläche *Öffnen*.

Handelt es sich um eine Excel-Arbeitsmappe, wie im Bild unten, dann müssen Sie angeben, welches Tabellenblatt ❷ die Daten enthält, da Excel-Arbeitsmappen und Access-Datenbanken auch mehrere Tabellen enthalten können. Achten Sie auf das Kontrollkästchen *Erste Datenreihe enthält Spaltenüberschriften* ❸ und klicken Sie auf *OK*.

Bild 11.9 Excel-Tabellenblatt auswählen

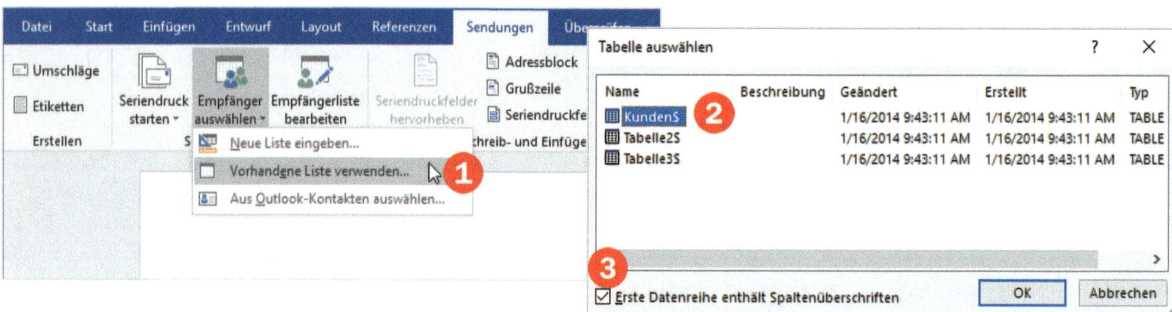

Bild 11.10 Empfänger anzeigen

Zur Anzeige und Kontrolle der Empfängeradressen klicken Sie danach auf die Schaltfläche *Empfängerliste bearbeiten*.

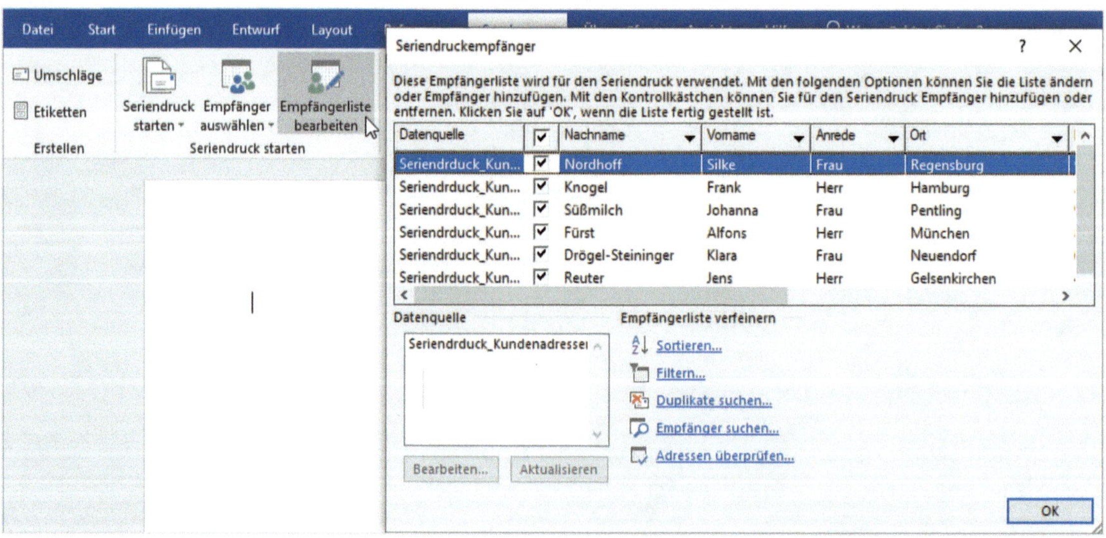

Im Fenster *Seriendruckempfänger* können Sie kontrollieren, ob alle Adressen korrekt erkannt wurden, mit *OK* schließen Sie das Fenster. Die Reihenfolge der Spalten stimmt meist nicht mit der Datenquelle überein, dies ist aber nicht weiter von Bedeutung.

3. Schritt: Seriendruckfelder einfügen

Als Nächstes fügen Sie die Seriendruckfelder in den Brief ein. Seriendruckfelder werden aus den Spaltenüberschriften der ausgewählten Empfängerliste gebildet und dienen als Platzhalter im Brieftext. Sie werden später beim Drucken durch die Inhalte der jeweiligen Spalte ersetzt. So gehen Sie beim Einfügen der Postanschrift vor:

1. Positionieren Sie den Cursor im Anschriftbereich Ihres Briefes an derjenigen Stelle, an der Sie das erste Feld der Postanschrift einfügen möchten.
2. Klicken Sie in der Gruppe *Schreib- und Einfügefelder* auf den Dropdown-Pfeil der Schaltfläche *Seriendruckfeld einfügen*. Es erscheint eine Liste aller Felder der ausgewählten Datenquelle.
3. Mit einem Mausklick fügen Sie das gewünschte Feld im Dokument ein. Seriendruckfelder sind im Dokument an den doppelten spitzen Klammern leicht zu erkennen. **Achtung**: Leerzeichen zwischen den Seriendruckfeldern müssen Sie manuell einfügen, dies passiert nicht automatisch!

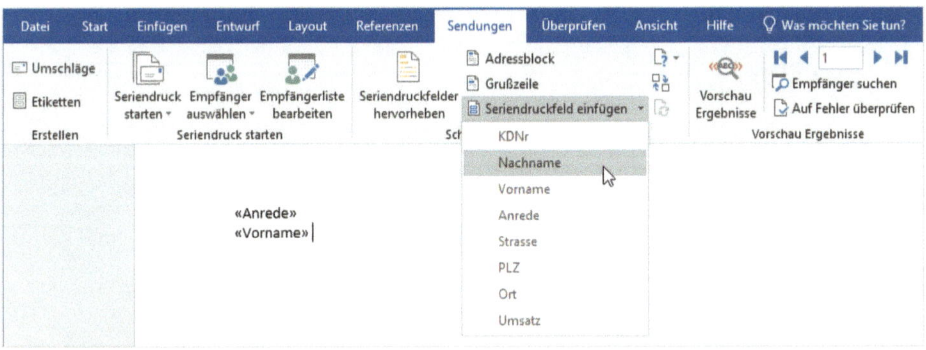

Bild 11.11 Seriendruckfeld einfügen

Beachten Sie: Ist bei einer Adresse ein Feld leer, so erscheinen später auf dem Ausdruck trotzdem die Leerzeichen vor und hinter diesem Feld, aus leeren Feldern resultierende Leerzeilen erscheinen dagegen nicht.

Hinweis: Mit einem Mausklick direkt auf die Schaltfläche *Seriendruckfeld einfügen* öffnet sich das Fenster *Seriendruckfeld einfügen*. Markieren Sie in diesem Fall das gewünschte Feld und klicken Sie auf die Schaltfläche *Einfügen*. Das Fenster bleibt geöffnet, so dass Sie alle Seriendruckfelder nacheinander einfügen können. Fügen Sie anschließend nachträglich zwischen den Seriendruckfeldern Leerzeichen und Zeilenumbrüche ein.

Achtung: Bei einer benutzerdefinierten Datenquelle, z. B. Excel-Tabelle muss die Option *Datenbankfelder* ausgewählt sein, damit die Seriendruckfelder korrekt angezeigt werden (Bild 11.12)!

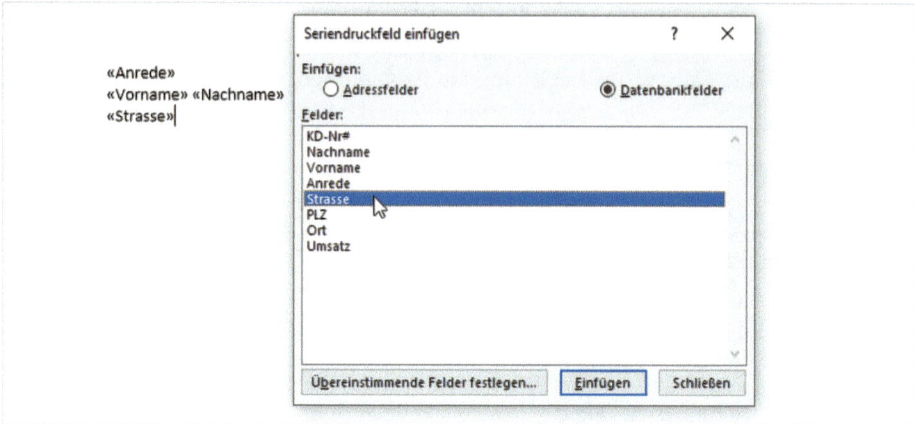

Bild 11.12 Das Fenster Seriendruckfeld einfügen

Seriendruckfelder hervorheben

Seriendruckfelder werden, wie alle Felder in Word, grau schattiert, wenn Sie darauf klicken. Wenn Sie zur besseren Übersicht alle Seriendruckfelder optisch hervorheben möchten, dann klicken Sie in der Gruppe *Schreib- und Einfügefelder* auf *Seriendruckfelder hervorheben*. Diese Schattierung wird nicht gedruckt und auf diese Weise erkennen Sie auch schneller fehlende Leerzeichen zwischen den Seriendruckfeldern. Ein weiterer Klick auf diese Schaltfläche deaktiviert die Hervorhebung wieder.

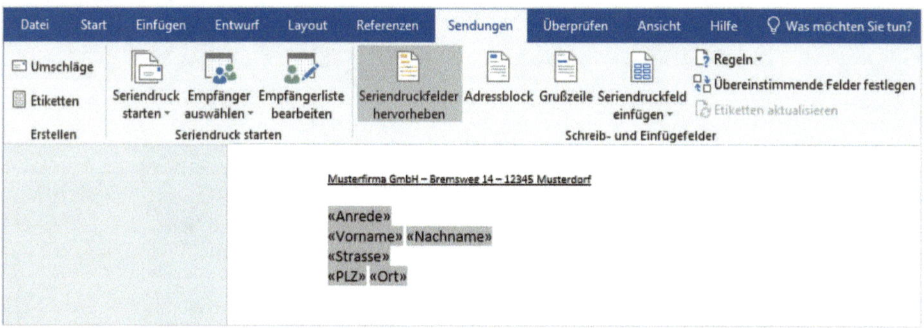

Bild 11.13 Hervorgehobene Seriendruckfelder

Adressblock verwenden

Als Alternative können Sie mit der Schaltfläche *Adressblock* die Postanschrift auch in einem einzigen Feld einfügen, wie im Bild unten.

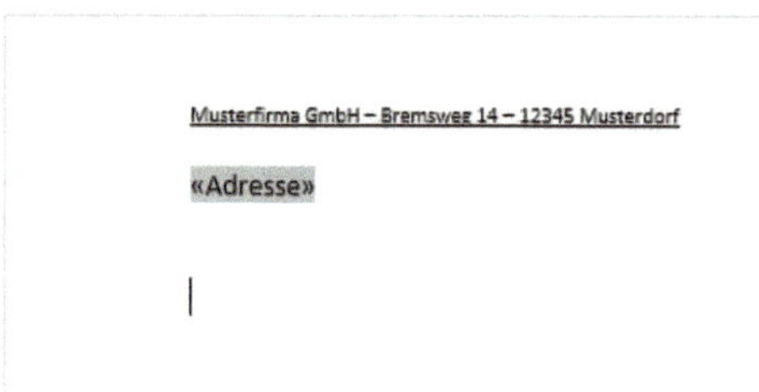

Bild 11.14 Adressblock im Brief

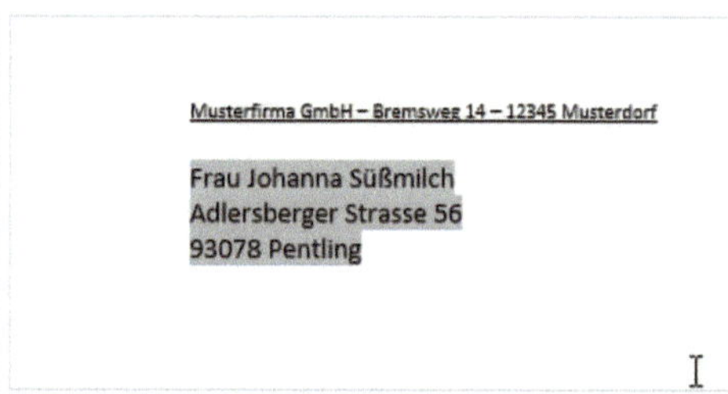

Bild 11.15 … und das Resultat

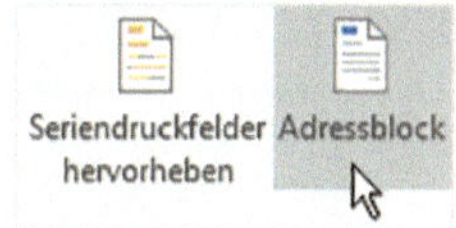

Dieser ist allerdings auf Empfängerlisten zugeschnitten, die Sie über *Neue Liste erstellen...* eingegeben haben. Bei Verwendung einer eigenen Datenquelle müssen Sie meist den Adressblock erst anpassen. Klicken Sie dazu auf die Schaltfläche *Adressblock*.

Wählen Sie im Fenster *Adressblock einfügen* das Format des Empfängernamens ❶. Wenn die Postanschrift zusammen mit dem Namen eingefügt werden soll, dann können Sie auch angeben, in welchen Fällen das Land einbezogen werden soll. Rechts erhalten Sie eine Vorschau auf das gewählte Format ❷. Benutzen Sie die Navigationspfeile ❸, um die Adressen der Reihe nach zu kontrollieren. Allerdings weisen die Adressen im Bild unten einen Fehler auf: Straße und Land fehlen.

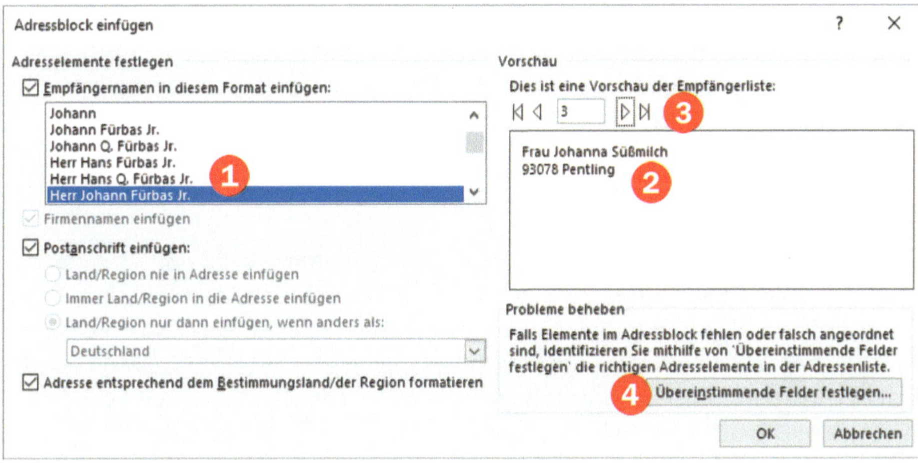

Bild 11.16 Adressblock einfügen

Adressblock anpassen

Wenn, wie im Beispiel oben, Elemente der Anschrift fehlen oder nicht richtig angeordnet sind, dann liegt die Ursache in den unterschiedlichen Feldnamen und Sie müssen angeben, aus welchen Feldern der Datenquelle die Anschrift gebildet werden soll. Klicken Sie dazu auf die Schaltfläche *Übereinstimmende Felder festlegen...* ❹.

Im Fenster *Übereinstimmende Felder festlegen* sehen Sie links die erforderlichen Feldnamen, die rechte Spalte zeigt die zugeordneten Felder der Datenquelle an. Wurde kein übereinstimmendes Feld gefunden, so klicken Sie auf den Dropdown-Pfeil und wählen das entsprechende Feld aus. Für *Adresse 1* wählen Sie in diesem Beispiel *Strasse* aus und bei *Land oder Region* das *Land*. Übernehmen Sie die Änderungen mit *OK* und kontrollieren Sie erneut die Vorschau.

Bild 11.17 Übereinstimmende Felder festlegen

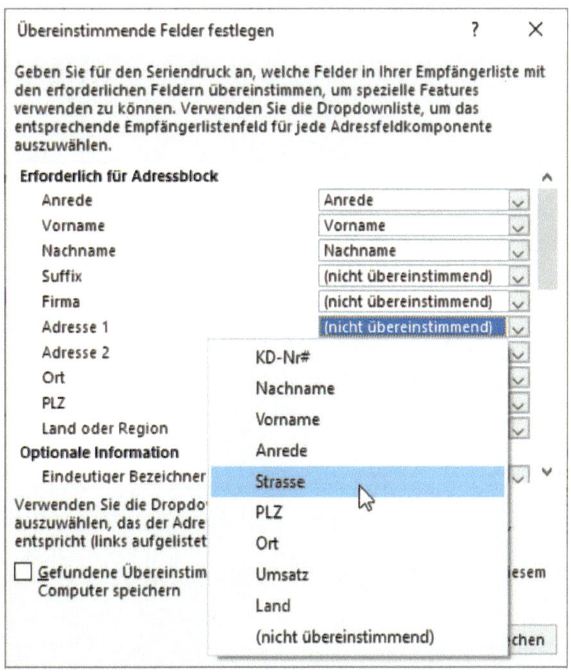

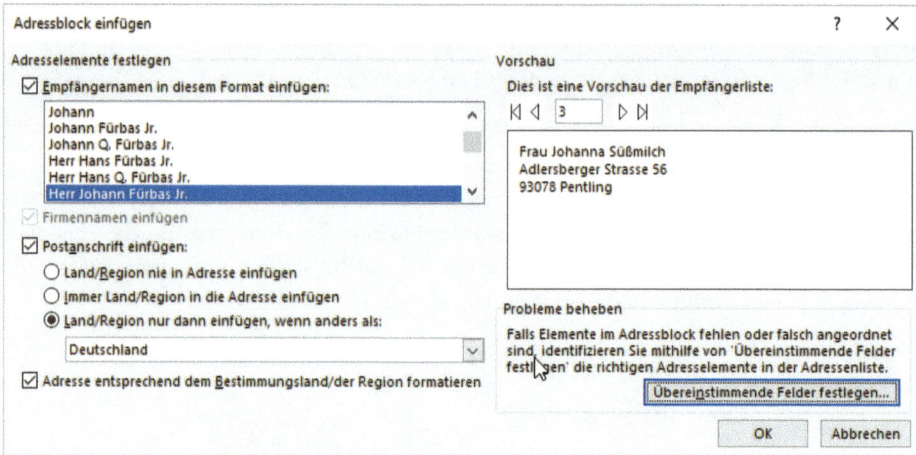

Bild 11.18 Strasse und Land werden nun korrekt dargestellt

Grußzeile verwenden

Die Schaltfläche *Grußzeile* erlaubt das Einfügen einer individuellen Briefanrede, beispielsweise „Sehr geehrte Frau Meister" und „Sehr geehrter Herr Müller". Klicken Sie auf *Grußzeile* und wählen Sie anschließend wie beim Adressblock das gewünschte Format sowie eine Grußzeile für ungültige (fehlende) Empfängernamen. Kontrollieren Sie das Ergebnis in der Vorschau darunter und blättern Sie mit den Pfeilen, um die Schreibweise für weitere Anschriften zu kontrollieren.

Falls die Grußzeile aus anderslautenden Feldnamen gebildet werden soll, klicken Sie auch hier wieder auf *Übereinstimmende Felder festlegen....*

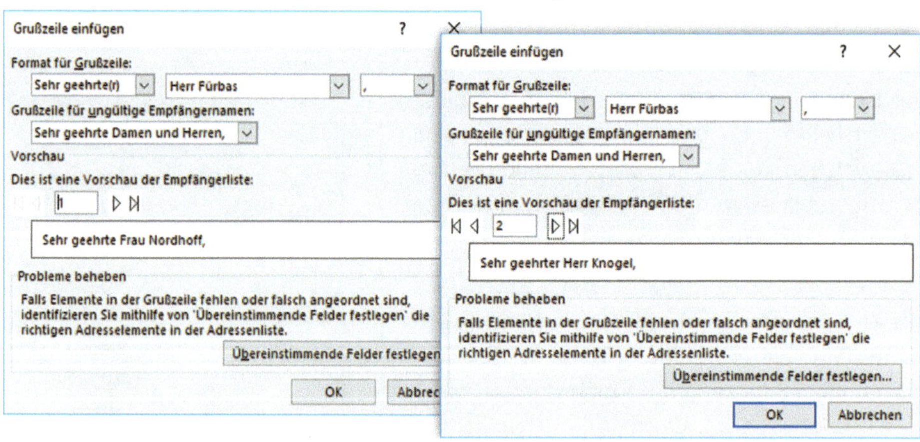

Bild 11.19 Grußzeile einfügen

Ob die Grußzeile verwendet werden kann, hängt auch vom Aufbau Ihrer Datenquelle ab. Als zweite Möglichkeit können Sie die Briefanrede mit einem Bedingungsfeld formulieren, Näheres hierzu im nächsten Punkt.

4. Schritt: Briefe in der Vorschau kontrollieren

Nun können Sie die Ergebnisse in der Vorschau kontrollieren. Mit der Schaltfläche *Vorschau Ergebnisse* erscheinen im Dokument anstelle der Seriendruckfelder die Adressen und mit derselben Schaltfläche können Sie die Vorschau auch wieder deaktivieren.

Bild 11.20 Vorschau Ergebnisse

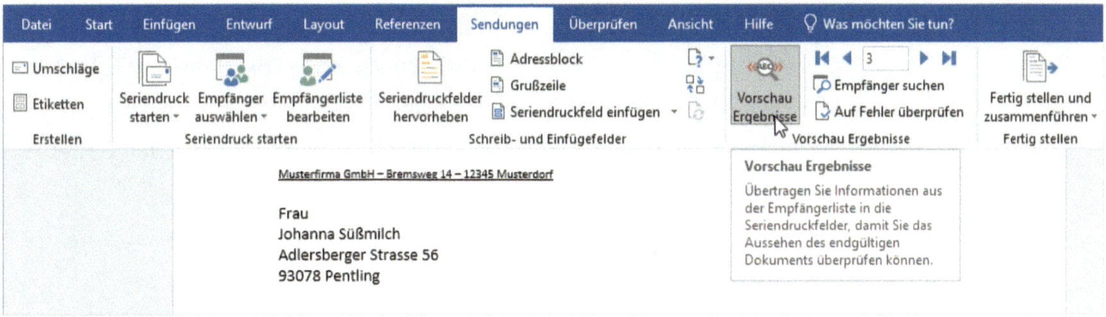

Benutzen Sie in der Vorschau die Pfeil-Schaltflächen der Gruppe *Vorschau Ergebnisse*, um nacheinander durch die einzelnen Adressen zu blättern. So lässt sich überprüfen, ob alle Adressen korrekt eingefügt werden, eventuell fehlende Leerzeichen oder Zeilenumbrüche können auch in der Vorschau korrigiert werden.

5. Schritt: Zusammenführen und drucken

Im letzten Schritt müssen Sie die einzelnen Briefe nur noch drucken. Klicken Sie dazu auf die Schaltfläche *Fertig stellen und zusammenführen* (Gruppe *Fertig stellen*) und wählen Sie eine der folgenden Optionen:

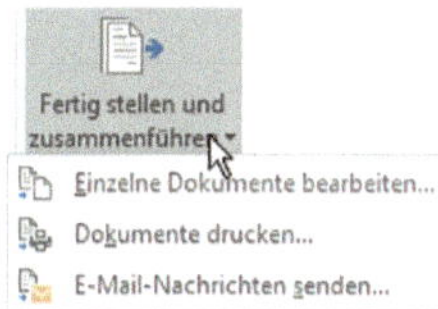

Bild 11.21 Datensätze auswählen

- Mit dem Befehl *Dokumente drucken…* werden die Serienbriefe an den Drucker gesendet. Im nachfolgenden Dialogfenster geben Sie an, ob Sie alle oder nur eine bestimmte Anzahl von Datensätzen drucken möchten, beispielsweise von 1 bis 100 und bestätigen Sie mit *OK*.

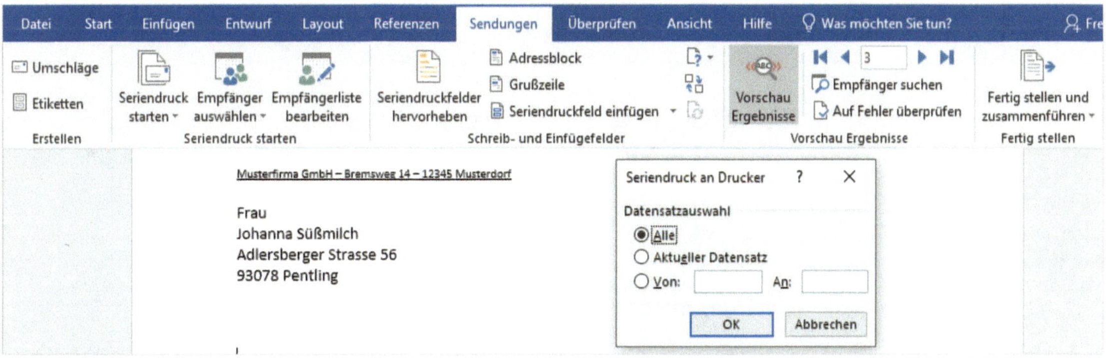

- Die Auswahl *Einzelne Dokumente bearbeiten…* sendet die Briefe nicht an den Drucker, sondern diese werden in ein neues Dokument ausgegeben, das standardmäßig den Namen *Serienbriefe1* erhält und automatisch geöffnet wird. Sie können nun einzelne Briefe nachträglich bearbeiten, speichern und später wie ein normales Dokument drucken. Auch hier können Sie vorab die Datensätze auswählen, siehe Bild oben. **Achtung**: Die Anzahl der Adressen entspricht der Anzahl der Seiten des neuen Dokuments, diese Option eignet daher nicht für umfangreiche Mailings mit 1000 oder mehr Adressen.

- Die dritte Option *E-Mail Nachrichten senden* versendet die Briefe per E-Mail. Voraussetzung ist, dass die Datenquelle auch eine E-Mail Adresse enthält.

Die Serienbrieferstellung ist damit abgeschlossen, Sie können also das Dokument bzw. den Serienbrief speichern und schließen.

Gespeicherten Serienbrief öffnen

Ein Serienbriefdokument lässt sich auch später jederzeit wieder öffnen und erneut verwenden. Zusammen mit dem Serienbrief wird auch die Verknüpfung zur Datenquelle gespeichert und beim Öffnen des Dokuments erscheint eine entsprechende Meldung. Bestätigen Sie mit der Schaltfläche *Ja*, damit die Empfängeradressen im Serienbrief wieder verfügbar sind. Mit der Schaltfläche *Nein* wird dagegen das Dokument ohne Verknüpfung zu den Adressen geöffnet.

Bild 11.22 SQL-Befehl beim Öffnen ausführen

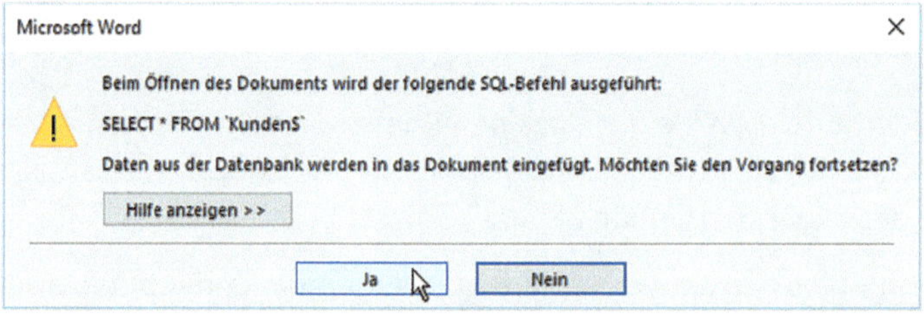

> **Achtung**: Damit die Adressen verfügbar sind, müssen Sie dem Ausführen des SQL-Befehls zustimmen, indem Sie auf *Ja* klicken. Dieser stellt anschließend wieder die Verbindung zur Datenquelle her. Andernfalls können Sie das Dokument nicht mehr als Serienbrief nutzen.

Wurde die Datenquelle in der Zwischenzeit gelöscht oder umbenannt, so erhalten Sie beim Öffnen eine Fehlermeldung und können die Datenquelle erneut suchen.

Weitere Optionen

Hauptdokument in ein normales Dokument umwandeln

Möchten Sie einen Serienbrief wieder in ein normales Word-Dokument umwandeln, bzw. die Verknüpfung zur Datenquelle entfernen, so öffnen Sie das Dokument und klicken anschließend im Register *Sendungen* auf die Schaltfläche *Seriendruck starten*. Wählen Sie hier den Eintrag *Normales Word-Dokument*.

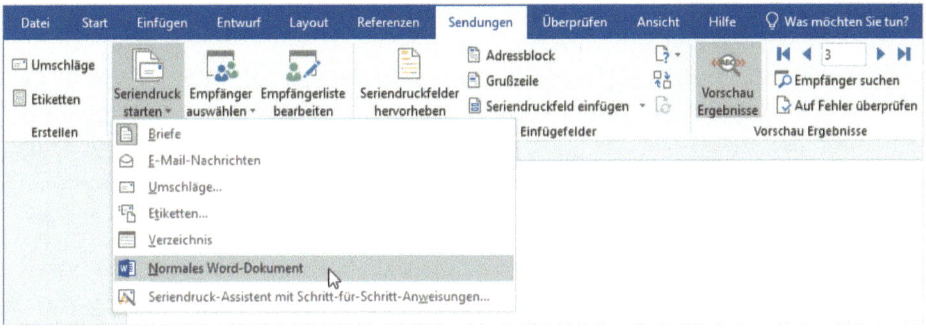

Bild 11.23 In normales Word-Dokument umwandeln

Seriendruck-Assistent

Sie können für die Erstellung von Seriendruck-Dokumenten auch einen Assistenten verwenden, der Sie durch die einzelnen Schritte führt. Dieser Assistent ist identisch mit dem Seriendruck-Assistenten älterer Word-Versionen und kann über die Schaltfläche *Seriendruck starten* (siehe Bild oben) aufgerufen werden.

11.3 Bedingungen verwenden

Mithilfe von Regeln bzw. Bedingungen können Sie in Serienbriefe Formulierungen einfügen, die abhängig sind vom Inhalt eines Seriendruckfeldes. Auf diese Weise können Sie auch selbst eine Grußzeile mit einer individuellen Briefanrede erstellen. Diese beginnt ja entweder mit „Sehr geehrte Frau…" oder mit „Sehr geehrter Herr…", je nachdem, ob die Anrede Frau oder Herr lautet. Die Vorgehensweise:

1 Geben Sie in die Grußzeile den Teil der Grußformel ein, der in jedem Fall gleich lautet, z. B. „Sehr geehrt" und achten Sie darauf, dass sich dann der Cursor unmittelbar hinter dem letzten Zeichen befindet ❶.

2 Klicken Sie im Register *Sendungen*, Gruppe *Schreib- und Einfügefelder* auf die Schaltfläche *Regeln* und wählen Sie *Wenn… Dann… Sonst…* ❷.

Bild 11.24 Bedingungsfeld einfügen

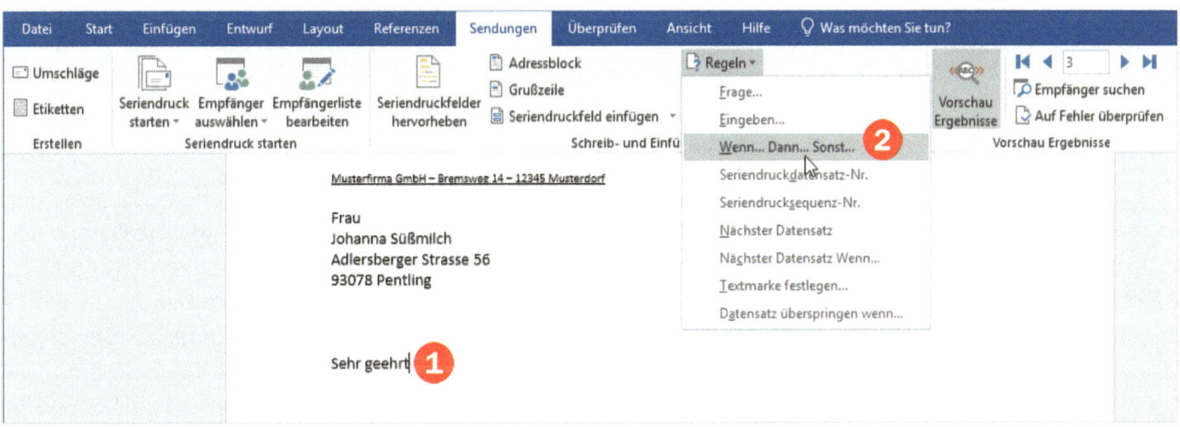

3 Das Fenster *Bedingungsfeld einfügen: WENN* wird geöffnet. Zuerst legen Sie die zu überprüfende Bedingung fest: Wählen Sie bei *Feldname* ❶ dasjenige Feld aus, dessen Inhalt überprüft werden soll, in diesem Beispiel das Feld Anrede. Im Feld *Vergleich* benötigen Sie die Auswahl *Gleich* ❷ (Standardeinstellung). Nun geben Sie noch im Feld *Vergleichen mit* den Text „Frau" über die Tastatur ein ❸. Die zu prüfende Bedingung lautet somit: „Wenn der Inhalt des Feldes Anrede gleich Frau".

4 Nun brauchen Sie im Feld *Dann diesen Text einfügen* nur noch den ergänzenden Grußtext eintragen, der verwendet werden soll, wenn die Bedingung zutrifft, also „e Frau" ❹. In das zweite Feld, *Sonst diesen Text einfügen* tragen Sie die andere Alternative ein, also „er Herr" ❺.

Bild 11.25 Bedingungsfeld einfügen

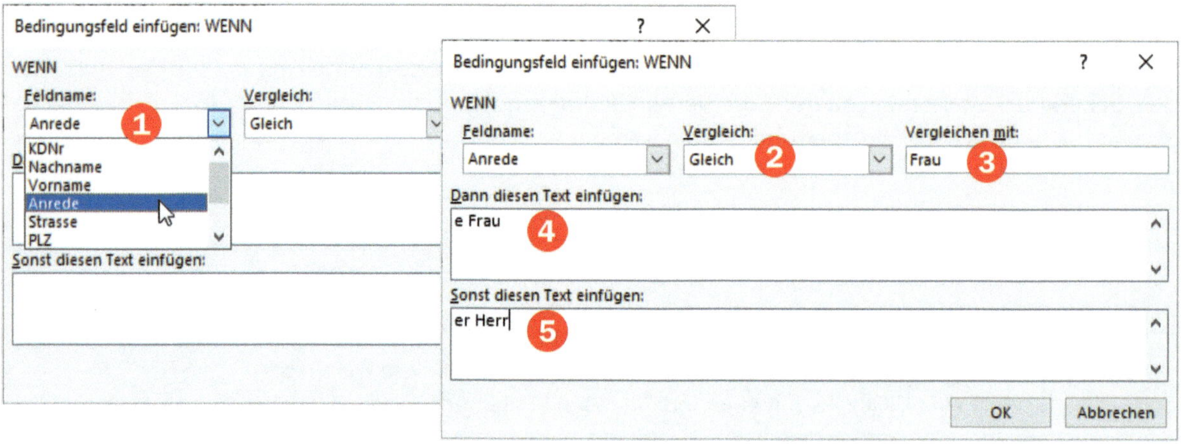

5 Übernehmen Sie die Bedingung mit Klick auf die Schaltfläche *OK* und ergänzen Sie noch die Briefanrede um das Seriendruckfeld Nachname.

Bild 11.26 Das Ergebnis

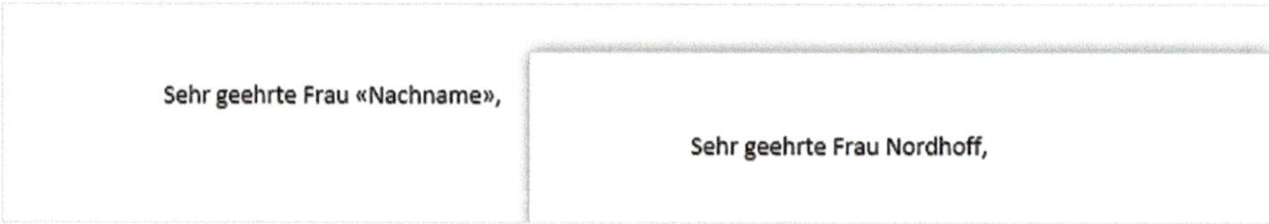

Tipp: Da das Feld Anrede manchmal unterschiedliche Schreibweisen gleichzeitig enthalten kann werden, nämlich „Herr" und „Herrn", sollten Sie besser die Bedingung „Anrede gleich Frau" verwenden.

Komplizierter wird es, wenn das Feld Anrede drei Möglichkeiten zulässt: Herr, Frau und Firma. In letzterem Fall benötigen Sie dann die Briefanrede „Sehr geehrte Damen und Herren". Zu diesem Zweck lassen sich Seriendruckfelder ineinander verschachteln. Da Sie dazu allerdings auch Kenntnisse im Umgang mit Word-Feldern benötigen, würde dies hier zu weit führen. Im Buch Word Profiwissen wird dieses Thema ausführlich behandelt. Solche Probleme lassen sich manchmal aber auch bereits in der Datenquelle lösen. Verwenden Sie beispielsweise eine Excel-Liste als Datenquelle, dann können Sie auch hier mithilfe der WENN-Funktion eine individuelle Anrede erzeugen. Zudem ist die WENN-Funktion von Excel wesentlich komfortabler und übersichtlicher.

11.4 Serienbriefe sortieren und filtern

Für den Versand von Serienbriefen ist meist eine Sortierung nach Postleitzahlen erforderlich. In manchen Fällen möchten Sie auch nur bestimmte Empfänger aus der Datenquelle auswählen. Auswahl und Sortierung nehmen Sie im Fenster *Seriendruckempfänger* vor, das Sie im Register *Sendungen* mit einem Klick auf die Schaltfläche *Empfängerliste bearbeiten* öffnen.

Adressen sortieren

- Für einfache Sortierungen, z. B. nach Postleitzahlen klicken Sie auf die Überschrift der betreffenden Spalte und dann auf die gewünschte Sortierfolge ❶.
- Benötigen Sie dagegen eine Sortierung nach zwei oder mehr Spalten, so klicken Sie auf den Dropdown-Pfeil einer beliebigen Spaltenüberschrift und auf *(Weitere Optionen...)* oder klicken Sie unter *Empfängerliste verfeinern* auf *Sortieren...* ❷.

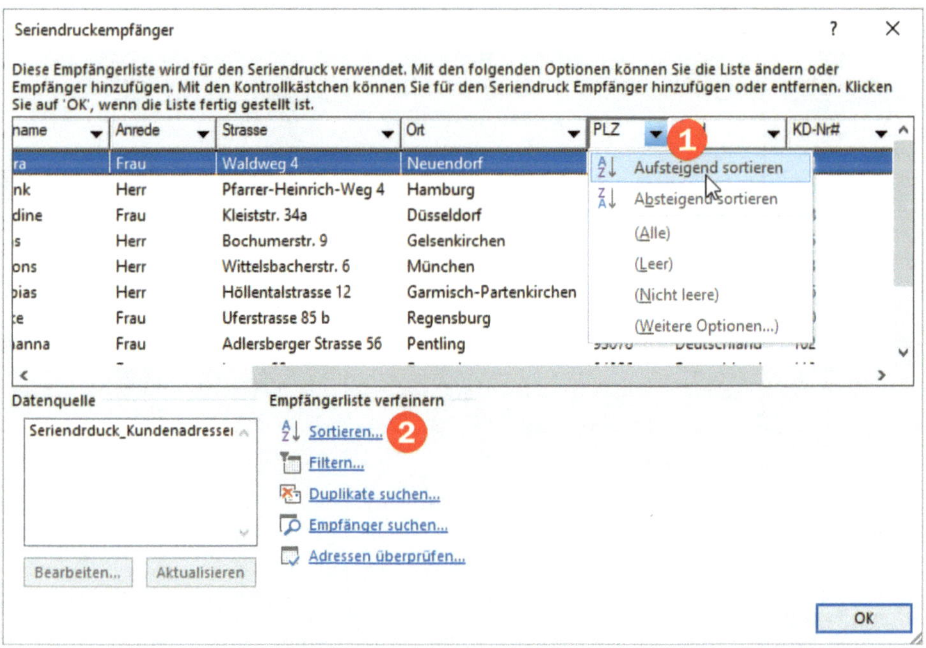

Bild 11.27 Seriendruckempfänger sortieren

Das Fenster *Filtern und sortieren* öffnet sich. Klicken Sie auf das Register *Datensätze sortieren* und wählen Sie nacheinander Ihre Sortierkriterien (maximal drei) aus, z. B. Land und PLZ.

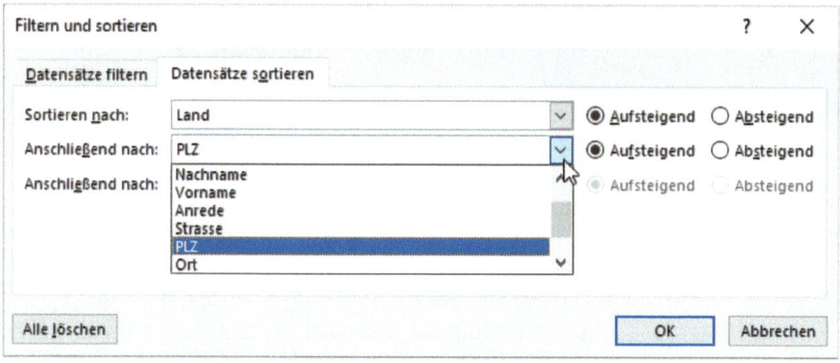

Bild 11.28 Datensätze sortieren

Adressen filtern

Am einfachsten schließen Sie einzelne Adressen aus, indem Sie im Fenster *Seriendruckempfänger* das Kontrollkästchen ❶ des betreffenden Empfängers deaktivieren.

Als zweite Möglichkeit können Sie schnell Empfänger ausschließen, bei denen der Inhalt eines bestimmten Feldes leer bzw. nicht leer ❷ ist. Diese Möglichkeit erhalten Sie, wenn Sie auf den Dropdown-Pfeil in der Überschrift der betreffenden Spalte klicken.

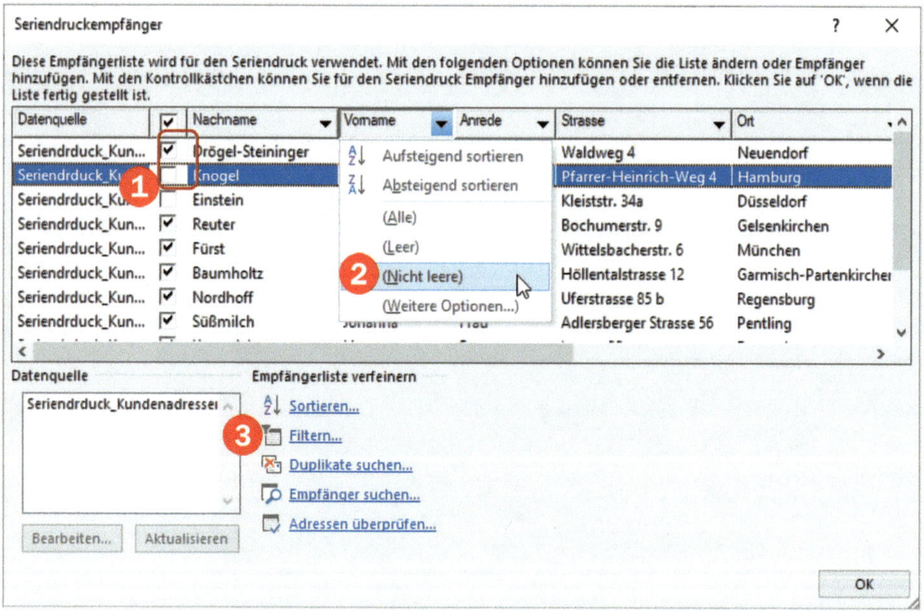

Bild 11.29 Empfänger über Kontrollkästchen ausschließen

Filterkriterien

Möchten Sie Filterkriterien verwenden, so klicken Sie unter *Empfängerliste verfeinern* auf *Filtern...* ❸ und geben im Register *Datensätze filtern* des Fensters *Filtern und Sortieren* Ihre Auswahlkriterien an. Sie können auch zwei oder mehr Filterkriterien miteinander verknüpfen. Eine Verknüpfung mit *Und* bedeutet, dass jeder Datensatz beide Bedingungen erfüllen muss. Wählen Sie dagegen *Oder*, so genügt es, wenn eine der beiden Bedingungen erfüllt ist. Das unten abgebildete Beispiel liefert alle Adressen des Postleitzahlenbereichs 4.

Bild 11.30 Filterkriterien

> **Achtung**: Sortierungen und Filter werden zusammen mit dem Serienbrief gespeichert. Vergessen Sie also nicht, dass Sie im Fenster *Filtern und Sortieren* vorhandene Filter mit der Schaltfläche *Alle löschen* entfernen müssen, damit wieder alle Adressen verwendet werden. Gleiches gilt auch für Sortierungen.

Adressen bearbeiten

Änderungen an den Adressen, z. B. an der Anschrift können Sie ebenfalls aus dem Fenster *Seriendruckempfänger* heraus vornehmen. Markieren Sie dazu die Datenquelle ❶ und klicken Sie auf die Schaltfläche *Bearbeiten*.

Bild 11.31 Datenquelle markieren und bearbeiten

Die Adressen werden im Fenster *Datenquelle bearbeiten* angezeigt und Sie können Feldinhalte, z. B. fehlerhafte Anschriften, korrigieren oder mit Klick auf die Schaltfläche *Neuer Eintrag* weitere Adressen eingeben. Mit der Schaltfläche *OK* übernehmen Sie Ihre Änderungen.

11.5 Seriendruck-Etiketten

Auf ähnliche Weise erstellen Sie auch Seriendruck-Etiketten. Beginnen Sie mit einem neuen leeren Dokument, klicken Sie im Register *Sendungen* auf die Schaltfläche *Seriendruck starten* und wählen Sie hier *Etiketten…*. **Achtung**: Nicht zu verwechseln mit der Schaltfläche *Etiketten*, ebenfalls im Register *Sendungen*. Diese erstellt ein Etikett mit nur einer einzigen Adresse (siehe Kapitel 5.8)!

Bild 11.32 Seriendruck: Etiketten

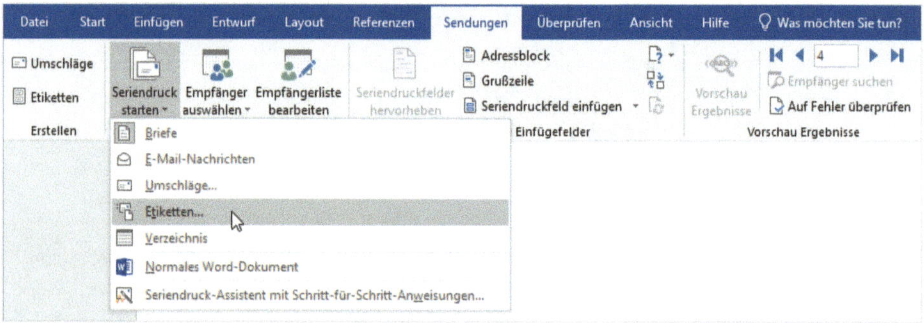

Etikettengröße festlegen

Das Fenster *Etiketten einrichten* wird geöffnet. Hier wählen Sie unter *Etiketteninformationen* Hersteller, z. B. Avery Zweckform, und Etikettennummer (Bestellnummer) aus. Falls Sie Endlosetiketten verwenden wollen, oder sich die Etiketten in einem anderen Papierschacht befinden, so geben Sie dies unter *Druckerinformationen* an.

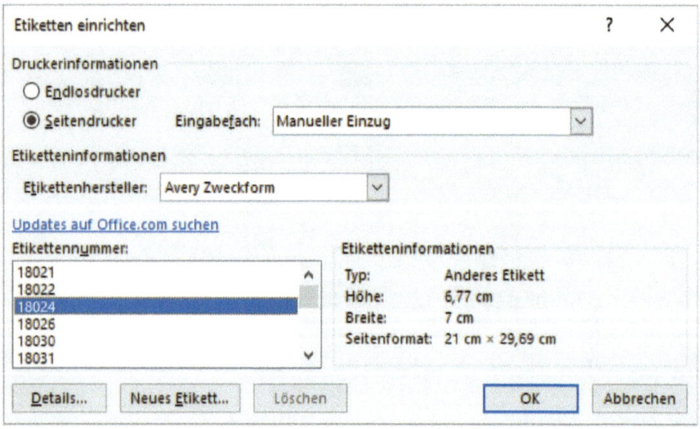

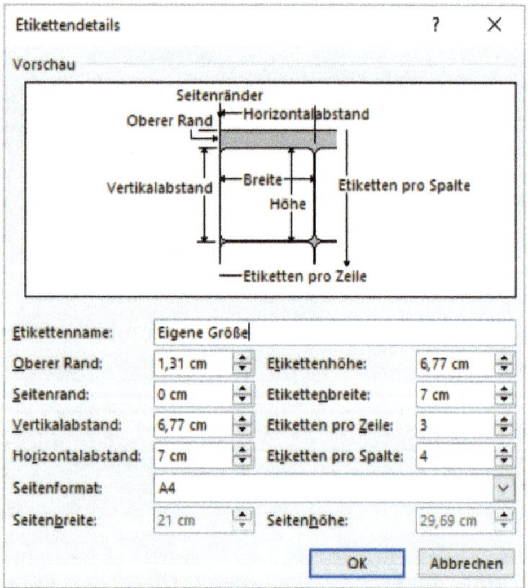

Bild 11.33 Hersteller auswählen

Bild 11.34 Oder Etikettenmaße eingeben

Sollten Hersteller und Bestellnummer nicht in der Liste aufgeführt sein, so können Sie über die Schaltfläche *Neues Etikett…* und unter Angabe der genauen Maße eigene Etikettenformate definieren und unter einem Namen für spätere Verwendung speichern. Bestätigen Sie mit der Schaltfläche *OK*.

Seriendruckfelder einfügen

Word erstellt im Dokument eine Tabelle mit den angegebenen Maßen. Klicken Sie in das erste Etikett bzw. die erste Zelle der Tabelle, und fügen Sie hier, wie beim Serienbrief alle benötigten Seriendruckfelder ein, Sie können auch weiteren Text, z. B. Versandinformationen eingeben.

Formatieren Sie die Seriendruckfelder, falls nötig. Beispielsweise kann es erforderlich sein, die Abstände vor oder nach den Absätzen zu entfernen.

Achtung: Nehmen Sie sämtliche Bearbeitungen immer am ersten Etikett vor!

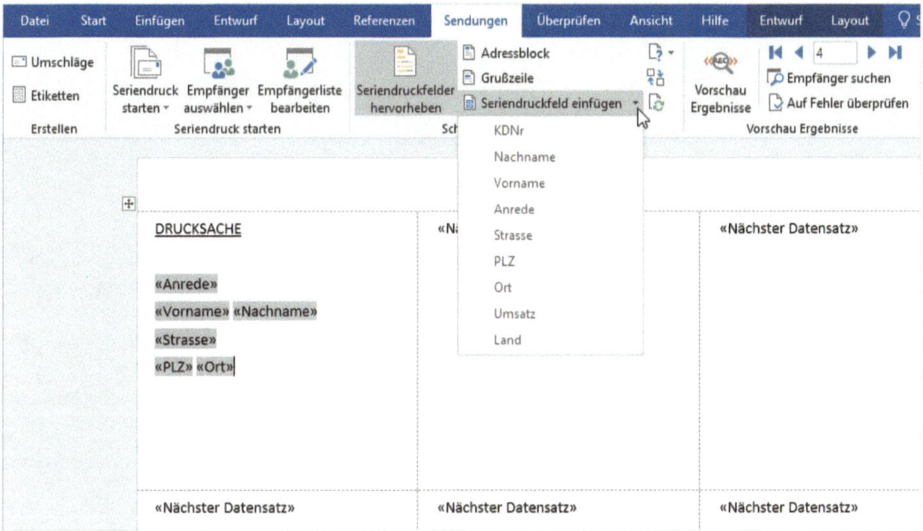

Bild 11.35 Seriendruckfelder einfügen, Etikett formatieren

Tipp: Zur besseren Übersicht sollten Sie die Zellbegrenzungen der Tabelle bzw. die Etikettenränder auf dem Bildschirm einblenden. Klicken Sie dazu im Register *Tabellentools* - *Layout*, Gruppe *Tabelle*, auf *Gitternetzlinien anzeigen*.

Etiketten aktualisieren

Nun müssen Sie nur noch die Seriendruckfelder des ersten Etiketts auf die restlichen Etiketten übertragen. Klicken Sie dazu im Register *Sendungen* ▶ *Schreib- und Einfügefelder* auf die Schaltfläche *Etiketten aktualisieren* (Bild 11.36). Damit werden die Seriendruckfelder samt Formatierung automatisch in die übrigen Tabellenzellen bzw. Etiketten übertragen und Sie können nun in der Vorschau die Ergebnisse kontrollieren.

Zum Drucken klicken Sie wieder auf die Schaltfläche *Fertigstellen und zusammenführen*.

Sollten nachträgliche Änderungen erforderlich sein, so nehmen Sie diese immer am ersten Etikett in der linken oberen Ecke vor und aktualisieren anschließend erneut alle übrigen Etiketten.

Bild 11.36 Etiketten aktualisieren

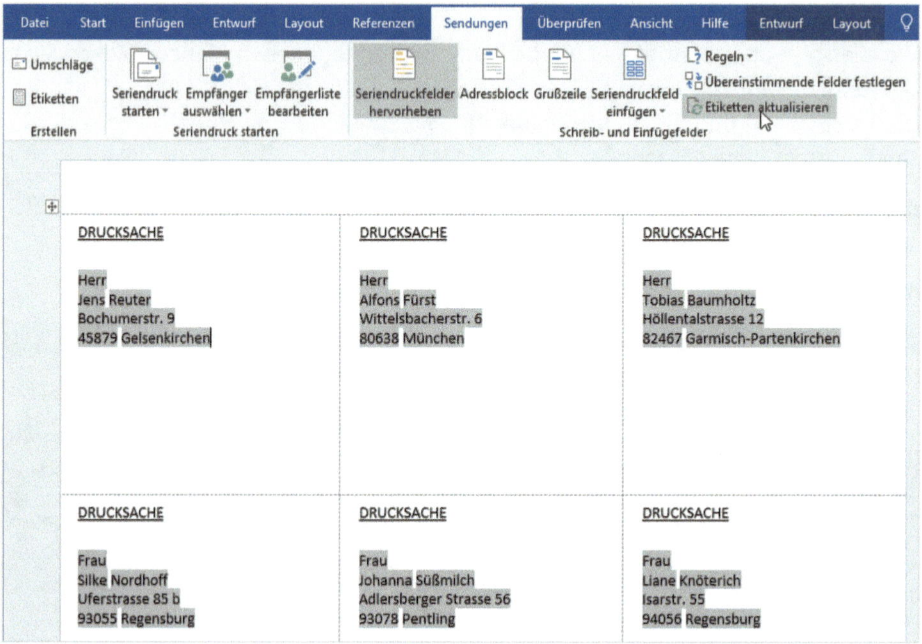

11.6 Übung

Sie möchten die glücklichen Gewinner eines Preisausschreibens mithilfe eines Serienbriefs benachrichtigen. Da deren Adressen noch nicht gespeichert sind, müssen Sie zuerst diese erfassen.

1. Adressen eingeben

Falls Microsoft-Excel auf Ihrem PC installiert ist und Sie über Excel-Kenntnisse verfügen, können Sie natürlich auch Excel zum Speichern der Adressen verwenden, ansonsten starten Sie Word mit einem neuen, leeren Dokument und fügen ab der ersten Zeile eine Tabelle nach dem unten abgebildeten Muster ein. Die Formatierung von Text und Tabelle spielt für Serienbriefe keine Rolle. **Tipp:** Wenn Sie unter *Seite einrichten* als Ausrichtung *Querformat* wählen, dann steht Ihnen in der Tabelle mehr Platz zur Verfügung!

Geben Sie mindestens 5 beliebige Adressen und Gewinne ein und speichern Sie das Dokument oder die Arbeitsmappe unter dem Namen Preisausschreiben_Adressen. Schließen Sie das Dokument.

Anrede	Name	Vorname	Straße	PLZ	Ort	Preis	Gewinn
Herrn	Fischer	Andreas	Feldweg 3	04259	Leipzig	1.	eine 14 tägige Reise nach Mallorca
Frau	Moser	Sandra	Donaustraße 12	94315	Straubing	2.	eine 3 tägige Reise nach Berlin
Frau	Platzer	Anna	Seestraße 56a	78465	Konstanz	3.	einen Laptop
Herrn	Dobermann	Thomas	Domplatz 21	90443	Nürnberg	4.	eine Reisetasche
Frau	Brösel	Melanie	Waldweg 14	48153	Münster	5.	ein Werkzeugset

2. Brieftext erfassen

Öffnen Sie ein neues, leeres Dokument und speichern Sie das Dokument unter dem Namen Preisausschreiben_Brieftext.docx. Geben Sie den unten abgebildeten Brieftext ein, und formatieren Sie den Brief nach Ihren Vorstellungen. Fügen Sie im Briefkopf eine beliebige Absenderadresse ein.

Herrn
Andreas Fischer
Feldweg 3
04259 Leipzig

Herzlichen Glückwunsch - Sie haben gewonnen!

Sehr geehrter Herr Fischer,

Sie haben bei unserem Preisausschreiben vom Anfang des Jahres den **1. Preis** gewonnen,

eine 14 tägige Reise nach Mallorca.

Unser Filialleiter wird Ihnen am 1. April um 15:00 Uhr den Gewinn persönlich in unseren Geschäftsräumen überreichen.

Wir gratulieren Ihnen und wünschen Ihrem viel Freude mit Ihrem Gewinn.

Mit freundlichen Grüßen

Werner Muster

Beachten Sie folgende Vorgaben:

- Erstellen Sie aus diesem Brief Serienbriefe, als Empfängeradressen wählen Sie die soeben erstellte Datei Preisausschreiben-Adressen aus. Fügen Sie die Anschrift an der entsprechenden Stelle ein.
- Achten Sie auf eine individuelle Briefanrede, „Sehr geehrte Frau …", bzw. „Sehr geehrter Herr…".

- Fügen Sie im Brieftext die Seriendruckfelder Preis und Gewinn entsprechend der Abbildung ein und kontrollieren Sie die Ergebnisse in der Vorschau.
- Um Druckerpapier zu sparen, geben Sie die Briefe in ein neues Dokument aus, das Sie unter dem Namen Preisausschreiben_Ergebnis.docx speichern.

Tastenkombinationen

Zwischenablage, Bearbeitung

Kopieren des markierten Textes oder Objekts	STRG+C
Ausschneiden des markierten Textes oder Objekts	STRG+X
Einfügen aus Zwischenablage (Text oder Objekt)	STRG+V
Rückgängigmachen der letzten Aktion	STRG+Z
Wiederholen der letzten Aktion	STRG+Y oder F4

Eingeben, löschen

Einfügen Absatzende	EINGABE
Einfügen Zeilenumbruch, kein Absatzende	UMSCHALT+EINGABE
Eingabe geschütztes Leerzeichen	STRG+UMSCHALT+LEERTASTE
Eingabe geschützter Bindestrich	STRG+UMSCHALT+BINDESTRICH
Eingabe bedingter Trennstrich	STRG+BINDESTRICH
Einfügen Seitenumbruch	STRG+EINGABE
Einfügen Spaltenumbruch	STRG+UMSCHALT+EINGABE
Einfügen Datum (aktualisierbar)	ALT+UMSCHALT+D
Einfügen Seitenzahl	ALT+UMSCHALT+P
Anzeigen nicht druckbarer Zeichen	STRG+UMSCHALT+* (* nicht im Ziffernblock)
Zeichen links von der Einfügemarke löschen	RÜCKTASTE
Zeichen rechts von der Einfügemarke löschen	ENTF
Wort links von der Einfügemarke löschen	STRG+RÜCKTASTE
Wort rechts von der Einfügemarke löschen	STRG+ENTF

Positionieren

Ein Zeichen nach links	NACH-LINKS
Ein Zeichen nach rechts	NACH-RECHTS
Ein Wort nach links	STRG+NACH-LINKS
Ein Wort nach rechts	STRG+NACH-RECHTS
Ein Absatz nach oben	STRG+NACH-OBEN
Ein Absatz nach unten	STRG+NACH-UNTEN
Eine Zeile nach oben	NACH-OBEN
Eine Zeile nach unten	NACH-UNTEN
An das Zeilenende	ENDE
An den Zeilenanfang	POS1
An den oberen Rand des Fensters	ALT+STRG+BILD-AUF
An den unteren Rand des Fensters	ALT+STRG+BILD-AB
Eine Bildschirmseite aufwärts (Bildlauf)	BILD-AUF
Eine Bildschirmseite abwärts (Bildlauf)	BILD-AB
An den Anfang der nächsten Seite	STRG+BILD-AB
An den Anfang der vorherigen Seite	STRG+BILD-AUF
An das Ende des Dokuments	STRG+ENDE
An den Anfang des Dokuments	STRG+POS1
Zur letzten Bearbeitungsstelle	UMSCHALT+F5
Nach dem Öffnen eines Dokuments zur zuletzt bearbeiteten Stelle	UMSCHALT+F5

Markieren

Erweiterungsmodus aktivieren	F8
Erweiterungsmodus deaktivieren	ESC
Erweiterungsmodus: Wort markieren	F8 (1mal)
Erweiterungsmodus: Satz markieren	F8 (2mal)
Erweiterungsmodus: Absatz markieren	F8 (3mal)
Erweiterungsmodus: nächstes Zeichen	NACH-LINKS oder NACH-RECHTS
Erweiterungsmodus: nächstes Wort	STRG+NACH-RECHTS
Erweiterungsmodus: Vertikalen Textblock markieren	STRG+UMSCHALT+F8, dann Pfeiltasten verwenden
Zeichenweise nach rechts	UMSCHALT+NACH-RECHTS
Zeichenweise nach links	UMSCHALT+NACH-LINKS
Wortweise nach rechts	STRG+UMSCHALT+NACH-RECHTS
Wortweise nach links	STRG+UMSCHALT+NACH-LINKS
Ab Cursor bis zum Anfang des Absatzes	STRG+UMSCHALT+NACH-OBEN
Ab Cursor bis zum Ende des Absatzes	STRG+UMSCHALT+NACH-UNTEN
Ab Cursor bis zum Anfang des Dokuments	STRG+UMSCHALT+POS1
Ab Cursor bis zum Ende des Dokuments	STRG+UMSCHALT+ENDE
Gesamtes Dokument	STRG+A

Tabellen

Nächste Zelle in Zeile	TAB
Vorherige Zelle in Zeile	UMSCHALT+TAB
Nächste Zeile	NACH-UNTEN
Vorherige Zeile	NACH-OBEN

Erste Zelle in Zeile	ALT+POS1
Letzte Zelle in Zeile	ALT+ENDE
Erste Zelle in Spalte	ALT+BILD-AUF
Letzte Zelle in Spalte	ALT+BILD-AB
Zeile oberhalb markieren	ALT+UMSCHALT+NACH-OBEN
Zeile unterhalb markieren	ALT+UMSCHALT+NACH-UNTEN
Neuer Absatz in Zelle	EINGABETASTE
Tabstoppzeichen inerhalb einer Zelle	STRG+TAB

Schriftformatierung

Vergrößern des Schriftgrads um 1 Punkt	STRG+9
Verkleinern des Schriftgrads um 1 Punkt	STRG+8
Vergrößern des Schriftgrads	STRG+UMSCHALT+>
Verkleinern des Schriftgrads	STRG+<
Groß-/Kleinschreibung ändern	UMSCHALT+F3
Als Großbuchstaben formatieren	STRG+UMSCHALT+G
Doppelt Unterstreichen	STRG+UMSCHALT+D
Kapitälchen	STRG+UMSCHALT+Q
Tiefgestellt (automatischer Abstand)	STRG+#
Hochgestellt (automatischer Abstand)	STRG+PLUSZEICHEN
Alle Zeichenformatierungen entfernen	STRG+LEERTASTE
Textformatierung kopieren (Format übertragen)	STRG+UMSCHALT+C
Der Markierung eine kopierte Formatierung zuweisen	STRG+UMSCHALT+V

Absatzformatierung

Einfacher Zeilenabstand	STRG+1
Doppelter Zeilenabstand	STRG+2
1,5-facher Zeilenabstand	STRG+5
Hinzufügen / Entfernen eines einzeiligen Abstands vor einem Absatz	STRG+0 (Null)
Linksbündig ausrichten	STRG+L
Rechtsbündig ausrichten	STRG+R
Im Blocksatz ausrichten	STRG+B
Zentriert ausrichten	STRG+E
Linken Einzug vergrößern (jeweils 1,25 cm)	STRG+M
Linken Einzug verkleinern (jeweils 1,25 cm)	STRG+UMSCHALT+M
Hängenden Einzug vergrößern	STRG+T
Hängenden Einzug verkleinern	STRG+UMSCHALT+T
Alle Absatzformatierungen entfernen	STRG+Q

Glossar

.docx	Office 2016 verwendet das Office Open XML-Format als Standard. Word 2016 Dokumente werden daher mit der Dateinamenserweiterung .docx gespeichert. Dieses Dateiformat benötigt weniger Speicherplatz und erleichtert den Datenaustausch.
App	Windows 8.1/10 bezeichnet alle Arten von Programmen als Apps. App ist eine Abkürzung des englischen Begriffs application, deutsch Anwendung. Apps im engeren Sinne sind eigentlich kleine spezialisierte und für die Fingerbedienung optimierte Programme.
AutoKorrektur	Im Gegensatz zur Rechtschreibprüfung korrigiert die Autokorrektur automatisch während der Eingabe und wandelt beispielsweise den ersten Buchstaben am Beginn eines Satzes in einen Großbuchstaben um. Sie können die Autokorrektur rückgängig machen oder deaktivieren.
Backstage-Ansicht	Im Gegensatz zu den übrigen Registern des Menübandes, die Sie zur Arbeit im Dokument verwenden, enthält das Register DATEI die Befehle zum Verwalten eines Dokuments. Daher wird dieses Register auch als Backstage-Ansicht (dt. hinter der Bühne/ den Kulissen) bezeichnet.
Bausteine	Häufig benötigte Textteile können als Schnellbausteine oder AutoText gespeichert und beliebig in Dokumente eingefügt werden. Bausteine können neben Text auch Formatierungen, Grafik oder Tabellen enthalten.
Bedingter Trennstrich	Wenn Sie mit den Tasten Strg + Bindestrich einen bedingten Trennstrich einfügen, so wird dieser nur dann gedruckt, wenn er sich am Zeilenende befindet, nicht aber mitten im Text.
Browser	Als Browser (engl. to browse = durchsuchen) bezeichnet man Apps, mit denen Sie im Internet surfen. Neben dem in Windows 10 integrierten Browser Microsoft Edge, gehören unter anderem Mozilla Firefox, Chrome und Safari dazu.
Bundsteg	Als Bundsteg bezeichnet man den Bereich, der eventuell zusätzlich zum Seitenrand zum Binden oder Lochen benötigt wird.

Cloud	Als Cloud-Computing bezeichnet man die Nutzung von Dienstleistungen wie Software und Speicherplatz über ein Netzwerk. Der Begriff „Cloud" (dt. Wolke) rührt daher, dass für die Nutzer der genaue Ursprung und Speicherort nicht nachvollziehbar und undurchsichtig (verhüllt) ist. „In der Cloud speichern" bedeutet somit nichts anderes, als Daten nicht auf der Festplatte des eigenen PCs, sondern irgendwo auf einem anderen Computer im Internet zu speichern.
Copy & Paste	Englisch für Kopieren & Einfügen. Ein Element wird dabei in die Zwischenablage kopiert (beispielsweise mit der Tastenkombination Strg+C) und andernorts eingefügt (beispielsweise mit der Tastenkombination Strg+V).
Creative Commons (CC)	Grundsätzlich ist jedes Werk (Foto, Bild, Musikstück etc.) geistiges Eigentum des Urhebers und geschützt. Es darf also nicht einfach kopiert und verwendet werden. Vereinfacht gesagt, dürfen Sie nicht ein Bild aus dem Internet kopieren und damit einen Flyer verschönern. Sie müssen zunächst den Urheber um Erlaubnis bitten. Einige Urheber sind durchaus bereit, Ihr Werk anderen zur Verfügung zu stellen. Hier hilft die Organisation Creative Commons (CC), die Urhebern vorgefertigte Lizenzverträge zur Verfügung stellt, durch die der Urheber sein Werk lizenziert und damit anderen Nutzern z. B. die Bearbeitung und das kommerzielle Nutzungsrecht einräumt.
Cursor	Der Cursor wird auch als Einfügemarke oder Schreibmarke bezeichnet und markiert die aktuelle Position. Alle Eingaben und nachträglichen Änderungen erfolgen immer an der Stelle, an der sich der Cursor gerade befindet.
Dateinamenerweiterung	Jeder Dateiname erhält beim Speichern automatisch einen Zusatz, die Dateinamenerweiterung (extension), bestehend aus einem Punkt, gefolgt von drei oder vier Buchstaben. Sie kennzeichnet den Dateityp, d.h. legt fest, welche Anwendung zum Öffnen der Datei verwendet wird. Standardmäßig ist die Dateinamenerweiterung nicht sichtbar, kann aber im Menüband des Datei-Explorers eingeblendet werden.
Datenfeld	Als Datenfeld bezeichnet man in einer Datenbank die Spalte einer Tabelle. Jedes Datenfeld besitzt eine Überschrift (Feldname) und enthält gleichartige Informationen.
Datensatz	In einer Datenbank bezeichnet man eine Zeile der Tabelle auch als Datensatz. Speichert die Tabelle beispielsweise Adressen, so entspricht jede Adresse einer Zeile der Tabelle und bildet einen Datensatz.

Dokument	Als Dokumente bezeichnet Word alle Dateien, die vom Benutzer erstellt wurden, unabhängig vom Inhalt.
Dokumentvorlagen	Dokumentvorlagen dienen als Vorlage oder Vordruck für jedes neue Word-Dokument. Für neue, leere Dokumente verwendet Word die Vorlage Normal. Dokumentvorlagen stellen einen eigenen Dateityp dar und werden mit der Dateinamenerweiterung .dotx gespeichert.
Drag & Drop	Englisch für Ziehen & Fallenlassen, eine Bezeichnung für das Ziehen und Verschieben bei gedrückter linker Maustaste.
Dropdown-Pfeil/ Dropdown-Feld	Viele Eingabefelder erfordern keine Eingabe, sondern bieten Werte zur Auswahl an. In diesen Feldern befindet sich rechts ein kleines nach unten weisendes Dreieck bzw. ein Pfeil und ein Klick darauf öffnet die Liste. Alternativ können Sie die Liste auch mit der Tastenkombination Alt+Pfeil nach unten öffnen, die Auswahl erfolgt dann mit den Pfeiltasten und durch Drücken der Eingabe-Taste wird die markierte Auswahl übernommen. Eine weitere Möglichkeit: Tippen Sie die ersten Zeichen ein, so wird Ihre Eingabe automatisch ergänzt.
Einzug	Einrückungen gegenüber dem linken oder rechten Seitenrand werden als Einzug bezeichnet.
Formatvorlagen	Formatvorlagen speichern sowohl Zeichen-, als auch Absatzformatierungen und werden zur einheitlichen Gestaltung von Dokumenten verwendet.
Füllzeichen	Bei der Verwendung von Tabstopps können Sie den Abstand bis zur nächsten Position automatisch mit Füllzeichen auffüllen lassen. Meist werden Punkte oder Striche als Füllzeichen verwendet.
Geschützter Bindestrich	Einen geschützten Bindestrich geben Sie mit den Tasten Strg+Umschalt+Bindestrich ein. Er verhindert an dieser Stelle einen automatischen Zeilenumbruch.
Geschütztes Leerzeichen	Ein geschütztes Leerzeichen zwischen zwei Zeichenfolgen verhindert, dass an dieser Stelle ein automatischer Zeilenumbruch erfolgt. Ein geschütztes Leerzeichen geben Sie mit den Tasten Strg+Umschalt+Leer ein.
Hängender Einzug	Als hängenden Einzug bezeichnet man einen Einzug, bei dem die erste Zeile eines Absatzes am linken Seitenrand beginnt und alle Folgezeilen eingerückt werden.

Hyperlink	Hyperlinks, auch kurz als Links bezeichnet, sind Verknüpfungen zu Webseiten oder anderen Dokumenten.
JPG/JPEG	Hierbei handelt es sich um ein Dateiformat, das zur Speicherung von Fotos verwendet wird. Die Dateien erhalten die Dateinamenerweiterung .jpg oder .jpeg.
Kapitälchen	Als Kapitälchen bezeichnet man die Schriftformatierung mit großen und kleinen Großbuchstaben.
Kompatibilitätsmodus	Dokumente, die mit älteren Versionen von Word erstellt und gespeichert wurden, werden von Word 2016 im Kompatibilitätsmodus geöffnet. In diesem Modus stehen nicht alle Funktionen zur Verfügung.
Kopf- /Fußzeile	Kopf-/oder Fußzeilen befinden sich in dem Bereich zwischen dem Papierrand und dem Seitenrand, also außerhalb des Satzspiegels. Die Inhalte werden, falls nichts anderes festgelegt wurde, automatisch auf jeder Druckseite wiederholt.
Microsoft Access	Access ist ein Datenbankprogramm, das ebenfalls zu den Microsoft Office-Anwendungen gehört.
Microsoft Excel	Excel gehört ebenfalls zu den Office-Anwendungen und ist ein weit verbreitetes Tabellenkalkulationsprogramm, mit dem sich nicht nur Berechnungen durchführen lassen, sondern auch größere Datenmengen verwalten lassen.
Microsoft Outlook	Outlook ist eine Office-Anwendung, mit der sich allgemeine Aufgaben wie Kommunikation (E-Mail), Aufgaben- und Terminverwaltung organisieren lassen. Außerdem verfügt Outlook auch über eine integrierte Adressverwaltung.
Normal	Die Dokumentvorlage Normal wird von Word als Vorlage verwendet, wenn Sie bei der Erstellung eines neuen Dokuments mit einem leeren Dokument beginnen.
PDF	PDF ist die Abkürzung für Portable Document Format, ein Dateiformat für Dokumente, in dem alle Bilder und Formatierungen beibehalten werden. Die Inhalte können unabhängig vom Betriebssystem auf jedem Computer gelesen werden, dazu wird nur ein kostenlos erhältliches Leseprogramm, z. B. Adobe Reader, benötigt; auch im Browser Microsoft Edge können PDF-Dateien angezeigt werden. Nachträgliche Änderungen am Inhalt sind dagegen nur mit spezieller Software möglich.

Pfad/Dateipfad	Der Pfad oder Suchpfad bezeichnet den genauen Speicherort einer Datei oder eines Ordners und besteht aus dem Laufwerksbuchstaben und den Namen der übergeordneten Ordner, jeweils getrennt durch einen rückwärtsgewandten Schrägstrich, den Backslash. Beispiel: D:\Briefe\Geschäftlich\Maier.docx.
Proportionalschrift	Bei einer Proportionalschriftart wird für jedes Zeichen genau die benötigte Breite verwendet, im Gegensatz zur Schreibmaschine, bei der alle Zeichen die gleiche Breite haben.
Punkt (pt)	Punkt ist eine typografische Maßeinheit, in der in Word Maße wie Schriftgrad (Schriftgröße) oder Abstände angegeben werden. 1 Punkt entspricht etwa 0,35 mm. In der Textverarbeitung werden meist 10 oder 11 pt als Standardschriftgrad verwendet.
Register	Das Menüband von Word fasst Befehlsschaltflächen für verschiedene Aufgabenbereiche in Gruppen zusammen. Jede Gruppe kann schnell über das Register, vergleichbar einer Kartei, durch Anklicken mit der Maus aufgerufen werden.
Satzspiegel	Als Satzspiegel bezeichnet man den Bereich, der sich innerhalb der festgelegten Seitenränder befindet.
Serifen	Als Serife (franz. Füßchen) bezeichnet man die feinen Linien, die bei manchen Schriftarten einen Buchstabenstrich am Ende, quer zu seiner Grundrichtung abschließen. Dadurch soll eine bessere Lesbarkeit der Schrift erreicht werden. Deshalb werden vor allem längere Texte häufig in einer Serifenschriftart gedruckt. Eine der bekanntesten Serifenschriftarten ist Times New Roman.
ShortCuts	Eine andere Bezeichnung für Tastenkombinationen, mit denen Befehle ausgeführt werden können.
SQL	engl. Structured query language, eine verbreitete Standardsprache zur Abfrage von Datenbanken.
Nicht druckbare Zeichen	Verschiedene Tasten wie Eingabe-Taste, Tab-Taste oder Leertaste erzeugen bei der Eingabe Zeichen, die zwar nicht gedruckt, aber auf dem Bildschirm ein- und ausgeblendet werden können. An diesen Zeichen können Sie beispielsweise erkennen, wo ein Absatz endet. Wie alle anderen Zeichen, können diese Zeichen auch nachträglich eingefügt oder gelöscht werden.

Tabstopp	Tabstopps sind feste Positionen im Dokument, die Sie mit der Tabulatortaste (Tab-Taste) der Tastatur ansteuern.
Textfeld	Textfelder werden in Word verwendet, um Text innerhalb eines Dokuments mit der Maus an beliebiger Stelle zu positionieren.
XML	„Extensible Markup Language", eine Auszeichnungssprache zur Darstellung hierarchisch strukturierter Daten in Form von Textdateien. XML ist vor allem für den Datenaustausch von Bedeutung.
XPS	XML Paper Specification, ein von Microsoft entwickeltes Dateiformat als Konkurrenz zum PDF-Format.
Zwischenablage	Ausgeschnittene oder kopierte Elemente werden in der Zwischenablage abgelegt und können von dort beliebig oft solange wieder eingefügt werden, bis das nächste Element ausgeschnitten oder kopiert wird. Die Zwischenablage wird auch von Anwendungen genutzt, mit ihrer Hilfe lassen sich Daten aus einer Anwendung, zum Beispiel ein Bild aus einem Zeichenprogramm, in ein Word-Dokument einfügen.

Stichwortverzeichnis

Symbole

A

B

C

D

G

H

I

K

L

M

N

O

P

Q

R

S

T

U

V

W

X

Z